# Bankrott der Bildungsgesellschaft

Iwan Pasuchin

# Bankrott der Bildungsgesellschaft

Pädagogik in politökonomischen Kontexten

Iwan Pasuchin
Salzburg, Österreich

ISBN 978-3-531-19637-4         ISBN 978-3-531-19638-1 (eBook)
DOI 10.1007/978-3-531-19638-1

Die Deutsche Nationalbibliothek verzeichnet diese Publikation in der Deutschen Nationalbibliografie;
detaillierte bibliografische Daten sind im Internet über http://dnb.d-nb.de abrufbar.

Springer VS
© VS Verlag für Sozialwissenschaften | Springer Fachmedien Wiesbaden 2012
Das Werk einschließlich aller seiner Teile ist urheberrechtlich geschützt. Jede Verwertung, die nicht ausdrücklich vom Urheberrechtsgesetz zugelassen ist, bedarf der vorherigen Zustimmung des Verlags. Das gilt insbesondere für Vervielfältigungen, Bearbeitungen, Übersetzungen, Mikroverfilmungen und die Einspeicherung und Verarbeitung in elektronischen Systemen.

Die Wiedergabe von Gebrauchsnamen, Handelsnamen, Warenbezeichnungen usw. in diesem Werk berechtigt auch ohne besondere Kennzeichnung nicht zu der Annahme, dass solche Namen im Sinne der Warenzeichen- und Markenschutz-Gesetzgebung als frei zu betrachten wären und daher von jedermann benutzt werden dürften.

*Einbandabbildung*: I. Pasuchin
*Einbandentwurf*: KünkelLopka GmbH, Heidelberg

Gedruckt auf säurefreiem und chlorfrei gebleichtem Papier

Springer VS ist eine Marke von Springer DE. Springer DE ist Teil der Fachverlagsgruppe Springer Science+Business Media
www.springer-vs.de

# Danksagung

Das vorliegende Buch wurde (mit Unterbrechungen) im Laufe von fünf Jahren verfasst, in denen ich zahlreiche Gespräche mit vielen Menschen führte, die mir wertvolle Ratschläge gaben und von denen hier nur wenige erwähnt werden können. Bei den ersten Entwürfen stand mir Bernd Schorb vom *Institut für Medienpädagogik in Forschung und Praxis* (München) kritisch zur Seite, wovon die Arbeit v.a. in Hinblick auf die Klarheit der ideologischen Positionierung profitiert hat. In der Endphase bewog mich Stefan Wally von der *Robert-Jungk-Bibliothek für Zukunftsfragen* (Salzburg) dazu, meine Schlussfolgerungen bedeutend klarer zu formulieren. Einen ausnehmend wertvollen Beitrag leisteten meine Kolleg/innen vom *Fachbereich Erziehungswissenschaft der Universität Salzburg*, aus dem u.a. eine Präzisierung der disziplinären Selbstverortung resultierte. Besonders wichtig waren die Anregungen des Lektors Frank Schindler vom *VS-Verlag* (Wiesbaden), die nicht zuletzt zu einer Titeländerung und in Folge zu einer Modifikation der Ausrichtung des gesamten Werkes führten. Am meisten möchte ich aber meiner Frau Liuba danken, die nicht nur die erste Leserin und aufmerksamste Kritikerin dieser Abhandlung war, sondern mir die Arbeit daran mit ihrer unendlichen Geduld und Liebe überhaupt erst ermöglichte.

*Für meine Babys Leon und Raphael*

# Inhalt

| | | |
|---|---|---|
| Danksagung | | 5 |
| **1** | **Einleitung** | **13** |
| 1.1 | Hintergründe und Problemstellung | 13 |
| 1.2 | Forschungsinteresse und zentrale Zielsetzungen | 14 |
| 1.3 | Zielgruppe und spezifische Zielsetzungen | 16 |
| 1.4 | Disziplinäre Zuordnung und Forschungsmethoden | 17 |
| 1.5 | Quellenauswahl | 20 |
| 1.6 | Grundhypothese – Informationalismus | 21 |
| 1.7 | Aufbau der Arbeit | 23 |
| 1.8 | Grundaxiome des informationalistischen Bildungsdiskurses | 25 |
| 1.8.1 | Sozioökonomische Auswirkungen der IKT-Entwicklung | 26 |
| 1.8.2 | Learning Society / Bildungsgesellschaft | 28 |
| 1.8.3 | computer literacy und eLearning | 29 |
| **2** | **Theorien der Informationsgesellschaft** | **33** |
| 2.1 | Post-industrielle Informationsgesellschaft (Bell) | 34 |
| 2.1.1 | Post-industrielle Gesellschaft | 35 |
| 2.1.2 | Dienstleistungsgesellschaft | 37 |
| 2.1.3 | Informationsgesellschaft | 38 |
| 2.1.4 | Metaideologie und Neoliberalismus | 40 |
| 2.2 | Post-Fordistische Gesellschaft | 41 |
| 2.2.1 | Fordismus | 42 |
| 2.2.2 | Post-Fordismus | 43 |
| 2.2.3 | Post-Fordismus und IKT | 45 |
| 2.2.4 | Yeoman Democracy | 46 |
| 2.2.5 | Metaideologie und Neoliberalismus | 48 |
| 2.3 | Postmoderne Symbolgesellschaft | 49 |
| 2.3.1 | „Moderne" Mediensoziologie (Kritische Theorie) | 50 |
| 2.3.2 | Grundpostulate des Postmoderne-Diskurses | 52 |
| 2.3.3 | Postmoderne und IKT | 54 |
| 2.3.4 | Postmoderne Ökonomie | 56 |
| 2.3.5 | Metaideologie und Neoliberalismus | 57 |
| 2.4 | Informationalistische Netzwerkgesellschaft (Castells) | 58 |
| 2.4.1 | Allgemein | 60 |
| 2.4.2 | Ökonomische Dimensionen | 62 |
| 2.4.3 | Sozio-kulturelle Dimensionen | 65 |
| 2.4.4 | Politische Dimensionen | 67 |

| | | |
|---|---|---|
| 2.5 | *Zwischenfazit* | *70* |
| 2.5.1 | Technikdeterministische Haltung | 71 |
| 2.5.2 | Neoliberale Ausrichtung | 72 |
| 2.5.3 | Metaideologische Tendenzen | 73 |
| 2.5.4 | Zwischenresümee | 75 |

## 3 Bildungsrelevante Theorieansätze   77

| | | |
|---|---|---|
| 3.1 | *Wissensgesellschaft (Drucker)* | *77* |
| 3.1.1 | Quellen des Begriffs „Wissensgesellschaft" | 78 |
| 3.1.2 | Druckers Bedeutung für den Diskurs | 79 |
| 3.1.3 | Druckers Grundpositionen | 80 |
| 3.1.4 | Neoliberale Ausrichtung | 81 |
| 3.1.5 | Bildungsgesellschaft | 82 |
| 3.1.6 | Zusammenfassender Vergleich | 84 |
| 3.2 | *Bildung in den Theorien der Informationsgesellschaft* | *86* |
| 3.2.1 | Bell | 86 |
| 3.2.2 | Post-Fordismus | 88 |
| 3.2.3 | Postmoderne (Lyotard) | 90 |
| 3.2.4 | Castells | 92 |
| 3.3 | *Zwischenfazit* | *97* |
| 3.3.1 | Differenzen | 97 |
| 3.3.2 | Analogien | 100 |
| 3.3.3 | Stellenwert von eLearning und computer literacy | 102 |

## 4 Kritik und „Apologie" dargestellter Theorien   105

| | | |
|---|---|---|
| 4.1 | *Kritik* | *106* |
| 4.1.1 | Ahistorische Zugangsweisen | 106 |
| 4.1.2 | Begriffs- und Definitionsprobleme | 109 |
| 4.1.3 | Probleme der Interpretation statistischer Daten | 112 |
| 4.1.4 | „Rätsel" der Produktivität und der Dotcom-Blase | 116 |
| 4.2 | *„Apologie"* | *119* |
| 4.2.1 | Direkte Wechselwirkungen mit der Politik | 120 |
| 4.2.2 | Kritik der Kritiker | 122 |
| 4.2.3 | Frage nach Alternativen | 123 |

## 5 Informationalistische Politik   127

| | | |
|---|---|---|
| 5.1 | *Technikdeterminismus* | *128* |
| 5.1.1 | Argumentationsproblematik | 128 |
| 5.1.2 | Gesellschaftspolitische Problematik | 130 |
| 5.1.3 | Alternative Perspektive | 132 |
| 5.2 | *Neoliberalismus* | *134* |
| 5.2.1 | Internet als Paradies für Konsumenten | 135 |
| 5.2.2 | Informationelle Standortsicherung | 137 |

| | | |
|---|---|---|
| 5.2.3 | Von der Politik vorangetriebene „Revolution" | 141 |
| 5.2.4 | Das Geschäft mit der Wirtschaft und sein Preis | 144 |

*5.3 Metaideologie* ........... *147*
5.3.1 Jenseits von Links und Rechts ........... 148
5.3.2 Der ‚Dritte Weg' ........... 151
5.3.3 Von Verteilungsgerechtigkeit zur Chancengleichheit ........... 153
5.3.4 IKT und die ‚Neue Mitte' der ‚Neuen Mittelklasse' ........... 156
5.3.5 Reste ideologischer Differenzen ........... 157
5.3.6 Freiheit und Naturgesetze ........... 160

*5.4 Zwischenfazit* ........... *164*
5.4.1 Zusammenfassung der Hauptaspekte ........... 164
5.4.2 Interdependenzen der Hauptaspekte ........... 167
5.4.3 Irrglauben des „einen perfekten Systems" ........... 168
5.4.4 Informationalismus als Aushöhlung der Demokratie ........... 171

# 6 Bildung im Zeitalter des Informationalismus — 177

*6.1 Bildungstheoretischer Technikdeterminismus* ........... *179*
6.1.1 Anfangsphase des Informationalismus (Haefner) ........... 179
6.1.2 Hochphase der Informationalismus ........... 183
6.1.3 Medienpessimistischer Technikdeterminismus ........... 186

*6.2 Bildungspolitischer Technikdeterminismus* ........... *188*
6.2.1 Menschheit ans Netz ........... 190
6.2.2 computer literacy ........... 193
6.2.3 eLearning ........... 196

*6.3 Neoliberale Bildungspolitik* ........... *199*
6.3.1 Grundpositionen (Hayek) ........... 201
6.3.2 Aktivierungsagenda des ‚Dritten Weges' ........... 202
6.3.3 Privatisierungsbemühungen und ihre Grenzen ........... 205
6.3.4 Kommodifizierung am Beispiel von Großbritannien ........... 208

*6.4 Psychologische Implikationen* ........... *210*
6.4.1 Problematik der Aktivierungspolitik ........... 212
6.4.2 Selbstbestimmung vs. Selbststeuerung ........... 215
6.4.3 Sozialdarwinismus und (Selbst-) Überwachung ........... 217
6.4.4 Bestrafung und Selbstdisziplinierung ........... 220

*6.5 Metaideologische Tendenzen* ........... *225*
6.5.1 Lerntheoretische Paradigmenwechsel ........... 228
6.5.2 Allgemeine Problematik ........... 233
6.5.3 Konstruktivismus als pädagogische Metaideologie ........... 236
6.5.4 Die Perfidität des konstruktivistischen Metaparadigmas ........... 239

*6.6 Zwischenfazit* ........... *244*
6.6.1 Zusammenfassende Analyse ........... 244
6.6.2 Motive -> Zielvorgaben -> Handlungen -> Auswirkungen ........... 261

6.6.3 Größte Opfer des bildungspolitischen Informationalismus ... 264
6.6.4 Zwischen-Reflexion ... 267

## 7 Ende des Informationalismus und Bankrott der Bildungsgesellschaft ... 271

*7.1 Das Platzen des Technikdeterminismus* ... *272*
7.1.1 Verheißungen ... 272
7.1.2 Informationalistisch-technikdeterministische Blase ... 273
7.1.3 Informationalistische (Nicht-) Beschäftigungsarten ... 275
7.1.4 Informationalistische Arbeitsbedingungen ... 277

*7.2 Crash des Neoliberalismus* ... *280*
7.2.1 Verheißungen ... 280
7.2.2 Revolution von oben ... 280
7.2.3 Revolution der Reichen ... 282
7.2.4 Kasinokapitalismus ... 285
7.2.5 Die Geschichte wiederholt sich ... 287
7.2.6 So viel zur Selbstregulation… ... 291
7.2.7 Die neoliberale Blase platzt ... 296

*7.3 Metaideologischer Klassenkampf* ... *302*
7.3.1 Verheißungen ... 302
7.3.2 Der Feind im Inneren ... 304
7.3.3 Umverteilung nach oben ... 305
7.3.4 Die „Guten" siegen wieder ... 308
7.3.5 Der nahende Aufstand des „Plebs" ... 311
7.3.6 Das Ende der Geschichte ... 317

*7.4 Bankrott der Bildungsgesellschaft* ... *320*
7.4.1 Verheißungen ... 320
7.4.2 Realitäten ... 324
7.4.3 Die Bildungsfalle ... 329
7.4.4 Die Meritokratie-Lüge ... 332
7.4.5 Das breite Ende der Pyramide ... 334

*7.5 Zwischenfazit in Hinblick auf Informationalismus* ... *336*

## 8 Gesamtfazit und Ausblick ... 341

*8.1 Gesamtzusammenfassung in Bezug auf Bildung* ... *341*
8.1.1 Aufstieg und Höhepunkt des Informationalismus ... 342
8.1.2 Niedergang des informationellen Kapitalismus ... 346
8.1.3 Resümee über Bildungsgesellschaft ... 348

*8.2 Vorausblickender Rückblick (Dewey)* ... *351*
8.2.1 Demokratie und Bildung ... 352
8.2.2 Kultur und Kunst ... 354
8.2.3 Intrinsisches Interesse ... 356

| | | |
|---|---|---|
| *8.3* | *Postinformationalistische „Paradigmen"* | *357* |
| 8.3.1 | Aus der Geschichte lernen | 357 |
| 8.3.2 | Sich nicht veräppeln lassen | 360 |
| 8.3.3 | Wir sind die Wirtschaft! | 363 |
| *8.4* | *Schlusswort* | *368* |

**Literatur** 371

# 1 Einleitung

## 1.1 Hintergründe und Problemstellung

> *Eine der Hauptanforderungen an die Bildung im 21. Jahrhundert besteht darin, Menschen auf die Teilhabe an einer wissensbasierten Wirtschaft vorzubereiten, einschließlich ihrer sozialen und kulturellen Dimensionen (UNESCO 2010, S.31).*[1]

Politischen Sonntagsreden zufolge stellt in der Informationsgesellschaft (in der wir angeblich längst leben) das durch Bildung akkumulierte Wissen den wichtigsten Rohstoff, die zentrale ökonomische Ressource dar. Nur allzu gerne würden wir, Pädagog/innen, den Regierenden in diesem Punkt Glauben schenken. Schließlich mühen wir uns ein Leben lang ab, um ein solches Kapital zu lukrieren und ihn an die nächsten Generationen weiter zu reichen. Ein wenig Anerkennung tut da gut. Doch unsere Alltagserfahrungen belehren uns eines Besseren. Wenn das, was wir machen, tatsächlich – rein wirtschaftlich betrachtet – so viel Wert sein soll, warum sind dann unsere soziale Stellung, die Rahmenbedingungen unserer Arbeit und (um einmal beim Thema zu bleiben) unsere Bezahlung so, wie sie sind? Wir wollen ja nicht klagen – alleine schon weil wir wissen, dass das nichts bringt –, aber die Diskrepanz lässt sich beim besten Willen nicht sonntags-weg-reden.

Folglich schütteln wir die Versuchung einer materialistischen Begründung ab und halten anderweitig nach Gelegenheiten Ausschau, dem enormen Legitimationsdruck, dem unser Wirken zunehmend ausgesetzt ist, zu begegnen. Hier rasch fündig zu werden, fällt nicht schwer. Ob Kognitionspsychologie und Lerntheorie, oder Bildungsphilosophie und Ethik, ja sogar die Neurobiologie eröffnet uns neben mehreren weiteren Nachbardisziplinen zahlreiche Möglichkeiten, um die Bedeutung unseres Tuns zu belegen und bietet uns vielfältige Anknüpfungspunkte zur theoretischen Untermauerung unserer praktischen Anstrengungen. Und wir nutzen sie ausgiebig.

Doch auch da holt uns die Realität früher oder später ein. Denn irgendwann müssen sich sogar die größten Idealist/innen unter uns eingestehen, dass diesbezügliche Arbeits- und Forschungsergebnisse den Personenkreis, der für die Vergabe der Mittel zuständig ist, welche unsere Arbeit und Forschung ermöglichen, herzlich wenig interessieren. Das Einzige, was für sie – also für Politiker/innen im Allgemeinen und für Bildungspolitiker/innen im Besonderen – zählt, ist, ob die von ihnen im Bereich des Lehrens und Lernens ausgegebenen (Steuer-) Gelder dazu beitragen, die „Beschäftigungsfähigkeit" der Adressat/innen entsprechender Maßnahmen sicherzustellen. Ausgehend davon wird die Qualität unserer Leistungen im Endeffekt nach einem einzigen Kriterium bemessen – danach, ob wir es

---

[1] *Originalzitat*: "One of the basic requirements for education in the 21st century is to prepare people for participation in a knowledge-based economy, including its social and cultural perspectives." *Anmerkung*: Um die Lesbarkeit zu erleichtern erfolgt in diesem Buch die Wiedergabe der zahlreichen englischsprachigen Quellen zumeist sofort in der – vom Autor vorgenommenen – deutschen Übersetzung. Dabei werden (im Gegensatz zu den im Original deutschsprachigen) direkte Zitate nicht in Anführungszeichen gesetzt. Man erkennt sie daran, dass der Quellenangabe kein „vgl." vorangestellt ist.

schaffen, unseren Schüler/innen sowie Studierenden zu einem Berufseinstieg (bzw. -wiedereinstieg) und zu einem erfolgreichen Arbeitsleben zu verhelfen.

Auch auf die Gefahr hin, an dieser Stelle zahlreiche Leser/innen zu vergraulen, muss angemerkt werden, dass eine solche Herangehensweise – im Gegensatz zu den meisten anderen bildungspolitischen Zugängen – vom Autor des vorliegenden Buches vom Prinzip her größtenteils übernommen und mitgetragen wird. Der Begriff der „Beschäftigungsfähigkeit" mag zwar hässlich sein, die dahinter stehende Zielsetzung ist das aber nicht unbedingt. Dagegen würde eine in diesem Punkt indifferente Pädagogik, aus deren Blickwinkel es austauschbar wäre, ob die von ihr Ausgebildeten später einer Arbeit nachgehen können, die sie im wahrsten Sinne des Wortes „erfüllt" – d.h. sowohl ihren Lebensunterhalt deckt, als auch Ihren Interessen entspricht –, ein im höchsten Maße selbstreferenzielles sowie kurzsichtiges, wenn nicht sogar zynisches Unterfangen darstellen. Dabei geht es nicht nur um die bereits antike Weisheit, dass wir nicht für die Schule, sondern fürs Leben lernen sollten. Denn selbstverständlich darf die menschliche Existenz niemals auf ihre ökonomischen Aspekte verengt werden.[2] Jedoch ist es genauso wenig zielführend, bei allem Hochhalten geistiger Werte zu vergessen, dass eine gewisse finanzielle Sicherheit oder zumindest das Fehlen materieller Not auf Basis einer als sinnvoll erlebten beruflichen Tätigkeit die Grundvoraussetzung für jegliche Entfaltung intellektueller und schöpferischer Fähigkeiten darstellt. Jeder Bildungsansatz, der Letzteres fördern will, muss sich folglich ebenso um das Erstere bemühen.

### 1.2 Forschungsinteresse und zentrale Zielsetzungen

Hiermit scheint die Forschungsfrage, die in diesem Buch zu behandeln wäre, auf der Hand zu liegen: Es sollte um die Untersuchung der konkreten für die „Beschäftigungsfähigkeit" in der Wirtschaft der unmittelbaren und ebenfalls ferneren Zukunft benötigten und deswegen in der Gegenwart pädagogisch zu fördernden Kompetenzen gehen. Oder anders ausgedrückt um die Analyse dessen, wie der Bildungssektor der eingangs zitierten Forderung der UNESCO nachkommen kann, Menschen – und hier in erster Linie Heranwachsende – auf die Teilhabe an der wissensbasierten Ökonomie vorzubereiten. So schön es auch wäre, solche Fragen eindeutig beantworten zu können, stellt sich ein derartiger Plan bei näherer Betrachtung jedoch von Anfang an als unrealisierbar heraus.

Erstens, weil die Fragen bereits eine unhaltbare Hypothese implizieren – und zwar jene der Voraussagbarkeit bzw. (ausgehend von irgendwelchen Daten, Statistiken etc.) der Berechenbarkeit ökonomischer Prozesse. In Wirklichkeit stellt jedoch „Wirtschaft" einen Oberbegriff für im höchsten Maße vielschichtige, lebendige und interdependente gesellschaftliche Vorgänge dar, deren Reduktion auf einfache Kausalzusammenhänge von Ursachen und Wirkungen nicht nur unmöglich sondern in den meisten Fällen ebenso unzulässig ist. Individuen die behaupten, sie könnten die Kursentwicklung der Aktienwerte auch nur einiger weniger an der Börse notierter Unternehmen lediglich um ein paar Tage im Voraus

---

[2] Aus diesem Grund wird in der vorliegenden Arbeit das als „Bildungsökonomie" bezeichnete Forschungsfeld nicht bzw. lediglich am Rande behandelt. Denn es beschränkt sich ausschließlich mit der Frage der Effizienz finanzieller „Inputs" in das System in Relation zu seinen ökonomisch relevanten „Outputs" auseinander (siehe z.B. Hummelsheim; Timmermann 2010, S.94, aus internationaler Perspektive vgl. Brewer; McEwan 2010). Hier geht es jedoch exakt um das Umgekehrte: Um die Untersuchung mit wirtschaftlichen Prozessen zusammenhängender sozialer Entwicklungen aus einer pädagogischen Perspektive.

# 1. Einleitung

genau bestimmen, werden zu Recht als Scharlatane betrachtet. Wie ist es dann aber möglich, von Wissenschaftler/innen zu verlangen, sie sollen Jahre wenn nicht sogar Jahrzehnte in die Zukunft blicken und sagen, welche Kompetenzen die heutigen Schüler/innen und/oder Studierenden benötigen werden, um für die Ökonomien der nächsten Generationen gewappnet zu sein? Dass es immer wieder „Expert/innen" gibt, die erklären, dieses hellseherische Talent zu besitzen, zeugt lediglich von ihrer Unfähigkeit bzw. ihrer Weigerung, die einzige unumstößliche und allzeit gültige Grundregel der Wirtschaft zu akzeptieren – nämlich jene, dass solche Regeln nicht existieren.

Ein zweiter Grund dafür, warum die Auseinandersetzung mit diesen Fragen keinen besonderen Erkenntnisgewinn verspricht, besteht in der in ihrem Rahmen transportierten bedeutenden Perspektivenverkürzung. Denn in ihrer Formulierung schwingt die Überzeugung mit, die Ökonomie würde den pädagogischen Sektor direkt, ohne Zwischenschaltung weiterer sozialer Bereiche beeinflussen. Das trifft insofern keineswegs zu, als gerade im Bildungsdiskurs zahlreiche gesellschaftliche Akteur/innen einiges mitzureden haben, bzw. mitzureden zu haben glauben. Deswegen werden die Anforderungen der Wirtschaft niemals unmittelbar sondern über verschiedenste (Ver-) Mittler/innen an Pädagog/innen herangetragen, zu denen für mannigfaltige Medien tätige Journalist/innen genauso gehören, wie Kolleg/innen aus anderen wissenschaftlichen Disziplinen und mancherorts auch Eltern von Schüler/innen an Lehranstalten tätiger Personen.

Das mit Abstand wichtigste Relais zwischen der Ökonomie sowie der Pädagogik stellt jedoch die Politik dar, da die Ansprüche der Ersteren die Letztere in erster Linie über den Umweg staatlicher Initiativen erreichen. Dabei mischen sich Regierende neuerdings mit ständig steigender Intensität auf diesem Gebiet ein und verlangen immer radikalere Reformen. Das geschieht hauptsächlich deswegen, weil sie in der Förderung des durch Schulungsmaßnahmen akkumulierten „Humankapitals" zunehmend eine der wenigen, wenn nicht sogar die einzige verbliebene Möglichkeit der Verteidigung ihnen unterstehender Wirtschaftsstandorte im globalen Konkurrenzkrieg sehen. Daraus, dass der Bildungssektor folglich zu einer politisch außerordentlich heiß umkämpften Zone avanciert, resultiert, dass hier dem Staatshandeln (auf Grund der Notwendigkeit der Bedienung der Interessen unterschiedlichster sozialer Gruppierungen) ohnehin prinzipiell anhaftende Diskrepanzen besonders massiv zum Tragen kommen. Und zwar jene zwischen implizierten Motiven, explizierten Zielvorgaben, den tatsächlich gesetzten Aktionen sowie schließlich deren konkreten Auswirkungen.

Das in Kombination mit all den öffentlichen Zu- und Zwischenrufen ergibt eine erhebliche Verzerrung der gesamten Materie, sowie damit einhergehend eine enorme Erhöhung ihrer Komplexität. Denn wenn es bereits Pädagog/innen auf Basis eigener Erfahrungen sowie ihres Wissens bezüglich der Ökonomie kaum möglich ist, zu entscheiden, wie sie im Zuge der Gestaltung von Lehrprozessen auf bestimmte entsprechende Herausforderungen zu reagieren haben, wird ihnen diese Aufgabe durch die Notwendigkeit der Berücksichtigung einer schier unüberschaubaren Menge weiterer sich zum Teil widersprechender Tatsacheninterpretationen sowie daraus folgender nicht selten divergierender Handlungsanweisungen beträchtlich erschwert.

Jedoch bedeutet das keinesfalls, der anvisierte Themenbereich würde sich auf Grund seines hohen Komplexitätsgrades grundsätzlich einer Untersuchung entziehen, die konkrete Ergebnisse versprechen könnte. Das Einzige, was bisher – im Sinne einer forschungsleitenden

Annahme – postuliert wurde, ist, dass sowohl die Wirtschaft als auch die Pädagogik keine fixen Größen, sondern fluktuierende Zustände darstellen, die nicht zuletzt auf sozialen Aushandlungsprozessen basieren und kaum direkt, zumeist aber gerade über diese sowie hier v.a. in Gestalt der (Bildungs-) Politik mit einander in Austausch treten. Eine solche Grundthese bringt uns der Eingrenzung und Präzisierung des Forschungsinteresses der vorliegenden Arbeit um einiges näher. Denn aus ihr resultiert, dass der Fokus nicht auf die Wirtschaft und die Pädagogik an sich, sondern auf die dazwischengeschalteten gesellschaftlichen Vorgänge zu lenken ist. D.h., dass es in diesem Buch um die *Analyse der sozialen Kontexte des pädagogischen Wirkens in Theorie und Praxis* gehen wird, wobei eine *Schwerpunktlegung auf politökonomische Hintergründe der aktuelleren Entwicklungen im Bildungsbereich* erfolgt.

Ein derartiger Zugang ist mitnichten mit einer „Verwässerung" der Materie im Vergleich zur Auseinandersetzung mit der Frage nach Steigerungsmöglichkeiten der „Beschäftigungsfähigkeit" verbunden, da er nur oberflächlich betrachtet eine Erhöhung des Abstraktionsgrades beinhaltet. Tatsächlich ergibt sich daraus jedoch die Chance, all den angesprochenen Verworrenheiten und Undurchschaubarkeiten des hier untersuchten Themas zum Trotz, *zu erkennen, warum sich der auf das Lernen und Lehren bezogene Sektor in der derzeit bestehenden Art und Weise entfaltet hat*. Letzteres wiederum erlaubt, *Ansätze (wieder-) zu entdecken, die dazu verhelfen können, einen gesamtgesellschaftlich betrachtet sinnvollen Fortschritt im Bildungsbereich in Hinblick auf das Verhältnis zwischen Pädagogik und Ökonomie zu befördern*. Beide letztgenannten Ansinnen stellen auch die zwei zentralen Zielsetzungen der Arbeit dar, wobei der Realisierung der Ersteren bei weitem mehr Aufmerksamkeit geschenkt wird.

## 1.3 Zielgruppe und spezifische Zielsetzungen

Das vorliegende Buch richtet sich an alle, die sich für Bildungsfragen im Allgemeinen und für Wechselwirkungen zwischen Pädagogik und Politökonomie im Besonderen interessieren, wobei es in erster Linie an Leser/innen adressiert ist, die selbst in Lehrberufen unterschiedlichster Art tätig sind. Damit hängen bereits einige methodische Entscheidungen zusammen, wie z.B. jene, Grundbegriffe des pädagogischen Diskurses sowie Eckpunkte der Geschichte dieser Disziplin und v.a. ihre aktuellen (Alltags-) Probleme größtenteils als bekannt vorauszusetzen, dagegen wirtschaftliche und damit zusammenhängende politische Prozesse ausführlicher darzustellen, als es für Expert/innen auf entsprechendem Gebiet notwendig wäre. Gleichfalls resultiert daraus die Bemühung, den Text sprachlich so zu gestalten, dass er von Menschen mit Interesse verfolgt werden kann, die in der Auseinandersetzung mit rein akademischer Literatur nicht besonders geübt sind.

Auf der anderen Seite ist die Abhandlung auch so verfasst, dass sie höchsten Ansprüchen an wissenschaftliche Forschung genügen soll. Für die Hauptzielgruppe hat das im Gegensatz zu „populärwissenschaftlichen" Sachbüchern nicht zuletzt den Vorteil der Transparenz sämtlicher Quellen, die den Autor zu seinen Aussagen bewogen haben. Damit erhalten Leser/innen die Option, Berichte und zitierte Ansichten zu überprüfen bzw. sich dazu eine eigene Meinung zu bilden sowie sich in Inhalte zu vertiefen, die ihr besonderes Interesse erregen. Gleichzeitig erlaubt eine derartige Vorgehensweise eine Rezeption und folglich Diskussion des Dargelegten in Fachkreisen, was die Chance eröffnet, die behandelten Themen stärker im pädagogischen Diskurs zu verankern und damit ebenso einen Beitrag zu seiner Weiterentwicklung zu leisten.

In Bezug auf beide solchermaßen festgelegten Adressat/innen-Gruppen lässt sich auch eine Ausdifferenzierung sowie nähere Bestimmung der gerade angegebenen zentralen Zielsetzungen vornehmen: Den „Praktiker/innen" (d.h. Lehrer/innen) soll dieses Buch dazu dienen, ein besseres Verständnis der politökonomischen Rahmenbedingungen ihrer Tätigkeit zu erlangen. Auf Grundlage dessen ist die Beförderung ihres Erkennens jener Möglichkeiten angestrebt, die ihnen bei ihrer täglichen Berufsausübung in Hinblick auf die Vorbereitung ihrer Schüler/innen auf eine vollwertige gesellschaftliche Partizipation zur Verfügung stehen, zu welcher die ökonomische Teilhabe untrennbar dazu gehört.

Der Mehrwert für „Theoretiker/innen" (d.h. Erziehungswissenschaftler/innen) sollte im Liefern von Anregungen liegen, mit deren Unterstützung sie den Fachbereich aus seiner heutzutage zumeist defensiven Rolle herausführen könnten, die sich aus dem politischen Zwang zu immer radikaleren Umwandlungen vor dem Hintergrund ständig steigender Anforderungen der Ökonomie an das Bildungssystem ergibt. Im Optimalfall würde ihnen das vorliegende Werk dazu verhelfen, ausgehend von u.a. darauf aufbauenden vertiefenden Untersuchungen Wege zu einer Reform dieses Sektors aufzuzeigen, die einen solchen Namen tatsächlich verdient und damit die Pädagogik (wieder) als eine bedeutende gestaltende Kraft innerhalb der Gesellschaft zu positionieren.

Die letztgenannte Aufgabe kann selbstverständlich weder im Zuge der Verfassung einer einzigen Publikation bewältigt werden, noch ist sie von Wissenschaftler/innen ohne engste Kooperation mit jenen Menschen zu bewerkstelligen, welche täglich „an der Front" stehen und folglich dafür gewonnen werden müssen, sich an der Erarbeitung entsprechender Konzepte zu beteiligen und sie umzusetzen. Das bildet den wichtigsten Grund dafür, warum hier gerade dieser Personenkreis so intensiv angesprochen wird.

### 1.4 Disziplinäre Zuordnung und Forschungsmethoden

Das Buch ist am ehesten jenem Sektor der Erziehungswissenschaft zuzurechnen, welcher die Bezeichnung „Allgemeine Pädagogik" trägt. Dabei wird eine solche Strömung hier weder als ein Leit- noch eines Subbereich des akademischen Bildungsdiskurses definiert, sondern als eine „Querdisziplin" betrachtet, deren Hauptaufgabe darin besteht, den inzwischen unzähligen auf feinst ausdifferenzierte Themenstellungen und Handlungsfelder fokussierten pädagogischen Fachgebieten Orientierungshilfen in Bezug auf prinzipielle Fragen im Kontext des Lehrens und Lernens zu bieten (vgl. sinngemäß Bernhard 2011, S.13). So eine Ausrichtung „kümmert sich um die *Konstitutionsprobleme* der Pädagogik selbst, um ihre *Grundlegungsfragen* (Breinbauer 1996, S.24 – Hervorhebung im Original). Im Zuge dessen fungiert sie „aufklärend, erhellend, enttäuschend. Sie macht den Blick frei für jene Voraussetzungen, unter denen pädagogische Rede Anspruch auf Geltung erhebt, die aber in der Regel nicht zugleich mitbedacht und mitartikuliert werden" (ebd.). Anders ausgedrückt geht es ihr um die „Aufdeckung pädagogischer Grundsachverhalte auf der Basis der Reflexion der Grundstrukturen der Gesellschaft (…)" (Bernhard 2011, S.16).

Diese Selbstzuordnung erfolgt durchaus im Bewusstsein dessen, dass die Allgemeine Pädagogik in den letzten Jahrzehnten innerhalb der Erziehungswissenschaft – gelinde gesagt – stark an Boden verloren hat (ausführlich siehe Kauder 2010). Ihr Bild ist größtenteils von der Vorstellung einer „systematisch und methodisch gescheiterten, wissenschaftspolitisch weitgehend abgeschriebenen und sich von der Erziehungswissenschaft isolierenden Teildisziplin" geprägt (ebd., S.10, vgl. Bernhard 2011, S.11ff). Eine derartige Entwicklung wird jedoch durchaus als eines der Resultate hier behandelter und angeprangerter Zu- bzw. Missstände gesehen, weil – wie es der Verfasser des aktuellsten, um die „Rekonsolidierung" der Allgemeinen Pädagogik bemühten Werkes, Armin Bernhard (2011, S.12), formuliert – „der Spezialisierungsdruck die Erziehungswissenschaft in steigendem Maße zu einer Vollzugswissenschaft wirtschaftlich-politischer Interessen herabwürdigt." Der Zusammenhang zum in Folge untersuchten, als „Informationalismus" benannten Gesellschaftssystem ist auch schon daran erkennbar, dass die „Dauerkrise" der Allgemeinen Pädagogik gemeinsam mit seinem Aufstieg begann – Mitte der 1970er Jahre (vgl. Kauder 2010, S.26) – und sich in seiner Hochphase – d.h. ab dem ersten Drittel der 1990er Jahre – zu einem vermeintlich endgültigen Niedergang auswuchs (ebd., S.9).

Von dieser Allokation ausgehend und in Kombination mit der Intention, komplexe Zusammenhänge sowie Interdependenzen begreiflich zu machen, ist es naheliegend, auf Verfahren der geisteswissenschaftlichen Hermeneutik zurückzugreifen, die als „Verstehen als Methode" bzw. als „Kunstlehre des Verstehens" (Gudjons 2003, S.56) bezeichnet wird. Dabei ist es jedoch nicht zielführend, einzelne hermeneutische Modelle – wie z.B. jenes der „Objektiven Hermeneutik" nach Ulrich Oevermann (siehe u.a. 1993) – zur Gänze zu übernehmen. Denn im Kern sind sie alle darauf ausgerichtet, Verfasser/innen akademischer Abhandlungen dabei zu unterstützen, sich von ihrem jeweiligen, auf eigenen Erfahrungen und Gesinnungen basierenden Vorverständnis zu befreien, um zu einer von der Materie distanzierten sowie persönliche Meinungen hintanstellenden Sichtweise zu gelangen. Das Verfolgen eines solchen Planes hatte und hat noch immer in zahlreichen Situationen unbestreitbar seine Berechtigung. Im vorliegenden Kontext ist es jedoch insofern kontraproduktiv, als eines der zentralen Kennzeichen der hier analysierten und kritisierten sozialen Organisationsform gerade im Fehlen eindeutiger Positionierungen ihrer Hauptakteur/innen besteht – v.a. in Bezug auf Themen von „allgemeiner" Relevanz, was auch einen Teil der Erklärung für den schlechten Stand der Allgemeinen Pädagogik heutzutage bildet.[3]

In einem unter das Motto des Endes der Ideologien sowie „Metaerzählungen" gestellten Zeitalter erweist sich die von subjektiven Auffassungen entledigte Betrachtung von Fakten – welche bekanntlich in letzter Konsequenz in keinem Prozess und schon gar nicht in einem wissenschaftlichen Projekt jemals endgültig erreichbar ist[4] – nicht mehr als das erstrebenswerte (Fern-) Ziel, als welches es von den Begründer/innen der Wissenschaftstheorie gedacht war. Die Fähigkeit so zu tun, als wäre man dazu fähig, einen objektiven Blickwinkel einzunehmen, avanciert vielmehr zur Grundbedingung für die Karriere in fast allen verantwortungsvolleren Positionen. Das gilt für Angehörige sämtlicher Berufsgrup-

---

[3]  In der Einleitung des Werkes, in dem Armin Bernhard sich um eine „Rekonsolidierung" der Allgemeinen Pädagogik bemüht, schreibt er: „In dem Maße, wie die Bereitschaft der Gesellschaft schwindet, sich Rechenschaft über ihren eigenen Entwicklungsstand abzulegen, in dem Maße delegiert sie die Bearbeitung ihrer Probleme an spezielle pädagogische Praxen, die jene jedoch prinzipiell nicht lösen können, weil der gesellschaftliche Verursachungszusammenhang, in dem sie angelegt sind, kaum mehr ins Blickfeld rückt." (Bernhard 2011, S.11)

[4]  Explizit auf die Pädagogik bezogen ist dazu mit Bernhards (2011, S.364) Worten festzustellen, dass der Abstand, aus dem heraus sie ihre Erkenntnisse zu gewinnen versucht „immer nur eine relative Distanz sein kann, da auch die erziehungs- und bildungswissenschaftliche Forschung eine soziale Praxis darstellt, die von der Gesellschaft und ihrem Macht- und Herrschaftsgefüge nicht isoliert werden kann."

pen, deren Ansichten für die folgenden Argumentationen von herausragender Bedeutung sind – also für Politiker/innen, Wirtschaftstreibende und Pädagog/innen. So unterschiedlich ihre Professionen auch sein mögen, gemeinsam haben sie, dass individuelle, „parteiische" Haltungen, für die man einzustehen bereit ist, und erst recht Emotionen keinen Platz haben. Umso mehr trifft das auf Forscher/innen zu.

In einer derartigen Lage sind wissenschaftliches Arbeiten im Allgemeinen und die Anwendung hermeneutischer Verfahren im Besonderen in ihren strengen Ausprägungen und Auslegungen in Hinblick auf Inhalte, deren Relevanz die engen Grenzen einer spezialisierten Unterdisziplin überschreitet, kaum möglich. Denn wie soll man das eigene Vorverständnis zu übergeordneten Themen hinterfragen, wenn man gar keines vorzuweisen hat? Auf die hier behandelte Materie bezogen heißt es, dass erst die Formulierung eines eindeutigen persönlichen (und damit subjektiven) Standpunktes dazu, welche Entwicklungen im Bildungsbereich grundsätzlich (und nicht nur hinsichtlich einzelner spezifischer fachdidaktischer Vorgänge) als An- sowie Erstrebenswert zu betrachten sind, es uns sowohl als Praktiker/innen als auch als Theoretiker/innen ermöglicht, weitere konkrete Schritte zu unternehmen, um das gesamte System, in dem wir tätig sind, ein Stück weit zu verbessern.

Genau zu einer solchen individuellen Meinungsbildung und/oder -präzisierung soll das vorliegende Buch bei seinen Leser/innen beitragen. Um das zu erreichen, macht es durchaus Sinn, auf *manche* Methoden des hermeneutischen Verfahrens zurückzugreifen. So ist bei der Analyse wichtiger dargestellter Aussagen nach den (weltanschaulichen) Hintergründen ihrer Autor/innen, ihrer Entstehungssituation, ihren gesellschaftlichen und geschichtlichen Kontexten sowie danach zu fragen, was mit den eingesetzten Hauptbegriffen tatsächlich impliziert ist (vgl. Krüger 2009, S.188f; Rittelmeyer; Parmentier 2001, S.1). Dabei ist die hermeneutische Hoffnung, dass Forscher/innen aus der Perspektive des historischen Abstandes Äußerungen besser verstehen könnten, als jene, die sie selbst getätigt haben (vgl. Krüger 2009, S.184), vielleicht zu hoch gesteckt. Durchaus möglich erscheint es jedoch, mit Unterstützung entsprechender Herangehensweisen das zu begreifen, was die Urheber/innen lediglich „zwischen den Zeilen" durchklingen lassen wollten, oder auch gänzlich zu verschweigen bedacht waren. Bezüglich Letzterem ist es v.a. in Hinblick auf politische Statements sehr hilfreich, das Angekündigte mit dem faktisch Durchgeführten zu vergleichen, um auf das Beabsichtigte dahinterzukommen.

Der „hermeneutischen Zirkel" kommt in einer abgewandelten Form und auch das lediglich am Beginn der Arbeit zum Einsatz: In den Kapiteln zwei und drei erfolgt die kaum kommentierte Vorstellung von Postulaten prominenter Theoretiker/innen zum Thema Gesellschaft, Ökonomie und Bildung, deren (zum Teil heftigste) Kritik anderer Analytiker/innen am Anfang des Kapitels vier präsentiert wird, jedoch nur, um gleich daraufhin eine Gegenkritik und damit eine Art „Apologie" nachzureichen. Daraus resultiert jedoch keinesfalls ein Kreis, der zum Schluss an seinem Ursprung anlangt, sondern eine „hermeneutische Spirale" (siehe dazu z.B. Bolten 1985), die uns auf eine nächste Ebene des Forschungsprozesses bringt. Denn erst davon ausgehend wird deutlich, dass die von praktischen Kontexten entkoppelte Bewertung sozialer Expertisen wenig Erkenntnisgewinn verspricht. Deswegen findet daraufhin eine Fokussierung auf Entwicklungen statt, die direkter mit unserer Alltags- und Lebenswelt in Verbindung stehen: auf die Politik im hier behandelten Zeitraum und auf ihre konkreten Auswirkungen auf den Bildungssektor. Die Kritik an den in einem solchen Rahmen gewonnenen Erkenntnissen überlässt der Autor jedoch genauso größtenteils Anderen, wie er auf eine entsprechende Selbstverteidigung weitgehend verzichtet. Denn auch sein ganz persönliches Ziel dieser Arbeit besteht darin, zu einer klareren Positionierung zu hier behandelten Fragestellungen zu gelangen – durchaus um den Preis, dass seiner Arbeit der Vorwurf einer mangelnden Objektivität gemacht werden kann.

### 1.5 Quellenauswahl

Bei jeder auf Literaturrecherchen basierenden wissenschaftlichen Abhandlung ist man mit der Schwierigkeit konfrontiert, zu entscheiden, welche Texte zur Analyse herangezogen werden sollen. Die generelle Problematik, dass das Zitieren von Tatsachenbeschreibungen immer die Meinungen der jeweiligen Verfasser/innen mittransportiert und folglich unausweichlich die Fakten verzerrt, wird im Falle der hier bearbeiteten Thematik insofern verstärkt, als es in Hinblick auf den – gleich zu behandelnden – „Informationalismus" um den Untergang eines vorhin sämtliche Gesellschaftsbereiche dominierenden Systems geht. Unter solchen Umständen fallen seine Grundideen sowie damit zusammenhängende Zugangsweisen automatisch in „Ungnade", weswegen es schnell zu einer allgemeinen Gepflogenheit avanciert, heftigste Kritik an ihnen zu üben. Dabei sind die persönlichen Intentionen der Tadelnden nicht immer offen gelegt und ebenso manchmal eine wenig fundierte Beschäftigung mit der Materie zu verzeichnen.

Gerade eine derartige Hürde erleichtert aber das Treffen eines für das vorliegende Buch zentralen methodischen Entschlusses: Aussagen an denen eine eindeutige (Vor-)Verurteilung der besprochenen sozialen Organisationsform festzustellen ist, werden mit größter Vorsicht behandelt – und auch das erst zunehmend zum Schluss der Arbeit hin. Stattdessen erfolgt eine Schwerpunktsetzung auf die Zusammenfassung von Originaläußerungen der wichtigsten Proponent/innen des hier untersuchten Gesellschaftskonzeptes sowie auf die Betrachtung von ihm wenigstens teilweise Wohlwollen entgegenbringenden Expertisen, wobei Großteils eine selbstständige (jedoch mit anderen Quellen abgeglichene) Analyse entsprechender Darlegungen stattfindet.

Wie an der Letzteren unmissverständlich zu erkennen sein wird, besteht der Grund dafür keinesfalls in einer unkritischen Haltung des Autors den beschriebenen Prozessen gegenüber. Vielmehr fußt diese Vorgangsweise auf der Überzeugung, dass eine vorschnelle Brandmarkung des Ansatzes die Sicht auf seine Hintergründe verstellen und damit ebenso den Blick auf die Motive sie befördernder Hauptpersonen verschleiern könnte. Ein intensives Berufen auf von Kolleg/innen Beanstandetes wäre demnach einerseits mit der Gefahr verbunden, besonders spannende, bisher wenig berücksichtigte und vielleicht sogar in ihrer Tragik bislang unterschätzte Aspekte unbeachtet zu lassen. Zugleich würde drohen, dabei „das Kind mit dem Bade auszuschütten" – d.h. berechtigte Anliegen zu übersehen und davon ausgehend in dem Rahmen entfaltete Ideen zu ignorieren, die nicht nur für das erforschte Zeitalter, sondern ebenso für unsere Gegenwart und folglich auch Zukunft von Relevanz zu sein vermögen.

Die Auswahl der zu durchleuchtenden pädagogischen Zugänge ist hingegen einfacher zu bewerkstelligen: Gemäß dem Thema „Bildung in politökonomischen Kontexten" sowie der Tatsache, dass bildungspolitische Initiativen in der Ära und v.a. auf dem Höhepunkt des hier analysierten Systems fast ausschließlich auf den Ausbau im Bereich der Informations-

# 1. Einleitung

und Kommunikationstechnologien ausgerichtet waren, werden nur jene pädagogischen Strömungen behandelt, deren Vertreter/innen die Bedeutung ihrer Ansätze zumindest bis zu einem gewissen (zumeist jedoch zu einem sehr hohen) Grad mit jeweils zeitgenössischen wirtschaftlichen Prozessen und/oder mit dem technologischen Fortschritt argumentierten. Schließlich sind an ihnen die Interdependenzen zwischen der Ökonomie und der Bildung am besten zu erkennen. Alle anderen pädagogischen Konzeptionen, welche es in der Epoche gab, finden bewusst keine Erwähnung, woraus weder ihre Geringschätzung noch ihre vollständige Affirmation von Seiten des Autors abzuleiten sind.

Eine weitere Eingrenzung des Forschungsfeldes ergibt sich aus der Kombination der Fokussierung auf die (in der jüngeren Geschichte verwurzelten) Ursachen des gegenwärtigen Zustandes des Bildungssektors damit, dass die Arbeit an Leser/innen adressiert ist, die selbst in pädagogischen Bereichen praktisch und/oder theoretisch tätig sind: Am Beginn der 2010er Jahre (tages-)aktuelle Vorgänge, wie die PISA-Tests, der Bologna-Prozess und auch Lehr-/Lernkonzepte, welche auf Ausfaltungen des „Mitmachnetzes" bzw. des Web 2.0 basieren, werden hier nicht berücksichtigt. Denn einerseits sind ihre Grundideen sowie Auswirkungen der Zielgruppe größtenteils bekannt und andererseits werden sie vom Autor in Hinblick auf zahlreiche Parameter als Fortsetzung im vorliegenden Buch beschriebener Entwicklungen betrachtet, weswegen ihre Darlegung zahlreiche Redundanzen mit sich bringen würde.[5]

## 1.6 Grundhypothese – Informationalismus

Der letzte, zentrale methodische Ansatz betrifft die Frage, wie die Untersuchung aller besprochenen Prozesse strukturiert werden kann und welche Möglichkeiten es gibt, eine Vergleichbarkeit der Ausprägungen hier behandelter oft weit voneinander entfernter Gesellschaftsgebiete sowie Wissenschaftsdisziplinen zu erzielen. Als Antwort darauf wurde die begriffliche und zeitliche Bestimmung dessen entwickelt, was im vorliegenden Buch als „Informationalismus" bezeichnet wird, wobei seine drei Einzelparameter als Blickwinkel dienen, aus denen die meisten Betrachtungen erfolgen.

Der Terminus wird jedoch nicht lediglich zur Unterstützung der formalen Gliederung eingesetzt, sondern bildet in Gestalt der gleich zu präsentierenden Definition eine der wichtigsten forschungsleitenden Annahmen des gesamten Werkes. Zu ihr gehört untrennbar das Postulat, dass die unter diesem Motto einzuordnende Ära mit Beginn der aktuellen Weltwirtschaftskrise zu Ende gegangen sei. Für die Hauptperspektive der Arbeit ist eine solche These insofern von essentieller Bedeutung, als die Idee der hier im Mittelpunkt stehenden Bildungsgesellschaft niemals als ein eigenständiges, detailliert ausformuliertes Konzept existierte.[6] Wie im dritten Kapitel deutlich wird, entfaltete sich die Auffassung, dass wir in

---

[5] Der Ansatz des von „partizipativen" Medienanwendungen unterstützten Lernens weist neben vielen Aspekten, die es als ein direktes Nachfolgekonzept in der vorliegenden Arbeit beanstandeter Zugänge kennzeichnet, ebenso einige gegenläufige Tendenzen auf, welche als Potenziale betrachtet werden können, bisherige negative Entwicklungen zu durchbrechen. Obwohl (bzw. gerade weil) der Autor dieses Buches sich sowohl theoretisch als auch praktisch intensiv mit dem Thema beschäftigt (vgl. z.B. Pasuchin; Wijnen 2008), wird es hier bewusst nicht berücksichtigt. Und das nicht nur aus oben erwähnten Motiven, sondern ebenso, weil die Untersuchung entsprechender Inhalte Horizonte eröffnen würde, welche alleine aus Platzgründen im Rahmen dieser Abhandlung nicht erschlossen werden können.

[6] So gibt es auf Deutsch nur ganz wenige Publikationen, welche diesen Begriff im Titel tragen – die nach Meinung des Autors wichtigste davon wird im Abschnitt 7.4. besprochen. Auf Englisch sind zwar zahlreiche

einer Welt leben, in der das durch Lernen akkumulierte Wissen die zentrale wirtschaftliche Ressource darstellt, viel mehr im „Windschatten" der Visionen einer von neuen Technologien beflügelten Informationsgesellschaft. Insofern ermöglicht erst die ausführliche Analyse der Letzteren valide Aussagen bezüglich der Ersteren. Anders ausgedrückt: Wenn man wissen will, wie es um die Bildungsgesellschaft steht, muss man verstehen, in welcher Lage sich die Informationsgesellschaft befindet.

Die aktuelleren akademischen Diskussionen darüber können am besten unter dem Begriff „Informationalismus" subsumiert werden. Ihn führte der als bedeutendster zeitgenössischer Mediensoziologe geltende Manuel Castells in den wissenschaftlichen Diskurs ein und behandelte ihn v.a. im ersten Teil seiner Ende der 1990er Jahre erschienenen Trilogie *Das Informationszeitalter*. Was Castells konkret mit dem Terminus impliziert, wird in Abschnitt 2.4.1. ausführlich besprochen. An dieser Stelle ist vorauszuholen, dass er den Informationalismus größtenteils auf seine Dimension als Wirtschaftsform reduziert, was nach Meinung des Autors eine erhebliche Einengung der Perspektive bildet. Denn Castells verwendet den Begriff zwar mehr oder weniger synonym mit jenem des „informationellen Kapitalismus", vernachlässigt dabei aber zumeist die Tatsache, dass ein System, wie der Kapitalismus, viel mehr beinhaltet, als nur eine bestimmte Art der Organisation wirtschaftlicher Prozesse. Um solchen über das rein Ökonomische hinausgehenden Aspekten Rechnung zu tragen, wird im vorliegenden Buch von folgender Definition ausgegangen:

*Informationalismus = technikdeterministische, neoliberale Metaideologie*

Zwecks der Erleichterung des Verständnisses, erfolgt gleich eine komprimierte Eingrenzung hier eingesetzter Unterbegriffe (ausführlichere Definitionen siehe Unterkapitel 2.5.):
- *Technikdeterminismus* = Primat des technologischen Fortschritts vor allen anderen sozialen Prozessen.
- *Neoliberalismus* = Ideal einer absolut „freien", von allen staatlichen Regulationen „entfesselten" Marktwirtschaft.[7]
- *Metaideologie* = Auflösung sämtlicher bisheriger Weltanschauungen in einer diffusen Gesinnung der (angeblichen) Gesinnungslosigkeit.

Auch der zeitliche Verlauf der Entfaltung des Informationalismus soll gleich zu Beginn zur Vereinfachung der historischen Einordnung der weiteren Ausführungen schematisch darge-

---

Veröffentlichungen zu finden, die mit „Learning Society" überschrieben sind. Diese fokussieren sich aber fast ausschließlich auf Fragen der Erwachsenenbildung (vgl. z.B. Belanger; Tuijnman 1997) und bieten folglich nicht viele Ansätze, die für den gesamten gesellschaftlichen sowie politökonomischen Diskurs um Lernen und Lehren relevant wären. Die Behandlung der bedeutendsten unter ihnen findet im Abschnitt 1.8.2. statt.

[7] In der vorliegenden Arbeit erfolgt die Verwendung des Terminus Neoliberalismus ausschließlich in der Art, wie er seit den 1970er Jahren – v.a. in Folge der Reformen der „Chicago Boys" in Chile – allgemein konnotiert wird. Als seine wichtigsten Wegbereiter werden Friedrich August von Hayek und Milton Friedman betrachtet, die im Grunde eine radikale „klassisch"-liberale politökonomische Position vertraten, indem sie massiv für einen größtmöglichen Rückzug des Staates aus allen wirtschaftlichen Angelegenheiten plädierten (vgl. Willke 2003). Andere – z.T. von der Ersteren stark abweichende – Zugangsweisen zu diesem Begriff finden hier keine Berücksichtigung (ausführlich zu seiner Genese siehe Boas; Gans-Morse 2009; vgl. auch Schäfer 2009, S.27ff).

stellt werden. Dabei ist zu betonen, dass es sich bei der Skizze naturgemäß um eine die Fakten stark simplifizierende Präsentation handelt. So gilt bereits hinsichtlich des angegebenen Anfangs- und Endpunktes, dass gesellschaftliche Organisationsformen sich niemals nahtlos gegenseitig ablösen, sondern lange in der jeweils vorangehenden „keimen" und auch innerhalb der an sie anschließenden „nachwirken". Dieser Sachverhalt wird in der unten angeführten Grafik durch strichlierte Linien vor der gewöhnlichen veranschaulicht, wobei Letztere den ungefähren Verlauf der Konjunktur des Informationalismus im besprochenen Zeitraum symbolisiert. Zusätzlich erfolgt die Angabe politischer und ökonomischer Ereignisse, welche für die Entwicklung des informationellen Kapitalismus von zentraler Bedeutung waren, wobei selbstverständlich kein Anspruch auf Vollständigkeit erhoben wird.

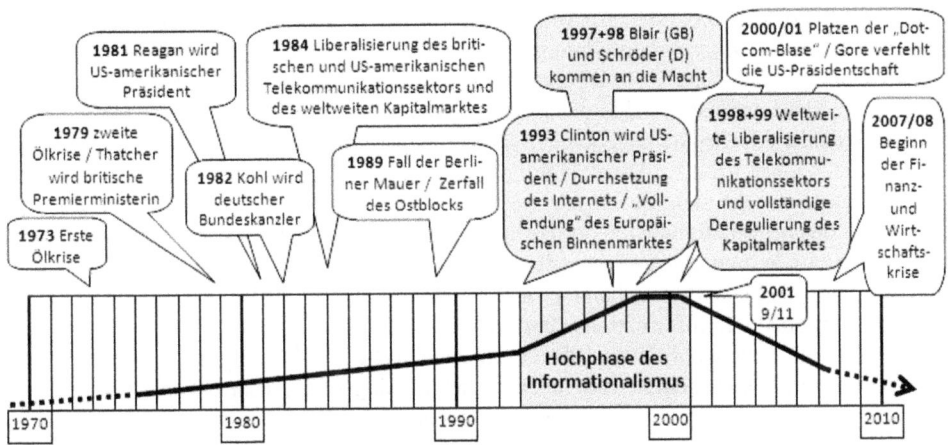

## 1.7 Aufbau der Arbeit

Alles bisher Angesprochene bildet das Vorverständnis des Autors ab, mit welchem er an den gesamten Schreibprozess heranging. Sämtliche weiteren Ausführungen sind unter anderem als Präzisierung, Überprüfung und (bei Bedarf) Anpassung dieser Arbeitshypothesen zu sehen sowie als eine aus dem Verfahren resultierende Ausformulierung möglicher Konsequenzen für das pädagogische Denken und Handeln.

So wird im *zweiten* – an die Einleitung anschließenden – Kapitel gleich die erste forschungsleitende Annahme unter die Lupe genommen, welche besagt, dass hier untersuchte Gebiete keine fixen Größen, sondern vielmehr fluktuierende Zustände bilden, die auf sozialen Abmachungen basieren, wobei es an dieser Stelle zunächst v.a. um die Wirtschaft geht. Zu einem solchen Zweck erfolgt eine Darstellung der zentralen, in erster Linie politökonomisch inspirierten Theorien der Informationsgesellschaft mit einer Schwerpunktsetzung auf jene des Namensgebers des in der vorliegenden Arbeit analysierten Konzeptes – auf die von Manuel Castells. Das dazu gehörende Zwischenfazit eröffnet die Möglichkeit, die als Grundhypothese formulierte Informationalismus-Definition im Rahmen der Zusammenfassung der präsentierten Gedankenkonstrukte auf ihre Gültigkeit hin zu durchleuchten.

Das *dritte* Kapitel widmet sich den bildungsrelevanten Zugängen aller besprochenen Konzeptionen, deren Behandlung zuvor bewusst ausgespart wurde, um sie hier in konzentrierter Form vorzunehmen. Dabei wird zu Beginn der (für den Bildungsdiskurs essentielle) Entwurf der Wissensgesellschaft dargelegt und analysiert. Diese Auseinandersetzung schließt mit dem Vergleich entsprechender Postulate innerhalb der Theorien ab, von deren im Zuge dessen deutlich zu Tage tretenden Analogien wesentliche Forderungen der (Wirtschafts- und Medien-) Soziologie an eine – aus ihrer Perspektive – zeitgemäße Pädagogik ableitbar sind.

Das *vierte*, auf die Zusammenfassung der Kritik sämtlicher vorgestellter theoretischer Herangehensweisen ausgerichtete Kapitel, untermauert nicht zuletzt die Behauptung der – wörtlich gemeinten – „Unberechenbarkeit" wirtschaftlicher Entwicklungen. Denn dabei wird deutlich, auf welch wackligem argumentatorischen und statistischen Fundament diesbezügliche Ausführungen stehen. Andererseits ist dieser Abriss deswegen kurz gehalten, weil eine solche Kritik vor dem Hintergrund der Tatsache, dass sie niemals von den persönlichen Intentionen der sie Vorbringenden frei sein kann, keinen großen Erkenntnisgewinn verspricht. Spätestens angesichts der Frage nach den von den Gegner/innen vorhin explizierter Gedankenkonstrukte angebotenen Interpretations- und v.a. Handlungsalternativen ist – im Rahmen einer Art „Apologie" – einiges des Beanstandeten wieder zu relativieren.

Dagegen erweist sich die im *fünften* Kapitel vorgenommene Auseinandersetzung mit der Praxis des Informationalismus in Form seines Einflusses auf das politische Denken und auf das darauf aufbauende Agieren der Regierenden in seiner Hochphase als bedeutend zielführender. Anhand dessen kann zwar keineswegs eine „Verwirklichung" der sich aus den Konzeptionen der Informations- und Wissensgesellschaft ergebenden Ansprüche konstatiert werden. Sehr wohl aber ist davon ausgehend die Aufdeckung dessen möglich, wie techikdeterministische, neoliberale und v.a. metaideologische Ansätze von Mächtigen ge- und missbraucht wurden, um ihre mit oben behandelten Theorien zumeist nur lose bzw. überhaupt nicht zusammenhängenden Ansinnen durchzusetzen, woraus – als schwerwiegendste Konsequenz – nicht zuletzt eine enorme Aushöhlung der Demokratie resultierte.

Eine solche Dar- und Bloßstellung kann im Rahmen der im *sechsten* Kapitel vorgenommenen detaillierten Aufarbeitung mit Bildung zusammenhängender informationalistischer Entwicklungen insofern zugespitzt werden, als der pädagogische Sektor als „Sturmzentrum" politökonomischer Prozesse zu betrachten ist und deshalb auch seine besonders intensive Nutzung als Arena für irreführende Kunstgriffe aller Art erfolgte. Ihre Entlarvung im Sinne des Aufzeigens der implizierten Motive hinter den explizierten Zielvorgaben und den tatsächlichen Handlungen sowie die Enthüllung der konkreten Auswirkungen der wirtschafts-, sozial- und bildungspolitischen sowie der damit unmittelbar zusammenhängenden pädagogischen Initiativen im Zeitalter des Informationalismus, bildet eines der wichtigsten Forschungsergebnisse der vorliegenden Arbeit.

Im *siebten* Kapitel wird eine der Grundthesen des gesamten Buches in Zweifel gezogen – jene, dass der Informationalismus zu Ende sei – und die Frage erhoben, ob wir vielleicht keinesfalls seinen Zusammen- sondern nur lediglich seinen Umbruch erleben, aus dem er im Endeffekt gestärkt hervorzugehen vermag. Aus der als Analysemethode eingesetzten Gegenüberstellung der Verheißungen des informationellen Kapitalismus mit seinen Konsequenzen in der heutigen Wirklichkeit kann v.a. eines abgeleitet werden: Als Gesellschaftskonzept, welches nicht lediglich einzelnen Individuen, sondern der gesamten Gemeinschaft zugutekommen soll, hat er eindeutig versagt. Nicht zuletzt wegen der engsten

1. Einleitung

Verknüpfung dieses Ideenkonglomerats mit der Vision von einer auf Bildung basierenden sozialen Organisationsform kristallisiert sich im Zuge der abschließenden kritischen Durchleuchtung bei ihrer Proklamation lancierter Versprechen im Vergleich zu den aktuellen Realitäten der Bankrott der Bildungsgesellschaft unübersehbar heraus.

Auf dieser Erkenntnis baut das als *achtes* Kapitel geführte Gesamtfazit auf, in dem nach einer knappen Zusammenfassung sämtlicher in Bezug auf Pädagogik relevanter Aussagen des Buches die Präsentation der persönlichen Schlüsse erfolgt, die der Autor aus seinen Analysen zieht – seines „Resümees über Bildungsgesellschaft". Bei aller vernichtenden Kritik am behandelten Zugang und seinen Implikationen in den jeweils bestehenden Formen ist das vorliegende Werk jedoch nicht alleine als eine „Abrechnung" (miss-) zu verstehen. Denn gleich anschließend bietet der Verfasser mit einem „vorausblickenden Rückblick" sowie mit der Formulierung dreier „postinformationalistischer Paradigmen" einige Anregungen, welche der Erreichung der zweiten zentralen Zielsetzung der Arbeit dienen sollen: Jener der (Wieder-) Entdeckung von Ansätzen sowie der Formulierung von Vorschlägen, wie ein gesamtgesellschaftlich betrachtet sinnvoller Fortschritt im Bildungsbereich in Hinblick auf das Verhältnis zwischen Pädagogik und Ökonomie aussehen könnte.

## 1.8 Grundaxiome des informationalistischen Bildungsdiskurses

Vor dem Einstieg in die Detailarbeit ist es – um das gesamte Untersuchungsfeld aus einer Art „Vogelperspektive" abzustecken – von Vorteil, eine grobe Zusammenfassung der Hauptargumentationslinien des Informationalismus vorzunehmen, mit einer Schwerpunktsetzung auf jene, die hinsichtlich des Themas Bildungsgesellschaft von besonderer Relevanz sind. Das erfolgt hier zwar anhand eines Dokumentes, das verfasst wurde, als (laut der oben dargestellten historischen Einordnung) dieses Gesellschaftssystem bereits den Höhepunkt seiner Ausfaltung überschritten hatte. Jedoch ist es nicht zuletzt genau deswegen von Interesse – quasi als ein riesengroß angelegter Versuch seiner Revitalisierung und damit Rettung.[8]

Gerade die Überdimensionierung des hinter dem Papier stehenden Projektes bildet den zentralen Grund dafür, warum es an dieser Stelle exemplarisch für unzählige andere Publikationen mit ähnlicher Stoßrichtung[9] besprochen wird. Denn es handelt sich dabei nicht um eines, das die Ansichten einzelner Autor/innen, der Führungen von Staaten oder von Staatenbünden abbildet, sondern das vorgibt, die Meinung des ganzen Planeten zu repräsentieren. Schließlich basiert es auf dem „Weltgipfel zur Informationsgesellschaft" (World Summit on the Information Society), zu dem sich vom 16. bis 18. November 2005 unter der Schirmherrschaft der Vereinten Nationen in Tunis 50 Staats- und Regierungschef/innen, 197 Minister/innen bzw. Staatssekretär/innen sowie zahlreiche einflussreiche Repräsentant/innen internationaler Organisationen, der Wirtschaft und der Zivilgesellschaft trafen (insgesamt 19.000 Teilnehmer/innen aus 174 Ländern). Dieser Versammlung ging auf dem

---

[8] Das Dokument beinhaltet auch zahlreiche Aussagen, die den hier vorgestellten widersprechen und damit deutlich auf den Niedergang des Informationalismus zum Zeitpunkt seiner Verfassung hinweisen. Davon wird jedoch nur eine der wichtigsten am Schluss dieses Abschnitts angeführt, da ein vertiefter Einstieg in die Thematik vom Hauptinhalt der vorliegenden Arbeit wegführen würde.

[9] Laut der ausführlichen Aufarbeitung der *Staatliche[n] Initiativen zur Förderung der Informationsgesellschaft* sind die Grundkomponenten der Regierungsprogramme zu diesem Thema in der gesamten OECD „erstaunlich ähnlich" (Breiter et al. 2007, S.5).

ganzen Erdball ein sechsjähriger (d.h. auf dem Höhepunkt des Informationalismus begonnener) intensiver Meinungsbildungsprozess voran, mit dem Ziel Wege zu erschließen, wie die Menschheit den Herausforderungen der digitalen Revolution begegnen könnte. Zu verschiedensten Unterthemen erarbeiteten eingeladene Expert/innen Positionspapiere und Strategiepläne, die bei zahlreichen nationalen und internationalen Konferenzen beraten wurden, um die Ergebnisse in den globalen Meinungsaustausch beim „Weltgipfel" einfließen zu lassen. Parallel dazu wurde von der UNESCO eine mit über 20 hochkarätigen Wissenschaftler/innen besetzte Forschungsgruppe damit beauftragt, den hier behandelten „Weltbericht" zu den Auswirkungen neuester technologischer Umwälzungen auf Wissenschaft, Kultur und Bildung zu verfassen. (vgl. WSIS o.J.; UNESCO 2005, S.20f)

Ein weiteres Argument dafür, diesem Dokument besondere Beachtung zu schenken, besteht in der – für staatliche Positionspapiere höchst ungewöhnlichen – Fundierung darin getätigter Aussagen mit zahlreichen Literaturquellen, von denen mehrere im folgenden Kapitel detailliert aufgearbeitet werden. Dadurch veranschaulicht es sehr deutlich die Analogien zwischen dem sozialwissenschaftlichen und dem politischen Diskurs – wenigstens in Hinblick auf explizierte Zielsetzungen, was selbstverständlich noch nichts über die implizierten Motive hinter den konkreten Realisierungsansätzen sowie erst recht nichts über ihre praktischen Effekte aussagt.

### *1.8.1 Sozioökonomische Auswirkungen der IKT-Entwicklung*

Bereits im Ankündigungstext des „Weltgipfels" wird als sein Hauptziel angegeben, Antworten auf die von der digitalen Revolution aufgeworfen brennenden gesellschaftlichen Fragen zu finden, da diese Umwälzung von den Motoren der Informations- und Kommunikationstechnologien (IKT) angetrieben alle unsere Lebensbereiche grundlegend umgestaltet haben soll (vgl. WSIS o.J.). Einer ähnlichen Rhetorik bedienen sich auch die Autor/innen des „Weltberichtes", wenn sie postulieren, dass wir heute Zeugen einer neuen, ihrer Zählung nach dritten industriellen Revolution sind – des Aufkommens einer globalen Informationsgesellschaft, in der die Technologie die Menge der verfügbaren Informationen und die Geschwindigkeit ihrer Übertragung über alle Erwartungen hinaus gesteigert (UNESCO 2005, S.45, S.18f) und damit die Erzeugung des Wissens erheblich beeinflusst hat (ebd., S.47).

Jedoch distanzieren sich die Verfasser/innen gleich zu Beginn vom Begriff der „Informationsgesellschaft", welcher der gesamten Veranstaltung vorangestellt war. Nicht zuletzt, weil ihrer Meinung nach Informationen an sich zumeist noch keinen Sinn ergeben, sondern lediglich eine ungeordnete Masse von Daten darstellen. Erst im Zuge ihrer kritischen Auswahl, Bewertung und (Neu-) Zusammensetzung avancieren sie zum Wissen und erlangen damit einen tatsächlichen Wert (vgl. ebd.; vgl. S.38). Laut der Forschergruppe hat eine auf Informationen bzw. auf den mit ihnen zusammenhängenden Technologien aufbauende Gesellschaftskonzeption folglich lediglich dann eine Existenzberechtigung, wenn sie zu einem viel höheren und erstrebenswerteren Ziel führt: zur Entfaltung einer globalen „Wissensgesellschaft" (S.27), weswegen sie auch ihren Bericht mit *Towards Knowledge Societies* betiteln.

Der enorme Stellenwert des Wissens wird in diesem Report in erster Linie mit seiner außerordentlichen wirtschaftlichen Bedeutung begründet – mit der Umwandlung unserer gesamten Ökonomie in eine, die auf Wissen basiert. Den entsprechenden Terminus der „wissensbasierten Ökonomie" definieren die Expert/innen der UNESCO als einen spezifischen Entwicklungsschub des Kapitalismus, welcher von neuartigen Formen der Erzeugung, des Erwerbs und der Verbreitung des Wissens ausgelöst wurde (vgl. S.46, S.14). Dabei beschränken sich diesbezügliche Prozesse ihrer Ansicht nach keinesfalls auf den Hochtechnologiesektor, sondern betreffen fast alle Wirtschaftsbereiche (S.46). Das veranschaulichen sie u.a. damit, dass der Wert von Unternehmen heute vielfach nicht ausgehend von ihren tatsächlichen Profiten, sondern von den darin (potenziell) generierten Ideen und Innovationen bemessen wird, wobei sie beide letztgenannten Termini mit jenem des Wissens gleichsetzen (vgl. S.49f). Davon ausgehend prophezeien sie eine zunehmende Ausrichtung von immer mehr beruflichen Tätigkeiten auf die Produktion, den Austausch und die Transformation von Information bzw. Wissen, bis hin zu einem Zustand, in dem die gesamte Gesellschaft zur Gänze mit der Verarbeitung eines kontinuierlichen Stromes neuer Erkenntnisse beschäftigt sein wird (vgl. S.59).

Die – vieler Orts beschworene – Gefahr eines aus der technologischen Entwicklung resultierenden Verdrängens der Menschen aus Arbeitsprozessen streiten die Autor/innen des Dokuments alleine schon deswegen vehement ab, weil ihnen zufolge gerade die Reflexionsfähigkeit der Individuen unerlässlich ist, um Informationen in Wissen zu verwandeln. Dagegen postulieren sie, dass uns der IKT-Fortschritt im Gegenteil zahlreiche Möglichkeiten gewährt, unsere Vorstellungskraft und Kreativität verstärkt zu entfalten. Erstens, weil neue Medien es ermöglichen, immaterielle „interne" humane Prozesse (Träume, Gedanken, Konzepte etc.) zu materialisieren sowie zu „externalisieren" (S.51). Zweitens eröffnet der die Aktivität befördernde interaktive Charakter digitaler Netzwerke ihren Nutzer/innen bis dahin unerreichbare Gestaltungsspielräume (S.50f). Zwar wollen die Expert/innen nicht so weit gehen, zu behaupten, in der Wissensgesellschaft würde jeder Mensch zur/m Wissenschaftler/in oder Künstler/in avancieren. Jedoch lassen ihrer Meinung nach die aktuellen – und hier v.a. internetbasierten – Technologien die Trennlinie zwischen Erzeuger/innen sowie Konsument/innen entsprechender Produkte zunehmend erodieren. Wir alle steigen so zu Repräsentant/innen der neuen Kultur des Informationszeitalters auf (S.53, vgl. S.47).

Letztgenannte Prozesse sind keineswegs lediglich in Hinblick auf die geistigen Bedürfnisse der Menschen von Relevanz, sondern weisen nach Ansicht der Verfasser/innen durchaus „handfeste" materielle Hintergründe und v.a. Auswirkungen auf. Denn einerseits werden immer mehr Konsumgüter mit sich in einem fortwährenden Erneuerungsprozess befindenden ästhetischen Elementen angereichert, weswegen Innovation und Kreativität zu einem zentralen Eckpfeiler der modernen Ökonomie aufrückt (vgl. S.60). Damit hängt andererseits die Tatsache unmittelbar zusammen, dass die Kompetenz zum innovativen und kreativen Denken sowie Handeln mit steigender Intensität eine Grundvoraussetzung für die Erfüllung der meisten beruflichen Aufgaben bildet – alleine schon deswegen, weil derartige Fähigkeiten es uns ermöglichen, festgefahrene Abläufe zu hinterfragen und Muster zu durchbrechen, um besser auf unerwartete Herausforderungen reagieren zu können (vgl. S.19).

*1.8.2 Learning Society / Bildungsgesellschaft*

Die Zunahme der Bedeutung von Kreativität und Innovation in der gesamten Wirtschaft und damit ebenfalls hinsichtlich der „Beschäftigungsfähigkeit" von Individuen wird von den mit der Verfassung des Reports beauftragten Wissenschaftler/innen auch als Hauptargument dafür angeführt, warum dem Lernen heute ein herausragender Stellenwert zukommt bzw. unbedingt eingeräumt werden müsste (vgl. S.57). Lernen bezeichnen sie als den Schlüsselwert (key value) der Wissensgesellschaft (S.60) und gehen sogar so weit zu behaupten, dass eine solche auf die aktuellen – aus dem Aufkommen neuer Technologien resultierenden – Veränderungen adäquat zu reagieren fähige soziale Organisationsform sich nur in dem Fall wirklich zu entfalten vermag, wenn sich das Weltkollektiv zu einer *lernenden* Gemeinschaft entwickelt (S.54f, Hervorhebung des Begriffs „learning" im Original, vgl. S.59). Das bereits seit 1948 international verankerte Menschenrecht auf Bildung für alle Erdbewohner/innen bezeichnen sie (ausgehend von einer entsprechende Aussage des damaligen Generaldirektors der UNESCO Koïchiro Matsuura) als eines, das erst die Grundlage sämtlicher weiterer darstellt (S.70, vgl. S.28).

In Anlehnung an die Ausführungen der Autor/innen des Weltberichts könnte man die derzeitige Epoche prinzipiell mit dem Begriff der Bildung apostrophieren. Denn ihnen zufolge entstand in den letzten Jahrzehnten vor dem Hintergrund des Aufschwungs der Wissensgesellschaft ein völlig neuartiger philosophischer, sozialer sowie politischer Zugang zur Bildung (S.68). Parallel dazu breitete sich das „Lernmodell" weit über die Grenzen von Bildungsinstitutionen aus (S.57). Seit den 1970er Jahren erleben wir laut den Expert/innen den Übergang zu einer „learning society", in der Bildung nicht länger ein Privileg der Eliten darstellt, sondern sich mit steigender Intensität auf die ganze Gesellschaft sowie auf die gesamte Lebensspanne der Individuen erstreckt (S.20, S.57).

Letzteres wird in erster Linie damit begründet, dass in einer – v.a. auf Basis technologischer Fortschritte – zunehmend komplexen (Berufs-) Welt Menschen gezwungen sind, im Verlauf ihrer Arbeitskarriere immer häufiger den Job zu wechseln. Insofern veralten einmal erworbene Fertigkeiten, Kenntnisse und Fähigkeiten mit rasanter Geschwindigkeit (vgl. S.57, S.59, S.61, S.77) – im deutschsprachigen Raum spricht man in einem solchen Zusammenhang von der ständig sinkenden „Halbwertszeit" des Wissens. Die Notwendigkeit der Bewältigung des raschen Wandels ökonomischer sowie gesellschaftlicher Verhältnisse führt dazu, dass Ausbildung heute keinesfalls auf das Erlernen einer einzelnen Spezialisierung reduziert werden darf (S.77), da diese nach Abschluss der Schulungsmaßnahme in vielen Fällen bereits obsolet sein wird (vgl. S.61). Gleichzeitig muss auch der Begriff der Grund- bzw. Allgemeinbildung vollkommen umdefiniert werden. Anstatt um die passive Erschließung eines genau vorbestimmten Wissenskanons sollte man sich intensiv um den aktiven Erwerb flexibler Lernkompetenzen bemühen (vgl. S.61, S.74). Dabei besteht das wichtigste Ziel darin, zu lernen, wie man lernt, um sich in jeder auch noch so unerwarteten beruflichen Situation die neuen dafür benötigten Kenntnisse sofort aneignen zu können (vgl. S.57, 74).

Dass solche Prozesse die institutionelle Bildung nach Ansicht der Expert/innen vor enorme Herausforderungen stellen, liegt auf der Hand. Dabei ist sie nicht nur mit der Tatsache ihres sinkenden Bedeutungsverlustes angesichts des – mit dem lebenslangen Lernen unmittelbar einhergehenden – Aufschwungs des außerinstitutionellen (d.h. vor allem des beruflichen bzw. berufsbegleitenden) sowie des informellen (d.h. außerhalb sämtlicher Bildungsanstalten stattfindenden) Lernens konfrontiert (vgl. S.57, S.63, S.69, S.79), sondern muss auch ihre gesamten bisherigen Vermittlungsmethoden schnellstens einer vollständigen Revision unterziehen. U.a. ist den Autor/innen des Weltberichts zufolge die Schwerpunktlegung auf fächerübergreifendes und interdisziplinäres ganzheitliches Lernen – mit dem Ziel der Vermeidung eines zerstückelten Kenntniserwerbs – genauso unabdingbar, wie jene auf handlungsorientiertes „learning by doing" und auf die Förderung von Kompetenzen zur selbstständigen aber auch kooperativen aktiven Wissenserschließung sowie -konstruktion (vgl. S.57, S.61, S.74, S.82.).

Um das umsetzen zu können, ist es laut den Verfasser/innen außerdem notwendig, bisherige Prüfungs- und Bewertungsmethoden vollkommen zu überdenken – z.B. positionieren sie sich deutlich gegen s.g. multiple choice-Tests und gegen die Beurteilung von Lernleistungen in Form von Noten (vgl. S.60ff). Daran ist ebenso ihr Plädoyer für eine radikale Änderung des Verhältnisses der Vermittler/innen von Schulungsmaßnahmen zu deren Empfänger/innen untrennbar geknüpft: Das bisherige Lehrer-zentrierte müsse demnach von einem neuen Lerner-zentrierten Paradigma abgelöst werden (S.79). Gestalter/innen von Ausbildungsarrangements dürfen sich dabei keinesfalls (wie bisher) als unhinterfragbare Autoritäten begreifen, die ihre Schüler/innen sowie Studierenden auf die Auf- bzw. Übernahme eines minutiös ausformulierten Wissenskodexes drillen, sondern als Betreuer/innen und Begleiter/innen von zunehmend von ihren Adressat/innen selbst regulierter Lernprozesse (vgl. S.82).

Bei der Erfüllung all der aufgezeigten unaufschiebbaren Aufgaben versagt das Bildungssystem jedoch nach Meinung der mit der Expertise beauftragten Wissenschaftler/innen mehr als kläglich. Seine Defizite gehen so weit, dass sogar in den am meisten entwickelten Ländern dieser Welt bis zu einem Viertel der Bevölkerung von ihm nicht mit den Kompetenzen ausgestattet wird, welche diesen Menschen eine vollständige Teilnahme am Arbeitsmarkt und damit auch am gesellschaftlichen Leben ermöglichen würde. Den Hauptgrund für die Krise der institutionellen Bildung sehen sie v.a. in ihrer Resistenz gegen jeglichen größeren technologischen sowie sozialen Wandel. Daraus resultiert eine ständig wachsende Kluft zwischen einer boomenden Nachfrage nach Wissen und der dramatisch abnehmenden Effizienz sämtlicher für seine Vermittlung offiziell zuständiger Organisationsformen. Ein radikaler „Paradigmenwechsel" („paradigm shift" – S.60) in der gesamten Pädagogik avanciert folglich zum dringendsten Gebot der Stunde. (vgl. S.81)

*1.8.3 computer literacy und eLearning*

Gerade die Informations- und Kommunikationstechnologien, welche die digitale Revolution ausgelöst haben, stellen nach Ansicht der UNESCO-Forschungsgruppe auch die wichtigsten Werkzeuge zur Verfügung, mit deren Hilfe daraus resultierende Herausforderungen an das Bildungssystem am besten zu bewältigen sind. Die derzeitige Krise der institutionellen Pädagogik begründet sie nicht zuletzt mit dem eklatanten Widerspruch zwischen der medialen Vielfalt, der Kinder und Jugendliche in ihrem Alltagsleben ständig begegnen und dem verschwindend geringen Medieneinsatz an Ausbildungsstätten, wodurch sich Letztere immer mehr von der Lebenswelt ihrer Schüler/innen und Studierenden entfernen würden (vgl. S.81). Um diesen fatalen Prozess aufzuhalten, empfehlen sie, neue Technologien verstärkt in Unterrichtssituationen zu integrieren und sowohl die Methoden als auch die Ziele der Bildung entsprechend anzupassen.

Die intensive Nutzung von Computer und Internet ermöglicht ihrer Meinung nach nicht nur einen Anschluss an die wahren Interessen Heranwachsender, sondern eröffnet ebenfalls vollkommen neue Dimensionen des Lehrens und Lernens. Denn IKT stellen einerseits einen gewaltigen „Ideenpool" dar, andererseits erlaubt ihre Multimedialität sowie Interaktivität unterschiedlichste Informationen eigenständig und/oder in Zusammenarbeit mit Kolleg/innen aktiv zu verknüpfen sowie zu bearbeiten und ausgehend davon „echtes Wissen" zu generieren (vgl. S.47, S.64, S.77, S.81f). Außerdem befördern sie die Umsetzung zahlreicher vorhin besprochener neuartiger didaktischer Prinzipien bis hin zum Ausbau von Kompetenzen zur selbstständigen Problemlösung im Rahmen von Anwendungen, in denen praktisches Experimentieren an die Erschließung theoretischer Kenntnisse gekoppelt wird, was sowohl die Phantasie der Lernenden anregt als auch ihre Motivation enorm steigert (vgl. S.82). Somit steigt ihre Beherrschung zu dem auf, was im aktuellen pädagogischen Diskurs mit dem Begriff der „vierten Kulturtechnik" bezeichnet wird – also einer „computer literacy" (S.74), die analog zum Lesen, Schreiben und Rechnen für die Teilhabe an der zeitgenössischen Kultur und Gesellschaft unentbehrlich ist.[10] Folglich fordern die Autor/innen der Studie, die Schulung von Grundfertigkeiten zur Bedienung von IKT müsse sich im 21. Jahrhundert zum Hauptbestandteil der (Allgemein-) Bildung für alle Bürger/innen dieser Welt entwickeln (vgl. S.30), wobei institutionelle Wissensvermittlung zu diesem Zwecke völlig neu zu definierten und zu strukturieren wäre (vgl. S.81f).

Doch im Bildungszeitalter darf sich laut ihnen die Pädagogik auf keinen Fall auf klassische Unterrichtsszenarien fokussieren, sondern muss ein besonderes Augenmerk auf die autonomen, informellen Lernprozesse richten, die heute zu ständigen Begleitern der Menschen durch alle ihre Lebensphasen avancieren. In diesem Kontext setzen sie besondere Hoffnungen auf das eLearning – ein Begriff mit dem sie sowohl den Einsatz neuer Lernmedien an Ausbildungsstätten als auch und vor allem die computer- bzw. internetbasierte Fernlehre, den s.g. „virtuellen Unterricht" subsumieren. Das Bereitstellen von Werkzeugen zum orts- und zeitunabhängigen Lernen im Internet lässt ihrer Ansicht nach dieses zum führenden Medium der Selbstinstruktion aufsteigen, infolgedessen derartige Anwendungen das Lernen grundlegend revolutionieren würden (vgl. S.84ff, S.48, S.79). Die Expert/innen postulieren jedoch auch einen entsprechenden Rückkoppelungseffekt: Wenn beim lebenslangen Lernen neue Medien intensiv zum Einsatz kommen, würden fortwährende Weiterbildungen den Menschen gleichzeitig den Erwerb der „computer literacy" erleichtern – ihnen also dabei helfen, sich in jene Technologien einzuarbeiten, die ihnen vielfältige Chancen in verschiedensten Lebensbereichen bieten (vgl. S.81).

Dargestellte Entwicklungen müssen den Verfasser/innen des „Weltberichts" folgend natürlich zwangsweise zu einer Neudefinition der Rolle der Lehrer/innen sowie zu einer Reform

---

[10] Die Autor/innen des UNESCO-Berichts verwenden zwar den (im angloamerikanischen Sprachraum nicht so gebräuchlichen) Begriff der „vierten Kulturtechnik" nicht. Jedoch bezeichnen sie die Digitalisierung als eine „transferral technique", welche die Übermittlung von Traditionen tiefgreifend beeinflusst, was sie am Beispiel der computerunterstützten Archivierung von Kulturgütern belegen (vgl. UNESCO 2005a, S.52). Zum Einsatz und der herausragenden Bedeutung des Begriffs der „vierten Kulturtechnik" im deutschsprachigen Medienkompetenzdiskurs siehe z.B. Bertelsmann Stiftung 2002. Im angloamerikanischen Raum spricht man analog dazu im Zusammenhang mit der „computer literacy" vom „fourth R" – also einer Kompetenz, die mit Reading, wRiting, und aRithmetic gleichzusetzen ist (vgl. z.B. Robins; Webster 1999, S.187).

ihrer Ausbildung führen. Heute im Bildungssektor Tätige haben demnach nicht nur die zahlreichen gegenwärtig in Schulungssituationen benötigten technischen Fertigkeiten zu beherrschen, sondern nicht zuletzt dazu fähig zu sein, eine sinnvolle Auswahl aus dem ständig wachsenden Angebot an Lernprogrammen zu treffen. Vor allem müssen sie sich aber von ihrem klassischen Berufsbild verabschieden. Denn gerade der Unterrichtseinsatz von IKT würde im besonderen Maße den oben angesprochenen dringend notwendigen Rollenwechsel der Lehrenden von Vermittler/innen des Wissens zu Begleiter/innen selbstständiger Lernprozesse sowohl erfordern als auch befördern (vgl. S.82f). Ein solches Umdenken ist für diese Berufsgruppe insofern von existenzieller Tragweite, als laut den Autor/innen der Studie zahlreiche Analytiker/innen aktueller Umwälzungen im Bildungssektor längerfristig die Ablösung des gesamten derzeitigen Schul- und Universitätssystems durch internetgestützte Fernlehrmaßnahmen prophezeien (vgl. S.85f, S.83).

Zwar wird in der besprochenen Expertise darauf hingewiesen, dass es durchaus noch viele offene Fragen bzgl. der Validität des eLearnings gibt (S.86). Nichts desto trotz erschallt hier (wie in den meisten vergleichbaren Positionspapieren) der lautstarke Appell zu enormen politischen Anstrengungen – v.a. in Form hoher finanzieller Investitionen –, um neue Technologien in der Lehre zu verankern, sowie um das Lehrpersonal entsprechend zu schulen (vgl. S.74).

Die Kritik derartiger Zugänge wird im vorliegenden Buch an anderen Stellen detailliert aufgearbeitet (zu den Letzteren siehe Abschnitt 3.3.3. und v.a. Unterkapitel 6.2.). Um am Schluss dieser Einleitung die Stoßrichtung der gesamten Schrift zu verdeutlichen, soll hier lediglich eine Aussage der Verfasser/innen des UNESCO-Weltberichts erwähnt werden, mit der sie selbst auf einen der problematischen Aspekte ihrer gesamten eigenen, vorhin zusammengefassten Argumentationskette hinweisen:

*Das Interesse an kurzfristigen Auswirkungen der Einführung digitaler Technologien in die Bildung und das Lernen könnte in der Vernachlässigung einer tiefer gehenden Analyse deren neuer Inhalte, Qualitäten sowie Formate münden (S.21).*

# 2 Theorien der Informationsgesellschaft

Gerade einer solchen und weiteren analogen Perspektivenverkürzungen soll in der vorliegenden Arbeit massiv entgegengewirkt werden. Dafür ist es zunächst notwendig, der Genese gerade dargestellter Gedankenkonstrukte nachzugehen. D.h. die Frage zu beantworten, woher die Idee der Informationsgesellschaft stammt, auf der jene der Bildungsgesellschaft aufbaut. V.a. gilt e zu untersuchen, wie sie sich bis zum Höhepunkt des Informationalismus entfaltete, als das darauf basierende Gesellschaftskonzept zur alles beherrschenden (Meta-) Ideologie avancierte.

Zu diesem Zweck werden im folgenden Kapitel die international am meisten beachteten entsprechenden soziologischen Theorien aufgearbeitet (zu ihrem Stellenwert siehe v.a. Webster 2006 und Kumar 2005 aber auch Stehr 1994, Steinbicker 2004, Duff 2000, Mattelart 2003, Kübler 2005, Bittlingmayer; Bauer 2006 und Schaal 2006). Zuerst die von Daniel Bell, der heute (zumeist fälschlicherweise) als jener Mann gilt, der sämtliche in dem Rahmen lancierte Hauptbegriffe eingeführt hat. Seinen explizit dem rechten bzw. konservativen Gedankengut entspringenden Herangehensweisen wird ein linker, auf dem Marxismus basierender Ansatz gegenüber gestellt – der Post-Fordismus, welcher in der 1980er Jahren die soziologische Diskussion intensiv prägte, inzwischen jedoch (v.a. im deutschsprachigen Raum) größtenteils in Vergessenheit geratenen ist. Das dritte hier zusammengefasste Theoriegebilde steht unter dem Label der Post-Moderne, die sich insofern von den beiden davor behandelten unterscheidet, als alle ihre Vertreter/innen die hier dargestellten Prozesse in erster Linie von einer soziokulturellen Perspektive aus betrachten und erst darauf basierend damit verknüpfte politökonomische Entwicklungen analysieren. Schließlich erfolgt eine etwas detailliertere Präsentation der Positionen vom Manuel Castells, der – abgesehen davon, dass er den Begriff des Informationalismus in den Diskurs einbrachte – kein eigenständiges Konzept einer solchen Gesellschaftsform erschaffte, sondern eher alle wichtigen vor ihm bestehenden Zugänge zu einer ganzheitlichen Sichtweise integrierte und mit unzähligen v.a. aus der Wirtschaft stammenden Daten sowie Fakten fundierte. U.a. seine davon ausgehenden Aktualisierungen und Weiterentwicklungen brachten Castells den Ruf des heute bedeutendsten Vertreters dieser Forschungsrichtung ein.

Die gesamte Abhandlung ist von der Bemühung geprägt, die Grundpostulate der hier zu Wort kommenden Wissenschaftler/innen tunlichst originalgetreu zu reproduzieren und sämtliche persönliche Interpretationen zu vermeiden, um Leser/innen die Möglichkeit zu eröffnen, sich selbst dazu eine Meinung zu bilden. Nur in den – den ersten drei Unterkapiteln hintangestellten – Abschnitten zum Thema Metaideologie und Neoliberalismus erfolgt auch die Erwähnung mancher ihnen gegenüber kritischer Standpunkte, mit dem Ziel, entsprechende (eventuell nicht auf den ersten Blick erkennbare) informationalistische Aspekte dieser Theorien deutlicher hervorzuheben.

Im abschließenden Zwischenfazit werden sie alle noch einmal auf der Folie der vorhin dargelegten Informationalismusdefinition zusammengefasst und in Hinblick auf gegenseitige Differenzen sowie Analogien analysiert.

Dass Letztere beträchtlich überwiegen, hängt v.a. damit zusammen, dass die vorliegende Aufarbeitung keinesfalls einen Anspruch auf die Darstellung sämtlicher soziologischer Herangehensweisen zum Thema Informationsgesellschaft erhebt. Der Frage, ob es wirklich der japanische Anthropologe Tadao Umesao war, der den Begriff Informationsgesellschaft zum ersten Mal in einem Aufsatz aus dem Jahre 1963 gebrauchte oder doch der US-amerikanische Ökonom Fritz Machlup in seinem bereits 1962 erschienenen Buch *The Production and Distribution of Knowledge in the United States*[11] wird genauso wenig nachgegangen, wie jener, wer die für den diesbezüglichen Diskurs zentralen weiteren Ausdrücke tatsächlich ursprünglich formulierte. Denn einerseits handelt es sich hier, wie schon angesprochen, lediglich um die Zusammenfassung der international am meisten beachteten Ansätze. Andererseits wurden diese der Begründung im Abschnitt 1.5. folgend ebenso deswegen ausgewählt, weil sie größtenteils die positiven bis euphorischen Meinungen zum Aufkommen des Informationszeitalters repräsentieren, welche die Regierungslinien und damit auch die Bildungspolitik der vorangehenden Jahrzehnte weltweit massiv prägte. Deswegen findet die Erwähnung eventuell nicht weniger bedeutender, jedoch trotz aller z.T. eklatanten Differenzen in ihrer negativen Bewertung aktuellerer soziotechnologischer Prozesse durchwegs geeinter Konzeptionen[12] nur am Rande und auch das erst in den späteren Kapiteln statt, die verstärkt kritische Perspektiven einbeziehen. Die einzige Ausnahme bildet die in Abschnitt 2.3.1. vorgenommene etwas ausführlichere Besprechung des „modernen" kulturpessimistischen Gedankenkonstrukts von Theodor W. Adorno, da es sich im Sinne eines Gegenpols besonders gut als Ausgangspunkt für die Darstellung der Grundideen der Postmoderne eignet.

## 2.1 Post-industrielle Informationsgesellschaft (Bell)

Daniel Bell (1919-2011), war ein „bekehrter" Marxist[13], der zunächst 1960 großes Aufsehen mit seinem Buch *The End of Ideology* erregte, in dem er den endgültigen Triumph des westlichen politischen und v.a. ökonomischen Weltbildes über alle anderen Ideologien verkündete. Den Begriff der der post-industriellen Gesellschaft sprach er bereits in den 1950er Jahren in seinen Publikationen an.[14] Im folgenden Jahrzehnt entwickelte er diesen

---

[11] Die dahingehende Bedeutung Umesaos wird u.a. von Steinbicker (2001, S.17f) hervor gestrichen und kann auch z.B. von Aussagen von Castells (2001, S.22) abgeleitet werden. Der Stellenwert Machlups wird dagegen daraus ersichtlich, dass sich die frühesten in diesem Buch behandelten Theoretiker der Informationsgesellschaft – Peter Drucker (1969, S.331f) und Daniel Bell (1976, S.175f; S.212) – bei der Verankerung ihrer eigenen Konzeptionen auf ihn berufen. Ausführlich zur dieser Diskussion siehe Schaal (2006, S.36ff), der in dem Kotext auch Robert E. Lane erwähnt (zu Letzterem siehe Abschnitt 3.1.1).

[12] Wie z.B. jeder der „Technopols" von Neil Postman, der „Risikogesellschaft" von Ulrich Beck (1986), der „Posthistorie" von Arnold Gehlen (z.B. 2007), der „Massenmedienrealität" von Niklas Luhmann (1995) u.v.m. (Kurze Zusammenfassung zentraler entsprechender Positionen siehe Abschnitt 4.2.3.)

[13] vgl. z.B. Kumar 2005, S.62; Schaal 2006, S.62f und S.107; zu den Wurzeln des Marxismus in Bells Werk siehe Webster 2006, S.120; Aufarbeitung von bzw. Abgrenzung zum Marxismus in Bells Hauptwerk *The Coming of Post-Industrial Society* (1976) siehe z.B. S.54ff und S.152 in Bells Buch.

[14] Nico Stehr zeigt in seiner viel beachteten Aufarbeitung der Theorien der Wissensgesellschaft auf, dass der Terminus der post-industrielle Gesellschaft – wie scheinbar alle Begriffe, die mit Bell verbunden werden (vgl. Schaal 2006, S.64f) – nicht von ihm stammt, sondern auf Arbeiten anderer Autoren, die zum Teil Anfang des 20. Jh. verfasst wurden, zurückgeführt werden kann (Stehr 1994, S.42). Nichtsdestotrotz geht auch Stehr (genauso wie die meisten Analytiker/innen, die sich mit entsprechenden Prozessen auseinandersetzen) bei seiner Darstellung des Konzepts der post-industriellen Gesellschaft in erster Linie von den Theorien von Daniel Bell aus (vgl. ebd. S.42ff).

Ansatz in einer Reihe von Vorträgen sowie Artikeln weiter und verdichtete ihn in seinem 1973 erstmals erschienenen Hauptwerk *The Coming of Post-Industrial Society* (hier nach 1976) zu einer umfassenden Gesellschaftstheorie.

Eines der herausragenden Merkmale dieses Konzepts bestand von Anfang an in Bells intensiver Auseinandersetzung mit den sozialen Implikationen der informationstechnologischen Entwicklungen. Als ab den späten 1970er Jahren Computer- und Kommunikationstechnologien zunehmend ins Zentrum des öffentlichen Interesses rückten, arbeitete Bell seine Konzeption in Richtung einer Bemühung um die Erklärung der sozio-ökonomischen Auswirkungen des Aufschwungs der IKT aus. Heute werden die Begriffe „post-industrielle Gesellschaft" und „Informationsgesellschaft" oft als Synonyme betrachtet und beide zumeist auf Bell zurückgeführt. (vgl. Webster 2006, S.32f; Kumar 2005, S.34ff; Steinbicker 2001, S.49ff; Schaal 2006, S.65f)

Wenngleich Bells Ansätze innerhalb eines Großteils der „scientific community" von Anfang an eher kritisch aufgenommen wurden und bis heute entsprechend beurteilt werden, erlangten sie v.a. im Bereich der populärwissenschaftlichen, der journalistischen und damit auch öffentlichen Auseinandersetzung mit der Frage nach der Gegenwart und Zukunft gesellschaftlicher Entwicklungen größte Beachtung, weswegen Bell laut Waters (1996, S.11f) allgemein zu den einflussreichsten Soziolog/innen der zweiten Hälfte des 20. Jh. gezählt wird (siehe ebenfalls Schaal 2006, S.64ff). So wundert es auch nicht, dass seine Theorien „eine Legion von Nachfolgern" fanden (Waters 1996, S.7), wobei zu den bekanntesten von ihnen Autoren wie Alvin Toffler (siehe z.B. 1970; 1981), John Naisbitt (z.B. 1981) und Nicholas Negroponte (z.B. 1995) gezählt werden können (vgl. Webster 2006, S.32ff). Da diese vom gesellschaftstheoretischen Grundgerüst her hauptsächlich auf Bells Ansätze aus *The Coming of Post-Industrial Society* und seine später vorgenommenen Aktualisierungen in Hinblick auf Informations- und Kommunikationstechnologien (IKT) rekurrieren, wird das konstrukt der post-industriellen Informationsgesellschaft in Folge ausgehend von Bells Werk dargestellt.

### *2.1.1 Post-industrielle Gesellschaft*

Bezeichnenderweise leitet Daniel Bell die Präsentation seines eigenen – von ihm als „Idealtypus" beschriebenen (Bell 1976, S.487) – Grundkonzepts mit einem Rückgriff auf das *Kommunistische Manifest* ein. Das am meisten Bemerkenswerte bzw. Kühne für Bell an diesem Werk besteht darin, dass Marx und Engels ihre Vorstellung einer industriellen Zweiklassengesellschaft, die vom Kampf der Arbeiter/innen gegen Kapitalist/innen geprägt ist, in einer Zeit (1848) formulierten, in der beide Gruppen hinsichtlich ihres Anteils an der Gesamtbevölkerung kaum ins Gewicht fielen: Die überwiegende Mehrheit der Menschen in Europa war damals in der Landwirtschaft beschäftigt, Großfabriken und damit sowohl Fabrikarbeiter/innen als auch Fabrikbosse stellten sogar in ökonomisch hoch entwickelten Ländern eher eine Rarität dar. Gut 100 Jahre später wäre laut Bell die Prophezeiung der Autoren des *Manifests* zumindest insofern in Erfüllung gegangen, als in fortgeschrittenen Industriegesellschaften ein verschwindender Prozentsatz von landwirtschaftlich Tätigen (für die USA gibt er ihre Anzahl mit 4 Prozent an) Lebensmittel für den Rest der Bevölkerung herstellen, von denen die Mehrheit in der Güterproduktion arbeitet, bzw. bis vor kurzem arbeitete. (vgl. Bell 1976, S.123ff)

Was Bell mit dieser Ouvertüre bezweckt ist klar: Sein eigenes *Wagnis einer sozialen Vorhersage* – so der Untertitel des hier besprochenen Werkes – soll einerseits als genauso gewichtig betrachtet werden, wie die einflussreichste politökonomische Vision der vorangehenden hundert Jahre und gleichzeitig sollen Leser/innen Bells Prophezeiungen auch dann Glauben schenken, wenn ihre Alltagserfahrungen noch wenig bis nichts von den gewaltigen Umbrüchen erahnen lassen, die laut Bell in der allernächsten Zukunft bevorstehen.

Bevor Daniel Bell jedoch die eigene Vorstellung einer post-industriellen Gesellschaft präsentiert, fasst er die aus seiner Sicht wichtigsten Parameter der zwei ihr vorausgehenden grundsätzlichen sozio-ökonomischen Organisationsformen zusammen – prä-industriell und industriell, um davon ausgehend die Besonderheiten des auf uns zukommenden Zeitalters herauszuarbeiten:

In *prä-industriellen* Gesellschaften (welche Anfang der 1970er Jahre die im größten Teil der Welt herrschende Gesellschaftsform darstellt) sind Menschen v.a. in den s.g. „extraktiven" Industrien beschäftigt – also in der Landwirtschaft, Fischerei, Forstwirtschaft sowie im Bergbau – und bewältigen die meisten Aufgaben mit Hilfe der Muskelkraft. Es sind Agrargesellschaften, in denen die (erweiterte) Hausgemeinschaft die Basis des sozialen Lebens bildet, das Leben nach traditionellen Abläufen sowie Hierarchien strukturiert ist und sein Rhythmus sich nach den Gezeiten und dem Wetter richtet. Für die Mehrheit besteht dieses Leben hauptsächlich in einem „Spiel gegen die Natur" – also in einem fortwährenden Überlebenskampf. Es gibt wenig Wissen, wie dieser Überlebenskampf besser bewältigt werden kann (bzw. ist dieses Wissen weder zugänglich, noch wären die Mittel vorhanden, es umzusetzen) und so stellen ungelernte Arbeiter/innen den überwiegenden Teil der Bevölkerung. Folglich ist die Produktivität niedrig und der wirtschaftliche (Miss-) Erfolg hängt größtenteils von den Launen der Natur sowie von den Schwankungen der Rohstoffpreise ab. Die enorm hohe Arbeitslosigkeit führt zu einem Überangebot an Arbeitskräften, die bereit sind, lediglich für etwas Nahrung (mehr oder weniger unbezahlte) Dienstleistungen in der Landwirtschaft, auf Baustellen oder im Haushalt zu erbringen (Tagelöhner, Hausbedienstete etc.).

In *industriellen* Gesellschaften (Bell zählt dazu Anfang der 1970er Jahre Westeuropa, die Sowjetunion und Japan) ist der Großteil der Menschen in der Güterproduktion (Verarbeitung sowie Fertigung) beschäftigt und bewältigt die meisten Aufgaben mit Hilfe von Maschinen. Energie (Dampfkraft, Elektrizität etc.) ersetzt die Muskelkraft und bildet die Basis der Produktivität, die durch massenhafte Wahrenerzeugung gekennzeichnet ist. Die eingesetzten Werkzeuge transformieren das gesamte Leben: Die Welt ist technisch und rational, die Zeit gleichmäßig chronologisch unterteilt, die Arbeit nach genauen Vorgaben innerhalb großer Organisationseinheiten nach strengen hierarchischen Regeln bürokratisch strukturiert. Die zwei grundlegenden Arbeitsrollen bestehen in (wenigen) hoch qualifizierten, für die Gestaltung und Organisation von Arbeitsprozessen verantwortlichen Ingenieur/innen und einer überwiegenden Mehrheit von semiprofessionellen (von Bell als „menschliche Zahnräder zwischen den Maschinen" bezeichneten) Arbeiter/innen, die nur so lange Beschäftigung finden, bis neue Maschinen erfunden werden, die sie ersetzen können. Daraus resultiert auch, dass die Mehrheit von Individuen in dieser von ökonomischen Effizienzkriterien determinierten Welt wie Dinge behandelt werden. In der industriellen Gesellschaft basiert die Existenz Bells Meinung nach auf einem „Spiel gegen die technische Natur", in dem das Fließband das Hauptsymbol der Arbeitsverhältnisse und gleichzeitig die zentrale Metapher für das gesamte Leben des Großteils der Arbeitskräfte bildet.

In einer *post-industriellen* Gesellschaft (die laut Bell Anfang der 1970er Jahre lediglich in Nordamerika in Realisierung begriffen war) sind die meisten Menschen schließlich im (gut entlohnten) Dienstleistungssektor beschäftigt. Der Großteil der Aufgaben wird weder durch Muskelkraft noch mit Hilfe von Energie sondern ausgehend von Informationen bzw. Wissen bewältigt, wodurch Letztere zu zentralen Ressourcen avancieren. Im Gegensatz zur industriellen Gesellschaft, in der der die Quantität von Gütern den Lebensstandart definiert, basiert die post-industrielle auf dem (für fast alle auch erfüllbaren) Streben nach Lebensqualität, die in Dienstleistungen und den damit verbundenen Annehmlichkeiten bemessen wird – Gesundheit, Bildung, Erholung und Künste. Die ersten beiden bilden das Fundament der Existenz im neuen Zeitalter: Aus der Beseitigung von Krankheiten, der steigenden Lebenserwartung und der Bemühung, diese so stark wie möglich auszudehnen, resultiert ein enormer Bedarf an Dienstleistungen im Gesundheitssektor. Auf Grund der zunehmenden Anforderungen an die Menschen bezüglich technischer und weiterer professioneller Kenntnisse entwickelt sich (höhere) Bildung zur Grundvoraussetzung für den Eintritt in die post-industrielle Gesellschaft, womit ebenso ein bedeutender Beschäftigungszuwachs im Bildungsbereich verbunden ist. Folglich entsteht eine große neue Gesellschaftsschicht: Die „new intelligentsia"- Informations- bzw. Wissensarbeiter/innen, die mit ihren (weniger auf Profitstreben sondern stärker auf dem Bedürfnis nach kollegialer Anerkennung basierenden) Werten die gesamten sozialen Beziehungen prägen. Dadurch wird das „Spiel gegen die (technische) Natur" von einem „Spiel zwischen Menschen" abgelöst. Kooperation und Partizipation (statt Hierarchie und Bürokratie) avancieren zu den Grundsäulen der gesellschaftlichen Organisation. Die post-industrielle stellt also gleichzeitig auch eine „kommunale" Gesellschaft dar, was jedoch die Koordination der unterschiedlichen Bedürfnisse und divergierenden Lebensstile erschwert. Daraus folgende drohende Konflikte müssen durch eine Stärkung demokratischer Regierungsstrukturen auf nationaler und v.a. lokaler Ebene abgewendet werden, was wiederum zu einem Beschäftigungszuwachs im Dienstleistungssektor führt, zu dem Bell auch die staatliche Verwaltung zählt. (vgl. Bell 1976, S.126ff)

## 2.1.2 Dienstleistungsgesellschaft

Dienstleistungen bilden also laut Daniel Bell das Rückgrat der post-industriellen Gesellschaft und der von ihm – in Anlehnung an die Forschungen Machlups (vgl. ebd., S.175f, S.212) – anhand der ausführlichen Darstellung zeitgenössischer US-amerikanischer Statistiken konstatierte Beschäftigungs- und Wertschöpfungsanstieg im Dienstleistungssektor stellt aus seiner Perspektive auch den zentralen Beweis der Ankunft des neuen Zeitalters dar. Zwar räumt Bell ein, dass die Zunahme von (entlohnten) Dienstleistungen bereits eine Begleiterscheinung des Industriezeitalters war, jedoch handelte es sich dabei zumeist um (Hilfs-) Arbeiten, die keine oder nur eine geringe Qualifikation voraussetzten – wie Transporte, Versorgungsdienste sowie Distribution – und ihr prozentueller Anteil an der Gesamtbeschäftigung hielt sich in Grenzen. Zu einem radikalen Umbruch kam es erst nach dem Zweiten Weltkrieg. Mit dem steigenden Massenkonsum nahmen zunächst produktions- bzw. unternehmensbezogene Dienstleistungen (Arbeiten in Banken, Versicherungen, Immobilienbereich sowie im Handel und Gewerbe) explosionsartig zu. In der Folge sank auf

Grund des Wachstums der Realeinkommen breiter Bevölkerungsschichten der Anteil der Ausgaben für die unmittelbare Subsistenz (= Existenzsicherung) und die Nachfrage nach personenbezogenen Dienstleistungen im von Bell so bezeichneten „dritten Sektor" (Restaurants, Tourismus, Unterhaltung, Sport etc.) stieg rasant an. Der Weiteren gab es einen enormen Beschäftigungszuwachs in staatlich finanzierten Dienstleistungsbereichen – v.a. in der medizinischen Versorgung und noch mehr in der Bildung. Im Zeitraum zwischen 1947 und 1968 erfolgte nach den von Bell angeführten Daten im gesamten Dienstleistungssektor ein Anstieg von ca. 60%; Mitte der 1950er Jahre war ein Gleichstand zwischen produktions- und dienstleistungsorientierten Beschäftigungen erreicht; Ende der 1960er Jahre betrug der Anteil der Dienstleistungsarbeit an der Gesamtbeschäftigung ca. 2/3 und die Tendenz wäre weiterhin steigend, während der Prozentsatz der Arbeitnehmer/innen im Produktionsbereich ständig weiter sinken würde. Das führt Bell zu folgender Schlussfolgerung: „(…) if an industrial society is defined as a goods-producing society – (…) – then the United States is no longer an industrial society" (ebd., S.133).

Bell ist sich der (in Folge oft heftig kritisierten[15]) problematischen Aspekte seiner Interpretationen der statistischen Daten zum Teil bewusst und gibt zu, dass nicht jede Dienstleistung mit einer hoch qualifizierten Beschäftigung gleichzusetzen ist – auch in den neuen Dienstleistungssektoren gibt es genügend (Hilfs-) Arbeiten, die keine bzw. wenig Bildung voraussetzen und schlecht bzw. weniger gut entlohnt werden. Andererseits betont er, dass es nicht nur darum ginge, *wo* Menschen arbeiten, sondern v.a. darum, *wie* ihre Arbeit strukturiert sei. So stellt er (wiederum mit Hilfe statistischer Daten) auch innerhalb des Produktionssektors eine drastische Verschiebung von direkter Verarbeitung und Fertigung zu dienstleistungsbezogenen Beschäftigungen fest. Während die Fließbandarbeit mit Hilfe von IKT immer mehr automatisiert (und damit auch die industrielle Produktion bei sinkenden Kosten gesteigert) wird, nimmt in den Betrieben die Nachfrage einerseits nach Techniker/innen und Expert/innen zu, die mit diesen Technologien umgehen können, sowie andererseits nach Manager/innen, welche die komplexen mit den neuen Entwicklungen zusammenhängenden Abläufe planen und koordinieren können – also nach Informations- bzw. Wissensarbeiter/innen, die inzwischen „the heart of the upper middle class in the United States" bilden (ebd., S.136).

## 2.1.3 Informationsgesellschaft

Als Bell ab Ende der 1970er Jahre sein Konzept in Richtung „Informationsgesellschaft" ausweitet[16], führt er in den wissenschaftlichen Diskurs den – heute in den allgemeinen Sprachschatz eingegangenen (vgl. z.B. UNIESCO 2005, S.5) – Begriff der „dritten industriellen Revolution" ein.[17] Während die erste technologische Revolution (im letzten Drittel

---

[15] Aufarbeitung dieser Kritik siehe Abschnitt 4.1.2. der vorliegenden Arbeit.

[16] Markus Kurt Schaal betont in seiner Dissertation *Zur Konzeption von sozialem Wandel in den Theorien der Informationsgesellschaft*, dass es grundsätzlich kaum zulässig ist, Bell als einen Theoretiker der Informationsgesellschaft zu betrachten, da er sich lediglich in einem einzigen Artikel aus dem Jahre 1979 mit diesem Thema intensiver auseinandersetzte. Schaal (2006, S.65) zufolge wurde „Daniel Bell vor allem durch seine Rezeptionsgeschichte von anderen nachträglich zum Theoretiker der Informationsgesellschaft gemacht. Die Häufigkeit, mit der er in diesem Zusammenhang erwähnt wird, macht ihn nachgerade zu einem der wichtigsten Autoren auf diesem Gebiet."

[17] Laut Krishan Kumar (2005, S.34f) wird dieser Begriff zum ersten Mal im Jahre 1952 von Kurt Vonnegut in seiner düsteren Since-Fiction Novelle *Player Piano* ausgearbeitet.

des 18. Jh.) von der Entdeckung des Dampfantriebs ausgelöst wurde, was den Menschen zum ersten Mal dazu befähigte, unabhängig von Muskelkraft und umweltbedingten Energiequellen (Wind- und Wasserkraft) Maschinen in Bewegung zu setzen, resultierte die zweite (im letzten Drittel des 19. Jh.) aus den Erfindungen im Bereich der Elektrizität und der Chemie, die eine Dezentralisierung der Energieversorgung und die Erzeugung synthetischer Materialien erlaubte. Die dritte, aktuelle industrielle Revolution beruht laut Bell auf Computertechnologien, die einen Wandel von der Elektromechanik zur Elektronik, eine zunehmende Miniaturisierung, die Digitalisierung von Informationen und die Entwicklung von vielseitig bedienbaren benutzerfreundlichen Schnittstellen ermöglicht. Diese Revolution trägt seiner Meinung nach in sich das Potenzial, genauso wie die vorhergehenden, nicht nur die Wirtschaft, sondern die gesamten gesellschaftlichen Verhältnisse vollkommen neu zu definieren.

Das Besondere an der aktuellen Revolution besteht laut Bell darin, dass sie auf einer „intellektuellen Technologie" basiert, der Umgang mit Information und davon ausgehend auch mit (theoretischem) Wissen also ins Zentrum der neuen und zukünftigen Gesellschaftsentwicklungen sowie der entsprechenden wirtschaftlichen und politischen Diskurse rückt. So löst das Wissen in der Informationsgesellschaft alle bisherigen Energiequellen als Hauptressource und die (manuelle) Arbeit als Ursprung des Mehrwerts ab. Damit avanciert die Frage des geistigen Eigentums (z.B. im Zusammenhang mit öffentlichem Zugriff auf privat finanzierte Entwicklungen) zu einem zentralen politischen Spannungsfeld. Gleichzeitig resultieren aus der Verschmelzung unterschiedlichster Informations- und Kommunikationstechnologien neuartige Formen der Infrastruktur (Bell postuliert, dass Kommunikation an die Stelle des Transports tritt und sich zum zentralen Verbindungsglied zwischen Menschen sowie zum bedeutendsten Modus der Transaktion entwickelt), wobei der Zugang zu sowie die Regulierung und Kontrolle von diesen Informationsflüssen die größten zu lösenden Zukunftsprobleme darstellen werden.

Im Gegensatz zu Bells früheren Ausführungen zum Thema Dienstleistungen, laut denen diese (lediglich) auf Informationen und Wissen *beruhen*, präsentiert er in seinem späteren Aufsätzen *Informations*dienstleistungen an sich als zentrale Beschäftigungsarten der Zukunft. Tätigkeiten im Bereich der Informationssammlung, -analyse, -verarbeitung, und -distribution – also die s.g. „Informations-" bzw. „Wissensarbeit" – steigen seiner Meinung nach zu wichtigsten wirtschaftlichen Aktivitäten der Informationsgesellschaft auf.

Ein zentrales Postulat Bells in diesem Kontext besteht darin, dass Dienstleistungen kaum automatisiert und durch Maschinen ersetzt werden können, da sie auf direkten Beziehungen zwischen Menschen basieren. Hier sind auch (im Gegensatz zur Landwirtschaft und Industrie) keine quantitativen Produktivitätssteigerungen zu erwarten – jemand, der eine Dienstleistung erbringt, stellt im Endeffekt ja nur seine (begrenzte) Zeit zur Verfügung (vgl. Bell 1976, S.155). Frank Webster (2006, S.41) fasst die mit solchen und ähnlichen Aussagen (auch aus späteren Schriften Bells und sich auf Bell berufenden Analysen anderer Forscher/innen) implizierte Zukunftsvision folgenderweise zusammen: Mit dem Aufkommen der post-industriellen Informationsgesellschaft wäre ein „Ende der Geschichte" in Bezug auf die Verdrängung der Arbeitskräfte aus einzelnen Berufssparten in Folge technologischer Innovationen erreicht. Der fortwährende Zuwachs von Wohlstand (ausgehend von unendlichen Produktivitätssteigerungen in der zunehmend automatisierten Industrie) würde immer neue Bedürfnisse wecken, welche durch die ständige Ausdehnung des Angebots von

Dienstleistungen befriedigt werden müssten. Damit wäre die Vollbeschäftigung für alle Zeiten gesichert. (vgl. Bell 1979; Bell 1989; siehe auch Steinbicker 2001, S.66; Webster 2006, S.35, S.40ff; Mattelart 2003, S.74ff; Schaal 2006, S.97ff)

### 2.1.4 Metaideologie und Neoliberalismus

Bisherigen Ausführungen – v.a. hinsichtlich Bells Darstellung der sozialen Strukturen in der post-industriellen Gesellschaft – folgend müsste er ideologisch eindeutig dem Liberalismus zugeordnet werden. Bei genauerer Betrachtung verschwimmt jedoch die Klarheit dieser Kategorisierung. Wie bereits angesprochen, ist Bell zunächst mit dem Postulat des „Endes der Ideologien" bekannt geworden. Im Vorwort zur 1978 publizierten Neuauflage seines *The Cultural Contradictions of Capitalism* bezeichnet er sich als selbst als sozialistisch in Hinblick auf Wirtschaft, konservativ in Bezug auf Kultur und politisch liberal eingestellt (nach Bell 1996, S.xi, siehe auch Folgeseiten). Bei einer gründlicheren Analyse seines vorhin besprochenen Werkes erscheint jedoch v.a. Letzteres fraglich. Wie in Abschnitt 3.2.1. der vorliegenden Arbeit ausführlich behandelt wird, nimmt Bell in *The Coming of Post-Industrial Society* eine höchst demokratieskeptische Haltung ein und plädiert für einen Führungsanspruch von (Wissens-) Eliten (siehe v.a. Bell 1976, S.408ff). Das weist ihn ebenso in Hinsicht auf Politik ideologisch eindeutig als einen Anhänger des Konservativismus aus. Im Endeffekt kann sein gesamtes Konzeptgebilde als eine groß angelegte Bemühung gewertet werden, dem „geneigten konservativen Leser (…) eine dem Sozialismus vergleichbare hoffnungsvolle Zukunftsvision [zu bieten], in der eine meritokratische Elite die Massengesellschaft nach bestem Wissen und Gewissen neu ordnet" (Schaal 2006, S.258).

Doch politischer Konservativismus und wirtschaftlicher (Neo-) Liberalismus gehen – v.a. in den USA – sehr oft Hand in Hand. Folglich verwundert es nicht, dass Bells Visionen bezüglich der Potenziale des post-industriellen Informationszeitalters zahlreiche Autor/innen, die dem rechten Lager zugerechnet werden, zum Entwurf euphorischer Zukunftsutopien inspiriert haben.[18] So stehen wir laut Tom Stonier (1983, S.214) an der Schwelle zu einem Zeitalter des Überflusses: Genauso wie wir uns in der spätindustriellen Gesellschaft keine Sorgen um Nahrung zu machen brauchen, werden wir in einer fortgeschrittenen Informationsgesellschaft überhaupt keine materiellen Probleme mehr haben. Ähnlich wie die industrielle Ökonomie Sklaverei, Hungersnöte und Seuchen abgeschafft hat, wird die postindustrielle autoritäre Strukturen, Krieg und jede Art von Konflikten eliminieren. Zum ersten Mal in der Geschichte werden wir fähig sein, Schwierigkeiten schneller zu beheben, als sie auftauchen. Für Alvin Toffler (vgl. 1981, S.2f) stellt das Konzept einer solchen Gesellschaft, die er als „dritte Welle" bezeichnet, einen Gegenentwurf zum verbreiteten Kulturpessimismus sowie der Technologieskepsis (der Linken) dar. Seiner Meinung nach beobachten wir gerade den Aufstieg einer neuen Zivilisation, die vernünftiger, sensibler, ehrbarer und demokratischer zu werden verspricht, als jede bisher gekannte.

---

[18] Bell selbst distanziert sich von den meisten seiner Nachahmer/innen. So bezeichnet er im Jahre 1995 einen der erfolgreichsten von ihnen – Alvin Toffler – als „Guru", seine Theorien als „Star-Trek-Soziologie" und sein Hauptwerk *The Third Wave* (1981) als eine enorme Simplifizierung soziologischer Theorien, die bereits vor über 20 Jahren (von Bell selbst) formuliert wurden, „but presented in a hopped-up prose that leaves one breathless" (Bell 1995).

Analog dazu träumt Yoneji Masuda (1985, S.625ff) von einer „Computopia" – einer klassenlosen, unterdrückungsfreien Gesellschaft, die mit Hilfe von computerbasierten Kommunikationstechnologien ohne zentraler Verwaltung auskommt und stattdessen von lokalen „citizen management systems" in Form einer Demokratie direkter Bürgerbeteiligung gesteuert wird. Parallele Umbrüche sagt John Naisbitt (1984, S.281f) auch für wirtschaftliche Organisationsstrukturen voraus: Für das industrielle Zeitalter waren zentralisierte pyramidisch aufgebaute Hierarchien unabkömmlich, um die Angestellten sowie ihre Tätigkeiten „im Auge zu behalten". Jetzt wird die Computertechnologie diese Aufgabe übernehmen [sic!] und damit „die Pyramide zerschmettern". Institutionen werden horizontal umstrukturiert – im Sinne einer natürlichen, egalitären und spontanen Kooperation von Gemeinschaften gleich gesinnter Individuen. Natürlich bleibt in diesem Umfeld auch der religiöse Aspekt nicht ausgespart: Wilson P. Dizard (1982, S.22f) beschwört als Folge der Verschmelzung von Natur und Maschine das Aufkommen eines neuen, uns eine „elektronische Erlösung" verheißenden Garten Eden. (größtenteils zusammengefasst nach Kumar 2005, S.36ff und Webster 2006, S.9ff).

Das Neoliberale an diesen Utopien besteht darin, dass sie wegen des ihnen grundgelegten unerschütterlichen Glaubens an die „unsichtbare Hand" des freien Marktes[19] deutliche Gegenpositionen zum Streben nach politischer Marktregulierung und dem Mitspracherecht von Gewerkschaften[20] bilden. Denn ihnen zufolge werden sich alle bestehenden Probleme ohne staatliche Eingriffe (mit Hilfe neuer Informations- und Kommunikationstechnologien) von selbst lösen und die Menschheit in ein goldenes Zeitalter des wunschlosen Glücks überführen. Deswegen wundert es auch nicht, dass sie häufig von führenden Vertreter/innen der ‚Neuen Rechten' zur „wissenschaftlichen Fundierung" ihrer Politik eingesetzt werden. So basierte auch der vom Anführer der ‚Republikanischen Revolution' (bei der die Konservativen 1994 die Mehrheit in beiden Häusern des US-amerikanischen Parlaments gewannen) Newt Gingrich mitverfasste *Vertrag mit Amerika* (House of Representatives 1994) zu einem großen Teil auf den Ideen seines (von Bell so bezeichneten) Mentors Alvin Toffler (vgl. Bell 1995).

## 2.2 Post-Fordistische Gesellschaft

Während das politisch als rechts bezeichnete Lager – erst recht seit dem Zerfall des Sowjetimperiums – fast geschlossen die sozio-technologischen Entwicklungen seit dem letzten Viertel des 20. Jahrhunderts als den „unverfrorenen" Sieg des ökonomischen und politi-

---

[19] Diese Metapher wurde vom Begründer der klassischen Wirtschaftslehre Adam Smith (1723-1790) in seinem Hauptwerk *Der Wohlstand der Nationen* (1776) eingeführt, um die Angst des Adels und v.a. des Klerus (z.B. wurde sein Buch in Spanien von der Inquisition verboten) davor zu lindern, dass die freie Entfaltung der Märkte („laissez faire") in Anarchie und Chaos münden könnte. Der freie Markt wäre laut Smith nicht vollkommen unreguliert, sondern im Hintergrund von einer Art göttlicher Vorsehung geleitet. Auch jemand, der einzig auf den eigenen Vorteil bedacht wäre, müsse für einen erfolgreichen Geschäftsabschluss die Interessen des Geschäftspartners berücksichtigen. Somit würden sogar die egoistischsten Menschen auf Dauer zum allgemeinen Wohl beitragen. (vgl. Willke 2006, S.76ff; Willke 2003, S.67ff)

[20] Bereits in *The Coming of Post-Industrial Society* (1976, S.148ff) erklärte Daniel Bell den Klassenkampf für beendet, da es in einer Dienstleistungsgesellschaft, in der fast alle Beschäftigten zu hoch qualifizierten Expert/innen aufsteigen, keine „Arbeiterschicht" im klassischen Sinne mehr gibt. Somit würden auch Gewerkschaftsbewegungen ihre Existenzberechtigung einbüßen.

schen Liberalismus (Fukuyama 1989) feiert[21], sind die dem s.g. linken Spektrum zugeordneten Beobachter/innen in ihrer Einschätzung dieser Prozesse im höchsten Maße gespalten. Hier existiert eine Vielzahl unterschiedlichster Konzepte sowie Analysezugänge (Regulationsschule, Theorie der flexiblen Spezialisierung bzw. Produktion, Theorie des desorganisierten Kapitalismus etc.), wobei die Meinungen in Bezug auf die Frage, ob die Informationsgesellschaft eher Chancen eröffnet oder doch in erster Linie Gefahren birgt, stark divergieren. Im vorliegenden Unterkapitel geht es darum, die positiven Sichtweisen hinsichtlich dieser Fragestellung zu präsentieren, welche von „linken" Sozioökonom/innen v.a. im Kontext des „Post-Fordismus" diskutiert werden (die Darstellung der kritischen Perspektiven erfolgt im Abschnitt 5.3.1.).

### *2.2.1 Fordismus*

Wie bei allen „Post"-Termini ist mit diesem Präfix die Abgrenzung vom Stammbegriff inkludiert – in dem Fall vom Fordismus. Letzterer – laut Manuel Castells (2001, S.191) die „Lieblingsvokabel der politischen Ökonomie der 1980er Jahre"[22] – ist vom US-amerikanischen Großindustriellen und Automobilbauer Henry Ford (1863-1947) abgeleitet. Ford gilt als Pionier von Produktionstechniken, welche die Herstellung von Gütern zu einem Preis ermöglichten, der eine Massenkonsumption förderte. Gleichzeitig zahlte er seinen Mitarbeitern relativ hohe Gehälter, was wiederum die Nachfrage stimulierte. Zur Fundierung der Umsetzung fordistischer Ansätze auf nationalstaatlicher Ebene in den Jahrzehnten nach dem Zweiten Weltkrieg wurde zumeist auf die Theorien des englischen Politikers und Wirtschaftswissenschaftlers John Maynard Keynes (1883-1946) zurückgegriffen, der (obwohl selbst dem liberalen Lager angehörend) sich – nicht zuletzt in Folge seiner Analyse der Weltwirtschaftskrise nach dem Börsenkrach 1929 – deutlich von der „Laissez-Faire-Marktwirtschaft" sowie dem ökonomischen Liberalismus distanzierte und für eine verstärkte staatliche Regulierung der Wirtschaft plädierte (vgl. z.B. Keynes 1926 und v.a. Keynes 1936).

Auf breiter Ebene wurden solche Ansätze in der westlichen Hemisphäre nach dem Zweiten Weltkrieg umgesetzt. Den entsprechend strukturierten Ökonomien von Mitte der 1940er bis zur Mitte der 1970er Jahre werden folgende Hauptmerkmale zugeschrieben:

- PRODUKTION – standardisierte Produkte und Produktionsweisen (Fließband); große Stückzahlen (Massenproduktion); Herstellung nach dem gleichen Schema (Schablone); Großfabriken mit einer hohen Beschäftigtenanzahl; größtenteils autarke (wenig auf Zulieferer angewiesene) Unternehmen.

---

[21] In seinem viel beachteten Artikel zum *Ende der Geschichte* (siehe auch Abschnitt 7.3.6.) aus dem Jahre 1989 schrieb Francis Fukuyama, die zeitgenössischen Ereignisse wären nicht nur gleichbedeutend mit dem Ende der Ideologien, sondern ebenso mit „an unabashed victory of economic and political liberalism".

[22] In den letzten Jahren hat dieser Begriff bzw. die Gegenüberstellung Fordismus / Post-Fordismus im wissenschaftlichen sowie öffentlichen Diskurs bedeutend an Attraktivität verloren. Krishan Kumar (2005, S.15) erklärt diesen Umstand v.a. damit, dass die Auswirkungen der mit diesen Termini implizierten Entwicklungen heute so offensichtlich sind, dass es kaum Sinn macht, sich auf dahinter stehende Theorien zu berufen. „Post-Fordism may have been killed by ist own success" (ebd.).

- KONSUMPTION – Massenkonsum in Folge relativ hoher und ständig wachsender Gehälter sowie fallender Kosten auf Güter des täglichen Bedarfs; Verbreitung von Ratenkäufen und Krediten. Da die Arbeiterklasse gleichzeitig den größten Markt für Konsumgüter bildet, avanciert die Massenkonsumption zur Grundlage der Massenproduktion und damit des Wirtschaftswachstums sowie der Vollbeschäftigung = „circuit virtuos".

- ARBEITSVERHÄLTNISSE – Anstellung der meisten Arbeitnehmer/innen in der Industrie; große Sicherheiten in Bezug auf die Beschäftigung (Kündigungsschutz) und Einkommen (Kollektivverträge, Pensionsgarantien etc.); größtenteils wenig qualifizierte, eher manuelle s.g. „blue-collar" Arbeit; strenge Hierarchien innerhalb einer Firma; starke regionale und klassenbezogene Bindungen der Beschäftigten, die sich auch in ihrer politischen Zugehörigkeit und Gesinnung widerspiegeln (hohe Mitgliederzahlen bei den Gewerkschaften); „Korporatismus" (Sozialpartnerschaft), bei dem Vertreter/innen der Arbeitgeber- und Arbeitnehmerseite sowie der Politik gemeinsame Entscheidungen treffen.

- ROLLE DES NATIONALSTAATS UND VON NATIONALER (WIRTSCHAFTS-) POLITIK – Nationalstaat als Mittelpunkt der wirtschaftlichen Aktivität; Dominanz nationaler „Oligopole" am jeweiligen Markt (heimische Firmen halten den überwältigenden Anteil am eigenen Markt, es werden vorwiegend Güter aus nationaler Produktion konsumiert); intensive staatliche Intervention in wirtschaftliche Angelegenheiten bis hin zur Verstaatlichung großer Industriebereiche nach dem Zweiten Weltkrieg (in Europa); Bekämpfung der Armut durch staatliche Wohlfahrtsprogramme. (vgl. Webster 2006, S.65ff)

### 2.2.2 Post-Fordismus

Ab Mitte der 1970er Jahre schien sich laut zahlreichen Analytiker/innen dieses System vor dem Hintergrund der Ölkirise(n) zunehmend als zu starr, zu kostspielig und damit für die wirtschaftliche Entwicklung als hemmend zu erweisen. Es wurde nach Möglichkeiten einer Flexibilisierung wirtschaftlicher Organisationsstrukturen gesucht, die schnellere Reaktionen auf immer unstabilere Marktbedingungen ermöglichten. Die wichtigsten Gründe für den Niedergang der fordistisch-keynesianistischen Ökonomie und die Auswirkungen dieses Verfalls im Sinne der zentralen Merkmale des Post-Fordismus können in Bezug auf die oben dargestellten Aspekte folgenderweise (nach Piore; Sabel 1984; Kumar 2005, S.62ff; Webster 2006, S.69ff und Castells 2001, S.174ff) zusammengefasst werden:

- PRODUKTION
  - *Gründe für den Wechsel:* Wirtschaftskrisen („Ölpreisschocks") der 1970er Jahre; damit zusammenhängende Arbeitskonflikte (Streiks); zunehmender globaler Konkurrenzdruck bei gleichzeitig steigenden Möglichkeiten der Produktionsauslagerung; erleichterte Automatisierung komplexer industrieller Abläufe angesichts (computer-) technologischer Innovationen.

- o *Auswirkungen:* „horizontale Dezentralisierung" der Produktion – Konzentration von Firmen auf ihren Kernbereich bei gleichzeitiger (z.T. globaler) Ausgliederung aller weiteren Aufgaben (Outsourcing) bis hin zum Franchising (= Verpachtung eines Geschäftskonzepts inklusive dazu gehörender Basismaterialien an finanziell auf eigenes Risiko agierende Subunternehmen) [23]; Verringerung der Stückzahlen bei der Herstellung von Produkten (und damit auch Minimierung von Lagerungskosten, geringere Verluste, wenn ein Produkt nicht mehr abgesetzt werden kann) zugunsten einer schnellen Entwicklung sowie Marktpositionierung neuer Erzeugnisse.

- **KONSUMPTION**
  - o *Gründe für den Wechsel:* Verstärkte Aufsplittung von Lebensstilen und damit verbundene Individualisierung sowie ständige Veränderung von Kundenbedürfnissen bei gleichzeitig steigenden technischen Möglichkeiten, spezifische Konsumentenwünsche zu berücksichtigen und in höchster Geschwindigkeit in Produkte umzusetzen.
  - o *Auswirkungen:* Schwerpunktverlagerung von der Massenproduktion hin zu einer zunehmenden Adaption der Erzeugnisse an Spezialbedürfnisse sowie zur Bedienung sich neu eröffnender Marktnischen „just in time" (galt es in den 1980er Jahren noch als revolutionär, dass eine Firma wie *Benetton* für ein neues Kleidungsstück vom Entwurf über Produktion bis zur Distribution sechs Monate benötigte, verringerte *Gap* in den 1990er Jahren diesen Zyklus auf zwei Monate und wurde in den 2000er Jahren von *Zara* überrundet, die einen solchen Prozess in zwei Wochen bewerkstelligte – vgl. Castells 2005a, S.86).

- **ARBEITSVERHÄLTNISSE**
  - o *Gründe für den Wechsel:* Fehlende Flexibilität großer auf bestimmte Anwendungen spezialisierter Belegschaften sich an ständig verändernde Produktionsbedingungen einstellen; Verhinderung schneller Marktanpassungen durch fixe Verträge und Einkommensgarantien (wenn ein bestimmtes Erzeugnis einer Firma nicht mehr angefragt ist und damit nicht mehr hergestellt werden kann, müssen die für seine Produktion angestellten Mitarbeiter/innen trotzdem weiter beschäftigt und können höchstens in langwierigen sowie kostspieligen Prozessen umgeschult werden).
  - o *Auswirkungen:* Starke Reduktion der Beschäftigtenzahlen in der Industrie („Freisetzungswellen") bei gleichzeitig explosionsartiger Zunahme von Mittel, Klein und Kleinstbetrieben (bis hin zur „Ich-AG"); bedeutend höhere Anforderungen an die Flexibilität der Mitarbeiter/innen: Keine bzw. nur geringe (Grund-) Gehälter bei leistungsorientierter (Zusatz-) Entlohnung, häufige Wechsel des Arbeitsplatzes in Folge befristeter Verträge; deutliche Zunahme von Teilzeitanstellungen, „flexible" Beschäftigungszeiten bis hin zur Wochenendarbeit und Arbeit auf Abruf; Notwendigkeit einer „flexibleren Spezialisierung" von Arbeitskräften (es werden weniger Angestellte mit spezifischen Fachkompetenzen benötigt, sondern immer

---

[23] Ein klassisches Beispiel für Franchising ist McDonalds: Die einzelnen Restaurants dieser Kette werden von selbstständigen Unternehmer/innen geführt, die von der Stammfirma Geräte und einige Grundprodukte beziehen sowie ihr für die Nutzung der Marke (inklusive zentraler Werbung etc.) Lizenzgebühren entrichten.

mehr Personen, die fähig sind, sich in kürzester Zeit auf neue Arbeitsbedingungen einzustellen); größere Selbstständigkeit und Eigenverantwortung einzelner Arbeitnehmer/innen, die eine höhere Qualifizierung erfordert und gleichzeitig zur Abflachung der Hierarchien führt („vertikale Dezentralisierung"); aus der Zersplitterung der Arbeit in eine unüberschaubare Vielzahl von Betrieben und Beschäftigungsarten resultierende Entmachtung der Gewerkschaften und in der Folge weitgehende Auflösung der Sozialpartnerschaft.

- ROLLE DES NATIONALSTAATS UND VON NATIONALER (WIRTSCHAFTS-) POLITIK
  - *Gründe für den Wechsel:* Unter dem Druck globaler Konkurrenz Zusammenschluss einzelner Unternehmen zu transnationalen (= weltweit operierenden) Konzernen (TNKs) bzw. zu Kooperationsgemeinschaften; u.a. weil diese Konglomerate enorme Geldmengen investieren müssen, um sich international zu behaupten, Entwicklung eines global interdependenten Finanzmarktes (Gruppen von Investoren bzw. Aktionären aus verschiedensten Ländern – bzw. entsprechende Fonds – legen ihr Geld in Unternehmen bzw. Unternehmensgruppen an und werden an den Gewinnen beteiligt).
  - *Auswirkungen:* Bedeutungsverlust des Nationalstaats: In einer globalen von transnationalen Konzernen dominierten Ökonomie (in finanziellen Maßstäben betrachtet gibt es inzwischen nur wenige Staaten, die die größten TNKs übertreffen) ist es kaum mehr möglich, ein Unternehmen einem bestimmten Land zuzuordnen; Firmenkonglomerate sind nicht mehr einzelnen Staaten sondern ihren (weltweit verstreuten) Aktionären verpflichtet, was zunehmend die Idee des „nationalen Interesses" und nationale wirtschaftliche Strategien ad absurdum führt; daraus resultierende Einschränkung der Gestaltungsmöglichkeiten nationaler (Wirtschafts-) Politik; auf Grund der Bewertung der Kreditwürdigkeit und Zukunftsoptionen von Staaten durch einen anonymen Kapitalmarkt immer stärkerer Druck in Richtung wirtschaftlicher Deregulierung und Zwang zur Durchführung wirtschaftsliberaler Reformen (Abbau der Sozialsysteme, Steuererleichterungen für Unternehmen, geringere Abgabenbelastung auf Kapital etc.).

## 2.2.3 Post-Fordismus und IKT

Forscher/innen, die sich intensiv mit dem Wandel von Fordismus zum Post-Fordismus auseinandersetzen, betonen den untrennbaren Zusammenhang dieses Prozesses mit dem enormen Entwicklungsschub im Bereich der Informations- und Kommunikationstechnologien (IKT). Die neue Art des Umgangs mit Informationen wird sogar zum „Sturmzentrum" des Wandels erklärt (vgl. Webster 2006, S.69). Keine der oben beschriebenen Veränderungen wäre ohnedem denkbar. So ist sowohl die „horizontale" Dezentralisierung (Produktionsauslagerungen) als auch die „vertikale" (verstärkt selbstständig agierende Arbeitnehmer/innen) nur möglich, weil internetbasierte Technologien es erlauben, unterschiedlichste Aktivitäten an verschiedensten Orten in „Echtzeit" zu koordinieren. Ebenso wäre die schnelle Erfassung und Kategorisierung unzähliger unterschiedlicher Kundenwünsche, um davon ausgehend bestehende Produkte anzupassen oder neue zu entwickeln, ohne IKT nicht zu bewerkstelligen und erst recht nicht die (Neu-) Gestaltung und Fertigung dieser

Erzeugnisse, für die hoch automatisierte Computeranlagen (am jeweils „neuesten Stand der Technik") benötigt werden.[24] Auch zahlreiche neue Dienstleistungen z.B. im Bank-, Versicherungs- und Beratungssektor bauen auf vernetzten datenbankbasierten Anwendungen und Computeranalysen auf.

Dass die zunehmende Durchdringung aller Arbeitsbereiche mit solchen Technologien gleichfalls die Arbeitsweisen und Arbeitsverhältnisse grundlegend verändert, liegt auf der Hand: Beschäftigte müssen nicht nur die jeweiligen Anwendungen beherrschen, sondern fähig sein, sich auf die in immer kürzeren Zeitabständen implementierten „Updates" einzustellen und ebenso mit den zahlreichen „Bugs" (Fehlfunktionen), die solche, sich ständig in der „Beta-Phase" befindenden Technologien zwangsweise aufweisen, produktiv (um nicht zu sagen „kreativ") umzugehen.[25] Klar ist auch, dass die Organisation flexibler Arbeitszeiten und Anstellungen nur unter Zuhilfenahme interner und externer Datennetzwerke zu bewerkstelligen ist. (vgl. Piore; Sabel 1984, S.258ff; Webster 2006, S.74, 78f; Kumar 2005, S.68ff; siehe auch Castells 2005a, S.75ff)

Der aus aktueller Perspektive wichtigste bzw. folgenschwerste Zusammenhang zwischen den beschriebenen Entwicklungen und den Informations- und Kommunikationstechnologien besteht jedoch darin, dass erst diese die Entstehung sowie den Aufschwung globaler Finanzmärkte in der heute bekannten (und gefürchteten) Form ermöglicht haben. Die Durchführung von Finanztransaktionen mit Hilfe von Computernetzwerken reduziert die Transaktionskosten erheblich und macht das Spekulieren attraktiver, weswegen das Marktvolumen enorm steigt. Aus der Möglichkeit, Investitionen online zu tätigen und ihre Entwicklung im Internet zu verfolgen resultiert des Weiteren, dass einerseits größtenteils automatisch erstellte Informationen zur Grundlage von Investmententscheidungen werden und dass andererseits die Anleger/innen augenblicklich auf Veränderungen in den Markttrends reagieren und ihre Finanzentscheidungen „in Echtzeit" in die Tat umsetzen können. „Das Gesamtresultat ist ein exponentieller Anstieg der Instabilität des Marktes" (Castells 2005a, S.96; vgl. Castells 2001, S.109ff; Martin; Schumann 1996, S.127ff).

### 2.2.4 Yeoman Democracy

Auf die mit Letztgenannten Prozessen verbundenen Gefahren wird u.a. im Abschnitt 2.4.2. und auf die kritische Sicht auf die Entwicklungen des Post-Fordismus im Abschnitt 5.3.1. der vorliegenden Arbeit eingegangen. Hier geht es zunächst darum, darzustellen, warum ein

---

[24] Castells (2005a, S.85f) veranschaulicht einen solchen Prozess am Beispiel des bereits oben wegen seines enorm schnellen Produktionszyklus angesprochenen Bekleidungsherstellers *Zara* folgenderweise: An den Geschäftskassen der tausenden Zara-Filialen auf der ganzen Welt werden alle Einkäufe elektronisch erfasst, mit Kundenprofilen abgeglichen, gesammelt und täglich ans Designzentrum weitergeleitet. Dort werden softwarebasiert notwendige Änderungen bzw. Neuentwicklungen vorgenommen und an computerisierte Laser-Schneidmaschinen im Hauptwerk übermittelt, wo die Stoffe (zumeist mit Hilfe nahe gelegener Subunternehmer/innen) zusammengenäht und an die jeweiligen Filialen verschickt werden. Das ist bereits sehr nahe an einer Vision dran, die Bill Gates in seinem *Der Weg nach vorn. Die Zukunft der Informationsgesellschaft* im Jahre 1995 formulierte (vgl. Gates 1997, S.264).

[25] „Beta"-Version ist eigentlich eine Bezeichnung für eine noch nicht für den öffentlichen Verkauf bestimmte Probevariante eines Programms, die von ausgewählten „Betatestern" hinsichtlich eventueller Fehler und Optimierungsmöglichkeiten analysiert wird. In der heutigen Zeit von manchmal bereits schon täglichen Softwareupdates entwickelt es sich zunehmend zum Normalfall, dass solche Versionen (mit einem entsprechenden Warnhinweis) dem Endkunden zur Verfügung gestellt werden. O'Reilly (2005) spricht in diesem Zusammenhang vom „ewigen Beta".

großer Teil der „Linken" (v.a. aber nicht nur im angloamerikanischen Raum) die oben beschriebenen Gesamtentwicklungen hin zum Post-Fordismus positiv bzw. sogar begeistert aufnahm, obwohl sie zahlreiche Aspekte beinhalten, die aus der Perspektive entsprechender Grundhaltungen auf den ersten Blick abzulehnen und sogar massiv zu bekämpfen wären – von der Privatisierung von Staatsunternehmen über die Abschaffung der Arbeitsplatzsicherheit bis hin zur Zerschlagung der Gewerkschaften.

Die bejahende Haltung wurde damit argumentiert, dass der Fordismus im Endeffekt nichts anderes als „Taylorismus" wäre. Letzteres ist eine von Frederick Winslow Taylor (1856-1915) entwickelte Konzeption des „scientific management", die Arbeiter/innen mit Maschinenteilen gleichsetzte und auf einer strikten Trennung zwischen der Planung und Kontrolle der Produktion (durch hoch spezialisierte Manager/innen) sowie ihrer Ausführung in genau vorgegebener Reihenfolge kleinster Einzelschritte (durch unqualifizierte Beschäftigte) beruhte. Die Umsetzung solcher Prinzipien, die Angestellte entmündigten und sie von ihrer eigenen Arbeit endgültig „entfremdeten"[26], ab dem späten 19. sowie v.a. im 20. Jh. führte zur fließbandbasierten Massenproduktion und damit laut einer der zentralen Schriften aus dem Umfeld des hier behandelten Ansatzes von Piore und Sabel (1984) zum „first industrial divide". Jedoch war dieses (menschenverachtende) System von Anfang an zum Scheitern verurteilt, was sich an den die Industriegesellschaften seit den 1970er Jahren erschütternden Wirtschaftskrisen manifestiert. Im Übergang zum Post-Fordismus, den Piore und Sabel als den „second industrial divide" bezeichnen, sehen sie nicht nur beträchtliche „Möglichkeiten für den Wohlstand" (= Untertitel ihres Hauptwerkes – ebd.) sondern v.a. Chancen zur Befreiung der Arbeiter/innen aus den Zwängen des Hochkapitalismus. (Zur Gleichsetzung von Fordismus und Taylorismus siehe auch Mattelart 2003, S.37f)

Als ein besonders positives Signal wird in diesem Umfeld der Niedergang der Industriearbeit bei gleichzeitigem Aufschwung der Beschäftigung in kleinen hoch spezialisierten Betrieben bewertet[27]. Letztere kann laut Piore und Sabel als eine Antithese zur entfremdeten Massenproduktion sowie als eine Renaissance des (bei Marx und seinen Nachfolger/innen positiv besetzten) Handwerks betrachtet werden. Die Notwendigkeit zur Flexibilisierung der Produktion und der daraus resultierende Bedarf an einer höheren und vielseitigeren Spezialisierung der Beschäftigten führen zu einem radikalen Bruch mit den standardisierten, monotonen Handlungsabläufen und der Unterqualifikation der Arbeitnehmer/innen des Fordismus-Zeitalters sowie zu einer (durch Informations- und Kommunikationstechnologien unterstützten) „Wiederherstellung der menschlichen Kontrolle über den Produktionsprozess" (Piore; Sabel 1984, S.261): Durch die Partizipation der zunehmend besser gebildeten Beschäftigten am gesamten Herstellungsvorgang entwickeln sie sich von kontrollierten Objekten zu selbst Kontrolle ausübenden Subjekten. Hinzu kommt die mit dem Wandel zum Post-Fordismus und der „Desorganisation" des Kapitalismus untrennbar verknüpfte Abflachung der Hierarchien, womit denjenigen zur Macht verholfen wird, die Innovationen initiieren und anführen.

---

[26] „Entfremdung" ist eines der Hauptbegriffe des Frühwerks von Karl Marx. Für ihn ist jede Lohnarbeit im Endeffekt mit Zwangsarbeit gleichzusetzen, da sie die Beschäftigten, die Produkte nicht für sich selbst sondern zur Finanzierung ihres Lebensunterhalts erzeugen, von den Früchten der eigenen Tätigkeit entfremdet, sie damit „entwirklicht" (ihrer kreativen Potenziale beraubt) und folglich zu Sklaven des Kapitals degradiert. (vgl. Marx 2000; siehe auch Marx 2004, S.147ff)

[27] Detaillierte Darstellung diesbezüglicher Entwicklungen anhand von „la Terza Italia" siehe Kumar 2005, S.62ff.

Dass eine solche Entwicklung revolutionäre Energien freisetzt, versteht sich für Piore und Sabel von selbst. So prophezeien sie die Rückkehr einer „yeoman democracy" (≈ Demokratie der Freibauern), die auf einer Art kollektivem Individualismus basieren wird (vgl. ebd., S.301ff). Ähnlich sehen es auch Lash und Urry (1987, S.310ff), die in Folge des Übergangs zum Post-Fordismus sowie des daraus resultierenden Zerfalls der (massenindustriellen) Arbeiterschicht zwar die Macht der Letzteren „zur Gestaltung der Gesellschaft nach den eigenen Vorstellungen" als geschwächt betrachten und damit den Klassenkampf für beendet erklären. Andererseits postulieren sie, dass die von der neuen Dienstleistungsschicht angeführten sozialen Bewegungen zu einer Durchsetzung „radikaldemokratischer Ideologien" führen würden.

Im Endeffekt betrachten die hier behandelten Autor/innen den Wandel zum Post-Fordismus als eine Chance, sozialistische (bzw. kommunistische) Ziele zu verwirklichen. So betonen die Herausgeber eines auf dem *Manifesto for New Times* der britischen kommunistischen Partei basierenden Sammelbandes, dass die herausragenden Merkmale dieser „neuen Zeiten" in der Zunahme des Widerspruchs und Widerstands sowie der Entstehung neuer Subjekte, neuer sozialer Bewegungen und neuer kollektiver Identitäten bestehen, woraus eine erweiterte Wirkungssphäre für Politik sowie neue Möglichkeiten resultieren, einen Wechsel herbei zu führen (Hall; Jacques 1989, S.17): „New Times, in short, is about making a new world" (ebd., S.20). Dabei wird die Entwicklung hin zu dieser neuen Welt laut den besprochenen Analytiker/innen maßgeblich durch Internet- und Kommunikationstechnologien befördert. Piore und Sabel (1984, S.261) bezeichnen den Computer sogar als eine Maschine, auf die Marx's Definition eines (kunst-) handwerklichen Werkzeugs voll zutrifft, da er nicht nur den produktiven Fähigkeiten der Nutzer/innen entspricht, sondern diese auch erweitert und die Maschine dem Menschen unterwirft, womit er seine Kontrolle über die Produktionsprozesse wiederherstellt.[28]

## 2.2.5 Metaideologie und Neoliberalismus

Wenn man vom marxistischen Impetus der oben zitierten Aussagen absieht und sie den am Schluss des vorangehenden Unterkapitels der vorliegenden Arbeit zusammengefassten Postulaten von Autor/innen gegenüberstellt, die dem rechten Lager zugerechnet werden, wird deutlich, dass es zwischen den beiden Gruppierungen kaum Unterschiede in Bezug auf die Bewertung der aktuelleren sozio-technologischen Entwicklungen gibt. Hier wie dort bejubelt man das neue Zeitalter als eine Erlösung des Individuums aus der Knechtschaft der industriellen Ära und als einen bedeutenden Fortschritt auf dem Weg zur immerwährenden Freiheit, Gleichheit und Brüderlichkeit. Vertreter/innen der etwas „radikaleren" (man könnte auch sagen der „alten") Linken unterstellen deswegen ihren „gemäßigteren" Kolleg/innen eine affirmative Haltung. Post-Fordismus in einer solchen Interpretation wäre demnach nichts anderes als ein „Designersozialismus", ein „Thatcherismus" bzw. „Reaganismus" im linken Gewand. Die Sprache, der sich die Vertreter/innen dieser Strömung bedienen – die Sprache des Individualismus, der freien Wahl und der Diversität – wäre eine Hommage an das (neoliberale) Vokabular der Rechten (Kumar 2005, S.78). Im Endeffekt

---

[28] Aufgrund der Besonderheit dieser Aussage folgt hier die Wiedergabe des Originalzitats: „The computer is thus a machine that meets Marx's definition of an artisan's tool: it is an instrument that responds to and extends the productive capacities of the user. (...) The advent of the computer restores human control over the production process; machinery again is subordinated to the operator" (Piore; Sabel 1984, S.261).

ginge es solchen Theoretiker/innen lediglich darum, in einer Zeit der Vorherrschaft der Letzteren (in den 1980er Jahren, als die oben behandelten Werke verfasst wurden, waren in fast allen größeren Staaten der westlichen Hemisphäre konservative Regierungen an der Macht), den Sozialismus stärker in die Mitte des politischen Spektrums zu rücken, ihn „gesellschaftsfähig" zu machen, um (endlich) wieder Wahlerfolge erzielen zu können.

Zur Untermauerung dieser These können sowohl die Positionen als auch die Werdegänge der „gemäßigten Linken" Soziologen bzw. Politökonomen Robert Reich (Vereinigte Staaten) und Anthony Giddens (Großbritannien) herangezogen werden. Ersterer vertrat zu den oben zusammengefassten Ansichten analoge Postulate in seinem auf breites Interesse der US-amerikanischen Öffentlichkeit gestoßenem Buch *The Work of Nations: Preparing Ourselves for 21st Century Capitalism* (1991). Die Hauptthese dieser in der deutschen Übersetzung mit *Die neue Weltwirtschaft. Das Ende der nationalen Ökonomie* betitelten Publikation lautete, dass die „nationale Denkweise" in Bezug auf Wirtschaft heutzutage anachronistisch geworden sei, weil in einer globalen Ökonomie der Handel mit – auf IKT basierenden – „symbolanalytischen Dienstleistungen" nicht mehr an Grenzen Halt macht. Die Anlehnung an solche Positionen ebnete Bill Clinton, der im Wahlkampf nicht zuletzt mit wirtschaftlichen Argumenten punktete („it's the economy, stupid!"), 1993 den Weg zur Macht, woraufhin er Reich als Minister für Arbeit einsetze. Reichs Ideen hatten ebenfalls einen bedeutenden Einfluss auf die Konzeption der Politik des ‚Dritten Weges' der ‚New Labour' in Großbritannien – deren Doktrin mancherorts auch als „Reichismus" bezeichnet wurde (vgl. Webster 2006, S.83).

Für diese Bewegung, die unter Führung von Tony Blair 1997 die Wahlen gewann, war jedoch der zweite erwähnte Wissenschaftler von noch größerer Bedeutung. Anthony Giddens, ein international höchst angesehener Soziologe, gilt als die „intellektuelle Schlüsselfigur" der ‚Neuen Linken' im Vereinigten Königreich (ausführliche Ausarbeitung seiner Positionen siehe Webster 2006, S.203ff). Vor ihrer Machtergreifung bemühte er sich um eine theoretische Untermauerung ihrer Umstrukturierung – z.B. in seinem Werk *Jenseits von Links und Rechts: Die Zukunft radikaler Demokratie* aus dem Jahre 1994 (hier nach 1997a). Danach stieg er zu einem der wichtigsten Berater Tony Blairs auf und (bezeichnenderweise im gleichen Jahr, als Blair Premierminister wurde) zum Leiter der renommierten ‚London School of Economics and Political Science'. In der Zeit der Regierung der ‚New Labour' verfasste er mehrere Bücher, in denen er ihre Politik aus soziologischer Perspektive begründete und verteidigte – u.a. *Der dritte Weg. Die Erneuerung der sozialen Demokratie* (2000, Original 1998). Deswegen wurde dieser Ansatz von seinen Kritikern oft auch als „Giddens-Blair-Konzeption" apostrophiert (vgl. Lamla 2002, S.11f, S.146ff; Castells 2001, S.148; Giddens 2001, S.28; detailliert zu Giddens Postulaten siehe Unterkapitel 5.3. und Abschnitt 6.3.6.)

## 2.3 Postmoderne Symbolgesellschaft

Die bisher behandelten Gesellschaftstheorien werden den zwei großen politischen Lagern Rechts / Links bzw. den konkurrierenden Wirtschaftskonzepten Kapitalismus / Sozialismus zugeordnet, wobei beide eher in der Mitte des politischen Spektrums anzusiedeln sind (‚Neue Rechte' und ‚Neue Linke'). Dagegen können die im vorliegenden Unterkapitel dargestellten Ansätze als „apolitisch" bezeichnet werden (vgl. Kumar 2005, S.155ff) –

wenn hier überhaupt das Beziehen politischer Positionen erfolgt, sind diese überwiegend anarchistischer bzw. „radikaldemokratischer" Natur (vgl. ebd., S.73; Hassan 1985, S.126ff; siehe auch Habermas 1989, S.12; Zima 1997, S.128; Welsch 2002, S.182f). Denn trotz der enormen Diversität und zum Teil Widersprüchlichkeit der in Folge besprochenen, zumeist unter dem Label „Postmoderne" zusammengefassten Positionen[29], werden sie durch eine Grundidee geeint: Die Ablehnung „großer Erzählungen" im Sinne der Distanzierung von allen seit der Aufklärung den Gesellschaftsdiskurs beherrschenden Ideologien, die einen auf wissenschaftlich-rationalen Prinzipien basierenden Fortschritt und damit die Überführung der Menschheit in eine verheißungsvolle Moderne verkündeten. Ein weiterer Zugang, der diesen Konzeptionen gemeinsam ist und der sie auch von den bisher behandelten abgrenzt, besteht darin, dass sie kulturelle Prozesse in den Mittelpunkt ihres Interesses stellen sowie oft erst von ihnen aus alle anderen gesellschaftlichen Entwicklungen interpretieren – und hier nicht zuletzt die ökonomischen. Da sie die einzigen sind, die einen solchen Ansatz aufweisen, sind sie für die Perspektive der vorliegenden Arbeit von besonderer Relevanz. Denn nur so ist es möglich aufzuzeigen, was Autor/innen, wie jene, die den zu Beginn zitierten UNESCO-Weltbericht verfassten, meinen, wenn sie von den kulturellen Dimensionen der wissensbasierten Wirtschaft sprechen.

An dieser Stelle erfolgt nach einer kurzen Präsentation postmoderner Grundpostulate in ihrer Abgrenzung zur Moderne die Besprechung einiger Aspekte, die mit den anderen im vorliegenden Buch vorgestellten Theorien der Informationsgesellschaft korrespondieren. Denn auch wenn die Postmoderne – wie Wolfgang Welsch (2002, S. 218) es betont – im Vergleich zu Letzteren „das umfassendere Deutungsmuster" bilden sollte[30], weisen laut Fredric Jameson (1986, S.47) ihre Theorien „große Ähnlichkeit mit jenen ambitionierten (…) soziologischen Studien auf, die uns das Erscheinen einer völlig neuen Gesellschaftsform verkünden", wobei sich Jameson hier explizit auf Daniel Bell und andere Ansätze der Mediengesellschaft sowie des Informationszeitalters beruft.

### 2.3.1 „Moderne" Mediensoziologie (Kritische Theorie)

Die Moderne, von der sich die Postmoderne abgrenzt[31], ist ein nicht weniger komplexes Konstrukt, als das hier behandelte Theoriekonglomerat. Wenn bereits die Letztere in der vorliegenden Arbeit nicht detailliert dargestellt werden kann, dann gilt das für die Erstere umso mehr. Auf der anderen Seite ist es für das Verständnis der Postmoderne unabdingbar, sich wenigstens in groben Zügen zu vergegenwärtigen, wogegen sie opponiert. Im Kontext des soziologischen Mediendiskurses kann das am besten dadurch bewerkstelligt werden,

---

[29] Laut Krishan Kumar (vgl. 2005, S.192) spiegelt der postmoderne sozialwissenschaftliche Diskurs die Diskrepanzen des von ihm analysierten Gegenstands – der postmodernen Gesellschaft – in einem solchen Ausmaß wider, dass der Versuch der Zusammenfassung dieser Konzeptionen wegen der Vielfalt divergierender Ansätze, mit einander unvereinbarer Definitionen und sich selbst widersprechender Grundaussagen einen Alptraum für Sozialtheoretiker/innen darstellt. Diese Problematik zeigt sich bereits daran, dass kaum ein/e Theoretiker/in, die/der allgemein dem Postmoderne-Diskurs zugeordnet wird, sich auch tatsächlich zu diesem Etikett bekennt (vgl. ebd. S.160).

[30] Ausführliche Gegenüberstellung und Abgrenzung postmoderner Positionen mit/von denen eines „technologischen Zeitalters" aus der Perspektive von Welsch siehe ders. 2002, S.215ff.

[31] Genau genommen kann nicht einmal in Bezug auf diese Aussage Einigkeit konstatiert werden. So wollen einige der Hauptvertreter/innen die Postmoderne keinesfalls als eine Anti-Moderne sondern im Gegenteil als Einlösung der Desiderate der Moderne „in der Breite der Wirklichkeit" verstanden sehen (vgl. Welsch 2002, S.4; siehe auch Kumar 2005, S.161ff).

## 2. Theorien der Informationsgesellschaft

dass man einen kurzen Blick auf die zentrale (spät-) moderne Strömung der Nachkriegszeit wirft: Auf die sich selbst als „umfassendes Konzept einer Verknüpfung von Gesellschafts- und Medientheorie" (Müller-Doohm 2000, S.82) verstehende ‚Frankfurter Schule' bzw. ‚Kritische Theorie', deren Zugangsweisen an sozio-technologische Fragestellungen auch mehrere aktuellere Gesellschaftstheorien im Zusammenhang mit Medien v.a. im deutschsprachigen Raum geprägt haben – u.a. die der „Erlebnisgesellschaft" (Schulze 1992) sowie jene der „Mediokratie" (Meyer T. 2001) und die ebenfalls einen zentralen Ausgangspunkt für die Theoriebildung der deutschen Medienpädagogik darstellt (dazu siehe auch Abschnitt 6.1.3.).

Aufbauend auf den Ideen von Karl Marx sowie von jenen – als einer der Gründerväter der wissenschaftlichen Soziologie und der Mediensoziologie geltenden – Max Webers entwickelten die Hauptvertreter der ‚Frankfurter Schule' Max Horkheimer (1895-1973) und Theodor W. Adorno (1903-1969) ab den 1920er Jahren ihre ‚Kritische Theorie', die Mitte der 1960er Jahre (nicht zuletzt im Zuge der Studentenbewegung) v.a. im deutschsprachigen Raum aber auch darüber hinaus zum bedeutendsten Ansatz des medientheoretischen Diskurses avancierte (weitere wichtige Vertreter: Marcuse, Löwenthal, Fromm, Habermas sowie z.T. Benjamin und Enzensberger). Die leitende Prämisse dieser auch als „Ideologiekritik" bezeichneten Strömung bestand darin, dass Medienkritik nicht von der Kritik der gesamten Gesellschaft abgekoppelt werden kann und dass eine entsprechende Theorie die Lebenszusammenhänge der Menschen sowie die sozialen Institutionen unter dem Gesichtspunkt analysieren muss, ob sie zur Entwicklung „realer Freiheit" beitragen – d.h. ob die gesellschaftlichen Gegebenheiten tatsächlich dem entsprechen, was für die Menschheit erstrebenswert ist (vgl. Müller-Doohm 2000 S.74).

In ihrer gemeinsam verfassten Essaysammlung *Dialektik der Aufklärung* aus dem Jahre 1944 (Erstveröffentlichung 1947; hier nach 1969), welche die Grundlage aller späteren Schriften der ‚Frankfurter Schule' bildet, führen Horkheimer und Adorno den Begriff der „Kulturindustrie" ein, mit dem sie den kapitalistischen Hintergrund der medial verbreiteten Unterhaltungskultur hervorheben. Die wichtigsten Kritikpunkte an den Medien- sowie Gesellschaftsentwicklungen im 20. Jh. und damit die Leitgedanken der Kritischen Theorie fasst Vollbrecht (2001, S.120) ausgehend von Adornos 1967 erschienenem *Résumé über Kulturindustrie* folgenderweise zusammen: *Passivitätsthese* – die Rezipienten sind absolut untätig und lassen ihre Entscheidungen lediglich von Konsumgedanken leiten; *Manipulationsthese* – die Kulturindustrie erzeugt mit Hilfe der Werbung erst die Nachfrage, die sie durch ihr Angebot zu decken vorgibt; *Konformitätsthese* – die Konkurrenz zwischen den Anbietern der Kulturindustrie ist nur vorgetäuscht, in Wirklichkeit sind die Produktionsmittel größtenteils monopolisiert und die Medien deswegen weitgehend „gleichgeschaltet"; *Totalisierungsthese* – die vom Kapital abhängige Kulturindustrie transportiert lediglich jene Ideologien, die das kapitalistische System stützen, „freier Journalismus" ist damit nichts anderes als ein moderner Mythos. *Kulturimperialismusthese* – die Kulturindustrie ist ihrem Wesen nach zutiefst (US-) amerikanisch und kolonialisiert den Rest der Welt durch den entsprechenden „way of life".

Im Zentrum der Kritischen Theorie steht also die Annahme einer vollkommenen Unmündigkeit der Rezipienten sowie ihrer Fernsteuerung durch kapitalistische Interessensverbände mit Hilfe der gleichgeschalteten Kulturindustrie. Dieser Gedanke wird mit der Abwandlung des Letzteren Begriffs zu dem der „Bewusstseinsindustrie" in den 1960er Jahren durch Hans Magnus Enzensberger noch einmal zugespitzt.[32] Nach Enzensberger besteht die größte Gefahr der Medienmanipulation nicht in erster Linie in der materiellen Lenkung der Konsumenten sondern in der Beeinflussung ihres Bewusstseins. Die Massenmedien wären „Denkfabriken": Nach Art von Massengütern produzieren sie das, was Menschen sehen und denken sollen, wobei ihr gesellschaftlicher Auftrag darin bestehe, die existierenden Herrschaftsverhältnisse zu verewigen (vgl. Enzensberger 1964, S.13). Daraus folgt, dass offiziell in westlichen Demokratien deklarierte Werte wie Freiheit, Autonomie der Person und Möglichkeit der Beteiligung an politischen Entscheidungsprozessen tatsächlich gar nicht eingelöst werden. Die Blindheit der Mehrheit gegenüber diesen bedrohlichen Entwicklungen ist darin begründet, dass sie durch die Bewusstseinsindustrie in einem oberflächlichen Sinn befriedigt, tatsächlich aber manipuliert wird und darum für Tatsachen hält, was praktisch nur Schutzbehauptungen zur Erhaltung des Systems darstellen (vgl. Baacke 1997, S.33f). Da die Menschen durch die Bewusstseinsindustrie verblendet sind, können sie selbst keine vernünftigen Entscheidungen treffen und müssten erst dazu erzogen werden, das „Gute" bzw. das „Richtige" zu wollen (Adorno 1963 in Müller-Doohm 2000, S.86ff).

Hinter solchen Aussagen stehen folgende Grundpostulate, auf denen das Denken der Moderne seit der Aufklärung beruht: Es gibt *eine* objektiv richtige und gute Art, wie die Gesellschaft zu funktionieren hat. Diese basiert auf der Anwendung von Prinzipien der (wissenschaftlich begründbaren) Vernunft. Die einzige Chance für einen wahren Fortschritt besteht darin, möglichst viele (bzw. alle) Menschen in der Verinnerlichung solcher Prinzipien zu schulen (= Aufklärung). So lange jedoch die breiten Massen (auf Grund mangelnder Bildung, Ignoranz etc.) noch nicht so weit sind, können sie von einzelnen (selbstsüchtigen) Interessensgruppierungen problemlos manipuliert und für alle möglichen Zwecke missbraucht werden. Deswegen bleibt es einzelnen bzw. einer kleinen Schicht von (selbstlosen) Intellektuellen vorbehalten, der Menschheit den Weg zur Wahrheit zu weisen, wobei diese Auserwählten dazu berechtigt (bzw. sogar verpflichtet) sind, ihre eigenen Ideale wenn nötig auch gegen den Willen der Mehrheit durchzusetzen.

### 2.3.2 Grundpostulate des Postmoderne-Diskurses

Gerade von derartigen Gedankenkonstrukten grenzen sich Vertreter/innen der Postmoderne mit aller Vehemenz ab. Ihrer Meinung nach sind sie und alle auf ihnen basierenden Ideologien bzw. „großen Erzählungen" für sämtliche „Perversionen der Aufklärung" verantwortlich – von gewaltsamen Revolutionen über das Wettrüsten bis hin zur technologisch vorangetriebenen Umweltzerstörung. Die darin enthaltene Grundannahme, dass eine kleine intellektuelle Elite die einzig wahre Art kennt, wie der Rest der Menschheit zu denken und zu handeln hat, sei zutiefst totalitär und despotisch. (vgl. Lyotard nach Webster 2006, S.233; zur „anti-totalitären Option" der Postmoderne siehe auch Welsch 2002, S.5, S.180f; Derrida 1988, S.108f)

Dem setzen der Postmoderne zugerechnete Analytiker/innen die zum Axiom erhobene „radikale Pluralität" (Welsch 2002, S.4) entgegen – das Primat unzähliger Wirklichkeitskonstruktionen sowie daraus resultierender divergierender Meinungen, Werte, ästhetischer

---

[32] Hans Magnus Enzensberger prägte mit der Einführung dieses Begriffs den Diskurs der ‚Kritischen Theorie' in den 1960er Jahren massiv mit. Jedoch grenzte er sich bereits Anfang der 1970er Jahre überdeutlich von der ‚Frankfurter Schule' und seinen Hauptvertretern ab (vgl. Enzensberger 1997, S.119).

Vorstellungen etc. vor denen einiger weniger und standardisierter. Der Pluralismus (statt des Feudalismus, Kapitalismus, Sozialismus etc.) wäre ihrer Meinung nach zum zentralen „Ismus" unserer Zeit avanciert (Jencks 1989, S.7). Laut Wolfgang Welsch werden im Licht dieses Terminus, den er als den „Schlüsselbegriff der Postmoderne" bezeichnet, auch alle anderen unter dem Label dieser Strömung proklamierten Topoi verständlich – nicht nur das Postulat des Endes der Meta-Erzählungen sondern ebenso das der Gleichzeitigkeit des Ungleichzeitigen, der Unvereinbarkeit der vielfältigen Lebensformen und Realitätsmuster bis hin zum grundsätzlichen Hinterfragen der Existenz einer allgemein verbindlichen vernunftbasierten Wahrheit und der daraus folgenden „Dezentrierung des Sinns" (Welsch 2002, S.XVII). Denn auch Wahrheit(en) bzw. Bedeutung(en) sind aus der Perspektive der Postmoderne historisch und sozial determinierte, im Endeffekt aber höchst persönliche bzw. subjektive Konstruktionen.

So gibt es der Meinung ihrer Hauptvertreter/innen nach (im Gegensatz zum Standpunkt der Proponent/innen der Moderne, wie denen der ‚Frankfurter Schule') eben nicht den *einen* wahren Weg zur „realen Freiheit" des Menschen, zur für alle gleichermaßen erstrebenswerten persönlichen Autonomie bzw. Emanzipation (von „falschen" Beeinflussungen), sowie zum für die gesamte Menschheit zielführenden gesellschaftlichen Fortschritt, sondern im Endeffekt so viele Wege, wie Individuen auf diesem Planeten existieren. Dabei werden mit der „Zwangsjacke der Aufklärung" (Webster 2006, S.233) auch gleichzeitig die eben erwähnten an sie unmittelbar geknüpften Vorstellungen (Autonomie, Emanzipation, Fortschritt etc.) an sich über Bord geworfen. Denn diese Schlagworte würden, gemeinsam mit denen aus dem konservativen Lager vom „Kulturerbe", vom „guten Geschmack" etc., im Endeffekt lediglich als Deckmantel zur gesellschaftlichen Durchsetzung der Vorstellungen und Interessen einzelner Eliten dienen (vgl. ebd., S.233ff; Kumar 2005, S.130). Dagegen sind die Vertreter/innen der Postmoderne von der „'korrumpierten' Welt des Ramschs und Kitschs fasziniert" – von Schundromanen, B-Movies, Werbung etc. (Jameson 1986, S.46). Und auch vom – z.B. von Scott Lash (1990, S.11) in seiner *Sociology of Postmodernism* konstatierten – Zusammenbruch der Grenzen zwischen der „Hoch-" und der „Populärkultur". Die Freude an den zahlreichen Wahl-, Kombinations- und Verfremdungsmöglichkeiten und der damit verbundene (von vielen Seiten beklagte) ästhetische Relativismus bzw. Populismus wäre nichts anderes, als eine „demokratische Unverfrorenheit", ein Akt der Befreiung, eine radikale Zurückweisung der Tyrannei all jener, die es darauf abgesehen hätten, ihren eigenen Geschmack und damit ebenso die eigene Lebensweise anderen aufzuzwingen. Der aktuelle kulturelle Pluralismus würde belegen, dass die Eliten endgültig die Fähigkeit eingebüßt hätten, den Menschen auf der Straße vorzuschreiben, was für sie richtig oder falsch wäre. (vgl. Webster 2006, S.234f, S.240f; Kumar 2005, S.128ff)

Folgerichtig trauern die der Postmoderne zugeordneten Analytiker/innen auch der (von Vertreter/innen der Moderne lautstark beklagten) Auflösung des „autonomen" Kulturbereichs keinesfalls nach, sondern feiern diese im Gegenteil als eine „ungeheure Expansion der Kultur in alle Lebensbereiche" (Jameson 1986, S.93). Und dem „modernen" Postulat der ideologischen Fernsteuerung der Gesellschaft mit Hilfe der bewusstseinsmanipulierenden Kulturindustrie stellen sie das Primat der Kultur vor sämtlichen sozialen Prozessen entgegen. Denn sie behaupten, dass „alles in unserem gesellschaftlichen Leben, vom ökonomischen Wertgesetz und der Staatsgewalt bis zu den individuellen Handlungs- und Verhaltensweisen und sogar bis zur psychischen Struktur, auf neuartige und bislang nicht theoretisierte Weise zu ‚Kultur' geworden ist" (ebd.).

### *2.3.3 Postmoderne und IKT*

Zahlreiche der oben beschriebenen Prozesse weisen für die der Postmoderne zugerechneten Beobachter/innen untrennbare Querverbindungen mit den Fortschritten im Bereich der Informations- und Kommunikationstechnologien auf. Die Herstellung von Zusammenhängen zwischen den Gesellschafts- und den Medienentwicklungen kann sogar als für die Theoriebildung der Postmoderne konstitutiv bezeichnet werden. Während im deutschsprachigen Raum der Diskurs der Postmoderne größtenteils als ein philosophischer bzw. sprachwissenschaftlicher betrachtet wird (vgl. z.B. Zima 1997), gerät oft aus dem Blickfeld, welch eine herausragende Rolle dabei die Fortschritte im Bereich der IKT spielen. So stellt Wolfgang Welsch (2002, S.27) fest, die Konzepte der postindustriellen und der postmodernen Gesellschaft würden den gleichen Ausgangspunkt aufweisen – die technologische Veränderung. Das wird bereits daran ersichtlich, dass Jean-François Lyotard (1924-1998) in dem Werk, das als Initialzündung der weltweiten Diskussion um das Ende der Moderne und das Aufkommen der Postmoderne gilt – *La condition postmoderne* aus dem Jahre 1979 – seine Argumentation ausgehend von den medientechnologischen Prozessen seiner Zeit aufbaut. Im Einführungskapitel begründet er die Notwendigkeit des Überdenkens bestehender Gesellschaftstheorien damit, dass die von ihm erwartete sprunghafte Ausbreitung von „Informationsmaschinen" massiv in die „Zirkulation der Erkenntnisse" und damit die „Natur des Wissens" eingreifen wird (vgl. Lyotard 1986, S.22f). In der Folge bezeichnet er Datenbanken, welche die „Enzyklopädien von Morgen" bilden werden, als „'Natur' für den postmodernen Menschen" (ebd., S.151; ausführlich zu diesem Werk siehe Abschnitt 3.2.3.).

Ähnliche Aussagen ziehen sich wie ein roter Faden durch die meisten zentralen Publikationen der Postmoderne durch. So begründet Charles Jencks (1989, S.7) sein oben erwähntes Postulat, dass der Pluralismus zum zentralen „Ismus" unserer Zeit avanciert sei, u.a. mit der „Informationsexplosion" in Folge der Ausbreitung neuer Medientechnologien, welche die Postmoderne zu einem Zeitalter der permanenten Wahl werden hat lassen. Der Vordenker der Postmoderne Michel Foucault (1967, hier nach o.J.) führt den Bedeutungsverlust der Zeit zugunsten des Raumes und das damit verbundene Zurückdrängen der Betrachtung der Welt in historischen Zusammenhängen nicht zuletzt auf die Entwicklung computergestützter Wissensnetzwerke zurück, welche die simultane Darstellung und ein sofortiges Abrufen von Ereignissen unterschiedlichster Epochen erlauben. Für Mark Poster (vgl. 1992, S.15) führen Informations- und Kommunikationstechnologien darüber hinaus auch zu einer Auflösung des Raumes, bis hin zur Dispersion des menschlichen Körpers. In einer Ära der ortsunabhängigen globalen digitalen Kommunikationsmöglichkeiten bildet seiner Meinung nach nicht einmal dieser eine effektive Begrenzung der Position eines Subjekts. Am weitesten geht Jean Baudrillard (vgl. 1983) mit seiner Feststellung, dass wir inzwischen in einer durch und durch simulierten „Hyperrealität" leben, in der es unmöglich wäre, Wirklichkeit von Imagination zu unterscheiden, was er ausgehend von seiner Beobachtung einer aus der Entwicklung der elektronischen Medien resultierenden „Kommunikationsekstase" argumentiert: Baudrillard zufolge ist der Mensch in der Postmoderne von (digitalen) Zeichen und Symbolen umzingelt, die Kopien wären, denen die Originale ab-

## 2. Theorien der Informationsgesellschaft

handen gekommen seien[33]. (siehe auch Mark Posters *The Mode of Information* 1992, in dem er zentrale postmoderne Theorien im Zusammenhang mit medialen Prozessen aufarbeitet).

Wolfgang Welsch, der zu den wichtigsten Vertretern der Postmoderne im deutschsprachigen Raum zählt, hat sich in einem Aufsatz für eine medienpädagogische Sammelpublikation (Baacke; Röll 1995) um eine für Laien verständliche(re) Erläuterung solcher Postulate bemüht. Dabei weist er darauf hin, dass die Einsicht, „alle Welten [seien] im Grunde künstliche Welten" (Welsch 1995, S.75) keineswegs neu wäre. Auch zahlreiche frühere Philosoph/innen erkannten, wie stark unsere Vorstellung von der Welt die Realität beeinflusst und in der Kunst (er führt als Beispiel den Surrealismus an) gab es lange vor der Einführung neuer Medien Bemühungen, die Brüchigkeit der Grenze zwischen Imagination und Wirklichkeit zu veranschaulichen. Die zentrale Leistung digitaler Medien besteht laut Welsch jedoch darin, dass mit ihrer Hilfe die Virtualität nicht nur denkbar bzw. schematisch skizzierbar sondern tatsächlich erlebbar geworden ist:

> *„Will man die phänomenalen Besonderheiten der elektronischen Welten benennen, so ist in erster Linie von Leichtigkeit, von freier Beweglichkeit, vom freien Spiel mit Dimensionen und Gebilden zu sprechen. Die Bewegungen im elektronischen Raum ähneln denen im schwerelosen Zustand. (...) Sie suggerieren zwar Realität, aber diese Suggestion ist mit einem Index der Freiheit verbunden – alles könnte auch anders sein oder werden. Wenn es irgendwo eine ‚Leichtigkeit des Seins' gibt, dann im elektronischen Raum."* (ebd., S.78)

Welsch führt darüber hinaus weitere Phänomene an, die bisher höchstens in der Phantasie Einzelner existierten und erst durch neue Medientechnologien erfahrbar wurden: Der Computer, den Welsch als „Leitfossil unserer Epoche" bezeichnet, führt uns eine bislang unvorstellbare Geschwindigkeit der Informationsverarbeitung, eine Instantaneität (= Augenblicklichkeit, Sofortigkeit) des Auftauchens und Verschwindens früher unfassbarer Datenbestände sowie die Unmöglichkeit ihres Alterns und die klinische „Cleanheit" ihrer Zerstörung vor. Binäre Zeichenreihen entziehen sich den bisherigen Vorstellungen von Raum und Zeit, denn ihre „Erscheinung [ist] schon ihre ganze Substanz, es gibt nichts dahinter und nichts danach. Es gibt nur den Gegensatz von Sein und Nichtsein" (S.79). Damit wird in der elektronischen Welt „der Unterschied zwischen Erscheinung und Wesen außer Kraft gesetzt. Monitorexistenz und Speicherexistenz sind vollkommen deckungsgleich. (...) Der ganze Sachgehalt ist identisch, nur die Präsentationsform ist verschieden – mal analog, mal digital." (S.80). Außerdem besitzt die elektronische Realität „eine der Alltagswelt unbekannte Offenheit für Veränderungen, Mutationen, Innovationen. (...) Ihr gehört eine unabsehbare Vielzahl von lateralen Anschlüssen und Ausbreitungen zu – vom Wuchern des Gleichen bis zu komplexen Vernetzungen" (S.80f).

Durch die Betrachtung solcher medialer Prozesse, deren Ontologie Welsch als „antiklassisch" bezeichnet, wurde seiner Beobachtung nach eine „grundsätzliche Korrektur der traditionellen Philosophie" ausgelöst (S.81). In ihren entsprechenden Werken entfalten die der Postmoderne zugerechneten Theoretiker/innen eine unhierarchisch organisierte Weltsicht, die von „Kreuzungen und Vernetzungen sowie von rhizomatischen Wucherungen und

---

[33] An einer anderen Stelle (1998, S.162) spricht Baudrillard in diesem Kontext vom „schizophrenen Rausch von seriellen Zeichen, die keine Imitation, keine Sublimierung kennen, die in ihrer Wiederholung eingeschlossen sind – wer könnte sagen, wo die Realität dessen ist, was sie simulieren?"

Transformationen" geprägt ist. „Anstelle von Stabilität dominiert Veränderlichkeit, statt tiefe Oberflächlichkeit, statt Wirklichkeit Möglichkeit" (ebd.; detailliert zum Thema Rhizom siehe Deleuze; Guattari 1977).

### *2.3.4 Postmoderne Ökonomie*

Fredric Jameson – einer jener Vertreter/innen der Postmoderne, die sich am intensivsten mit ökonomischen Fragestellungen auseinandergesetzt haben – betont in seinem Aufsatz *Postmoderne – zur Logik der Kultur im Spätkapitalismus* (1986) mehrmals, dass der postmoderne Diskurs keinesfalls auf seine kulturellen Aspekte verengend betrachtet werden darf (vgl. ebd., S.48, S.91). Zu Beginn dieses Artikels fasst er alle aus seiner Sicht zentralen Merkmale der Postmoderne zusammen (von denen die meisten hier bereits besprochen wurden) und konstatiert danach die „fundamentale Abhängigkeit der genannten Phänomene von einer völlig neuen Technologie, die ihrerseits für ein neues Wirtschaftssystem steht" (ebd., S.50). Letzteres tituliert er – in Anschluss an den marxistischen Ökonomen Ernest Mandel (1972) – als „Spätkapitalismus", den er als die „‚reinere' Form des Kapitalismus" bezeichnet (Jameson 1986, S.47). Dabei schließt seiner Meinung nach jeder Diskurs über die postmoderne Kultur gleichzeitig einen über den aktuellen Zustand der Ökonomie ein. Denn einerseits konstatiert er – wie bereits erwähnt – eine „ungeheure Expansion der Kultur in alle Lebensbereiche" (ebd., S.93): Die „ästhetische Produktion" wäre auf Grund des wirtschaftlichen Drucks, immer neue Waren mit steigenden Absatzraten herzustellen, „integraler Bestandteil der allgemeinen Warenproduktion geworden" (S.48f). Daraus resultiert jedoch andererseits ebenso eine „ungeheure Expansion des Kapitals auf bislang nicht erfasste Bereiche (...)" (S.78f). Jameson spricht in diesem Zusammenhang von einer „historisch einmaligen Durchdringung und Kolonialisierung der Natur und des Unbewußten" (S.79), wobei „der Tauschwert so weit generalisiert wurde, daß sogar die Erinnerung an Gebrauchswerte erloschen ist" (S.63).

Einige der Theoretiker/innen der Postmoderne – v.a. aus dem angloamerikanischen Raum – können dem Zusammenwachsen der kulturellen und ökonomischen Sphären viel Positives abgewinnen. So fasst der bereits im Kontext des Post-Fordismus erwähnte Scott Lash in der Publikation *Sociology of Postmodernism* seine Beobachtungen zusammen, nach denen s.g. „cultural industries"[34] in der westlichen Hemisphäre mit steigender Tendenz die Wirtschaft dominieren würden. Dabei besteht ihm zufolge ein immer größerer Anteil der konsumierten Wahren aus kulturellen Gütern, zu denen so unterschiedliche Produkte wie Mode, Einrichtungsgegenstände, Filme, Spiele, und Informations- bzw. Lernmedien zählen. Ausgehend davon postuliert Lash (vgl. 1990, S.38f) eine zunehmende Entwicklung des Akkumulationssystems zu einer der Zeichen und Bedeutungen. Seiner Meinung nach lösen also Symbole Dinge ab, womit auch kulturelle Werte die materiellen verdrängen (vgl. ebenso Lash; Urry 1994). Von solchen und ähnlichen Überlegungen leiten anderen Strömungen angehörende Analytiker/innen die Entstehung einer „schwerelosen Ökonomie" ab – einer Wirtschaft, in der die Güterproduktion nicht auf der physischen Anstrengung, sondern auf

---

[34] Der englische Begriff „cultural industries" subsumiert Ähnliches wie der deutsche Terminus „Kulturindustrie" (siehe oben zum Thema ‚Frankfurter Schule' / ‚Kritische Theorie'), ist jedoch im soziologischen Diskurs bedeutend weniger negativ besetzt.

Ideen, Wissen, Talenten und Kreativität basiert (vgl. Coyne 1997; Rifkin 2002, S.44ff; Leadbeater 1999, S.18).

Viele (Haupt-) Vertreter/innen der Postmoderne stehen solchen Prozessen jedoch höchst kritisch gegenüber. So warnt Jean-François Lyotard bereits in seinem – zu einem der zentralen Grundlagentexte des Postmoderne-Diskurses zählenden - *La condition postmoderne*, eindringlich vor einer Kommodifizierung (= Kommerzialisierung, Umwandlung in eine Ware) des Wissens und der daraus resultierenden Gefahr der Regulierung sämtlicher Lebensbereiche des Menschen durch den Markt (vgl. Lyotard 1986, S.131, S.137ff, S.192). Jean Baudrillard (vgl. 1998, S.156f) geht sogar soweit, (ganz im Sinne Adornos) das Verhalten der Konsument/innen gegenüber der allgegenwärtigen Werbung mit dem Reiz-/Reaktionsschema des Pawlowschen Reflexes zu vergleichen: Durch die „Operationalisierung" der Vorstellungen und Bedürfnisse würde der kapitalistische Markt mit Hilfe der Medien eine totale Macht über die Menschen ausüben, die sich auch ohne Drohungen und Gewaltanwendung Geltung verschafft.[35]

Fredric Jameson bemüht sich in seinem Aufsatz *zur Logik der Kultur im Spätkapitalismus* um eine Schlichtung dieses Konfliktes: In Berufung auf das *Kommunistische Manifest* von Marx und Engels postuliert er, dass der „Kapitalismus als das Beste wie auch als das Schlimmste gedacht werden kann, was der Menschheit passieren konnte." Der „Problemdruck" wäre heute so groß, dass „wir zumindest den Versuch machen müssen, die kulturelle Entwicklung im Spätkapitalismus dialektisch zu denken: als Katastrophe *und* als Fortschritt" (Jameson 1986, S.92).

### 2.3.5 Metaideologie und Neoliberalismus

Solche und ähnliche Aussagen führen dazu, dass zahlreiche Vertreter/innen der „radikaleren" Linken postmodernen Theoretiker/innen eine resignativ-affirmative Haltung gegenüber dem herrschenden politökonomischen System unterstellen, bis hin zum Vorwurf eines Neo-Konservativismus bzw. der Nähe zum Neoliberalismus. Wolfgang Welsch (2002, S.158) fasst entsprechende kritische Einwände recht (selbst-) schonend folgenderweise zusammen: „Die Buntheit der Postmoderne verbräme bloß die Tatsache, daß im Grunde eine einzige Logik und Entwicklung herrsche und voranschreite, die technologisch-kapitalistische. Die Postmoderne stabilisiere diese Situation durch kompensatorische Entlastung". Im Originalton klingt diese Kritik weit schonungsloser. Z.B. wirft Ellen Wood (vgl. 1990, S.79) den postmodernen Theoretiker/innen einen „ultimativen Verbraucherfetischismus" vor. Postmoderne wäre nichts anderes, als der „Triumph der Konsumgesellschaft" und all das Gerede vom Partikularismus, Pluralismus und Eklektizismus habe in Wirklichkeit nur zum Ziel, der ganzen Welt die „globale Homogenität" des freien Marktes aufzuzwingen (Zusammenfassung entsprechender Kritikansätze siehe Kumar 2005, S.206ff; Webster 2006, S.260ff; diesbezügliche Vorwürfe an Lyotard siehe Schröter 2006, S.337; Gugerli et al. 2005, S.84).

---

[35] Baudrillard war grundsätzlich und auch unter den postmodernen Theoretiker/innen höchst umstritten. Wolfgang Welsch behandelt ihn zwar in seinem „Panorama philosophischer Postmoderne-Positionen" (Welsch 2002, S.135ff) gemeinsam mit den anderen Größen dieser Strömung, bezeichnet ihn jedoch andererseits nicht als einen „Denker der Postmoderne", sondern der „Posthistoire" (ebd. S.152). Letztere geht laut Welsch (ebd. S.17f) davon aus, dass die Gesellschaft heute „neue Konzepte, neue Werte, überhaupt neue Impulse weder braucht noch, wenn sie denn auftreten, beachten könnte. (...) Die Posthistorie ist passiv, bitter oder zynisch und allemal grau."

Wie zu Beginn des Kapitels 4 besprochen wird, ist Kritik immer ein „zweischneidiges Schwert" und kann bzw. müsste ihrerseits immer kritisch hinterfragt werden (zur Kritik der Kritik der Postmoderne siehe z.B. Welsch 2002, S.169ff). Im Zusammenhang mit dem Verhältnis der Postmoderne zu Ideologien im Allgemeinen und zum Wirtschaftsprogramm des Neoliberalismus im Besonderen muss jedoch eingeräumt werden, dass jede/r unvermeidlich enttäuscht wird, die/der von ihren Vertreter/innen diesbezüglich deutliche Positionierungen erwartet. Denn laut Wolfgang Welsch (2002, S.182) besteht der „Evidenzpunkt" der Postmoderne gerade im „unüberschaubare[n] Recht differenter Konzeptionen und Ansprüche." Folglich glauben die ihr zugezählten Theoretiker/innen auch nicht „an die Möglichkeit von Gesamtdeutungen, welche die Vielfalt der Entwürfe und Praktiken (…) auf ein gemeinsames Ziel zu verpflichten vermöchten" (ebd., S.173). Damit nimmt die Postmoderne sowohl gesamtideologisch als auch wirtschaftspolitisch eine kategorisch neutrale Haltung an. Vom Standpunkt eines Demokratieverständnisses aus, bei dem Letztere „nicht für den Konsens, sondern für einen Dissens von Ansprüchen und Rechten" (ebd., S.183) geschaffen ist, erscheint das absolut schlüssig. Dass politisch auf *ein bestimmtes* Ziel hin engagierte Menschen – welcher „Couleur" auch immer – sich mit so einem Zugang sehr schwer tun und ihn als resignativ bis hin zu affirmativ empfinden, braucht jedoch ebenso niemand zu wundern.

## 2.4 Informationalistische Netzwerkgesellschaft (Castells)

Manuel Castells (geb. 1942) Ruf als weltweit führender (Medien-) Soziologe der letzten Jahrzehnte nährt sich nicht zuletzt aus seinen zahlreichen außeruniversitären Aktivitäten. Regierungen rund um den Globus laden ihn als Berater bei Fragen rund um die Informationsgesellschaft ein und ebenfalls die Europäische Union sowie die UNO nahmen bereits seine entsprechenden Dienste in Anspruch (vgl. Schaal 2006, S.133). Die Arbeit für Regierungsorganisationen wird u.a. dadurch begünstigt, dass sich Castells politisch schwer einordnen und damit auch nicht vereinnahmen lässt. In seiner Jugend gehörte er linksradikalen Vereinigungen an, wurde deswegen in seinen jeweiligen Wohnländern politisch verfolgt und musste flüchten bzw. wurde ausgewiesen (vgl. Castells; Ince 2003, S.7ff; Webster 2006, S.98). Im Laufe der Jahre distanzierte sich Castells zunehmend vom Marxismus, was er damit argumentiert, dass die Klassenfrage die am wenigsten fruchtbare Perspektive darstellt, aus der aktuelle gesellschaftliche Veränderungen betrachtet werden können (Castells 2005b, S.137; vgl. Castells; Ince 2003, S.17). Dabei ist er jedoch keineswegs – wie z.B. Daniel Bell – zu rechten Positionen „konvertiert" und lässt sich aufgrund seiner in zahlreichen Punkten höchst kritischen Haltung gegenüber aktuellen wirtschaftlichen Entwicklungen auch nicht so leicht dem Neoliberalismus zuschlagen, wie manche der besprochenen Theoretiker/innen aus dem Umfeld des Post-Fordismus und der Postmoderne. Ebenso prallt der Vorwurf einer apolitischen Resignation, der den Letzteren oft gemacht wird, an Castells ab. Denn er betont, nach seiner Abkehr vom Marxismus *noch* politischer geworden zu sein (vgl. Castells 2005b, S.137) und bezeichnet sich selbst als ein Kämpfer für eine bessere Welt, jedoch abseits „tödliche[r] Stromschnellen absoluter Utopien" (Castells 2001, S.4; vgl. Castells 2003, S.410f).

Das Hauptwerk von Manuel Castells – die Trilogie *The Information Age* (Band I *The Rise of the Network Society* 1996; Band II *The Power of Identity* 1997; Band III *The End of the*

*Millennium* 1998)[36] – kann als in der Tradition aller bisher behandelten Rahmenkonzeptionen stehend betrachtet werden: Genauso wie die post-industriellen sowie die (meisten) post-fordistischen und auch viele der postmodernen Theoretiker/innen geht Castells von einem radikalen gesellschaftlichen Wandel seit den 1970er Jahren aus, der in einem untrennbaren Zusammenhang mit den Fortschritten im Bereich der Informations- und Kommunikationstechnologien steht. Parallel zu den beiden ersten hier dargestellten Ansätzen bilden ökonomische Frage- und Problemstellungen den Ausgangspunkt von Castells Untersuchungen, wobei ebenso der methodische Zugang übereinstimmt: Auch Castells leitet seine Schlussfolgerungen von der Auswertung statistischer Daten ab. Gleichzeitig legt Castells – wie die der Postmoderne zugerechneten Analytiker/innen – einen besonderen Schwerpunkt auf die Behandlung der kulturellen Implikationen aktueller Medienentwicklungen und integriert auch Forschungsergebnisse der Kommunikationswissenschaften bzw. der ‚cultural studies' (siehe v.a. Castells 2001, S.375ff). Im Endeffekt kann Castells Arbeit als ein Versuch bezeichnet werden, alle bisher vorgestellten (und ebenso mehrere weitere) Gesellschaftstheorien im Zusammenhang mit sozio-technologischen Prozessen unter Berücksichtigung neuerer kommunikations- und kulturwissenschaftlicher Perspektiven zusammen zu fassen, wobei er nicht so sehr neue Ideen einbringt, sondern in erster Linie bestehende zusammenführt und sich um ihre Validierung sowie teilweise Weiterentwicklung bemüht. Die Gültigkeitsprüfung bewerkstelligt er ausgehend der Analyse und dem minutiösen Vergleich einer schier unfassbareren Menge an Daten und Fakten aus aller Welt, die er (nach eigenen Angaben – vgl. Castells 2002, S.1) in einem bis zu 25 Jahre langem Forschungsprozess gesammelt sowie ausgewertet hat. Damit hebt sich Castells Arbeit auch positiv von den bisher behandelten Theorien der post-industriellen und der post-fordistischen Gesellschaft ab, die zumeist von nationalen oder sogar regionalen Informationsbeständen ausgehen und diese oft generalisieren.[37]

Nicht zuletzt deswegen wird Castells Werk allgemein als „die bisher umfassendste und variationsreichste Darstellung der Informationsgesellschaft" (Steinbicker 2001, S.102) betrachtet, als eine unübertroffene Analyse der Ausrichtung sowie Dynamik der modernen Welt (Webster 2006, S.123), die das Denken innerhalb der heutigen Sozialwissenschaften enorm beeinflusst hat (ebd., S.98; vgl. Kumar 2005, S.8). Sogar Castells schärfste Kritiker – wie z.B. Nicholas Garnham (2004, S.165) – räumen ein, seine Arbeit wäre die anspruchsvollste, höchstentwickelte und überzeugendste verfügbare Theorie der Informationsgesellschaft[38].

---

[36] In der vorliegenden Arbeit werden Castells Schriften, zu denen es deutsche Übersetzungen gibt, nach diesen zitiert. In Bezug auf die Trilogie *Das Informationszeitalter*: Band I *Der Aufstieg der Netzwerkgesellschaft* 2001; Band II *Die Macht der Identität* 2002; Band III *Jahrtausendwende* 2003.

[37] Z.B. leiten Bell sowie die meisten seiner Nachfolger ihre universelle Geltung beanspruchenden Gesellschaftstheorien fast ausschließlich von US-amerikanischen Entwicklungen ab und die Vertreter/innen des Post-Fordismus ihre Konzeptionen von einzelnen spezifischen regionalen Prozessen in höchst divergierenden Umgebungen, deren Interdependenz kaum nachvollziehbar ist (zu Letzterem vgl. Kumar 2005, S.82).

[38] Weitere hymnische Kritiken führender Kommentator/innen zu Castells Trilogie können unter folgender URL abgerufen werden: *http://sociology.berkeley.edu/faculty/castells/trilogy--reviews.html* [30.03.2007]. Siehe ebenso Schaal 2006, S.13f; Auch im einleitend zusammengefassten UNESCO-Weltbericht werden aktuelle Grundparameter der Informationsgesellschaft hauptsächlich von Castells Postulaten aus dargestellt (vgl. UNESCO 2005a, S.19f; S.45).

Der Anspruch ein solchermaßen apostrophiertes 1500-seitiges Monumentalwerk in all seinen Facetten darzustellen, wäre anmaßend. Deswegen erfolgt in diesem Unterkapitel lediglich die Besprechung einiger zentraler Eckpunkte von Castells Konzeptionen – nicht zuletzt vor dem Hintergrund der Frage, was er von den vorhin behandelten Gedankenkonstrukten übernommen[39], v.a. aber, welche Denkansätze er weiterentwickelt hat. Dabei wird von der bisher verfolgten Grundeinteilung – Darstellung der dem „Post" vorangehenden „Pre-Theorien", der eigenen Positionen, der Querverbindungen mit den IKT und den metaideologischen sowie neoliberalen Tendenzen – abgegangen. Denn im Gegensatz zu den bisher behandelten Konzeptionen definieren sich Castells Ansätze nicht durch die Abgrenzung von anderen und Informationstechnologien sind untrennbar mit sämtlichen Bereichen seiner Forschungen verbunden. Deswegen folgt die Strukturierung dieses Unterkapitels – nach einer kurzen allgemeinen Besprechung von Castells Hauptperspektiven – der von ihm selbst für die drei Bände der Trilogie gewählten Sequenzierung: (I) ökonomische, (II) sozio-kulturelle sowie (III) politische Dimensionen der informationalistischen Netzwerkgesellschaft (vgl. auch Castells 2001, S.15).

## 2.4.1 Allgemein

Der Informationalismus bzw. informationelle Kapitalismus[40] ist laut Castells eine neue Wirtschaftsform, die im letzten Viertel des 20. Jahrhunderts entstand[41], „weil die Revolution in der Informationstechnologie die unverzichtbare materielle Grundlage für ihr Zustandekommen geschaffen hatte" (Castells 2001, S.83). Ihre drei Hauptcharakteristika sind:

- *Informationell* – Produktivität und Konkurrenzfähigkeit sind grundlegend vom Geschick abhängig, auf effiziente Weise wissensbasierte Information hervorzubringen, zu verarbeiten und anzuwenden.

---

[39] Diese Frage ist besonders schwer zu beantworten, da Castells (2001, S.26) gleich zu Beginn der Trilogie betont, „kein Buch über Bücher" schreiben zu wollen. Daraus resultiert, dass er die Quellen, auf denen sein Denken basiert, oft unzureichend oder überhaupt nicht angibt.

[40] Castells Gebrauch und Abgrenzung der Begriffe „Informationalismus" und „informationeller Kapitalismus" ist nicht ganz schlüssig. Meistens verwendet er „Informationalismus" als einen lediglich auf die Produktionsweise bezogenen Teilaspekt der neuen Wirtschaftsform (vgl. z.B. 2001, S.83), die er als „informationellen Kapitalismus" bezeichnet (vgl. ebd. S.19; S.101). Auf der anderen Seite postuliert er immer wieder, dass auch alle anderen Teilaspekte einer solchen Ökonomie sich nur auf der Basis der „informationellen Revolution" bzw. des „Paradigma[s] der Informationstechnologie" entfalten konnten (vgl. z.B. ebd. S.1, S.83; S.75ff). Da es auf diesem Hintergrund als wenig zielführend erscheint, zwischen „Informationalismus" und „informationellen Kapitalismus" zu unterscheiden, werden diese Begriffe in der vorliegenden Arbeit synonym gebraucht.

[41] Auch in Bezug auf den Zeitpunkt für den Beginn der Ausbreitung des Informationalismus sind Castells Aussagen nicht stringent. An der oben zitierten Stelle, schreibt er vom „letzten Viertel des 20. Jahrhunderts" – d.h. Mitte der 1970er Jahre. In einem früheren Kapitel konstatiert er, dass sich die „fundamentale Neustrukturierung des kapitalistischen Systems" seit den 1980er Jahren vollzieht (ebd. S.13). Gleich zwei Seiten weiter rückt er die „Neustrukturierung der kapitalistischen Produktionsweise" wieder nach vorne – auf den „Ausgang des zwanzigsten Jahrhunderts" (ebd. S.15). Diese Abweichungen können jedoch folgenderweise mit Castells Worten erklärt werden: „In den späten 1990er Jahren war es soweit, dass die Keime der informationstechnologischen Revolution, die in den 1970er Jahren gesät worden waren, in einer Welle neuer Prozesse und neuer Produkte Früchte zu tragen schienen" (ebd. S.157).

## 2. Theorien der Informationsgesellschaft

- *Global* – Produktion, Konsumtion und Zirkulation sind auf globaler Ebene organisiert, entweder unmittelbar oder durch ein Netzwerk von Verknüpfungen zwischen den wirtschaftlichen Akteuren.
- *Vernetzt* – Produktivität wird durch ein weltweites Interaktions-Netzwerk zwischen Unternehmens-Netzwerken erzeugt, in dessen Rahmen sich auch die Konkurrenz abspielt. (vgl. ebd.)

Im Kern ist diese neue Wirtschaftsform kapitalistisch. Jedoch ist es laut Castells ein verjüngter (ebd., S.20), ein neustrukturierter (S.14), bzw. sogar ein generalüberholter (S.2) Kapitalismus. Den hinter dieser Umwandlung stehenden Prozess bezeichnet Castells als „kapitalistische *perestrojka*" (S.19). Castells Meinung nach hat der Kapitalismus das geschafft, woran der „Realsozialismus" in den 1980er Jahren unter Gorbatschow gescheitert ist: „die Mittel zum Erreichen seiner strukturellen Ziele neu zu bestimmen und zugleich den Kern dieser Ziele zu bewahren" (S.13). Dass der sowjetische Etatismus an diesem Versuch zerbrochen ist, lag nicht zuletzt an seiner Unfähigkeit „sich die in den neuen Informationstechnologien verkörperten Prinzipien des Informationalismus anzueignen und sie zu nutzen". (S.13f). Einer der zentralen Gründe für das Gelingen der kapitalistischen Umgestaltung bestand dagegen gerade darin, dass dieses System es geschafft hat, den Informationalismus zu seiner „neuen materiellen Grundlage wirtschaftlicher Tätigkeit und sozialer Organisation" (S.14) zu machen.

Die Notwendigkeit der kapitalistischen Restrukturierung ergab sich Castells Angaben nach – wobei er hier ähnlich Argumentiert, wie die Vertreter/innen des Post-Fordismus – aus den „eigenen immanenten Beschränkungen" der vom keynesianischen Modell geprägten Ökonomien. Dieses hätte zwar den meisten Marktwirtschaften nach dem Zweiten Weltkrieg fast drei Jahrzehnte lang nie gekannte Prosperität und soziale Stabilität beschert. Jedoch war es Castells zufolge den Ölkrisen der 1970er Jahre nicht gewachsen. Als in deren Schatten die Inflationsspirale außer Kontrolle zu geraten drohte, begannen Regierungen und Unternehmen mit einer Neustrukturierung der Ökonomien in einem „pragmatischen Prozess von Versuch und Irrtum" (S.19). Dabei setze man v.a. auf die neoliberale Formel der Deregulierung, Privatisierung und Globalisierung der Wirtschaft bei gleichzeitigem Abbau der Rechte der Arbeitnehmer/innen sowie Zerschlagung des Sozialstaates. Jedoch wäre der globale Kapitalismus ohne neue Informationstechnologien „eine höchst begrenzte Realität" geblieben (S.20). Erst entsprechende Innovationen haben die höhere Flexibilität und Anpassungsfähigkeit ermöglicht, die „absolut unverzichtbar [war], um Geschwindigkeit und Wirksamkeit der Neustrukturierung zu garantieren" (ebd.). Dabei betont Castells die gegenseitigen Wechselwirkungen zwischen den ökonomischen Entwicklungen und denen im IKT -Bereich: Einerseits war – wie bereits erwähnt – die informationstechnologische Umgestaltung entscheidend für die fundamentale Neustrukturierung des kapitalistischen Systems. Gleichzeitig aber „wurde diese technologische Revolution in ihrer Entwicklung und den Ausformungen selbst von der Logik und den Interessen des fortgeschrittenen Kapitalismus geprägt" (S.13).

Aus der einleitend vorgestellten Definition des Informationalismus nach Manuel Castells ist bereits ersichtlich, worin er die wichtigste Leistung der neuen Informationstechnologien in Hinblick auf die Beförderung der wirtschaftlichen Restrukturierung sieht: Neben „informationell" und „global" gibt er „vernetzt" als eines der Hauptcharakteristika des informationellen Kapitalismus an. Dementsprechend zentral ist auch der Netzwerkbegriff in seinem Schaffen.[42] So trägt der gesamte erste Band der hier besprochenen Trilogie den Titel *Der Aufstieg der Netzwerkgesellschaft*. Dem Fazit-Kapitel stellt er die Schlussfolgerung voran, dass Netzwerke „die neue soziale Morphologie unterer Gesellschaften" (S.529) bilden und die „Verbreitung der Vernetzungslogik" alle Bereiche unseres Lebens – von der Ökonomie, über die Kultur bis hin zur Politik – umgestaltet (vgl. ebd.).

Netzwerke definiert Castells als offene Strukturen, die in der Lage sind, durch die Integration ständig neuer Knoten grenzenlos zu expandieren. „Eine auf Netzwerken aufbauende Gesellschaftsstruktur ist ein hochgradig dynamisches, offenes System, das erneuert werden kann, ohne dass das Gleichgewicht in Gefahr geriete" (S.529). Dezentrale, einzelne Individuen und Gruppen auf wenig strukturierte Arten verbindende Netzwerke sind laut Castells nichts Neues, sondern stellen älteste Formen sozialer Organisation dar. Ihr größter Vorteil besteht in ihrer Flexibilität und ihrer Anpassungsfähigkeit, die Menschen erlauben, sich gegenseitig situationsbezogen bei der Umstellung auf veränderte Umweltbedingungen zu unterstützen. Bisher hatten Netzwerke jedoch einen entscheidenden Nachteil: Ab einer gewissen Größe und Komplexität hatten sie beträchtliche Schwierigkeiten, Ressourcen in Bezug auf spezifische Ziele zu bündeln. Deswegen waren sie während des größten Teils der Menschheitsgeschichte zentralisierten, hierarchisch streng durchorganisierten Machtstrukturen (Staatsapparate, Kirchen etc.) gegenüber unterlegen. Folglich blieben solche Organisationsformen auch in Epochen, in denen pyramidisch aufgebaute Befehlsketten nicht zeitgemäß waren (z.B. in den demokratischen Gesellschaften nach dem Zweiten Weltkrieg) auf kleine, private Gemeinschaften beschränkt. (vgl. Castells 2005a, S.9f; Castells 2000, S.15; Castells 2004)

Das aus soziologischer Perspektive revolutionäre an der Entwicklung computerbasierter Informations- und Kommunikationstechnologien besteht aus Castells Sicht darin, dass diese von ihrer Grundstruktur her der „Netzwerklogik" entsprechen bzw. diese widerspiegeln. In seinem im Jahre 2001 im Original erschienenen Buch *Die Internetgalaxie* betitelt er das Einleitungskapitel (in Anlehnung an McLuhan) mit „Das Netzwerk ist die Botschaft" und stellt fest, dass das wichtigste neue Mediensystem – das Internet – bereits an sich nichts anderes wäre, als ein riesiges Netzwerk. Damit bietet es „die technologische Basis für *die* Organisationsform des Informationszeitalters: das Netzwerk" (Castells 2005a, S.9).

### 2.4.2 Ökonomische Dimensionen

Bei dieser Überbetonung der Bedeutung von Netzwerken verwundert es nicht, dass Castells ihre Ausbreitung auch als essentiell für die Entfaltung einer kapitalistischen Wirtschaft

---

[42] Wie auch bei einigen anderen essentiellen Termini und Metaphern, die Castells benutzt, ohne ihre Genese zu explizieren, spielte der Begriff Netzwerk bzw. seine Synonyme in früheren Gesellschaftstheorien bereits eine zentrale Rolle. V.a. ist das in den Arbeiten der Postmoderne zugerechneter Analytiker/innen der Fall – wie z.B. bei Foucault (vgl. o.J.), der das heutige Welterleben weniger als eine lineare Entwicklung sondern vielmehr als ein verschiedene Punkte verbindendes Netzwerk beschrieb, oder bei Lyotard (nach Kumar 2005, S.157) der die „Atomisierung" des Sozialen in flexible Netzwerke von Sprachspielen hervorhob, sowie auch bei Poster (1992, S.8), der die elektronische Kommunikation als ein Netzwerk sozialer Beziehungen bezeichnete, das auf die in ihm operierenden Subjekte umformend zurückwirkt. Am bekanntesten ist die von Gilles Deleuze und Félix Guattari (1977) in den postmodernen Diskurs eingeführte Rhizom-Metapher (Wurzelstengelwerk, bei dem die Wurzel und der Trieb nicht zu unterscheiden sind und welches gleichzeitig spaltet und öffnet), die sie als Symbol für die heutige zugleich differenzierende als auch synthetisierende unhierarchisch organisierte Gesellschaftsform nutzten (vgl. Welsch 2002, S.142).

betrachtet, die seiner Meinung nach auf Innovation, Globalisierung, Dezentralisierung sowie auf einer „Kultur der fortwährenden Zerstörung und des nie endenden Neuaufbaus" beruht (Castells 2001, S.529).[43] Ansonsten verfolgt er in der Beschreibung der Grundstrukturen der informationalistischen Ökonomie eine ähnliche Argumentationslinie, wie wir sie bereits von Daniel Bell kennen: In der industriellen Entwicklungsweise würde die wichtigste Quelle der Produktivität in der Erschließung neuer Energieressourcen sowie in ihrer dezentralisierten Anwendung bestehen. In der neuen informationellen Herstellungsart basiert dagegen Produktivität auf der „Technologie der Wissensproduktion, der Informationsverarbeitung und der symbolischen Kommunikation" (ebd., S.17). Dabei erkennt Castells an, dass sämtliche Produktionsprozesse zu allen Zeiten „immer auf einem gewissen Wissensniveau und auf der Verarbeitung von Information" beruhen (ebd.). Das Besondere an der informationellen Entwicklungsweise ist jedoch seiner Meinung nach „die Einwirkung des Wissens auf das Wissen selbst als der Hauptquelle der Produktivität", was er als einen „circulus virtuosus" bezeichnet. Denn die „Informationsverarbeitung konzentriert sich auf die Verbesserung der Technologie der Informationsverarbeitung" (S.18), was einen sich selbst ständig verstärkenden Kreislauf bzw. eine „kumulative[] Rückkoppelungsspirale" (S.34) ergibt.

Trotz dieser Übereinstimmung in der Beschreibung der Produktionsverhältnisse im Informationszeitalter teilt Castells keinesfalls daran geknüpfte Zukunftsvisionen von Bell und seinen Nachfolger/innen hinsichtlich der immerwährenden Vollbeschäftigung, des grenzenlosen Wohlstands für alle sowie der daraus resultierenden Marginalisierung sämtlicher ernsthafter sozialer Konflikte dieser Welt. Im Gegenteil positioniert er sich bezüglich der gesellschaftlichen Auswirkungen des Informationalismus – v.a. in Form des ihm untrennbar innewohnenden Neoliberalismus – in höchstem Maße kritisch und prangert zahlreiche damit verbundene soziale Probleme an (dazu mehr in den folgenden Abschnitten). Seine Kritik beschränkt sich jedoch nicht darauf, dass es nicht gelungen sei, dem Informationalismus ein „menschliches Antlitz" zu verleihen (vgl. S.156). Castells Meinung nach trägt dieses System bereits aus der rein wirtschaftlichen Perspektive ein enormes Gefahrenpotenzial in sich – bis hin zur ihm grundgelegten Tendenz zur Selbstzerstörung.

Besonders deutlich macht Castells diese Tendenz an den globalen Kapitalströmen sowie den weltweit interdependenten Finanzmärkten fest, die er als ein herausragendes charakteristisches Merkmal des Informationalismus und ebenso als eine der bedeutendsten Neuerungen unseres Zeitalters betrachtet. Die entsprechende Gefahr resultiert Castells zufolge daraus, dass sie sich einerseits jeder staatlichen Kontrolle entziehen sowie gegenüber dem tatsächlichen Wirtschaftsverlauf zunehmend autonom werden aber gleichzeitig im steigenden Maße das Schicksal der gesamten Weltökonomie bestimmen. Mit Hilfe von Informations- und Kommunikationstechnologien ist es möglich in Sekundenschnelle unvorstellbar hohe Geldsummen rund um den Globus „virtuell" zu bewegen. Da diese Finanzströme größtenteils auf Computeranalysen beruhen und automatisiert ablaufen, entwickelt sich die Weltwirtschaft immer mehr zu einem „elektronisch betriebenen globalen

---

[43] Hier lehnt sich Castells an den Terminus der „schöpferischen" bzw. „kreativen Zerstörung" an, der vom Wirtschaftshistoriker sowie Sozialwissenschaftler Joseph Schumpeter (1883-1950) in den Kapitalismusdiskurs eingeführt wurde. Damit beschreibt er die der dynamischen Marktwirtschaft innewohnenden Kräfte des „unablässigen Kampfzustands": „Der Wettbewerb verdrängt die nicht mehr konkurrenzfähigen Produkte, Verfahren und Betriebe (…). Darin geht unter, was nicht mehr wettbewerbsfähig ist, während sich das ökonomisch Effizientere durchsetzt." (Willke 2006, S.119)

Spielkasino" mit astronomischen Einsätzen und allen mit dem Glücksspiel verbundenen Gefahren, was zu einer steigenden ökonomischen Instabilität bis hin zur ständigen Bedrohung durch verheerende Wirtschaftskrisen führt.[44] (vgl. ebd., S.103f, 109ff, 491ff, S.530; siehe auch Castells 2003, S.393f)

Infolge der zunehmenden Abkoppelung des Kapitals von der Produktivität und den realen Marktwerten sowie der Tatsache, dass die „global Player" selbst die Spielregeln, nach denen sie handeln, nicht vollständig durchschauen und sich größtenteils der eigendynamischen Macht der Netzwerklogik unterwerfen, postuliert Castells die Entstehung einer „unwirkliche[n] Wirtschaft" (Castells 2001, S.530) – eines entmenschlichten kapitalistischen Systems der elektronisch betriebenen, zufallsbestimmten Informationsverarbeitung. Damit verliert auch die kapitalistische Klasse an Bedeutung – oberhalb einer Vielfalt von „Kapitalisten aus Fleisch und Blut" macht Castells einen „gesichtslosen kollektiven Kapitalisten" aus, „der aus Finanzströmen besteht, der durch elektronische Netzwerke in Gang gehalten wird" (ebd., S.532). Die daraus resultierende „Trennung zwischen der Marktlogik der globalen Netzwerke der Kapitalströme und der menschlichen Erfahrung des Arbeitslebens" bezeichnet er als eine der „wirklich grundlegenden sozialen Bruchlinien im Informationszeitalter" (Castells 2003, S.397).

Doch obwohl dieses Wirtschaftssystem Castells zufolge politisch konstruiert worden ist, glaubt er nicht daran, dass es in seinen Grundzügen ebenso durch die Politik wieder Rückgängig gemacht werden könnte. Er begründet das damit, dass die globale Wirtschaft inzwischen ein höchst interdependentes Netzwerk darstellt. Wie auch bei einem Computernetzwerk tangiert der Ausfall eines einzelnen Knotens das ganze Gebilde keineswegs. D.h., dass jede/r, die/der sich ausklinkt, einfach übergangen wird – Ressourcen (Kapital, Information, Technologie, Güter, qualifizierte Arbeit etc.) fließen dann einfach durch das übliche Netzwerk weiter an dem abgeschalteten Knoten vorbei. „Deshalb gibt es innerhalb des Wertsystems von Produktivismus und Konsumismus keine individuellen Alternativen, weder für Länder, noch für Unternehmen oder Einzelpersonen" (Castells 2001, S.157).

Es wäre jedoch verfrüht Castells angesichts solcher Aussagen als Pessimisten einzustufen, laut dem die aktuellen Entwicklungen zu einem vollständigen Verlust der menschlichen Kontrolle über die technologischen Prozesse führen – zu einer von IKT (fern-) gesteuerten Welt. Denn der Machtverfall der kapitalistischen Klasse, die Jahrhunderte lang über die Aufteilung der Konsumgüter und die Verwendung von Investitionen entschied, geht laut ihm unmittelbar mit dem Machtzuwachs des einzelnen Individuums einher. Die Arbeit büßt ihre kollektive Identität (Zugehörigkeit zu einer bestimmten Berufsgruppe) ein und wird im Hinblick auf Fähigkeiten, Arbeitsbedingungen sowie Interessen und Projekte immer stärker ausdifferenziert und personifiziert. Im Zeitalter „variabler Geometrie" von Telearbeit, Vernetzung, Auslagerung und Subunternehmerrum, in dem die Unterschiede zwischen Eigentümern, Produzenten, Managern und Angestellten zunehmend verschwimmen, verlieren nicht nur herkömmliche hierarchische Beziehungen an Bedeutung, sondern es erfolgt auch eine Wiederbelebung der Autonomie der Arbeit. So sind z.B. Kleinstunternehmer/innen, die spezifische Dienstleistungen erbringen, gleichzeitig Eigentümer/innen der eigenen Pro-

---

[44] In diesem Punkt – wie auch in einigen anderen – werden Castells prophetische Gaben nachgesagt. Schließlich veröffentlichte er den ersten Band seiner Trilogie 1996 – d.h. vier Jahre vor dem Platzen der „Dotcom-Blase" und über zehn Jahre vor der aktuellen Weltwirtschaftskrise, die durch den Zusammenbruch des Finanzmarktes ausgelöst wurde.

duktionsmittel (wobei Castells neben der technischen Ausrüstung zu den wichtigsten „Aktivposten" solcher Arbeiter/innen ihren Kopf zählt). Oft sind sie ebenso – in Folge von Aktienbeteiligungen bzw. -bezugsrechten – Mitbesitzer/innen der Großunternehmen, für die sie Aufträge ausführen.[45] Die Zukunft gehört laut Castells also gut ausgebildeten, höchst flexiblen, von ihm so bezeichneten „selbst-programmierbaren" Arbeitskräften, deren größte Stärke in ihrer „Netzwerkfähigkeit" besteht – d.h. in ihrer Kompetenz komplexe Netzwerke zu durchschauen, selbst aufzubauen, in solchen Netzwerkstrukturen zu interagieren und sie nach ihren jeweiligen Bedürfnissen zu modifizieren. (vgl. ebd., S.533; siehe auch Castells 2003, S.392; Castells 2005a, S.103f)

### *2.4.3 Sozio-kulturelle Dimensionen*

Analog zu Daniel Bell, laut dem das „Spiel gegen die (technische) Natur" im postindustriellen Zeitalter vom „Spiel zwischen Menschen" abgelöst wird, postuliert Castells, dass die Menschheit nach Jahrtausenden einer Schlacht mit der Natur – zuerst ums Überleben und dann um ihre Unterwerfung – in eine Ära der „Autonomie der Kultur gegenüber den materiellen Grundlagen [ihrer] Existenz" eingetreten ist, in eine vorwiegend „gesellschaftliche Welt", in der sich „Kultur auf Kultur bezieht" (Castells 2001, S.536). Dabei bestehen für Castells (in ausnahmsweise expliziter Anlehnung an die Postmodernisten bzw. Poststrukturalisten Barthes und Baudrillard) Kulturen aus Kommunikationsprozessen und diese wiederum aus der Produktion und Konsumtion von (auf Informationen basierenden) Zeichen. Dabei schließt sich Castells der postmodernen Perspektive an, von der aus die Trennung zwischen einer realen Wirklichkeit und ihrer symbolischen Repräsentation ein rein theoretisches, in der Praxis nicht haltbares Konstrukt darstellt (vgl. ebd., S.425f).

Von solchen Überlegungen leitet Castells in Bezug auf das Informationszeitalter ab, dass die neuen Technologien, die auf Operationen der Symbolverarbeitung basieren, eine universelle Wirkung auf sämtliche Bereiche zwischenmenschlicher Interaktion ausüben und eine neue Form von Wirklichkeit schaffen. Denn sie *vernetzen* nicht einfach alle Kommunikationsweisen (von der typografischen bis zur multisensorischen) sowie sämtliche kulturelle Ausdrucksformen (von den elitärsten bis zu den populärsten) im Multimediasystem, sondern *integrieren* sie. Um diesen Umstand zu unterstreichen, grenzt sich Castells vom Begriff der „virtuellen Realität" ab und plädiert stattdessen für die Verwendung des Terminus „reale Virtualität". Denn seiner Meinung nach absorbiert der Multimedia-Text die gesamte menschliche Erfahrung und fängt damit die Wirklichkeit selbst vollständig ein. Folglich sind die uns umgebenden virtuellen Bilder nicht bloß Erscheinungen auf Präsentationsoberflächen, auf denen (fremde) Erfahrungen kommuniziert werden, sondern sie avancieren selbst zu (persönlichen) Erfahrungen (vgl. ebd., S.2, S.375ff, S.415ff, S.425ff; siehe auch Castells 2003, S.1, S.401).

Daraus resultiert jedoch Castells Meinung nach nicht die (von zahlreichen Analytiker/innen aktueller Entwicklungen – wie z.B. den Vertreter/innen der Kritischen Theorie und ihren Nachfolger/innen ausgemachte) Gefahr einer Homogenisierung der kulturellen Ausdrucksformen und der vollständigen Hegemonie weniger zentraler Sender und Codes

---

[45] Bill Gates (1997, S.80) schreibt zur entsprechenden Praxis auch gegenüber fix angestellten Mitarbeiter/innen seines eigenen Unternehmens *Microsoft*: „Miteigentum durch Aktienbezugsrechte, die *Microsoft* der Mehrheit seiner Angestellten angeboten hat, hat sich als so bedeutsam und erfolgreich erwiesen, wie es niemand hätte vorhersehen können. Den Mitarbeitern sind buchstäblich Milliardenwerte zugewachsen."

auf Grund der Vorherrschaft US-amerikanischer Mediengiganten über den Unterhaltungsmarkt. Denn der besondere Vorteil vom horizontalen Kommunikationsnetzwerk Internet (im Gegensatz z.B. zu den ursprünglichen Träumen der Entwicklung eines interaktiven Fernsehens im Sinne von Video-on-Demand) besteht gerade darin, dass es die Artikulation sowie den Austausch unterschiedlichster voneinander abweichender Interessen, Werte und Vorstellungen ermöglicht bzw. fördert (vgl. Castells 2001, S.427f, S.421).

Castells warnt jedoch vor der genau gegenläufigen Entwicklung: Der zunehmende Bedeutungsverslust der Massenkommunikation in Folge des sprunghaften Wachstums kleiner, auf spezielle Bedürfnisse zugeschnittener Interaktionsnetzwerke könnte zu einer enormen sozialen Zersplitterung führen (vgl. ebd., S.386ff). Somit besteht die Kehrseite der Globalisierung – der Tendenz zur Verschmelzung der gesamten Menschheit – in der steigenden gesellschaftlichen Fragmentierung, bis hin zur „Krise des ich". Denn Informationssysteme und Netzwerke erhöhen zwar die menschlichen Fähigkeiten zur Koordination und Integration, jedoch untergraben sie zugleich die traditionelle (westliche) Vorstellung vom abgegrenzten, unabhängigen Subjekt (vgl. Castells 2001, S.23f). Als Gegenreaktion erfolgt eine extreme Individualisierung des Verhaltens Einzelner. In Kombination mit dem Zerfall von Familienstrukturen in der bisher gekannten Form (nicht zuletzt auf Grund der Überwindung des Patriarchats und der verstärkten Integration von Frauen in die Arbeitswelt), der horizontalen und vertikalen Dezentralisierung von Organisationen, der sinkenden Legitimation von Institutionen sowie der (als Resultat steigender Migrationsbewegungen) zunehmender Multi-Ethnizität und Entwurzelung führt diese Entwicklung zur Auflösung von Identitäten sowie zum Gefühl einer „strukturellen Schizophrenie": Die soziale Ordnung innerhalb der Netzwerkgesellschaft wird als eine „meta-soziale Unordnung" erlebt – als eine zufälligen Aneinanderreihung von Ereignissen, die einer undurchschaubaren und unkontrollierbaren (Netzwerk-) Logik folgen. Die Identitätsauflösung ist für Castells also gleichbedeutend mit dem Zerfall der Gesellschaft als sinngebendes soziales System. Deswegen entwickelt sich seiner Meinung nach heute die Suche nach Identität zur grundlegenden Quelle gesellschaftlicher Sinnstiftung. Die Verteidigung des Subjekts in seiner Persönlichkeit und seiner Kultur gegen die Logik der Apparate und Märkte ersetzt somit die Idee des Klassenkampfes (vgl. Castells 2001, S.3f, S.23f, S.140, S.535; Castells 2002, S.377ff).

Als bedeutendste Manifestation dieses neuen Identitätskampfes betrachtet Castells den „Aufschwung machtvoller Ausdrucksformen kollektiver Identität, die der Globalisierung und dem Kosmopolitismus die Ansprüche auf kulturelle Einzigartigkeit und auf die Kontrolle der Menschen über ihr Leben und ihre Umwelt entgegen stellen" (Castells 2002, S.4). Im zweiten als *Die Macht der Identität* betitelten Band der Trilogie von Castells (2002) zeigt er anhand mehrerer ausführlich dargestellter und analysierter Beispiele aus verschiedensten Teilen der Welt auf, wie sich einzelne Individuen zu s.g. „Widerstands-Identitäten" zusammenschließen. Zu solchen „offensiven sozialen Bewegungen" zählt er einerseits die Frauenbewegung, sexuelle Befreiungsbewegungen und die Umweltbewegung (die laut Castells die umfassendste und einflussreichste Bewegung unserer Zeit darstellt) samt der Antiglobalisierungsbewegung. Gleichzeitig rechnet er aber auch „reaktive" Strömungen dazu, die bereit sind, ihre Vorstellungen von Gott, Nation, Ethnizität, Familie oder Lokalität mit allen Mitteln bis hin zum Terror zu verteidigen (vgl. Castells 2002, S.4, S.7ff,

Castells 2003, S.403, S.406ff; ausführlich siehe Castells 2002, S.92ff und S.106ff).[46] Da diese Gesellschaftselemente größtenteils höchst spezifische Interessen vertreten und sich ihre Logiken zwar zumeist gegenseitig ausschließen, sie sich aber in ihrer Zielsetzung der Zerschlagung der vorherrschenden Strukturen einig sind, führt ihre Ausbreitung zu einem zunehmenden Zerfall von Gemeinschaft bis hin zur Gefahr extremer sozialer Konflikte. Deswegen avanciert es laut Castells zur zukünftigen Schlüsselfrage, ob neue „Projektidentitäten" entstehen werden, die in der Lage sein werden, wieder eine neue Zivilgesellschaft und davon ausgehend eine neue Art von Staat aufzubauen. Gewisse Tendenzen in diese Richtung sind für Castells zwar erkennbar, aber nicht deutlich genug, um von der Konstituierung einer neuen Gemeinschaftsform zu sprechen (vgl. Castells 2002, S.379ff; Castells 2003, S.404).

Auch wenn die „Widerstands-Identitäten" die Netzwerkgesellschaft als ganze ablehnen, setzen sie entsprechende Organisationsformen und Technologien massiv für die eigenen Zwecke ein. Einerseits besteht laut Castells bereits das Hauptcharakteristikum der neuen sozialen Bewegungen in ihrer vernetzten, dezentrierten Form der Organisation und Intervention – die Stärke dieser Bewegungen beruht gerade darauf, dass sie ihren Protest mit Hilfe neuer Kommunikationstechnologien in kürzester Zeit initiieren, koordinieren und wenn nötig auch umleiten können. Andererseits haben die an diesen Bewegungen Beteiligten erkannt, dass die Macht im Zeitalter „realer Virtualität" auf Informationscodes und den bildlichen Repräsentationen basiert, um die sich Institutionen organisieren und von denen ausgehend Menschen die Erfahrungen aufbauen, auf deren Basis sie essentielle Entscheidungen treffen. Macht entwickelt sich somit zur Funktion eines Kampfes, der um die kulturellen Codes der Gesellschaft ausgetragen wird. Das ist der Grund, warum soziale Bewegungen so intensiv Symbole einsetzen und diese massiv Medial inszenieren (siehe z.B. Aktionen von Greenpeace). Sie liefern damit neue Codes, nach denen Gesellschaften neu erdacht und gestaltet werden können. (vgl. Castells 2002, S.382ff, Castells 2003, S.398f, S.404; ausführlich siehe Castells 2002, S.139ff)

### 2.4.4 Politische Dimensionen

Zwischen einer global interdependenten Ökonomie und einer lokale Lebensformen sowie spezifische Einzelinteressen in den Mittelpunkt stellenden Kultur wird der Nationalstaat Castells Meinung nach buchstäblich zerrieben. Eine Legitimitätskrise der Institutionen der industriellen Ära (zu denen Castells neben dem Staat ebenso Gewerkschaften, Unternehmen sowie „symbolische Kontrollinstanzen" wie Medienkonzerne zählt) beraubt sie ihres Sinns und ihrer Funktion – sie entwickeln sich zu leeren Hüllen, was auch zunehmend die Idee der Demokratie in Frage stellt (vgl. Castells 2001, S.21; Castells 2002, S.4, S.377f; ausführlich siehe Castells 2002, S.259ff). Denn während halbwegs transparente und zur Einhaltung bestimmter Regeln verpflichtete Organisationseinheiten an Bedeutung einbüßen, geht die Macht auf komplexe undurchschaubare und unkontrollierbare Netzwerke

---

[46] Letztere Aussagen Castells führten nach den Anschlägen vom 11. September 2001 zur Diskussion, ob Castells diese Ereignisse in seinem Jahre zuvor (im englischen Original) erschienenen Werk vorhergesagt hätte. In einem Interview dazu widerspricht Castells dieser Annahme, da er es nicht als das Ziel seiner Analysen betrachtet, die Zukunft vorauszusagen. Seine Arbeit würde jedoch durchaus belegen, dass „die globalisierte Netzwerkgesellschaft zugleich der Ursprung des Widerstands ist, der sich gegen sie richtet" (Assheuer; Thadden 2001).

über, die ihrer eigenen Dynamik und Logik folgen. Der Zugang zum Netzwerk (bzw. zu seinen Unternetzwerken) avanciert damit zur entscheidenden Quelle von Herrschaft und Wandel in der heutigen Gesellschaft und jede/r, die/der in das System einbezogen werden will (egal ob es sich um einzelne Personen oder ganze Staaten handelt), hat den gleichen Preis zu entrichten: Sie müssen sich an die Logik, die Sprache, die Eingangspunkte, und die Kodierung sowie Dekodierung des Netzwerks anpassen. (vgl. Castells 2001, S.428, S.527ff, S.535)

Dieser Umstand wird laut Castells bei der Betrachtung der Politik besonders deutlich, die auf Grund der Zirkulation von Information innerhalb (zwar diversifizierter aber dennoch umfassender) elektronischer Kommunikationsnetzwerke zunehmend im Raum der Medien ausgetragen wird. Die Tatsache, dass Politik in die (Symbol-) Sprache der elektronisch gestützten Vermittlung gegossen werden muss, hat tiefgreifende Konsequenzen für Charakteristika, Organisation und Zielsetzungen politisch handelnder Personen, politischer Institutionen und folglich für sämtliche politische Prozesse. U.a. führt es dazu, dass Führerschaft personifiziert werden muss und dass das Herstellen von „Image" (durchaus auch im Sinne von Bild) zu einer entscheidenden Machtfrage avanciert. Castells weist jedoch die – von zahlreichen anderen Beobachter/innen aktueller Entwicklungen (siehe z.B. Mayer 2001) aufgestellte – Hypothese zurück, in der informationellen Gesellschaft ließe sich Politik alleine auf Medieneffekte reduzieren bzw., dass Mediensysteme (wie große – zumeist US-amerikanische – Medienkonzerne) die Meinungsbildung und damit die gesamte (Welt-) Politik den eigenen Interessen entsprechend gestalten könnten. Denn genauso wie in der Wirtschaft kommen auch im Medienbereich die Mächtigsten der Mächtigen nicht gegen die Macht des Netzwerkes an. (vgl. Castells 2001, S.534f; Castells 2003, S.398f)

Die ungeheure Durchschlagskraft des Netzwerkes und die existenzielle Notwendigkeit, sich an seine Logik anzupassen, zeigt Castells (2003) im dritten mit *Die Jahrtausendwende* betitelten Band seiner Trilogie anhand der detaillierten Analyse des Zerfalls der Sowjetunion auf. Dieser stellt seiner Meinung nach einen eindeutigen Beleg dafür dar, dass in der heutigen Ära sogar Weltmächte innerhalb kürzester Zeit von der Landkarte ausradiert werden können, wenn sie sich nicht rechtzeitig an die Grundsätze der informationellen Gesellschaft anpassen (vgl. ebd., S.388, ausführlich siehe ebd., S.10ff). Auf der anderen Seite können Individuen, Organisationen und ebenso Staaten, die die Spielregeln der Netzwerklogik perfekt beherrschen, in ungeahnter Geschwindigkeit beispiellosen Einfluss erlangen, was Castells in einer ausführlichen Darstellung des Aufschwungs der (von ihm als „perverse Koppelung" umschriebenen) globalen kriminellen Ökonomie nachzeichnet (ebd., S.175ff) und auch anhand des durch den „flexiblen Kapitalismus" beförderten Aufstiegs der asiatischen Pazifikregion belegt (ebd., S.221ff). Letzterer wird seiner Meinung nach im 21. Jahrhundert zu einem Ende der wirtschaftlichen sowie kulturellen Vormachtstellung des Westens führen, da die westliche Hemisphäre (und hier v.a. Europa) stärker in Traditionen verhaftet ist und damit auf die aktuellen Herausforderungen zumeist lediglich defensiv sowie höchst behäbig reagiert, was Castells am Beispiel der (nur schleppend vorangehenden) Vereinigung Europas beleuchtet (ebd., S.355ff).

Eine zentrale Beobachtung von Manuel Castells, deren Darstellung und Analyse er im dritten Band der Trilogie ein Großkapitel widmet, besteht darin, dass mit der globalen Integration eine weltweite Exklusion einzelner Personen, gesellschaftlicher Gruppen und Territorien unmittelbar einhergeht (Stichwort „digital divide"). Damit entsteht eine „vierte Welt" von Millionen wenn nicht gar Milliarden von Menschen und riesigen Gebieten auf dem Planeten, die aus der Perspektive der herrschenden Interessen als irrelevant eingestuft und damit von den Netzwerken der Macht und des Reichtums ausgeschlossen werden. Zu solchen „abgeschalteten" Bereichen der Erde gehört für Castells in erster Linie Afrika, das er als einen „entmenschlichten" Kontinent bezeichnet und anhand dessen er die Entstehung einer „technologischen Apartheid" feststellt. Diese von ihm so bezeichnete „vierte Welt" beschränkt sich jedoch keinesfalls auf die s.g. „dritte Welt". Während es auch in der Letzteren Personen und Organisationen gibt, die sich den Informationalismus (zumeist mit dem Ziel des eigenen Machtgewinns und/oder der persönlichen Bereicherung) zunutze machen, befinden sich in den reichsten Regionen der „ersten Welt", oft wenige Kilometer oder gar Meter von den (v.a. in den Metropolen angesiedelten) Hauptnetzwerkknoten der Erde, große Gebiete voller Menschen, die keinen Zugang zum sozio-technologischen Netzwerk haben und damit ebenfalls keine Chance zur Teilhabe an den Entwicklungen und Errungenschaften der informationellen Gesellschaft[47]. (vgl. ebd., S.73ff)

Doch auch in Bezug auf diesen Punkt lassen sich Castells Aussagen nicht auf einfache Formeln wie die einer „20 zu 80-Gesellschaft" bringen, in der 1/5 der „Informationsreichen" 4/5 der „Informationsarmen" kontrollieren (vgl. z.B. Martin; Schumann 1996). Denn in einer kulturzentrierten Netzwerkgesellschaft entziehen sich Machtstrukturen sämtlichen bisher üblichen Kategorisierungen (vgl. Castells 2003, S.399). Das sieht man laut Castells v.a. daran, dass trotz aller Anstrengungen das Internet (von den Anfängen seiner zivilen Freigabe in den frühen 1990er Jahren an) zu regulieren, zu privatisieren und zu kommerzialisieren (und damit lediglich jenen zugänglich zu machen, die es sich leisten können), sich dieses System sowie die computervermittelte Kommunikation noch immer durch ihre Allgegenwart, ihre vielgestaltige Dezentralisierung und ihre Flexibilität auszeichnet. Dieser Umstand lässt sich Castells Meinung nach einerseits mit den Gegenkulturellen wenn nicht gar anarchischen Ursprüngen des Internet begründen, das von Anfang an von der Idee des offenen Austausches von Technologien und Inhalten lebte (Castells 2001, S.5f, S.53ff, S.405). Ein zweiter (sich auch aus dem ersten ableitender) Grund besteht in der zu den Massenmedien im Gegensatz stehenden Abhängigkeit des Internetsystems und aller neueren Informations- und Kommunikationstechnologien von der Interaktion mit den Nutzer/innen und damit ebenfalls von der Partizipation seiner Nutzer/innen an ihrer (Weiter-) Entwicklung. Denn der explosionsartige Fortschritt im Bereich von IKT ist laut Castells nur deswegen möglich, weil diese Technologien nicht einfach Werkzeuge bzw. Produkte darstellen, die den Kund/innen verkauft werden, sondern *Projekte*, an deren Entstehungs- und Ausarbeitungs*prozess* die damit arbeitenden Menschen in Form von „Rückkoppelungsspiralen" (z.B. durch Onlinekritiken, „Bugreports" etc.) intensiv beteiligt werden und damit selbst zu (Mit-) Entwickler/innen dieser Technologien avancieren. Das gilt umso mehr für die im Internet zur Verfügung stehenden Inhalte, die zu einem überwiegenden Teil von seinen Nutzer/innen stammen sowie von ihnen verwaltet und damit auch kontrolliert werden. (vgl. Castells 2001, S.33f, S.97, S.398, S.406ff; Castells 2005a, S.38ff)

---

[47] Solche Feststellungen von Castells oder auch anderer führender Wissenschaftler/innen, wie z.B. der Harvardprofessorin und UNO-Beraterin Pippa Norris (vgl. 2001), führen mancherorts zur Forderung, den allgemeinen Zugang zu Informations- und Kommunikationstechnologien ein grundlegendes Menschenrecht zu betrachten und entsprechend zu verankern (vgl. z.B. Brown 2003).

## 2.5 Zwischenfazit

Zum Abschluss der Darstellung der Theorien der Informationsgesellschaft werden hier die zahlreichen Gemeinsamkeiten und die wenigen Unterschiede zwischen den besprochenen Ansätzen kurz zusammengefasst. Die Analogien überwiegen nicht zuletzt deswegen, weil bisher – aus in der Einleitung des vorliegenden Kapitels dargelegten Gründen – größtenteils Analytiker/innen zu Wort kamen, welche die sozio-technologischen Entwicklungen im letzten Viertel des 20. Jahrhunderts positiv bis euphorisch beurteilen, oder – wie im Falle von Manuel Castells – ihnen wenigstens einige Aspekte abzugewinnen vermögen, welche Potenziale hinsichtlich einer besseren Zukunftsgestaltung aufweisen.

Eine solche Haltung argumentieren die meisten von ihnen damit, dass das Informationszeitalter den Menschen von den Zwängen und Leiden der ihm vorangehenden Epoche erlöst. Auch wenn Letztere in den unterschiedlichen Theorien verschieden benannt werden, ist der industriellen, der fordistischen und auch der modernen Ära gemeinsam, dass sie aus der Perspektive hier besprochener Wissenschaftler/innen von diktatorischen und/oder menschenverachtenden bzw. sogar versklavenden Gesellschaftsverhältnissen sowie von größtenteils daraus resultierenden ökonomischen Problemen und sozialen Konflikten geprägt waren. Vom neuen Zeitalter verspricht man sich dagegen die von Informations- und Kommunikationstechnologien beförderte Durchsetzung der grenzenlosen Freiheit des Individuums und (radikal-) demokratischer Gesellschaftsstrukturen. Laut manchen der hier behandelten Konzeptionen soll damit auch Wohlstand und folglich Friede für die gesamte Menschheit für alle Zeiten einkehren.

In Bezug auf diesen Punkt gibt es zwischen den hier dargestellten Ansätzen fast durchwegs lediglich geringe und eher formale Abweichungen. Solche Aussagen gelten uneingeschränkt für die Theorien von Daniel Bell und seinen Anhänger/innen sowie für die Postulate post-fordistischer Autor/innen – der Tatsache zum Trotz, dass diese Strömungen den beiden großen konkurrierenden politischen Lagern entspringen. In Hinblick auf die Postmoderne muss davon nur insofern ein Abstrich gemacht werden, als ihre Vertreter/innen – sowohl die, welche die besprochenen Entwicklungen euphorisch begrüßen, als auch jene, die eindringlich vor den damit verbundenen Gefahren warnen – sich wenig um die Beseitigung ökonomischer Probleme und sozialer Konflikte kümmern, weil allgemein gültige Lösungsansätze ihrem pluralistischen Weltverständnis widersprechen. Dagegen bemüht sich Manuel Castells sehr wohl darum, möglichst konkrete Antworten auf die Fragen des Informationszeitalters zu formulieren. Sein Ansatz unterscheidet sich in diesem Aspekt von den meisten anderen hier behandelten v.a. darin, dass er der Einzige ist, der keine „Post-" Theorie formuliert, sich also gegen keine Vorgängerkonzeption abgrenzen muss und damit auch keinen Gesinnungszwängen unterliegt. Das erlaubt ihm einen viel pragmatischeren Zugang zu den Fragen der Informationsgesellschaft – sowohl in Bezug auf Kritik als auch hinsichtlich der Präsentation von Zukunftschancen.

Die weiteren Differenzen und Analogien zwischen den vorgestellten Theorien werden in Folge ausgehend von der Definition des Informationalismus als einer technikdeterministischen neoliberalen Metaideologie behandelt. Dabei geht es v.a. um die Frage, inwiefern die darin entwickelten Positionen tatsächlich einer solchen Deutung entsprechen. Um das Verständnis zu erleichtern, findet zu Beginn jedes Abschnittes eine Bestimmung des jeweils besprochenen Einzelbegriffes statt (für Kurzdefinitionen siehe Unterkapitel 1.6.).

## 2.5.1 Technikdeterministische Haltung

Unter Technikdeterminismus bzw. technologischem Determinismus wird eine sozialwissenschaftliche Perspektive verstanden, von der aus sämtliche gesellschaftliche Prozesse von technologischen Entwicklungen massiv beeinflusst bzw. sogar geprägt werden. „Menschliches Wollen spielt im Lauf der technisch-sozialen Entwicklung lediglich eine nachgeordnete Rolle, der gesellschaftliche Prozess erscheint als zwangsläufiges Schicksal" (Degele 2002, S.30). Gesellschaftspolitisch besonders bedenklich ist so ein Zugang dann, wenn dabei der Mensch als agierendes Subjekt grundsätzlich aus der Gleichung genommen und als ein lediglich zum Reagieren sowie alle Gegebenheiten unhinterfragt zu Akzeptieren verurteiltes Wesen betrachtet wird (vgl. Webster 2006, S.267; Steinbicker 2001, S.124; Welsch 2002, S.223; Garnham 2004, S.168; Mattelart 2003, S.141, ausführlicher siehe Abschnitt 5.1.2).

- *Daniel Bell und seine Nachfolger/innen* können als Technikdeterminist/innen im klassischen Sinne des Begriffes bezeichnet werden. Bells – in den allgemeinen Sprachschatz eingegangene - Einteilung der Weltgeschichte seit dem letzten Drittel des in 18. Jh. in drei industrielle Revolutionen bringt die weit verbreitete Überzeugung auf den Punkt, dass soziale Umwälzungen nicht von Menschen, sondern von Technologien vorangetrieben werden. Der einzige humane Einflussfaktor, den Bell bezüglich eines solchen Wandels anerkennt, ist, dass dieser auf einer „intellektuellen Technologie" basiert und folglich menschliches Wissen zu einer Hauptressource avanciert.

- *Post-Fordistische* Theoretiker/innen betrachten die Gesellschaft grundsätzlich stärker aus der Perspektive der Ökonomie als der Technologie. Auch besagt bereits die Bezeichnung, dass sie gegen eine von einem Menschen (Henry Ford) konzipierte Wirtschaftsmethode opponieren. Doch sobald es um sozio-technologische Fragestellungen geht, ist es ebenso hier klar, wer das „Sagen" hat: Alle von ihnen beobachteten gesellschaftlichen Umwälzungen wären ohne Informations- und Kommunikationstechnologien absolut unvorstellbar. Die Fähigkeiten des Menschen werden sogar so gering geschätzt, dass erst eine Maschine – wie der Computer – erfunden werden muss, um seine Kompetenzen zwecks Ermächtigung zur (Mit-) Gestaltung seiner technischen Umwelt zu erweitern.

- Der *Postmoderne* zugerechnete Konzeptionen gründen – von der ersten diesen Diskurs prägenden Publikation an (Lyotards *La condition postmoderne*) größtenteils auf der Idee der Transformation sämtlicher Bereiche der menschlichen Existenz durch computergesteuerte bzw. (in weiterer Folge) internetbasierte Technologien. Der einzige Unterschied zu den bisher besprochenen Ansätzen in Bezug auf diesen Punkt besteht darin, dass viele bedeutende der Postmoderne zugerechnete Theoretiker/innen entsprechende Entwicklungen höchst pessimistisch bewerten.[48] Jedoch weist auch in diese Denkrichtung genügend Vertreter/innen auf, welche die durch IKT beförderte „Informationsexplosion" und daraus folgende „Kommunikationsekstase" frenetisch feiern.

---

[48] Technikdeterminismus hat nichts mit einer positiven oder negativen Bewertung sozio-technologischer Prozesse zu tun, sondern damit, wem dabei die aktive bzw. gestaltende Rolle zugeschrieben wird – der Gesellschaft oder den Technologien. D.h., dass Analytiker/innen, deren Meinung nach die Technologien die Menschheit in den Abgrund reißen werden, nicht weniger technikdeterministisch denken als jene, die uns im Zusammenhang mit dem technologischen Fortschritt paradiesische Zustände versprechen.

- *Manuel Castells* unterscheidet sich in Bezug auf Technikdeterminismus nur wenig von den anderen hier besprochenen Analytiker/innen. Das belegen bereits Titel seiner Bücher, wie *Das Informationszeitalter* (2001) oder *Die Internetgalaxie* (2005a). Gleich das erste Kapitel des ersten Bandes seiner Trilogie trägt den Titel „Die informationstechnologische Revolution". Hier führt er auf über 50 Seiten aus, wie sehr sich die Welt seit den 1970er Jahren in Folge des immer schneller werdenden Fortschritts der IKT transformiert hat. Sein einziges Zugeständnis an die Gesellschaft bzw. an die Menschen hinsichtlich Mitgestaltung dieses Wandels besteht in seiner Feststellung, dass Letzterer auch von der Logik und den Interessen des fortgeschrittenen Kapitalismus geprägt war.

### 2.5.2 Neoliberale Ausrichtung

Die neoliberale bzw. marktliberale Grundforderung lässt sich auf die einfache Formel „mehr Markt – weniger Staat" bringen und dahingehende Hauptmethoden mit den drei Begriffen „Deregulierung – Privatisierung – Flexibilisierung" bestimmen sowie mit dem Terminus „Liberalisierung" zusammenfassen. Begründet wird die Notwendigkeit entsprechenden Handelns v.a. mit der „freiheitssichernden Wirkung von Wettbewerb und Preismechanismus" (Willke 2003, S.185, S.190). Bezeichnenderweise haben die als „Wegbereiter" eines derartigen Neoliberalismus geltenden Friedrich August von Hayek und Milton Friedman weder sich selbst noch ihre Ansätze jemals als neoliberal apostrophiert (ebd., S.108). Ebenso ist eine solcherart benannte ökonomische Schule, trotz der flächendeckenden Durchsetzung ihrer Lehren, auch laut Expert/innen, die dem Konstrukt wohlgesonnen sind – zu denen der hier zitierte Gerhard Willke gehört – „bislang (klugerweise) nicht in Erscheinung getreten" (ebd., S.13; ausführlicher zu den Positionen Hayeks siehe Abschnitt 6.3.1.).

- *Daniel Bell und seinen Nachfolger/innen* – als den einzigen bekennenden „Rechten" unter den behandelten Analytiker/innen – ist der unerschütterliche Glaube an die „unsichtbare Hand" des freien Marktes gemeinsam. Sie sind fest davon überzeugt, dass die informationelle post-industrielle Wirtschaft in Folge unendlicher Produktivitätssteigerungen in der zunehmend automatisierten Industrie für einen fortwährenden Zuwachs des Wohlstands sorgen wird, wodurch sich alle größeren sozialen Konflikte und erst recht der „Klassenkampf" von selbst erübrigen würden. Staatliche Einmischungen in ökonomische Angelegenheiten sowie ein diesbezügliches Mitspracherecht der (gewerkschaftlich organisierten) Arbeiterschaft werden programmgemäß lediglich als Störfaktoren auf dem Weg in das neoliberale Schlaraffenland betrachtet.
- *Post-Fordistische* Positionen weisen in Hinblick auf den Neoliberalismus trotz einer politisch völlig konträren Grundhaltung große Ähnlichkeiten zu den gerade dargestellten dar. Vertreter/innen entsprechender Konzeptionen trauern zwar der verlorenen Macht der Gewerkschaften nach, erachten diese jedoch in den „new times" in denen eine „new world" erschaffen wird als anachronistisch. Ebenso wäre der Klassenkampf ihrer Meinung nach in einer Ära der technologiebeförderten Befreiung der Arbeiterschaft aus der industriellen Knechtschaft sowie der Durchsetzung „radikaldemokratischer Ideologien" nicht mehr zeitgemäß.

- Der *Postmodernen* Theorie kann insofern eine neoliberale Grundausrichtung nachgesagt werden, als der sie charakterisierende radikale Pluralismus in Hinblick auf wirtschaftliche Zugänge mit der entsprechenden Forderung nach der Freien Wahl zwischen unzähligen auf jeweils spezifische individuelle Bedürfnisse zugeschnittenen Produkten korrespondiert. Auch die Begeisterung mancher ihrer Vertreter/innen für die zunehmende Durchdringung der Ökonomie mit ästhetischen Elementen – im Sinne einer Verdrängung der materiellen Werte durch kulturelle – kann in diese Richtung gedeutet werden. Jedoch beurteilen zentrale Analytiker/innen der Postmoderne gerade eine solche Entwicklung genau gegenläufig und warnen eindringlich vor einer damit einhergehenden Kolonialisierung sämtlicher menschlicher Lebensbereiche durch die Ökonomie.
- *Manuel Castells* reflektiert die Entwicklung der letzten Jahrzehnte hin zum Triumph neoliberaler Wirtschaftsprinzipien äußerst kritisch und macht ihre globale Durchsetzung sowohl für die meisten sozialen Probleme auf dem gesamten Erdball als auch für die weltweite ökonomische sowie politische Instabilität verantwortlich. Der einzige Punkt, in dem ihm aus der Perspektive der Neoliberalismuskritik ein Vorwurf gemacht werden kann ist, dass er nicht an die Möglichkeiten der Politik glaubt, diesen Prozess – z.B. in Form verstärkter Regulierungen – rückgängig zu machen, sondern bezüglich der Problemlösung auf (seiner Ansicht nach noch nicht formierte) „alternative kollektive Projektidentitäten" hofft.

### *2.5.3 Metaideologische Tendenzen*

Der Begriff „Metaideologie" wird in der vorliegenden Arbeit im Sinne einer Weltanschauung gebraucht, die über die Grenzen aller anderen ideologischen Positionierungen (wie des Konservativismus, Sozialismus, Liberalismus etc.) hinweg, ohne eines solche Gesinnungen begründenden historischen und gesellschaftstheoretischen Unterbaus zu einem allumfassenden Paradigma in Hinblick auf die Deutung und folglich auch Gestaltung sozialer Prozesse avanciert (vgl. Mattelart 2003, S.7f; Garnham 2004, S.182; Sarikakis; Thussu 2006, S.2). Sie kann mit einer religiösen Überzeugung verglichen werden, im Rahmen derer rationale Erklärungsversuche dann an ihre Grenzen stoßen, wenn sie ihre (von belegbaren Tatsachen her nicht begründbaren) Glaubensgrundsätze in Frage stellen (vgl. Beck 1997, S.203; Castells 2001, S.153; Mattelart 2003, S.141).

- Bereits die Person *Daniel Bell* kann als ein Paradebeispiel für ideologische Unbestimmtheit bzw. „Biegsamkeit" betrachtet werden. Einerseits plädiert er für ein „Ende der Ideologien", andererseits ordnet er sich selbst in Bezug auf die ökonomische, kulturelle und politische Sphäre drei unterschiedlichen weltanschaulichen Strömungen zu und zu guter Letzt widerspricht er sich dabei – wie schon erwähnt und in den Abschnitten 2.1.4. und 3.2.1. der vorliegenden Arbeit ausführlicher dargestellt – selbst. Ungeachtet dessen kann er und v.a. seine zahlreichen Nachfolger/innen im politischen Spektrum eindeutig rechts angesiedelt werden. Menschen mit einer solchen Orientierung sind religiöse Anlehnungen keinesfalls fremd. Im Gegenteil tragen sie – v.a. in den USA – solche Überzeugungen zumeist offen bzw. oft sogar offensiv zur Schau. Die oben behandelten Anhänger/innen der Theorie der post-industriellen Informationsgesellschaft weichen nur insofern von dieser Praxis ab, als sie beim allseits bekannten und in den Vereinigten Staaten als Wahlspruch in den Verfassungsrang erhobenen Satz „In God we trust" das Wort Gott mit Computer bzw. den Informations- und Kommunikationstechnologien ersetzten. Diesen werden wahre Wunderkräfte nachgesagt: Bell traut ihnen zu, sämtliche wirtschaftliche Unwägbarkeiten aus dem Weg zu räumen – bis hin zum Erreichen der Vollbeschäftigung für alle Zeiten, räumt jedoch noch ein, dass auf die Menschheit im Informationszeitalter ein paar (kleinere) soziale Schwierigkeiten zukommen könnten. Dagegen sind seine Nachfolger/innen bereits absolut davon überzeugt, dass neue Technologien auch sämtliche andere Probleme dieser Welt in Luft bzw. im virtuellen Raum dematerialisieren und uns alle in eine konfliktfreie „Computopia" wunschlosen Glücks und der „elektronische Erlösung" überführen werden.

- *Post-Fordistische* Theoretiker/innen exponieren sich dagegen klar als Marxist/innen. Bei ihnen erstaunt es besonders, wenn sie in Bezug auf einen so wichtigen Punkt, wie die Einschätzung der sozialen Folgen technologischer Entwicklungen Meinungen vertreten, die (abgesehen von ein paar Formulierungsabweichungen) sich kaum von denen ihrer „rechten" Kontrahent/innen unterscheiden. Erst recht, wenn sie sich dabei an eine Denkweise anlehnen, die – wie es beim Informationalismus der Fall ist – explizit dem anderen politischen Lager entstammt. Des Weiteren müsste ihnen als Marxist/innen alles Religiöse und Übernatürliche im Sinne des „Opium fürs Volk"-Spruches suspekt sein. Jedoch betrachten auch sie den Computer als eine wahre Wundermaschine. Die neuen Technologien würden ihrer Meinung nach weitgehend von sich aus – also ohne von Menschen betriebener Revolutionen und sogar bei aufgelösten Gewerkschaften – alleine auf Grund der durch sie (angeblich) beförderten Wiederherstellung der menschlichen Kontrolle über den Produktionsprozess die Arbeiter/innen aus allen Zwängen des Kapitalismus befreien.

- Die *Postmoderne* wäre von ihrem Programm her ein metaideologisches Konzept per se. Denn mit dem Ausruf des Endes der „großen Erzählungen" ist nicht zuletzt das Verschmelzen aller bisherigen „Ismen" zu einem einzigen – dem „Pluralismus" – gemeint. Das hindert jedoch zahlreiche ihrer Vertreter/innen nicht daran, sich im politischen Spektrum „links" zu positionieren. Fredric Jameson, von dessen Standpunkt aus hier hauptsächlich die postmoderne Sicht auf die Ökonomie dargestellt wurde, nimmt sogar eine explizit marxistische Perspektive ein. Dabei erkennt er – im Gegensatz zu den meisten vorhin behandelten Vertreter/innen des Post-Fordismus – die Unvereinbarkeit zwischen Marxismus und Informationalismus, flüchtet sich jedoch in einen dialektischen Kompromissvorschlag, bei dem der (informationelle) Spätkapitalismus als ein Fluch und ein Segen zugleich betrachtet werden soll. Da solche (Selbst-) Widersprüche ein Grundcharakteristikum des postmodernen Denkens bilden, wundert es auch nicht, wenn zentrale Vertreter/innen dieser Strömung ungeachtet ihrer sozialistischen Grundeinstellung bei der Behandlung sozio-technologischer Prozesse auf (mit Science-Fiction-Slang angereicherte) Metaphern des Übernatürlichen zurückgreifen und uns alle inzwischen als in einer durch und durch simulierten „Hyperrealität" lebend wähnen, in der sich nicht nur unsere Geister sondern auch die Körper zunehmend auflösen.

- *Manuel Castells* nimmt auch in Bezug auf diesen Punkt eine von den anderen behandelten Autor/innen abweichende Haltung an. Schon alleine, weil er eine explizite politische Positionierung vermeidet, kann er den Informationalismus von seiner Grundstruktur her mit dem (restrukturierten) Kapitalismus gleichsetzen, ohne Letzteren – wie die Rechten – überhöhen und auch ohne ihn – wie die Linken – umdeuten, beschönigen bzw. dialektisch auflösen zu müssen. Das gibt Castells die Möglichkeit, sowohl die problematischen Aspekte des Informationalismus schonungslos aufzudecken, als auch damit verbundene Zukunftschancen – v.a. hinsichtlich der medialen Partizipation – zu thematisieren. Noch wichtiger im vorliegenden Kontext ist, dass Castells den metaideologischen Charakter des Informationalismus zu erkennen vermag – sowohl im Sinne einer Hegemonie ansonsten konkurrierender Weltanschauungen als auch in Bezug auf den daran untrennbar geknüpften ans Religiöse grenzenden Irrationalismus (mehr dazu siehe Schlussabschnitte des Unterkapitels 5.3). Gegen Letzteren ist aber auch Castells selbst nicht gefeit, wie man an seinem dogmatischen Bekenntnis zur sämtliche Lebensbereiche transformierenden Macht von Medientechnologien erkennen kann und ebenso an seinen Aussagen bezüglich „realer Virtualität", der „unwirklichen Wirtschaft" und des „aus Finanzströmen bestehenden, durch elektronische Netzwerke in Gang gehaltenen gesichtslosen kollektiven Kapitalisten".

### 2.5.4 Zwischenresümee

Zusammenfassend kann festgestellt werden, dass die technikdeterministische Haltung allen bisher besprochenen Theorien fast gleichermaßen inhärent ist. Manche der behandelten Analytiker/innen (v.a. aus dem Umfeld des Post-Fordismus sowie der Postmoderne) streichen die Bedeutung des Menschen in sozio-technologischen Prozessen zwar stärker hervor, jedoch sind sich alle einig, dass erst die „technologische Revolution" die gesellschaftlichen Umbrüche des letzten Drittels des 20. Jh. ermöglicht hat. In Hinblick auf die neoliberale Ausrichtung unterscheiden sie sich hinsichtlich der Frage, ob dieses dem Informationalismus innewohnende Wirtschaftsprogramm begeistert bzw. unreflektiert anzunehmen ist, oder ob es eine zwar unumstößliche jedoch anzuprangernde Tatsache darstellt. Diesbezüglich bilden Bell inklusive seiner Anhänger/innen und Castells die Gegenpole (von absolut begeistert zu äußerst kritisch), zwischen denen die beiden anderen hier dargestellten Konzeptionen als Abstufungen anzusiedeln sind (Vertreter/innen des Post-Fordismus wenig reflektiert und die der Postmoderne zwar kritisch aber eher resigniert). Schließlich kann hingehend metaideologischer Tendenzen festgestellt werden, dass keine/r der hier besprochenen Theoretiker/innen gegen sie immun ist. Besonders stark sind sie innerhalb der beiden zu Beginn vorgestellten Konzeptionen erkennbar, die sich explizit einem der beiden großen politischen Lager zuordnen. Dagegen werden innerhalb des Postmoderne-Diskurses die damit verbundenen Widersprüche wenigstens thematisiert. Der einzige jedoch, der die Metaideologie tatsächlich als ein zentrales Problem des Informationalismus erkennt und auch (ähnlich) benennt, ist Manuel Castells.

In diesem im Vergleich zu allen bisher dargelegten Theorien des informationellen Kapitalismus am meisten reflektierenden Zugang Castells liegt einer der wichtigsten Gründe, warum seine Aussagen auch im weiteren Verlauf der vorliegenden Arbeit (und hier v.a. ab dem fünften Kapitel) immer wieder bei der Behandlung einzelner zentraler Fragestellungen als Belege herangezogen werden. Ein zusätzliches Argument dafür, Castells Positionen weiterhin intensiver zu einzubeziehen, besteht darin, dass er trotz seiner z.T. höchst kritischen Haltung gegenüber informationalistischen Prozessen einige damit einhergehende

Potenziale der medialen Partizipation und somit Chancen zur humanen Gestaltung soziotechnologischer Entwicklungen aufzeigt.

Postmoderne Perspektiven weisen in eine ähnliche Richtung, akzentuieren jedoch viel stärker kulturelle Komponenten, die in diesem Buch, genauso wie die dazu gehörenden theoretischen Ansätze, aus Platzgründen nur am Rande erwähnt werden können. Die Betrachtung der Zugänge von Daniel Bell und seiner Anhänger/innen sowie der postfordistischen Herangehensweisen erfolgt jedoch als solche, die lediglich vom historischen Standpunkt aus von Interesse sind. Deswegen werden sie im weiteren Verlauf – abgesehen von der Präsentation mit ihnen verbundener Vorstellungen von Pädagogik und Forderungen an die Bildungspolitik – höchstens im Sinne einer Folie für kritische Reflexionen genutzt.

# 3 Bildungsrelevante Theorieansätze

Die Darstellung der Zugänge innerhalb aller bisher besprochenen Theorien, die hinsichtlich Bildung bzw. Pädagogik relevant – und damit auch für das Hauptthema der vorliegenden Arbeit von besonderem Interesse – sind, wurde bisher bewusst ausgespart, um sie an dieser Stelle gemeinsam behandeln und vergleichen zu können. Einer Explikation des Konzepts der „Wissensgesellschaft", bei der es v.a. um die Darlegung des Gedankenkonstruktes von Peter Drucker geht, folgt hier das Aufzeigen der jeweiligen Positionierungen innerhalb im vorangehenden Kapitel behandelter Ansätze zur Bedeutung des Wissens und zur Rolle von „Wissensarbeiter/innen" sowie das Präsentieren entsprechender Visionen in Hinblick auf das Bildungssystem und der daraus resultierenden Appelle an die Bildungspolitik.

Wie später detaillierter ausgeführt (siehe v.a. Abschnitt 4.2.1.), stellt die Beeinflussung der Politik durch die Sozialtheorie keinesfalls eine Einbahnstraße dar. Das Verhältnis zwischen diesen beiden Sphären ist im Gegenteil von einem komplexen Geflecht von gegenseitigen Wechselwirkungen und weiteren Einflussfaktoren geprägt (siehe auch Solga 2005, S.50f). Das heißt jedoch ebenso wenig, dass die Sozialtheorie in Hinblick auf die politische Praxis vollkommen belanglos wäre. Ihre größte reelle Gestaltungsmacht besteht darin, Begriffe zu „schmieden", die im öffentlichen Diskurs übernommen werden, z.T. in die Alltagssprache eingehen und folglich auch das Vokabular bilden, mit dem die Politik operiert. Die zentralen bisher besprochenen, im aktuellen Diskurs (noch) relevanten, auf die allgemeinen Entwicklungen bezogenen entsprechenden Termini sind das „Informationszeitalter", die „dritte industrielle Revolution", und – etwas abgeschwächt in ihrer Bedeutung – die „Dienstleistungsgesellschaft" sowie die drei „Post-Konzepte".

Natürlich sind derartige Termini nicht einfach (Schlag-) Worte, sondern führen ganze Gedankenkonstrukte – wenn nicht sogar Weltbilder – mit sich. Nur um ein Beispiel zu nennen: Jemand die/der (unkritisch) von der „dritten industriellen Revolution" spricht, bekundet damit gleichzeitig den eigenen Glauben daran, dass technologische Entwicklungen gesellschaftliche Prozesse prägen sowie die Überzeugung, dass unsere Zeit sich in ihren Grundfesten von jener unterscheidet, die dem Aufschwung der IKT vorangeht. In den meisten Fällen impliziert das auch eine affirmative bzw. wenigstens resignative Einstellung zur globalen Durchsetzung des neoliberalen Wirtschaftsprogramms, dessen Notwendigkeit bzw. Unumgänglichkeit nicht zuletzt mit Hilfe solcher Ausdrücke argumentiert wird.

In diesem Kapitel geht es darum, vergleichbare auf das Thema Lernen und Lehren bezogene Begriffe zu extrahieren sowie die dahinter stehenden Theorien aufzuarbeiten, v.a. aber die damit verknüpften Hoffnungen, Erwartungen und Forderungen darzustellen.

## 3.1 Wissensgesellschaft (Drucker)

Der wichtigste für den Bildungsdiskurs relevante Terminus im Kontext des Informationalismus lautet „Wissensgesellschaft". Stellvertretend für die unzähligen möglichen Belege seines immensen globalen Stellenwerts, sei an dieser Stelle lediglich daran erinnert, dass der „Weltbericht", der das konkrete Arbeitsergebnis des „Weltgipfels zur Informationsgesellschaft" der UNESCO im Jahre 2005 bildete, den Titel *Towards Knowledge Societies* trug.

Die Theorie, dass wir in einer Wissensgesellschaft leben (bzw. uns mit höchster Geschwindigkeit auf eine solche zubewegen), in der s.g. „Wissensarbeiter/innen" eine zentrale Stellung einnehmen und in der folglich dem Erwerb von Wissen – also dem Lernen bzw. der Bildung – eine herausragende Rolle zukommt, stellt nicht unbedingt ein eigenständiges Konzept dar[49], sondern zieht sich wie ein roter Faden durch sämtliche bisher dargestellte Gesellschaftstheorien im Zusammenhang mit den Fortschritten im IKT-Bereich durch. Denn wenn sich darin auch (geringe, aber doch) Unterschiede hinsichtlich der Einschätzung aktueller sozio-technologischer Prozesse finden lassen, sind sich die hier behandelten Analytiker/innen im einem Punkt absolut einig: In der heutigen Gesellschaft avanciert Information und damit Wissen zum wichtigsten Rohstoff bzw. zur Hauptressource schlechthin (vgl. Castells 2001, S.17, S.33; Bell 1976, S.xiii; Lyotard 1986, S.24ff; Stonier 1983, S.8; Reich 1991, S.85; S.178; Stehr, 1994, S.10, 121ff; Gorz 2002, S.2; UNESCO 2005, S.5).

Dass so eine Prämisse automatisch zum Postulat der Ausbildung einer weltumspannenden „wissensbasierten Ökonomie" sowie daraus resultierend zur Feststellung eines enormen Bedarfs an „Wissensarbeiter/innen" führt, liegt auf der Hand (vgl. z.B. Garnham 2004, S.166f; Webster 2006, S.115). Genauso wie, dass von derartigen Aussagen sofort die Notwendigkeit verstärkter Bemühungen im Bereich der Bildung abgeleitet wird. In dem UNESCO-Weltbericht (2005, S.55) wird die entsprechende Brücke folgenderweise geschlagen: Die sozialen Veränderungen, die durch neue Technologien ausgelöst wurden, können lediglich dann zur Ausbildung einer Wissensgesellschaft führen, wenn sich diese zu einer lernenden Gemeinschaft entwickelt (vgl. ebd., S.59). Und in Berufung auf Peter Drucker (1969, ausführlich siehe unten) postulieren die Verfasser/innen dieser Expertise, dass das Wichtigste für die Teilhabe an der Wissensgesellschaft darin besteht, zu lernen, wie man lernt (ebd., S.57).

### 3.1.1 Quellen des Begriffs „Wissensgesellschaft"

Als eine der einflussreichsten aktuelleren Publikationen, in denen Theorien der Wissensgesellschaft aufgearbeitet werden, gilt das 1994 erschienene Buch *Knowledge Societies* des in den USA und Kanada lehrenden deutschen Kulturwissenschaftlers Nico Stehr (siehe die zahlreichen entsprechenden Verweise im UNESCO-Weltbericht 2005 und bei Webster 2006, vgl. auch Kübler 2005, S.92ff; Knoblauch 2004, S.358). Hier konstatiert er, dass obwohl dem Wissen schon immer eine hohe gesellschaftliche Bedeutung beigemessen wurde, sich die Soziologie erst kürzlich diesem Gegenstand intensiver explizit zu widmen begonnen hat (vgl. Stehr 1994, S.14).

In groben Zügen setzten sich laut Stehr alle bedeutenden Soziolog/innen auch mit Fragestellungen rund um das Wissen auseinander: Bereits Karl Marx – an dem sich die gesamte Soziologie (welcher politischen Couleur auch immer) bis heute „abarbeitet" – hat behauptet, dass das menschliche Verständnis der Natur einen Grundpfeiler der Produktion und des Wohlstands bildet (vgl. ebd., S.9)[50]. Eine der zentralen Thesen des als (Mit-) Be-

---

[49] Höchstens man ordnet diese Idee hauptsächlich Peter Drucker zu, wie es z.B. Jochen Steinbicker (2001) tut.
[50] Ausführlich zur These, Karl Marx wäre ein „Vordenker" aller Theorien der Wissensgesellschaft siehe Gorz 2002, S.5ff.

gründer der modernen Soziologie geltenden Max Weber, die mit dem Ausspruch „Herrschaft kraft Wissen" zusammengefasst wird, bestand darin, dass sich die Macht der bürokratischen Administration über die Gesellschaft auf dem von der Ersteren kontrollierten Wissen begründet (vgl. ebd., S.172ff). Nicht zuletzt erwähnt Stehr (ebd., S.16) in diesem Zusammenhang das im Jahre 1962 herausgegebene Werk von Fritz Machlup *The Production and Distribution of Knowledge in the United States*, auf dem nicht nur die Konzeptionen von Bell, sondern auch die von Drucker (die unten ausführlich behandelt werden) und viele andere Analysen der Interdependenzen zwischen Medientechnologien und der Gesellschaft (v.a. aus ökonomischer Perspektive) basierten. Diese Arbeit hatte deswegen eine solch weitreichende Bedeutung, da Machlup hier (zum ersten Mal) beträchtliche Wachstumsraten innerhalb der „Wissenswirtschaft" sowohl in Hinblick auf Beschäftigung als auch auf Wertschöpfung konstatierte und die entsprechenden Daten analytisch aufarbeitete (siehe auch Steinbicker 2001, S.15f; Mattelart 2003, S.60f; Schaal 2006, S.37ff; zur Bedeutung von Machlups Ansätzen für Bell siehe z.B. Bell 1976, S.175f, S.212, für Drucker siehe Drucker 1969, S.331f).

Jedoch wurde die Idee der Wissensgesellschaft – also das Postulat, dass wir in einer sozialen Umgebung leben, in der alle zentralen Parameter maßgeblich von Wissen bestimmt werden – laut Stehr (1994, S.5) erst 1966 vom US-amerikanischen Politikwissenschaftler Robert E. Lane in seinem Aufsatz *The decline of politics and ideology in a knowledgeable society* in den wissenschaftlichen Diskurs eingeführt (vgl. auch Bell 1976, S.176). Lanes Meinung nach entwickeln wir uns in Richtung einer „sachkundigen Gesellschaft", in der die Menschen fruchtbarere Kategorien des Denkens, ein erhöhtes Vorstellungsvermögen und eine größere Fähigkeit zur reflexiven Abstraktion ausbilden sowie verstärkt zwischen Innen- und Außenwelten differenzieren können. Daraus wird eine Änderung des politischen Handelns resultieren (müssen): Langfristige auf wissenschaftlichen Kriterien basierende Planung löst die derzeit kurzfristige und auf ideologischem Denken beruhende ab (vgl. Lane 1966, S.649). Lanes (im gesellschaftstheoretischen Denken mancher Analytiker/innen bis heute verankertes) Hauptpostulat besteht darin, dass die „reine Politik", die auf Wahlen oder anderen Formen der Beeinflussung (durch die Allgemeinheit) basiert, zugunsten des „reinen Wissens", das auf gänzlich „rationalen" Entscheidungskriterien beruht, zunehmend an Bedeutung verlieren wird bzw. sollte (vgl. Lane 1966, S. 657f). Im Endeffekt fordert Lane (und die seiner Argumentationslinie folgenden Wissenschaftler/innen) hiermit einen technokratisch-meritokratischen Staat, in dem eine kleine Wissenselite die gesamte Gesellschaft nach ihren Vorstellungen gestaltet. Ähnliche Ansprüche kommen in den in der Folge angesprochenen Positionen von Daniel Bell – der sich bei seinen Ausführungen zum Thema Wissensgesellschaft u.a. auf Lane beruft (vgl. Bell 1976, S.176, S.263) – zutage und auch (in etwas abgewandelter Form) in aktuelleren Publikationen zur Informationsgesellschaft, wie z.B. in Frank Websters (2006) *Theories of the Information Society* (ausführlich zu Letzterem siehe Abschnitt 4.2.2.)

### *3.1.2 Druckers Bedeutung für den Diskurs*

Als Nächsten, der sich intensiv mit dem Thema „Wissensgesellschaft" auseinandersetzte und entsprechende Analysen (durch mehrere große Publikationen hinweg) vertiefte, weist Stehr (1994, S.5) den aus Österreich stammenden US-amerikanischen Ökonomen Peter

Drucker (1909-2005) aus. Dieser war eigentlich Managementtheoretiker und wird in Wirtschaftskreisen als Mann mit „globalem Einfluss", als „der größte Denker, den die Managementtheorie hervorgebracht hat" bezeichnet (Beatty 1998, S.1; vgl. Tarrant 1976).

In Hinblick auf den mediensoziologischen Diskurs ist Druckers Stellenwert nicht ganz eindeutig. Auf der einen Seite wird er in anglo-amerikanischen Standardwerken zu den Theorien der Informationsgesellschaft lediglich in wenigen Nebensätzen erwähnt (vgl. Kumar 2005, S.29; Webster 2006, S.15, S.113).[51] Andererseits widmet ihm Jochen Steinbicker in einem der seltenen ausführlicheren Aufarbeitungen dieses Gegenstandes im deutschsprachigen Raum eines von drei Hauptkapiteln, von denen die anderen beiden Bell und Castells behandeln. Hier bezeichnet er diese drei Konzeptionen als „die bisher elaboriertesten Ansätze zur Informationsgesellschaft" (Steinbicker 2001, S.9) und misst damit Drucker die gleiche Bedeutung zu, wie den beiden Letztgenannten. Im (in der Einleitung dieser Arbeit besprochenen) UNESCO-Weltbericht wird auf die Frage, in welchem Kontext der Begriff „Wissensgesellschaft" zu sehen ist, zunächst Drucker als Referenz genannt (UNESCO 2005, S.20) und auch sonst finden sich in diesem Positionspapier zahlreiche Verweise auf sein Werk. Oft spricht man ihm sogar die Entwicklung der Idee der „Wissensgesellschaft" zu (vgl. z.B. Beatty 1998, S.9; Steinbicker 2001, S.21; UNESCO 2005, S.20). Auch wenn das nicht ganz zutrifft, muss eingeräumt werden, dass Drucker es war, der in seinem 1969 – also vier Jahre vor Bells *The Coming of Post-Industrial Society* – erschienenem Buch *The Age of Discontinuity* zum ersten Mal einen kausalen Zusammenhang zwischen den Fortschritten im IKT-Bereich und dem Aufkommen einer Wissensgesellschaft postulierte. Aus diesem Grund, v.a. aber wegen der zahlreichen von ihm formulierten Begriffe und Ideen, die in den allgemeinen Sprach- und „Denkschatz" hinsichtlich der Bildung eingegangen sind, werden seine Positionen hier etwas ausführlicher behandelt.

### *3.1.3 Druckers Grundpositionen*

Bereits auf der ersten Seite des Vorwortes von *The Age of Discontinuity* (hier nach der deutschen Ausgabe 1969) schreibt Drucker, dass wir es „mit wirklich neuen Techniken" zu tun haben, die auf Basis natur- und geisteswissenschaftlicher Entdeckungen vollkommen neue Industrie- und Geschäftszweige schaffen und bisher bestehende ablösen werden (ebd., S.7f, siehe auch S.234, S.40ff). U.a. von solchen Überlegungen leitet er die Hauptthese dieses Buches ab, die später (zumeist ohne Berufung auf die Ursprungsquelle) in unzähligen Variationen von unterschiedlichsten Autor/innen bis hin zu Manuel Castells wiedergegeben wurde: Wissen avanciert zur „eigentlichen Grundlage der modernen Wirtschaft und Gesellschaft und zum eigentlichen Prinzip des gesellschaftlichen Wirkens (...)" (ebd., S.455f).

Drucker zufolge spielt Wissen heute jedoch nicht einfach eine bedeutende ökonomische Rolle, sondern wird selbst

> *„zur ‚primären' Industrie (...), zu der Industrie, die der Wirtschaft das wesentliche und zentrale Potenzial für die Produktion liefert" (S.332). „Der systematische und gezielte Erwerb von In-*

---

[51]   Das hat nicht zuletzt damit zu tun, dass die dort als die Hauptvertreter dieser Strömung geltenden Daniel Bell und Manuel Castells trotz offensichtlicher Anleihen bei Druckers Konzeptionen und Formulierungen diesen überhaupt nicht (wie Bell – siehe z.B. 1976) oder nur am Rande (vgl. z.B. Castells 2001, S.186) ansprechen.

*formation und deren systematische Anwendung (...) erweisen sich in der ganzen Welt immer deutlicher als neue Grundlage der Arbeit, Produktivität und unserer Bemühungen" (S.334f).*[52]

Aus der Notwendigkeit, sich auf diese neue „Wissensgrundlage" und den rapiden technischen Wandel einzustellen, resultiert Druckers Meinung nach der Zwang zu einer grundlegenden Neustrukturierung von wirtschaftlichen Organisationen. Denn ihre Rolle in der Wissensgesellschaft besteht hauptsächlich darin, „viele hundert, oft tausend Arten von Spezialkenntnissen produktiv werden zu lassen" (S.237). Dazu müssen sie sich von autoritätsorientierten zu leistungsbasierten Institutionen verwandeln, in denen nicht der Name, der Rang oder das Alter darüber entscheidet, welche Aufgaben jemand überantwortet werden, sondern lediglich die jeweiligen Kompetenzen der/des Einzelnen. Denn „in einer Wissensorganisation [ist] jeder Kopfarbeiter[53] eine ‚ausführende Führungskraft'" (S.254). Daraus folgen nach Drucker auch neue Anforderungen an einzelne Beschäftigte: Da von ihnen erwartet wird, sich in jeder neuen Situation sofort auf veränderte Arbeits- und damit Denktechniken einzustellen, müssen sie eine noch nie da gewesene Flexibilität aufweisen. Gleichzeitig erhalten Angestellte auch beispiellose Gestaltungsspielräume – sie avancieren zu „geistig Schaffenden" (S.346).

### 3.1.4 Neoliberale Ausrichtung

Die These des sich selbst politisch explizit rechts positionierenden Peter Drucker[54], welche die nachhaltigste Wirkung auf den folgenden politökonomischen Diskurs ausübte (und die bis heute vielfach „nachgebetet" wird) besteht darin, dass diese Entwicklungen zwingend zu einer radikalen (neo-) liberalen Wirtschaftsreform führen müssen. Seiner Meinung nach stellt die staatliche Regulierung einen Hemmschuh in Bezug auf alle oben beschriebenen dynamischen Prozesse dar, da sie nach größtmöglichen Spielräumen für den Entwurf und die sofortige Umsetzung ständig neuer Produktionsszenarien und damit auch Arbeitsverhältnisse verlangen. Die aktive Rolle in der Wirtschaftsentwicklung schreibt Drucker dem (antiautoritär agierenden und einzelnen Angestellten zahlreiche Freiheiten gewährenden) Management zu. Der Staat solle sich dagegen so weit wie nur möglich aus ökonomischen Abläufen heraushalten und lediglich Rahmenbedingungen schaffen, in denen sich die Wirtschaft ungehindert entfalten kann (vgl. S.15ff). Damit geht natürlich auch die Forderung nach dem Zurückdrängen des gewerkschaftlichen Einflusses einher: Laut Drucker würden solche Verbände (zu denen er auch Zünfte zählt) auf Grund ihrer innovationsfeindlichen Haltung das notwendige Umdenken in Bezug auf die Flexibilisierung der Arbeitsverhältnisse verhindern. Sie werden dadurch im Wissenszeitalter „der Gesellschaft zur Last und dem einzelnen Mitglied zur Gefahr" (vgl. S.376ff).

Eine wichtige Aufgabe erkennt Drucker jedoch Regierungen und Gewerkschaften noch zu: Sie sind (genauso wie Unternehmen) gefordert, den Industriearbeiter/innen beim Übergang in die neue Ära zur Seite zu stehen, da sie es aus eigener Kraft und eigenen (fi-

---

[52] Ähnlich wie Bell in seiner *Post-Industrial Society* begründet Drucker diese These (in Anlehnung an Machlup 1962) damit, dass „Wissensindustrien" zu seiner Zeit bereits 1/3 des Bruttosozialprodukts auf sich vereinten.
[53] Im englischen Original lautet der entsprechende Begriff „knowledge worker", also „Wissensarbeiter".
[54] So vergleicht Drucker (1969) die Studentenbewegung und die „Hippies" seiner Zeit mit der Hitlerjugend (vgl. S.309) und grenzt sich deutlich von den von ihm so bezeichneten „Romantiker[n] der ‚Neuen Linken'" ab (S.454; vgl. S.465; S.468; siehe auch Drucker 1990, S.24).

nanziellen) Mitteln nicht schaffen werden, die Qualifikationen zu erlangen, die für ein Überleben in der Wissensgesellschaft notwendig sind (vgl. S.272f). Denn Industriearbeiter/innen stellen nach Drucker bald schon lediglich einen wirtschaftlichen „Passivposten" bzw. einen „arbeitstechnischen Mangel" (S.371f) dar. Die ökonomisch relevante Arbeit wird dagegen „von theoretischem und begrifflichem Wissen ausgehen, das systematisch und in einem ‚Kurs' erworben wird. Die alten Arbeiten werden entweder in Kopfarbeit umgewandelt oder durch Kopfarbeit ersetzt" (S.357).

### *3.1.5 Bildungsgesellschaft*

Dass Drucker von diesen Entwicklungen eine steigende Bedeutung von Bildungsmaßnahmen ableitet, liegt auf der Hand. Seiner Meinung nach ist Wissen und damit Bildung „in der ganzen modernen Welt der Schlüssel zu Chancen und Aufstiegsmöglichkeiten geworden und ist an Stelle von Geburt, Reichtum und vielleicht sogar Talent getreten" (S.386). Aus entsprechenden Überlegungen resultiert auch Druckers massive Forderung, einen Zugang zur höheren Bildung für alle Menschen zu schaffen – völlig unabhängig von ihrer Rasse, Herkunft und sogar von ihren Schulnoten, da letztere seiner Meinung nach kaum mit der „Fähigkeit zur Leistung im Leben und bei der Arbeit (...)" korrelieren (vgl. 410).[55] Er bezeichnet solche Beschränkungen als „einmalig dumm", denn damit würde einer großen Zahl von Menschen mit hoher Begabung und Intelligenz „die volle Gleichberechtigung in der Bildungsgesellschaft" (S.409) verwehrt.[56] Eine flächendeckende „Massenbildung" steht Druckers Meinung nach auch keinesfalls in einem Widerspruch zu einer „Qualitätsbildung" (S.444, vgl. S.441). Alle Bestrebungen zur Etablierung einer Elitenbildung, die sich u.a. auf das Argument stützen, dass das Setzen auf Quantität im Schul- und Universitätsbereich automatisch zu einem Niveauabfall führen würde, lehnt er scharf ab (vgl. S.439, S.445) und postuliert, dass die Stärke des US-amerikanischen Systems nicht zuletzt „in der Ablehnung jedes Elitemonopols" liegt (S.441). Folgerichtig stellt der Begriff „Meritokratie" für ihn ein „besonders häßliche[s] Wort" dar (S.411).

Doch wenn es laut Drucker auch „keine dummen Kinder" gibt (S.427) – ein Postulat, das er von Piagets Entwicklungstheorie ableitet (vgl. S.419) –, existieren seiner Meinung nach „schlechte Schulen" sehr wohl (S.428). Dumme Kinder (und damit auch dumme Schüler/innen, Student/innen, Arbeiter/innen etc.) sind für ihn nichts anderes als eine Schande für das Bildungssystem (vgl. S.427). Es ist eines der Anzeichen dafür, dass dieses in der Wissensgesellschaft einer grundlegenden Reform bedarf (vgl. S.413, S.428).

Weitere Begründungen Druckers für die Notwendigkeit, das Bildungssystem vollkommen neu auszurichten, klingen für uns auch heute (über 40 Jahre nach dem Erscheinen des hier zitierten Werkes) höchst vertraut: In einem Wissenszeitalter, in dem das gestern

---

[55] Für Drucker, der mehrmals die hohen Kosten des US-amerikanischen Bildungssystems beklagt (z.B. ebd. S.386ff) ist klar, dass diese Forderung im Rahmen der bestehenden universitären Organisationen nicht verwirklichbar ist. Das ist u.a. der Grund dafür, warum er für eine verstärkte Integration von Bildungsmaßnahmen in (lebenslange) berufsbegleitende Schulungen eintritt (vgl. S.397ff; S.412).

[56] Im Originaltext steht an allen Stellen, an denen in der deutschen Übersetzung der Begriff „Bildungsgesellschaft" eingesetzt wird, „knowledge society". Der Grund dafür, dass in der deutschen Fassung die Termini Bildungs- und Wissensgesellschaft synonym verwendet werden (besonders eklatantes Beispiel siehe S.9), könnte darin bestehen, dass Drucker gerade im mit „Die Wissensgesellschaft" betitelten Kapitel mehr über Bildung als über Wissen schreibt. Da Druckers Muttersprache Deutsch war, ist davon auszugehen, dass er die Übersetzung autorisierte.

## 3. Bildungsrelevante Theorieansätze

Bedeutsame morgen bereits irrelevant sein kann, reicht das einmal Gelernte niemals für eine gesamte Berufslaufbahn aus (vgl. S.398) – heute spricht man von einer rapide sinkenden „Halbwertszeit des Wissens". Bildung muss den Menschen also nicht so sehr spezifische Kenntnisse und Fertigkeiten vermitteln, sondern Fähigkeiten, das Lernen zu lernen – d.h. sich situationsabhängig schnell neue Kompetenzen anzueignen (vgl. S.397). Zusätzlich sind auch zur Unterstützung bereits Berufstätiger ständige Fort- und Ausbildungsmaßnahmen notwendig, wenn nicht sogar ein großer Teil der Bildung in berufsbegleitende Schulungen auszugliedern wäre (vgl. S.397ff, S.412). Daraus resultiert für Drucker, dass Trennlinien zwischen Schule, Studium und Beruf zunehmend verschwimmen werden, d.h., dass „die Schule mit dem Leben integriert wird" (S.400) – ein Gedanke, der mit dem heute omnipräsenten Ausspruch vom „lebenslangen Lernen" auf den Begriff gebracht wird. Auch weitere Aussagen Druckers zum Bildungsbereich klingen aus aktueller Perspektive höchst prophetisch – von seiner Forderung nach einer Umstrukturierung von fachbezogenen Disziplinen zu anwendungsorientierten Leistungsgebieten, die stärker wirtschaftlich verwertbare Ergebnisse liefern sollen, über das (damit untrennbar verbundene) Ansinnen einer engeren Kooperation der Universitäten mit Wirtschaftsunternehmen (vgl. S.395; S.429ff), bis hin zu seinem Vorschlag, die Universitätsleitungen professionellem, effektivem Management zu überantworten (vgl. S.436, 457ff).

Es wäre jedoch voreilig, auf Grund solcher Postulate Drucker als jemand abzustempeln, der lediglich Managementtheorien auf Konzeptionen der Wissensgesellschaft überstülpt – wie es z.B. Jochen Steinbicker (vgl. 2001, S.43f) teilweise macht. So liest sich der (in der Eileitung besprochene) Weltbericht der *Organisation der Vereinten Nationen für Erziehung, Wissenschaft und Kultur* (UNESCO), deren Verfasser/innen mit Sicherheit keine allzu große „Wirtschaftsnähe" unterstellt werden kann, streckenweise wie eine wörtliche Wiedergabe gerade erwähnter Positionen Druckers (vgl. z.B. UNESCO 2005 – gesamter Abschnitt zu „learning societies" S.57ff). Und auch wenn Steinbicker zu Recht anmerkt, dass Drucker seine Aussagen zu wenig mit Quellen belegt (vgl. ebd., S.46), ist den Argumentationslinien in *The Age of Discontinuity* deutlich anzumerken, dass er sich intensiv mit den von ihm behandelten Themen auseinandergesetzt hat – und das nicht nur aus einer ökonomischen Perspektive. So weisen die meisten seiner Kritikpunkte am Bildungssystem offensichtliche Parallelen zu entsprechenden Problemeinschätzungen führender Pädagog/innen (vor, zu und nach seiner Zeit) auf – vom Bild der „verbalen Zwangsjacke" (Drucker 1969, S.393) und der damit verbundenen mangelnden „Übung und Ausbildung der Wahrnehmung und des Gefühls" (S.395), über Klagen bezüglich Lernblockaden und -verweigerungen in Folge fehlender Aktivierung und Wertschätzung der Lernenden (S.415, S.421, 426), bis hin zur Beanstandung der ungenügenden interdisziplinären Vernetzung zwischen den unterrichteten Fächern in Richtung einer „ganzheitlichen Schau" (S.430). Dabei stellt Drucker fest, das Bildungssystem wäre in Bezug auf diese Probleme von innen heraus nur zu geringfügigen Veränderungen und Anpassungen bereit. Deswegen prophezeit er, dass das Bildungswesen „aller Wahrscheinlichkeit nach in den kommenden Jahrzehnten durch gewaltige Kräfte von außen umgewandelt werden" wird (S.413).

## 3.1.6 Zusammenfassender Vergleich

Da Druckers Positionen im vorangehenden Kapitel nicht analysiert wurden, erfolgt hier ihre kurze Zusammenfassung in der Gegenüberstellung mit den dort besprochenen Konzeptionen in Hinblick auf den Hauptansatz sowie bezüglich ihrer Zuordnung zur Definition des Informationalismus als einer technikdeterministischen neoliberalen Metaideologie (vgl. Unterkapitel 2.5).

- Von der *grundsätzlichen Zugangsweise* her kann Drucker am ehesten mit Manuel Castells verglichen werden. Damit ist natürlich nicht der Umfang und Detailliertheit der Arbeit gemeint – in Hinsicht auf diesen Punkt reicht keiner der besprochenen Autor/innen an Castells heran. Was beide jedoch eint, ist das Fehlen einer „Prä-Theorie", von der sie sich abgrenzen müssen. Das gibt jeden von ihnen die Möglichkeit eines weitaus pragmatischeren Zugangs zu von ihnen untersuchten Frage- und Problemstellungen im Vergleich zu den meisten ihrer Kolleg/innen, die das Aufkommen einer „Post-Gesellschaft" verkünden. So muss auch Drucker die Wissensgesellschaft weder als ein Paradies überhöhen (wie es fast alle bisher behandelten Theoretiker/innen tun), noch als eine Hölle verdammen (eine Praxis, zu der manche Vertreter/innen der Postmoderne tendieren), sondern kann nüchtern sowohl die von ihm erwarteten Vorteile als auch die seiner Meinung nach in diesem Zusammenhang auf die Menschheit zukommenden Probleme darstellen. Drucker ist sogar – nicht zuletzt wegen seines managementtheoretischen Hintergrundes – noch stärker ein Pragmatiker als Castells. Während Letzterer beim Versuch der Bestimmung von Problemen oft auf Metaphern ausweicht und sich explizit weigert, konkrete Handlungsanweisungen zur Lösung des großteils von ihm aufgezeigter kritischer Punkte zu präsentieren (dazu siehe Abschnitt 3.2.4.), interessieren Drucker lediglich klar benennbare Schwierigkeiten und praktisch realisierbare Lösungen. Das wird bereits am Untertitel seines hier besprochenen Werkes klar erkennbar: *Guidelines to Our Changing Society*[57].
- In seiner *technikdeterministischen* Haltung steht Drucker den anderen Konzeptionen in nichts nach. Hier wie da werden gesellschaftliche Veränderungen als direkte Folgen des technologischen Fortschritts betrachtet. Es gibt jedoch ein bemerkenswertes Detail, in dem sein Ansatz von den in der Öffentlichkeit am meisten beachteten anderen hier dargestellter Konzeptionen abweicht: Während Bell und Castells ihre einflussreichsten Publikationen unter Titeln veröffentlichen, welche die Technologie als Hauptmotiv ausweisen (*Post-industrielle Gesellschaft* bzw. *Informationszeitalter*), bezeichnet Drucker die neue Ära in der Benennung seines Werkes als eine der „Discontinuity" (= Unstetigkeit, Brüche, in der deutschen Ausgabe „Ungewissheit"). Das signalisiert von Anfang an, dass ihm psychologische sowie emotionale Auswirkungen sozialer Entwicklungen auf den Menschen wichtiger sind, als ihre (von ihm behaupteten) technologischen Ursprünge. Des Weiteren fällt an diesem Titel (sowie einigen hier nicht besprochenen Ausführungen im Text) eine deutliche Parallele zum postmodernen Denken auf: Auch dort wird es als eines der Hauptcharakteristika unseres Zeitalters betrachtet, dass ihm Kontinuität, Stabilität und Gewissheit abhanden gekommen

---

[57] Im englischen Original heißt das Buch *The Age of Discontinuity: Guidelines to Our Changing Society*. In der deutschen Übersetzung wurden die Begriffe vertauscht und folgenderweise umformuliert: *Die Zukunft bewältigen. Aufgaben und Chancen im Zeitalter der Ungewissheit*.

sind. Ein anderer Aspekt, der Druckers Technologiedeterminismus etwas mildert, besteht in seiner pragmatischen Haltung. Dass die Entwicklungen der IKT die gesellschaftlichen Prozesse prägen, ist eine Prämisse, von der er (unhinterfragt) ausgeht, die ihn jedoch auch nicht weiter kümmert. Was ihn interessiert ist, was man tun muss, um den Menschen dabei zu helfen, produktiv mit der veränderten Situation umzugehen, d.h. ihre persönliche sowie soziale Umwelt lebenswert zu gestalten.

- Die *(neo-) liberale* Ausrichtung Druckers wurde oben in einem eigenen Abschnitt ausführlich dargestellt. Dem gibt es nicht mehr viel hinzuzufügen. Wenn Drucker auch nicht der Initiator des gesamten Diskurses um die Wissensgesellschaft sein soll, in einem seiner Aspekte kann er sicherlich die „Autorenschaft" für sich beanspruchen: in der untrennbaren Koppelung dieser und ähnlicher Konzeptionen an entsprechende ökonomische Prinzipien. Spätestens seit Druckers *Guidelines to Our Changing Society* ist es nicht möglich, sich zur Idee des sozialen Wandels in Richtung einer Informationsgesellschaft zu bekennen, ohne ebenfalls die zunehmende (neo-) liberale Umgestaltung des Wirtschaftssystems gut zu heißen oder sie wenigstens als eine unumstößliche Tatsache zu akzeptieren.

- *Metaideologie* ist der Aspekt, in dem sich Druckers Ansätze von allen anderen bisher besprochenen Zugängen am meisten unterscheiden. Er bekennt sich unmissverständlich zu einer (einzigen) Ideologie: dem Liberalismus. Da alle seine ökonomischen, kulturellen und politischen Positionen in keinem Punkt dieser Weltanschauung widersprechen, muss er seine Theorie weder transzendental überhöhen, noch unter Zuhilfenahme dialektischer Finessen transformierend rechtfertigen. Die Klarheit seiner Linie wird dann am deutlichsten, wenn man seine Ansichten bezüglich der Frage des Bildungszugangs mit dem diesbezüglichen Standpunkt innerhalb der einzigen weiteren bisher behandelten im politischen Spektrum klar rechts angesiedelten Konzeption vergleicht: jener von Daniel Bell. Wie im folgenden Abschnitt ausführlich dargestellt, plädiert Letzterer mit größter Vehemenz für eine Elitebildung und opponiert massiv gegen alle entsprechenden Demokratisierungsbestrebungen, was ihn in Bezug auf diesen Punkt eindeutig als Konservativen ausweist. Dagegen positioniert sich Drucker hinsichtlich dieser Frage so weit als Liberaler, dass er mit seinem (ansonsten oft floskelhaft ge- und missbrauchten) Plädoyer für eine „Bildung für alle" sogar die höhere Bildung für schwächere und als dumm abgestempelte Schüler/innen impliziert.

Eine abschließende Bewertung von Druckers Konstrukt der Wissensgesellschaft kann nur ambivalent ausfallen. Auf der einen Seite sind seine zuletzt angeführten Aussagen bis heute fortschrittlich und im Bildungssystem noch lange nicht eingelöst. Andererseits treffen die meisten Kritikpunkte, die in den folgenden Kapiteln eingebracht werden, in besonderer Weise auf seine Konzeption zu – v.a. in Hinblick auf seine radikal liberale Ausrichtung. Letztere stellt jedoch nur einen Teil der Erklärung für die nachhaltige Wirkung seiner Ansätze innerhalb der „Realpolitik" in den letzten Jahrzehnten dar. Denn damit alleine lässt sich nicht argumentieren, warum so viele von ihm in den Diskurs um die Bildung im Informationszeitalter eingebrachte Ideen[58] – von der Feststellung einer rapide sinkenden „Halbwertszeit des Wissens" über seine daraus resultierende Forderung nach „lebenslan-

---

[58] Natürlich stammen die meisten der hier angeführten Ideen nicht von Peter Drucker, sondern wurden schon lange vor ihm von Pädagog/innen (v.a. aus dem Bereich der Reformpädagogik) formuliert. Seine Leistung besteht jedoch darin, diese im Diskurs um Bildung im Informationszeitalter fest verankert zu haben.

gem Lernen" bis hin zum Postulat der Notwendigkeit des „vernetzten" bzw. „multiperspektivischen" Lernens – (unter gerade angeführten aktualisierten Begriffen) weltweit zum Standardvokabular des bildungspolitischen Diskurses avanciert sind. Die weiteren zentralen Gründe dafür bestehen sicherlich ebenso in seiner absolut stringenten und höchst pragmatischen – im Sinne von handlungsorientierten – Haltung: Was Drucker von *allen* hier bisher zu Wort gekommenen Theoretiker/innen positiv abhebt, ist die Tatsache, dass er für klar umrissene Probleme konkrete und praktikable Lösungen vorschlägt. Auch wenn man mit der Mehrzahl davon nicht einverstanden sein sollte, muss man einräumen, dass dies eine Methode darstellt, die hinsichtlich einer bildungspolitischen Umsetzung nur von Vorteil sein kann.

## 3.2 Bildung in den Theorien der Informationsgesellschaft

Auch wenn Druckers Ansatz für alle weiteren hier behandelten (später entstandenen) Konzeptionen in Bezug auf bildungsrelevante Aspekte gewissenmaßen „richtungsweisend" war, macht seine Kenntnis die Untersuchung der anderen Theorien in Hinsicht auf diesen Punkt keinesfalls obsolet. Erstens weil sie höchstens implizit – über den Umweg ihres sofortigen Aufgreifens im öffentlichen Diskurs – jedoch nicht implizit von Druckers Positionen beeinflusst wurden.[59] Und zweitens, weil in ihnen bei der Aufarbeitung des Themas „Wissensgesellschaft" auch einige zusätzliche oder anders gewichtete Zugänge zu den von Drucker beschriebenen Phänomenen entwickelt wurden, bzw. wenigstens von seiner Meinung abweichende Bewertungen dieser.

### *3.2.1 Bell*

Von der vorhin beschriebenen Linie setzt sich am deutlichsten Daniel Bell ab, der gleich als nächster nach Drucker in Nico Stehrs vorhin angesprochener chronologischen Abfolge der Begründer des Konzepts der Wissensgesellschaft aufscheint (vgl. Stehr 1994, S.5). In einem der Hauptkapitel seines im Abschnitt 2.1.1. der vorliegenden Arbeit vorgestellten *The Coming of Post-Industrial Society* (1973 / hier nach 1976) unter dem Titel „The Dimensions of Knowledge and Technology, The new Class Structure of Post-Industrial Society" (ebd., S.165ff) setzt sich Daniel Bell intensiv mit dem Thema Wissensgesellschaft auseinander. Hier postuliert er, dass die post-industrielle Gesellschaft „klarerweise" eine Wissensgesellschaft sei und dies in einem doppelten Sinne: Einerseits würde heute (wirtschaftliche) Innovation hauptsächlich auf Forschung und Entwicklung basieren, wobei die Verknüpfungen zwischen Wissenschaft und Technologie auf Grund der zentralen Bedeutung des *theoretischen*[60] Wissens besonders eng sind. Andererseits wächst seiner Meinung nach der Stellenwert des Wissens in der gesamten Gesellschaft, da sich dieses sowohl für einen immer größeren Teil der Beschäftigung als auch der Wertschöpfung als maßgeblich erweist (vgl. ebd., S.212). Daraus resultiert für Bell eine grundsätzliche Umgestaltung bisher be-

---

[59] Wie angesprochen wird Peter Druckers *The Age of Discontinuity* innerhalb der anderen hier behandelten Schriften nicht oder höchstens am Rande erwähnt. Auf der anderen Seite hatte er im anglo-amerikanischen Raum (aus dem die meisten dieser Theorien stammen) zum Zeitpunkt ihrer Entstehung als führender Managementtheoretiker solch einen enormen öffentlichen Einfluss, dass niemand sich der Kenntnis seiner Person sowie seiner Grundpositionen entziehen konnte.

[60] Bell hebt im Originaltext diesen Terminus selbst hervor.

## 3. Bildungsrelevante Theorieansätze 87

kannter sozialer Strukturen: Während in Platos „Politeia" Wissen lediglich einer einzigen Schicht zugänglich war – der der Philosophen – (was scheinbar Bells Meinung nach in einer gewissen Form bis ins Industriezeitalter hinein beibehalten blieb), lassen sich in der „Wissenschaftsstadt von morgen" drei Klassen ausmachen, die alle intensiv mit Wissen zu tun haben werden: Erstens eine kreative Elite von Wissenschaftler/innen und Spitzenmanager/innen, zweitens eine Mittelschicht von (Universitäts-) Professor/innen und Ingenieur/innen sowie schließlich eine untere Klasse, bestehend aus Zugehörigen des niederen Lehrkörpers und Techniker/innen (vgl. S.213f).

Viele von Bell prognostizierte weitere soziale Implikationen dieser Entwicklungen kennen wir bereits aus Druckers oben vorgestelltem Werk: Z.B. prophezeit Bell, dass es in Zukunft einen enormen Bedarf an hoch qualifizierten flexiblen Arbeitskräften geben wird und dass folglich Gebildeten in Zukunft unabhängig von ihrer (von Geburt an mitgegebenen) gesellschaftlichen Stellung alle Türen offen stehen werden. Damit sieht Bell jedoch auch neue Probleme auf uns zukommen: Da der Universität in einer Wissensgesellschaft auf Grund der von ihr ausgeübten Kontrolle über die höhere Bildung auch die Entscheidungsgewalt bezüglich der sozialen Stellung der Menschen zukommt, avanciert sie zum Austragungsort neuer Klassenkämpfe. Deswegen wird es eine der bedeutendsten Zukunftsfragen darstellen, wie der Zugang zur tertiären Bildung zu organisieren ist (vgl. z.B. S.232ff, S.408ff).

In Bezug auf diesen Punkt gibt es zwischen den beiden zuletzt behandelten Theorien eine beträchtliche Differenz: Während Drucker betont, dass Wissen und Bildung auf keinen Fall ein Privileg von Eliten sein darf, nimmt Bell zu dieser Frage eine deutlich weniger egalitäre Haltung ein. Im Fazit-Teil seines *The Coming of Post-Industrial Society* führt er ein ganzes mit „Meritoctraty and Equality" betiteltes Unterkapitel ein, in dem er die Idee von Meritokratie (= Vorherrschaft einer sich durch besondere Leistung auszeichnenden Bevölkerungsschicht) jener von allgemeiner Gleichheit gegenüberstellt (vgl. S.408ff). Hier fordert er, das Konzept der Gleichheit neu zu definieren, da es in der verbreiteten Form der Beanspruchung absolut gleicher Rechte für alle Mitglieder der Gesellschaft seiner Meinung nach sowohl vollkommen unrealisierbar ist, als auch zu viel mehr Ungerechtigkeiten führt, als eine nach wissenschaftlichen Prinzipien organisierte Hegemonie von Eliten (vgl. S.425, S.450). So greift Bell massiv die politische Entscheidung an, Afroamerikaner/innen bei der Vergabe öffentlicher Ämter zu bevorzugen, da dies in Bezug auf andere Bevölkerungsgruppen bzw. Minderheiten diskriminierend wäre und ein Versuch, entsprechende Gleichheit (z.B. auch hinsichtlich religiöser und politischer Zugehörigkeit) zu schaffen in chaotischen sowie lächerlichen Zuständen ausarten würde[61]. Bell stellt sogar die Bestrebungen der US-amerikanischen Regierung in Frage, für afroamerikanische Kinder gleiche Voraussetzungen hinsichtlich des Schulbesuchs zu schaffen, wie für Weiße. Denn laut den von ihm zitierten Studien vermag bessere Schulausbildung die Leistungen der Ersteren kaum zu verbessern (vgl. 429f).

Die Begriffe Meritokratie und sogar Technokratie sind für Bell hingegen höchst positiv besetzt: Seiner Ansicht nach ist es in jeder größeren Gemeinschaft unvermeidbar, dass bestimmte Gruppen die anderen anführen. Eine meritokratisch-technokratische Gesellschaft wäre eine, in der diese Führungsrolle weder auf Grund von (angeborenen) Privilegien, noch

---

[61] Als Beispiel beruft sich Bell auf die Klage von Ronald Reagan (der Anfang der 1970er Jahre Gouverneur von Kalifornien war und später zum US-Präsidenten aufgestiegenen ist), dass an den Universitäten seines Bundesstaates im Lehrkörper konservative Wähler/innen erheblich unterrepräsentiert wären (vgl. S.417ff).

in Folge von Reichtum zugewiesen wäre, sondern lediglich dadurch, dass bestimmte Menschen sich ihre Autorität in Form besonderer Leistungen für die Allgemeinheit und auch ausgehend von ihren herausragenden Kenntnisse in bestimmten Bereichen verdient hätten (vgl. S.426, S.452, S.481f). V.a. Universitäten – die laut Bell in der post-industriellen Informationsgesellschaft *die* führende Position einnehmen werden – sollten auf keinen Fall nach irgendwelchen Quoten sondern lediglich nach meritokratischen Prinzipien organisiert werden, da nur so das hohe Niveau von Forschung und Lehre sowie ihr Nutzen für die Gemeinschaft gewährleistet werden könnte (vgl. S.454).

Eine weitere (v.a. für den aktuellen sozialwissenschaftlichen Diskurs – siehe z.B. Webster 2006, S.28f, S.54; Steinbicker 2001, S.58ff) bedeutende Differenz zwischen den Visionen der Wissensgesellschaft von Peter Drucker und Daniel Bell besteht darin, dass Drucker angewandtes Wissen in den Mittelpunkt seines Konzeptes stellt, und damit auch für eine enge Verflechtung zwischen Universitäten, privaten Forschungseinrichtungen und der Industrie plädiert, wobei der Staat sich Drucker zufolge zunehmend aus der (höheren) Bildung sowie Forschung zurückziehen sollte. Dagegen besteht Bell auf einer „reinen", völlig von (kurzfristigen) ökonomischen Interessen unabhängigen theoretischen (Hochschul-) Forschung, die vom Staat zu finanzieren sei (vgl. Bell 1976, S.378ff). In der Praxis resultiert daraus die Forderung nach einer staatlichen Kontrolle der laut Bell wichtigsten Institutionen der Wissensgesellschaft.

Hier wird auch der in der vorliegenden Arbeit mehrfach angesprochene eklatante Widerspruch innerhalb von Bells Konzeption bzw. seine ideologische „Biegsamkeit" eminent: Auf der einen Seite soll seiner Meinung nach – wie in Abschnitt 2.1.1. behandelt – in der post-industriellen Informationsgesellschaft Kooperation und Partizipation (statt Hierarchie und Bürokratie) zu den Grundsäulen der sozialen Organisation avancieren, weswegen Bell diese Gemeinschaft als eine „kommunale" apostrophiert. Das wäre eine Position, die seiner Selbstbeschreibung als jemand, der politisch (links-) liberal eingestellt ist, durchaus entsprechen würde. Wie man gerade gesehen hat, vertritt er jedoch im Rahmen detaillierter Ausführungen im gleichen Werk ebenso eine vollkommen konträre Meinung und plädiert massiv und höchst polemisch für eine meritokratisch-technokratisch geführte Gesellschaft inklusive der Kontrolle des Staates über ihre zentralen Bereiche, was eindeutig eine konservative Position repräsentiert. Dass Letztere gleichzeitig eine Grundsäule des „Realsozialismus" darstellt, bildet den einzigen aus Bells Hauptwerk ableitbaren Grund, warum er sich in Hinblick auf Wirtschaft als Sozialist bezeichnen kann.

### *3.2.2 Post-Fordismus*

Mehrere Analytiker/innen rund um die Theorie des Post-Fordismus stellen einen Aspekt von Druckers Vision der Wissensgesellschaft ins Zentrum ihrer Überlegungen, der von Bell weniger intensiv behandelt wird: Die in Druckers *The Age of Discontinuity* (1969) hervorgehobene Entwicklung hin zu leistungsorientierten wissensbasierten Wirtschaftsorganisationen mit flachen Hierarchien und höchst anpassungsfähigen schöpferischen „Wissensarbeiter/innen". Diesbezügliche Anforderungen an Beschäftigte werden im Umfeld der explizit

## 3. Bildungsrelevante Theorieansätze

dem (neu-) linken politischen Spektrum zugeordneten sozio-ökonomischen Konzepte auf die Begriffe „flexible Spezialisierung" sowie „Symbolanalyse" gebracht.[62]

Der Ansatz der „flexible specialization", der sich Krishan Kumar (2005, S.71) zufolge „at the heart oft he theory of post-Fordism" befindet, wurde im (bereits im Unterkapitel 2.2. mehrmals angesprochenen) Buch *The Second Industrial Divide* der MIT-Professoren Michael Piore (Ökonom) und Charles Sabel (Sozialwissenschaftler) aus dem Jahre 1984 ausgearbeitet. Hier postulieren sie, dass nach einer fordistisch-tayloristischen Ära, die von standardisierter fließbandbasierter Massenproduktion dominiert war und in der überwiegend Arbeiter/innen mit niedrigen Qualifikationen bzw. unqualifizierte Beschäftigte benötigt wurden, zu ihrer Zeit – also in den 1980er Jahren – ein „zweiter industrieller Umbruch" stattfindet. Da dieser auf interaktiven und adaptiven Technologien beruht, geht damit eine enorme Flexibilisierung der Produktionsverhältnisse einher. Eine solche Herstellungsweise erfordert nicht einfach hoch gebildete, sondern in erster Linie *anpassungsfähige* Arbeitnehmer/innen, die sich besonders *schnell* und *spontan* auf neue Produktionsverhältnisse einstellen können (Piore; Sabel 1984, S.251ff; vgl. auch Webster 2006, S.63, S.89f; Kumar 2005, S.67f).

Parallel dazu bezeichnet der dem Post-Fordismus nahe stehende Robert Reich (der unter Bill Clinton zum Arbeitsminister aufstieg) in seinem Buch mit dem Untertitel *Preparing Ourselves for 21st Century Capitalism* die Mehrheit der zukünftigen Werktätigen als hochqualifizierte „Symbolanalytiker/innen", d.h. Menschen, die Probleme mit Hilfe der Manipulation von Zeichen identifizieren und lösen. Sie sind kontinuierlich damit beschäftigt, Ideen zu verwalten und befinden sich damit im Besitz von dem „intellektuellem Kapital", das für den Erfolg im 21 Jh. unentbehrlich ist (vgl. Reich 1991, S.85, S.178). Mit diesen und ähnlichen Gedankengängen argumentieren die dem post-fordistischen Lager angehörenden Beobachter/innen ihre Vision, entsprechende Entwicklungen würden enorme revolutionäre Energien freisetzen, welche auf Dauer der (neuen) Arbeiter/innen-Schicht zur Machtübernahme verhelfen könnten (vgl. Piore; Sabel 1984, S.301ff).

Dass ihre neuzeitlichen Partizipations- und Gestaltungsmöglichkeiten den Beschäftigten auch zahlreiche neue Kompetenzen abfordern, versteht sich von selbst. Laut Larry Hirschhorn (vgl. 1984, S.2) müssen Arbeitnehmer/innen, die mit Computertechnologien zu tun haben, den gesamten Produktionsprozess über- und durchschauen, sowie bereit sein, unvorhersehbaren Problemen mit größter Flexibilität zu begegnen. Nach Shoshana Zuboff (vgl. 1988, S.10) stellen „intelligente" Technologien höhere Ansprüche an die intellektuellen Fähigkeiten der sie Bedienenden, befördern aber auch gleichzeitig ihre Reflexivität. Entsprechendes „learning by doing" reicht jedoch laut den meisten Autor/innen aus dem Umfeld des Konzepts des Post-Fordismus nicht aus, um den aktuellen Herausforderungen gerecht zu werden, genauso wenig, wie eine einmal genossene Ausbildung – so fundiert sie auch gewesen sein mag. Denn ihrer Meinung nach müssen Beschäftigte im Zeitalter von IKT bereit sein, ihre Kenntnisse zu aktualisieren, sobald eine neue Technologie (oder auch nur eine neue Version einer bereits bestehenden) eingeführt wird – was in immer kürzeren

---

[62] Es bleibt dahingestellt, ob sich deren Vertreter/innen dieser Parallele bewusst waren. In den zentralen Schriften aus dem Umfeld des Post-Fordismus – z.B. im Hauptwerk des Ansatzes der Flexiblen Spezialisierung *Second Industrial Divide* von Piore und Sabel 1984 – finden sich jedenfalls keine Verweise auf Drucker.

Abständen der Fall ist. In einer Ära, in der also Adaptivität zu einer zentralen Qualität und das „multi-skilling" zur Norm avanciert, gehört es innerhalb von Unternehmen zur Routine, bzw. zur „vorrangigen informationellen Aufgabe", die eigenen Angestellten immer wieder zu schulen und umzuschulen. Damit werden Arbeitnehmer/innen Teil einer „educated labor" in einem „fluid, flexible life course". (Webster 2006, S.80, 91f)

Aber nicht nur die betriebliche Aus- und Weiterbildung steht in der Wissensgesellschaft auf dem Prüfstand. In seiner Zusammenfassung der untersuchten Theorien schreibt Krishan Kumar, dass aus ihrer Perspektive sich das gesamte Bildungssystem in sämtlichen Industriestaaten unter enormen Druck befindet, diesbezüglichen Anforderungen zu genügen (vgl. Kumar 2005, S.187).

Autor/innen aus dem Umfeld des Post-Fordismus machen zwar keine detaillierten Angaben dazu, wie entsprechende Bildungsmaßnahmen konkreten auszusehen haben. Aus den oben dargestellten Ausführungen dürfte jedoch deutlich geworden sein, dass es ihnen v.a. um angewandte, praktische Kenntnisse und Fähigkeiten geht, die in Schulungen erworben werden sollen, die entweder innerhalb von oder in einer engen Kooperation mit Wirtschaftsbetrieben durchzuführen sind. In diesem Punkt korreliert ihr Ansatz mit dem von Peter Drucker, während er sich klar von dem Zugang Daniel Bells absetzt, welcher das auf universitärer Forschung basierende theoretische Wissen ins Zentrum seiner Überlegungen stellt.

### *3.2.3 Postmoderne (Lyotard)*

Die postmoderne Perspektive bringt insofern einen bisher nicht behandelten Aspekt in den Diskurs zum Thema Bildung in der Informations- bzw. Wissensgesellschaft ein, als hier vorrangig die mit dahingehenden Entwicklungen einhergehenden Gefahren angesprochen werden, was man bereits von Jean-François Lyotards *La condition postmoderne* aus dem Jahre 1979 ableiten kann. Da diese „Programmschrift" (Welsch 2002, S.169) einerseits als Auslöser der weltweiten Diskussion um die Ankunft der Postmoderne gilt und sich (wie bereits an der deutschen Titelübersetzung *Das Postmoderne Wissen* erkennbar) besonders intensiv mit den für das vorliegende Kapitel relevanten Fragen auseinandersetzt, wird es hier stellvertretend für ähnliche Zugänge präsentiert.

Lyotards bereits erwähnte höchst kritische bzw. sogar pessimistische Einstellung zu den sozialen Prozessen seiner Zeit kommt in diesem Aufsatz besonders deutlich zu Tage. Darin postuliert er, dass am Ende der großen Erzählungen und folglich ebenso aller Ideologien politisches Handeln sich weltweit einem einzigen Leitprinzip unterordnet – jenem der Nützlichkeit[63]. Alles nicht sofort und offensichtlich Verwertbare wird augenblicklich vom System ausgeschieden oder erst gar nicht beachtet. Den Grund für die zunehmende Durchsetzung einer solchen Gesellschaftsvorstellung sieht Lyotard darin, dass es eine Idee von „Technokraten" ist, die deswegen glaubwürdig sind, weil sie auch die Mittel besitzen, ihre Visionen zu verwirklichen (Lyotard 1986, S.46). Auf der anderen Seite arbeitet ebenfalls

---

[63] Als theoretisches Grundgerüst dieses Prinzips gibt Lyotard die Systemtheorie an, die er – v.a. in ihrer deutschen Ausprägung (womit er in erster Linie Niklas Luhmanns Konzeptionen meint) als „technokratisch, eigentlich sogar zynisch, um nicht zu sagen hoffnungslos" bezeichnet (Lyotard 1986, S.44). Zu Lyotards scharfer Kritik an Luhmanns Gedankenkonstrukten siehe ebd. S.178ff; S.184.

der Aufschwung neuer Medientechnologien Lyotards Meinung nach dieser Entwicklung zu. Denn sie gehorchen lediglich der Maxime der Optimierung von Leistungen – der Steigerung des Inputs und der Verringerung des Outputs. Relevanz besitzt dabei „weder das Wahre, noch das Richtige, noch das Schöne usw. (...), sondern das Effiziente" (ebd., S.130). Die Qualität (von Lyotard so bezeichneter) „technischer Spielzeuge" wird lediglich danach bemessen, ob sie etwas besser machen und/oder dabei weniger verbrauchen als andere Maschinen und Werkzeuge (vgl. ebd.).

Für die Erschließung des (Grundlagen-) Wissens – also für die Forschung – haben solche Prozesse laut Lyotard erhebliche Folgen: Nicht nur, dass heute alles nicht sofort (wirtschaftlich) Anwendbare als wertlos gilt und damit die „reine" Forschung immer mehr zurückgedrängt wird (vgl. ebd., 133ff). Der technologische Fortschritt – der in der Wissenschaft zu größerer Effizienz aber ebenso zu höheren Ausgaben geführt hat – potenziert auch das alte Problem der Abhängigkeit wissenschaftlicher Analysen und Experimente von finanziellen Mitteln. Der Rückzug des Staates aus der kostspieligen Forschung und das verstärkte Engagement privater Geldgeber/innen in der Wissenschaft führt einerseits zu einer zunehmenden Kommodifizierung (= Kommerzialisierung, Umwandlung in eine Ware) des Wissens, gleichzeitig erwachsen daraus ebenfalls neue Ungleichheiten in Bezug auf die gesellschaftliche Machtverteilung: Heute gibt es nach Lyotards Meinung „kein[en] Beweis, keine Verifizierung von Aussagen und keine Wahrheit ohne Geld. Die wissenschaftlichen Sprachspiele werden Spiele der Reichen werden, wo der Reichste die größte Chance hat, recht zu haben" (S.131, vgl. S.137ff).

Ein ähnlich düsteres Szenario zeichnet Lyotard für die höhere Bildung vor: Waren Universitäten in der Moderne durch die „Emanzipationserzählung" (d.h. durch ein auf der Aufklärung basierendes Leitbild der Autonomie des Individuums) legitimiert, sind sie „nunmehr angewiesen, Kompetenzen und nicht mehr Ideale zu bilden" (S.142). Denn die „Frage, die, explizit oder nicht, von dem auf seine berufliche Laufbahn orientierten Studenten (...) gestellt wird, ist nicht mehr: Ist das wahr? sondern: Wozu dient es?" (S.150). Daraus resultiert, dass die Hauptaufgabe höherer Bildungsanstalten inzwischen darin besteht, das System „mit Spielern [zu versorgen], die in der Lage sind, ihre Rolle auf den pragmatischen Posten, deren die Institutionen bedürfen, erwartungsgemäß wahrzunehmen" (S.142). Wer heutzutage die wichtigsten solcher „Spieler" sind, ist für Lyotard klar: Es sind Spezialist/innen in „[a]llen Disziplinen, die eine Verbindung zur ‚telematischen' Bildung aufweisen" – Informatiker/innen, Kybernetiker/innen, Linguist/innen, Mathematiker/innen, Logiker/innen etc. (S.141). Vor diesem Hintergrund und ausgehend von dem von ihm vorhergesehenem zunehmenden Rückzug des Staates aus der Finanzierung der Universitäten (vgl. S.147f) sieht Lyotard drei Entwicklungen auf das Bildungssystem zukommen: Erstens wird in Zukunft „eine Grundausbildung in Informatik und insbesondere in Telematik zwangsläufig Teil einer höheren Propädeutik sein" (S.148). Zweitens werden neue (zumeist außeruniversitäre) Bildungsformen entstehen – das Wissen wird „nicht mehr ‚en Bloc' und ein für allemal an junge Menschen vor ihrem Eintritt ins Berufsleben vermittelt. Es wird bereits oder bald aktiven Erwachsenen ‚à la carte' vermittelt, um deren Kompetenz und beruflichen Aufstieg zu verbessern, (...)" (S.145f). Und drittens sagt Lyotard den Aufschwung des elektronischen bzw. computerunterstützten Lernens (eLearning) voraus: Da Professor/innen „nicht kompetenter zur Übermittlung des etablierten Wissens als die Netze der Speicher (...)" sind (S.156), ist eine zunehmende Verlagerung von bisher üblichen Formen des Lehrens zum Unterricht mit Hilfe von an Bibliotheken und Datenbanken angeschlossenen „intelligenten Terminals" zu erwarten (vgl. S.149).

Im Rahmen einer solchen Bildung werden laut Lyotard dann nicht Inhalte, sondern der „Gebrauch vor Terminals" gelernt, wobei es zu einer zentralen Fähigkeit gehören wird, aus den unzähligen Informationen die relevanten herauszufiltern (vgl. ebd.). Die zukünftige (Medien-) Didaktik kann sich jedoch Lyotards Meinung nicht daran erschöpfen, eine „Anschlussfähigkeit an Gedächtnis-Maschinen" zu vermitteln (S.151). Es wird ein besonderer Schwerpunkt auf die Schulung von Problemlösungskompetenzen gelegt werden müssen und darauf, „zusammen zu artikulieren, was nicht zusammen war" – d.h. auf die Förderung der Fähigkeiten zur interdisziplinären Vernetzung sowie zur Entfaltung von Phantasie. Letztere ist laut Lyotard deswegen so wichtig, weil es im Zeitalter des Zugriffs auf unendliche Informationsmengen um die „Produktion des Wissens und nicht um seinen Erwerb" geht (S.152). Erst die Phantasie erlaubt „einen neuen Spielzug durchzuführen, oder die Regeln des Spiels zu ändern" (ebd.).

Die letzte Aussage lässt darauf schließen, dass Jean-François Lyotard bei all seinem Pessimismus in Bezug auf die aktuellen Entwicklungen auch die ihnen innewohnenden Tendenzen zur Steigerung partizipativer Potenziale des Menschen anerkennt. Im Schlusswort von *La condition postmoderne* wird deutlich, dass er seine Kritik zeitgenössischer Prozesse ganz bewusst besonders scharf formuliert hat, um vor der Gefahr zu warnen, dass aus der „Informationalisierung der Gesellschaften" und der damit verbundenen Kommodifizierung des Wissens eine flächendeckende Kontrolle sowie Regulierung sämtlicher Lebensbereiche des Menschen durch den Markt und/oder durch meritokratisch-technokratische Eliten resultieren könnte, was laut Lyotard „unvermeidbar den Terror mit sich" bringen würde (S.192). Die Gegenvorstellung Lyotards, die Welsch (2002, S.184) als „eine visionäre und (...) utopische Perspektive von Postmoderne" bezeichnet, besteht darin, dass die neuen Technologien soziale Verhältnisse hinterfragenden Gruppierungen dazu dienen könnten, sich die Informationen zu beschaffen, die sie zum Aufbau einer Gesellschaft benötigen, in der „der Wunsch nach Gerechtigkeit und der nach Unbekanntem gleichermaßen respektiert" wäre (Lyotard 1986, S.193). Lyotard zufolge ist es „im Prinzip sehr einfach", derzeitige Entwicklungen „in diesem letzteren Sinn umzulenken, (...): Die Öffentlichkeit müßte freien Zugang zu den Speichern und Datenbanken erhalten" (S.192).[64]

### 3.2.4 Castells

Angesichts der im Unterkapitel 2.4. dargestellten Grundideen von Manuel Castells ist es nahe liegend, dass er sich den letztgenannten Forderungen von Lyotard und den meisten seiner Positionen zu Fragen der Wissensgesellschaft nur anschließen kann. Mehr noch: Zum Teil lesen sich Castells Ausführungen, wie wörtliche Wiedergaben der Postulate von Lyotard. Gleichzeitig integriert Castells jedoch (wie nicht anders zu erwarten) ebenso in Bezug auf diese Themen fast alle Standpunkte der anderen im vorliegenden Kapitel bespro-

---

[64] Von solchen Aussagen Lyotards leitet Wolfgang Welsch (2002, S.222) im Anschluss an seine Analyse von *La condition postmoderne* und ähnlichen Werken das Postulat ab, dass die Postmoderne mit Technologie-Feindlichkeit nichts zu tun hat, „[w]ohl aber mit der Verteidigung von Vielfalt. Die Kritik betrifft allein *Ausschließlichkeitsansprüche* des Technologischen, dabei aber sowohl die offen propagierten wie die implizit-faktischen."

chenen Theoretiker/innen.⁶⁵ Zusätzlich entfaltet Castells gerade in Hinblick auf Bildung einige in den vorangehenden Konzeptionen nicht enthaltene Gedanken sowie Ansätze und formuliert auch konkrete Forderungen in Bezug auf die Frage, welche Hauptzielsetzungen die Pädagogik sowie die Bildungspolitik im Netzwerkzeitalter zu verfolgen habe. Deswegen und wegen seinem Stellenwert im aktuellen mediensoziologischen und -ökonomischen Diskurs werden seine Zugänge hier etwas ausführlicher behandelt.

Zunächst zu den Ähnlichkeiten mit den vorher vorgestellten Theorien: Analog zu Peter Drucker und zu Vertreter/innen des post-fordistischen Konzepts der flexiblen Spezialisierung argumentiert Castells die zentrale Stellung von Wissen und Bildung innerhalb heutiger und erst recht zukünftiger Gesellschaften ausgehend von aktuellen ökonomischen und technologischen Entwicklungen. Seiner Meinung nach ist es für das Verständnis, warum und wie sich Technologie in der globalen Wirtschaft ausbreitet, unabdingbar, „sich den Charakter der neuen informationsbasierten Technologien klar zu machen" (Castells 2001, S.136). Was das entsprechende Hauptmerkmal darstellt, ist für Castells offensichtlich: „Sie beruhen vor allem auf Wissen, das im menschlichen Gehirn gespeichert ist und weiterentwickelt wird" (ebd.). Seiner Meinung nach, besteht das „Versprechen des Informationszeitalters (…) in der Entfesselung einer nie da gewesenen produktiven Fähigkeit durch die Macht des Geistes. Ich denke, also produziere ich" (Castells 2003, S.411). Für Castells bildet „Innovation die Hauptquelle der Produktivität", „Wissen und Information entscheidende Materialien des neuen Produktionsprozesses" und „Bildung die Schlüsselqualität der Arbeit" (ebd., S.396).

Auch der nächste Schritt in Castells Argumentationskette weist deutliche Parallelen zu den Postulaten der beiden gerade erwähnten Ansätze auf: Die „Informationsexplosion" führt einerseits dazu, dass Betriebe Zugang zu einer außerordentlichen „Informationsfülle" erhalten. Gleichzeitig resultiert daraus ein beträchtlicher Druck auf Arbeiter/innen: Die Wirtschaft kann heute Castells Meinung nach nicht ohne Arbeitskräfte funktionieren, die in der Lage sind, „technologisch und inhaltlich durch dieses tiefe Informationsmeer zu steuern, die es organisieren, auf Themen einstellen und in spezifisches Wissen transformieren, das für die jeweiligen Aufgaben und den Zweck des Arbeitsprozesses geeignet ist" (Castells 2005a, S.102). Außerdem benötigen laut Castells (2003, S.392) horizontal wie vertikal deregulierte Netzwerkunternehmen „Vernetze[], flexible Arbeit sowie eine breite Palette von Arbeitsarrangements, zu denen auch Selbstständigkeit" gehört, was automatisch zur „koordinierten Dezentralisierung der Arbeitsverrichtungen und zur Individualisierung der Arbeit" führt. Die an solche Prozesse angepasste neue Rolle von Beschäftigten in der Informationsgesellschaft, die Drucker mit dem Begriff „Wissensarbeiter/innen" und Vertreter/innen des Post-Fordismus mit den Termini „flexibel spezialisierte" Beschäftigte bzw. „Symbolanalytiker/innen" umschreiben, bezeichnet Castells als „selbst-programmierbare Arbeitskraft". Solche Menschen müssen jederzeit „in der Lage sein, sich in Hinblick auf Fertigkeiten, Kenntnisse und Denken entsprechend wechselnder Aufgabenstellungen und eines sich entwickelnden wirtschaftlichen Umfeldes neu zu programmieren" (Castells 2005a, S.102). Der Brückenschlag zur Bildung ist naheliegend: „Selbst-programmierbare Arbeitskraft erfordert einen bestimmten Typus von Ausbildung, in dem der Bestand an

---

⁶⁵ lediglich Bells und Lanes Überbetonung der Bedeutung des theoretischen Wissens und die Vision eines meritokratisch geführten Staates wird von Castells nicht übernommen.

Wissen und Information, der im Kopf der Arbeiterin oder des Arbeiters angesammelt ist, über das gesamte Arbeitsleben hinweg erweitert und abgewandelt werden kann (ebd.)".

Auf die aus solchen Feststellungen unmittelbar resultierenden „außerordentlich weitreichende[n] Konsequenzen für die Anforderungen an das Bildungssystem (…)" (ebd.) aus Castells Perspektive wird in Folge noch ausführlich eingegangen. Vorher muss jedoch betont werden, dass er sich nicht (wie zahlreiche entsprechende Themen bearbeitende Analytiker/innen) hauptsächlich auf die Sorgen und Hoffnungen der neuen Aufsteiger/innen des informationellen Kapitalismus fokussiert, sondern auch die Kehrseite derartiger Entwicklungen in den Blick nimmt: Das komplementäre Gegenstück zur „selbst-programmierbaren" bezeichnet Castells als „generische Arbeitskraft" und definiert diese als „menschliche Terminals", die sich

> „durch Maschinen oder durch jeden anderen Körper ersetzen [lassen], der sich in der Stadt, im Land oder in der Welt findet, ganz nach unternehmerischen Entscheidungen. (...) Maschinen und generische Arbeit aus unterschiedlichen Quellen und Orten bevölkern gemeinsam die niederen Kreisläufe des Produktionssystems." (Castells 2003, S.392)

Den Anteil der für das Funktionieren des Systems tatsächlich wertvollen „Wissensgeneratoren und Informationsprozessoren" samt allen mit der informationellen Produktionsweise untrennbar verbundenen Dienstleistungen an der Gesamtbevölkerung im arbeitsfähigen Alter in den OECD-Ländern gibt Castells mit ca. einem Drittel an. Der Rest sind nach den ihm vorliegenden Daten solche jederzeit austauschbaren generischen Arbeitskräfte (ebd., S.396), deren Möglichkeiten das eigene Leben sowie ihre Umgebung aktiv zu gestalten naturgemäß auch höchst eingeschränkt ist. Folglich wird die Welt wird in Zukunft laut Castells zunehmend *„von zwei grundlegend unterschiedlichen Bevölkerungen bewohnt werden: den Interagierenden und den Interagierten.* (…) *Und wer wo dazu gehört, wird weitgehend bestimmt durch Klasse, Rasse, Geschlecht und Land"* (Castells 2001, S.424, Hervorhebung durch Castells). Des Weiteren korreliert laut den von Castells aufgearbeiteten Untersuchungen die Zugehörigkeit zu einer dieser Gruppen deutlich mit dem kulturellen sowie familiären Hintergrund des jeweiligen Menschen. Einige Studien weisen laut Castells sogar darauf hin, dass Kinder aus benachteiligten Familien gegenüber ihren Altersgenoss/innen „mit größeren Fertigkeiten der Informationsverarbeitung, die sie durch ein gebildetes häusliches Umfeld erwerben, weiter zurückfallen" (2005a, S.274).

Entsprechende Entwicklungen würden Castells Meinung nach zur Verstärkung bereits bestehender sozialer Ungleichheiten führen: Er betrachtet sie als „die fundamentalste Dimension der *Digital Divide* (…), die sich am Anbruch des Informationszeitalters abzeichnet" (ebd.), bzw. als „die grundlegende Kluft im informationellen Kapitalismus, die zur allmählichen Auflösung der Reste der Klassensolidarität aus der Industriegesellschaft führt" (Castells 2003, S.396).

Jedoch verwehrt sich Manuel Castells auch in Bezug auf diesen Punkt gegen ein Verfallen in Resignation. Wie er im mit „Finale" betitelten Abschnitt des dritten Bandes seiner Trilogie betont, gibt es „nichts, was nicht durch zielgerichtetes Handeln verändert werden könnte" (2003, S.411). So ist für ihn auch die Zugehörigkeit eines Menschen zur Gruppe der generischen Arbeitskräfte „[n]atürlich (…) nicht von persönlichen Eigenschaften abhängig. Sie ist das Ergebnis mangelhafter gesellschaftlicher und persönlicher Investition an intellektuellem Kapital in menschliches Wissen" (Castells 2005a, S.106). Um die Entwicklung hin zu einer Gesellschaft, in denen große Teile der Bevölkerung „abgeschaltet" werden, zu verhindern, plädiert Castells explizit für massive staatliche Eingriffe in gesellschaftliche Prozesse. Denn seiner Meinung nach ist die „Tendenz zu sozialer Ungleichheit und Polarisierung (...) sicher nicht unausweichlich: Sie kann mit bewusster öffentlicher Politik konterkariert und verhindert werden" (Castells 2003, S.395). Castells zufolge werden generische von selbst-programmierbaren Arbeitskräften hauptsächlich durch ihre jeweilige Bildung sowie ihre Zugangsmöglichkeiten zu höheren Schulen und Universitäten separiert (vgl. Castells 2003, S.392). Deswegen postuliert er, dass trotz dem zunehmenden Bedeutungsverlust nationaler Politik in der globalen Netzwerkgesellschaft die Rolle einzelner Regierungen dort entscheidend bleibt, wo es (neben dem Aufbau der informationstechnologischen Infrastruktur eines Landes) darum geht, „Erziehung und Bildung auf allen Qualifikationsebenen" bereit zu stellen (Castells 2001, S.135f). Jedoch sind in Bezug auf diesen Punkt auch beträchtliche politische Anstrengungen auf internationaler Ebene dringend notwendig. Denn mit „der Verbreitung von Wissen und Information durch die gesamte Gesellschaft und weltweit könnte und sollte die gesamte Erwerbsbevölkerung selbst-programmierbar werden" (2005a, S.107).[66]

Castells, der sich in seiner „Sozialtheorie des Informationszeitalters mit ‚offenem Ausgang'" (Castells 2003, S.4) grundsätzlich dagegen sträubt, konkrete Handlungsanweisungen zur Lösung von ihm aufgezeigter Probleme zu präsentieren[67], tut es in Bezug auf einen Punkt also doch: Seiner Meinung nach müssen enorme bildungspolitische Anstrengungen unternommen werden, um bestehende soziale Ungleichheiten zu verringern sowie, um die in Zukunft die gesamte Menschheit bedrohenden, aus den immer größer werdenden „Klüften" resultierenden Gefahren abzuwehren. Außerdem werden auch zur Verhinderung von möglichen „bösen Folgen" aktuellster revolutionärer technologischer Entwicklungen (zu denen Castells in erster Linie die Fortschritte im Bereich der Gentechnologie zählt) nicht nur pflichtbewusste Regierungen benötigt, sondern ebenso „eine verantwortungsvolle, gebildete Gesellschaft" (ebd., S.405).

Jedoch ist auch der Bildungsbereich laut Castells ein stark problembesetztes Feld. So postuliert er, dass Schulen und Universitäten „paradoxerweise" Institutionen darstellen, „die von der virtuellen Logik, die in die Informationstechnologie eingebettet ist, am wenigsten betroffen sind" (Castells 2001, S.452f). Den „absehbaren, nahezu allgemeinen Einsatz[] von Computern in den Hörsälen und Klassenzimmern der fortgeschrittenen Länder" (ebd.), sowie die steigenden Bemühungen im Bereich des computerunterstützten („elektro-

---

[66] Castells ist sich dessen bewusst, dass es auch in einer ideal entwickelten (Netzwerk-) Gesellschaft nicht nur „informationelle Produzenten" (Castells 2003, S.396) geben kann. Er weist jedoch darauf hin, dass viele Aufgaben, die heute von generischen Arbeitskräften ausgeführt werden „nicht unbedingt unqualifizierter Art" sind. Als Beispiel zieht Castells den Beruf des privaten Wachdienstes heran, in dem er zahlreiche informationelle Komponenten zu erkennen vermag: Ein Mensch, der eine Schusswaffe trägt, benötigt „juristisches Wissen, psychologische Urteilsfähigkeit und das Vermögen, Stresssituationen zu bewältigen. Alle diese Qualifikationen sollten ein Bildungsniveau auf der Ebene des College (...) erfordern" (Castells 2005a, S.106f).

[67] Im vorletzten mit „Was tun?" betitelten Abschnitt des Schlussbandes seiner Trilogie begründet Castells diese Einstellung damit, dass es bisher jedes Mal, wenn ein Intellektueller versucht hat, die Frage, was zu tun sei, konkret zu beantworten und diese Antwort auch ernsthaft in die Tat umzusetzen, zu einer Katastrophe gekommen ist. Deswegen enthält er sich dessen, „irgendwelche Heilmittel für unsere Welt vorzuschlagen". (Castells 2003, S.410)

nischen") Lernens (vgl. Castells 2005a, S.103, S.211) betrachtet er höchstens als Teillösung für die Schwierigkeiten des Systems. Denn einerseits werden Castells Meinung nach Ausbildungsstätten „kaum in den virtuellen Räumen verschwinden", da Grund- sowie Sekundarschulen nicht nur der Vermittlung von Lernstoff, sondern ebenso der „Betreuung und Versorgung der Kinder" dienen und auch an Universitäten Bildung „noch immer und auf lange Sicht mit der Intensität der persönlichen Interaktion zusammenhängt" (Castells 2001, S.452f).[68] Gleichzeitig gibt Castells als die wichtigsten zu beachtenden Punkte in Hinblick auf das Lernen mit Hilfe von Medientechnologien die gleichen an, wie unten bezüglich der allgemeinen Lernprozesse angeführt (vgl. Castells 2005a, S.103). Daraus kann abgeleitet werden, dass er nicht daran glaubt, dass der Einsatz von IKT von sich aus etwas in der Pädagogik verändert oder sogar verbessert.

Viel wichtiger als Bestrebungen zum Ausbau der Computerausstattung und des eLearnings ist aus Castells Perspektive die Bemühung um eine grundsätzliche Neubestimmung des Bildungsbegriffs – um seine den Herausforderungen des Netzwerkzeitalters gemäße Aktualisierung. Entsprechende Forderungen von Manuel Castells an die Pädagogik sowie das gesamte Erziehungssystem werden abschließend mit Hilfe einiger direkter Zitate aus seinen Werken dargestellt:

> *„Der Begriff der Bildung ist von Fertigkeiten zu unterscheiden. Fertigkeiten können durch technologische und organisatorische Veränderungen schnell obsolet werden. Bildung (im Unterschied zur Verwahrung von Kindern und Studierenden) ist der Prozess, durch den Menschen, also Arbeitskräfte, die Fähigkeit erwerben, beständig die notwendigen Fertigkeiten für eine bestimmte Aufgabe neu zu bestimmen und sich Zugang zu den Quellen zu verschaffen, um diese Fertigkeiten zu erwerben." (Castells 2003, S.392)*

> *„Die entscheidende Frage besteht darin, vom Lernen zum Lernen des Lernens zu wechseln, weil der größte Teil der Information sich online befindet, und das, worum es eigentlich geht, die Fähigkeit ist zu entscheiden, nach was man suchen soll, wie man darauf zugreifen kann, wie man es verarbeitet und wie man es für die spezifische Aufgabe nutzt, auf die die Informationssuche zurückgeht. Mit anderen Worten orientiert sich das neue Lernen auf die Entwicklung der Bildungskompetenz, Information in Wissen und Wissen in Handeln zu verwandeln." (2005a, S.272f, zum Schluss sich auf Dutton 1999 berufend)*

> *Die „große Herausforderung besteht darin, die Kompetenz zur Informationsverarbeitung und Herstellung von Wissen in jeder und jedem von uns zu installieren – und zwar insbesondere in jedem Kind. Damit ist offenkundig nicht die Fähigkeit gemeint, das Internet in seinen ständig in Entwicklung begriffenen Formen zu benutzen (das ist vorausgesetzt). Mir geht es um Bildung. Jedoch im weiteren, grundsätzlicheren Sinn; also [um den] Erwerb der intellektuellen Kompetenz, lebenslanges Lernen zu lernen, auf digital gespeicherte Information zuzugreifen, sie neu zusammen zu stellen und für die Produktion von Wissen für jeden Zweck zu nutzen, den wir anstreben." (ebd., S.291f)*

> *„Diese einfache Aussage stellt das gesamte Erziehungssystem in Frage, das sich während der industriellen Ära entwickelt hatte. (...), denn bevor wir damit beginnen, die Technologie zu än-*

---

[68] Zu diesem Thema schreibt Castells (2001, S.453): „Fernuniversitäten (...) können in einem künftigen, verbesserten System der Erwachsenenbildung eine wichtige Rolle spielen, aber kaum die gegenwärtigen Institutionen der höheren Bildung ersetzen. Was sich jedoch an guten Universitäten abzeichnet, ist die Kombination des ,distant learning' on-line mit Bildung an Ort und Stelle." (in der aktuellen pädagogischen Fachsprache wird Letzteres mit „blended learning" bezeichnet)

*dern, die Schulen umzubauen und die Lehrkräfte umzuschulen, benötigen wir eine neue, auf Interaktivität, Personalisierung und [auf die] Entwicklung der autonomen Kompetenz zu lernen und zu denken ausgerichtete Pädagogik. Und das ist unbekanntes Terrain."* (ebd., S.292)

## 3.3 Zwischenfazit

Zum Abschluss des vorliegenden Kapitels werden die Differenzen sowie Analogien zwischen den besprochenen Konzeptionen in Hinblick auf ihre bildungsrelevanten Aspekte zusammengefasst, wobei hinsichtlich der Gemeinsamkeiten deutlich wird, welch einen enormen Stellenwert die darin entwickelten Ansätze für den bildungspolitischen Diskurs der vorangehenden Jahrzehnte aufweisen. Bei der Gegenüberstellung mit politischen Positionspapieren zum Thema Bildung im Informationszeitalter sind jedoch auch Abweichungen erkennbar, die in Bezug auf die weiteren Ausführungen in diesem Buch (v.a. jenen in Kapitel 6.2.) von besonderer Bedeutung sind.

### 3.3.1 Differenzen

Wie aus den bisherigen Zusammenfassungen ersichtlich (siehe Unterkapitel 2.5. und Abschnitt 3.1.6. der vorliegenden Arbeit), können zwischen den Ansichten der überwiegenden Mehrheit hier behandelter Analytiker/innen – inklusive Peter Drucker – bezüglich der Eckpfeiler des Informationalismus (Technikdeterminismus, Neoliberalismus und Metaideologie) beträchtliche Analogien festgestellt werden. Die Differenzen betreffen zumeist unterschiedliche Gewichtungen und Bewertungen einzelner Teilaspekte, begründen jedoch nur in seltenen Fällen einen grundsätzlichen Widerspruch. Hingegen stellt sich in Hinsicht auf die Standpunkte dieser Wissenschaftler/innen zu politischen Themen im Zusammenhang mit der Wissensgesellschaft die Situation anders dar. Hier sind sehr wohl einige sich gegenseitig ausschließende Positionierungen zu beobachten.

Diese betreffen v.a. folgende Fragestellungen. Erstens: Wer sollte Zugang zu höherer Bildung haben – möglichst alle, oder lediglich Eliten? Zweitens: Worin bestehen die im Informationszeitalter (auch und nicht zuletzt hinsichtlich des Machtanspruchs) besonders relevanten Aspekte des Wissens – in praktischen (Anwendungs-) Fertigkeiten, oder in theoretischen (Forschungs-) Kenntnissen? Drittens: Wer sollte die Kontrolle über das System der höheren Bildung und damit auch über die Forschung ausüben – private Unternehmen oder der Staat? Die jeweiligen Antworten werden zunächst schematisch dargestellt und danach ausführlicher verglichen, wobei in diesem Rahmen auch eine Klärung der weltanschaulichen Hintergründe der besprochenen Konzeptionen erfolgt.

|  | Bildungszugang | | Hauptaspekt des Wissens | | Kontrolle höherer Bildung | |
|---|---|---|---|---|---|---|
|  | für Alle | für Eliten | praktisch | theoretisch | privat | staatlich |
| Drucker | x |  | x |  | x |  |
| Bell (und Lane) |  | x |  | x |  | x |
| Post-Fordismus | x |  | x |  | (-) | |
| Post-moderne | x |  |  | x |  | x |
| Castells | x |  | (x) | |  | x |

- In Hinblick auf die Frage des *Bildungszugangs* vertritt Daniel Bell eine extreme Gegenposition zu allen anderen hier behandelten Theoretiker/innen. Sein (von seiner konservativen Weltanschauung geprägtes) Ansinnen, große Bevölkerungsschichten von der höheren Bildung auszuschließen, widerspricht allen anderen hier vorgestellten Standpunkten, wobei sich Peter Drucker und Manuel Castells besonders deutlich gegen so einen Ansatz aussprechen. Der einzige Theoretiker der Wissensgesellschaft, der Bell zustimmen würde, ist der, dem die Einführung dieses Terminus zugerechnet wird: Robert E. Lane. Beim Vergleich der Standpunkte von Lane und Bell fällt eine klare Konsequenz eines solchen Denkens auf, vor der v.a. Jean-François Lyotard und andere der Postmoderne zugerechnete Analytiker/innen ausdrücklich warnen: Die Entstehung eines technokratisch-meritokratischen Staates, in dem eine kleine „Wissenselite" die gesamte Gesellschaft nach ihren Vorstellungen gestaltet und der Begriff der Demokratie zu einer leeren Worthülse verkommt.
- Hinsichtlich der Frage nach dem *Hauptaspekt des Wissens* im Informationszeitalter sind die Meinungen und Gegenmeinungen gleichmäßig verteilt. Peter Drucker[69] sowie Autor/innen aus dem Umfeld des Post-Fordismus sprechen sich für eine Schwerpunktsetzung auf die Vermittlung praktisch (sofort) verwertbarer Kenntnisse aus, da für sie Bildung hauptsächlich die Aufgabe hat, Menschen in konkreten Arbeitssituationen zu unterstützen. Damit geht auch einher, dass aus beiden Perspektiven pädagogische Vermittlung verstärkt in die berufliche Aus- und Weiterbildung zu integrieren bzw. sogar auszulagern ist. Dagegen plädieren Daniel Bell und Jean-François Lyotard (als einziger hier zu Wort gekommener Vertreter der Postmoderne) für das Primat des theoretischen Wissens, jedoch aus völlig konträren Gründen. Bell argumentiert damit seine elitäre Klassenlehre – theoretisches Wissen ist für ihn dem praktischen übergeordnet, weswegen ebenso der politische Einfluss zwischen Theoretiker/innen und Praktiker/innen entsprechend verteilt werden müsste. Lyotard begründet den gleichen

---

[69] Wie besprochen postuliert Drucker (1969, S.357) zwar, dass ökonomisch relevante Tätigkeiten in Zukunft von theoretischem und begrifflichem Wissen ausgehen werden und prophezeit die Umwandlung sämtlicher Arbeiten in „Kopfarbeiten". Doch ist an seinen anderen Positionierungen deutlich zu erkennen, dass für ihn theoretisches Wissen nur dann von Belang ist, wenn es sich so schnell wie möglich praktisch umsetzen lässt und daraus auch wirtschaftlicher Gewinn generiert werden kann. Damit widerspricht sein Konstrukt des theoretischen Wissens eindeutig dem von Daniel Bell, dem es dabei um „reine", völlig von (kurzfristigen) ökonomischen Interessen unabhängige v.a. universitäre Forschung geht (vgl. Bell 1976, S.378ff).

Standpunkt vollkommen anders. Seiner Meinung nach führt die von ihm beobachtete steigende Durchdringung der Wissensgesellschaft mit Prinzipien des Nützlichen (und damit auch des sofort praktisch verwertbaren) zu einer zunehmenden Kommodifizierung sämtlicher ihrer Bereiche – frei nach dem Motto: Was nichts kostet (bzw. finanziell nicht sofort etwas „bringt"), ist nichts Wert. Das verstärkt die Macht derer, die sich Wissen bzw. „Wahrheiten" kaufen können. Hier fällt eine doppelte Ambivalenz auf: Während sich Bell für eine Fokussierung auf theoretisches Wissen ausspricht, um einen von „Wissenseliten" geführten Staat zu befördern, propagiert Lyotard das Erstere in der Hoffnung, das Letztere zu verhindern. Manuel Castells positioniert sich zu dieser Frage nicht. Von seinen anderen dargestellten Aussagen kann jedoch abgeleitet werden, dass er beide Wissensarten für gleichermaßen relevant hält.

- Bei der Frage danach, wer das *System der höheren Bildung kontrollieren* bzw. über dieses (inklusive der Forschung) hauptsächlich bestimmen sollte, neigen die Antworten wieder eindeutig einer bestimmten Alternative zu. Hier ist Peter Drucker der einzige, der sich explizit dafür ausspricht, dass Schulungen, die über die Vermittlung von Basiskompetenzen hinausgehen, zunehmend privaten Institutionen (v.a. den Betrieben, in denen die Menschen arbeiten) überlassen werden sollten und ebenso für eine entsprechende Auslagerung der Forschung eintritt. Damit bleibt Drucker auch in diesem Punkt seiner liberalen ideologischen Linie treu, die auf den Rückzug des Staates aus sämtlichen zentralen Bereichen der Gesellschaft abzielt. Fast alle anderen behandelten Theoretiker/innen nehmen bei diesem Thema eine explizit gegensätzliche Position zu Drucker ein, jedoch auch hier aus jeweils unterschiedlichen Gründen. Bells und Lyotards Plädoyers für die staatliche Kontrolle des Bildungssystems sowie der universitären Forschung können mit den gleichen Argumenten erklärt werden, wie den gerade in Hinblick auf praktisches vs. theoretisches Wissen vorgestellten: Bell will damit die Machtergreifung von „Wissenseliten" durchsetzen, wohingegen Lyotard – in einem Restglauben an die demokratische Entscheidungsfindung – genau diese mit Hilfe gewählter Volksvertreter/innen zu verhindern hofft. Während es Lyotard dabei jedoch vorrangig um die Abwehr der Homogenisierung von Meinungen sowie um die Verhinderung der Kommodifizierung zentraler Gesellschaftsbereiche geht, begründet Manuel Castells seinen Widerstand gegen den Rückzug des Staates aus dem Bildungssystem ganz anders. Seine Hauptsorge gilt dem „digital divide", der dazu führt, dass große Teile der Erdbevölkerung aus dem globalen Wissensnetzwerk ausgeklinkt werden und zu (mit Maschinen konkurrierenden) „generischen Arbeitskräften" degradieren. Ein von der Wirtschaft beherrschtes Bildungssystem kann Castells zufolge die zunehmende „Auflösung der Reste der Klassensolidarität" nicht abwenden, weswegen er gerade im diesbezüglichen Gegensteuern eine der zentralen (verbleibenden) Aufgaben der Nationalstaaten sieht.[70]

---

[70] Die in der vorliegenden Arbeit besprochenen Ansätze des Post-Fordismus weisen in dieser Frage keinen eindeutigen Standpunkt auf. Es kann vermutet werden, dass sich bei einer genaueren Untersuchung eine Zwischenposition herauskristallisieren würde. Denn einerseits hat hier das praktische Lernen in konkreten Berufssituationen einen sehr hohen Stellenwert, was mit dem Ansinnen von Peter Drucker übereinstimmt, die Vermittlung von Kenntnissen verstärkt in die betriebliche Bildung zu integrieren. Auf der anderen Seite ist es schwer vorstellbar, dass post-fordistische Analytiker/innen – als (auch wenn lediglich „neue") Linke – sich dem rigorosen Liberalismus Druckers anschließen könnten, der den Staat in so einem zentralen Gesellschaftsfeld, wie der (höheren) Bildung und Forschung, vollkommen aus seiner Verantwortung entlässt.

An einer solchen Präsentation der Unterschiede ist deutlich geworden, dass zwischen sämtlichen hier besprochenen Theorien trotz all ihrem metaideologischen Überbau eklatante Gesinnungsdifferenzen herrschen: Daniel Bell ist – seinen eigenen anderslautenden Bekundungen zum Trotz – ein durch und durch konservativer Denker. Dass seine Positionen in allen oben behandelten Aspekten jenen von Peter Drucker widersprechen (obwohl beide dem rechten politischen Lager angehören), lässt sich damit erklären, dass Letzterer ein exponierter und konsequenter Liberaler ist. Alle anderen analysierten Standpunkte (außer dem mit Bells identischen von Robert E. Lane) können der sozialistischen Weltanschauung zugeordnet werden, wobei es sich im Rahmen dieser Untersuchung in Hinblick auf Manuel Castells gezeigt hat, dass er seinen entsprechenden Wurzeln noch immer treu geblieben ist.[71] Eine solche Ideologie korreliert mit der liberalen in der Forderung nach einem Zugang zur (höheren) Bildung für alle Menschen. Sie steht aber im Widerspruch zu ihr und korrespondiert gleichzeitig mit der konservativen im Ansinnen, die Kontrolle über die universitäre Bildung und Forschung beim Staat zu belassen.

Jedoch haben sich ebenso zwischen den „linken" Positionen einige (weniger gravierende aber doch nicht unbedeutende) Divergenzen herauskristallisiert. Sie werden v.a. dann evident, wenn man hinterfragt, was die jeweiligen Theoretiker/innen für die größten politischen Herausforderungen im Zusammenhang mit der Wissensgesellschaft halten. Die Antwort aus dem Blickwinkel des Post-Fordismus lautet, dass es hauptsächlich darum geht, die Fähigkeiten der arbeitenden Klasse zur flexiblen Spezialisierung sowie zur Symbolanalyse zu fördern, um ihr zur Machtübernahme zu verhelfen. Jean-François Lyotard und mit ihm die meisten der Postmoderne zugerechnete Autor/innen würden aus der Perspektive des Pluralismus sowie der Demokratie her argumentieren: Die größte aus ihrer Sicht abzuwendende Gefahr besteht in der drohenden Gleichschaltung aller Sphären der Wissensgesellschaft unter dem Primat der ökonomischen Effizienz. Manuel Castells bemüht sich dagegen um die Bekämpfung eines ganz anderen Phänomens: Des globalen „digital divides", der seinen Beobachtungen nach sogar mitten in den zentralen Informationszentren dieses Planeten eine „vierte Welt" von „Abgeschalteten" entstehen lässt.

### *3.3.2 Analogien*

Bei all diesen beträchtlichen Gesinnungsdivergenzen hinsichtlich politischer Problemstellungen im Kontext der Wissensgesellschaft unter den hier besprochenen Sozialtheorien wäre es im höchsten Maße erstaunlich, wenn zwischen ihnen allen auch nur in einem einzigen für den Bildungsdiskurs relevanten Punkt Einigkeit herrschen würde. Jedoch besteht eine solche Eintracht sehr wohl. Und zwar nicht in irgendeinem Unteraspekt bzw. einer weniger bedeutenden Beobachtung innerhalb der Konzeptionen, sondern in ihrer – für die bildungspolitische Praxis zentralen – gesamten Beweisführungskette in Bezug auf die Frage, aus welchen Gründen und in welche Richtung sich das Bildungssystem verändern muss, um den Anforderungen des Informations- bzw. Wissenszeitalters zu genügen.
Die entsprechende Argumentationslinie kann folgendermaßen kurz zusammengefasst werden:

---

[71] In diesem Zusammenhang ist die Untersuchung von Markus Schaal (2006, S.131ff) von besonderem Interesse, der ausführlich die marxistischen Quellen im Denken Castells von seinen Frühwerken an darstellt und aufzeigt, wie sehr seine Konzeptionen bis heute davon geprägt sind.

# 3. Bildungsrelevante Theorieansätze

1. Die neue Gesellschaftsform ist deswegen entstanden, weil Information und damit Wissen in Folge des technologischen Fortschritts zu zentralen Ressourcen sowie zu wichtigsten Rohstoffen der Wirtschaft avanciert sind.
2. Diese „wissensbasierte" Wirtschaft benötigt nicht einfach lediglich höchst qualifizierte „Kopf-" oder „Wissensarbeiter/innen" bzw. „Symbolanalytiker/innen". Die Beschäftigten müssen auch eigenständig, flexibel und kreativ denken sowie dementsprechend handeln können und fähig sein, sich selbst innerhalb kürzester Zeit „umzuprogrammieren".
3. Da alle, die das nicht können, zu wirtschaftlichen „Passivposten" bzw. zu jederzeit ersetzbaren „generischen Arbeitskräften" degradieren, avanciert die Fähigkeit, sich Wissen anzueignen sowie dieses Weiterzuentwickeln zum einzigen Schlüssel zu beruflichen Chancen und Aufstiegsmöglichkeiten.
4. Folglich kommt der Bildung nicht nur eine wichtige Rolle zu. Sie steigt zur Existenzgrundlage sowohl jedes einzelnen Individuums als auch ganzer Länder, Staatenbünde und Kontinente auf.
5. Daraus resultiert ein enormer *Reformbedarf des Bildungssystems* in zwei Hauptpunkten:
    5.1. Die institutionelle Pädagogik muss von der Vermittlung einzelner spezifischer (in kürzester Zeit obsolet werdender) Fertigkeiten und Kenntnisse abrücken und stattdessen einen Schwerpunkt auf vernetzendes Lernen anhand konkreter lebens- bzw. arbeitsweltrelevanter Problemstellungen legen sowie sich vorrangig um die Förderung von Selbstständigkeit, Flexibilität und Kreativität bemühen.
    5.2. Da sich Bildung über den gesamten Lebenszeitraum eines Menschen zu erstrecken hat, muss sie verstärkt auch außerhalb klassischer Institutionen wie Schulen und Universitäten stattfinden – z.B. im Bereich der betrieblichen Weiterbildung.

Die Unterschiede zwischen den besprochenen Theorien in Bezug auf alle diese Punkte sind so marginal, dass sie eigentlich gar nicht der Rede wert sind. Der Vollständigkeit halber soll jedoch erwähnt werden, dass es Differenzen in der *Bewertung* der dargestellten Entwicklungen gibt. Während Bell und seine Nachfolger/innen sowie die Vertreter/innen des Post-Fordismus sie (aus unterschiedlichen Gründen) „feiern", behandeln sie Peter Drucker und Manuel Castells mehr oder weniger neutral[72], wohingegen zentrale Analytiker/innen der Postmoderne – allen voran Jean-François Lyotard – massiv vor ihren möglichen negativen Folgen warnen. Dass verschiedene Wissenschaftler/innen ein und denselben Prozess unterschiedlich beurteilen ändert jedoch nichts an der Tatsache, dass sie ihn gleichermaßen als gegeben (an-) erkennen.

Eine weitere geringe Abweichung besteht darin, dass innerhalb hier vorgestellter Konzeptionen nicht alle aufgezählten Punkte identisch gewichtet werden. Sämtliche Ausführungen dieser Argumentationslinie gelten ohne Einschränkungen für Peter Drucker und Manuel Castells. Wenn man sie alleine aus der postmodernen Perspektive ausarbeiten würde, müsste man das Augenmerk weniger auf wirtschaftliche Aspekte (z.B. berufliche Chancen und Aufstiegsmöglichkeiten) richten, sondern eher das Thema der Teilhabe an kulturel-

---

[72] Was nicht bedeutet, dass beide Theoretiker/innen dem Thema leidenschaftslos gegenüber stehen. V.a. ihren Ausführungen zur Notwendigkeit einer radikalen Bildungsreform merkt man an, dass es sie emotional sehr stark (be-) trifft. Castells macht in diesem Punkt sogar eine Ausnahme von seinem sich selbst auferlegten Verbot, Handlungsanweisungen zur Lösung von ihm aufgezeigter Probleme zu formulieren.

len und politischen Entwicklungen fokussieren. Entsprechende Umformulierungen hätten jedoch keinesfalls einen grundsätzlichen Bedeutungswandel zur Folge. Ein solcher ergibt sich lediglich in Hinblick auf die Unterabschnitte von Punkt fünf aus der Sicht von Daniel Bell. Bei den Formulierungen des ersten Unterpunktes müsste man aus seiner Sicht einen größeren Schwerpunkt auf die Vermittlung des theoretischen Wissens legen. Der zweite Unterpunkt wäre zu streichen, da sich Bell massiv für das Primat staatlicher Institutionen – und hier in erster Linie von Universitäten – bei der Distribution von Wissen ausspricht.

Für diesen ungewöhnlichen Einklang könnte man „auf die Schnelle" zwei Erklärungsansätze präsentieren: Der erste wäre, dass wenn so renommierte Wissenschaftler/innen mit derart gegensätzlichen Weltanschauungen in einem solchermaßen zentralen Punkt zu ein und derselben Schlussfolgerung gelangen, diese wohl oder übel wahr sein muss. Der zweite würde lauten, dass die oben behandelten Gesinnungsdivergenzen lediglich oberflächlicher Natur sind. Tatsächlich wären alle hier besprochenen Theorien durch die Metaideologie des Informationalismus gleichgeschaltet, weswegen von ihnen in wichtigen Punkten auch keine abweichenden und schon gar keine „richtigen" Antworten zu erwarten sind. Im weiteren Verlauf der Arbeit wird sich zeigen, dass die Wahrheit (wie so oft) in der Mitte liegt. Einerseits zeigen die dargelegten Theorien zahlreiche der Realität entsprechende Facetten unserer Gesellschaft auf. Andererseits wurde in ihrem Rahmen auf Basis ihrer informationalistischen Grundausrichtung auch vieles übersehen bzw. verkürzt formuliert. Zunächst gilt es aber in der vorliegenden Zusammenfassung noch einen Aspekt hervorzuheben, der für die späteren Ausführungen zentral sein wird.

### 3.3.3 Stellenwert von eLearning und computer literacy

Bei der Gegenüberstellung der gerade präsentierten Argumentationslinie mit Aussagen aus dem zum Schluss der Gesamteinleitung der vorliegenden Arbeit zusammengefassten UNESCO-„Weltbericht" *Towards Knowledge Societies* fällt auf, dass zwischen ihnen nicht einfach Korrespondenzen und Analogien zu beobachten sind, sondern über weite Strecken eine absolute Deckungsgleichheit herrscht. Der einzige – eher kosmetische – Unterschied besteht darin, dass die meisten Sozialtheoretiker/innen stärker die existenziellen Gefahren hervorstreichen, die auf die Menschheit zukommen, sollte sie den Aufsprung auf den informationalistischen Zug verpassen, während sich die Verfasser/innen des politischen Positionspapiers dahingehend um positivere und optimistischere Formulierungen bemühen – um das Aufzeigen der globalen Chancen, die sich aus der Transformation der Weltgemeinschaft in eine Wissens- bzw. Bildungsgesellschaft ergeben. Der Frage ob die Wissenschaft die Politik beeinflusst hat, oder umgekehrt, wird in Folge immer wieder am Rande eingegangen, wobei hier bereits vorausgeholt werden kann, dass es sich dabei größtenteils um eine „Henne-Ei-Diskussion" handelt.

An dieser Stelle ist ein anderer Aspekt von Interesse: Im „Weltbericht" kommt zusätzlich zur fast wortgleichen Positionierung in sämtlichen oben angeführten Punkten die Beifügung zweier weiterer Forderungen hinzu: Erstens die hinsichtlich der Notwendigkeit von Investitionen in „elektronisches Lernen" (eLearning) – d.h. in computerunterstütztes bzw. webbasiertes Lernen und zweitens jene bezüglich des dringenden Bedarfs der Vermittlung von „computer literacy" – d.h. von Fertigkeiten bei der Bedienung bestimmter Hard- und

## 3. Bildungsrelevante Theorieansätze 103

Softwareanwendungen. Hier gilt es zu hinterfragen, welche Meinung Theoretiker/innen der Informations- und Wissensgesellschaft zu diesen Themen vertreten.

Von allen besprochenen Wissenschaftler/innen wird eLearning lediglich von Lyotard und Castells erwähnt.[73] Jean-François Lyotard schrieb seinen hier dargestellten Aufsatz im Jahre 1979 – also in einer Zeit, in der die Computertechnologie weit von der Ermöglichung eines breiten Einsatzes des elektronischen und erst recht des webbasierten Lernens entfernt war. Trotzdem behandelt er das Lernen mit Hilfe von an Bibliotheken und Datenbanken angeschlossener „intelligenter Terminals" im Rahmen seiner Zukunftsvisionen für die Bildung. Als Grund für den von ihm erwarteten Aufschwung dieser Lernform gibt Lyotard an, dass Menschen seiner Meinung nach bei der Übermittlung des *etablierten* Wissens nicht kompetenter wären, als Technologien. Hier ist es wichtig sich in Erinnerung zu rufen, dass der Terminus „etabliert" aus der Perspektive der Postmoderne negativ besetzt ist. Es bezeichnet eine Norm, die Eliten der gesamten Menschheit aufoktroyieren. Mit selbstständigem Denken hat ein entsprechender Kenntniserwerb nichts zu tun. Noch weniger mit kreativen Prozessen. Insofern kann Lyotards Aussage auch so interpretiert werden, dass computerunterstütztes Lehren und Lernen lediglich zur Vermittlung und Aneignung von Wissensformen geeignet ist, die eine geringe Relevanz aufweisen.

Manuel Castells formulierte seine oben extrahierten Gedanken zum Thema elektronisches Lernen dagegen auf dem Höhepunkt des „eLearning-Booms" an der Jahrtausendwende. Jedoch hält sich auch seine Euphorie für diese Lernart in Grenzen. Er räumt zwar ein, dass Mischformen zwischen Präsenz- und computerunterstützter (Fern-) Lehre eine zunehmende Rolle in der Bildungslandschaft spielen werden. Jedoch glaubt er keinesfalls an einen damit einhergehenden Bedeutungsverlust „klassischer" pädagogischer Institutionen. V.a. ist er sehr weit davon entfernt, dem eLearning das Potenzial zur Lösung zentraler Probleme im Bildungsbereich zuzusprechen.

Das Ansinnen der Förderung von „computer literacy" kommt in keiner der besprochenen Konzeptionen vor[74] und zwar aus einem einfachen Grund: Diese Idee steht in einem diametralen Widerspruch zu allen ihren zentralen Aussagen zum Thema Bildung. Denn „computer literacy" – als die technische Ebene von Medienkompetenz – bedeutet nichts anderes, als die Fähigkeit zur Bedienung von Geräten und Programmen (vgl. z.B. den Ansatz von Bernstein; Havig 1998 in ihrem Buch *Computer Literacy: Getting the Most from Your PC*). Ihre Vermittlung zu einer bedeutenden (medien-) pädagogischen Aufgabe zu erheben, ist aus der Perspektive sämtlicher hier dargestellter Theorien insofern vollkommen sinnlos bzw. sogar kontraproduktiv, als die „Halbwertszeit" eines solchen Wissens im Informationszeitalter besonders rapide sinkt und einmal erworbene instrumentelle Anwendungskenntnisse in immer kürzerer Zeit obsolet werden. Statt diesbezügliche kurzlebige Fertigkeiten zu schulen, sollte sich das gesamte Bildungssystem in der Wissensgesellschaft genau um das Gegenteil bemühen – um die Förderung der nachhaltigen menschlichen Fähigkeiten

---

[73] Drucker und Bell verfassten ihre Werke zu einer Zeit, in der es aus rein technischen Gründen nicht realistisch war, an die flächendeckende Verwendung der damaligen „Großrechner" in der Lehre zu denken. Die Vertreter/innen des Post-Fordismus haben grundsätzlich wenig konkrete Angaben zu Bildungsfragen gemacht.

[74] Außer man ordnet jene warnend gemeinte Prophezeiung von Lyotard diesem Aspekt zu, laut der die Grundausbildung in Informatik und insbesondere in Telematik in Zukunft „zwangsläufig" zu einem Teil einer höheren Propädeutik avancieren wird.

zum eigenständigen, flexiblen und kreativen Denken sowie zum dementsprechenden Handeln, was sowohl interdisziplinäre als auch soziale Vernetzung einschließt. Diese Botschaft steht hinter allen zentralen Termini und Aussagen sämtlicher dargelegter Konzepte in Zusammenhang mit Pädagogik. Das meint Peter Drucker, wenn er die Notwendigkeit das „Lernen zu lernen" (statt sich Spezialwissen anzueignen) hervorhebt. Das impliziert Daniel Bell mit seiner Metapher von der Ablösung des „Spiels gegen die technische Natur" durch das „Spiel zwischen Menschen". Genau das sagen die Hauptbegriffe des Post-Fordismus „flexible Spezialisierung" und „Symbolanalyse" aus. Das postuliert Jean-François Lyotard, wenn er beim Lernen mit Hilfe des Computers eine Schwerpunktlegung auf Problemlösungskompetenzen und auf interdisziplinäre Vernetzung einfordert. Und schließlich bringt Manuel Castells diese Idee auf den Punkt, wenn er auf einer strikten Trennung der Begriffe „Fertigkeiten" und „Bildung" beharrt sowie von der Pädagogik in erster Linie die Förderung der „selbstprogrammierenden" Fähigkeiten der Menschen abverlangt.

Damit wird bereits klar, dass sich die (Bildungs-) Politik in Hinsicht auf praktische Konsequenzen aus dem Konstrukt der Informations- und Wissensgesellschaft auf zwei Punkte fokussiert, von denen der erste innerhalb dieser Theorien eine untergeordnete Rolle spielt und der zweite ihren zentralen Postulaten absolut widerspricht. Eine wichtige Aufgabe für weitere Arbeit besteht in der Bemühung, die Gründe für diese Abweichung zu eruieren sowie zu untersuchen, welche Konsequenzen sie für die bildungspolitische und in weiterer Folge für die pädagogische Praxis hat (dazu siehe v.a. Unterkapitel 6.2.).

# 4 Kritik und „Apologie" dargestellter Theorien

Das Kritisieren der vorhin besprochenen Theorien stellt ein in sich höchst widersprüchliches Unterfangen dar. Auf den ersten Blick ist nichts einfacher als das. Schließlich handelt es sich dabei um die bekanntesten, am meisten diskutierten und folglich natürlich auch um die am heftigsten kritisierten Konzeptionen auf einem Gebiet, das zahlreiche soziale Bereiche und damit ebenso Wissenschaftsdisziplinen tangiert. Hinzu kommt, dass ihre Verfasser/innen – wenigstens bis zu einem gewissen Grad – mit einem Gesellschaftssystem sympathisieren, welches sich gerade im Untergang befindet und dessen Grundideen sowie mit ihnen zusammenhängende Zugangsweisen davon ausgehend allgemein in „Ungnade" fallen. Als Autor eines Buches, wie des vorliegenden, hätte man also eigentlich ein leichtes Spiel – man bräuchte nur einige der unzähligen diesbezüglichen Aussagen renommierter Analytiker/innen anzuführen und „für sich sprechen" zu lassen.

Ausgerechnet hier fangen jedoch die Schwierigkeiten an. Denn erstens sprechen solche Kritiken nur insofern für sich, als sie lediglich Standpunkte einzelner Expert/innen widerspiegeln, die ihrerseits kritisch hinterfragt werden könnten und auch müssten, wenn man sich ein einigermaßen ausgewogenes Bild von der Materie machen will (einen Schritt in diese Richtung geht z.B. Stehr 1994, S.88ff). Zweitens wissen wir spätestens seit der Aufklärung, dass es kein ideologiefreies Denken und damit gleichfalls keine ideologiefreie Kritik gibt (Aufarbeitung des entsprechenden Diskurses siehe z.B. Lenk 1984). D.h., dass es Kritiker/innen oft nur vordergründig um die Analyse des von ihnen behandelten Gegenstands geht, bei näherer Betrachtung jedoch darum, eigene Ideen und Standpunkte gegen andere zu verteidigen und/oder durchzusetzen (dazu siehe z.B. Wolfgang Welschs – 2002, S.169ff – Entgegnungen auf die Kritik an postmodernen Konzeptionen). Und schließlich ist es logischerweise viel einfacher an einer soziologischen Gegenwartsanalyse und erst recht an einer darauf aufbauenden Zukunftsvision zahlreiche zu beanstandende Punkte zu finden, als selbst einen diesbezüglichen Ansatz zu präsentieren, der einer schonungslosen Überprüfung standhalten könnte. D.h., dass man bei der Untersuchung der Validität einer Kritik ebenso die Ergebnisse des kritischen Durchleuchtens der Gegenvorschläge ihrer Proponent/innen mitberücksichtigen müsste. Daraus resultiert, dass der Versuch einer auch nur annähernd vollständigen sowie gewissenhaften Aufarbeitung der Beanstandungen hinsichtlich der Theorien der Informations- und Wissensgesellschaft alleine schon aus quantitativen Gründen zum Scheitern verurteilt wäre – es würde nicht nur den Rahmen der vorliegenden Arbeit sprengen, sondern mehrere Buchbände füllen und somit einen Großteil der Lebenszeit der/des sich mit diesen Problemstellungen beschäftigenden Autor/in in Anspruch nehmen.[75]

Deswegen werden in Folge lediglich kurz einige der Hauptlinien der allgemeinen Kritik an allen vorhin vorgestellten Zugängen aus der Sicht sich mit der Materie intensiv auseinandersetzender Analytiker/innen nachgezeichnet und auch zwei problematische Aspekte be-

---

[75] Hiermit werden die Grenzen streng hermeneutischer Herangehensweisen ersichtlich. Sie eignen sich gut für die Analyse eng abgegrenzter Themengebiete. Sobald es jedoch um Fragestellungen geht, die „allgemeinerer" Natur sind, erweist sich ihre konsequente Anwendung als undurchführbar.

sprochen, die dem Autor der vorliegenden Arbeit selbst besonders aufgefallen sind (siehe Abschnitt 4.1.4.). In Anlehnung an die „hermeneutischen Spirale" erfolgt abschließend die Einführung einer Art „Apologie", im Rahmen derer die Kritik zum Teil relativiert wird – v.a. aus der Perspektive der Frage nach bestehenden Alternativvorschlägen.

## 4.1 Kritik

### 4.1.1 Ahistorische Zugangsweisen

Die allen hier behandelten Konzeptionen grundgelegte Idee, dass unsere Gesellschaft massiv von Informations- und Kommunikationstechnologien geprägt wird, basiert nicht zuletzt auf der Annahme, die Menschheit hätte im Zusammenhang mit ihrer Entfaltung einen gewaltigen Umbruch von größter historischer Tragweise erlebt. Doch können die entsprechenden Entwicklungen tatsächlich als eine Revolution betrachtet werden?

Der aktuellsten und heute am meisten beachteten vorhin dargestellten Theorie – jener von Manuel Castells[76] – zufolge sehr wohl. Er wählt die Bezeichnung „informationstechnologische Revolution" sogar als Überschrift für das (an den Prolog gleich anschließende) Eingangskapitel des ersten Bandes seiner Trilogie *Das Informationszeitalter* (Castells 2001, S.31ff). Den Anfangsabschnitt dieses Kapitels widmet er der Frage „Was für eine Revolution?" und postuliert gleich zu Beginn (den Evolutionsforscher Stephen J. Gould zitierend), dass der „Gradualismus" (also die Vorstellung sanfter stetiger Verläufe von Veränderungen) niemals eine empirische Grundlage hatte. Stattdessen wäre die Geschichte des Lebens eine Aneinanderreihung von stabilen, lediglich in seltenen Intervallen durch wesentliche Ereignisse (sprich Revolutionen) unterbrochenen Zuständen. Castells bittet die Leser/innen sich durch die „prophetische Pose und ideologische Manipulation" der meisten Behauptungen im Zusammenhang mit der angesprochenen radikalen Umwälzung[77] auf keinen Fall dazu verleiten zu lassen, „ihre wirklich grundlegende Bedeutung zu unterschätzen." Denn es handelt sich dabei „um ein historisches Ereignis, dessen Bedeutung mindestens so groß ist wie die der industriellen Revolution im 18. Jahrhundert" (ebd., S.32).

Gerade diese von den Verfechter/innen der Konzeptionen der Informations- und Wissensgesellschaft axiomatisch postulierte Gleichsetzung der aktuellen „Revolution" mit der industriellen und die damit untrennbar verknüpfte Feststellung exorbitanter Differenzen zwischen dem Industriezeitalter und der postindustriellen Ära wird von zahlreichen Kritiker/innen solcher Theorien massiv in Frage gestellt.

Z.B. können laut Tominaga und Rose an Daniel Bells Begründung der Ablösung der Industriegesellschaft durch die post-industrielle Informationsgesellschaft – die seiner Meinung nach nicht zuletzt eine Folge der steigenden ökonomischen Bedeutung des Wissens war – offensichtliche Parallelen zu Aussagen von Saint Simon festgestellt werden (vgl. Steinbicker 2001, S.70). Das Pikante dabei ist, dass Letzterer damit ca. 150 Jahre vor Bell gerade den Aufschwung von industriell geprägten sozialen Organisationsformen argumentierte. Jochen Steinbicker fasst auch mehrere Aussagen von Wissenschaftler/innen zusam-

---

[76] Aus dem gerade erwähnten Grund werden zum jeweiligen Thema passende Aussagen von Manuel Castells in allen Kritikabschnitten als Ausgangspunkte bzw. als „Anker" genutzt.
[77] Dabei bezieht er sich konkret auf Nicholas Negroponte, der die gesamte Welt zwischen Einsern und Nullen einteilt und unsere gesamte Existenz als „total Digital" (= deutsche Übersetzung des Titels seines Bestsellers aus dem Jahre 1995) betrachtet.

men, die anzweifeln, ob die von Daniel Bell beobachteten Tendenzen – wie z.B. der Beschäftigungszuwachs im Dienstleistungssektor – „tatsächlich einen signifikanten Bruch zwischen industrieller und post-industrieller Gesellschaft begründen können, wenn sie doch eigentlich schon seit Anbeginn der Industriegesellschaft zu beobachten sind" (ebd.; vgl. Webster 2006, S.53, S.264). Analog dazu ist es laut Krishan Kumar (vgl. 2005, S.87) ebenso möglich, alle von den Anhänger/innen der Theorie des Post-Fordismus beschriebenen wirtschaftlichen „Umwälzungen" – wie die zunehmende Anpassung der Fertigung an spezifische Kundenwünsche, die Dezentralisierung von Organisationseinheiten etc. – als Ausdruck der technologischen Dynamik und der fortwährenden Erneuerung der Produktionsverhältnisse zu betrachten, die der industriellen Revolution von Anfang an innewohnte. Und auch Manuel Castells bleibt in diesem Kontext natürlich nicht verschont: Seine schärfsten Opponenten – wie z.B. Nicholas Garnham (vgl. 2004) – finden in seinem Werk keine Spur von Hinweisen auf Prozesse, die sich von früheren tatsächlich so gravierend unterscheiden würden, dass damit das Verkünden der Ankunft einer völlig neuen informationellen Netzwerkgesellschaft zu rechtfertigen wäre. Im Gegenteil würden Garnham zufolge zahlreiche von Castells als Nachweise für den aktuellen radikalen sozioökonomischen Wandel angeführte Beobachtungen mit Befunden übereinstimmen, die z.B. bereits Karl Marx für seine (von ihm als industriell betrachtete) Zeit formuliert hatte (vgl. ebd., S.173f; siehe auch Webster 2006, S.121ff).

Solche Verwurzelungen aktueller Gesellschaftstheorien in früheren werden nicht nur in Hinblick auf ihre wirtschaftlichen, sondern auch auf ihre kulturellen Aspekte festgestellt. Nicholas Garnhams diesbezügliche Analyse des Werkes von Manuel Castells könnte so interpretiert werden, dass seiner Meinung nach Castells gesamtes Gedankenkonstrukt hinsichtlich Kultur einzig und alleine auf postmodernen Theorien basiert (vgl. Garnham 2004, S.174, S.176, S.181; siehe auch Schaal 2006, S.31). Gleichzeitig zeigt Garnham auf, dass für diese Strömung konstitutive Beschreibungen der Gesellschaft des späten 20. Jahrhunderts mit Charakterisierungen korrespondieren, mit denen bereits Persönlichkeiten wie Voltaire die Zustände im 18. Jahrhunderts beschrieben (vgl. Garnham 2004, S.179f). Parallel dazu behauptet Krishan Kumar, die Moderne bzw. der damit untrennbar verknüpfte (stärker kulturell orientierte) Modernismus wäre von sehr ähnlichen mit einander unvereinbaren und dennoch von einander untrennbaren Ambivalenzen und damit auch Pluralitäten geprägt, wie die sie (angeblich) ablösende Postmoderne (vgl. Kumar 2005, S.90ff, S.191ff; siehe auch Webster 2006, S.262). Derartige und ähnliche Beobachtungen führen im Umfeld des Cultural Studies z.T. dazu, den Begriff bzw. das Konzept der Postmoderne weniger zur Darstellung eines historischen Phänomens (als Abgrenzung zur Moderne) einzusetzen, sondern eher als einen erkenntnistheoretischen Ansatz, der auf Vielschichtigkeiten und Widersprüchlichkeiten hinweist, die allen (europäischen) Kulturen spätestens seit dem Ende des Mittelalters innewohnen (vgl. Lutter; Reisenleitner 1998, S.63f).

Die Kritik an der Revolutionsrhetorik bei der Beschreibung angesprochener gesellschaftlicher Zustände bezieht sich jedoch nicht nur auf die (anscheinend doch nicht so leicht vorzunehmende) Abgrenzung der heutigen von der industriellen und sogar z.T. von der vorindustriellen Ära in Hinblick auf Ökonomie und Kultur. Massiv angegriffen wird auch die konstitutive Basis aller Theorien der Informations- und Wissensgesellschaft: Das Postulat eines radikalen Wechsels in der Art des Umgangs mit Information und Wissen im letzten Viertel des 20. Jahrhunderts.

Laut Armand Mattelart (2003, S.9) ist die Vorstellung einer durch Information geprägten Welt bereits „im genetischen Code des von der Zahlenmystik inspirierten Gesellschaftsentwurfs eingeschrieben". Aus einer solchen Perspektive könnten die Wurzeln dieser Idee also schon im antiken Griechenland zu verorten sein. Auf breiterer Ebene setzte sie sich Mattelarts zufolge im „Projekt der Moderne" durch, bei dem „die Mathematik als Modell der Beweisführung und der Zweckhandlung inthronisiert" wurde. Mit der Französischen Revolution avancierte „das Denken in Begriffen von Zählbar- und Messbarkeit" und mit ihm auch der Glaube an eine informationelle Gestaltung sozialer Umstände schließlich „zur Richtschnur für die bürgerliche Gleichheit und die universellen Werte" (ebd., ausführlich siehe ebd., S.9ff).

Andere gehen bei der Suche nach den Ursprüngen der Vorstellung von einer Informations- und Wissensgesellschaft noch weiter in der Geschichte zurück. So betont Hans-Dieter Kübler – der diese Idee für einen einzigen Mythos[78] hält – unter Berufung auf mehrere prominente Medienwissenschaftler/innen, dass sich die Entwicklung der Menschheit seit ihren Ursprüngen nicht ohne die Produktion, Speicherung und Vermittlung von Information bzw. Wissen vorstellen lässt. Dass also bewusstes Menschsein und Kultur erst mit entsprechenden Prozessen beginnen. Aus einer solchen Perspektive könnte jede Gesellschaft, die diese Bezeichnung verdient, von Anfang an als eine Informations- bzw. Wissensgesellschaft betrachtet werden. Von einem historischen Blickwinkel aus gäbe es somit diesbezüglich lediglich graduelle, aber keine prinzipiellen Unterschiede (vgl. Kübler 2005, S.7f, S.31, S.87, S.93, S.118f).

Frank Webster führt in seinem Buch *Theories of the Information Society* zwar keinen so weiten (ur-) geschichtlichen Rückgriff aus. Jedoch verweist er auf eine ganze Reihe von Analytikern, die sich in Bezug auf aktuellere sozio-technologische Prozesse vehement von der Revolutionsmetapher abgrenzen – u.a. Schiller, Aglietta, Lipietz, Harvey, Giddens und Habermas (vgl. Webster 2006, S.7). Dabei hebt Webster hervor, dass diese Denker keineswegs behaupten, die Welt hätte sich in den letzten 30-40 Jahren überhaupt nicht verändert. Sie erkennen auch eine zunehmende „Informationalisierung" der Gesellschaft durchaus an, betrachten diese jedoch als eine Folge bereits lange anhaltender, historisch tief verwurzelter Tendenzen (vgl. ebd., S.266f).

Wie bereits angesprochen und in der Folge weiter ausgeführt (siehe Abschnitt 4.2.2.), könnten solche Aussagen ihrerseits kritisch hinterfragt werden, was zu einem unendlichen wissenschaftlichen Disput führen würde, dessen Relevanz für die soziale Praxis im Allgemeinen und die pädagogische Arbeit im Besonderen höchst fragwürdig wäre. Warum dieses Thema im vorliegenden Kontext trotzdem von Bedeutung ist, bringt einer der vehementesten und prominentesten Gegner der Revolutions- und Neuheitsrhetorik auf den Punkt – der belgisch-französische Kommunikationswissenschaftler und Mediensoziologe Armand Mattelart. Die Hauptzielsetzung seiner im Jahre 2001 zuerst erschienenen *Histoire de la société de l'information* besteht gerade darin, mit Hilfe einer „Archäologie des ‚Informationszeitalters'" die „longue durée" der Idee der Informationsgesellschaft zu belegen (vgl. Mattelart 2003, S.8). Nach einer Aufarbeitung zahlreicher, z.T. (wie oben bereits angesprochen) bis

---

[78] Den Begriff Mythos definiert Kübler ausgehend von Roland Barthes als „halbwahre, verzerrende, ins Positive oder Negative überzeichnete, jedenfalls nicht rational und/oder wissenschaftlich beweisbare Interpretationen, Legitimationen und Prognosen, die vermeintliche Gewissheit, Quasi-Natürlichkeit und unbezweifelbare, weil irrationale Begründungen vorgaukeln" (Kübler 2005, S.119).

in die Antike zurückreichender Quellen einer solchen Vorstellung fasst Mattelart seine Kritik an der ahistorischen Zugangsweise zu entsprechenden Fragestellungen folgenderweise zusammen: „Der Diskurs, der die Informationsgesellschaft begleitet, hat das Prinzip der tabula rasa zum Gesetz erhoben. Es gibt nichts, was nicht veraltet wäre" (ebd., S.141). Damit spricht Mattelart einen grundsätzlichen „Knackpunkt" aller dargestellten Theorien an, der zahlreiche Gesellschaftsbereiche – und hier nicht zuletzt die Bildung – betrifft: Die Euphorie des „grenzenlosen Fortschritts ohne Ende" (ebd.) verhindert im Endeffekt einen tatsächlichen Fortschritt, da sie Probleme „verschiebt" anstatt sie zu lösen (vgl. ebd., S.142). Denn in einer Welt, in der immer alles neu ist, gibt es weder die Möglichkeit, aus früheren Fehlern zu lernen, noch eine Chance, bestehende Errungenschaften bzw. Lösungsansätze als Ausgangspunkte für Weiterentwicklungen zu nutzen.

### *4.1.2 Begriffs- und Definitionsprobleme*

Im Schlusskapitel des mit *Der Aufstieg der Netzwerkgesellschaft* betitelten ersten Bandes seiner Trilogie kündigt Castells an, den Begriff des Netzwerks zu definieren, weil dieser „eine so zentrale Rolle bei der Charakterisierung der Gesellschaft des Informationszeitalters spielt" und schreibt: „Ein Netzwerk besteht aus mehreren untereinander verbundenen Knoten. Ein Knoten ist ein Punkt, an dem eine Kurve sich mit sich selber schneidet. Was ein Knoten konkret ist, hängt von der Art von konkreten Netzwerken ab, von denen wir sprechen" (Castells 2001, S.528). Danach führt er einige Beispiele an: Netzwerke der globalen Finanzströme, politische Netzwerke wie z.B. die EU, Netzwerke des Drogenhandels, der Nachrichtenmedien etc. Dabei betont Castells, dass Netzwerke „offene Strukturen" darstellen würden und eine darauf aufbauende Gesellschaft ein „hochgradig dynamisches, offenes System" sei (ebd., S.529).

Abgesehen davon, dass es angesichts der von Castells postulierten herausragenden Bedeutung des Netzwerkbegriffs für das Verständnis zentraler Charakteristika des von ihm behandelten Zeitalters hilfreicher wäre, wenn er eine Definition dieses Terminus am Anfang (und nicht am Schluss) des ersten Bandes der Trilogie präsentiert hätte, wird von mehreren Seiten stark angezweifelt, ob die von ihm geleistete Beschreibung tatsächlich zu einer Klärung des Sachverhalts beiträgt. So lässt laut Frank Webster diese Definition offen, wann etwas als ein Netzwerk bezeichnet werden kann, womit auch ungeklärt bleibt, ab welcher Entwicklungsstufe eine Gemeinschaft als eine Netzwerk- bzw. Informationsgesellschaft zu betrachten ist (vgl. Webster 2006, S.18). Markus Schaal (2006, S.244f) weist darauf hin, dass Castells mit diesem Ausdruck sowohl wirtschaftliche als auch soziale Organisationen apostrophiert, die z.T. verschieden wenn nicht sogar gegensätzlich aufgebaut sind und stellt fest: „Der Netzwerkbegriff wird von Castells auf diese Weise zu einer Metapher degradiert, mit der Organisationsformen ganz unterschiedlicher struktureller Ausgestaltung belegt werden." Und schließlich kann nach Meinung von Markus Perkmann (vgl. 1999, S.623ff) bei so einer Definition nicht einmal mit Sicherheit davon ausgegangen werden, dass Castells tatsächlich von Netzwerken spricht. Der Begriff „Netzwerk" wäre demnach eher ein Platzhalter für etwas, was Castells nicht zu erklären vermag – ein „empty signifier" (ebd., S. 623).[79]

---

[79] In späteren Artikeln und Büchern (siehe z.B. Castells 2000, Castells 2005a, S.9ff / Originalausgabe 2001; Castells 2004) legt Castells – auch auf Grund der angeführten Kritik – sein eigenes Verständnis des Netz-

Ähnlich massive Kritiken sind auch bzgl. des Einsatzes der beiden essentiellsten Begriffe innerhalb der Konzeptionen rund um die Ankunft der Informations- bzw. Wissensgesellschaft zu vernehmen – hinsichtlich „Information" und „Wissen" selbst.

Zunächst zu „Information": Bei einer näheren Auseinandersetzung mit diesem Terminus fällt sofort die enorme Diskrepanz auf, zwischen dem, wie leicht und selbstverständlich er Soziolog/innen, öffentlichen „Meinungsführer/innen" sowie Politiker/innen über die Lippen kommt, wenn sie über aktuelle gesellschaftliche Prozesse sprechen und dem, wie schwer es dem gleichen Personenkreis aber auch Spezialist/innen aus einschlägigen Fachbereichen fällt, sich diesbezüglich auf eine halbwegs einheitliche Begriffsbestimmung zu einigen. Frank Webster fasst in seinem Standardwerk *Theories of the Information Society* zahlreiche Definitionen von „Information" aus den verschiedensten Perspektiven zusammen, wobei ihre Widersprüchlichkeiten deutlich zutage treten. Die Bandbreite reicht von mathematisch-technischen Ansätzen, bei denen Information als eine in „Bits" gemessene Quantität betrachtet wird, die mit Hilfe der Wahrscheinlichkeiten des Auftretens von Symbolen zu bestimmen ist, über ökonomische Zugänge, von denen aus der Wert von Information lediglich danach bemessen wird, welcher Preis sich bei ihrem Verkauf erzielen lässt, bis hin zu postmodernen Konstrukten, innerhalb derer im Zusammenhang mit der „Informationsexplosion" eine „Implosion von Sinn" konstatiert wird (vgl. Webster 2006, S.25ff). Bei allen Unterschieden ist eine Gemeinsamkeit dieser Definitionen „mit freiem Auge" erkennbar: Hier wie dort wird einerseits die Bedeutung der Information der quantitativen Messung ihres Wachstums geopfert, gleichzeitig erfolgt jedoch ausgehend von entsprechenden Daten ein Rückschluss auf höchst bedeutungsvolle, qualitative gesellschaftliche Wechsel. Anders formuliert handelt es sich hierbei um einen spezifischen Fall von Determinismus – Information selbst (losgelöst von damit verknüpften Technologien) wird als eine von gesellschaftlichen Einflüssen vollkommen unabhängige Größe betrachtet, die andererseits jedoch in der Lage ist, soziale Entwicklungen massiv zu beeinflussen (vgl. ebd., S.27).

Wegen der zahlreichen Unzulänglichkeiten des Informationsbegriffs erfolgt seit einiger Zeit in soziologischen Diskursen seine Verdrängung durch den Terminus „Wissen", mit dem er in der Anfangsphase der Diskussionen bzgl. der Informations- bzw. Wissensgesellschaft mehr oder weniger synonym verwendet wurde. Während Fritz Machlup (auf dessen groß angelegte Untersuchung *The Production and Distribution of Knowledge in the United States* aus dem Jahre 1962 sich sowohl Daniel Bell als auch Peter Drucker bei der Untermauerung ihrer eigenen Theorien berufen) beide Vokabeln von Anfang an als zwei untrennbare Komponenten ein und desselben Gespanns benennt (vgl. Machlup, 1962, S.8), findet im Laufe der folgenden Jahrzehnte ein allmählicher Perspektivenwechsel statt: Wissen wird zunehmend als das aktivere und „menschlichere" Pendant zu Information betrachtet. Information wird also immer mehr als etwas angesehen, das erst dann eine humane Dimension und damit soziale Bedeutung erlangt, wenn sie in Folge der tätigen Aufnahme und Verarbeitung durch Individuen zu Wissen avanciert (vgl. Kübler 2005, S.16). Ausgehend von solchen Überlegungen definiert Nico Stehr (2001, S.8) Wissen als „Fähigkeit zum Handeln" und die Verfasser/innen eines Berichts des Deutschen Bundestages aus dem Jahre 2002 (S.259) gehen sogar so weit zu postulieren, Wissen wäre im Unterschied zur „reinen"

---

werkbegriffs etwas detaillierter dar, als in seiner Trilogie. Die entsprechenden Beschreibungen im Abschnitt 2.4.1. der vorliegenden Arbeit beziehen sich auf diese neueren Publikationen.

## 4. Kritik und „Apologie" dargestellter Theorien

nicht nur eine „verarbeitete" sondern sogar eine „veredelte" Information, da sein Erwerb „individuelle Erfahrung und reflexive Aneignung" voraussetzen würde. Analog dazu ist eine zunehmende Präferenz für den Gebrauch des Ausdrucks „Wissensgesellschaft" im Vergleich zu „Informationsgesellschaft" zu beobachten. Hans-Dieter Kübler führt zahlreiche diesbezügliche Belege aus dem deutschen[80] (v.a. politischen) Diskurs an: Der neue wäre im Vergleich zum älteren – laut Hubert Knoblauch (2004, S.358) „abgetakelteren" – Begriff unverbrauchter, ganzheitlicher und offener. Ein entsprechendes Gesellschaftsmodell könne als eine Weiter- bzw. Höherentwicklung des vorangehenden betrachtet werden – als ein von technologischen und/oder ökonomischen Verengungen sowie Einseitigkeiten befreites Konzept, das stärker soziale Kontexte sowie qualitative Aspekte berücksichtigen würde (vgl. Kübler 2005, S.16, S.90ff).

Jedoch ist der Terminus des Wissens in Hinblick auf Konzeptionierungen von Gesellschaftstheorien auch nicht weniger umstritten als jener der Information. Einer der prominentesten Verfechter des Ansatzes der Wissensgesellschaft – Nico Stehr (vgl. 1994, S.91) – gesteht ein, dass unser Wissen über das Wissen trotz und z.T. gerade wegen der Bemühungen der Wissenssoziologie nicht besonders hoch entwickelt sowie umfassend wäre. Jochen Steinbicker drückt den gleichen Tatbestand bereits etwas weniger diplomatisch aus, wenn er in der Zusammenfassung seiner Aufarbeitung aktueller Gesellschaftstheorien folgendes schreibt: „Angesichts der Betonung von Wissen in den verschiedenen Ansätzen ist es schon eine Ironie, daß man von der Informationsgesellschaft immer noch zu wenig zu wissen scheint" (Steinbicker 2001, S.120). Und Hans-Dieter Kübler, der in seinem Buch *Mythos Wissensgesellschaft* (2005) zahlreiche für die Soziologie relevante Wissenstheorien aufarbeitet und gegenüberstellt (vgl. v.a. ebd., S.89ff), geht schließlich so weit, Wissen als „ein analytisch intransparentes, diffuses Phänomen, das eher beschworen, mystifiziert wird, als hinreichend erforscht ist" zu bezeichnen (ebd., S.118). Folglich wären Küblers Meinung nach in Bezug sowohl auf die Konzeption der Informations- als auch der Wissensgesellschaft die „Indikatoren für die eine wie für die andere gesellschaftliche Formation längst noch nicht hinreichend eruiert, eindeutig, klar mess- und identifizierbar sowie übereinstimmend akzeptiert", woraus er den Schluss zieht, dass „sich das eine Etikett so beliebig, vage oder willkürlich einsetzbar wie das andere" erweist (Kübler 2005, S.17; vgl. S.89).

Aus solchen und ähnlichen Analysen der im vorangehenden Kapitel dargestellten soziologischen Theorien resultiert der häufig geäußerte Vorwurf an ihre Verfasser/innen, sie würden mit vollkommen unterentwickelten Definitionen für ihr Untersuchungsfeld essentieller Begriffe operieren (vgl. Webster 2006, S.8; Schaal 2006, S.246; speziell in Hinblick auf den Post-Fordismus-Diskurs siehe Kumar 2005, S.83f und S.185f; hinsichtlich Konzeptionen der Postmoderne siehe Webster 2006, S.255ff; auf Manuel Castells bezogen siehe Garnham 2004, S.176). Laut Webster (vgl. 2006, S.8) und Kübler (vgl. 2005, S.89, S.118) erscheint es ihnen als so offensichtlich, dass wir in einer Informations- bzw. Wissensgesellschaft leben, dass sie diese und weitere für solche Konzeptionen zentrale Termini als selbstverständlich voraussetzen und davon ausgehen, es wäre nicht nötig, präzise klar zu stellen, was sie damit tatsächlich meinen würden.

---

[80] Diese Bevorzugung des Terminus „Wissensgesellschaft" bildet jedoch keinesfalls – wie Kübler (2005, S.10) es behauptet – einen „deutsche[n] Sonderweg". So betont auch der oben oft zitierte Brite Frank Webster (2006, S.28), er würde diesen Begriff gegenüber dem der „Informationsgesellschaft" präferieren und sogar die Verfasster/innen des zu Beginn der vorliegenden Arbeit vorgestellten UNESCO-Weltberichts sprechen sich deutlich für eine entsprechende Ablöse aus (vgl. z.B. UNESCO 2005a, S.27).

Auch hier könnte man den praktischen Sinn dieses Disputes hinterfragen. Schließlich fühlen wir alle, dass sich die Welt um uns herum verändert und die Feststellungen, dass diese Entwicklung viel mit Information und Wissen zu tun hat, klingen angesichts unserer Alltagserfahrungen – z.B. bei der Internetrecherche, bei der wir ständig aus einer unendlichen Fülle von Informationen für uns halbwegs relevantes Wissen herausfiltern müssen – durchaus plausibel. Ist es dann im Endeffekt nicht völlig belanglos, wie unterschiedliche wissenschaftliche Disziplinen derartige Vorgänge genau benennen, entsprechende Termini exakt (bzw. auch weniger exakt) definieren und erst recht, ob sie sich hierbei auf einheitliche Begriffsbestimmungen einigen können, oder nicht?

Ausgerechnet die Tatsache, dass solche und ähnliche Argumentationen allseits zu vernehmen sind – dass also die zentralen Begriffe der Konzeptionen rund um die Informations- und Wissensgesellschaft von der Öffentlichkeit trotz all ihrer Unbestimmtheit weitgehend unhinterfragt akzeptiert werden –, halten Kritiker/innen dieser Ansätze für die bedenklichste Auswirkung oben dargestellter Prozesse. Denn gerade dieses Ungreifbar-Verschwommene an den verwendeten Termini umgibt auch die daraus abgeleiteten soziologischen Modelle einerseits mit dem Nimbus des Geheimnisvollen und damit des Besonderen (vgl. Mattelart 2003, S.62). Andererseits erscheint deswegen alles in diesem Kontext Behauptete so „neutral, angenehm und verführerisch fortschrittlich, technologisch fast zwingend und bar jeden politischen und instrumentellen Interesses (...)" (Kübler 2005, S.9). Sämtliche damit zusammenhängende Gesellschaftslabels eignen sich laut Hans-Dieter Kübler folglich „vorzüglich für die ‚schöne neue Welt', verheißen Positives und Harmonie, Chancen und Wohlfahrt gleichermaßen tendenziell für alle (...)" (ebd.) und sind deshalb geradezu für jedwede ideologische Vereinnahmung und Umdeutung prädestiniert (vgl. ebd., S.8).

Ausgehend von ähnlichen Überlegungen bezeichnete Theodore Roszak in seinem bereits Mitte der 1980er Jahre verfassten *The Cult of Information* entsprechende soziologische Ansätze seiner Zeit als perfekte Ausgangspunkte für ein technokratisches politisches Programm, das sich darum bemüht, so wenig wie möglich von den eigenen Absichten zu enthüllen (vgl. Roszak 1986, S.19). Analog dazu schreibt Nicholas Garnham (vgl. 2004, S.165) hinsichtlich solcher Gesellschaftstheorien (und hier nicht zuletzt auf die Konzeption von Manuel Castells bezogen), dass diese der Politik als Mantras (= ständig wiederholte magische Formeln) dienen, die sie in die Lage versetzen, jede ihrer Handlungen zu rechtfertigen.

### *4.1.3 Probleme der Interpretation statistischer Daten*

Im Zusammenhang mit oben aufgearbeiteten Begriffsdiskursen beklagt Frank Webster, dass Verfasser/innen von Theorien der Informations- bzw. Wissensgesellschaft zwar ausführlich einzelne Charakteristiken der von ihnen analysierten sozialen Formationen beschreiben, in ihren Ausführungen jedoch höchst vage werden, sobald es darum geht, Kriterien anzugeben, die eine Operationalisierung bzw. Messbarkeit ihrer Feststellungen ermöglichen könnten (vgl. Webster 2006, S.8; siehe auch Kübler 2005, S.17, S.89, S.118). In Bezug auf Manuel Castells – dessen Konzeption wie besprochen im Vergleich zu allen anderen als die höchstentwickelte gilt – geht diese Kritik so weit, dass sein Ansatz mancherorts als einer angesehen wird, die „letztendlich keinen analytischen, sondern nur einen formalen Bezugsrahmen [skizziert], dessen Elemente lose zusammenhängen und der im

## 4. Kritik und „Apologie" dargestellter Theorien

Grunde einem locker gestrickten Netz von Begriffen gleichkommt" (Steinbicker 2001, S.102; siehe auch Schaal 2006, S.246f). Nicholas Garnham (vgl. 2004, S.176, S.179) wirft Castells in Anbetracht seiner Aussagen bzgl. des „Geistes des Informationalismus", des „gesichtslosen Kapitalisten", der „zeitlosen Zeit" etc. sogar die Flucht in einen (postmodernen) Mystizismus an den Stellen seiner Arbeit vor, an denen es eigentlich notwendig wäre, konkrete Richtlinien zur Einordnung und Bestimmung der komplexen Phänomene sowie Prozesse unseres Zeitalters zu präsentieren.

Solche Vorwürfe erscheinen auf den ersten Blick höchst befremdlich. Schließlich zeichnen sich fast alle hier dargestellten Gedankenkonstrukte gerade dadurch aus, dass sie auf der Auswertung einer gewaltigen Menge statistisch erhobener Daten und Fakten basieren. Das gilt bereits für die Anfänge entsprechender Konzeptionen – für Druckers und Bells Werke und die ihnen zugrunde liegenden Untersuchungen von Machlup –, sowie auch für mehrere Hauptpublikationen im Umfeld des Post-Fordismus (allen voran Piore und Sabels *The Second Industrial Divide* sowie Reichs *The Work of Nations*). Erst recht trifft das auf die über 1500-seitige Trilogie von Manuel Castells zu, die über weite Strecken aus einer Darstellung und Analyse einer unüberschaubaren Fülle von weltweit gesammeltem Informationen besteht. Gerade dieser Umstand verleiht fast allen hier besprochenen Theorien sowie den damit verknüpften Begriffen einen Anstrich von Objektivität und Unfehlbarkeit.[81]

Bei näherer Betrachtung werden jedoch die zahlreichen „Kratzer" an diesem Image schnell erkennbar. Denn der Versuch einer Verifizierung der hinter den meisten hier behandelten Konzeptionen stehenden zentralen Behauptung – der eines außerordentlichen Beschäftigungs- und Wertschöpfungszuwachses in wirtschaftlichen Bereichen, die unmittelbar mit Information und Wissen zusammenhängen (sollen) – gestaltet sich sehr schwierig, wenn ein solches Unterfangen nicht sogar als eine „mission impossible" bezeichnet werden muss. Das liegt v.a. daran, dass weder für die Erhebung noch für die Auswertung mit entsprechenden Fragestellungen zusammenhängender Daten allgemein anerkannte Richtlinien existieren. Die von unterschiedlichsten Institutionen (Wirtschaftsverbände, nationale und internationale Regierungsorganisationen, auf Ökonomieforschung spezialisierte Privatinstitute etc.) mit höchst uneinheitlichen Methoden gesammelten und zusammengefassten Informationen eröffnen enorme Spielräume für persönliche Interpretationen und Bewertungen. Vorher zu Wort gekommene Expert/innen auf dem Gebiet der Informations- und Wissensgesellschaft sehen sich vor diesem Hintergrund gezwungen, selbst Kategorien zu definieren, nach denen sie in die ihnen vorliegenden Daten ein Mindestmaß an Ordnung, Standardisierung und damit Operationalisierung hinein zu bringen versuchen.[82] Das öffnet laut Frank Webster (vgl. 2006, S.12ff) dem Eindringen subjektiver Beurteilungen in die Aus-

---

[81] Eine Ausnahme bilden jene rund um die Ankunft der Postmoderne, die weniger auf politökonomischen (und damit – wenigstens teilweise – mit Daten belegbaren) sondern überwiegend auf kulturphilosophischen Überlegungen basieren.

[82] Z.B. schreibt Manuel Castells zu seinem entsprechenden für die Aufarbeitung des Themas „Transformation von Arbeit und Beschäftigung" (Castells 2001, S.229ff) eingesetzten Verfahren, er hätte für die G7-Länder „grundlegende Statistiken zusammengestellt und einigermaßen [!] vergleichbar gemacht." So könne er „die Entwicklung ihrer Beschäftigungs- und Berufsstruktur über die letzten 70 Jahre mit akzeptablen Annäherungswerten [!] verfolgen" (Castells 2001, S.235). Dabei gesteht Castells selbst „erhebliche methodische Schwierigkeiten" bei der Festlegung diesbezüglicher Gleichwertigkeiten ein – es würde sich z.T. lediglich um grobe Äquivalenzen handeln (vgl. ebd. S.236). Wenn es bereits bei Statistiken aus den G7-Staaten (die ein halbwegs ähnliches Wirtschaftssystem aufweisen) so schwierig ist, Vergleichbarkeiten herzustellen, muss man sich fragen, wie aussagekräftig diesbezügliche OECD- oder gar weltweite Analysen sein können.

wertungen und damit letztendlich der Willkür Tür und Tor. Hans-Dieter Kübler (2005, S.45f) spricht sogar im Zusammenhang mit – seiner Meinung nach reichlich überhöhten – Angaben bzgl. der Zuwächse innerhalb der Informations- und Wissensökonomie von „theoretische[r] Selbstsuggestion" infolge der Fokussierung auf bestimmte Entwicklungen bei gleichzeitiger Vernachlässigung anderer bedeutender Faktoren und Konstellationen.

Bereits die Zuordnung bestimmter Wirtschaftsbereiche und Berufe zum Dienstleistungssektor ist höchst umstritten. Wie besprochen (siehe Abschnitt 2.1.2.) leitet Daniel Bell sein allen Folgekonzeptionen zugrundeliegendes Postulat der Ankunft einer post-industriellen Gesellschaft von statistischen Wirtschaftsdaten ab, die seiner Meinung nach einen spektakulären Beschäftigungs- und Wertschöpfungszuwachs auf dem Gebiet der Dienstleistungen belegen. Dagegen räumt sogar Manuel Castells ein, dass bei solchen Analysen (damals wie heute) unter der Bezeichnung „Dienstleistungen" höchst disparate Tätigkeiten zusammengefasst werden, „die historisch aus unterschiedlichen sozialen Strukturen und Produktionssystemen stammen" (Castells 2001, S.234) und deren einzige Gemeinsamkeit darin besteht, dass sie „etwas anderes sind als Landwirtschaft, Rohstoffgewinnung, Versorgungsbetriebe, Baugewerbe und verarbeitende Industrie" (ebd., S.94). Castells Meinung nach stellt die Kategorie Dienstleistungen damit lediglich „eine negative, eine Rest-Größe" dar, die „zu analytischer Verwirrung" führt (ebd.). Bei Versuchen die Produktivität in diesem Sektor zu messen, wären deswegen „endlose Paradoxien und Fälle ökonomischen Unsinns" zu beobachten (ebd. siehe auch ebd., S.234ff).

Hinzu kommt, dass es in einer im höchsten Maße vernetzten Wirtschaft, in der unterschiedlichste Bereiche und Tätigkeiten untrennbar zusammenhängen und intensive gegenseitige Wechselwirkungen aufweisen, es oft gar nicht möglich ist, klare Grenzen zwischen den hier behandelten Sektoren zu ziehen (vgl. S.234). Bereits Daniel Bell hob in seinem Hauptwerk *The Coming of Post-Industrial Society* hervor, dass ein großer Teil der Güterproduktion auf Dienstleistungen basiert (vgl. Bell 1976, S.134ff). Während er jedoch damit seine besprochenen Gesellschaftsvisionen begründet, werten andere Beobachter/innen gerade diese Tatsache als Gegenargument zu seinen Thesen. Denn es stellt sich die Frage, welchen Sinn es macht, etwas „kategorisch" voneinander zu trennen, was untrennbar miteinander verknüpft ist (vgl. Steinbicker 2001, S.71). Manuel Castells spinnt entsprechende Gedanken (vgl. Castells 2001, S.233ff) noch weiter und konstatiert, dass auf Grund der (nicht zuletzt durch den Einzug von Informationstechnologien in die Berufswelt bedingten) Mannigfaltigkeit von Tätigkeiten und der vielfältigen Verknüpfungen zwischen ihnen heutzutage „Beschäftigungskategorien" überhaupt obsolet werden könnten (vgl. ebd., S.245; siehe auch S.258).

Und schließlich wird bei all dem Ausrufen einer in Dienstleistungen verankerten Gesellschaftsform zumeist völlig übersehen, dass sich der Rückgang der Beschäftigung in der Industrie zugunsten anderer Sektoren auf einige wenige ökonomisch besonders florierende Regionen der Welt reduziert. Im Gegensatz zur Landwirtschaft, in der (wiederum in den reichen Ländern) tatsächlich im Vergleich zu früheren Zeiten eine bedeutend geringere Aufwendung menschlicher Arbeitskraft notwendig ist, um die gleiche bzw. größere Menge an Lebensmitteln zu erzeugen, hat sich bei der industriellen Produktion der Einsatz manueller Arbeit nicht lediglich verringert, sondern auch in andere Staaten ver- bzw. ausgelagert. Manuel Castells (2001, S.233) behauptet ausgehend vom ihm zur Verfügung stehenden Datenmaterial sogar, dass im letzten Drittel des 20. Jahrhunderts insgesamt der Zuwachs von Arbeitsplätzen in der Güterproduktion in „sich industrialisierenden Ländern" diesbezügliche Verluste in wirtschaftlich hoch entwickelten Ländern erheblich überwog.

Wenn es bereits in Bezug auf Dienstleistungen so kompliziert ist, diese unter Zuhilfenahme statistischer Daten von anderen Bereichen zu separieren und von entsprechenden (angeblich) erheblichen Zuwächsen ausgehend eine neue Gesellschaftsform zu begründen, so stellt sich das gleiche Unterfangen in Hinblick auf mit Information und Wissen zusammenhängende Sparten als ungleich mühevoller dar. Abgesehen von (bzw. gerade auf Grund) der oben behandelten Problematik der Definition solcher Begriffe wird dieser Sektor in amtlichen Statistiken nicht einfach unzureichend, verwirrend oder verzerrt dargestellt, sondern oft überhaupt nicht ausgewiesen. Z.B. ist er Hans-Dieter Kübler (2005, S.44f) zufolge in Deutschland laut offiziellen Erhebungen gar nicht existent. Kübler begründet diese Tatsache damit, dass seine Abgrenzung von den anderen noch schwieriger vorzunehmen ist und bei entsprechenden Bemühungen noch willkürlicher ausfällt, als jene hinsichtlich Dienstleistungen (ebd.).

Eines der ersten diesbezüglichen Versuche stellt die groß angelegte Studie *The Information Economy. Definition and Measurements* dar, die Marc Porat 1977 im Auftrag der Regierung der Vereinigten Staaten anfertigte und deren Kategorisierungen z.T. bis heute bei ähnlichen Untersuchungen angewendet werden. Hier interpretiert Porat die ihm zur Verfügung stehenden Daten aus dem Jahre 1967 (also noch aus der Zeit vor der eigentlichen „IKT-Revolution") in der Art und Weise, dass bereits zu diesem Zeitpunkt 46% des US-Bruttosozialprodukts dem „Informationssektor" zuzuschlagen wären, woraus er (in Kombination mit entsprechenden Zukunftsprognosen) ableitet, dass die USA in den 1970er Jahren einen Wechsel zu einer informationsbasierten Wirtschaft vollzogen hätte (vgl. Steinbicker 2001, S.16f). Obwohl angefangen mit Daniel Bell zahlreiche führende Soziolog/innen Porats Untersuchungsergebnisse zur Fundierung der eigenen Postulate der Ankunft einer Informations- bzw. Wissensgesellschaft heranziehen, sind seine Kategorisierungen und damit auch die Resultate seiner Analysen höchst umstritten (vgl. Webster 2006, S.13; Kübler 2005, S.61). Frank Webster veranschaulicht die diesbezügliche Kritik mit folgendem Beispiel: Ein nach Porats Schema dem Industriebereich zuzuordnender Bahnarbeiter, der Weichen und Signale setzt, muss eigentlich viel besser und verantwortungsvoller mit Informationen und Wissen umgehen können als z.B. einer, der Kopiergeräte repariert und auf Grund dieser (auf den ersten Blick stärker mit elektronischer Technologie zusammenhängender) Tätigkeit von Porat und seinen Nachfolger/innen dem Informationssektor zugerechnet wird (vgl. Webster 2006, S.15f). Die Unschärfe solcher und ähnlicher Kategorisierungen[83] reicht so weit, dass Autor/innen einer internationalen Vergleichsstudie aus dem Jahre 1987 die Bundesrepublik Deutschland bzgl. des Informationssektors auf die gleiche Entwicklungsstufe mit Trinidad stellten, weil sie die boomende Tourismusbranche dieses Inselstaates zur „information economy" zählten (vgl. Kübler 2005, S.61).

Außerdem kann man von (wie gerade gesehen ohnehin kaum aussagekräftigen) Angaben zur Anzahl von „Informations-" bzw. „Wissensarbeiter/innen" innerhalb einer Gesellschaft kaum etwas Gehaltvolles hinsichtlich sozialer Hierarchien sowie damit zusammenhängender Unterschiede in Bezug auf Macht und Ansehen zwischen verschiedenen Berufsgruppen ableiten (vgl. Webster 2006, S.16). Das heißt, dass es auch keinesfalls möglich ist,

---

[83] Hier ist v.a. Fritz Machlups *The Production and Distribution of Knowledge in the United States* aus dem Jahre 1963 zu erwähnen – Ausführliche Kritik der darin aufgestellten Kategorien siehe Schaal 2006, S.40ff.

die These Daniel Bells mit statistischen Daten zu untermauern, unsere Welt wäre von Wissenseliten beherrscht und würde sich um universitäre Zentren herum anordnen (vgl. Steinbicker 2001, S.71f; Schaal 2006, S.248). Manuel Castells (vgl. 2001, S.314) räumt sogar ein, dass die Auswertungsergebnisse auf die USA bezogener Studien nicht einmal mit Sicherheit zu behaupten erlauben, dass besser ausgebildete und damit höher qualifizierte Personen (die ja allgemein mit „Informations-" bzw. „Wissensarbeiter/innen" gleichgesetzt werden) höhere Löhne erhalten würden als jene, deren Berufe weniger (theoretische) Kenntnisse voraussetzen. Damit scheint selbst eine der auf den ersten Blick besonders logisch klingenden Basisgleichungen des Informationalismus – Wissen = Geld = Macht – auf wackligen Beinen zu stehen. (ausführlicher zu Letzterem siehe Abschnitt 7.1.3. und v.a. Unterkapitel 7.4.)

### *4.1.4  „Rätsel" der Produktivität und der Dotcom-Blase*

Wie bei der Darstellung der Grundideen von Manuel Castells bereits angegeben, bezeichnet er den Informationalismus bzw. informationellen Kapitalismus als eine „neue Wirtschaftsform" und begründet das nicht zuletzt damit, dass die Produktivität im neuen Zeitalter grundlegend von der Fähigkeit der ökonomischen Akteure abhängig ist, „auf effiziente Weise wissensbasierte Informationen hervorzubringen, zu verarbeiten und anzuwenden" (Castells 2001, S.83). Auch wenn Castells sich mit dem verschwommenen Ausdruck „effiziente Weise" eine Hintertür offen lässt, kann diese Aussage als ein „Eigentor" interpretiert werden.[84] Denn so verwirrend und widersprüchlich die gesamte hier besprochene Materie bei näherer Auseinandersetzung auch zu erscheinen vermag, eines ist vollkommen klar: Es wäre nur dann möglich von einer informationellen Ökonomie zu sprechen, wenn eindeutig belegt werden könnte, dass ein großer Teil der Wertschöpfung in Bereichen erwirtschaftet wird, die unmittelbar mit Information und Wissen zu tun haben oder wenn zumindest entsprechende bedeutende Produktivitätszunahmen unanfechtbar festzumachen wären. Solange dies nicht gelingt, wären alle – auch noch so spektakulären – Fortschritte im IKT-Bereich aus sozioökonomischer Sicht vollkommen belanglos. Oder wie es Castells selbst formuliert: „Ohne starke Aufwärtsbewegung der Produktivitätszunahme könnten wir immer noch behaupten, es gäbe eine technologische Revolution, aber nicht notwendig eine neue Wirtschaftsform" (Castells 2005a, S.108).

Allerdings waren bisher sämtliche Bestrebungen, eine solche Produktivitätssteigerung mit Hilfe von Statistiken zu beweisen, zum Scheitern verurteilt. Im Gegenteil kann man laut Manuel Castells ausgehend von entsprechenden Daten *„einen Abwärtstrend in der Produktivitätszunahme beobachten, der ungefähr zur selben Zeit Anfang der 1970er Jahre einsetzte, als die informationstechnologische Revolution Form anzunehmen begann"* (Castells 2001, S.90, Hervorhebung im Original). Diese Verringerung der Wachstumsraten dauerte trotz bedeutender Intensivierung des Technologie-Einsatzes und einer ständigen Beschleunigung des technologischen Fortschritts bis Anfang der 1990er Jahre. Und sogar nach 1993 – also „mitten in einer der schnellsten und umfassendsten technologischen Revo-

---

[84] Aus diesem Grund wird im vorliegenden Abschnitt die Kritik ausschließlich unter Zuhilfenahme von Castells eigenen Aussagen argumentiert.

## 4. Kritik und „Apologie" dargestellter Theorien

lutionen der Geschichte" – war lediglich eine „verschwindende[] Produktivitätssteigerung" festzustellen (ebd., S.91).[85]

Dass Castells (und mit ihm zahlreiche andere Beobachter/innen) in diesem Kontext von einem „Produktivitätsparadox" (Castells 2005, S.109) bzw. vom „Rätsel der Produktivität" (Castells 2001, S.84) sprechen, stellt einen klaren Fall von Euphemismus dar. Denn mit solchen Formulierungen wird suggeriert, in Wirklichkeit würde eine essentielle Produktivitätszunahme im Zusammenhang mit Fortschritten im Bereich der Informations- und Kommunikationstechnologien entweder (unerkannter Weise) bereits stattfinden oder, dass ein entsprechender Boom unmittelbar bevorstehe. Das muss ja so sein, weil ansonsten das ganze politökonomische Konstrukt der Informations- und Wissensgesellschaft wie ein Kartenhaus in sich zusammenbrechen würde. Deswegen bietet Manuel Castells sofort im Anschluss an die Darstellung gerade erwähnter Fakten mehrere Ansätze zur Klärung dieses „paradoxalen Rätsels" an. So weist er darauf hin, dass bei der Einführung bedeutender neuer Technologien bisher immer einige Jahrzehnte vergangen seien, bis sie sich tatsächlich in ökonomischer Produktivität niedergeschlagen hätten und dass die meisten Menschen heute im Dienstleistungsbereich beschäftigt wären, in dem es grundsätzlich sehr schwer ist, solche Entwicklungen statistisch festzumachen (vgl. Castells 2001, S.91ff; Castells 2005a, S.109). Bereits diese Argumente sind leicht anzufechten: In Bezug auf Technologien lässt sich z.B. einwenden, dass sich in unserer schnelllebigeren Zeit ebenfalls wirtschaftliche Auswirkungen neuer Entwicklungen schneller nachweisen lassen müssten und es andererseits historisch gesehen auch genügend „revolutionäre" Technologien gab, die niemals zu Produktivitätssteigerungen beitrugen. Was Dienstleistungen betrifft, stehen (wie im vorangehenden Abschnitt anhand von Castells eigenen Angaben aufgezeigt) ohnehin sämtliche Beweisführungen auf einem brüchigen Fundament.

Die offensichtlichsten Schwächen weist jedoch Castells diesbezügliches Hauptargument auf, welches auf seiner Behauptung basiert, es wäre mit Hilfe fast aller zurzeit eingesetzten statistischen Erhebungs- und Berechnungsmethoden sowieso vollkommen unmöglich, die Entwicklungen der Produktivität im Zusammenhang mit IKT adäquat darzustellen. Im ersten Band seiner Trilogie hebt Castells besonders hervor, welch „wirklich beachtliche Quellen für Messfehler" diese Methoden aufweisen, sowie zu welch gravierenden „Verzerrungen" der wirtschaftlichen Tatsachen sie führen (Castells 2001, S.95). Danach stellt er einige Teiltendenzen dar, die er als Hinweise darauf deutet, dass die Antwort auf die Frage nach Produktivitätssteigerungen im Zusammenhang mit IKT-Fortschritten bedeutend positiver ausfallen könnte, falls man die entsprechenden Daten anders sammeln und auswerten würde (vgl. ebd., S.96ff; Castells 2005a, S.109ff; siehe auch Castells 2003, S.405). Eine ausführliche kritische Diskussion der diesbezüglichen Darlegungen Castells kann hier nicht geführt werden. Jedoch ist auch ohne eine solche Aufarbeitung erkennbar, welch ein waghalsiges Unterfangen es darstellt, eine gesamte politökonomische Sozialtheorie auf einer Kette von Konjunktiven aufzubauen, auf der – wie Jochen Steinbicker (2001, S.105) es bezeichnet – „voraussetzungsreichen Annahme", dass man einen (bisher genauso verzweifelt wie ergebnislos gesuchten) Beweis für das Aufkommen einer informations- und wissensbasierten Wirtschaft entdecken könnte, falls man die dafür relevanten Fakten anders erheben und auswerten würde. Es wäre sogar möglich, so weit zu gehen, in diesem Punkt

---

[85] Andere Analytiker/innen streiten sogar das ab. So schreibt der Finanzjournalist Lucas Zeise (2009, S.110) zu diesem Thema: „Das (...) hymnisch besungene Produktivitätswunder der USA vor allen in der zweiten Hälfte der 1990er Jahre hat viel mit einem Wunder der statistischen Darstellung zu tun".

Manuel Castells und den zahlreichen Analytiker/innen, die ähnlich verfahren, eine aus der wissenschaftlichen Perspektive höchst bedenkliche, wenn nicht unlautere Arbeitsweise zu unterstellen: Schließlich fundieren sie ihre Theorien auf statistischen Wirtschaftsdaten, von denen die meisten ihre Hauptthesen klar widerlegen, weswegen sie diese Daten kurzerhand für falsch erklären.

Das tatsächliche Problem in diesem Kontext besteht darin, dass es sich dabei keineswegs um einen für die Praxis irrelevanten und damit harmlosen theoretischen Diskurs handelt. Im Gegenteil – gerade die zuletzt besprochenen Behauptungen von Wissenschaftler/innen aus dem Bereich der Politökonomie haben besonders massive und „handfeste" Konsequenzen für die gesamte Weltwirtschaft.

In seinem nach dem Platzen der Dotcom-Blase[86] im Jahre 2001 im Original erschienenen Buch *Die Internet-Galaxie* bemüht sich Castells (hier nach 2005a, S.115ff), Erklärungen für diesen – der Untermauerung seiner Positionen wenig zuträglichen – Crash zu präsentieren. Dabei macht er eine bemerkenswerte Kehrtwende im Vergleich zu seinen Argumentationen in der Trilogie: Die „Haupttriebkraft in der neuen Wirtschaftsform" wäre weder – wie er dort (vgl. v.a. Castells 2001, S.83) postulierte – die Informationstechnologie, noch die Vernetzung und auch nicht die Globalisierung, sondern „der Finanzmarkt" (Castells 2005a, S.122). Die Finanzierung stellt den „Eckpfeiler" der Existenz der ‚New Economy', „die Quelle von allem" dar (ebd., S.117). Denn auch die innovativsten und besten Geschäftsideen könnten sich niemals entfalten, wenn niemand bereit wäre, das Risiko auf sich zu nehmen, in sie zu investieren – und das v.a. in Form des Kaufs der Aktien entsprechender Unternehmen. Wie Castells jedoch bereits in der Trilogie feststellte, ist der Finanzmarkt nichts anderes als ein „globales Spielkasino". Die von Castells aufgeworfene „Schlüsselfrage", warum die Aktienwerte von Dotcom-Unternehmen in den letzten Jahren des vorigen Jahrtausends solch schwindelerregende Höhen erreichten, lässt sich also leicht beantworten: „Die Investoren wetteten [!] tatsächlich auf die technologische Revolution" (ebd.). Die Tatsache, dass sie eventuell auf das Falsche setzten, mit Sicherheit aber eindeutig zu hoch pokerten, führte nach der Jahrtausendwende innerhalb weniger Monate alleine in den Vereinigten Staaten zu einer Vernichtung von 4,6 Billionen US$ in Aktienwerten, was ca. 50% des US-Bruttoinlandsprodukts entsprach (vgl. ebd., S.118; ausführlich siehe Abschnitt 7.1.2.).

Nichtsdestotrotz besteht Manuel Castells darauf, dass diese Wette „nicht unsinnig" und „keine Spekulation" war (S.117, vgl. auch S.99f). Warum sie dennoch verloren ging, erklärt er mit einer Reihe von Gründen, von denen kein einziger in die Richtung deutet, dass sich die Proponent/innen der IKT-Revolution – u.a. mit ihm selbst an ihrer Spitze – eventuell (zumindest ein wenig) geirrt haben könnten. Ganz im Gegenteil macht er als Hauptschuldige „einige prominente Wirtschaftswissenschaftler" aus, die nie daran geglaubt hatten, dass so etwas wie eine neue Wirtschaftsform existiere und die Bedeutung der Informationstechnologien für die Produktivitätszunahme abstritten (S.120). Auf einem „auf der Grundlage von Erwartungen" operierenden Finanzmarkt, wäre Castells zufolge die Wahrnehmung der Anleger/innen nicht zuletzt durch die Bewertungen und Meinungen der „akademischen Wirtschaftswissenschaft beeinflusst" (ebd.). Die angesprochenen Theoreti-

---

[86] Castells selbst grenzt sich von der von ihm so bezeichneten „Blasen-Metapher" ab. Sie wäre seiner Meinung nach irreführend, weil sie sich auf eine überholte Vorstellung vom Marktgleichgewicht bezieht (vgl. Castells 2005a, S.118, siehe auch ebd., S.99).

ker/innen wären insofern für den Zusammenbruch der Dotcom-Ökonomie (mit-) verantwortlich, als sie so lange „auf der Unausweichlichkeit des Platzens der Blase herumritten, bis sie viele Jahre nach ihren früheren Voraussagen befriedigt das Eintreten ihrer *selffulfilling prophecy* registrierten" (S.121, Hervorhebung im Original).

Was Castells beim Erheben dieser Anschuldigungen seltsamerweise nicht bemerkt, ist, wie einfach sie – im Sinne eines weiteren „Eigentors" – gegen ihn selbst gewendet werden können. Denn wenn es stimmt, dass Wissenschaftler/innen durch ihre Prognosen die Entwicklungen des Finanzmarktes in der Art von selbsterfüllenden Prophezeiungen beeinflussen können, muss das sowohl für negative als auch für positive Voraussagen gelten. Das hieße, dass Castells, als einer der weltweit führenden Politökonomen und Mediensoziologen, der jahrelang öffentlichkeitswirksam die wirtschaftlichen Potenziale der informationstechnologischen Revolution anpries, damit persönlich die enorme – von ihm selbst zugegebene (vgl. z.B. ebd., S.118f; Castells 2001, S.162) – Überbewertung der Dotcom-Aktien mitverursachte. Millionen von Anleger/innen, die im Zuge des Crashs ihre Ersparnisse verloren, können sich folglich direkt bei ihm bedanken.

## 4.2 „Apologie"

Die Zusammenfassung der hier vorgestellten Kritik an den Theorien der Informations- und Wissensgesellschaft hinterlässt einen ernüchternden, wenn nicht sogar peinlichen Eindruck von ihnen. Ihre sozialgeschichtliche Ableitung ist historisch unhaltbar, ihre Hauptbegriffe diffus und inhaltsleer, ihre methodischen Zugänge willkürlich. Sogar das Grundargument, auf dem die meisten von ihnen basieren – die These des Aufkommens einer neuen informationstechnologisch getriebenen Wirtschaftsform – wendet sich gegen sie. Da fragt man sich unweigerlich, wie es sein kann, dass irgendwer – abgesehen von ein paar science-fiction begeisterten Journalist/innen aus der Regenbogenpresse – derartige Ideenkonglomerate jemals ernst genommen hat. Und erst recht, wie es passieren konnte, dass entsprechende Postulate in politische Positions- und Arbeitspapiere bis hin auf die Ebene der EU und UNO Eingang gefunden haben. Jedoch sind solche Konzeptionen an dieser Stelle auch bis zu einem gewissen Grad in Schutz zu nehmen. Denn erstens ist gerade die Politik keineswegs an ihrem Aufschwung unbeteiligt, sondern hat ihre Entfaltung im Gegenteil massiv gefördert wenn nicht sogar z.T. erst überhaupt initiiert und zweitens sind einige der hier dargestellten Entgegnungen selbst mit Vorsicht zu genießen, da ihre Autor/innen mit ihrer Hilfe eigene nicht weniger bedenkliche Zukunftsvisionen „durch die Hintertür" zu transportieren versuchen. Am wichtigsten aus der Perspektive der Gegenkritik ist jedoch die Frage, ob und welche Alternativen die Persönlichkeiten bieten können, die so viel an diesen Ansätzen zu beanstanden haben.

Natürlich geht es dabei nicht um die Forderung, entweder bestehende Zugänge zu akzeptieren, oder vollkommen neue zu präsentieren, die auch noch absolut fehlerfrei zu sein hätten. Denn die Idee eines „perfekten Systems" ist (wie in Abschnitt 5.4.3. detaillierter ausgeführt wird) per se irreführend, da sämtliche Organisationsformen – v.a. wenn sie soziale Interaktionen betreffen – fortwährenden Anpassungs- und Veränderungsprozessen unterworfen sind. Daraus resultiert jedoch ebenfalls, dass bei der kritischen Behandlung von Gesellschaftskonzeptionen vermieden werden sollte, in eine der größten Fallen des Informationalismus zu tappen: In Folge jeder neuen „Wende" alles bisher Gedachte als nicht mehr zeitgemäß zu betrachten, über Bord zu werfen und damit die Probleme zu „verschieben", anstatt zu ihrer Lösung beizutragen. Auch die Theorien der Informations- und Wissensgesellschaft könnten – bei all ihren offensichtlichen Schwächen und ebenso trotz des Niedergangs des Informationalismus – einige Ansätze bieten, die es wert wären, weitergedacht und v.a. weiterentwickelt zu werden.

### *4.2.1 Direkte Wechselwirkungen mit der Politik*

Die vorhin erhobene Frage, wie es passieren konnte, dass die Postulate hier kritisierter Konzeptionen der Informations- und Wissensgesellschaft in zentrale politische Positions- und Arbeitspapiere Eingang gefunden haben, war insofern rein rhetorisch und damit bewusst irreführend, als das Verhältnis zwischen der Sozialtheorie und der Politik von einem höchst komplexen Geflecht von gegenseitigen Interdependenzen und weiteren Einflussfaktoren geprägt ist. Der Bemühung um die kritische Analyse solcher eher indirekter Zusammenhänge ist das nächste Kapitel gewidmet. An dieser Stelle sollen lediglich kurz die wenigen direkteren Wechselwirkungen angesprochen werden, die sich jedoch auch nicht auf einfache Kausalbeziehungen reduzieren lassen.

Die Tatsache, dass die Beeinflussung der Politik durch die Sozialtheorie in Hinblick auf das hier behandelte Thema keinesfalls eine „Einbahnstraße" darstellt, wird gerade an der Betrachtung der Genese diesbezüglicher politischer Positions-und Arbeitspapiere deutlich. Denn erstens ist bereits der Begriff „Informationsgesellschaft", wie erwähnt, mitnichten eine Wortschöpfung Daniel Bells aus den 1980er Jahren, sondern ein Leitgedanke, der sich innerhalb der japanischen (Wirtschafts-) Politik schon in den 1960er Jahren formierte, als es ihr darum ging, das eigene Land technologisch auf Überholkurs zu bringen. Der entsprechende 1971 (also zwei Jahre vor Bells *The Coming of Post-Industrial Society*) veröffentlichte *The plan for Information Society: A National Goal Towards the Year 2000* bildete den Anstoß für die Erstellung zahlreicher Regierungsdokumente zu IKT rund um den Globus (vgl. Mattelart 2003, S.91ff). Ihre Autor/innen verließen sich dabei nicht immer auf die Übernahme einzelner Schlagworte aus sozialtheoretischen Schriften, sondern baten auch manchmal führende Wissenschaftler/innen um ihre Expertisen, wobei die Aussagen dieser Analytiker/innen bisweilen tatsächlich in die Formulierung solcher Papiere einflossen. Nicht weniger wichtig ist jedoch, dass die Ausarbeitung der Gutachten das Denken der Verfasser/innen und der ihren Postulaten folgenden Forscher/innen massiv prägte.

Das auffälligste diesbezügliche Beispiel – v.a. in Hinblick auf seine enorme Wirkung für das gesamte soziologische und philosophische Denken am Ausgang des 20. Jahrhunderts – bildet Lyotards *La condition postmoderne* aus dem Jahre 1979, das nach seinen Angaben eine „Gelegenheitsarbeit" für die Regierung von Québec darstellte (siehe Lyotard 1986, S.17). Ebenso wurde Marc Porats voluminöse Studie *The Information Economy. Definition and Measurements* aus dem Jahre 1977, auf die sich von Bell angefangen fast alle Autor/innen hier behandelter Theorien direkt oder indirekt beziehen, im Auftrag einer Staatsführung verfasst – diesmal jener der Vereinigten Staaten. Wie bereits angesprochen, ist Manuel Castells selbst einer der aus der Sicht verschiedenster Regierungen dieser Welt gefragtesten Experten in Bezug auf IKT und Gesellschaft. Jedoch ist es angesichts der (im folgenden Kapitel intensiv behandelten) konkreten politischen Entscheidungen höchst ungewiss, inwiefern es ihm mit Hilfe seiner Gutachten tatsächlich gelingt, Regierungslinien zu beeinflussen. Eines erreicht er aber auf jeden Fall: Über den Umweg des Aufgreifens der

## 4. Kritik und „Apologie" dargestellter Theorien

Ergebnisse dieser Arbeiten in seinen (populär-) wissenschaftlichen Schriften, entfalten sie eine enorme Wirkung auf den sozialtheoretischen Diskurs.

Die Frage nach der Beauftragung ist insofern von besonderem Gewicht, als gerade eine Grundlagenforschung wie die (Medien-) Soziologie, die überhaupt keine ökonomisch (sofort) „verwertbaren" Ergebnisse liefern kann und damit auch nicht in der Lage ist, s.g. „Drittmittel" von der Wirtschaft zu lukrieren, zur eigenen Existenzerhaltung sowie Weiterentwicklung im höchsten Maße auf öffentliche Gelder angewiesen ist, die von Staaten und internationalen Organisationen v.a. im Rahmen von Forschungsprojekten vergeben werden.[87] Daraus resultiert eine große Abhängigkeit der Wissenschaft von der Politik. So wird sich wohl kaum ein/e Wissenschaftler/in finden, der/die den Auftrag zur Verfassung einer Expertise zu einem Thema wie z.B. „eEurope" auf die Weise erfüllt, dass sie bzw. er feststellt, alle mit dem „e" zusammenhängenden Fragestellungen hätten keine besondere Relevanz für die Entwicklung dieses Kontinents. Erst recht würden diese Analytiker/innen keinesfalls behaupten, dass es so etwas wie eine Informations- bzw. Wissensgesellschaft gar nicht gibt. Ganz im Gegenteil: Wenn die Autor/innen diesbezüglicher Studien sich selbst sowie ihren gesamten Fachbereich nicht zur Bedeutungslosigkeit verdammen wollen, müssen ihre Forschungsergebnisse (wenigstens in der Kurzfassung eines Endberichts sowie in darauf basierenden Fachpublikationen) den Eindruck bestätigen, dass so ein soziales System nicht lediglich eine unhinterfragbare Realität darstellt, sondern auch, dass alle damit zusammenhängenden Fragestellungen von größter Relevanz für das Fortbestehen des jeweiligen Staates bzw. Staatenbundes, wenn nicht gleich der ganzen Menschheit sind. Da solche Feststellungen bereits seit mindestens 40 Jahren in zahlreichen entsprechenden Expertisen aufscheinen, ist ihnen zunehmend mehr Nachdruck zu verleihen. Dabei sind natürlich auch immer neue existenzielle Problemstellungen aufzuzeigen, die einer dringenden soziologischen Analyse bedürfen, was angesichts des Aufkommens immer neuer Medientechnologien nicht schwer fällt. Nur so ist gewährleistet, dass wieder neue Forschungsprogramme aufgelegt werden, damit das Spiel weitergehen kann.

Hier soll keinesfalls gerechtfertigt werden, wenn am Ende dieses sich selbst aufschaukelnden Kreislaufs solch renommierte Wissenschaftler/innen wie Manuel Castells mit dem Postulat aufwarten, die Informationsrevolution hätte „die Art und Weise transformiert, wie wir denken, produzieren, Handel treiben, verwalten, kommunizieren, leben, sterben, Krieg führen und uns lieben" (Castells 2003, S.1). Denn obwohl bzw. gerade weil der Umgang mit beschriebenen Abhängigkeitsverhältnissen zum „täglichen Brot" zahlreicher Forschungsbereiche gehört, ist jede/r Analytiker/in persönlich für einen maßvollen und v.a. realitätsgetreuen Umgang mit von ihr bzw. ihm behandelten Tatsachen verantwortlich. Die „Apologie" hier behandelter Theorien in Bezug auf staatlich angeforderte Expertisen zum Thema Informations- und Wissensgesellschaft besteht darin, dass die Auftraggeber (in diesem Fall die Politik) die Auftragnehmer (in diesem Fall die Wissenschaft) alleine schon

---

[87] Für die Erforschung Sozial-, Wirtschafts- und Geisteswissenschaftlicher Fragestellungen (wobei diese im Ausschreibungstext massiv an das Thema Informations- bzw. Wissensgesellschaft gebunden werden) sind im aktuellen EU-Rahmenprogramm „nur" 619 Millionen EUR vorgesehen, was den kleinsten Einzelposten des Programms darstellt. Auf der anderen Seite muss man bedenken, dass eine solche Forschung zum überwiegenden Teil auf „brainpower" basiert und keine kostspielige technische Infrastruktur benötigt. Angesichts dessen erscheinen die Ausgaben für die Weltraumforschung in Höhe von 1,4 Milliarden und für das Programm „Euratom" in Höhe von 2,75 Milliarden als gar nicht so viel höher (Angaben zu den Budgetposten siehe Europäische Kommission 2007c, S.4; S.13).

durch die Themenstellung und erst recht durch die Auswahl der Personen beeinflussen, die sie mit ihrer Verfassung beauftragen. Damit avancieren solche Gutachten gewissermaßen auch zu einem Spiegel der Meinungen der sie bestellenden Politiker/innen.[88]

### 4.2.2 Kritik der Kritiker

Wie angesprochen wäre es zwar der Objektivität zuträglich, jedoch keinesfalls bewältigbar, sämtliche kritische Positionen zu den Theorien der Informations- und Wissensgesellschaft auf die Frage hin zu untersuchen, welche Motivationen tatsächlich hinter ihnen stehen oder welche Ideologien sie zu transportieren bzw. zu verteidigen versuchen könnten. Das Veranschaulichen der Notwendigkeit, kritische Stellungnahmen zu diesen Zugängen auch dann mit Vorsicht zu genießen, wenn sie von herausragenden Wissenschaftler/innen und ebenso auf eine besonders scharfsinnige Art und Weise vorgebracht werden, soll deswegen hier nur an einem einzigen bezeichnenden Beispiel erfolgen:

Das Buch *Theories of the Information Society* des an der Universität von London lehrenden Soziologieprofessors Frank Webster (2006) stellt – neben jenen von Krishan Kumar und Alistair S. Duff – eine der profundesten und elaboriertesten Aufarbeitungen aller vorhin behandelten Konzeptionen dar. So ist Webster auch für Markus Kurt Schaal (2006, S.66) „einer der besten Kenner der Debatte um die Informationsgesellschaft". Gleichzeitig gehört er zu ihren schärfsten Kritikern, weswegen zahlreiche oben vorgebrachte Einwände von seinen Analysen abgeleitet sind, in denen er sprichwörtlich „kein gutes Haar" an ihnen lässt. Lediglich ein einziger Aspekt innerhalb all dieser Ansätze erweckt Websters Sympathie – Daniel Bells Postulat der steigenden Bedeutung des theoretischen Wissens. Seine Meinung, warum das „the most interesting and persuasive argument for our inhabiting an ‚information society' today" darstellt, begründet Webster damit, dass Bell mit diesem Zugang eine qualitative Kategorie einführt, mit „profound consequences for planning and control of social affairs, (…)" (Webster 2006, S.59). Wie erwähnt könnte man den Disput über einzelne Argumente endlos führen, weswegen das auch an dieser Stelle unterlassen wird. In Bezug auf den Stellenwert des theoretischen Wissens als Hauptbeweis für das Aufkommen der Informationsgesellschaft darf lediglich – in der Art von Websters Polemik – die Frage erlaubt sein, ob etwa für den Bau einer ägyptischen Pyramide nicht bereits eine Menge an theoretischem Wissen benötigt gewesen ist und falls ja, ob man dann das Land der Sonnengötter vor über 4000 Jahren nicht ebenso bereits als eine Informationsgesellschaft bezeichnen müsste. An diesem Exempel wird auch die Definitionsproblematik beim Ausspielen des theoretischen Wissens gegen das praktische deutlich. Wie gerade dargestellt, haben wir extrem wenig Ahnung vom Wissen an sich und erst recht davon, wie man bestimmte Wissensarten genau voneinander abgrenzen kann.

---

[88] Es gab durchaus Zeitabschnitte, in denen die Politik – v.a. in Europa – den gesellschaftlichen Prozessen im Zusammenhang mit dem informationstechnologischen Fortschritt mit großer Skepsis und Sorge begegnete, was sich auch in entsprechenden sozialtheoretischen Expertisen widerspiegelte. Z.B. gab die französische Regierung Ende der 1970er Jahre die Studie *L'informatisation de la Société* in Auftrag, in der die Politökonomen Simon Nora und Alain Minc eine noch nie da gewesene Welle von weltweiter Arbeitslosigkeit in Folge der „synergistischen Ehe" von Computer- und Telekommunikationstechnologien prophezeiten (vgl. Kumar 2005, S.49f; Mattelart 2003, S.93ff). In Deutschland wurden in den später 1970er und frühen 1980er Jahren von der Politik bestellte Gutachten veröffentlicht, die Titel trugen, wie *Gefahren der Informationstechnologischen Entwicklung* und *Informationsgesellschaft oder Überwachungsstaat* (Schaal 2006, S.10).

# 4. Kritik und „Apologie" dargestellter Theorien

Abseits von solchen Spitzfindigkeiten ist jedoch eine ganz andere mit dieser Aussage verbundene Positionierung Frank Websters von Interesse: Er schreibt nirgends, was er konkret mit den aus seiner Schwerpunktsetzung auf theoretisches Wissen resultierenden „weitreichenden Konsequenzen für die Planung sowie Kontrolle sozialer Anliegen" meint. Gerade deswegen ist davon auszugehen, dass er in Hinblick auf diesen Aspekt mit entsprechenden Aussagen von Daniel Bell einverstanden ist. Diese sind im Abschnitt 3.2.1. des vorliegenden Buches dargestellt worden: Es handelt sich dabei genau um jene „Beweiskette" mit deren Hilfe Bell von dem (seiner Meinung nach) erhöhten Stellenwert des theoretischen Wissens die steigende gesellschaftliche Bedeutung von Wissenschaftler/innen und schließlich den Führungsanspruch von Wissenseliten ableitet. Die Übereinstimmung mit Bell in diesem Punkt entlarvt Webster als einen Anhänger der Idee einer technokratisch-meritokratisch organisierten Gesellschaft. Vor diesem Hintergrund braucht es niemand zu wundern, wenn er mit allen anderen hier dargestellten, auf (oft auch radikal-) demokratischen Idealen basierenden Theorien, sehr hart ins Gericht geht.

## *4.2.3 Frage nach Alternativen*

Die damit implizierte Frage nach Alternativen schließt direkt an den dritten und aus der Perspektive der vorliegenden Arbeit wichtigsten Grund an, warum die hier dargestellten Ansätze trotz der – in zahlreichen Punkten mit Sicherheit absolut berechtigten – vernichtenden Kritik an ihnen, keinesfalls vollständig ad acta gelegt werden sollten. Eine zentrale Eigenschaft, die sie eint, besteht in der optimistischen Einstellung den gesellschaftlichen Prozessen im Zusammenhang mit dem Aufschwung der Informations- und Kommunikationstechnologien gegenüber, oder wenigstens im Bestreben, diesen Entwicklungen einige Aspekte abzugewinnen, von denen sich Zukunftschancen ableiten lassen. Auch Manuel Castells, der sich zu den meisten Charakteristika des Informationalismus negativ äußert[89], bemüht sich in Bezug auf jeden von ihm kritisierten Vorgang um das Aufzeigen darin enthaltener Potenziale für eine aktive und konstruktive soziale Gestaltung. Und sogar Jean-François Lyotard, dessen *La condition postmoderne* die düsterste aller hier dargestellten Sichtweisen auf die Informations- und Wissensgesellschaft repräsentiert, versucht am Schluss dieses Aufsatzes eine Perspektive zu entwickeln, die Hoffnung zu geben vermag, dass der technologische Fortschritt zur Durchsetzung demokratischer Prinzipien auf breiter Ebene sowie zur verstärkten Partizipation aller Individuen an seinen positiven Ausprägungen genutzt werden kann.

Optimismus alleine stellt selbstverständlich kein zentrales und erst recht kein ausschließliches Qualitätskriterium hinsichtlich der Bewertung sozialer Theorien im Zusammenhang mit technologischen Prozessen dar. Auf der anderen Seite ist bei deren Beurteilung auch zu beachten, welche Gegenvorschläge ihre weniger zuversichtlichen Opponent/innen zu bieten haben. Bei einer oberflächlichen[90] Analyse kristallisieren sich drei diesbezügliche Hauptlinien heraus:

---

[89] Manche der Analytiker/innen seines Werkes meinen darin sogar insgesamt eine „zutiefst pessimistische Zukunftsperspektive" (Schaal 2006, S.243) zu erkennen.

[90] Eine detaillierte Untersuchung würde den Rahmen der vorliegenden Arbeit sprengen jedoch – wie aus den folgenden Ausführungen deutlich hervorgehen wird – kaum einen bedeutenden zusätzlichen Erkenntniswert in Hinblick auf den hier bearbeiteten Untersuchungsgegenstand zu Tage fördern.

1. RESTAURATIV. *Grundidee*: Die technologische Entwicklung stellt eine Bedrohung für die Zivilisation dar. *Bekanntester Vertreter*: Neil Postman. *Zentrale Postulate*: Neue Technologien und in erster Linie die Unterhaltungsmedien unterwandern die Moral, lösen die Vernunft auf und zerstören die Kultur. Die Menschheit muss sich gegen solche Einflüsse schützen, indem sie sich auf ihre historisch gewachsenen Werte – und hier nicht zuletzt auf die Religion – besinnt. (vgl. z.B. Postman 1983 und 1992)
2. RESIGNATIV. *Grundidee*: Die Menschheit ist am Ende der Ideengeschichte angekommen. Substanzielle Veränderungen des herrschenden Systems sind nicht mehr möglich. *Hauptströmungen / bekannteste Vertreter*: Posthistoire / Arnold Gehlen und Systemtheorie / Niklas Luhmann. *Zentrale Postulate*: Die technologischen Weiterentwicklungen gaukeln uns einen allumfassenden Fortschritt vor und die Massenmedien erzeugen in ihrem kommerziellen Zwang, ständig Neuigkeiten zu präsentieren, den Eindruck stetiger Erneuerung. In Wirklichkeit sind nachhaltige gesellschaftliche Veränderungen gar nicht mehr möglich, da heute jede Abweichung in einem Bereich sofort „homöostatisch" in einem anderen ausgeglichen wird. Da jeder Versuch einer Systemmodifikation somit lediglich zu seiner Stabilisierung beiträgt, hat soziales Engagement in jeglicher Form an Sinn eingebüßt. (vgl. z.B. Gehlen 1963 und 1994 sowie Luhmann 1995 und 2001; zu den parallelen zwischen Gehlen und Luhmann siehe Gebhard et. al. 2006, S.276ff[91])
3. ELITÄR. *Grundidee*: Die medial verblendeten und gleichgeschalteten Massen sind zu keiner selbstständigen Entscheidungsfindung fähig und müssen erst von einer intellektuellen Elite dazu erzogen werden, das „Gute" bzw. das „Richtige" zu wollen. *Hauptströmung / Hauptvertreter*: ‚Kritische Theorie' / Theodor W. Adorno. *Zentrale Postulate*: Siehe Abschnitt 2.3.1. der vorliegenden Arbeit.

Alle drei Standpunkte gehören der „kulturkritischen" bzw. „kulturpessimistischen" Haltung an (wobei man im Falle von der Systemtheorie in der Art von Luhmann eher von einer „Kulturindifferenz" sprechen könnte), die von einer grundlegenden Skepsis jeglichen Fortschritts- bzw. Veränderungsbestrebungen gegenüber geprägt ist. Eine solche Einstellung kann bei Neil Postman, dessen Texten aus jeder Zeile seine Nostalgie nach den „guten alten Zeiten" durchscheint und der sich selbst als „liebevollen Widerstandkämpfer" bezeichnet (vgl. Postman 1992, S.194), noch als weitgehend harmlos betrachtet werden.[92] Die als resignativ apostrophierten Positionen sind dagegen bereits bedenklicher, weil sie einen uferlosen Opportunismus und damit die widerspruchslose Affirmation sämtlicher sozialer Gegebenheiten implizieren. Der dritte Ansatz ist jedoch – genauso wie der oben angesprochene technokratisch-meritokratische von Bell (inklusive Lane, Webster etc.) – besonders gefährlich. Der wichtigste Grund, warum sich alle anderen in diesem Buch behandelten Analytiker/innen explizit von solchen Zugängen abgrenzen, besteht darin, dass sie unweigerlich die Demokratie aushöhlen und über kurz oder lang in einer Diktatur münden. Denn wer bestimmt darüber, welche Personen über die speziellen Kenntnisse sowie Fähigkeiten verfügen, welche sie über alle Anderen erheben und ihnen das Recht geben, dem Rest der

---

[91] Die Autoren vergleichen in diesem Artikel unter anderem die Theorien von Gehlen sowie Luhmann und kommen zum Schluss: „Luhmanns Beschreibung funktional ausdifferenzierter Teilsysteme könnte man (...) als subtil entfaltete Theorie des Posthistoire fassen" (Gebhard et. al. 2006, S.278). Siehe auch Kritik an der Systemtheorie und an Luhmann von Lyotard (1986, S.44; 178ff; S.184).

[92] Postmans Konservativität beinhaltet keinen gesellschaftspolitischen Anspruch. Ihm geht es lediglich um den Schutz und Erhalt des „Kulturerbes" – und das v.a. mit Hilfe der Schulbildung (vgl. Postman 1992, S.198ff).

Menschheit den einen (im Endeffekt eigenen) „richtigen" Weg zu weisen? Es wäre absurd, das gerade von diesem „Rest" zu erwarten, der derartige Kompetenzen nicht besitzt und damit auch keineswegs in der Lage sein wird, sie bei anderen zu erkennen, geschweige denn zu schätzen. Folglich besteht die einzige Konsequenz eines solchen Denkens in der Machtergreifung angeblicher „Eliten", die tatsächlich durch nichts anderes legitimiert wären, als durch das Gefühl der Zugehörigkeit ihrer Seilschaft zu so einer Spezies.

Dagegen ist sämtlichen hier dargestellten Konzeptionen der Informations- und Wissensgesellschaft (mit Ausnahme jener von Daniel Bell, der in diesem Kontext ausgegliedert werden muss[93]) ihr unerschütterlicher Glaube an die Mündigkeit aller Menschen und an das demokratische Gesellschaftssystem gemeinsam – an die Kraft jedes einzelnen Individuums, sowohl sein eigenes Leben als auch seine soziale Umwelt kreativ und verantwortlich zu gestalten. Ihr auf dieser Überzeugung basierender Optimismus hinsichtlich soziotechnologischer Entwicklungen mag naiv sein, ihre Revolutionsrhetorik völlig überzogen und ihre Beweisführungen von einer großen Portion Selbstsuggestion geprägt. Nichtsdestotrotz sind gerade aus einer pädagogischen Perspektive solche auf eine aktive Zukunftsgestaltung unter Beteiligung aller Menschen ausgerichteten Konzeptionen sämtlichen restaurativen, resignativen und erst recht elitären Ansätzen vorzuziehen.

Die These der Mündigkeit aller Individuen kann auch als Entlastung der Analytiker/innen – und hier in erste Linie von Manuel Castells – ins Feld geführt werden, die im Zusammenhang mit den „Rätseln" der Produktivität und der Dotcom-Blase vom Autor der vorliegenden Arbeit selbst kritisierten wurden. Natürlich muss man auch bzw. vor allem von Wissenschaftler/innen verantwortungsvolles Arbeiten abverlangen. Die Verzerrung und „Umdeutung" von Daten ist aus fachlicher Perspektive absolut zu verurteilen. Auf der anderen Seite können Theoretiker/innen nicht (alleine bzw. hauptsächlich) dafür verantwortlich gemacht werden, wenn einzelne Menschen, Wirtschaftsinstitutionen, Regierungsorganisationen etc. aufgrund ihrer Empfehlungen Fehlentscheidungen treffen.[94] Denn ein zentrales Charakteristikum der Mündigkeit besteht darin, trotz allem Respekt vor renommierten Persönlichkeiten, ihren Meinungen keineswegs blind zu vertrauen und sich niemals von ihnen das Denken abnehmen zu lassen. Die einfache Erkenntnis, dass auch die herausragendsten Wissenschaftler/innen fehlbare Menschen sind, hat weitreichende Konsequenzen. Nicht zuletzt nimmt sie sämtlichen Bestrebungen der Ablösung des demokratischen durch ein meritokratisches Gesellschaftssystem argumentativ den Wind aus den Segeln.

---

[93] Im vorliegenden Zusammenhang wird die bereits angesprochene Tatsache besonders deutlich, dass Bell im Grunde mit allen weiteren hier dargestellten Analytiker/innen der Informations- und Wissensgesellschaft insofern wenig gemeinsam hat, als er ein (radikal-) konservativer Denker ist, während die anderen von einer liberalen und v.a. der sozialistischen Grundgesinnung aus argumentieren. Man könnte Bell sogar unterstellen, dass er sich der Rhetorik seiner weltanschaulichen Konkurrenz bedient, um die Bemühung zur Durchsetzung seiner tatsächlichen (vollkommen entgegengesetzten) Ideale zu verschleiern. So ist Bell auch der hier behandelten restaurativ-resignativ-elitären Linie viel näher, als der zukunftsgerichteten und partizipativen.

[94] Der Chefredakteur der Wirtschaftswoche Roland Tichy (2009, S.5) schreibt dazu in einem Artikel, in dem er sich mit den Ursachen der aktuellen Finanz- und Wirtschaftskrise auseinandersetzt: „Deuten nicht auch einige Finger auf uns selbst zurück? Wurde etwa jemand gezwungen, sein Geld in Island anzulegen oder bei Lehman Brothers zu investieren? Es hat Fehlberatung gegeben – aber die Infantilisierung oder Selbstentmündigung einer Gesellschaft, deren Mitglieder sich grundsätzlich als Opfer ohne Selbstverantwortung sehen, hat einen neuen Höhepunkt erreicht."

# 5 Informationalistische Politik

Aus den vorangehenden Darstellungen der Kritik sowie der Gegenkritik der Theorien der Informations- und Wissensgesellschaft ist deutlich geworden, dass ihre von praktischen Kontexten entkoppelte Bewertung wenig Erkenntnisgewinn verspricht. Eine soziale Konzeption ist in seltenen Fällen an sich gut oder schlecht.[95] Die Frage ist zumeist, was Menschen, die innerhalb der Gesellschaft Macht ausüben, und sich dabei – explizit oder implizit – auf solche Gedankenkonstrukte stützen, daraus machen. Denn es versteht sich von selbst, dass es im Zuge eines entsprechenden Handelns niemals zu einer buchstabengetreuen Realisierung theoretischer Postulate kommen kann. Bereits in den Fällen, in denen sich Regierungen um eine derartige Verwirklichung bemühten bzw. vorgaben, ein solches Bestreben zu haben (wie z.B. beim „Realsozialismus"), wurden die Ursprungskonzepte durch die Praxis oft bis zur Unkenntlichkeit verfremdet und verzerrt. Umso mehr gilt das für die hier behandelten Ansätze, die niemals in „Reinkultur" auf der politischen Agenda standen, sondern immer nur bruchstückhaft in Form einzelner Schlagworte, Aussagen und Argumentationslinien Einzug in Positionspapiere, Aktionspläne und Programme von Regierungen sowie staatsübergreifenden Steuerungsgruppen fanden.

Aus diesem Grund wird in Folge detailliert untersucht, wie sich der Informationalismus auf das Denken sowie v.a. auf das draus resultierende Agieren führender Politiker/innen in der Zeit auswirkte, als er weltweit die leitende Ideologie bildete – also im letzten Jahrzehnt des 20. Jahrhunderts und (mit Abstrichen) in den Anfangsjahren des neuen Jahrtausends. Ausgegangen wird dabei in erster Linie von Analysen zentraler Dokumente von Regierungsorganisationen sowie von Auswertungen publizierter Aussagen von Staatslenkern der ersten und zweiten Riege (von denen die bedeutendsten in dieser Ära männlich waren). Um den Eindruck abzurunden, kommt einerseits einer der wichtigsten Wirtschaftsbosse des informationellen Kapitalismus – Bill Gates – zu Wort und andererseits jener Sozialwissenschaftler, der in Europa am engsten mit der konkreten Umsetzung informationalistischer Postulate auf politischer Ebene zu tun hatte – Anthony Giddens. Diese Aufarbeitung folgt den drei Hauptaspekten des Informationalismus – Technikdeterminismus, Neoliberalismus und Metaideologie, wobei immer wieder auf ihre enge Interdependenz verwiesen und auf den dritten – v.a. im abschließenden Zwischenfazit – ein besonderes Augenmerk gelegt wird, da er den von der Forschung bisher am wenigsten berücksichtigten informationalistischen Parameter darstellt.

---

[95] Natürlich gibt es auch höchst gefährliche Sozialtheorien. Darunter fallen v.a. jene, die den Totalitarismus rechtfertigen oder fördern. Aus diesem Grund erfolgt hier auch eine so deutliche Abgrenzung von den technokratisch-meritokratischen Visionen Daniel Bells und auch von den elitären Gesellschaftsvorstellungen Theodor W. Adornos.

## 5.1 Technikdeterminismus

Stellvertretend für die unzähligen möglichen Belege für die extreme techikdeterministische Prägung politischer Positionspapiere, Aktionspläne und Regierungsprogramme gegen Ende des letzten Jahrtausends und an der Jahrtausendwende soll hier lediglich der einleitende Satz aus dem „Bangemann-Report" zitiert werden – aus jener Expertise, welche die Grundlage der europaweiten Privatisierung des Telekommunikationsmarktes und in Folge der Deregulierung sowie Liberalisierung weiterer zentraler zuvor unter staatlicher Kontrolle stehender Wirtschaftssegmente Mitte der 1990er Jahre bildete: Unter der Überschrift „The information society" und dem Untertitel „A revolutionary challenge to decision makers" konstatieren hier die zahlreichen Autoritäten, von denen einige selbst zu den von ihnen adressierten Entscheidungsträger/innen gehören[96], folgendes:

> „Throughout the world, information and communications technologies are generating a new industrial revolution already as significant and far-reaching as those of the past. (...) This revolution adds huge new capacities to human intelligence and constitutes a resource which changes the way we work together and the way we live together." (Bangemann et al. 1994, S.5)

Die Analogien solcher Postulate zu den Lehrsätzen vorhin besprochener Theoretiker/innen der Informations- und Wissensgesellschaft sind mehr als eindeutig. Z.B. eröffnet Manuel Castells seine gesamte Trilogie *Das Informationszeitalter* mit einer fast wortgleichen Aussage. Dabei präzisiert er auch, was unter den Umbrüchen in Hinblick auf unsere Art des Zusammenlebens in Folge der IKT-Entwicklungen verstanden werden kann bzw. soll. Er bringt Letztere ebenso in Verbindung zur strukturellen Legitimitätskrise der politischen Systeme, wie zum Aufschwung des religiösen Fundamentalismus (Castells 2001, S.3) und sogar zu der von ihm beobachteten grundlegenden Neudefinition der Familie, der Sexualität sowie der Persönlichkeit jedes einzelnen Individuums (ebd., S.2). Letztendlich durchdringt seiner Meinung nach „die informationstechnologische Revolution den gesamten Bereich menschlicher Aktivität (...)" (ebd., S.5; vgl. Castells 2003, S.1).

Auf Grund solch eklatanter Parallelen wird hier die Kritik am technikdeterministischen Zugang zu sozialen Prozessen zunächst anhand des akademischen Diskurses aufgearbeitet, wobei dem das Aufzeigen des zentralen Unterschieds zwischen diesem und den „realpolitischen" Ansätzen folgt und damit auch die Hervorhebung der tatsächlichen gesellschaftlichen Problematik des technologischen Determinismus. Abschließend werden einige Fakten vorgestellt, die das Einnehmen einer alternativen Perspektive zum gerade zitierten Standpunkt nahelegen.

### 5.1.1 Argumentationsproblematik

Die Überzeugung, die Technologie würde die Gesellschaft massiv prägen wenn nicht sogar nach eigenen Prinzipien gestalten, ist im akademischen Diskurs historisch tief verwurzelt. Bereits der als Wegbereiter der modernen Naturwissenschaften geltende Francis Bacon (1561-1626) vertrat die Meinung, die drei mechanischen Erfindungen Buchdruck, Schießpulver und Kompass hätten einen größeren Einfluss auf die Entwicklung der Menschheit ausgeübt, als die Mächte von Staaten, Religionen oder Sternen (vgl. Kumar 2005, S.99).

---

[96] U.a. steht Romano Prodi auf der Autorenliste, der danach italienischer Ministerpräsident und ebenso Präsident der Europäischen Kommission war.

## 5. Informationalistische Politik

Laut Nico Stehr (vgl. 1994, S.70; 2001, S.7) glaubten auch zahlreiche der wichtigsten „klassischen" Sozialtheoretiker/innen – von Karl Marx über Max Weber bis hin zu Joseph Schumpeter – daran, dass technologische Fortschritte durch ihre Einwirkung auf Produktivitätsverhältnisse und Informationsflüsse zentrale Grundlagen wirtschaftlicher und folglich auch gesamtgesellschaftlicher Veränderungen bilden würden. Armand Mattelart (2003, S.62ff) datiert den Aufschwung der These, jedes Medium wäre „Träger einer neuen Zivilisationsform", mit den fünfziger Jahren des 20. Jahrhunderts und nennt als einen der wichtigsten Verfechter dieser Idee den Medienphilosophen Marshall McLuhan, der in den 1960er Jahren Begriffe wie „Die Gutenberg-Galaxis" prägte (McLuhan 1962), sowie das Medium der von ihm transportierten Botschaft überordnete (McLuhan 1967; massive Kritik an McLuhan als Technikdeterminist siehe z.B. Robins; Webster 1999, S.72ff).[97]

Einer der Gründe, warum Forscher/innen wie Mattelart in solchen Kontexten vor einer „deterministische[n] Falle" (Mattelart 2003, S.62) warnen, besteht darin, dass entsprechende Ansätze als „hoffnungslos simplifizierend" (Webster 2006, S.5) bezeichnet werden können. Denn hier erfolgt zumeist die unmittelbare Umlegung rein quantitativer technologischer Entwicklungen auf qualitative gesellschaftliche Prozesse. Z.B. lautet die gängige Argumentation bzgl. der Ankunft der Informationsgesellschaft folgenderweise: Da heute bedeutend mehr Informationen verfügbar sind als früher, leben wir in einer Informationsgesellschaft. Demnach soll also alleine die rasant zunehmende Menge der uns umgebenden Information (Stichwort „Informationsexplosion") zwangsweise zu einer tiefgreifenden sozialen Umgestaltung führen.

Abgesehen davon, dass in dieser Argumentationskette Ursache und Wirkung durchaus auch vertauschbar wären (dazu siehe Abschnitt 5.1.3.), weisen rein quantitative Ableitungen immer ein Messproblem auf. In diesem Fall stellt sich z.B. die Frage, wie viel Information eine Gesellschaft benötigt bzw. zu wie viel Information sie Zugang haben muss, um das Label „Informationsgesellschaft" zu verdienen. Frank Webster (vgl. ebd., S.11) veranschaulicht diesen Tatbestand in seiner für ihn üblichen polemischen Art anhand von IKTs, in dem er darüber sinniert, ob bereits eine hohe Verbreitung von Computern eine Informationsgesellschaft ausmacht, oder ob ebenso die Prozessorgeschwindigkeit bzw. die Internetverbindung des jeweiligen Rechners mitgezählt werden müssten. Aber auch wenn man annehmen würde, dass diese Frage eindeutig zu klären wäre, würde das Webster zufolge nichts über die Gesellschaftsform als ganze aussagen. So ist es eine unwiderlegbare Tatsache, dass es heute im Vergleich zu früheren Epochen in Ländern der westlichen Hemisphäre viel mehr, bedeutend billigeres und auch abwechslungsreicheres Essen gibt – so zu sagen eine „Essensexplosion". Trotzdem (und ungeachtet dessen, dass Essen für unsere Existenz absolut unentbehrlich ist) spricht niemand vom Aufstieg einer „Essens-Gesellschaft" (vgl. ebd., S.23).

Daraus folgt: Auch wenn man – wie z.B. Krishan Kumar im Fazit seiner ausführlichen Aufarbeitung entsprechender Theorien – die „Informationsrevolution" als ein unbestreitbares Faktum anerkennt, bedeutet das noch lange nicht, dass man auch die These des Aufkommens einer Informationsgesellschaft bejahen muss (vgl. Kumar 2005, S.181). Denn es

---

[97] Bezeichnenderweise nimmt Castells – der McLuhan als „großen Visionär, der trotz seiner hemmungslosen Übertreibungen das Denken über Kommunikation revolutioniert hat" beschreibt (Castells 2001, S.377) – seinen Namen her, um eine neue „Galaxis" zu konstruieren: Die „McLuhan-Galaxis", mit der Castells das Zeitalter der Massenmedien bezeichnet (ebd. S.378ff). Da Castells in der Ära von Inter- und Multimedia einen Untergang der Massenmedien prophezeit, werden wir wohl bald einen neuen Epochenbegriff benötigen. Die Castells-Galaxis?

könnte sich bei all der Durchdringung unserer Lebenswelt mit Information, Kommunikation sowie darauf bezogenen Technologien schlicht und ergreifend um ein „Oberflächenphänomen" handeln, das die Strukturen unserer sozialen Gemeinschaften nicht grundlegend berührt (Knoblauch 2004, S.362). Die Konzeptionen der Informations- und Wissensgesellschaft würden damit über weite Strecken auf Überbewertungen der Relevanz einzelner Aspekte technologischer Entwicklungen für den sozialen Wandel basieren.

### *5.1.2 Gesellschaftspolitische Problematik*

Bei der Kritik an der Übersimplifizierung höchst komplexer Prozesse und der Überbetonung der Bedeutung einzelner vermeintlich „revolutionärer" Vorgänge befinden wir uns noch immer innerhalb eines hauptsächlich theoretischen Disputes, in dessen Rahmen man darüber debattieren könnte, ob man diesbezügliche Aussagen tragisch zu nehmen hat, oder auch als harmlos betrachten kann. Schließlich muss sowohl bei jeder wissenschaftlichen Konzeption als auch – und erst recht – bei der Formulierung politischer Positionen zu Vereinfachungen und Übertreibungen gegriffen werden, wenn man sie für breitere Massen verständlich formulieren und damit größeres öffentliches Interesse erregen will.[98] Aus der Perspektive der gesellschaftspolitischen Praxis wird die Behauptung, dass technologische Entwicklungen alle anderen beeinflussen, erst dann tatsächlich problematisch, wenn damit das Postulat der vollständigen Abkoppelung technischer Innovation von ihren sozialen, kulturellen, ökonomischen und politischen Dimensionen einhergeht.

Eine solche radikale Trennung findet innerhalb der besprochenen Theorien kaum statt. Sogar Daniel Bell wird von manchen seiner Analytiker/innen gegen den Vorwurf eines entsprechenden extremen Technikdeterminismus in Schutz genommen, weil er die gestaltende Kraft der Information an sich (und nicht die der Informationstechnologien) hervorhebt und damit die Macht der sie hervorbringenden Menschen betont (vgl. Webster 2006, S.15; siehe auch Steinbicker 2001, S.77). Die Autoren des bekanntesten Werkes im Umfeld des Post-Fordismus – *The Second Industrial Divide* (Piore; Sabel 1984, S.259) – streichen darin hervor, dass die von ihnen beschriebene allgemeine Flexibilisierung genauso ein Resultat des verstärkten wirtschaftlichen Wettbewerbs darstellen würde, wie sie als eine Folge des technologischen Fortschritts betrachtet werden kann und postulieren: „Machines are as much a mirror as a motor of social development" (ebd., S.5). Laut Wolfgang Welch (2002, S.222f) dürften kritische Positionen zu Medienentwicklungen innerhalb der Postmoderne – wie z.B. Lyotards vorhin mehrmals angesprochener „Initialaufsatz" dieser Strömung – keinesfalls als technologiefeindlich missverstanden werden. Sie würden lediglich genau gegen die hier angesprochenen *„Ausschließlichkeitsansprüche* des Technologischen" opponieren, da sämtliche „Konzeptionen eines Technologie-Primats (...) mit der postmodernen Vision grundsätzlicher Pluralität unvereinbar" wären. Schließlich verteidigt sich Manuel Castells (vgl. 2001, S.5) im Prolog seiner Trilogie gleich selbst gegen den Vorwurf des Technikdeterminismus. Hier betont er, dass sein Entschluss wirtschaftliche, soziale und

---

[98] Z.B. gibt Manuel Castells in der Einleitung seiner Trilogie zu, dass ihm der Informationsbegriff nicht besonders sympathisch ist. Die neue Entwicklungsweise würde er v.a. deswegen als „informationell" bezeichnen, um sich der „gängigen Mode" anzuschließen (Castells 2001, S.18). Und auch die Benennung der gesamten Trilogie mit *Das Informationszeitalter* – die er selbst für wenig präzise hält – begründet er damit, dass Titel „Kommunikationsmittel" seien und folglich möglichst „benutzerfreundlich" gestaltet werden müssen (ebd. S.22).

## 5. Informationalistische Politik

kulturelle Entwicklungen aus der Perspektive der informationstechnologischen Revolution zu Behandeln nur eine „methodische Entscheidung" darstellen würde, die keinesfalls besagt, dass „die neuen gesellschaftlichen Formen und Prozesse als Folge technologischen Wandels entstehen". Castells Meinung nach würden sich weder die Technologie noch die Gesellschaft gegenseitig determinieren – das diesbezügliche Verhältnis wäre in Wirklichkeit von „einem komplexen Muster von Interaktionen" geprägt.[99]

Genau diese Wechselwirkungen wurden in politischen Stellungnahmen zum Thema Informations- und Wissensgesellschaft am Höhepunkt des Informationalismus vollkommen außer Acht gelassen.[100] Hier erfolgte das Propagieren einer extremen technikdeterministischen Position – der Vorstellung, nach der die Technologie als „invasives" Element von außerhalb in die Gesellschaft eindringt und die Menschen dazu zwingt, sich nach den von ihr gestellten „Herausforderungen" auszurichten (vgl. Webster 2006, S.11f). Bei einem solchen Zugang wird vollkommen ignoriert, dass es Menschen sind (und nicht etwa Maschinen und schon gar nicht irgendwelche übernatürlichen Kräfte), die die Technologien erfinden, ihre (Weiter-) Entwicklung finanzieren und auch durch die Anwendung dieser erst ihre Ausbreitung ermöglichen. Mehr noch: Der Mensch wird aus so einer Perspektive als agierendes Subjekt grundsätzlich aus der Gleichung genommen und zu einem zum Reagieren verurteilten passiven Wesen degradiert. Aus dem Glauben an die „alternativlose[] Unausweichlichkeit" (Kübler 2005, S.7) entsprechender Prozesse resultiert die Überzeugung, dass man nichts gegen den Wandel unternehmen kann und daher die entstehenden Realitäten lediglich zu akzeptieren hat sowie sich an sie anpassen muss (vgl. Webster 2006, S.267). Das Erheben von technologischen „Revolutionen" zu ganze soziale Gebilde (um-) formenden quasi-natürlichen Entwicklungen setzt damit – wie es Jochen Steinbicker (2001, S.124) recht zurückhaltend formuliert – „politischen wie gesellschaftlichen Gestaltungsmöglichkeiten enge Grenzen." Wolfgang Welsch (2002, S.223) bringt den gleichen Umstand bedeutend schonungsloser auf den Punkt, wenn er solche „Konzeptionen eines Technologie-Primats" als „affirmative Theoreme des status quo" brandmarkt (vgl. auch Garnham 2004, S.168), wobei es natürlich nicht nur um das Gegenwärtige geht, sondern auch um das, „was noch kommen mag" (Mattelart 2003, S.141).

Die Frage danach, was uns der technologische Determinismus zu bejahen lehren soll, lässt sich nach einem Blick auf den eingangs zitierten Bangemann-Report leicht beantworten. Denn diesem stellen die zahlreichen renommierten Autor/innen eine Präambel voran, in der sie den Sinn des gesamten Unterfangens mit einem einzigen Satz auf den Punkt bringen: Das Positionspapier soll die Europäische Union dazu bewegen, ihr Vertrauen in die Mechanismen des (freien) Marktes zu setzen, als der Triebkraft, die uns alle ins Informationszeitalter befördern wird (Bangemann et al. 1994, S.4).[101] Auf die Problematik der neoli-

---

[99] Castells (2001, S.5) konstatiert an dieser Stelle, dass das „Dilemma des technologischen Determinismus (…) vermutlich ein Scheinproblem" darstellt und spricht von einem „dialektische[n] Verhältnis zwischen Technologie und Gesellschaft."

[100] Bezeichnenderweise wurden entsprechende Positionierungen bereits ab Mitte der 2000er Jahre um einiges vorsichtiger formuliert. Z.B beklagen die Autor/innen des UNESCO-Weltberichts *Towards Knowledge Societies*, dass die bisherige Forschung in Bezug auf die Informations- bzw. Wissensgesellschaft einen starken Hang zum technologischen Determinismus aufweist und Interaktionen zwischen Menschen und Technologien vernachlässigen würde (vgl. UNESCO 2005a, S.21).

[101] Wegen der weitreichenden Bedeutung dieser Aussage wird sie hier im Original wiedergegeben: „This Report urges the European Union to put its faith in market mechanisms as the motive power to carry us into the Information Age."

beralen Aspekte des Informationalismus wird im folgenden Unterkapitel ausführlich eingegangen. An dieser Stelle geht es lediglich darum, die untrennbare Koppelung zwischen dem Technologiedeterminismus und dem Neoliberalismus offen zu legen. Markus Schaal kommt in seiner Aufarbeitung der politischen Verwendung des Begriffs der Informationsgesellschaft und hier nicht zuletzt der bei der Behandlung der Implikationen des Bangemann-Reports zum Schluss, dass dieses Thema auf Regierungsebenen nicht in erster Linie im Sinne einer gesellschaftspolitischen Diagnose diskutiert wird, sondern viel eher unter dem Aspekt von konkreten ökonomischen Zielen. Seiner Meinung nach geht es dabei hauptsächlich um den Versuch, „bereits anvisierte wirtschaftspolitische Strategien mit dem Schlagwort Informationsgesellschaft zu legitimieren" (Schaal 2006, S.28; vgl. Schaper-Rinkel 1999, S.39). Drastischer formuliert, könnte das informationalistische Postulat des Technologieprimats als ein massentaugliches Mittel der politischen Durchsetzung der Paradigmen eines weiteren Determinismus gedeutet werden. Eines, der sich in einer Demokratie viel schwerer „verkaufen" lässt: Dem „markttechnische[n] Determinismus" (Mattelart 2003, S.141), d.h. dem dogmatischen Glauben an die Notwendigkeit der Unterwerfung sämtlicher Gesellschaftsbereiche unter das neoliberale Wirtschaftsprogramm.

### *5.1.3 Alternative Perspektive*

Das legt den Schluss nahe, dass die Politik bei der Gestaltung der Gesellschaft viel weniger machtlos ist, als sie es angesichts der vermeintlich tonangebenden technologischen Revolution oft zu sein vorgibt. Aus den bisher aufgearbeiteten Quellen ist es sogar möglich, eine Umkehr des häufig kolportierten Kausalzusammenhangs zwischen technologischen und sozialpolitischen Prozessen abzuleiten: Es ist durchaus denkbar, dass nicht die technologische Entwicklung die Gesellschaft vor die Herausforderungen stellt, bei deren Bewältigung die Politik sie unterstützen muss, sondern im Gegenteil, dass die Politik aufgrund bestimmter gesellschaftlicher Anforderungen erst die Rahmenbedingungen schafft, die den technologischen Aufschwung ermöglichen.

Einen zentralen entsprechenden Anhaltspunkt in Hinblick auf die hier behandelte „dritte industrielle Revolution" liefert Peter Drucker in seinem als Basiswerk der Konzeptionen der Wissensgesellschaft geltendem *The Age of Discontinuity* aus dem Jahre 1969, als er auf ein in diesem Kontext höchst folgenreiches Ereignis hinweist: Auf die Einführung des so genannten „G.I. Bill of Rights" (vgl. Drucker 1969, S.401). Diese offiziell als „Servicemen's Readjustment Act" bezeichnete Regelung trat gegen Ende des Zweiten Weltkrieges in den USA in Kraft und hatte zum Ziel, den Millionen von Kriegsveteran/innen, denen nach Kriegsende die Arbeitslosigkeit drohte, eine Zukunftsperspektive zu bieten. Eine der wichtigsten Maßnahmen bestand in einer gewaltigen Bildungsoffensive: In den folgenden 7 Jahren wurde ca. 8 Millionen Kriegsteilnehmer/innen eine Ausbildung auf unterschiedlichen Stufen vom Staat (mit-) finanziert – 2,3 Millionen davon auf der Ebene von Hochschule und Universität. Damit hat sich zwischen 1940 und 1950 die Anzahl entsprechender Abschlüsse mehr als verdoppelt, und ist danach weiter rasant gestiegen. Letzteres unter anderem, weil das Angebot nach dem Militärdienst mit Unterstützung durch den Staat zu studieren, bis heute für alle Armeeangehörigen in den USA gilt. (vgl. NARA o.J.)

Laut Drucker haben die Initiator/innen dieser in den Nachkriegsjahren auch zunehmend auf andere fortgeschrittene Industrieländer übergreifenden „Bildungsexplosion"

## 5. Informationalistische Politik

(Drucker 1969, S.355f) dabei jedoch eines nicht bedacht: Eine höhere Bildung veränderte die Ansprüche der Menschen hinsichtlich ihrer Arbeitsbedingungen auf vielfältige Arten. Absolvent/innen höherer Bildungsinstitutionen erwarteten sich nicht nur eine besser bezahlte Beschäftigung, sondern auch eine, die ihnen mehr Karriere- und Entfaltungsmöglichkeiten bot. V.a. wollten sie eine Aufgabe haben, „bei der man nicht mehr mit den Händen arbeitet, sondern seinen Verstand gebraucht" (ebd., S.355). Damit hat sich der Staat also eine Armee von zusätzlichen Wissensarbeiter/innen geschaffen, die „für alles unbrauchbar außer Kopfarbeit" waren (ebd.). D.h. es hatte gar keinen Sinn, diese Menschen an ein Fließband zu stellen. Mehr oder weniger über Nacht mussten Millionen neuer „Arbeitsstellen für Denkarbeit" geschaffen werden, was Druckers Meinung nach das Wesen der Arbeit grundlegend und nachhaltig transformierte (vgl. ebd., S.348; siehe auch Steinbicker 2001, S.29f; Bittlingmayer 2001, S.17).

Die volle Tragweite dieser Aussagen wird einem erst dann bewusst, wenn man noch einmal Revue passieren lässt, wie Daniel Bell und seine Nachfolger/innen den Wechsel von der (auf manueller Arbeit basierenden) industriellen Gesellschaft zu (auf Kopf- bzw. Wissensarbeit begründeten) post-industriellen sozialen Organisationsformen erklären[102]: Nach dieser Lesart hat die Einführung „intelligenter" Technologien in die Güterproduktion manuelle Arbeit zunehmend obsolet gemacht, was den Bedarf an (immer stärker auf Information und Wissen beruhenden) Dienstleistungen dramatisch erhöhte und somit unsere gesamte Gesellschaft in eine überführte, die die Präfixe „Dienstleistungs-" und/oder „Informations-" bzw. „Wissens-" verdient. Auf eine einfache Kurzformel gebracht, bedeutet das: Neue Technologien gestalteten die Wirtschaft und mit ihr die Arbeitsverhältnisse um und diese formten ihrerseits die Gesellschaft auf eine neue Art und Weise. Der Politik wird in dieser Gleichung überhaupt keine Bedeutung zugemessen. Die Kurzformel für die soeben nach Peter Drucker dargestellten Prozesse schaut dagegen genau umgekehrt aus: Die Politik transformierte aufgrund gesellschaftlicher Notwendigkeiten v.a. durch eine Schwerpunktsetzung auf Bildung die Arbeitsverhältnisse und damit die Wirtschaft. Aus so einem Blickwinkel kommt der Politik der agierende Part zu. Der technologische Fortschritt spielt in diesem Kontext lediglich eine nachgeordnete Rolle und kann als eine Folgeerscheinung bzw. als Mittel zum Zweck betrachtet werden.

Auch zahlreiche weitere Erklärungsansätze für das Aufkommen der Informations- bzw. Wissensgesellschaft bestätigen die gerade dargestellte grundsätzliche Perspektivenumkehr hin zur Betrachtung der Politik und mit ihr der Gesellschaft als des aktiven Gestalters unserer Lebenswelt. Z.B. folgert Jochen Steinbicker (vgl. 2001, S.71) aus mehreren von ihm aufgearbeiteten Quellen, dass das von Bell beobachtete Wachstum des Dienstleistungssektors zwischen 1950 und 1970 in erster Linie auf den Ausbau des Wohlfahrtsstaates (mit dem auch Aktionen wie der „Servicemen's Readjustment Act" zusammenhängen) und damit auf politische Faktoren zurückgeht. Frank Webster (vgl. 2006, S.16) weist darauf hin, dass viele der expandierenden „Wissensberufe" (d.h. Professionen, die eine intensive, oft tertiäre Ausbildung voraussetzen) entgegen der Überzeugung der meisten Repräsen-

---

[102] Wie erwähnt hat Bell bereits in den 1950er Jahren vom Aufkommen einer post-industriellen Gesellschaft gesprochen – also zu der Zeit, als die Auswirkungen von Programmen wie dem „G.I. Bill of Rights" gerade deutlich spürbar wurden. Warum er diese Entwicklung bei seiner Darstellung der Hintergründe der „dritten industriellen Revolution" völlig ignorierte, könnte mit seiner exponierten Abneigung gegen die Idee der Massenbildung erklärt werden.

tant/innen besprochener Konzeptionen in keinerlei Verbindung mit dem Aufschwung der Informationstechnologien stehen würden und führt als Beispiel die (ebenso nicht zuletzt mit der steigenden staatlichen Wohlfahrt einhergehende) wachsende Anzahl von Sozialarbeiter/innen an.[103] Krishan Kumar (vgl. 2005, S.53f) geht sogar so weit, die Zunahme der „Wissensarbeiter/innen" fast zur Gänze der Beschäftigung im öffentlichen Sektor zuzurechnen und auch den größten Teil der Fortschritte und Absatzzuwächse im IKT-Bereich staatlichen Forschungs-, Entwicklungs- und Beschaffungsprogrammen (nicht zuletzt im Militärbereich) zuzuschreiben.

Im vorliegenden Buch wird keinesfalls dem Ersetzen des Technik- durch den Sozialdeterminismus das Wort geredet. Letzterer wurde ab Mitte der 1980er Jahre z.B. besonders prominent von Wiebe Bijker propagiert, der den Ansatz der ‚Social Construction of Technology' prägte. Dabei wird jede technologische Entwicklung ausschließlich als eine soziale Konstruktion betrachtet. Vereinfacht formuliert gibt es aus so einer Perspektive gar keinen technologischen Fortschritt, sondern lediglich das Durchsetzen der Art der Bewertung „interpretativ flexibler" Gegenstände durch mächtigere Gesellschaftsgruppen (vgl. z.B. Bijker; Pinch 1984; Bijker et al. 1987). Solche Zugänge waren historisch betrachtet sehr wichtig, um den davor den wissenschaftlichen Diskurs beherrschenden extremen Technikdeterminismus zu durchbrechen. Im Endeffekt sind sie aber nicht weniger einengend und verzerrend als dieser, weil sie die wechselseitigen Beeinflussungen technologischer und sozialer Entwicklungen vernachlässigen (vgl. Dolata; Werle 2007b). Mit der Vorstellung der alternativen Perspektive ist hier also keinesfalls beabsichtigt, „den Spieß umzudrehen" und die Tatsache der „Koevolution oder auch Ko-Konstruktion von Technik und Gesellschaft" (Dolata; Werle 2007a, S.9) abzustreiten. Es geht lediglich darum, auf die bedeutenden Gestaltungsspielräume hinzuweisen, die sich einer an einem eingreifenden Handeln interessierten Politik auch einem Zeitalter eröffnen, das mit dem Begriff der Information apostrophiert wird.

## 5.2 Neoliberalismus

Gerade der Wille zur sozialen Gestaltung scheint den Regierenden ab dem zweiten Drittel der 1990er Jahre weltweit endgültig abhanden gekommen sein. Manche Analytiker/innen der Hochblüte neoliberaler Politik formulieren diesen Umstand noch recht diplomatisch, wenn sie – wie z.B. Anne Karras (2008, S.253) – konstatieren, ihre primäre Zielsetzung wäre „in der Einschränkung staatlicher Interventionsmöglichkeiten" gelegen. Andere – wie z.B. Armand Mattelart (2003, S.129) – weisen (im Zusammenhang mit dem bereits mehrmals angesprochenen „Bangemann-Report") bereits deutlicher darauf hin, dass das zum Dogma erhobene Prinzip der Selbstregulation der Ökonomie „jeden Versuch, eine öffentli-

---

[103] Im Endeffekt könnte man in Bezug auf die meisten (Dienstleistungs-) Berufe, die Daniel Bell zu den in der post-industriellen Gesellschaft expandierenden Professionen zählt – also die in den Bereichen Gesundheit, Bildung, Erholung und Künste –, Bells Behauptung massiv hinterfragen, diese hätten irgendwas mit der „informationstechnologischen Revolution" zu tun. Die steigenden Möglichkeiten sich zu bilden und gesund sowie lange zu leben können als Folgen der (v.a. nach dem Zweiten Weltkrieg eingeführten) zahlreichen politisch initiierten Programme im Rahmen des „Wohlfahrtsstaates" bzw. der „Umverteilung" betrachtet werden. Das größere allgemeine Interesse an Erholung sowie kultureller bzw. künstlerischer Auseinandersetzung wäre wiederum als ein Resultat dessen interpretierbar, dass Menschen mehr Chancen erhalten haben, ihrem körperlichen Wohl Beachtung zu schenken und ihren geistigen Interessen nachzugehen.

che, nationale und regionale Politik (...) zu formulieren" delegitimiert hätte. Am drastischsten bringt diesen Umstand jedoch der bedeutendste Theoretiker des Informationalismus – Manuel Castells (2001, S.156) – auf den Punkt, wenn er vom „Triumph des Marktes über die Regierungen auf der ganzen Welt" schreibt, wobei seiner Meinung nach die Staatsführungen selbst „diesen Sieg mit einem historischen Todeswunsch herbeigesehnt" haben.

Die Motive dieses „öffentlichen Selbstmordes" (Beck 1997, S.16) der Politik sind vielfältig und mit Sicherheit nicht alleine in den mit dem Thema Informations- und Wissensgesellschaft zusammenhängenden Prozessen zu suchen. Jedoch werden sie in Folge ausschließlich aus dieser Perspektive aufgearbeitet. Nicht nur, weil eine solche den Hauptfokus der vorliegenden Arbeit bildet, sondern auch, weil das zeitliche Zusammentreffen des Aufschwungs der internetbasierten ‚New Economy' mit der weltweiten endgültigen politischen Durchsetzung des Neoliberalismus unübersehbar ist sowie, weil Letzteres von Staatschefs aus aller Welt zumeist mit der Notwendigkeit der Unterstützung des Ersteren begründet wurde.

### 5.2.1 Internet als Paradies für Konsumenten

Wie aus den bisherigen Ausführungen bereits deutlich wurde, darf der Neoliberalismus keinesfalls mit der liberalen Grundgesinnung verwechselt werden, welche die Freiheit des Menschen in sämtlichen Lebensbereichen zu ihrem Hauptziel erhebt. Das wird auch im Kontext des enormen politischen Engagements für die globale Ausbreitung des Internets ab dem zweiten Drittel der 1990er Jahre deutlich. Denn dahinter standen höchstens vordergründig – im Sinne von „Sonntagsreden" – andere Freiheitsvisionen außer dem Traum von einer ungezügelten Selbstbestimmung des Marktes. Während der US-amerikanische Vizepräsident Al Gore in seiner Eröffnungsrede bei einer Konferenz der *Internationalen Telekommunikationsunion* in Buenos Aires im März 1994 zum Thema *Global Information Infrastructure* (GII) „ein neues athenisches Zeitalter der Demokratie in den Foren, die die Informationsinfrastruktur schaffen wird" proklamiert (nach Mattelart 2003, S.108), weisen die praktischen Ergebnisse dieses für den schrankenlosen Siegeszug des Internets richtungsweisenden Kongresses eine gänzlich andere Zielrichtung auf: Das Einschwören der Weltgemeinschaft auf die Prinzipien der Privatisierung sowie der Deregulierung der Telekommunikation (vgl. Gore, 1994; Gore; Brown 1995, S.9ff).

In diesem Punkt muss man den Europäer/innen eine größere Ehrlichkeit zugutehalten. In dem im gleichen Jahr erschienenen Bangemann-Report der Europäischen Kommission zum Thema *Europe and the Global Info Society* kommt das Wort „Demokratie" nicht einmal vor. Von Anfang an wird hier klar exponiert, dass es beim Zugang der EU-Politik zum Thema Informationsgesellschaft einzig und alleine um die Ermöglichung der Entstehung neuer dynamischer Wirtschaftssektoren sowie um die Beförderung eines europaweiten Marktes für Informationsdienstleistungen geht (Bangemann et al. 1994, S.4). Die konkreten Visionen, die hinter entsprechenden Forderungen stehen, werden jedoch kaum exponiert. Z.B. klagen die Verfasser/innen bei der Behandlung des Themas „Markets for consumers" ausführlich über den Rückstand europäischer Bürger/innen im Vergleich zur US-amerikanischen Bevölkerung in Bezug auf netzfähige Hardware. Auf die Frage, wozu Europäer/innen diese Ausstattung überhaupt benötigen könnten, wird aber nur kryptisch eingegangen. Und zwar mit einem kurzen Verweis auf die Erwartung einer enormen Steigerung an Dienstleitungen – vom Homebanking über Teleshopping bis hin zum fast unbegrenzten Angebot an Unterhaltung „on demand" (ebd., S.10).

Selbstverständlich hatte es die Politik nicht Not, die Konsum-Verheißungen des Internets zu propagieren – das tat die Wirtschaft bereits zur Genüge. Eine der bemerkenswertesten diesbezüglichen Aktionen bestand darin, dass der – immer wieder als reichster Mann der Welt gehandelte – Begründer von *Microsoft* Bill Gates im Jahre 1995 ein Buch unter dem Titel *Der Weg nach vorn. Die Zukunft der Informationsgesellschaft* herausbrachte.

In der Einleitung, die er unter das Motto „Der Beginn einer Revolution" stellt, lehnt Gates gängige Metaphern für das Internet – wie die Datenautobahn oder das Netzwerk – ab und schlägt eine eigene vor, die seiner Meinung nach der Realität des WWW viel eher entspricht: „der Markt". Und zwar nicht irgendeiner, sondern „der Markt in seiner vollkommensten Gestalt" (Gates 1997, S.27). Eines der Hauptkapitel dieses Buches trägt analog dazu die Überschrift „Reibungsloser Kapitalismus" (ebd., S.252ff). Hier betont Gates, dass der Kapitalismus „nachweislich das beste aller bisher erprobten Wirtschaftssysteme" sei (S.289). Jedoch konnte Adam Smiths Ursprungsvision der optimalen Verteilung der Ressourcen durch auf objektiven Entscheidungen basierenden Handel bislang nicht eingelöst werden, weil potenzielle Käufer/innen und Verkäufer/innen nicht gründlich genug über einander informiert waren. Dieses Problem wird jetzt durch das Internet gelöst: Es gibt Konsument/innen, die sich für ein bestimmtes Produkt interessieren, die Gelegenheit, alle weltweit vorhandenen entsprechenden Angebote zu prüfen und mit einander zu vergleichen. Gleichzeitig erhalten Anbieter/innen von Waren die Chance, in Erfahrung zu bringen, welche künftigen Kund/innen ihr jeweiliges Produkt tatsächlich erwerben wollen könnten. Mehr noch: Neue Technologien würden mittelfristig die Möglichkeit eröffnen, eine „adressatenspezifische Massenherstellung" durchzusetzen – es also gestatten, individualisierte Fabrikate sowie Dienstleistungen für jeden Menschen ohne Aufpreis im Vergleich zu Massenanfertigungen anzubieten (S.252ff, siehe auch S.303f). Den überwiegenden Teil dieses Kapitels schwärmt Gates von den – seiner Meinung nach unser ganzes Leben im höchsten Maße positiv umgestaltenden – Potenzialen, elektronische Kundenprofile (über ethische Zugehörigkeit, Familienstand, Körpermaße, intimste Vorlieben etc.) anzufertigen, auf denen aufbauend wir ganz persönlich auf uns zugeschnittene Werbung und damit auch Produkt- sowie Dienstleistungsangebote erhalten werden.[104] Ihm zufolge werden wir damit „in eine neue Wirtschaftsform eintreten", in ein „Paradies für Konsumenten" (S.253), in dem das Internet den weiteren Ausbau der bisher bereits „nachdrücklich unter Beweis" gestellten Vorzüge des Kapitalismus gegenüber seinen Konkurrenzmodellen befördern wird (S.289). Und als Amen dieses Kapitels setzt Bill Gates nach: „Adam Smith wäre begeistert" (ebd.).

Aus dem Mund von Bill Gates klingen solche Aussagen nach Eigenwerbung und auch die Ausdrucksweisen sind nicht immer dabei förderlich, sie ernst zu nehmen. Jedoch beinhalten Analysen der internetbasierten Wirtschaft von Persönlichkeiten mit viel höherer wissen-

---

[104] Gates (1997, S.268) räumt zwar ein, dass es „viel Streit und Diskussion um die Frage geben wird, wer denn Zugriff auf die Daten Ihres Profils haben soll". Angesichts der von ihm heraufbeschworenen außerordentlichen Konsumerleichterungen würden seiner Meinung nach die Menschen den Schutz ihrer Privatsphäre jedoch weniger ernst nehmen, zumal es ja auch für solche Probleme technische Lösungen geben wird. (vgl. ebd. S.261ff). Eine deutlich differenziertere Sicht dieser Problematik findet sich u.a. bei Giddens (1995), siehe auch Castells 2005a, S.186ff.

schaftlicher Reputation durchaus deutliche Parallelen zu seinen Standpunkten. Als Beispiel soll hier lediglich die entsprechende Positionierung von Manuel Castells kurz angeführt werden:

Wie bereits im Abschnitt 2.4.1. der vorliegenden Arbeit besprochen, apostrophiert Castells den neuen Kapitalismus zwar nicht als „reibungslos", bezeichnet ihn jedoch als „verjüngt" und „generalüberholt". In seinem Buch, dessen Titel in Bezug auf Publikumswirksamkeit dem von Gates in nichts nachsteht – *Die Internet-Galaxie* – führt Castells (2005a, Erstausgabe 2001) ein Kapitel zum Thema e-Business und ‚New Economy' ein. Hier postuliert er einleitend, dass das Internet die Geschäftspraktiken in allen ökonomisch relevanten Beriechen vollständig transformiert, weswegen die „richtige Nutzung des Internet (...) für alle Arten der Wirtschaftstätigkeit zu einer Schlüsselfrage für Produktivität und Wettbewerbsfähigkeit" avanciert (Castells 2005a, S.75, vgl. S.77). Folglich ist ihm der Begriff „Dotcom-Ökonomie" zu eindimensional – er spricht lieber von einer „vernetzte[n] Wirtschaft mit elektronischem Nervensystem" (ebd., S.76). Sein Rückgriff auf den Slogan der „schönen neuen Wirtschaftswelt" (S.77) klingt angesichts der weiteren Ausführungen in diesem Kapitel weniger ironisch, als es auf den ersten Blick erscheint. So schwärmt er seitenlang von Unternehmen wie *Cisco, Dell, Nokia, Zara* etc. und begründet seine Begeisterung damit, dass sie „Vernetzung und das Internet in einem *circulus virtuosus* verteilter Innovation und positiver Rückkoppelungen zwischen Management, Produzenten und Verbrauchern zusammengeführt" haben (S.83; Hervorhebung im Original). Die deutlichste Parallele zur Sichtweise von Gates besteht jedoch in Manuel Castells Postulat, dass der zentrale „Schlüssel zur neuen Form des Wirtschaftslebens" in der Anpassung der Produktion an spezifische Kundenwünsche besteht, die nicht zuletzt durch „automatische Profilerstellung" ermöglicht wird (S.88f).

Auch wenn Manuel Castells wenigstens in Bezug auf den letzten Punkt (im Gegensatz zu Bill Gates) ein Problembewusstsein entwickelt und auf ein Kapitel verweist, in dem er entsprechende kritische Aspekte aufarbeitet (Castells 2005a, S.181ff), braucht es angesichts der hier dargelegten euphorischen Haltung eines höchst renommierten und ansonsten vergleichsweise nüchtern die Vor- und Nachteile sozio-technologischer Entwicklungen abwägenden Wissenschaftlers niemand zu wundern, wenn auch die meisten führenden Politiker/innen zu dieser Zeit kein Problem damit hatten, das Aufkommen der internetbasierten ‚New Economy' öffentlich enthusiastisch zu begrüßen, bzw. sogar frenetisch zu feiern.

*5.2.2 Informationelle Standortsicherung*

Hinter dem politischen Konzept der Informationsgesellschaft der 1990er Jahre stand aber selbstverständlich viel mehr, als das Ziel der Beförderung aller Bürger/innen in einen paradiesischen Konsumzustand. Damit alleine hätte sich die weltweite Umgestaltung ganzer Wirtschaftszweige sowie die Neudefinition des Verhältnisses von Staat und Ökonomie nicht argumentieren lassen und schon gar nicht der gewaltige Druck, beide Wandel so schnell wie irgendwie möglich zu vollziehen („We have to get it right, and get it right now" – Bangemann et al. 1994, S.5). Die vordergründigen Konsumverheißungen weisen jedoch bereits auf die viel tiefer reichende Erklärung für die Massivität und Dringlichkeit des „Reformeifers" hin – auf das Bestreben nach der Verteidigung, Sicherung und wenn möglich dem Ausbau der jeweiligen Wirtschaftsstandorte im globalen informationellen Wettbewerb. Denn innerhalb der Wirtschaftswissenschaften gilt es heute als unbestritten, dass nur eine intensive private Nutzung von Technologien ihre „Diffusion" (= Verbreitung, Streuung, Durchmischung) gewährleistet. Diese schafft wiederum erst eine gesellschaftliche Struktur, in der sich eine – für die Konkurrenzfähigkeit eines Wirtschaftsraumes essentielle – Innovations- und Beschleunigungskultur entfalten kann. Denn je weiträumiger Technologien verbreitet sind und je mehr „Tiefendimensionen" sie erreichen, umso mehr Einsatzfelder ergeben sich für diese. Das beflügelt nicht nur seinerseits den Konsum und die Entwicklung immer neuer Produkte sowie Dienstleistungen, sondern stärkt auch die Fähigkeiten der Menschen im Umgang mit solchen Werkzeugen (d.h. so genannte technische Medienkompetenzen), was bedeutet, dass sie sich ebenfalls beruflich leichter damit zurechtfinden und folglich zu zentralen „Humanressourcen" in der informationellen Ökonomie avancieren (vgl. Schaper-Rinkel 1999, S.45, S.49; zur Diffusionstheorie siehe z.B. Rogers 2005).

Die Idee, wirtschaftlichen Problemen mit verstärkten Bemühungen zum Ausbau der Informations- und Kommunikationstechnologien zu begegnen, war jedoch keinesfalls Erfindung der 1990er Jahre, sondern bildete von Anfang an den zentralen Ausgangspunkt für die politische Auseinandersetzung mit dem Konzept der Informationsgesellschaft. Das erste Land, in dem ein solcher Ansatz zum Regierungsprogramm avancierte, war Japan. Bereits 1971 wurde diese mit „Johoka-shakai" benannte Vision zum „nationalen Ziel für das Jahr 2000" ausgerufen (nach Mattelart 2003, S.91). Eine Intensivierung entsprechender Anstrengungen fand Mitte der 1970er Jahre statt, als Japan im Zuge der Ölkrise die eigene Rohstoffarmut und damit die Abhängigkeit von ausländischen Lieferanten schmerzhaft bewusst wurde und die Regierung auf der Suche nach einer Wachstumsstrategie jenseits der hergebrachten Industrieproduktion war. Dabei erfolgte v.a. eine Schwerpunktlegung auf die Entwicklung sowie Hierstellung von Hard- und Software im Bereich der Massenmedien, der Telekommunikation sowie der Computertechnologie. Massive staatliche Förderungsprogramme führten dazu, dass es japanischen Firmen bereits zu Beginn der 1980er Jahre gelang, in fast allen diesbezüglichen Wirtschaftssektoren die Weltmarktführerschaft zu erlangen. (vgl. Schaal 2006, S.26f; Mattelart 2003, S.91ff)

Der Hauptgegner Japans in diesem Konkurrenzkrieg war die USA, wohingegen Europa dabei von Anfang an eine vernachlässigbare Nebenrolle spielte. Die Europäische Kommission führte den Umstand v.a. auf die Fragmentierung der europäischen Telekommunikationssektors in jeweils von einem anderen Staat gelenkte Gesellschaften und das damit einhergehende Fehlen eines entsprechenden gemeinsamen Marktes zurück. Folglich wurde bereits ab den frühen 1980er Jahren der Deregulierung und Privatisierung dieses Bereichs eine Schlüsselrolle bei der Lösung wirtschaftlicher Probleme der Europäischen Union zugeschrieben. Das Ziel hinter der Umwandlung der Versorgungs- in eine Markt-Infrastruktur auf dem Gebiet der Telekommunikation bestand v.a. in der – aus dem Einführen des Konkurrenz- und Wettbewerbsprinzips resultierenden – Verstärkung des Engagements privater Inversoren, wovon man sich eine Senkung der Kosten bei gleichzeitiger Steigerung der Angebotsqualität versprach. Das Thema artete in ein jahrelanges Kräftemessen zwischen der Kommission und den Nationalregierungen aus, von denen die meisten auf ihrer Souveränität auf diesem Gebiet beharrten. (vgl. Schaper-Rinkel 1999, S.32ff)

Die Kommission gewinnt erst ab dem Jahr 1993 auf Grund zweier Faktoren Überhand: Erstens treten am 31. Dezember 1992 eine Reihe von Verträgen und Regelungen zur Beseitigung von materiellen, technischen und steuerlichen Schranken zwischen den Mitgliedsstaaten der Europäischen Union in Kraft, womit die „Vollendung des Binnenmarktes" als

## 5. Informationalistische Politik

vollzogen gilt (vgl. Europäische Kommission 1985). Keinen geringeren Rückenwind erhält die Linie der Kommission jedoch durch die politischen Entwicklungen in den USA: Eine der ersten Amtshandlungen des 1993 an die Macht gekommenen Bill Clinton besteht in der Errichtung einer „Information Infrastructure Task Force". Diese erarbeitet innerhalb weniger Monate einen *National Information Infrastructure*-Aktionsplan, mit dem vorrangigen Ziel, die Wettbewerbsfähigkeit und die Vormachtstellung Amerikas im IKT-Bereich v.a. bezogen auf das Internet auszubauen[105] (vgl. IITF 1993, Abschn. „Benefits and Application Examples"; siehe auch Mattelart 2003, S.109f). Jedoch wird den Initiatoren des Konzeptes – allen voran dem dafür hauptverantwortlichen Vizepräsidenten Al Gore, der bereits im Wahlkampf den Begriff des „Information Superhighway" (= Datenautobahn) geprägt hatte – schnell klar, dass sämtliche Strategien zum Ausbau der informationellen Wirtschaft in den Vereinigten Staaten nur dann aufgehen können, wenn möglichst viele Länder auf der Welt ihre diesbezüglichen Märkte – nicht zuletzt für US-amerikanische Anbieter – vollständig öffnen.[106] Deswegen erfolgt bereits im Jahre 1994 die Umwandlung des nationalen Programms in das einer „Global Information Infrastructure" (Gore; Brown 1995). Dabei übt Al Gore im Rahmen mehrerer internationaler Konferenzen und Gipfeltreffen beträchtlichen Druck auf andere Staaten aus, sich der Initiative anzuschließen (siehe z.B. Gore 1994). Diese Strategie geht für die Vereinigten Staaten schneller auf, als es sich ihre Erfinder/innen vermutlich erträumt hatten: Noch im selben Jahr setzt hier ein gewaltiger Wirtschaftsaufschwung – mit der IKT-Ökonomie im Kern – ein, der bis zum Ende des Jahrzehnts andauert und der von Analytiker/innen nicht zuletzt auf die entsprechende Unterstützung der „Dynamik der ‚New Economy'" durch die Clinton-Administration zurückgeführt wird (vgl. z.B. Castells 2001, S.153, S.98f).[107]

Die Eigennützigkeit der Rechnung der Amerikaner/innen war zu durchschaubar, um unbemerkt zu bleiben. Warum die meisten Länder der Welt ihrem als „Kooperationsagenda" präsentierten Drängen dennoch und v.a. so schnell nachgaben, hat regional unterschiedliche Gründe, auf die hier nicht näher eingegangen werden kann.[108] Der Europäischen Kommission kam die Entwicklung auf jeden Fall gerade Recht. Bereits im Einleitungskapitel des

---

[105] Der erste von fünf Punkten, die im Bereich „Benefits and Applications" aufgelistet sind, lautet „Create jobs, spur growth, and foster U.S. technological leadership".

[106] Im *National Information Infrastructure*-Aktionsplan wird diese Einsicht folgendermaßen umschrieben: "Because information crosses state, regional, and national boundaries, coordination is critical to avoid needless obstacles and prevent unfair policies that handicap U.S. industry." (IITF 1993, Abschn. "Executive Summary").

[107] Selbstverständlich war der Wirtschaftsaufschwung in den USA nicht lediglich auf den Boom der ‚New Economy' und erst recht nicht nur auf die Handlungen der Clinton-Administration zurückzuführen. Vieles spricht dafür, dass Clinton einfach „der richtige Mann zur richtigen Zeit am richtigen Ort" war. Oder, wie es in einem *Spiegel*-Artikel zu seiner Autobiografie heißt: „ein Präsident im Glück" (Hoyng; Spörl 2004). Zu den wahren (Hinter-) Gründen dieser Hochkonjunkturphase siehe Abschnitt 7.1.2.

[108] Bei einer Rede Ende September 1994 berichtet Al Gore begeistert davon, dass die im Global Information Infrastructure-Plan vorgegebenen Strategien bereits (nach nur wenigen Monaten des Bestehens des Konzepts) von zahlreichen Staaten umgesetzt werden. Dabei zählt er neben den USA fast ausschließlich Schwellen- und Entwicklungsländer auf (vgl. Gore 1994). Dass solche in Bezug auf das Internet von den Amerikaner/innen, die zu dieser Zeit den entsprechenden „Backbone" besaßen, absolut abhängig waren, versteht sich von selbst. Auch Japan war nach dem Platzen der „Bubble Economy" der späten 1980er Jahre wirtschaftlich zu angeschlagen, um den USA in dem Bereich etwas entgegensetzen zu können. Die einzigen, die in der Lage gewesen wären, einen von den Vereinigten Staaten unabhängigen Weg einzuschlagen, waren zu diesem Zeitpunkt die Europäer/innen. Doch die EU war aus den in Folge dargestellten Gründen nicht daran interessiert.

mit *Europe and the Global Info Society* betitelten Bangemann-Reports aus dem gleichen Jahr bestehen die prominenten Autor/innen auf der Notwendigkeit, einer *sofortigen* Umsetzung des von ihnen entworfenen Aktionsplans. Danach führen sie ein eigenes Unterkapitel mit der Überschrift „Time to press on" ein. Hier beantworten sie die von ihnen selbst aufgeworfene Frage „warum die Eile?" damit, dass außereuropäische Betreiber von informationellen Netzwerken und Dienstleistungen zunehmende Aktivitäten auf den Märkten der Gemeinschaft entfalten. Wenn Europa nicht schleunigst aufschließt, wird ihren Anbieter/innen in diesem Bereich der „kommerzielle Muskel" fehlen, um den ihnen zustehenden Anteil an der globalen Informationsökonomie zu erobern. Die Verfasser/innen des Berichts scheuen sich auch nicht, die in diesem Fall drohenden Konsequenzen schonungslos zu benennen: Dann würden europäische Unternehmen an wirtschaftlich attraktivere Orte abwandern und Europas Exportmärkte „verdampfen" (vgl. Bangemann et al. 1994, S.8). Was daraufhin auf die Europäer/innen zukommt, braucht nicht ausgesprochen zu werden: Von einer tiefgreifenden Wirtschaftkrise und der damit verbundenen Massenarbeitslosigkeit bis hin zu einem Rückfall des alten Kontinents in die informationelle und folglich ökonomische Steinzeit ist alles denkbar.

Das Problem mag dabei zwar neuen Ursprungs sein, die Lösungsvorschläge sind jedoch eindeutig alt: Wie schon seit Jahrzehnten in ähnlichen Dokumenten der EU-Kommission wird in der Expertise auch diesmal gefordert, den Herausforderungen des Informationszeitalters mit einer möglichst raschen und vollständigen Liberalisierung sämtlicher Wirtschaftsbereiche zu begegnen, die mit Informationstechnologien zu tun haben (vgl. v.a. ebd., S.12ff). Denn darin besteht – wie in dem im gleichen Jahr erschienenen „Grünbuch" zur *Liberalisierung der Telekommunikationsinfrastruktur und der Kabelfernsehnetze* festgehalten wird – eine der Hauptbedingungen unter denen sich „Kapital mobilisieren läßt, um in die neuen Technologien zu investieren, die für Wachstum, Wettbewerbsfähigkeit und Beschäftigung unerläßlich sind" (Europäische Kommission 1994, S.12). In dieser Tradition stehen auch alle weiteren Positionspapiere und Aktionspläne der Europäischen Union im Zusammenhang mit IKT auf dem Höhepunkt des Informationalismus – bis hin zum berühmten (im Rahmen der eEurope-Initiative im Jahre 2000 lancierten) Vorsatz, innerhalb von zehn Jahren die „wettbewerbsstärkste und dynamischste Wirtschaft der Welt" aufbauen zu wollen (Europäische Kommission 2000, S.1).

An den Begründungen jedes Vorstoßes der EU-Kommission im Kontext der Informationsgesellschaft seit den frühen 1980er Jahren mit wirtschaftlichen Argumenten wird deutlich, dass (auch) in Europa bereits zu diesem Zeitpunkt „die Informationsgesellschaft kein ‚eigenständiges' Ziel, sondern ein Vehikel für das allgegenwärtige Bestreben zur Stärkung der (…) Wettbewerbsfähigkeit" darstellte (Schaper-Rinkel 2009, S.39). Letztere konnte nach Meinung der meisten damals führenden europäischen Politiker/innen – von denen der überwiegende Teil Parteien aus dem „rechten" Spektrum angehörte – nur durch eine konsequente Umsetzung des (neo-) liberalen Wirtschaftsprogramms in sämtlichen wichtigen Sektoren erzielt werden. Jedoch war eine derartige Position in den 1980er Jahren noch umstritten – und zwar nicht nur aus ideologischen Gründen (z.B. steuerte Frankreich, als einziges größeres EU-Land mit einer sozialistischen Regierung, massiv dagegen), sondern auch aus ökonomischen. Schließlich hatte man das Beispiel Japans vor Augen, das seine Vormachtstellung im IKT-Bereich keineswegs in Folge des Rückzugs des Staates aus wirtschaftlichen Angelegenheiten errang, sondern im Gegenteil durch intensive staatliche Lenkungen der Ökonomie – im Rahmen von steuerlichen Anreizen, Investitionen, Forschungsprogrammen etc. (vgl. Schaal 2006, S.26f).

Die unmittelbare Koppelung der Bemühung um einen IKT-beförderten Wirtschaftsaufschwung an die Notwendigkeit flächendeckender marktliberaler Reformen wurde jedoch im Zuge des – ab dem zweiten Drittel der 1990er Jahre einsetzenden – Booms der internetbasierten ‚New Economy' viel leichter argumentierbar. Denn so eine Wirtschaftsform war ganz offensichtlich global, vernetzt, flexibel und v.a. absolut frei von jedweder staatlichen Regulierung. Das – zu diesem Zeitpunkt bereits in die Jahre gekommene aber allgemein bekannte – Schlagwort „Informationsgesellschaft" eignete sich hiermit vorzüglich zur Legitimierung des Bestrebens, den in den 1980er Jahren begonnenen Radikalumbau des Verhältnisses zwischen Staat und Ökonomie massiv zugunsten der Interessen aus Wirtschaftskreisen voranzutreiben (zum Letzteren siehe Abschnitt 7.2.2.).

### *5.2.3 Von der Politik vorangetriebene „Revolution"*

Damit lag es für die Verfasser/innen des Bangemann-Reports auf der Hand, gleich im ersten Satz seines ersten Kapitels das – 1994 schon mehr als 30 Jahre alte – Postulat des Aufkommens einer „neuen industriellen Revolution" aufzugreifen (Bangemann et al. 1994, S.5). Bemerkenswert ist jedoch, dass die Expert/innen bereits im Titel des zweiten Kapitels klar stellen, welche Kräfte ihrer Meinung nach *tatsächlich* hinter den von ihnen als Ausgangspunkt ihrer Überlegungen gewählten Umwälzungen stehen: Sie benennen es als „A market-driven revolution" (ebd., S.12). Da der Markt aus der Sicht der Gruppe bei diesem Wandel die treibende Kraft bildet, liegt ihre Schlussfolgerung nahe, dass sich ein solcher Prozess lediglich in einem Umfeld absolut uneingeschränkten Wettbewerbs vollständig entfalten kann (vgl. ebd.). Der politökonomische Zugang der Autor/innen des Berichtes gleicht dabei dem eines radikalen „laissez-faire": Der Markt wird sich selbst lenken und zwischen Gewinnern und Verlierern entscheiden (S.8). Die Aufgabe der Politik besteht lediglich darin, den Wettbewerb zu gewährleisten und einen „strong and lasting political welcome for the information society" sicherzustellen (S.9).

An dieser Argumentationslinie wird die Tatsache besonders klar erkennbar, die bereits im Abschnitt 5.1.2. angesprochen wurde: Der technologische Determinismus diente der Politik auf dem Höhepunkt des Informationalismus zur Beförderung eines weiteren, in der Demokratie bedeutend schwieriger durchsetzbaren Determinismus: Dem des Primates ökonomischer Interessen vor allen anderen gesellschaftlichen Anliegen. Genauso wie beim (extremen) Technikdeterminismus besteht die Hauptgefahr eines solchen „marktdeterministischen" Zugangs darin, dass dem Menschen seine Fähigkeit zur sozialen Gestaltung aberkannt wird. Die Forderungen der Wirtschaft werden als von außen oktroyierte „naturgegebene" Sachzwänge präsentiert, auf die es lediglich – im Sinne einer Unterordnung – zu reagieren gilt (vgl. z.B. Schaper-Rinkel 1999; Karrass 2008). Dagegen hat sich bereits im Kontext der Darstellungen im vorangehenden Abschnitt eine dritte vollkommen gegenläufige Perspektive herauskristallisiert: Wenn im Zusammenhang mit der Ausbreitung der Informations- und Kommunikationstechnologien und erst recht des World Wide Web überhaupt von einer „Revolution" gesprochen werden kann, dann wurde diese weder durch technologische Entwicklungen noch vom Markt vorangetrieben, sondern in erster Linie von der Politik selbst initiiert.

Offensichtlich wird dieser Umstand, wenn man einen Blick auf die Hintergründe des Aufschwungs des aktuellen „Leitmediums" und des damit unmittelbar verknüpften Booms der ‚New Economy' wirft: Das Internet ist laut Manuel Castells (2005a, S.32) „nicht in der Welt der Wirtschaft entstanden. Es war eine zu waghalsige Technologie, ein allzu kostspieliges Projekt und eine allzu riskante Initiative, als dass es von profitorientierten Organisationen hätte übernommen werden können."[109] In den USA stark monopolisierte und in Europa größtenteils verstaatlichte Telefongesellschaften, die durch Infrastrukturausbau und Preissenkungen viel zur Verbreitung des Internets beitragen hätten können, zeigten sogar ganz bis zum Schluss – also bis kurz vor seinem im ersten Drittel der 1990er Jahre einsetzenden ökonomischen Durchbruch – nicht die Spur eines Interesses daran. Und auch die risikofreudigsten Unternehmer/innen sowie private Investor/innen waren bis dahin nicht vermessen genug, um zu versuchen „aus diesem wagemutigen Ansatz rentable Anwendungen heraus zu kitzeln" (ebd., S.33). Daraus resultierte, dass die Entwicklung des Internet und der meisten damit verbundenen Technologien von Anfang der 1970er Jahre an – also über einen Zeitraum von über 30 Jahren – alleine aus (überwiegend US-amerikanischen) Staatskassen finanziert wurde, ohne Aussicht auf einen Rückfluss der beträchtlichen Ausgaben.

Die Frage, ob die Regierenden, welche das Internet Anfang der 1990er Jahre angesichts seiner wirtschaftlichen Potenziale fördern wollten, dazu eine Alternative hatten, außer dem Forcieren neoliberaler Reformen, kann bejaht werden: Sicherlich hätten sie auch mit Hilfe enormer staatlicher Investitionen nach dem Vorbild des japanischen Modells aus den 1970er Jahren eine ‚New Economy' ins Leben rufen können, die nicht alleine auf „laissez-faire"-Mechanismen basiert hätte und damit sowohl sozial gerechter als auch weniger Krisenanfällig gewesen wäre. Jedoch schien eine solche Aufgabe zu diesem Zeitpunkt finanziell nicht bewältigbar: Ronald Reagan hinterließ bei seiner Abwahl dem Nachfolger im Amt des US-Präsidenten das größte Staatsdefizit in der amerikanischen Nachkriegsgeschichte. Japan war durch das Platzen „Bubble Economy" der späten 1980er Jahre ökonomisch schwer angeschlagen und auch Europa befand sich nicht gerade in einer Hochkonjunkturphase. Vor diesem Hintergrund glaubten die verantwortlichen Politiker/innen beim Ausbau des Internets in erster Linie auf die Kräfte des Marktes setzen zu müssen.

Die prinzipielle Stoßrichtung war in den USA und in Europa identisch. Jedoch gab es in Bezug auf Ausführungsdetails und v.a. hinsichtlich der Diktion Unterschiede, die man in dieser Form nicht vermutet hätte: In der Einleitung des US-amerikanischen *National Information Infrastructure*-Aktionsplans (NII) wird zwar betont, dass der Privatwirtschaft die Hauptrolle und Hauptverantwortung in diesem Prozess zukommt, jedoch erfolgt zugleich der Verweis auf mehrere damit zusammenhängende Aufgaben der Regierung: Sie soll private Investitionen durch unterstützende Steuer- und Regulationspolitik ankurbeln, For-

---

[109] Castells (2005a, S.32f) zeigt auf, dass alle Versuche der US-Regierung das Internet seit seiner Errichtung 1972 bis Anfang der 1990er Jahre zu privatisieren (wobei man sich v.a. bemühte, die Verantwortung für den Betrieb an Telefongesellschaften zu übertragen) am fehlenden Interesse Seitens der Wirtschaft scheiterten. Auch ansonsten risikofreudige Softwareunternehmer/innen – wie z.B. Bill Gates selbst – glaubten noch Anfang der 1990er Jahre nicht daran, dass das Internet für breite Massen von Interesse sein könnte, solange technische Voraussetzungen für Anwendungen wie „Video-on-demand" nicht zur Verfügung stünden (vgl. Gates 1997, S.12f). Da solche Features bis heute nicht wirklich für den großflächigen Einsatz geeignet sind, dürfte nach dieser Rechnung das Internet noch immer lediglich für das Militär und die Forschung von Relevanz sein.

## 5. Informationalistische Politik

schungsprogramme auflegen etc. (vgl. IITF 1993, Abschn. „Executive Summary"). Hier ist deutlich die Handschrift von Al Gore zu erkennen, der bereits 1991 – also zwei Jahre vor der Machtübernahme der Demokraten, aus der Opposition heraus – staatliche Förderungsmaßnahmen für das Internet durchsetzte. Das aus heutiger Sicht wichtigste Projekt, das durch den (mancherorts auch als „Gore-Bill" bezeichneten) „High Performance Computing and Communication Act" (siehe NITRD 1991) ermöglicht wurde, stellte die Entwicklung von „Mosaic" dar. Diese an der Universität von Illinois erarbeitete und 1993 veröffentlichte „Killerapplikation" war der erste Webbrowser, der auf allen damals gängigen Plattformen lief, mit grafischen Oberflächen operierte und eine hohe Benutzerfreundlichkeit aufwies, weswegen er in kürzester Zeit enormen Anklang bei „Internet-Laien" fand und damit – mehr oder weniger „über Nacht" – den weltweiten WWW-Boom auslöste (vgl. Naughton 2005, S.242ff). Seinem Schöpfer Marc Andreessen zufolge wäre diese Entwicklung im rein privatwirtschaftlichen Rahmen nicht möglich gewesen bzw. hätte erst Jahre später stattfinden können (vgl. Perine 2000).

Während in den traditionsgemäß in Hinblick auf die Ökonomie viel liberaleren USA der Ausbau des Internets also verhältnismäßig intensiv mit Hilfe staatlicher Förderungsmaßnahmen betrieben wurde, wählten die Europäer/innen einen für sie bis dahin (v.a. in seiner Gradlinigkeit) ungewöhnlichen Weg: Bereits in der Präambel des Bangemann-Berichts zum Thema *Europe and the global information society* strichen seine Verfasser/innen überdeutlich hervor, dass die entsprechende Strategie auf diesem Kontinent auf keinen Fall mit weiteren öffentlichen Ausgaben verbunden sein darf – „it does NOT mean more public money, financial assistance, subsidies (…)" (Bangemann et al. 1994, S.4). Stattdessen sprach man – wie schon dargestellt – dem Markt sein grenzenloses Vertrauen aus und postulierte, erst mit Hilfe der Privatisierung und Liberalisierung aller mit IKT zusammenhängenden Wirtschaftsbereiche seine Kräfte zur vollen Entfaltung kommen lassen zu können. Bei einem solchen Vergleich der amerikanischen und der europäischen Linie muss jedoch bedacht werden, dass in den USA zu diesem Zeitpunkt die Liberalisierung allgemein um einiges weiter fortgeschritten war, als in Europa, dass Letzteres also diesbezüglich nach Meinung der EU-Kommission einen enormen „Aufholbedarf" aufwies.[110] Außerdem wurde und wird in der EU grundsätzlich sehr viel öffentliches Geld in Förderungsprogramme im Informations- und Kommunikationstechnologiebereich investiert. So gab die Union bereits im Jahre 1990 rund 40% ihres Forschungsetats für die Ankurbelung entsprechender Entwicklungen aus (Knoblauch 2004, S.361). Auch im aktuellen siebten Forschungsrahmenprogramm der Europäischen Union (RP7), das von 2007 bis 2013 angesetzt ist, macht IKT mit 9,1 Milliarden Euro den größten Einzelposten aus[111] (vgl. Europäische Kommission 2007c, S.4).

Der größte europäische Beitrag zur Entwicklung des Internets in seiner heutigen Form wurde zwar nicht aus solchen Budgets, sehr wohl jedoch mit öffentlichen Geldern finan-

---

[110] Die Autoren der Studie *Staatliche Initiativen zur Förderung der Informationsgesellschaft* kommen bei ihrer Gegenüberstellung des US-amerikanischen NII und des deutschen Aktionsplans *Info 2000* sogar zu dem Schluss, dass im Programm aus den Vereinigten Staaten die Marktorientierung noch stärker ausgeprägt war, als in jenem aus Deutschland. Das begründen sie v.a. damit, dass es in den USA – alleine wegen der Furcht vor dem Vorwurf der Wettbewerbsverzerrung – gar nicht möglich ist, staatliche Mittel direkt in technologische Entwicklungen von Firmen fließen zu lassen (vgl. Breiter et al. 2007, S.486).

[111] Dagegen wirken die Budgets für die Untersuchung heute besonders heiß diskutierter Fragen und Probleme, wie der in Bezug auf Umwelt (einschließlich Klimaänderung) sowie Sicherheit (Stichwort Terrorismus), mit jeweils 1,8 bzw. 1,3 Milliarden Euro eher bescheiden.

ziert. Es entstand am CERN, der Organisation für Kernforschung mit Sitz in Genf, der alle EU-Länder zuzüglich der Schweiz und Norwegens angehören. Den Hintergrund des Projekts bildete der Bedarf nach einem System, das eine Speicherung, Verwaltung und v.a. Vernetzung der sowohl technisch als auch inhaltlich höchst divergierenden Informationen zu den am CERN durchgeführten Projekten ermöglichte. Dazu erarbeitete der britische Informatiker Tim Berners-Lee bis Januar 1991 in einem lediglich einjährigen Forschungsprojekt und mit Unterstützung einer einzigen studentischen Hilfskraft (Nicola Pellow) sämtliche Protokolle und Grundanwendungen, auf denen auch heute noch das World Wide Web basiert (vgl. Naughton 2005, S.231ff).

### *5.2.4 Das Geschäft mit der Wirtschaft und sein Preis*

Von einer durch die Wirtschaft beförderten „Internetrevolution" kann also keinesfalls die Rede sein, wenn die technische Basis des WWW mit staatlicher Unterstützung und an öffentlichen Institutionen aufgebaut wurde (vgl. auch Brown et al. 2011, S.163). Die Regierungen sahen sich jedoch außer Stande, ebenso die Infrastruktur für die breite Anwendung des Internet zu schaffen, die für den Aufschwung einer internetbasierten Ökonomie essentiell war – z.B. gab es zu Beginn der 1990er Jahre nur eine Handvoll Webserver und die Internetverbindungen waren zu der Zeit extrem langsam sowie ihre (intensive) Nutzung sehr teuer. Aber auch in Bezug auf die Durchsetzung der ‚New Economy' ist der oben angesprochene „markttechnische Determinismus" fehl am Platz. Denn sogar Soziolog/innen, die massiv der Idee von Technologien angetriebener Umwälzungen anhängen und die Bedeutung des freien Marktes bei der Wende zum Informationalismus hervorstreichen (wie z.B. besonders prominent Manuel Castells), gestehen ein, dass das ihm zugrunde liegende Wirtschaftssystem – und hier in erster Linie die unmittelbar an den Neoliberalismus gekoppelte Globalisierung – „politisch konstruiert worden" ist (Castells 2001, S.156).

Welcher Staat diese Entwicklung am stärksten vorantrieb und aus welchem Grund ist klar: Als „wichtigste[] Globalisiererin" bezeichnet Manuel Castells (ebd., S.151) die US-Regierung. Ihm zufolge funktioniert eine offene Weltwirtschaft nicht zuletzt deswegen „zum Wohle amerikanischer Unternehmen", weil diese in zahlreichen Bereichen sowohl einen technologischen als auch einen Flexibilitätsvorsprung aufweisen. Aber auch auf Grund der „hegemonialen Präsenz Amerikas in den internationalen Handels- und Finanzinstitutionen" läuft Castells Analyse nach „die Globalisierung für die USA auf gesteigerte Prosperität hinaus (…)." Deswegen arbeitete Clintons Administration so „hart daran, der Welt das liberale Handelsevangelium zu bringen" (ebd., S.151f). Dass es die meisten Länder der Welt beeindruckte, wenn sie dabei bei Bedarf „die ökonomischen und politischen Muskeln" (ebd., S.152) spielen ließ, ist klar. In Hinblick auf Europa stellt sich die Situation jedoch anders dar, da hier die Abhängigkeit von den Vereinigten Staaten geringer war. Warum die Mächtigen in der EU dennoch zu dieser Zeit auf das Forcieren der Globalisierung und all der damit verbundenen marktliberalen „Reformen" setzen, erklärt Castells damit, dass ihnen die Teilnahme am erdumspannenden Wettbewerb als die einzige Chance erschien, „die Autonomie Europas zu bewahren und zugleich in der neuen Welt erfolgreich zu sein" (S.152).

Andere, v.a. „alt-linke" Analytiker/innen stehen jedoch dieser – von der Politik selbst propagierten Begründungslinie – höchst skeptisch gegenüber. Petra Schaper-Rinkel publiziert im Jahre 1999 in der marxistisch orientierten Zeitschrift „PROKLA" einen Artikel unter dem Titel *Zur politischen Produktion von Sachzwängen*. Ausgehend von der Aufarbeitung der EU-weiten Auseinandersetzungen um den Telekommunikationsmarkt in den letzten 20 Jahren des 20 Jahrhunderts zeigt sie darin auf, dass mit dem im Rahmen des europäischen Konzeptes der Informationsgesellschaft mit Nachdruck verkündeten Postulat der Notwendigkeit, die Wettbewerbsfähigkeit der europäischen Industrie zu steigern, eine Politik durchgesetzt wurde, „die den Wettbewerb praktisch intensiviert oder erst geschaffen hat" (ebd., S.46). Ihrer Analyse zufolge handelte es sich dabei „nicht um die Exekution eines unabwendbaren Prinzips, sondern um eine Praxis politischer Entscheidungen" (S.51). Um ein entsprechendes Programm gegenüber den Wähler/innen, die den damit untrennbar einhergehenden Sozialabbau nicht mittragen wollten, argumentieren zu können, vertauschte man jedoch die Handlungsabsicht mit der Handlungsgrundlage: Das zentrale politische Ziel der Steigerung der Wettbewerbsfähigkeit wurde zu einem existenzbedrohenden Sachzwang erklärt und auf diese Weise ein solcher Sachzwang erst konstruiert (vgl. S.46, S.50; vgl. Karrass 2008). Der Ökonom, Publizist und Politiker der deutschen Partei „Die Linke" Joachim Bischoff nimmt in Bezug auf diesen Punkt eine noch kritischere Perspektive ein: Seiner Meinung nach bildeten sämtliche in allen wohlhabenden Ländern zu beobachtenden sozialen Implikationen des Übergangs zur ‚New Economy' – wie der Rückgang der Sparquote bei gleichzeitig höherer Verschuldung der privaten Haushalte, die Verringerung der Investitionen in öffentliche Infrastruktur, die Rücknahme von Wohlfahrtsleistungen bei damit einhergehender Zunahme prekärer Arbeitsverhältnisse etc. – nicht die *Folge*, sondern die *Voraussetzung* des Wechsels zu so einer Wirtschaftsform (vgl. Bischoff 2001, S.142ff; ausführlich zu den Auswirkungen des Informationalismus auf den Sozialstaat siehe Abschnitt 5.3.3.).

Mit diesem Diskurs implizierte Frage, ob die Politik den Sozialabbau vollkommen unabhängig von wirtschaftlichen Notwendigkeiten erzwingen *wollte* oder wenigstens bis zu einem gewissen Grad in dem Glauben handelte, ihn auf Grund ökonomischer Bedürfnisse betreiben zu *müssen*, kann im Rahmen der vorliegenden Arbeit nicht geklärt werden. Die politische Verkehrung von Ursache und Wirkung ist jedoch in Hinblick auf einen anderen Aspekt der Diskussion eindeutig evident: Der Rückzug des Staates aus allen wirtschaftlichen Belangen wurde nicht – wie z.B. im oben mehrmals angesprochenen Bangemann-Report behauptet – wegen des Aufschwungs der ‚New Economy' erforderlich, sondern hat umgekehrt diesen erst ermöglicht. Denn die politisch betriebene globale Privatisierungs- und Liberalisierungswelle setzte bereits zehn Jahre zuvor – 1984 – mit drei Ereignissen ein: Mit der Zerschlagung des Monopols der „American Telephone & Telegraph Corporation" (AT&T), dem Börsengang der bis dahin verstaatlichten „British Telecom" sowie mit der Aufhebung zahlreicher Einschränkungen von Transaktionen des weltweiten Kapitalmarktes (vgl. Mattelart 2003, S.105f). Betreffend der ersten beiden Ereignisse – d.h. der Deregulierung der Telekommunikationsbranche – ist ihre enge Verknüpfung mit dem Bestreben zum Aufbau einer IKT-basierten Ökonomie oben schon dargestellt worden. Die Entwicklung hin zur vollständigen Liberalisierung entsprechender Wirtschaftssektoren wurde in den folgenden Jahren politisch weiter forciert und fand im Januar 1998 ihren (vorläufigen) Höhepunkt, als 68 Staaten – u.a. alle EU-Länder – nach langjährigen Verhandlungen im Rahmen der Welthandelsorganisation (WTO) ein diesbezügliches Abkommen unterzeichneten (vgl. ebd., S.106).

Ein solcher Prozess steht jedoch genauso in einem untrennbaren Zusammenhang mit dem 1984 begonnenen schrittweisen Abbau aller staatlichen Beschränkungen für Finanzgeschäfte. Dieser kulminierte 1999 – auf massives Betreiben der Clinton-Administration – in der Abschaffung sämtlicher Regulierungen, deren Einführung in den 1930er und 1940er Jahren erfolgte, um Finanzkrisen in der Art von 1929 zu verhindern. Damit erlangten Unternehmen und Anleger/innen die Freiheit, Geld und Wertpapiere in jeder nur erdenklichen Weise zu handhaben, die ihnen der Markt ermöglichte (vgl. Castells 2001, S.162f). Laut Manuel Castells (2005a, S.89) stellte eine solche Transformation des Kapitalsektors überhaupt erst den Ausgangspunkt für die Entfaltung der internetbasierten ‚New Economy' dar. Denn sie beflügelte sowohl den Aktienmarkt als auch das „Risikokapital" – d.h. mit enormen Gewinnaussichten und gleichzeitig höchsten Verlustgefahren verknüpfte Investitionen, deren Fluss die Grundlage der privaten Finanzierung des Fortschritts im Bereich „waghalsiger Technologien" bildet (vgl. auch Castells 2001, S.161ff).

Um alles hier Besprochene auf eine einfache (und damit wie immer in solchen Fällen die Tatsachen vereinfachende) Formel zu bringen: Bei dem gesamten Prozess handelte es sich um ein gewaltiges „Gegengeschäft": Die Staatsführungen wollten die Wirtschaft dazu bewegen, erstens die Preise für den Zugang zur Telekommunikation (und damit zum Internet) radikal zu senken, sowie zweitens massiv in den Ausbau der Informations- und Kommunikationstechnologien zu investieren. Das erste Ziel war ihrer Meinung nach nur durch das Anheizen des Wettbewerbs im Telekommunikationssektor zu erreichen, das zweite lediglich durch die Steigerung der Anreize für riskante Finanzgeschäfte. Beide Ansinnen bildeten zentrale Gründe für die Privatisierung bedeutender davor der staatlichen Kontrolle unterstehender Bereiche und für die Lockerung von Regulationsmechanismen bis hin zur größtmöglichen Liberalisierung der Wirtschaft sowie des Kapitalmarktes. Diese politische Strategie ging insofern auf, als im (zunächst in kleinste Untereinheiten zerschlagenen) Telekommunikationssektor tatsächlich ein brutaler „Preiskrieg" einsetzte, der mittelfristig auch zu einer spürbaren Senkung der Zugangskosten zum Internet führte. Gleichzeitig verhalf sie gegen Mitte der 1990er Jahre einer ‚New Economy' zum Durchbruch, die im Rausch einer von Castells (2005a, S.89) so bezeichneten „riskante[n] Finanzierungsorgie" astronomische Summen in die Entwicklung sowie Verbreitung von Informations- und Kommunikationstechnologien pumpte (vgl. Castells 2001, S.162; Mattelart 2003, S.106).

Der Preis, den die Regierungen und v.a. die Bevölkerungen der Industrieländer für das intensive privatwirtschaftliche Engagement bei ihrer Transformation in post-industrielle Gesellschaften zu zahlen hatten, war jedoch enorm hoch. Denn die ökonomische Deregulierung bzw. Liberalisierung bedeutete nichts anderes, als dass sich die Staaten freiwillig fast aller Werkzeuge entledigten, die es ihnen bis dahin ermöglichten, in wirtschaftliche Belange lenkend einzugreifen. Sogar eher rechts positionierte Autor/innen – wie z.B. jene, der von der Volkswagenstiftung in Auftrag gegebenen Studie *Staatliche Initiativen zur Förderung der Informationsgesellschaft* – postulieren, dass die Mächtigen mit der Privatisierung des Telekommunikationssektors „ein wesentliches Instrument der Gestaltung aus der Hand gegeben" haben (Breiter et al. 2007, S.497). Noch deutlicher werden in diesem Punkt den „Linken" zuordenbare Expert/innen. So erhielten laut dem sich bereits seit Mitte der 1980er Jahre intensiv mit Fragen rund um die Globalisierung auseinandersetzenden, international höchst renommierten deutschen Soziologen Ulrich Beck in Folge hier beschriebener Prozesse weltweit operierende Unternehmen nicht nur eine Schlüsselrolle bei der Ausformung der Wirtschaft, sondern der Gesellschaft insgesamt. Auf dieser Basis konnten sie jede ihrer Forderungen (wie z.B. Steuererleichterungen, niedrige Löhne, Lockerung der Arbeitszeitgesetzte etc.) alleine mit Hilfe der (oft genug realisierten) Drohung durchsetzen, Produktionsteile bzw. ganze Betriebe in „Billiglohnländer" auszulagern und somit Staaten ihre materielle Grundlagen (Steuereinnahmen, Arbeitsplätze etc.) zu entziehen (vgl. Beck 1997, S.14). In Form eines – laut Beck, beispiellosen – „öffentlichen Selbstmordes" (ebd., S.16) unterwarf sich damit die Politik dem „Primat des Ökonomischen" (vgl. ebd., S.203). Sie beraubte sich fast jeder wirtschaftspolitischen Handlungsfähigkeit und degradierte sich zu einem Vollzugsgehilfen von (vermeintlichen) „Weltmarktgesetzten", die sie zu allen möglichen „Reformen" zwangen (vgl. ebd.). Dabei bestanden Letztere v.a. darin, ausgehend vom Argument der „Standortsicherung" den Unternehmen die Erwirtschaftung größtmöglicher Gewinne zu ermöglichen und dafür gleichzeitig die Löhne niedrig zu halten, die Arbeitsbedingungen soweit wie möglich zu „flexibilisieren", sowie soziale Leistungen zu kürzen (vgl. S.15ff).

## 5.3 Metaideologie

Die Kritik an der Politik des Informationalismus wurde im vorangehenden Abschnitt bewusst ausnahmsweise hauptsächlich aus der Perspektive dezidiert dem „linken" Spektrum angehörender Positionen präsentiert. Denn aus dem Blickwinkel der sozialistischen Ideologie – erst recht in ihrer klassisch-marxistischen Ausprägung – erscheint eine deutliche Distanzierung von fast allen mit dem informationellen Kapitalismus verbundenen gesellschaftlichen Entwicklungen nicht nur logisch, sondern zwingend, alleine schon deswegen, weil dieser den Wohlfahrtsstaat untergräbt. Jedoch ist der hinter dem Informationalismus stehende radikale Neoliberalismus genauso aus der konservativen Warte suspekt, weil er mit zahlreichen Traditionen bricht, die zu bewahren die Konservativen als ihre zentrale Aufgabe erachten. Schließlich hat der Informationalismus auch mit der liberalen Weltanschauung nur wenig bzw. lediglich am Rande zu tun. Er übernimmt von ihr zwar die Forderung nach der uneingeschränkten Freiheit des Marktes, weitere für diese Gesinnung konstitutive Freiheiten sind damit jedoch keinesfalls verknüpft, wie man besonders deutlich an Ländern wie Chile und China erkennen kann, deren Regimes es problemlos schafften bzw. noch immer schaffen, das entsprechende ökonomische System mit totalitären Einschränkungen der Menschenrechte zu verbinden.

Mit der Unterordnung der drei großen politischen Weltanschauungen unter die „neue ideologische Hegemonie" (Castells 2001, S.153) des neoliberalen Wirtschaftsprogramms an der Jahrtausendwende wurde in der politischen Realität jedoch nur vordergründig das erreicht, was der wichtigste Begründer der Konzepts der Informationsgesellschaft – Daniel Bell – im Jahre 1960 prophezeite: das Ende der Ideologien. Ein solcher Zustand wäre im vorliegenden Fall lediglich dann erzielbar, wenn ökonomische Entwicklungen vollständig von anderen gesellschaftlichen Prozessen abgekoppelt werden könnten. Letzteres ist nur in höchst beschränktem Maße und v.a. in totalitären Systemen möglich (siehe Beispiele Chile und China). Auf breiter Ebene und in demokratischen Staaten, in denen Regierende ihre Vorgangsweisen vor den Wähler/innen argumentieren müssen, weisen wirtschaftliche Entscheidungen mannigfaltige Auswirkungen auf zahlreiche weitere Bereiche sozialer Interaktionen auf. Die konsequente Ausrichtung am Neoliberalismus zwang folglich die politischen Vertreter/innen aller großen Weltanschauungen dazu, auch in Bezug auf Fragestellungen, die vordergründig nichts mit ökonomischen Überlegungen zu tun hatten, tiefgreifende „Gesinnungskompromisse" zu schließen und im Zuge dessen ihre zentralen Grundsätze neu zu definieren oder gänzlich aufzugeben. Damit entstand jedoch keine „Nichtideologie", sondern eine Metaideologie – eine Weltanschauung, die quer zu allen anderen verläuft und zahlreiche Zugänge integriert, die bis dahin in gegenseitiger Opposition standen.

Die Aufarbeitung sämtlicher Modifikationen aller betroffenen Gesinnungen bei ihrem Transformationsprozess in Richtung des Informationalismus würde den Rahmen der vorliegenden Arbeit bei weitem überschreiten. Daher erfolgt hier eine Konzentration auf die entsprechende Umformung der sozialistischen Ideologie, teilweise in Gegenüberstellung mit dem Wandel der konservativen Weltanschauung. Die Sozialdemokratie wurde deswegen für eine detaillierte Analyse ausgesucht, weil einerseits hier der Widerspruch zwischen dem Ausgangs- und dem Zielzustand besonders eklatant ist, gleichzeitig jedoch der „ironische Dreh in der politischen Geschichte" (Castells 2001, S.154) darin besteht, dass die bedeutendsten informationalistischen „Reformer" größtenteils gerade ihrem Lager entstammen (vgl. ebd.).

### 5.3.1 Jenseits von Links und Rechts

Innerhalb der „Linken" formierte sich der Widerstand gegen das, was in der vorliegenden Arbeit mit dem Begriff des „Informationalismus" subsumiert wird, von dem Augenblick an, als seine sozialen Auswirkungen spürbar wurden – d.h. ab Anfang der 1980er Jahre. Besonders deutlich ist es an der Auseinandersetzung um den Post-Fordismus erkennbar. Denn die im Abschnitt 2.2.4. der vorliegenden Arbeit dargestellte begeisterte Einstellung zahlreicher marxistisch gesinnter Analytiker/innen entsprechenden Prozessen gegenüber stieß von Anfang an auf erbitterte Opposition aus den eigenen Reihen.

Die Skeptiker/innen konnten bereits der „neu-linken" Gleichsetzung des Fordismus mit dem Taylorismus und der damit einhergehenden absoluten Verdammung des Ersteren nichts abgewinnen. Schließlich war das Zeitalter des Fordismus (vom Ende des Zweiten Weltkriegs bis zu den Ölkrisen der 1970er Jahre) eine Ära des Wohlstands, der Voll- bzw. „Überbeschäftigung" (zahlreiche westliche Staaten mussten Tausende s.g. „Gastarbeiter/innen" einladen, um ihren Bedarf an Arbeitskräften zu decken) und folglich auch die der Stabilität, Sicherheit und Zuversicht für die überwiegende Mehrheit der Menschen. Gleichzeitig bildete es die Epoche eines großen Mitspracherechts der (sozialistisch dominierten) Gewerkschaften. Das alles waren Errungenschaften, die ihrer Meinung nach in erster Linie auf die politische Regulierung der Wirtschaft nach dem keynesianistischen Modell zurück zu führen waren. Auf der anderen Seite resultierte ihnen zufolge aus der Restrukturierung des Kapitalismus in den 1980er Jahren keinesfalls seine Schwächung sondern im Gegenteil seine Rückeroberung der Macht nach Jahrzehnten der politischen Eindämmung der marktwirtschaftlichen Wucht der „schöpferischen Zerstörung". In all den von den ‚Neuen Linken' so hoffnungsvoll begrüßten Entwicklungen im Rahmen des Post-Fordismus, wie in der vertikalen und horizontalen Dezentralisierung sowie Deregulierung, der zunehmenden Flexibilisierung der Produktion und damit auch der Arbeitsverhältnisse etc. sahen ihre Gegner/innen lediglich die Umsetzung ausgefeilter Strategien transnationaler Konzerne, die es ihnen ermöglichen, ihr Kapital in einer schrankenlosen globalen Marktökonomie zu vermehren – ohne Rücksicht auf Interessen einzelner Nationalstaaten sowie erst recht ohne von lästigen Gewerkschaften gestört zu werden. Gleichzeitig befähigten sie die Konzernbosse dazu, die Ausbeutung von Arbeitnehmer/innen (sowohl in den westlichen Ländern als auch und vor allem in den Ländern der Dritten Welt) zur Perfektion zu treiben – durch unangemessene Entlohnung, soziale Unsicherheit, unzumutbare Arbeitsbedingungen und -zeiten etc. (vgl. Kumar S.79ff; Webster 2006, S.63ff)

Als eines der größten Probleme der Konzeptionen des Post-Fordismus, die sich um die Herausarbeitung seiner gesellschaftlichen Chancen bemühten, betrachteten ihre Kritiker/innen die ihnen innewohnende Trennung der Arbeiterschaft in einen „fähigkeitsflexiblen" Kern (hoch spezialisierte Expert/innen, denen es möglich ist, sich schnell auf neue für sie herausfordernde Aufgabengebiete einzustellen) und eine „zeitflexible" Peripherie (wenig qualifizierte Beschäftigte, die auf Abruf monotone Arbeiten zu verrichten haben). Eine diesbezügliche Separierung ermöglicht es den Konservativen, sich als Vertretung der Interessen der „Kernarbeiterschaft" auszugeben. Statt auf diese Weise den Rechten zuzuarbeiten, sollte sich die Linke lieber auf ihre Grundwerte besinnen – auf den Kampf gegen alle Arten sozialer Ungerechtigkeiten. (vgl. ebd.)

Vertreter/innen der positiveren Sichtweise der gesellschaftlichen Prozesse rund um den Informationalismus, die sich innerhalb der Linken in Hinblick auf die politische Praxis ab den 1990er Jahren durchsetzte, machten von Anfang an keinen Hehl daraus, dass sie von der klassischen sozialistischen Ideologie abwichen. Bereits die Autoren des Hauptwerks des Post-Fordistischen Ansatzes der Flexiblen Spezialisierung Piore und Sabel (1985, S.9) schrieben im Vorwort seiner deutschen Ausgabe zwar, sie würden sich selbst zur Linken zählen. Jedoch setzten sie gleich nach, dass das „heutzutage ja fast nichts mehr heißen" will. Ihren eigenen Ansatz bezeichneten sie gleichzeitig als „rechtssozialdemokratisch" sowie als „linkschristdemokratisch" (ebd.) und konstatierten – schon in der Originalausgabe – eine grundsätzliche „überraschende Nähe neoklassischer und neomarxistischer Sichtweise[n]" (ebd., S.16; vgl. Piore; Sabel 1984, S.7).

Zehn Jahre später überrascht diese Tatsache niemand mehr. 1994 publiziert Anthony Giddens, der (laut Anderson – hier nach Webster 2006, S.203) als wichtigster Soziologe gilt, den Großbritannien in mehr als einem Jahrhundert hervorgebracht hat[112], ein Buch mit dem Titel *Jenseits von Links und Rechts* (hier nach 1997a). Bereits in der Einleitung stellt Giddens, der über sich selber sagt, er hätte sich früher „immer weit links eingeordnet" (Giddens 1997b) fest, dass „die bekannten politischen Ideologien sich erschöpft haben" (Giddens 1997a, S.30). Die Krise der sozialistischen Gesinnung begründet er in erster Linie damit, dass diese auf Grund mehrerer zu seiner Zeit aktueller Entwicklungen anachronistisch geworden sei. U.a. nennt Giddens die Globalisierung, die Veränderung des Zugangs zu Traditionen und die Ausbreitung des Fundamentalismus (ebd., S.23ff). Als den wichtigsten neuen die Gesellschaft prägenden Faktor bezeichnet er jedoch die „soziale Reflexivität". Laut Giddens wären die Menschen heute viel aufgeklärter als früher und würden deswegen auch „in ihrer Lebensführung mehr Autonomie verlangen als je zuvor" (S.26). Er distanziert sich von der verbreiteten Meinung, der Übergang vom Fordismus zum Post-Fordismus wäre hauptsächlich die Folge des informationstechnologischen Fortschritts.

---

[112] Wie bereits angesprochen, gilt Giddens, der von 1997 bis 2003 die *London School of Economics and Political Science* leitete und enger Berater von Tony Blair war, als die „intellektuelle Schlüsselfigur" der ‚Neuen Linken' – auch weit über Großbritannien hinaus (Lamla 2002, S.11f; S.146ff). Manuel Castells (2001, S.148) zufolge, gab er ihrem ‚Dritten Weg' seine „theoretische Form".

Dagegen postuliert Giddens, dieser Wandel müsse vor allen vor dem Hintergrund der Tatsache betrachtet werden, dass „ein Umfeld hochgradiger Reflexivität höhere Selbstständigkeit des Handelns nach sich zieht, was von den Betrieben in Rechnung gestellt und umgesetzt werden muß" (ebd.).

Als Kehrseite der im Rahmen eines solchen Prozesses gewonnenen Autonomie sieht Giddens die enorme Zunahme von Entscheidungsalternativen, die unsere Welt zu einer machen, die „durch Verwerfungen und Ungewißheit gekennzeichnet" ist. (S.22)[113] Das größte Problem des Sozialismus besteht in diesem Kontext darin, dass er darauf ausgerichtet sie, Menschen bei Schwierigkeiten zu helfen, die ihnen ohne ihr Zutun „zustoßen" – Krankheit, Arbeitslosigkeit, Scheidung etc. (Giddens 1997b). Dabei wird jedoch außer Acht gelassen, dass das Individuum heute viel bewusster sein Leben „jenseits der Gewißheiten von Natur und Tradition" gestaltet und damit auch freiwillig Risiken eingeht, u.a., weil es sich davon neue Entfaltungschancen verspricht. Der Sozialismus habe Giddens zufolge verabsäumt, „ein flexibleres System für selbständigere Menschen" zu entwickeln (ebd.; vgl. Giddens 1997a, S.27) und sich auf die „Verteidigung des Sozialstaats gegen den Druck, dem er inzwischen ausgesetzt ist" zurückgezogen (1997a, S.20). Was Sozialist/innen in diesem Zusammenhang übersehen ist, dass sie mit so einer Vorgangsweise in Wirklichkeit selbst zu Konservativen mutieren, weil sie bestehende Zustände zu „konservieren" versuchen, statt sich um ihre Veränderung zu bemühen (vgl. ebd.; detailliert siehe ebd., S.84ff).

Der Konservativismus hat laut Anthony Giddens mit einem ähnlichen Problem zu kämpfen – nur unter anderen Vorzeichen. Während der Sozialismus konservativ geworden sei, hätte sich der Konservativismus radikalisiert und damit ebenso sein ursprüngliches Profil eingebüßt. Denn er hat sich genau das zu Eigen gemacht, wogegen er früher so erbitterten Widerstand leistete: „nämlich den wettbewerbsorientierten Kapitalismus sowie die einschneidenden und weitreichenden Veränderungsprozesse, die der Kapitalismus auszulösen tendiert" (vgl. ebd., S.20). Im Gegensatz zu den Grundsätzen des konservativen Denkens, die auf der Ablehnung sämtlicher Formen eines tiefgreifenden Wandels beruhen (vgl. ebd.), hätten sich die ‚Neuen Rechten' – unter ihren Leitfiguren Margaret Thatcher und Ronald Reagan – einem „neoliberalen Radikalismus" verschrieben, „einer dem ziellosen Spiel der Marktkräfte überlassenen Preisgabe der Vergangenheit" (S.30). Folglich wäre der Thatcherismus bzw. Reaganismus bereits im Kern von einem selbstzerstörerischen Widerspruch geprägt: Er würde sich den Schutz der Traditionen (v.a. hinsichtlich der Nation und Familie) auf die Fahnen heften, die er gleichzeitig durch das Forcieren marktliberaler Reformen ihrer Basis beraubt (vgl. S.13f, ausführlich siehe S.47ff). Diesen Widerspruch hätten die Konservativen jedoch für sich durch das weitgehende Abstreifen ihrer Grundwerte gelöst. Z.B. war Thatcher für Giddens keine Konservative, weil es nur wenig gab, „an dessen Bewahrung sie interessiert war" (S.13). Angesichts solcher Entwicklungen geht der – für den Aufstieg der ‚Neuen Linken' in Großbritannien maßgeblich mitverantwortliche – Anthony Giddens sogar so weit auszurufen: „Lang lebe der Konservativismus!" Denn seiner Meinung nach besitzen zahlreiche der von den Konservativen aufgegebenen Aspekte dieser Ideologie „eine direkte Relevanz für unsere aktuellen politischen Dilemmata" (S.14).

---

[113] Man beachte die Parallele zu Peter Druckers ein Viertel Jahrhundert davor ausgerufenen Ankunft einer *Age of Discontinuity* (Drucker 1969).

## 5.3.2 Der ‚Dritte Weg'

In der Tat ist der von den ‚Neuen Linken' bzw. von der (in Deutschland sich so bezeichnenden) ‚Neuen Mitte' ab dem letzten Drittel der 1990er Jahren proklamierte ‚Dritte Weg' von einer Übernahme zahlreicher konservativer Positionen geprägt. Am deutlichsten ist das an dem von Gerhard Schröder und Tony Blair im Vorfeld der Europawahl 1999 vorgelegten gemeinsamen Positionspapier *Der Weg nach vorne für Europas Sozialdemokraten* erkennbar, mit dem sie sich bemühten, andere Vertreter/innen des linken Spektrums auf diesem Kontinent „auf Linie" zu bringen (siehe v.a. Schlussabschnitt „'Politisches Benchmarking' in Europa").

Das Dokument eröffnen sie mit der Feststellung, dass (zum Jahrtausendausklang) in fast allen Ländern der Europäischen Union sozialdemokratische Parteien regieren. Der Meinung der Autoren nach hätte ihre Strömung jedoch nur deswegen eine derart massive Zustimmung erfahren, „weil sie glaubwürdig begonnen hat, auf der Basis ihrer alten Werte ihre Zukunftsentwürfe zu erneuern und ihre Konzepte zu modernisieren" (Schröder; Blair 1999). Aus einer genaueren Analyse des Textes geht deutlich hervor, dass die angesprochenen „alten Werte" zwar durchaus bejahrt sind, jedoch keinesfalls den sozialistischen Idealen entspringen. Denn während Visionen von Gerechtigkeit und Solidarität hier nur in Nebensätzen Behandlung finden, werden genuin konservative Themen – wie z.B. Kriminalität und Familie – mehrmals angesprochen und als besonders wichtig hervorgehoben.

Anthony Giddens, der nach der Machtergreifung der ‚Neuen Linken' in Großbritannien im Jahre 1997 von ihrem Förderer zu ihrem Apologeten avancierte, bemüht sich in seinem 2000 erschienen Buch *The Third Way and its Critics* (hier nach der deutschen Ausgabe 2001) um eine Erklärung bzw. Rechtfertigung entsprechender Positionen. Zu den zuletzt erwähnten schreibt er, dass die diesbezügliche Fokussierung einen bewussten Versuch darstellte, „linke Politik mit dem zu verbinden, was man für die Hauptsorgen der gewöhnlichen Bürger" hielt (Giddens 2001, S.12), was im Klartext heißt, dass Sozialist/innen im „konservativen Teich" nach Wähler/innenstimmen fischten. Jedoch besteht Giddens zufolge sehr wohl „ein Zusammenhang zwischen den Veränderungen in der Familie und unsozialem Verhalten wie Kriminalität" (ebd.). Die Sozialdemokratie könne seiner Meinung nach nicht für ökonomische Steuerung und „moralische Ungezügeltheit" gleichzeitig auftreten (ebd., S.55), sondern müsse „Härte an den Tag (...) legen, wo sie bislang nachsichtig" war (S.183).

Wenn die ‚Neuen Linken' – wie solche „Law and Order"-Parolen nahe legen – lediglich zum Konservativismus bekehrte Sozialist/innen gewesen wären, hätte es die Wähler/innen zwar wahrscheinlich irritiert, aber sicherlich niemals die weitreichendenweltweiten gesellschaftlichen Konsequenzen gehabt, von denen hier die Rede ist. Jedoch haben sie nicht nur zentrale Werte der Konservativen sondern auch das Wirtschaftsprogramm der ‚Neuen Rechten' fast wörtlich übernommen. In ihrem Positionspapier postulieren Gerhard Schröder und Tony Blair (1999) einerseits, dass die Zeit des neoliberalen laissez-faire vorüber wäre, setzen aber sofort nach, dass an ihre Stelle keinesfalls eine „Renaissance des ‚deficit spending' und massiver staatlicher Intervention im Stile der siebziger Jahre treten" dürfe. Bezeichnenderweise kritisieren sie in diesem Dokument fast ausschließlich und sehr ausführlich Letzteres bzw. die Vorgänger/innen aus ihren eigenen Reihen: Die früheren Sozialdemokrat/innen hätten die Erhöhung sozialer Gerechtigkeit mit einem ständigen Anstieg öffentlicher Ausgaben gleichgesetzt und dabei die Verschuldung in die Höhe getrieben, die

Verwaltung und Bürokratie ausufern lassen sowie durch die enorme Steuerlast die Wettbewerbsfähigkeit beeinträchtigt und damit erst die Arbeitslosigkeit verursacht, gegen die sie anzukämpfen vorgaben. Außerdem hätte das sozialistische „universelle[] Sicherungsstreben" statt zu einer Chancengleichheit zu einer „Gleichheit im Ergebnis" (= individuelle Bedürfnisse und Fähigkeiten vernachlässigte „Gleichmacherei") geführt, sowie dazu, dass Menschen hauptsächlich ihre Rechte gegenüber dem Staat einforderten, während sie ihre diesbezüglichen Pflichten vernachlässigten. (vgl. Schröder; Blair 1999)

Dagegen findet sich im Schröder-Blair-Papier kaum ein Wort des Tadels für das neoliberale laissez-faire. Im Gegenteil scheint der „Dritte Weg" der beiden Staatsführer politökonomisch absolut dem gleichen Pfad zu folgen, den ihre konservativen Amtsvorgänger/innen ihnen vorgetreten hatten. Zwar schreiben die Autoren, dass sie den Sozialstaat modernisieren und nicht abschaffen wollen. Die Darstellung entsprechender ihrer Meinung nach notwendiger Anpassungsschritte liest sich jedoch wie ein radikal-neoliberaler Maßnahmenkatalog: Von der Forderung nach der Schaffung von Rahmenbedingungen für ein „einwandfreies Spiel der Marktkräfte", über Plädoyers für die weitere Liberalisierung der Wirtschaft und Aufhebung der Regulierungen von Kapitalmärkten bis hin zu einem Ruf nach Steuersenkungen für Betriebe ist hier alles zu finden. Dass für Letztere aus sozialistischer Perspektive besonderer Erklärungsbedarf besteht (Schröder wurde u.a. deswegen auch als „Genosse der Bosse" bezeichnet – vgl. Schäfer U. 2009, S.67), war den beiden Verfassern bewusst. Ihre Rechtfertigung lautet, dass solche Maßnahmen Investitionsanreize schaffen und dadurch die „Wirtschaftstätigkeit erweitern" sowie das „Produktivpotential verstärken" würden. Weil das laut Schröder und Blair zu einem „positiven Dominoeffekt" (v.a. hinsichtlich der Beschäftigung) führt, können steuerliche Entlastungen für Unternehmen der Sozialdemokratie dazu verhelfen, „ihre übergeordneten gesellschaftlichen Ziele zu verwirklichen." Was fiskalische Abgaben betrifft, erfolgt in dem Dokument ebenso die Übernahme eines weiteren klassischen Appells der früheren konservativen Kontrahent/innen der Autoren: Wie hier mehrmals betont wird, müssen die Sozialdemokrat/innen sicherstellen, dass „Arbeit sich lohnt". Was Schröder und Blair mit diesem Lieblingsslogan der Rechten[114] meinen, ist so klar wie auch einfach: „Der größte Teil des Einkommens muß in den Taschen derer verbleiben, die dafür gearbeitet haben". (Schröder; Blair 1999)

Die einzige (Formulierungs-) Abweichung im Vergleich zu ursprünglichen rechten Positionen besteht darin, dass Schröder und Blair – wie auch schon post-fordistische Analytiker wie Piore und Sabel – in ihrem Papier stärker die schöpferischen Aspekte der Ökonomie hervorheben. Bereits im Einleitungsabsatz begründen sie die breite Zustimmung für ihre Bewegungen auch damit, dass die von ihnen geprägte neue Sozialdemokratie „für wirtschaftliche Dynamisierung und für die Freisetzung von Kreativität und Innovation steht." Während ihrer Meinung nach ihre sozialistischen Vorgänger/innen dafür verantwortlich sind, dass diese Ideologie allseits mit Konformität und Mittelmäßigkeit gleichgesetzt wird, wollen sie eine Gesellschaft befördern, „die erfolgreiche Unternehmer ebenso positiv bestätigt wie erfolgreiche Künstler und Fußballspieler und die Kreativität in allen Lebensbereichen zu schätzen weiß." Individuen, die bereit wären „wirtschaftliche Initiative zu entwickeln und neue Geschäftsideen zu kreieren" sollten „zur Risikobereitschaft ermutigt wer-

---

[114] Zuletzt wurde er von der (historisch weit rechts stehenden) FDP im deutschen Bundestagswahlkampf 2009 explizit auf ihre Fahnen geheftet, als deren Vorsitzender Guido Westerwelle gegen Sozialleistungen als „staatlich bezahlte Faulheit" wetterte (vgl. Welt Online 1999).

den" – was in der Praxis nichts anderes besagt, als ihr Drängen in die Selbstständigkeit.[115] Dabei war den Verfassern des Dokuments durchaus bewusst, dass eine solche mit großen Belastungen für die Betroffenen verbunden ist – d.h. viel geringere soziale Absicherung bei einem zumeist bedeutend größeren Arbeitsaufwand im Vergleich zu einem Angestelltenverhältnis. Doch auch in Hinblick auf entsprechende Unterstützungsmaßnahmen fällt den beiden sozialistischen Führern nichts anderes ein, als die „Regulierungslast zu verringern und die Lohnnebenkosten zu senken." (ebd.)

Insofern wird ebenso in Bezug auf diesen Punkt die neoliberale Hegemonie keinesfalls in Frage gestellt. Denn bereits im *Vertrag mit Amerika,* der im Rahmen der konservativen ‚Republikanischen Revolution' gegen Bill Clinton im Jahre 1994 lanciert wurde, bestand eine zentrale Forderung der Rechten in der verstärkten Unterstützung der Gründung von Kleinstbetrieben. Diese Förderung sollte auch nicht zuletzt in Form von Deregulierungen und Abgabensenkungen erfolgen (vgl. House of Representatives 1994, Abschnitt *The Job Creation and Wage Enhancement Act).*

### *5.3.3 Von Verteilungsgerechtigkeit zur Chancengleichheit*

Angesichts einer solch offensichtlichen Deckungsgleichheit zwischen den Standpunkten der jeweils „neuen" Rechten und Linken muss Anthony Giddens in seinem *The Third Way and ins Critics* besonders schwere Geschütze zur Verteidigung der Letzteren vor den Opponent/innen aus den eigenen Reihen auffahren. Darüber glaubt er scheinbar durch das Rücken der „alten Linken" in die Nähe des „Realsozialismus" sowjetischer Prägung zu verfügen. Mehrmals erinnert er in seinem Buch an den Zusammenbruch des Ostblocks im Jahre 1989 und postuliert, dass der Sozialismus seitdem vor der Aufgabe steht „eine Politik der sozialen Gerechtigkeit zu entwerfen, die auf die Ursachen dieses Niederganges und die aus ihnen resultierenden gänzlich neuen Erfordernisse reagiert" (Giddens 2001, S.98, vgl. ebd., S.37, S.60).[116] Selbstverständlich ist es auch Giddens bewusst, dass die (pseudo-) kommunistische Sowjetdiktatur nicht so einfach mit den sozialdemokratisch dominierten westlichen Regierungen der 1970er Jahre gleichgesetzt werden kann. Um die Herstellung einer entsprechenden argumentativen Parallele bemüht er sich jedoch über den Aspekt der Bevormundung. Giddens zufolge wehren sich heute immer mehr Menschen „gegen ‚zu viel' staatliches Eingreifen in ihr Leben" (ebd., S.51). Und das seiner Meinung nach zu Recht, denn der „Egalitarismus um jeden Preis" (S.96) würde einerseits die individuelle Selbstverwirklichung behindern (vgl. S.97, S.99) und wäre andererseits ebenso wirtschaftlich höchst kontraproduktiv. Laut Giddens müssen sich die Linken nach den Ereignissen

---

[115] Z.B. wurde auf diesem Hintergrund in Deutschland im Jahre 2003 die Förderung so genannter „Ich-AGs" eingeführt. Dabei erfolgte die Auszahlung eines „Überbrückungsgeldes" bzw. „Existenzgründungszuschusses" an Arbeitslose, die sich selbstständig machten. Daraus resultierte in den folgenden drei Jahren insgesamt rund eine Million Neugründungen (vgl. IAB 2007).

[116] Bezeichnenderweise wird von zahlreichen Historiker/innen der Aufschwung des Wohlfahrtsstaates genauso in einem engen Zusammenhang mit dem „Realsozialismus" gesehen – als eine Reaktion auf die „Verheißungen der Planwirtschaft" und als eine „Waffe im Kampf der Systeme". Nach dem zweiten Weltkrieg sah sich der Westen genötigt „die freie Marktwirtschaft mit planenden und regulierenden Zügeln zu bändigen und ihr eine soziale Seite für die Geschädigten seiner Funktionsweise zu verordnen" (Butterwege 2005, S.63). Dabei bildete insbesondere der bundesdeutsche Wohlfahrtsstaat in Konkurrenz zur DDR ein „soziales Schaufenster des Westens" (ebd. S.69). Nach dem Mauerfall hat er diese Funktion natürlich eingebüßt und wurde folglich auch schnell zur Disposition gestellt.

von 1989 von der Betrachtung der (freien) Märkte als Hauptverursacher sozialer Probleme verabschieden und einsehen, dass auch Staaten – v.a. in Folge von Sozialprogrammen – für solche Schwierigkeiten verantwortlich sein können (vgl. S.37). Zu den „perversen Resultaten des Wohlfahrtsstaates" (vgl. S.134) zählt Giddens u.a. Autoritätshörigkeit, Versorgungsmentalität, Bürokratismus, Steuerbetrügereien, Innovationsfeindlichkeit, Korruption u.v.m. (vgl. S.66, S.42). Giddens zentrale Kritik an den Wohlfahrtsleistungen besteht jedoch darin, dass viele davon die Armut, deren Bekämpfung sie dienen sollten, „zementiert oder erst hervorgebracht haben" (S.63). Als Beispiel benennt er den sozialen Wohnbau, der vielerorts zur Entstehung von „Zonen gesellschaftlicher und ökonomischer Verelendung" führte und damit zur „Armutsfalle" avancierte (ebd., S.117). Abgesehen davon haben sich laut Giddens zahlreche Staaten im Zuge von Wohlfahrtsprogrammen so hoch verschuldet, dass sie „einen Gutteil ihrer Steuereinnahmen schlicht für Zinszahlungen aufwenden müssen, statt damit sozialstaatliche Einrichtungen finanzieren zu können (S.116).

Der Lösungsansatz des ‚dritten Weges', besteht zunächst darin, vom Grundsatz „[v]on den Reichen nehmen, um den Armen zu geben" als dem Allheilmittel der Sozialpolitik abzurücken (S.106). Denn die Vielfalt der modernen pluralistischen Gesellschaft wäre Giddens Meinung nach nicht „mit der strikten Forderung nach Transferleistungen zu vereinbaren" (S.63). Stattdessen sollten Sozialist/innen einerseits einsehen, dass funktionierende Märkte „in vielen Fällen wünschenswerte Folgen [zeitigen], die über Produktivität und wirtschaftliche Effizienz hinausgehen" (S.44) und sich auch damit anfreunden, dass die Aussicht auf großen Reichtum außergewöhnliche Talente freisetzt, während eine starke Einkommenssteuerprogression Leistung und damit die Schaffung von Arbeitsplätzen und Wohlstand bestraft (vgl. S.108f). Gleichzeitig müsste eine „Umstellung von einer passiven auf eine aktive Sozialpolitik" erfolgen (S.122). Das bedeutet, der individuellen Verantwortung mehr Gewicht beizumessen und Rechte an Verpflichtungen zu knüpfen – „der Sozialstaat sollte den Menschen aufhelfen, statt mit Almosen auszuhelfen" (S.118).

Vor diesem Hintergrund überrascht es nicht, dass der zentrale Begriff, um den sich der programmatische Disput der ‚Neuen Linken' an der Jahrtausendwende drehte, jener der „Gerechtigkeit" war. Dabei wurde dieser Diskurs in Deutschland besonders intensiv geführt, was alleine schon an der Übersetzung des Titels vom Giddens gerade besprochenem Verteidigungswerk mit *Die Frage der sozialen Ungleichheit* erkennbar ist. In seinem Buch *Krise und Zukunft des Sozialstaates* führt der Politikwissenschaftler und langjähriger SPD-Politiker Christoph Butterwegge (2005) ein Kapitel ein, dass er mit *Die soziale Gerechtigkeit – Grundwert oder Standortrisiko?* (ebd., S.247ff) überschreibt. Hier arbeitet er den entsprechenden Diskurs in der Bundesrepublik höchst kritisch auf. In erste Linie beanstandet er, dass Sozialdemokrat/innen unter Gerhard Schröder die Verteilungsgerechtigkeit gegen die Chancengleichheit ausspielten und einen Austausch der Idee des Ersteren gegen die des Letzteren vorantrieben.[117] Seiner Meinung nach wären beide jedoch „zwei Seiten einer Medaille" (S.253, vgl. S.258). Bei all seiner Sympathie für eine Erweiterung des Gerechtigkeitsbegriffes in Richtung Teilhabe appelliert Butterwegge, nicht zu vergessen, dass dem Bestreben, benachteiligten Mitgliedern unserer Gesellschaft die Möglichkeit zur Selbstentfaltung sowie zu einem beruflichen und damit ökonomischen Aufstieg zu ermögli-

---

[117] Z.B. wird in der Programmschrift *Die neue SPD* postuliert: „Mehr Teilhabegerechtigkeit ist derzeit nur durch einen Verzicht auf mehr Verteilungsgerechtigkeit zu haben" (Jürgen Kocka nach Butterwegge 2005, S.253).

## 5. Informationalistische Politik

chen, „durch soziale Ungleichheit der Boden entzogen wird" (S.253). Denn ohne soziale Emanzipation gibt es Butterwegge sowie den zahlreichen von ihm zitierten Analytiker/innen zufolge keine Partizipation „und ohne ein größeres Maß an Verteilungs- überhaupt keine Beteiligungsgerechtigkeit" (ebd.).[118] Außerdem würde das Vordrängen einiger Benachteiligter in die Klasse der Besserverdienenden (nach dem Motto „vom Tellerwäscher zum Millionär") am – durch den Mangel an Verteilungsgerechtigkeit bedingten – „Grundproblem des Auseinanderklaffens von Arm und Reich freilich wenig ändern" (S.253). An der Argumentationslinie der SPD kritisiert Butterwegge, diese habe statt einer Erweiterung zu einer inhaltlichen Einengung des Gerechtigkeitsbegriffs geführt – zu einer Verkürzung auf die „Fairness" gegenüber den Begüterten und Spitzenverdienern (vgl. ebd. und ebd., S.250, S.237). Laut Butterwegge hätten sich Schröder und seine Ideolog/innen mit der Einführung eines solchen neuen „Gerechtigkeitstyps" lediglich um eine Legitimation der rot-grünen Koalitionspraxis bemüht, die seiner Meinung nach gegen zahlreiche gesellschaftlich verankerte Gerechtigkeitsprinzipien verstößt (vgl. S.253, S.256f). Tatsächlich würde jedoch der „aktivierende Sozialstaat" der ‚Neuen Linken' nichts anderes bedeuten, als „das definitive Ende für den aktiven Staat" (S.238, ausführlich zum Thema Aktivierung siehe Abschnitte 6.3.2. und 6.4.1).

Bei den meisten ähnlichen politischen Disputen steht „Aussage gegen Aussage", was Beobachter/innen die Entscheidung erschwert, wer Recht hat und wer nicht. In diesem Fall, machen es jedoch Politiker/innen der hier behandelten Strömung Außenstehenden leicht, sich entsprechend zu positionieren. Denn viele von ihnen versuchen nicht einmal ihren Standpunkt zu verschleiern, dass Sozialpolitik lediglich auf die Interessen der Bessergestellten abgestimmt werden sollte. Da die Begehren solcher „Leistungsträger/innen" gegenüber dem Staat sich durchweg darin erschöpfen, von diesem so weit wie möglich in Ruhe gelassen zu werden, führt sich Sozialpolitik mit solch einer Adressierung selbst ad absurdum. Besonders deutlich wird die Selbstentlassung der Regierenden aus ihrer diesbezüglichen Verantwortung an der Schlussaussage aus einem Artikel des SPD-Politikers Peer Steinbrück, der zum Zeitpunkt seiner Veröffentlichung Ministerpräsident des Landes Nordrhein-Westfalen war und danach (in der großen Koalition mit CDU/CSU von 2005 bis 2009) zum deutschen Finanzminister und stellvertretenden SPD-Bundesvorsitzenden aufstieg:

*„Soziale Gerechtigkeit muss künftig heißen, eine Politik für jene zu machen, die etwas für die Zukunft unseres Landes tun: die lernen und sich qualifizieren, die arbeiten, die Kinder bekommen und erziehen, die etwas unternehmen und Arbeitsplätze schaffen, kurzum, die Leistung für sich und unsere Gesellschaft erbringen. Um die – und nur um sie – muss sich Politik kümmern."* (Steinbrück 2003)

---

[118] Sogar Anthony Giddens (2001, S.100) selbst räumt in seinem oben aufgearbeiteten Werk ein, dass die Schwerpunktsetzung auf Chancengleichheit „nach wie vor eine Umverteilung von Wohlstand und Einkommen voraus[setzt]." Einer der wichtigsten Gründe dafür besteht seiner Meinung nach darin, dass es „immer Menschen mit beschränkten Möglichkeiten geben wird, solche also, die auf der Strecke bleiben, während andere ihren Weg machen." Des Weiteren betont Giddens, dass Chancengleichheit „mit der unbeschränkten Übertragung von Reichtum von einer Generation auf die nächste nicht zu vereinbaren" ist (ebd. S.114).

## 5.3.4 IKT und die ‚Neue Mitte' der ‚Neuen Mittelklasse'

Für die Herstellung eines Brückenschlags zwischen dem gerade Besprochenen und der allgemeinen Materie des vorliegenden Buches reicht das Anführen einer einzigen Aussage von Gerhard Schröder: „Für die soziale Gerechtigkeit in der Wissens- und Informationsgesellschaft ist vor allem die Herstellung von Chancengerechtigkeit entscheidend" (Schröder 2000, S.203). In diesem Artikel mit dem Untertitel *Anregungen zu einer Neubestimmung der Aufgaben von Staat und Gesellschaft* postuliert er auch von Anfang an, dass die großen Fragen der beginnenden Epoche nicht zuletzt im Folgenden bestehen: „[W]ie organisieren wir Sicherheit und Gerechtigkeit in der ‚Wissensgesellschaft'; welche kulturellen und sozialen Orientierungen wollen wir im Internet-Zeitalter unseren Kindern geben" (ebd.). Natürlich präsentiert Schröder im weiteren Verlauf seine eigenen Positionen als (einzig gültige) Antworten auf diese Fragen. Solche – in Form unumstößlicher Beweise formulierte – Begründungen eigener Standpunkte mit Verweisen auf die immense Bedeutung von IKT-Entwicklungen für sämtliche Lebensbereiche geht den Verfassern aller vorhin behandelten Schriften leicht von der Hand. So wird ebenso im Schröder/Blair-Papier festgestellt, dass das „rasche Vordringen des Informationszeitalters, insbesondere das enorme Potential des elektronischen Handels (...), die Art, wie wir einkaufen, lernen, miteinander kommunizieren und uns entspannen, radikal zu verändern" verspricht (Schröder; Blair 1999). Dass dieser Wandel einschneidende neoliberale Reformen erfordert, scheint für die beiden politischen Führer die selbstverständlichste Sache der Welt zu sein. Denn ihrer Meinung nach sind „Rigidität und Überregulierung (...) ein Bremsklotz für die wissensorientierte Dienstleistungsgesellschaft", da sie „das Innovationspotential, das zur Schaffung neuen Wachstums und neuer Arbeitsplätze erforderlich ist" ersticken (ebd.).

Auch Antony Giddens argumentiert in seinem *The Third Way and ins Critics* ähnlich, jedoch – seiner wissenschaftlichen Reputation entsprechend – etwas elaborierter, wobei er sich bei den Ausführungen zur Informationsgesellschaft hauptsächlich auf Manuel Castells beruft (vgl. Giddens 2001, S.76). Er bezeichnet die Umbrüche im Bereich der Globalisierung und der Wissensökonomie als „Zwillingsrevolutionen" (ebd., S.180). Denn die „informationstechnologische Revolution hat die Globalisierung beschleunigt, während die Wissensökonomie ihrerseits eine globale Dimension annimmt" (ebd., S.75). Beide sich gegenseitig bedingende Entwicklungen führen Giddens zufolge zu einer Auflösung von Traditionen und Lebenszusammenhängen, was einerseits aktivere und offenere Einstellungen der Menschen befördert, andererseits jedoch neue Risiken erzeugt (vgl. S.76). Damit bringt er solche Prozesse in einen untrennbaren Zusammenhang mit der „sozialen Reflexivität", die er – wie bereits im Abschnitt 5.3.1. besprochen – als den wichtigsten neuen die Gesellschaft prägenden Faktor betrachtet.

An dieser Stelle bedient sich Anthony Giddens eines Tricks, der so alt ist, wie die hier behandelten Basiskonzeptionen selbst: Er benutzt das Argument des Aufkommens einer Informations- und Wissensgesellschaft als einen Beleg für den Wahrheitsgehalt eigener Positionen, deren tatsächliche Hintergründe mit IKT wenig bis nichts zu tun haben.[119] Wie in

---

[119] In diesem Fall ist das besonders offensichtlich. Denn noch 1994 betont Anthony Giddens, dass die Entwicklungen rund um die (für sein Gesamtwerk zentrale) „soziale Reflexivität" nichts mit technologischem Wandel zu tun haben (nach Giddens 1997a, S.26). Sechs Jahre später behauptet er genau das Gegenteil. Dabei muss ihm bewusst sein, dass er sich selbst widerspricht, weswegen er den entsprechenden Terminus nicht benutzt, sondern lediglich die dazu gehörenden Hauptparameter anführt (vgl. Giddens 2001, S.76f).

der vorliegenden Arbeit aufgezeigt wurde, fußte auf so einer Herangehensweise bereits der Zugang des „Übervaters" entsprechender Theorien – jener von Daniel Bell, welcher mit ihrer Hilfe zu Beginn der 1970er Jahre explizit konservative Standpunkte zu legitimieren versuchte.

Der Antrieb für das massive Berufen auf die Konzeptionen der Informations- und Wissensgesellschaft in politischen Positionspapieren aller Lager seit den 1990er Jahren bestand jedoch nicht lediglich darin, dass sie – wie bereits besprochen – geradezu für jedwede ideologische Vereinnahmung sowie Umdeutung prädestiniert sind (vgl. Kübler 2005, S.8). Einen keinesfalls weniger bedeutenden Erklärungsansatz für eine solche Vorgangsweise liefert Giddens, wenn er offen zugibt, worin die zentrale Motivation für die generelle Kehrtwende der Linken bestand: In den späten 1980er Jahren, als fast die gesamte westliche Hemisphäre von rechten Regierungen dominiert war, hatte die Sozialdemokratie „keine andere Wahl, als sich zu reformieren, denn ihr Überleben stand auf dem Spiel" (Giddens 2001, S.41). Im Klartext heißt es, dass sie sich zusätzlich zu ihrer Stammklientel Wähler/innen-Schichten erschließen musste, die bis dahin rechten Parteien ihre Stimme gaben. Da der „Informationstechnologie-Sektor der Mittelklasse" Giddens (ebd., S.53) Angaben nach ein Drittel oder mehr der Beschäftigten in den wohlhabenden Ländern ausmachte, lag es auf der Hand, sich zu bemühen, solche „verkabelten Arbeiter" (ebd.) anzusprechen. Das versuchten linke Politiker/innen, indem sie ihre Sorgen und Nöte aber ebenso Hoffnungen und Forderungen (nicht zuletzt in Hinblick auf ökonomische Deregulierungen und Liberalisierungen) thematisierten und hatten damit – wie die Wahlergebnisse der 1990er Jahre zeigten – auch tatsächlich großen Erfolg.[120]

Der erste, der „das Ruder rumriss" und vormachte, wie ein linker Politiker, der diese ‚Neue Mittelschicht' direkt anspricht, die Vorherrschaft der Rechten brechen kann, war Bill Clinton mit seiner (bzw. jener von Al Gore) im Wahlkampf 1993 lancierten Vision des „Information Superhighway". Danach kam keine sozialistisch orientierte Partei, die an die Macht wollte, daran vorbei, ähnliche Schlagworte in ihre Wahlprogramme zu integrieren. Natürlich mussten auch die Rechten rasch nachziehen, um den Anschluss nicht gänzlich zu verpassen. So bediente sich der Anführer der ‚Republikanischen Revolution' Newt Gingrich bereits ein Jahr nach dem Einzug Clintons ins Weiße Haus massiv der Slogans von Alvin Toffler, der die Ankunft einer IKT-betriebenen „dritten Welle" beschwor (vgl. Bell 1995). Als es ihm daraufhin gelang, die Mehrheit im amerikanischen Repräsentantenhaus zu erringen, erreichte die politische Hegemonie des Informationalismus endgültig ihren Höhepunkt.

### 5.3.5 Reste ideologischer Differenzen

Bei all den hier dargestellten Parallelen zwischen den ‚Neuen Linken' und ihren konservativen Amtsvorgänger/innen tut man sich schwer, überhaupt noch inhaltliche Unterscheidungsmerkmale zwischen deren Positionen zu entdecken. Deswegen erhebt sich unweigerlich die Frage, warum der Informationalismus nicht bereits von Reagan, Thatcher und Kohl sondern erst von Clinton, Blair und Schröder in seiner vollen Bandbreite weltweit installiert

---

[120] In Giddens Schriften finden sich immer wieder Hinweise darauf, dass es den ‚Neuen Linken' auch bei ihrem Abbau des Wohlfahrtsstaates nicht zuletzt um das Lukrieren der Stimmen der besserverdienenden Wähler/innen ging. So schreibt er in seinem 2002 erschienenen Buch *Where Now for New Labour* vom „limited electoral support that can be gained for direct redistribution of income to the poor" (Giddens 2002, S.16f).

wurde. Die naheliegendste Begründung, der technologische Fortschritt in den 1980er Jahren wäre noch nicht so weit gewesen, um der „Informationsrevolution" zu ihrem Siegeszug zu verhelfen, trifft nur teilweise zu. Was stimmt ist, dass der Aufschwung einer internetbasierten ‚New Economy' zehn Jahre vor ihrem tatsächlichen Durchbruch alleine wegen der Tatsache nicht möglich gewesen wäre, dass es zu dieser Zeit sehr viel weniger Menschen gab, die Computer besaßen. Das heißt: Auch wenn damals bereits die Technologien entwickelt worden wären, auf denen das WWW beruht (was bei entsprechender Förderung durchaus denkbar ist), hätte es in privaten Haushalten zu wenig Geräte gegeben, mit denen über das Internet massiv Handel betrieben hätte werden können.

Wie jedoch bisher aufgezeigt wurde, bildete der Aufschwung der Internetökonomie keinesfalls die Voraussetzung für das globale Durchsetzen des Informationalismus, sondern zunächst einmal sein Resultat, wobei sich beide Prozesse ab Mitte der 1990er Jahre gegenseitig verstärkten und aufschaukelten. Konstitutiv für den Informationalismus sind jedoch der generelle (von konkreten Technologien weitgehend unabhängige) Technikdeterminismus, seine metaideologischen Tendenzen sowie das neoliberale Wirtschaftsprogramm. Letzteres hätte mit den meisten Folgen und Nebenerscheinungen theoretisch bereits von den konservativen Regierungen der 1980er Jahre zu seinem weltweiten Triumph geführt werden können (zu den entsprechenden Bemühungen siehe Anfang des Unterkapitels 7.2). In der Praxis standen dem jedoch einige Hürden im Wege.

Der wichtigste diesbezügliche Stolperstein für die konservativen Führer/innen bestand darin, worauf auch ihr einziger tatsächlich beträchtlicher ideologischer Unterschied zu den ‚Neuen Linken' basierte: Sie waren (und sind bis heute noch) von der Idee der Nation beseelt. Der Neoliberalismus ist aber vom – von Ulrich Beck (1997, S.193ff) so bezeichneten – „Globalismus" nicht zu trennen. Wie Manuel Castells in seinem Ansatz einer „Geschichtsforschung" der Genese der globalen Wirtschaft darstellt, brachten die Rechten – allen voran Reagan und Thatcher – zwar die dazu gehörenden Prozesse in den 1980er Jahren ins Rollen. Jedoch litten sie unter einem „elementaren inneren Widerspruch (...): Sie waren gleichzeitig Nationalisten und Globalisierer" (Castells 2001, S.147). D.h. sie bemühten sich bei all ihren Bestrebungen, die Welt ökonomisch zu vernetzten, gleichzeitig darum, die Wirtschaften der jeweils eigenen Staaten durch die Aufrechterhaltung protektionistischer Maßnahmen so weit wie möglich zu schützen (vgl. ebd., S. S.144). Genau das bildete die politökonomische „Bresche", in die ihre sozialistischen Kontrahent/innen zu Beginn der 1990er Jahre schlugen. Robert Reichs in Abschnitt 2.2.5. angesprochenes Postulat vom Ende nationaler Ökonomien auf Grund der Notwendigkeit zunehmender Globalisierung (Reich 1991) klingt aus der heutigen Perspektive nach einer Binsenweisheit – vor allem, weil es seit damals von Politiker/innen aller Couleur tausendfach nachgebetet wurde. Die Anlehnung an diese Idee ermöglichte es jedoch den US-amerikanischen ‚New Democrats' sich im Präsidentschaftswahlkampf 1993 als die Strömung zu präsentieren, die im Vergleich zu den Republikanern bedeutend mehr Wirtschaftskompetenz vorzuweisen hatte. In diesem Punkt blieb es – im Gegensatz zu sozialen Themen, wie der Ankündigung einer Krankenversicherung für alle Bürger/innen der USA – auch nicht bei leeren Wahlversprechen. Laut Manuel Castells war Bill Clinton „in Wirklichkeit der eigentliche politische Globalisierer", der das gesamte Projekt viel weiter trieb, als seine konservativen Vorgänger/innen (Castells 2001, S.149). Von Clintons Administration wurden Regierungen auf der ganzen Welt massiv unter Druck gesetzt, „alle Volkswirtschaften nach homogenen Spielregeln zu vereinigen, so dass Kapital, Güter und Dienstleistungen je nach Einschätzung der Märkte ein- und ausströmen können" (ebd.).

Welchen Zweck Clinton und alle seine Nachahmer/innen mit einer solchen Vorgangsweise verfolgten, wurde oben bei der Behandlung neoliberaler Aspekte informationalistischer Politik dargestellt. Hier geht es um die Frage, warum sich die sozialistische Ideologie im Endeffekt als kompatibler mit dem Neoliberalismus erwies, als die konservative. Einen Hinweis zur Beantwortung liefert Anthony Giddens (2001, S.64), wenn er daran erinnert, dass der „Internationalismus (...) stets zum Erbe der Linken" gehörte. Und in der Tat geht dem Vorsitzenden einer Partei, die zu jener politischen Strömung gehört, deren Hymne *Die Internationale* heißt, folgender Satz besonders leicht über die Lippen: „Ob es uns gefällt oder nicht, wir sind heute alle zu Internationalisten geworden" (Tony Blair bei einer Rede im Jahre 1999 nach ebd., S.137). Dabei rennt der Chef der ‚New Labour' nicht nur bei seinen Sympathisant/innen offene Türen ein – wie z.B. bei Giddens selbst, der anschließend an das Zitieren dieser Aussage postuliert: „Im großen und ganzen ist die ökonomische Globalisierung eine Erfolgsgeschichte" (ebd., S.138). Auch Skeptiker/innen sowie Opponent/innen der „neu-linken" Doktrin können wenig dagegen einwenden. Z.B. bezeichnet Ulrich Beck (1997, S.207) die Globalisierung als eine im Kern „phantastische Sache", da sie „richtig gewendet epochale Freiheitschancen eröffnen könnte." [121] Sogar einer der (wegen seiner enormen wissenschaftlichen Reputation als Begründer der angloamerikanischen ‚Cultural Studies') gewichtigsten marxistisch orientierten Kritiker des ‚Dritten Weges', Stuart Hall, kann sich in diesem Punkt schwer querstellen. Schließlich wurde die Globalisierung in dem von ihm bereits im Jahre 1989 mitverfassten kommunistischen *Manifesto for New Times* ebenso begrüßt, weil sie nach Meinung der Autor/innen neue Verbindungen sowie Wechselwirkungen zwischen allen Menschen unseres Planeten ermöglicht und damit zu einer weltweiten Kooperation führen könnte, welche die Grenzen des auf nationalen ökonomischen Interessen basierenden Wettbewerbs sprengen würde (vgl. Hall; Jacques 1989, S.20). [122]

Der zentrale Grund, warum die Linken (sobald sie sich des Anspruchs der Verteidigung des Sozialstaats entledigt haben) mit der Realisierung neoliberaler Postulate und folglich mit der weltweiten Durchsetzung des informationellen Kapitalismus viel leichter taten als die Rechten, bestand also darin, dass einer der Hauptaspekte eines solchen Wirtschaftssystems – die Globalisierung – dem genuin sozialistischen Bestreben nach Internationalisierung entsprach, wohingegen der (von den Konservativen verteidigte) Nationalstaat eher als Feindbild fungierte. Es gab jedoch mindestens zwei weitere Motive, warum sie sich so massiv dem Informationalismus verschrieben und dabei sowohl glaubwürdiger auftreten als auch erfolgreicher sein konnten, als die Rechten.

---

[121] Beck weist in Bezug auf wissenschaftliche Standpunkte einige Parallelen zu Anthony Giddens auf – z.B. veröffentlichten beide gemeinsam mit Scott Lash im Jahre 1994 ein Buch zum Thema *Reflexive Modernization* (Beck et al. 1994). Jedoch hat sich Beck niemals so intensiv wie Giddens von den ‚Neuen Linken' vereinnahmen lassen und positioniert sich auch in aktuellen Publikationen gegenüber zahlreichen von ihnen forcierten Prozessen im höchsten Maße kritisch – siehe z.B. Beck 2007.

[122] Zu Halls Opposition zur ‚New Labour', die v.a. auf ihrer Resignation im Kampf gegen die ungezügelte Marktwirtschaft basiert, siehe Giddens 2001, S.20f. Giddens setzt dem entgegen, dass Hall in den 1980er Jahren selbst massiv für eine radikale Erneuerung der Linken im Sinne von „New Times" eintrat und polemisierte: „Neue Zeiten und Alte Linke passen einfach unter keinen Umständen zusammen" (ebd. S.37).

Erstens wollten und mussten sich die Linken den Wähler/innen nach der langen „Durstrecke" der 1980er und frühen 1990er Jahre als eine „neue Kraft" präsentieren. Die „neuen Medien" boten ihnen ein allgemein verständliches und schnell eingängiges Sinnbild einer solchen Verjüngung. Auch in Bezug auf diesen Punkt, hatten Sozialist/innen viel weniger Hemmschwellen im Vergleich zu ihren konservativen Opponent/innen. Denn die Klientel der Letzteren stand und steht den Medien – egal ob es sich um Fernsehen handelt oder um das Internet – immer höchst skeptisch gegenüber, da sie diese für den allgemeinen Werteverfall und damit für das Zerbröckeln der abendländischen Zivilisation (mit-) verantwortlich machen (vgl. z.B. besonders prominent die Positionen von Neil Postman – 1983 und 1992). Das Aufspringen eines republikanischen Politikers wie Newt Gingrich auf Tofflers „dritte Welle" ist folglich nur vor dem Hintergrund des vorher mit ähnlichen Schlagworten erreichten Wahlsieges der Demokraten verständlich. Jedoch hätte kein/e konservative/r Politiker/in in den USA jemals gewagt (und wäre auch nicht auf die Idee gekommen), als Erste/r mit der Forderung nach einem „Information Superhighway" in den Wahlkampf zu ziehen.

An der Kontroverse um Gingrichs Anknüpfen an Tofflers Postulate wird auch der nächste Grund erkennbar, warum die Linken mit dem Informationalismus und hier v.a. mit den Implikationen der „Internetrevolution" so viel einfacher zurechtkamen, als die Rechten: Wie im nächsten Abschnitt noch darzustellen sein wird, haftet dem Internet ein egalitäres Image an. Damit bietet es um einiges mehr Anschlussmöglichkeiten zur sozialistischen Gesinnung, als zur konservativen, die sich nicht zuletzt der Verteidigung der Interessen von Eliten verschreibt. Dies wird besonders an der massiven Kritik von Daniel Bell an den Positionen von Newt Gingrich ersichtlich, wobei es sich hier wieder einmal überdeutlich zeigt, welche Weltanschauung Bell tatsächlich vertritt: Bell (selbst Harvard-Professor), der dem Traum einer von universitärer Meritokratie geführten Gesellschaft anhängt, macht sich in seinem 1995 erschienenen Artikel *The Cultural Contradictions of Newt Gingrich* darüber lustig, dass der republikanische Führer sich mit Beratern und Freunden umgibt, die niemals eine Elite-Hochschule besucht haben. An seinem – von Bell so bezeichneten – Mentor Alvin Toffler kritisiert er nicht zuletzt dessen Postulat der durch Informations- und Kommunikationstechnologien beförderten direkten Demokratie und des daraus resultierenden „Empowerments" von Minderheiten. An diesem Disput sieht man auch, dass die ‚Neu(er)en Rechten'[123] – wie z.B. Newt Gingrich – nicht weniger Probleme mit ihren eigenen Vorgänger/innen hatten, als die ‚Neuen Linken'. In beiden Fällen unterstellten die „Alten" ihren Nachfolgern, zentrale Werte der jeweiligen Ideologien aufgegeben zu haben.

### 5.3.6 Freiheit und Naturgesetze

Der wichtigste Wert, von dem sich die Linken zwecks Anschlussfähigkeit an den Informationalismus zu verabschieden hatten, war jener der Solidarität mit gesellschaftlich benach-

---

[123] Als ‚Neue Rechte' bezeichneten sich bereits Politiker/innen, wie Reagan und Thatcher, wobei das „Neue" an ihnen (genauso wie an den ‚Neuen Linken') v.a. in ihrer Befürwortung des Neoliberalismus bestand. Politiker/innen wie Gingrich unterschieden sich nur insofern von diesen, als sie bis zu einem gewissen Maße bereit waren, auf nationalistische und elitäre ideologische Aspekte zu verzichten. Ansonsten stellte die „Republikanische Revolution" von 1994 eher den Versuch eines radikal-konservativen „Rollbacks", als jenen einer Erneuerung dar. Z.B. forderten die Autor/innen des *Vertrags mit Amerika*, minderjährigen Müttern sämtliche Sozialleistungen zu streichen, mit dem Ziel uneheliche Geburten ebenso zu unterbinden, wie Schwangerschaften von Teenagern (vgl. House of Representatives 1994).

teiligten Schichten. Sobald sie das bewerkstelligt hatten, erwies sich der Neoliberalismus als ein im höchsten Maße mit dem Sozialismus kompatibles Wirtschaftsprogramm. Ohne einen solchen Ballast kann sogar ein höchst angesehener linker Soziologe, wie Anthony Giddens, davon schwärmen, welch außerordentliches „emanzipatorisches Potenzial" dem freien Markt innewohnt, weil hier „der einzelne selbst Entscheidungen trifft, d.h. seine Handlungen ihm nicht befohlen oder bürokratisch verordnet werden" (Giddens 2001, S.44). Gleichzeitig ermöglicht das dem renommierten deutschen Politologen und Mitglied der SPD-Grundwerte-Kommission Thomas Meyer folgendes zu behaupten: „Gerechtigkeit ist nicht Gleichheit, sondern die Schaffung fairer Chancen für die Freiheit aller" (nach Butterwege 2005, S.249f).

Das Freiheitsideal ist ebenso jenes, das einen direkten Brückenschlag vom neoliberalen Aspekt des Informationalismus zu den techikdeterministischen Ausprägungen dieser Metaideologie ermöglicht. Denn die Verheißung einer durch Technologien beförderten Partizipation aller Bürger/innen an sämtlichen gesellschaftlichen Prozessen war sogar bereits in Bells Konzept der postindustriellen Gesellschaft impliziert (siehe Abschnitt 2.1.1.). Auch wenn bei Bell davon auszugehen ist, dass er mit entsprechenden Prophezeiungen weniger die eigene Weltanschauung transportierte, sondern eher zu verschleiern bzw. besser zu „verkaufen" versuchte, griffen zahlreiche Analytiker/innen verschiedenster politischer Couleur, die sich nach ihm intensiv mit Fragen rund um die Informations- und Wissensgesellschaft auseinandersetzten, das Ideal einer IKT-betriebenen direkten (Basis-) Demokratie auf. Das geht so weit, dass sogar einer der Wissenschaftler, welcher der gesamten Materie am kritischsten und pessimistischsten gegenüberstand – Jean-François Lyotards (wie am Schluss des Abschnitts 3.2.3. dargestellt) – sich vom „freien Zugang zu den Speichern und Datenbanken" den Aufbau einer neuen gerechten und toleranten Gesellschaft versprach (Lyotard 1986, S.192f). Eine solche Vision bildete ebenfalls einen wichtigen Bestandteil der ersten politischen Positionspapiere zum Thema Informations- und Wissensgesellschaft. Z.B. des bereits 1971 von der japanischen Regierung aufgelegten *The plan for Information Society: A National Goal Towards the Year 2000,* in dem angekündigt wurde, mit Hilfe des freien Informationszugangs ein neues System der Bürgerbeteiligung zu gewährleisten (vgl. Mattelart 2003, S.92).

Derartige Vorstellungen erhielten durch den Fortschritt des Internets zusätzlichen Auftrieb, da diesem laut Manuel Castells (2005a, S.181) von Grund auf das „Paradigma der Freiheit" anhaftet. Schließlich wurde es von den Wissenschaftler/innen, die es entwickelten, von Anfang an – d.h. bereits in den 1960er Jahren – für den ungehinderten Austausch von Informationen und Meinungen konzipiert. Wie Castells es in seinem Buch *Die Internet-Galaxie* ausführlich darstellt, stand hinter dessen Ausarbeitung eine gemeinsame Vision einer großen Gruppe der besten Informatiker/innen und Vertreter/innen verwandter Wissenschaftsdisziplinen ihrer Zeit – der Traum „die Welt durch Computertechnologien zu verändern" (ebd., S.30). Diese zumeist gerade von der Universität abgegangenen jungen Forscher/innen versuchten ihre eigenen, in der „Campus-Kultur der 1960er Jahre" (ebd., S.35) verankerten Werte – wie individuelle Freiheit, unabhängiges Denken sowie Teilen und Kooperieren mit Gleichgesinnten – auf Technologien zu übertragen. Die Computervernetzung wurde als ein „Werkzeug freier Kommunikation" betrachtet. Als ein Hebel zur Befreiung der Menschheit, der das Individuum mit der Informationsmacht ausstatten sollte, die ihn von äußeren Mächten unabhängig machen würde (vgl. ebd.). Am deutlichsten ist Letzteres an der *Unabhängigkeitserklärung des Cyberspace* zu erkennen, mit welcher der

Internetaktivist John Perry Barlow beim Weltwirtschaftsforum in Davos im Jahre 1996 die versammelte Prominenz aus Politik, Wirtschaft und Presse schockierte:

> *„Governments of the Industrial World, (...) I ask you of the past to leave us alone. You are not welcome among us. You have no sovereignty where we gather. We have no elected government, nor are we likely to have one, so I address you with no greater authority than that with which liberty itself always speaks." (Barlow 1996)*

Vor so einem Hintergrund wundert es nicht, wenn Al Gore bei der weltweiten Präsentation des US-amerikanischen *Global Information Infrastructure*-Initiative ankündigt, diese würde nicht einfach eine Metapher der funktionierenden Demokratie darstellen, sondern tatsächlich eine solche (erst) befördern, da sie die Möglichkeiten aller Bürger/innen zur direkten Partizipation an Entscheidungsprozessen beträchtlich erhöht (nach Mattelart 2000, S.92).

Dass Politiker/innen wie Gore in entsprechenden Kontexten gleich die besondere Chance „to reach beyond ideology" (Gore 1994) hervorheben, liegt auf der Hand. Denn eine direkte Basisdemokratie, in der jede/r über sämtliche gesellschaftlich relevante Einzelfragen quasi „auf Knopfdruck" entscheiden kann, benötigt keine Parteien, keine Programme und folglich auch keine grundlegenden politischen Gesinnungen. Genauso versteht es sich von selbst, dass es bei solchen Ankündigungen nie über „Sonntagsreden" hinaus kommt. Denn die Verheißung direkter Demokratie ist zwar bei Wähler/innen beliebt, weil sich Einzelne davon einen verstärkten politischen Einfluss versprechen, bei Parteivertreter/innen aber alleine schon deswegen weit weniger begehrt, weil daraus der Bedeutungsverlust ihrer Organisationen und ihres Berufsstandes – in letzter Konsequenz bis hin zur gänzlichen Abschaffung – einhergehen würde.[124]

Der Freiheitsbezug ist jedoch nicht nur wegen der damit verknüpften potenziellen Entbehrlichkeit politischer Weltanschauungen für das an dieser Stelle behandelte Thema von Bedeutung, sondern vor allem deswegen, weil sich über ihn der „circulus virtuosus" des informationellen Kapitalismus zu einer technikdeterministischen, neoliberalen Metaideologie schließt. Mit seiner Hilfe können nämlich nicht nur technologische und ökonomische Prozesse an einander gebunden, sondern ebenso die informationalistische Durchdringung sämtlicher weiterer Lebensbereiche der Menschen begründet werden. Denn erst die Umsetzung der Idee der grenzenlosen *Konsumfreiheit* ermöglicht die Beschränkung der Einwirkung neoliberaler Prinzipien auf die Wirtschaft und mit ihr auf die beruflichen Existenzbedingungen jedes einzelnen Individuums aufzuheben und auch die intimsten Aspekte des menschlichen Daseins zu durchfluten sowie folglich sein gesamtes Weltbild zu beeinflussen. In ihrem oben mehrmals angesprochenen Artikel *Zur politischen Produktion von Sachzwängen* stellt Petra Schaper-Rinkel Positionspapiere der EU aus der Zeit vor und nach dem endgültigen Siegeszug des Informationalismus gegenüber und stellt fest, dass die neue

---

[124] Die Frage, ob Volksentscheide über Einzelfragen tatsächlich für die Demokratie förderlich sind, ist umstritten. In einem kleinen Land mit einer langen basisdemokratischen Tradition, wie der Schweiz, scheint man damit eher positive Erfahrungen gesammelt zu haben. Dagegen erwiesen sich entsprechende Anfang des 20. Jahrhunderts eingeführte Methoden in dem bevölkerungsreichsten US-amerikanischen Bundesstaat Kalifornien im Endeffekt für die Demokratie als höchst hinderlich, da sich hier ein ganzer Industriezweig entwickelt hat, der einzelnen Gruppen zur Durchsetzung ihrer (oft eigennützigen) Interessen gegen die Meinungen politisch gewählter Volksvertreter/innen mit Hilfe von Volksabstimmungen verhilft (vgl. Tomik 2009).

Qualität solcher Dokumente ab dem ersten Drittel der 1990er Jahre in der Absicht bestand, „*alle gesellschaftlichen Bereiche* unter das Ziel ökonomischer Wettbewerbsfähigkeit zu subsumieren." (Schaper-Rinkel 1999, S.39). Die neuen Technologien sollten ab diesem Zeitpunkt nicht nur „zur Beschleunigung der Produktionsprozesse" eingesetzt werden, sondern „die Beschleunigungsdynamik vom individuellen Alltagsleben bis zu politischen Entscheidungsprozessen durchzusetzen" helfen (ebd.). Wie im Abschnitt 2.2.5. angesprochen, stand hinter solchen Strategien v.a. das Bestreben nach der sozialen „Diffusion" der Informations- und Kommunikationstechnologien, was wiederum dem Zweck der Steigerung der Konkurrenzfähigkeit der jeweiligen Wirtschaftsstandorte diente (vgl. ebd., S.45, S.49). Denn ohne intensive private Nutzung von Technologien – z.B. im Bereich der Unterhaltungselektronik – gäbe es keinen entsprechenden „Binnenmarkt", keinen Druck immer schneller neue Produkte und Dienstleistungen zu entwickeln sowie einzuführen und ebenfalls keine Grundlage für das „informelle" Erschließen technischer Basiskompetenzen, welche die „Humanressourcen" für ihren beruflichen Umgang mit den neuen Medien benötigen.

Vor dem Hintergrund der Bemühungen um eine flächendeckende Ausbreitung der Technologien sowie um eine allgemeine Affirmation der Wirtschaftsprinzipien, deren Befolgung für den Aufschwung einer IKT-basierten Ökonomie als unerlässlich betrachtet wurde, ist auch ein weiterer politischer Handgriff zu betrachten, der zentral zum Aufstieg des Informationalismus zu einer Metaideologie beitrug: Die Erhebung seiner (vermeintlichen) Spielregeln in den Rang von Naturgesetzen. Z.B. postulierte Bill Clinton in der von ihm 1997 vorgelegten Doktrin zum elektronischen Handel, dass alle Regierungen „die neuartige Natur dieses Mediums respektieren müssen" und nicht umhin können, anzuerkennen, „dass der globale Wettbewerb und der Konsument die Spielregeln des digitalen Marktes bestimmen" (nach Mattelart 2003, S.111). In dem im gleichen Jahr erschienenen zweiten Bangemann-Bericht bzw. „Grünbuch" der Europäischen Kommission (1997, S.ii) zum Thema Medienkonvergenz wurde betont, dass die heutigen „Kommunikationsplattformen" – und hier in erster Linie das Internet – „ihrem Wesen nach global sind", weswegen sie die Türen für eine weitere Integration der Weltwirtschaft öffnen. Wie massiv das Bild eines solchen kausalen, naturgegebenen Zusammenhangs zwischen dem informationstechnologischen Fortschritt und der wirtschaftlichen Liberalisierung sowie Globalisierung das Denken führender (v.a. linker) Politiker/innen in den wohlhabenden Ländern prägte, wird schließlich an der mit *We are the Changemakers* betitelten Rede des damaligen britischen Premierministers Tony Blair aus dem Jahre 2005 besonders offenkundig: Hier setzte er alle, die über den Sinn der Globalisierung debattieren, mit jenen gleich, die neue technologische Errungenschaften, wie das Handy, den iPod etc. nicht genügend schätzen würden und schmetterte ihnen entgegen, dass sie genauso darüber streiten könnten, ob der Herbst dem Sommer folgen sollte, oder nicht (vgl. Blair 2005).

Im Zuge solcher quasireligiöser[125] Konnotationen avancierte „der globale Kapitalismus mit dem Motor der Informationstechnologie zur magischen Formel" (Castells 2001,

---

[125] Ulrich Beck (1997, S.203) spricht in diesem Kontext von einem „ökonomische[n] New Age. Eine Art Erwachet-Bewegung, deren Jünger und Propheten allerdings keine Heftchen an U-Bahn-Ausgängen verteilen, sondern die Rettung der Welt im Geiste des Marktes verkünden." Laut Manuel Castells (2001, S.153) erwarten sich zahlreiche Intellektuelle (unterschiedlichster politischer Couleur) „von freien Märkten wirtschaftliche und institutionelle Wunder vor allem dann, wenn sie mit neuen technologischen Wundern gekoppelt wurden, die von den Futurologen versprochen wurden." Und Mattelart (2003, S.141) zufolge „erle-

S.149). Damit stieg der Informationalismus selbst zu einer neuen „Meta-Ideologie" (Sarikakis; Thussu 2006, S.2) auf. Zu einer Gesinnung, die trotz dem, dass ihr streng betrachtet jede gesellschaftstheoretische und historische Grundlage fehlt und sie auch „ihren Namen nicht preisgibt" (Mattelart 2003, S.7) zum allumfassenden Paradigma des aktuellen sozialen Wandels aufgerückt ist (vgl. ebd., S.7f; Garnham 2004, S.182).

## 5.4 Zwischenfazit

Zum Schluss des Kapitels zur Politik des Informationalismus findet eine Zusammenfassung ihrer Grundcharakteristika statt, wobei diese zunächst aus der Perspektive der Hauptparameter Technikdeterminismus, Neoliberalismus und Metaideologie erfolgt. Daraufhin wird auf die massiven gegenseitigen Interdependenzen dieser drei Faktoren hingewiesen. Da die Metaideologie einerseits den am wenigsten ausgearbeiteten Aspekt des Informationalismus darstellt sowie andererseits in ihrem Kontext so oft kaum oder überhaupt nicht haltbare Annahmen wiederholt wurden, bis sie zu Axiomen avancierten und auch weitere nicht gleich durchschaubare „Überzeugungstricks" zum Einsatz kamen, wird abschließend auf dieses Thema besonders intensiv eingegangen. Das Ziel besteht darin, die – oben bereits begonnene – Entwirrung des entsprechenden argumentativen „gordischen Knotens" weiter voranzutreiben.

### 5.4.1 Zusammenfassung der Hauptaspekte

In Bezug auf die Perspektive des *Technikdeterminismus* kann festgestellt werden, dass sich in der Hochphase des Informationalismus – d.h. zwischen 1993 und 2001 – Aussagen aus politischen Positionspapieren, Reden und Aufsätzen zur Bedeutung von IKT für die gesamtgesellschaftliche Entwicklung fast wörtlich mit entsprechenden Postulaten innerhalb der Theorien der Informations- und Wissensgesellschaft deckten – sowohl die einen als auch die (meisten) anderen waren von einem unhinterfragten Technikglauben beseelt und interpretierten soziale Prozesse ausschließlich von dieser Warte aus. Während jedoch fast alle renommierten Wissenschaftler/innen wenigstens in Nebensätzen ihrer Schritten auf die vielfältigen Interaktionen sowie gegenseitigen Beeinflussungen gesellschaftlicher und technologischer Entwicklungen verwiesen, blieb es bei Regierungsäußerungen bei einer vollständigen Abkoppelung technischer Innovation von ihren sozialen, kulturellen, ökonomischen und politischen Dimensionen. Hier erfolgte das Propagieren der Vorstellung, nach der die Technologie als „invasives" Element von außerhalb in die Gesellschaft eindringt und die Menschen dazu zwingt, sich nach den von ihr gestellten „Herausforderungen" auszurichten. Das größte reelle Problem an so einem Zugang besteht darin, dass die Politik damit dem Menschen die Fähigkeit zur Gestaltung und folglich auch zur Veränderung ihrer Lebenswelt aberkennt. Stattdessen sollen sie den eigenen Werdegang sowie sämtliche sie betreffende soziale Prozesse als Folgen von ihnen kaum bis überhaupt nicht beeinflussbarer Faktoren akzeptieren.

---

ben wir die glorreiche Wiederkehr einer religiös konnotierten Eschatologie, die sich aus den Prophezeiungen über das Kommen der Noosphäre nährt".

Den konkreten Aspekt, den der Technikdeterminismus dem politischen Willen nach kommentarlos zu erdulden lehren sollte, war der *Neoliberalismus* bzw. seine sozialen Folgen. Der freie Markt wurde in Positionspapieren, Aktionsplänen und Regierungsprogrammen auf der ganzen Welt als die Triebkraft zur Beförderung der Menschheit ins Informationszeitalter angepriesen. Abseits solcher Metaphern ging es den Staatsführer/innen um die Initiierung eines auf Informations- und Kommunikationstechnologien basierenden Wirtschaftsaufschwungs, wobei – auf Grund leerer Staatskassen – die entsprechenden Startkosten zum größten Teil von der Wirtschaft selbst übernommen werden sollten. Abgesehen von ein paar Förderungsprogrammen, in deren Rahmen u.a. wichtige Basistechnologien für das Internet entwickelt wurden, waren die Regierenden dabei v.a. zu Hilfestellungen auf zwei Ebenen bereit:

Erstens auf der psychologischen durch das (gerade behandelte) Anfachen von Technikfaszination und Fortschrittsgläubigkeit sowie durch das Nachbeten von der Wirtschaft propagierter IKT-bedingter Konsumverheißungen – der Darstellung des Internets als eines (von Bill Gates so bezeichneten) „Paradieses für Konsumenten". Um den Prozess zu beschleunigen, mussten jedoch ebenso Ängste geschürt werden – und zwar jene vor dem Verlust der Wettbewerbsfähigkeit der jeweiligen Wirtschaftsstandorte und folglich vor der Abwanderung von Arbeitsplätzen sowie vor daraus resultierender Massenarbeitslosigkeit.

Das letztgenannte Argument bot den Staatsführungen auch die Begründungsfolie für Unterstützungsmaßnahmen auf der zweiten Ebene – diesmal auf jener von konkreten Handlungen: In der Absicht, die Wirtschaft verstärkt zu Investitionen in den Ausbau der IKT-Infrastruktur sowie in die Entwicklung entsprechender Produkte und Dienstleistungen zu bewegen, sowie um den Konkurrenzkampf anzufachen und damit u.a. Kostensenkungen in diesen Bereichen zu erzielen, lockerte die Politik zahlreiche Regulierungen der Ökonomie, privatisierte bedeutende bis dahin staatlicher Kontrolle unterstehende Wirtschaftssektoren und hob fast alle Beschränkungen auf, denen die Finanzmärkte nach der Krise von 1929 unterworfen wurden.

Die Rechnung ging zunächst insofern auf, als Mitte der 1990er Jahre tatsächlich der Aufschwung einer auf Internettechnologien basierenden ‚New Economy' einsetzte, im Zuge dessen nicht nur technologische Entwicklungen beflügelt wurden, sondern sich auch die Staatskassen wieder füllten – v.a. in den USA, in denen der wichtigste Proponent des Informationalismus, Bill Clinton, während seiner Amtszeit ein gewaltiges Haushaltsdefizit in einen Überschuss verwandeln konnte. Die Hochkonjunktur fußte jedoch – wie in Abschnitt 4.1.4. besprochen und in Abschnitt 7.1.2. noch genauer zu behandeln sein wird – auf einer enormen (nicht zuletzt durch die Staatsrhetorik selbst verursachten) Überbewertung der Internetökonomie und verkehrte sich nach dem Platzen der Dotcom-Blase nach der Jahrtausendwende sofort in ihr Gegenteil. Eine viel gravierendere negative Folgeerscheinung dieses „Gegengeschäfts" zwischen der Politik und der Wirtschaft bestand aber darin, dass die Regierungen sich dabei selbst fast aller Werkzeuge entledigten, die es ihnen davor ermöglichten, in wirtschaftliche Belange lenkend einzugreifen, was sie auch dazu zwang, weitere bedeutende Bereiche in ihrem Wirkungskreis neoliberalen Maximen zu unterwerfen.

Letzteres war nur möglich durch die Aufgabe zentraler Gesinnungsprinzipien aller großen politischen Strömungen und die Auflösung von ihnen bis dahin propagierter Weltanschauungen in der *Metaideologie* des Informationalismus. Denn der Neoliberalismus ist sogar mit „klassischen" liberalen Zugängen wenig kompatibel, da es von ihnen lediglich das Wirtschaftsprogramm übernimmt, jedoch keineswegs weitere liberale (Freiheits-) Grundsätze impliziert. Noch weniger Übereinstimmungen weist der Neoliberalismus mit konservativen Idealen auf, da Letztere auf Bewahrung von Traditionen und Werten ausgerichtet sind, die Ersterer mit seiner ungebändigten Kraft „schöpferischer Zerstörung" zu vernichten droht. Am wenigsten passt der Neoliberalismus jedoch mit der sozialistischen Weltanschauung zusammen, welche die Solidarität mit gesellschaftlich Benachteiligten auf ihre Fahnen heftet – wenn es sein muss auch auf Kosten wirtschaftlicher Prosperität. Umso erstaunlicher ist es, dass es gerade linke Staatsführer/innen waren, die dem Informationalismus zu seinem weltweiten Siegeszug verhalfen. Dazu mussten sie die ideologische Identität ihrer Bewegung bis zur absoluten Unkenntlichkeit verzerren. Das wurde mit Hilfe dessen bewerkstelligt, dass sich Sozialdemokrat/innen „jenseits von Links und Rechts" positionierten sowie sich als eine Kraft ausgaben, die – ihrer Meinung nach inzwischen anachronistisch gewordenen – marxistischen Gesinnungen endgültig abgeschworen und statt dessen einen ‚Dritten Weg' der ‚Neuen Mitte' eingeschlagen hat. Dieser war jedoch bei genauer Betrachtung keinesfalls neu, sondern basierte zu einem beträchtlichen Maß auf der Übernahme rechter Parolen, mit denen sich im Lager der (Anfang der 1990er Jahre übermächtig scheinenden) Konkurrenz Wähler/innenstimmen lukrieren ließen – „Law and Order"-Rufe wurden genauso in sozialistische Parteiprogramme integriert, wie Forderungen nach Steuersenkungen für Unternehmen. Die größte Chance zum Stimmenfang bedeutete jedoch gleichzeitig die beträchtlichste Gefahr für die sozialistische ideologische Identität. Denn um glaubwürdig in die Rhetorik des „Leistung muss sich (wieder) lohnen" einstimmen zu können, mussten die Linken das aufgeben, worin jahrzehntelang ihr Hauptcharakteristikum bestand: den Kampf um den Ausbau und die Verteidigung des Sozialsystems bzw. des Wohlfahrtsstaates. Das Ideal einer Gesellschaft, in der eine möglichst gerechte Umverteilung des Volksvermögens stattfindet, wurde fallen gelassen und Sozialpolitik zu einer umdefiniert, die sich ausschließlich um die „Leistungsträger/innen" zu kümmern hatte, was sie im Endeffekt vollkommen ad absurdum führte. Zur Rechtfertigung einer solch extremen Kehrtwende führten die „Neu-Linken" auf der ideologischen Ebene die (Wahl-) Freiheit aller Individuen und damit den Schutz des Menschen vor jeder Form von Bevormundung ins Feld, sowie des Argument des – dem Sozialismus grundgelegten – „Internationalismus". Beide Aspekte waren sowohl mit dem globalen „freien Markt" als auch mit den libertären Image des ‚World Wide Web' hochgradig kompatibel. Die Förderung des Letzteren ermöglichte es ihren Führer/innen auch als große „Modernisierer" aufzutreten und damit das „Neue" an ihren Bewegungen hervorzustreichen. Mit Hilfe all dieser Handgriffe erreichten Sozialdemokrat/innen zunächst ihr expliziertes Hauptziel: Gegen Ende der 1990er Jahre wurden alle bedeutenden Staaten der westlichen Hemisphäre von entsprechenden Regierungen geführt. Was sie dabei jedoch übersahen war, dass sie sich im Zuge dessen ideologisch von anderen Bewegungen absolut ununterscheidbar und folglich auch jederzeit durch solche auswechselbar machten. Nicht zuletzt, weil auch diese – das erfolgreiche sozialistische Beispiel nachahmend – inzwischen ihre eigenen Gesinnungs- und damit Unterscheidungsmerkmale fast vollständig zugunsten der Metaideologie des Informationalismus aufweicht hatten.

## 5.4.2 Interdependenzen der Hauptaspekte

Das Entscheidende für die enorme Durchschlagskraft des Informationalismus bestand jedoch in der massiven Verzahnung seiner drei Hauptcharakteristika, die sie unmittelbar an einander koppeln und damit auch das analytische Auseinandertrennen nur eingeschränkt sinnvoll erscheinen lassen. Denn keines dieser Elemente für sich genommen hätte es der Politik ermöglicht, ihm zu seiner globalen Manifestation zu verhelfen. In erster Linie die Fokussierung der gegenwärtigen Diskussion bezüglich der problematischen Aspekte des politischen Handelns seit den 1980er und v.a. 1990er Jahren auf den Neoliberalismus bei gleichzeitigem Vernachlässigen technikdeterministischer sowie metaideologischer Tendenzen, führt zu einer beträchtlichen Verkürzung der Perspektive. Natürlich, wenn man innerhalb der drei zentralen Merkmale des Informationalismus das wichtigste hervorheben müsste, wäre es höchstwahrscheinlich der Neoliberalismus – alleine schon wegen der außerordentlichen Auswirkungen seiner weltweiten Durchsetzung, die wir alle unmittelbar und täglich zu spüren kriegen. Denn zur Erreichung des Ziels der flächendeckenden Installierung dieses Wirtschaftsprogramms wurde das Verhältnis zwischen Staat und Ökonomie grundlegend umgestaltet, was für meisten Menschen in den wohlhabenderen Staaten höchst negative Folgen in Hinblick auf die Sicherheit ihres Arbeitsplatzes, ihre Arbeitszeiten, ihre Entlohnung und nicht zuletzt bezüglich ihres Vertrauens hat, im „Falle des Falles" vom Sozialsystem aufgefangen zu werden. Über den Umweg des omnipräsenten Gefühls der Unsicherheit und Unkalkulierbarkeit dringt der Neoliberalismus in sämtliche anderen Bereiche unserer Existenz ein: Es beeinflusst die Art, wie und was wir lernen, welchen Beruf wir ergreifen, wie wir an unsere Beziehungen herangehen und wie wir grundsätzlich unser Leben über längere Zeiträume planen, falls wir uns überhaupt noch trauen, das zu tun.

Jedoch hätte dieses Wirtschaftsprogramm getrennt von den anderen beiden Aspekten des Informationalismus niemals eine solche Omnipotenz entfalten können. Denn das Bestreben nach dem Aufbau einer von Informations- und Informationstechnologien angetriebenen Wirtschaft bildete zwar wahrscheinlich lediglich eine von mehreren Motivationen für den gewaltigen Druck hinter seiner politischen Beförderung, auf jeden Fall aber das entsprechende Hauptargument der handelnden Personen. Noch wichtiger ist in diesem Kontext, dass der Neoliberalismus – wie bereits bei der Behandlung der Postulate von Manuel Castells in Abschnitt 2.4.1. aufgezeigt – ohne technologischen Fortschritt (nicht zuletzt im Bereich des Internets) eine „höchst begrenzte Realität" geblieben wäre. Denn erst Letzterer stellte die Werkzeuge zur Verfügung, die für sämtliche mit dem Ersteren verbundene Umstrukturierungen von Märkten, Unternehmen, Arbeitsverhältnissen sowie auch Konsumgewohnheiten benötigt wurden. Dabei war der Massenverbrauch – und hier v.a. die flächendeckende Versorgung mit digitalen Unterhaltungstechnologien – besonders bedeutsam, um eine „Diffusion" des ökonomischen Programms des Informationalismus in unser Alltagsleben zu erzielen, welche die Nachfrage nach immer neuen IKT-Produkten sowie Dienstleistungen beflügelte und die Fähigkeiten der Anwender/innen im Umgang mit den entsprechenden Werkzeugen stärkte. Die allgemeine sowohl wirtschaftlich als auch politisch angefeuerte Technikfaszination bildete also einen zentralen Motor der Durchsetzung des informationellen Kapitalismus in sämtlichen Bereichen der menschlichen Existenz.

Ebenso wenig darf die Perspektive der Metaideologie vernachlässigt werden. Denn die Rhetorik von „Zuckerbrot und Peitsche" – d.h. der Konsumverheißungen des Informationalismus auf der einen Seite und der Panikmache vor dem wirtschaftlichen Niedergang auf der anderen – hätte alleine niemals ausgereicht, um die Menschen in den wohlhabenden

Ländern davon zu überzeugen, auf die zentrale Errungenschaft westlicher Zivilisationen nach dem Zweiten Weltkrieg zu verzichten – auf den Sozialstaat. So schön es auch für jede/n ist, sich übers Internet „reibungslos" alle möglichen Verbraucherwünsche erfüllen zu lassen und so sehr man sich auch Sorgen um die Konkurrenzfähigkeit des eigenen Wirtschaftsstandorts macht – die persönliche soziale Sicherheit sowie den Schutz der eigenen Familie opfert dafür wohl kaum jemand freiwillig. Um die Bevölkerungen (und damit die Wähler/innen) zu Letzterem zu bewegen, waren stärkere politische Anstrengungen notwendig: Das Aufgeben aller bedeutenden ideologischen Unterscheidungsmerkmale zwischen den großen Parteien, die Verzerrung des Gerechtigkeitsbegriffes bis zu seinem Gegenteil und nicht zuletzt das Erheben der marktwirtschaftlichen „Informationsrevolution" zu einer Art Ersatzgottheit, wobei die Politiker/innen als ihre Priester/innen auftraten, die lediglich die von ihr diktierten Gebote zu vollziehen hatten.

### 5.4.3  Irrglauben des „einen perfekten Systems"

Abseits solcher pseudoreligiöser Konnotationen besteht das (quasi-rationelle) – nicht nur von Politiker/innen sondern auch von den renommiertesten Soziolog/innen beständig ins Feld geführte – „Totschlagargument" des Informationalismus darin, dass sich der freie Markt, bei all seinen eventuellen Schwächen, im Vergleich zu etwaigen Konkurrenzmodellen eindeutig als das beste Wirtschaftssystem erwiesen hat. Solange man keine vorteilhaftere Alternative anbieten könne, habe man also keine Wahl, als seine Spielregeln widerspruchslos zu akzeptieren. So logisch diese Begründungskette auf den ersten Blick auch erscheinen mag, fußt sie bei näherer Betrachtung auf beträchtlichen Denkfehlern in mindestens drei Punkten:

Der erste und elementarste besteht im Irrglauben an „ein perfektes System". Ein solches gibt es in Bezug auf die Wirtschaft genauso wie hinsichtlich aller anderen sozialen Organisationsformen tatsächlich nicht. Jedoch keinesfalls in dem Sinne, dass es *noch* nicht erfunden wurde, sondern, dass so etwas *grundsätzlich nicht existieren kann*. Denn die Idee eines perfekten Systems impliziert die Vorstellung, dieses würde – sobald es entwickelt, erprobt und installiert ist – mehr oder weniger von selbst, in der Art eines Perpetuum mobile, einwandfrei „laufen". Das funktioniert bereits bei technischen Gebilden lediglich auf einer sehr einfachen Ebene – z.B. beim Basisprogramm eines digitalen Fotoapparats oder eines Handys, wobei auch hier Systemupdates erforderlich werden können. Schon etwas aufwändigere technische Systeme – wie z.B. jene, die PCs zu Grunde liegen – benötigen dagegen ständige Anpassungen und Verbesserungen. Umso mehr gilt das für sämtliche Arten sozialer Organisationsformen, von denen die einfachste, wie z.B. eine Zweierbeziehung, unendlich komplexer ist, als das anspruchsvollste technische Gefüge. Denn gesellschaftliche Systeme werden von zahlreichen sich immer wieder verändernden Faktoren beeinflusst (und hier nicht zuletzt durch zwischenmenschliche Interaktionen), die es notwendig machen, fortwährend „daran zu arbeiten" – d.h. sie andauernd zu aktualisieren, weiterzuentwickeln und oft auch umzugestalten. Und da das im höchsten Maße lebendige, vielschichtige, auf differenzierteste Arten in sich vernetzte und unzählige innere Wechselwirkungen aufweisende Prozesse sind, kann bei sozialen Gebilden nicht nur keine Perfektion, sondern auch keine Einheitlichkeit vorausgesetzt werden.

## 5. Informationalistische Politik

Letzteres bedeutet, dass im Ausdruck „ein perfektes System" bereits das Wort „ein" irreführend ist. Denn wenn ein soziales System den Anforderungen einer bestimmten Zeit, eines konkreten Ortes sowie eines klar eingrenzbaren Kulturkreises eher entspricht, heißt es nicht, dass zu es unter historisch, geografisch und kulturell abweichenden Bedingungen genauso passend ist. Im Gegenteil gab und gibt es bei allen gesellschaftlichen Organisationsmodellen – von Zweierbeziehungen bis hin zu Staatsformen – eine Vielzahl höchst mannigfaltiger Ausprägungen. Das gilt ebenso für „den freien Markt", von dem streng betrachtet im Plural gesprochen werden müsste. Denn „die freien Märkte" dieser Welt haben zahlreiche Entwicklungsstufen durchgemacht und weisen auch heute, sämtlichen Globalisierungstendenzen zum Trotz, beträchtliche Differenzen auf. Das wird nicht zuletzt bei der Untersuchung ihrer tatsächlichen „Freiheitsgrade" deutlich – d.h. ihrer jeweiligen (Un-) Abhängigkeit von staatlicher Kontrolle. Denn auch wenn fast alle Regierungen auf dem Erdball seit Jahrzehnten massiv die ökonomische Liberalisierung der Wirtschaft forcieren (und auf diesem Weg auch tatsächlich ein ganzes Stück vorwärts gekommen sind), gibt es noch immer unzählige Bereiche des wirtschaftlichen Handelns, die gesetzlichen Regulierungen unterliegen, wobei solche Regelungen national abweichend ausfallen (können) – z.B. bemüht sich die USA besonders um die Verhinderung von Monopolen, Europa subventioniert massiv den eigenen Agrarmarkt, in der japanischen Wirtschaft spielen staatliche Investitionsprogramme seit jeher und noch immer eine wichtige Rolle etc.

Daran knüpft ebenso der zweite Hinweis bzgl. der Unhaltbarkeit der „schlage was besseres vor, oder schweige für immer" Argumentation an: Diese ist von der Vorstellung radikaler Systemwechsel beseelt. D.h., jemand müsse im Vergleich zum kritisierten ein absolut konträres Modell anbieten, wenn ein solches überhaupt in Erwägung gezogen werden sollte. Die Annahme der Möglichkeit bzw. Notwendigkeit radikaler Systemwechsel ist zwar nicht so abwegig wie der Glaube an die Existenz perfekter Systeme (schließlich gab es in der der Menschheitsgeschichte eindeutig mehr von Ersteren als von Zweiteren), jedoch wird auch in diesem Punkt die Komplexität sozialer Organisationsformen beträchtlich unterschätzt – und hier nicht zuletzt jene der Demokratie.

Um (dem Haupttitel der Arbeit entsprechend) bei technischen Metaphern zu bleiben: Beim digitalen Fotoapparat bzw. Handy erkauft man sich die Freiheit von der Notwendigkeit der Durchführung von Systemupdates damit, dass man das Gerät entsorgt, sobald es nicht mehr den aktuellen Anforderungen entspricht. Ähnliche Vorgangsweisen können bei sozialen Modellen nur im engsten interpersonalen Bereich angewendet werden – Verlassen der/des Partner/in, Abbruch des Kontakts zu Familienmitgliedern und Freunden, wechseln des Arbeitsplatzes etc. Je größer die betroffene Gemeinschaft bzw. je vielschichtiger das abgelehnte soziale Gebilde ist, desto schwieriger wird es, dieses gegen ein anderes auszutauschen. Schon gar nicht, wenn man keine Bereitschaft an den Tag legt, im Zuge dessen Blut zu vergießen. Das gilt sowohl im Positiven, als auch im Negativen. Als Beispiel soll hier lediglich der Wohlfahrtsstaat erwähnt werden (wobei es den Leser/innen überlassen bleibt, die beschriebene Entwicklung als positiv oder als negativ zu beurteilen): Von Anfang der 1980er bis Ende der 2000er Jahre – also fast drei Jahrzehnte lang – bemühen sich sämtliche Mächtigen der reicheren Staaten aller politischen Couleur um seine Zerschlagung. Dabei haben sie zwar geschafft, die eine oder andere Sozialleistung zu kürzen, die gesamte Konstruktion zu vernichten und erst recht dabei Steuergelder einzusparen, ist ihnen aber bei weitem nicht gelungen (siehe dazu Abschnitt 6.4.1.).

Damit soll auf keinen Fall Theorien das Wort geredet werden, die gesellschaftliche Systeme mehr oder weniger als starr betrachten bzw. die Idee eines sofortigen homöostatischen (Selbst-) Ausgleichs jedes Modifikationsversuchs propagieren. Jedoch darf das (gerade gegen solche Ansätze gerichtete) Postulat der Lebendigkeit, Vielschichtigkeit sowie Offenheit sozialer Strukturen auch nicht mit dem Plädoyer für das Verfallen in das andere Extrem gleichgesetzt werden – für das Einstimmen in den Chor der Revolutionsrhetorik. Denn eines der Hauptkennzeichen einer Demokratie und eines der Merkmale, die der Lebensqualität innerhalb einer solchen höchst zuträglich sind, besteht gerade in der Abstinenz von Revolutionen – vor allem in ihren gewalttätigen Formen. Diese ist nicht nur mit der Möglichkeit begründet, Mächtige zu wählen und wieder abzuwählen, sondern hat ebenso damit zu tun, dass Staatsvorsitzende auch während ihrer Amtszeit nicht völlig frei von jedweder Beeinflussung sowie Kontrolle „schalten und walten" können. Selbst bei klaren Mehrheitsverhältnissen (und erst recht in Koalitionsregierungen oder bei Konstellationen wie in den USA, wo Gesetzesvorschläge des Präsidenten der Zustimmung von zwei Parlamentskammern bedürfen) haben sie oft Abstriche von den eigenen Vorstellungen zu machen und Kompromisse einzugehen. Im konkreten hier verhandelten Fall bedeutet es, dass in Bezug auf so ein gewaltiges und mit so vielen anderen gesellschaftlichen Bereichen interdependentes System, wie die Wirtschaft, bereits konstruktive Vorschläge hinsichtlich kleinster Veränderungen und Anpassungen sehr wertvoll sein können und daher auch Gehör finden müssten.[126]

Jedoch muss an dieser Stelle noch einmal betont werden, dass von der Feststellung, wie schwierig es ist, innerhalb einer Demokratie radikale Systemwechsel durchzusetzen, keinesfalls die Behauptung der Unmöglichkeit von weitreichenden Reformen dazugehörender sozialer Organisationsformen abgeleitet werden kann, sondern höchstens, dass es einer größeren Anstrengung einer höheren Anzahl von Menschen bedarf, um entsprechende Modifikationen vorzunehmen. Es sollte aber auch der komplementäre Hinweis nicht fehlen: Der auf die Tatsache, dass nicht nur die Zerschlagung, sondern ebenso der Erhalt eines Systemaspektes eine „radikaldemokratische" Handlung sein kann – man denke dabei nur an den Widerstand gegen die Umweltzerstörung, die Verhinderung von Kriegen etc.

Diese Überlegung führt zum dritten und letzten Hauptkritikpunkt am hier analysierten „Totschlagargument" für den informationalistischen Neoliberalismus: Zur Beanstandung der lediglich scheinlogischen Implikation, dass wenn man davon überzeugt sei, der freie Markt wäre das beste derzeit existierende Wirtschaftssystem, man ebenso der Unterwerfung unter alle seine Spielregeln zustimmen müsse. Tatsächlich ist es jedoch durchaus möglich, dem Ersteren beizupflichten und sich zugleich dem Zweiteren zu verweigern. Bei genauerer Analyse schließt das Eine das Andere heutzutage sogar geradezu aus. Denn sollte es in früheren Zeiten ein Qualitätsmerkmal sowohl persönlich als auch gesellschaftlich relevanter Postulate dargestellt haben, dass sie niemals hinterfragt wurden (ein Gott, ein Volk, ein Reich...), ist heute das Gegenteil der Fall. Wenn ein (post-) moderner Mensch sagt, er würde etwas so akzeptieren, wie es ist, bedeutet es fast immer, dass er mit der von ihm erduldeten Situation unglücklich ist. Erst recht, sofern er hinzufügt, er müsse sich mit sämtlichen damit verbundenen Umständen abfinden.

---

[126] Diese Aussage ist durchaus auch als Kritik an „alt-linken" Analytiker/innen gemeint, die jeden ökonomischen Ansatz disqualifizieren, der nicht vollständig mit dem kapitalistischen System bricht und damit ihrerseits zum Weiterbestehen zahlreicher seiner von ihnen angeprangerter Auswirkungen beitragen.

In Bezug auf diesen Punkt wird der beträchtliche Unterschied zwischen technischen und sozialen Systemen besonders evident. Denn während man jemand beglückwünscht, die/der behauptet, ein Gerät würde „reibungslos" funktionieren, macht es höchst misstrauisch, wenn eine Person sich solcher Ausdrücke im Kontext eines komplexeren gesellschaftlichen Gebildes bedient – wie z.B. Bill Gates bei seiner Beschreibung des informationellen Kapitalismus. Um den hier besprochenen Sachverhalt auf der Beziehungsebene zu veranschaulichen: Sollte ich sagen, ich führe eine absolut perfekte Ehe, wird mir das wohl kaum jemand glauben. Falls ich es aber doch schaffen würde, das glaubwürdig darzustellen, würden mich die meisten darum beneiden. Sollte ich jedoch daraufhin einräumen, dass ich alles tun muss, was meine Partnerin von mir verlangt und mein ganzes Leben nach ihren Wünschen auszurichten habe, würde ich damit wahrscheinlich eher Mitleid erregen, gewiss aber meine erste Behauptung an absurdum führen. Die Parallelen zu noch komplexeren Konglomeraten – wie z.B. zu wirtschaftlichen Organisationsformen – sind weniger weit her geholt, als es auf den ersten Blick zu erscheinen vermag[127]. Denn eine zwischenmenschliche Verbindung bleibt nur dann lebendig und erhält nur in dem Fall die Chance, auf sie zukommende Krisen zu überdauern, wenn die Partner/innen – unabwendbar auftauchende – Probleme nicht „unter den Teppich" kehren, sondern ihnen „ins Auge sehen" sowie sich intensiv um ihre Lösung bemühen. Genauso kann ein Wirtschaftssystem lediglich dann seine Vorteile vollständig entfalten, wenn man auch seine Nachteile im Blick behält und sich den damit verbundenen Gefahren mit aller Entschlossenheit entgegenstellt. Daraus resultiert: Gerade wenn man den freien Markt (eventuell in einer seiner vielfältigen Abwandlungen, wie z.B. jener der ‚Sozialen Marktwirtschaft') für die beste bisher entwickelte ökonomische Organisationsform hält, darf man auf keinen Fall seine eingespielten „Regeln" akzeptieren, sondern muss diese immer wieder hinterfragen und bei der Entdeckung negativer Nebeneffekte sowie Folgen alles in der eigenen Macht stehende daran setzen, um Verbesserungen herbeizuführen. Denn nur das ermöglicht es diesem System durch ständige Anpassungen an jeweils aktuelle gesellschaftliche Erfordernisse lebendig zu blieben und verschafft ihm gleichzeitig eine breite Akzeptanz, welche die Basis seiner Existenz in einer demokratischen Gesellschaft bildet. Der erste und einfachste Schritt, wie jeder einzelne von uns zu einer entsprechenden Entwicklung beitragen kann, besteht darin, keine Politiker/innen zu wählen, die uns erzählen, wir müssten uns den Naturgesetzen des freien Marktes als jenen des „einzigen perfekten Systems" bedingungslos unterwerfen.

### 5.4.4 Informationalismus als Aushöhlung der Demokratie

An den bisherigen Ausführungen ist die unmittelbare Koppelung hier behandelter ökonomischer Fragestellungen an demokratiepolitische mehr als offensichtlich geworden. Genauso unübersehbar ist die Gültigkeit alles oben Dargestellten für die Demokratie an sich: Auch diese ist bei weitem keine einheitliche sowie erst recht keine perfekte soziale Organisationsform und ebenso können und v.a. dürfen hier – immer wieder notwendige – Sys-

---

[127] Das vorangehende Exempel wurde hier nicht zuletzt deswegen gewählt, weil einer der wichtigsten Vertreter der „schlage was besseres vor, oder schweige für immer"-Argumentation, Anthony Giddens, seinerseits sein zentrales Postulat, Menschen würden heute in ihrer Lebensführung mehr Autonomie verlangen, als je zuvor, am Bespiel der Ehe expliziert (vgl. Giddens 1997, S.26). Seltsam ist, dass gerade Giddens, der die „soziale Reflexivität" als ein Hauptmerkmal unserer Gesellschaft betrachtet, nicht bemerkt, in welch einem fundamentalen Widerspruch diese mit der Affirmation jedweder vermeintlicher ökonomischer Naturgesetze steht.

temanpassungen keinesfalls in der Art von Revolutionen angegangen werden. Die wichtigste Parallele betrifft jedoch den letzten angesprochenen Punkt: Denn jemand, der behauptet, man könne nichts gegen etwaige negative Implikationen der Demokratie wegen ihrer Alternativlosigkeit unternehmen, hat dieses politische System grundlegend missverstanden.

Sicherlich ist die Basisidee der freien (Ab-) Wahl der Machthabenden unumstößlich. Aber das ist schon alles, was an der „Volksherrschaft" nicht hinterfragbar ist. Wer, wen, wann, wie oft, für welche Zeiträume wählt, welche Befugnisse die jeweils Gewählten erhalten, mit wem sie ihre Entscheidungen absprechen müssen etc. – dafür gibt es unzählige historische, geografische und kulturelle Variationsformen, die selbst in Folge demokratischer Abmachungsprozesse entstanden sind und deswegen ebenso jederzeit abgeändert werden können. Solche Korrekturen betreffen jedoch keinesfalls lediglich organisatorische Rahmenbedingungen. Wechsel sind für die Demokratie an sich konstitutiv – sowohl in Bezug auf die regierenden Personen als auch in Hinblick auf politisch leitende Ideologien und daraus resultierende Gestaltungsschwerpunkte der Regierenden. Die entsprechende Alternativlosigkeit und damit Unmöglichkeit etwas gegen als falsch empfundene Entscheidungen zu unternehmen, ist das zentrale Merkmal einer Diktatur. Der Sinn einer Demokratie besteht dagegen gerade darin, diesbezügliche Wahlmöglichkeiten zu eröffnen.

Das Einzige, womit man sich in einer Demokratie abfinden muss ist, dass nicht alles, was man selbst für richtig hält, umgesetzt werden kann und schon gar nicht sofort. In dieser Beziehung unterscheidet sich ein solches System jedoch höchstens in Bezug auf seine Größe von jeder anderen auf Gleichheitsgrundsätzen basierenden gesellschaftlichen Organisationsform. Denn je höher die Anzahl der an Entscheidungen beteiligten Menschen wird, umso schwieriger ist es, diese im Sinne individueller Meinungen zu beeinflussen. Das bedeutet wiederum nicht, Letzteres wäre unmöglich, sondern nur, dass es einer intensiveren Anstrengung und v.a. größeren Überzeugungskraft bedarf.

Insofern könnte die Demokratie ebenso – im Sinne eines weiteren „Totschlagargumentes" – zur Rechtfertigung aller im vorliegenden Kapitel dargestellten problematischen Aspekte der Politik des Informationalismus ins Feld geführt werden. Eine mögliche Verteidigungslinie für das besprochene Handeln der Mächtigen (v.a. gegen die marxistische Kritik) würde dann darin bestehen, dass es in einem solchen politischen System eben nicht um die Durchsetzung (vermeintlich) objektiver Wahrheiten geht, sondern darum, Wähler/innen für eigene Standpunkte zu gewinnen. Die Tatsache, dass in allen großen Staaten der westlichen Hemisphäre (außer Frankreich) Ende der 1970er bzw. Anfang der 1980er Jahre konservative Regierungen an die Macht kamen und sich (z.T. weit) bis in die 1990er Jahre an der Macht hielten, war ja keine Folge einer Verschwörung und erst recht nicht die eines gewaltsamen Umsturzes, sondern das Resultat der Fähigkeit rechter Politiker/innen, das Wahlvolk davon zu überzeugen, dass sie die besseren Lösungsvorschläge für die Probleme ihrer Zeit hatten. in erster Linie konnten sie glaubhaft machen, dass sie die wirtschaftlichen Turbulenzen nach den Ölkrisen besser in den Griff zu bekommen vermögen, als ihre linken Kontrahent/innen (siehe dazu auch Abschnitt 7.2.2. Nach den folgenden Jahren der Bedeutungslosigkeit bestand die einzige Chance der Linken an die Macht zu gelangen darin, sich stichhaltig als „Wirtschaftskompetent" zu präsentieren. Das erreichten sie durch ihr Einschwenken auf den ‚dritten Weg', der v.a. im Abschwören marxistischer Standpunkte und der Übernahme marktwirtschaftlicher Positionen bestand, wobei sie – wenigstens rhetorisch – um soziale Komponenten „angereichert" wurden. Zusätzlich präsentierten sie sich als „Modernisierer", indem sie den Begriff der Informationsgesellschaft auf ihre Fahnen hefteten

## 5. Informationalistische Politik

und sich für die Ausbreitung des Internets sowie der damit unmittelbar verknüpften ‚New Economy' stark machten. Ob das der richtige oder der falsche Weg war, tut aus der Perspektive so einer Apologie nichts zur Sache. Der einzige relevante Tatbestand wäre, dass der gesamte Vorgang niemals den demokratischen Rahmen verließ.

Jedoch ist gerade Letzteres in Bezug auf die globale Durchsetzung des Informationalismus höchst fraglich. Was stimmt ist, dass etwaige Verschwörungstheorien fehl am Platz sind. Doch haben die politischen Proponenten dieser Metaideologie bewiesen, dass es gleich mehrere höchst wirksame Möglichkeiten gibt, die Demokratie ohne Komplotte und Revolutionen zu untergraben.

Der erste entsprechende Ansatz besteht in der Verschleierung politischer Ziele durch das Ausgeben der Handlungsabsichten als Handlungsgründe. Dieses Tricks bedienten sich angesprochene Staatsführer/innen gleich in Hinblick auf zwei Aspekte. Der erste wurde bereits in den Abschnitten 5.2.2. sowie 5.2.4. der vorliegenden Arbeit detailliert aufgearbeitet und betrifft den politischen Wunsch nach einer ökonomischen Wettbewerbsintensivierung, dessen Erfüllung sich die Regierenden dadurch sicherten, dass sie mit dem Argument des global steigenden Konkurrenzdrucks zahlreiche Deregulierungs- und Privatisierungsmaßnahmen durchführten, die einen solchen Druck wenn nicht erst schafften, so auf jeden Fall massiv beförderten. Der zweite derartige Ansatz hängt unmittelbar mit dem ersten zusammen: Die zahlreichen zunehmend substanziellen Liberalisierungsaktionen rechtfertigten alle Staatsführer/innen damit, dass sie zu ihrer Durchführung von einer ständig an Macht gewinnenden Ökonomie gezwungen würden, der sie immer hilfloser gegenüber stünden. In Bezug auf diesen Punkt wird oft übersehen, dass hier genauso ein eklatanter Fall des Ausgebens eines Handlungsziels als Handlungsgrund vorliegt. Denn der - ansonsten völlig „programmfreie" – Neoliberalismus basiert einzig und alleine auf der Idee der Reduktion des Einflusses der Regierungen auf die Wirtschaft auf das äußerste Minimum bis hin zur vollständigen Aufgabe sämtlicher staatlicher Regulierungsmechanismen. Folglich bestand eine der zentralen Absichten hinter allen „Reformen" des Informationalismus gerade in der Entmachtung der Politik, die – im Sinne eines sich selbst verstärkenden Kreislaufs – gleichzeitig als Grund ausgegeben wurde, warum Politiker/innen die ihnen zur Verfügung stehenden Mittel zur Gestaltung der Ökonomie immer weniger nutzten.

All diese Kniffe wendeten bereits die konservativen Führer/innen in den 1980er Jahren bis zu einem gewissen Grad an. Dass es ihnen dabei nicht gelang, dem Informationalismus zum endgültigen globalen Siegeszug zu verhelfen, hatte jedoch nicht zuletzt damit zu tun, dass sie sich im Rahmen dessen noch immer nach (recht breit ausgelegten, aber dennoch) demokratischen Spielregeln richteten. Denn man kann von keinem Menschen – und damit auch nicht von Politiker/innen – verlangen, immer ehrlich zu sein. Erst recht nicht in Hinblick auf die Darstellung von Fakten, die ihnen offensichtlich schaden könnten. Das Einsetzen „halbwahrer" oder auch gänzlich falscher Argumente, um an die Macht zu gelangen bzw., um sich an der Macht zu halten, stellt folglich eine höchst verbreitete politische Strategie dar. Diese ist keinesfalls als redlich zu verteidigen, jedoch insofern zu akzeptieren, als innerhalb des hier behandelten Systems jede Strömung zumeist gleich mehrere konkurrierende Gegenbewegungen aufweist, die jegliche ihrer Behauptungen höchst kritisch überprüfen, dabei intensiv nach Fehlschlüssen und Irreführungen jeder Art suchen und sie im Falle ihres Aufdeckens lautstark anprangern.

Und gerade in Bezug auf diesen Aspekt bedienten sich die „Neu-Linken" in ihrem Machtstreben eines weiteren Schachzugs, der zwar strategisch durchaus beachtenswert, jedoch demokratiepolitisch mehr als bedenklich war: Sie übernahmen in zahlreichen Punkten fast wörtlich die Positionen ihrer ideologischen Kontrahent/innen. Genau darin bestand auch der Hauptgrund dafür, warum sozialistischen Staatsführer/innen gelang, was ihren konservativen Vorgänger/innen versagt blieb: den Informationalismus und v.a. das unmittelbar daran gekoppelte Wirtschaftsprogramm des Neoliberalismus weltweit zu installieren. Denn die Regierungen der Ära Thatcher und Reagan hatten noch mit einer starken links ausgerichteten Opposition zu kämpfen. Als jedoch die ‚Neuen Linken' an die Macht kamen, gab es in ihren Regierungsprogrammen kaum Bestandteile, gegen die rechte Parteien tatsächlich opponieren konnten. Aber der Preis, den alle (außer eventuell den angesprochenen Politiker/innen selbst) dafür zu zahlen hatten, war enorm hoch: Erstens mündete die Lockerung der meisten Regulationsmechanismen der Ökonomie und die Aufhebung fast aller bis dahin existierenden Beschränkungen des Kapitalmarktes gegen Ende der 2000er Jahre in die größte Finanzkrise seit dem „schwarzen Freitag" von 1929 (ausführlich siehe Kapitel 7). Und zweitens fügten die Vertreter/innen des ‚Dritten Weges' mit der täuschend echten Imitation ihrer Gegner/innen der Demokratie selbst einen enormen Schaden zu, weil sie damit im Endeffekt die Opposition ausschalteten und folglich dieses politische System größtenteils außer Kraft setzten.

Doch schaut es – wenigstens im Augenblick – so aus, dass sich sowohl die hier besprochene wirtschaftliche als auch die politische Organisationsform als stabil genug erweisen könnten, um diesen Angriff ohne einen nie wieder gut zu machenden Totalschaden zu überstehen. Langfristig wäre es möglich, dass die „neu-linken" Führer/innen mit diesem schmutzigen Trick hauptsächlich den eigenen politischen Bewegungen geschadet haben, indem sie ihre ideologische Identität zerstörten und damit ihre Glaubwürdigkeit auf Jahrzehnte hinaus untergruben. Auf jeden Fall weist darauf das verheerende Schrumpfen entsprechender Parteien in der Wähler/innen-Gunst gegen Ende des ersten Jahrzehnts der 2000er Jahre hin – z.B. in Deutschland von 40,9% (1998) auf 23,0% (2009) und in Großbritannien von 43,2 (1997) auf 29,0 (2010). Dabei erreichten die Sozialdemokraten in Deutschland den mit Abstand tiefsten Wert seit dem Zweiten Weltkrieg und jene im Vereinigten Königreich langten wieder fast genau dort an, wo sie in der ersten Hälfte der 1980er Jahre waren, als – laut Giddens – ihr Überleben auf dem Spiel stand.[128]

Jedoch muss an dieser Stelle – auch auf die Gefahr hin, sich zu wiederholen – betont werden, dass die erwähnten Fakten keinesfalls zur Interpretation verleiten dürfen, gesellschaftliche Systeme würden sich ohne unser Zutun (z.B. in Form von Pendelbewegungen) von selbst regulieren und damit den Schluss nahelegen, jedes soziale Engagement wäre vergeudete Energie. Ganz im Gegenteil! Denn angesichts des bisher Besprochenen, in ers-

---

[128] Die Situation in den USA stellt sich insofern anders dar, als es für die Linken rückblickend betrachtet ein großes Glück war, dass Al Gore im Jahre 2001 die Präsidentschaft nicht zuerkannt wurde und sie sich somit neu formieren konnten. Dass sie mit Barack Obama tatsächlich zu ihren sozialen Wurzeln (zurück-) fanden zeigt sich an den zwei großen ersten Reformen dieses Präsidenten: An der Einführung einer Krankenversicherung für alle Bürger/innen der USA und der umfassendsten Finanzmarktregulierung seit der Weltwirtschaftskrise 1929. Ebenso hat der Streit um die Anhebung der Schuldenobergrenze im Juli 2011, in dem sich Obama eindeutig zu linken Werten bekannt hat, laut führenden amerikanischen Politologen dazu beigetragen, dass es „nun weniger ideologische Überlappung bei den beiden US-Großparteien im Kongress als seit den späten 1890er Jahren" gibt (nach ORF.at 2011h).

## 5. Informationalistische Politik

ter Linie aber jener Tatsachen, die in Kapitel 7. des vorliegenden Buches noch zu behandeln sein werden, kann man es kaum fassen, dass sowohl die ökonomischen als auch die politischen Grundpfeiler westlicher Demokratien noch immer nicht vollständig eingestürzt sind. Gerade das zeugt davon, dass es sich lohnt, sich gegen Tendenzen zu wehren, welche die menschengerechte Entwicklung unserer Gesellschaft gefährden. Die Verteidigung demokratischer Grundwerte fängt im Kleinen an – im persönlichen Wirkungskreis jeder und jedes Einzelnen von uns. Der erste Schritt zum entsprechenden Handeln besteht in der Einsicht in die eigene soziale Gestaltungskraft und der zweite in der Analyse der konkreten Probleme, zu deren Behebung man diese Energien nutzen kann. Bei der Ausführung des Letzteren soll das folgende Kapitel des seiner zentralen Zielgruppe – also Pädagoginnen und Pädagogen – behilflich sein.

# 6 Bildung im Zeitalter des Informationalismus

Bereits aus den bisherigen Ausführungen in der vorliegenden Arbeit wurde deutlich, dass die sozialwissenschaftliche und politökonomische Vorstellung, unsere gesamte Welt hätte sich im Zeitalter des Informationalismus in der Phase eines revolutionären Umbruchs befunden, den sämtliche Gesellschaftsbereiche nachzuvollziehen hatten, keinesfalls vor der Pädagogik Halt machte. Im Gegenteil wurde gerade vom Bildungssektor erwartet, sich nicht lediglich an der „informationstechnologischen Revolution" zu beteiligen, sondern diese anzuführen. In einer derart konstruierten Bildungsgesellschaft war der Anspruch an die Pädagogik gewaltig: Sie musste die Menschheit mit all den Kompetenzen ausstatten, die ihr überhaupt erst ein Überleben in der Wissensgesellschaft ermöglichen sollen. Um das zu belegen, reicht es, eine besonders bezeichnende Aussage aus dem „Aktionsplan für eine europäische Initiative in der Schulbildung" unter dem Titel *Lernen in der Informationsgesellschaft* heranzuziehen:

> *„Von frühester Jugend an müssen die Menschen in Europa lernen, die neuen Mittel der Information und Kommunikation zu beherrschen, um ihren Platz in einer Gesellschaft zu finden, die sich mit jedem Tag mehr auf das Wissen gründet. Ihre Zukunft und ihre Beschäftigungschancen hängen davon ab (...)." (Europäische Kommission 1996, S.19)*

Vor einem solchen Hintergrund wundert es auch nicht, dass – wie es der (Bildungs-) Ökonom Erich Gundlach in seinem Buch *Bildungspolitik im Zeitalter der Globalisierung* formuliert – staatliche Maßnahmen zur Verbesserung individueller Kenntnisse und Fähigkeiten als „wirtschaftspolitischer Schlüssel für den Erhalt von Wachstum und Wohlstand in einer wissensbasierten Gesellschaft [gelten], die sich dem permanenten Wettbewerbsdruck einer zunehmend integrierten Weltwirtschaft stellen muss" (Gundlach 2007, S.7).[129]

Das vorliegende Kapitel ist den Fragen gewidmet, wie entsprechende Regierungsinitiativen genau aussahen und in erster Linie, in welchem Verhältnis dabei die öffentlich verkündeten Zielvorgaben mit den wahren Motiven und mit den tatsächlich gesetzten Aktionen sowie schließlich ihren faktischen Auswirkungen standen. Ein besonderes Augenmerk wird dabei auf die Aufarbeitung der konkreten Interdependenzen zwischen dem bildungspolitischen und dem pädagogischen Denken sowie Handeln in dieser Zeit gelegt.

Vorauszuholen ist, dass es sich hier insofern um eine kaum durchschaubare und daher auch nicht so leicht verständlich darstellbare Materie handelt, als Akteur/innen in allen besprochenen Gesellschaftsbereichen sich in Hinblick auf dieses Thema scheinbar besonders schwer damit taten (bzw. so taten, als würden sie sich damit sehr schwer tun), ihr Wol-

---

[129] Wie bereits in der (zweiten Fußnote der) Einleitung expliziert, werden im vorliegenden Buch Perspektiven des als „Bildungsökonomie" bezeichneten Forschungsbereichs auf Grund ihres – in diesem Kontext als verkürzt betrachteten – rein wirtschaftlichen Zugangs an hier untersuchten Fragestellungen nicht behandelt. Die Auswirkungen einer solchen Herangehensweise sind alleine schon am gerade zitierten Werk deutlich zu erkennen, in dem sein Autor (in bester neoliberaler Manier) für einen größtmöglichen Rückzug des Staates aus der Bildung bzw. ihrer Finanzierung zwecks einer Wettbewerbs- und folglich Effizienzsteigerung plädiert (vgl. Gundlach 2007, S.77f).

len, Kommunizieren und Agieren in Einklang zu bringen. D.h., dass sobald es um Bildungsfragen im Kontext des Informationalismus geht, außerordentlich selten Personen bzw. Interessensgruppen anzutreffen sind, die ihre Intentionen klar exponierten und erst recht solche, die sich wirklich konsequent in Übereinstimmung mit ihren Ankündigungen verhielten. Außerdem ist man bei der Analyse der Vorgangsweisen in Hinsicht auf diesen Gegenstand oft mit der Tatsache konfrontiert, dass auf den ersten Blick augenscheinliche Analogien – z.B. zwischen den entsprechenden Verfahren innerhalb hier behandelter sozialer Sphären – sich bei genauerer Betrachtung als im höchsten Maße trügerisch erweisen.

Aus diesem Grund findet in Bezug auf die technikdeterministischen sowie neoliberalen Aspekte des Informationalismus eine getrennte Untersuchung bildungspolitischer Zugänge auf der einen und bildungstheoretischer bzw. -praktischer Ansätze auf der anderen Seite statt. Beim technikdeterministischen Aspekt ist der Einsatz dieser Methode deswegen notwendig, weil mit ihrer Hilfe eine Beobachtung bestätigt werden kann, die bereits im vorangehenden Kapitel gemacht wurde: Die Politik scheint im Vergleich zu allen anderen sozialen Systemen (und somit auch in der Gegenüberstellung mit der Pädagogik) unter einer extrem ausgeprägten Art von primitivster Technologiegläubigkeit zu leiden, wobei diese – wie noch aufzuzeigen ist – auf das Thema Lernen und Lehren bezogen besonders obskure Früchte trägt. Beim neoliberalen Aspekt ist die Entscheidung zugunsten einer solchen Arbeitsweise in der Absicht gefallen, die Differenzierung zwischen den wahren Motiven, den nach außen kommunizierten Zielen, den gesetzten Aktionen und den tatsächlichen Auswirkungen der entsprechend ausgerichteten Bildungspolitik zu erleichtern. In Hinblick auf diesen Punkt ist einzuräumen, dass ihre offiziell verkündeten Absichten zwar ziemlich profaner Natur waren – es ging vordergründig hauptsächlich um Einsparungen und Effizienzsteigerungen im Bildungsbereich und um die Sicherung einer Grundversorgung mit technischen Geräten bzw. Anschlüssen sowie mit dahingehenden Basisfertigkeiten. Jedoch stellten sich ihre wirklichen Beweggründe um einiges komplexer dar, die damit einhergehenden Methoden waren viel differenzierter und deswegen wies das entsprechende politische Agieren auch bedeutend subtilere psychologische Implikationen auf, deren Aufarbeitung im Rahmen eines eigenen Abschnitts erfolgt. Lediglich hinsichtlich des metaideologischen Aspekts wird eine solche Aufgliederung aufgegeben, da hier so zahlreiche Interessen hinein spielten und so unterschiedliche Zugänge durch die Zentrifugalkraft ständiger Ideologie- bzw. Paradigmenwechsel sich bis zur Unkenntlichkeit in einander verkeilten, dass die Trennung einzelner Ansätze weder möglich noch sinnvoll erscheint.

Bei allen Hinweisen auf die Breite der Ausführungen darf eine bedeutende Verengung der Perspektive nicht unerwähnt bleiben: Wie bereits in der Gesamteinleitung des vorliegenden Buches angesprochen, finden hier mitnichten sämtliche Bildungszugänge Berücksichtigung, die es in den letzten über 30 Jahren weltweit gab. Dem Thema der gesamten Arbeit entsprechend werden nur jene pädagogischen Ansätze untersucht, deren Proponent/innen ihre Bedeutung in erster Linie bzw. wenigstens zum Teil mit aktuelleren wirtschaftlichen Prozessen und/oder dem technologischen Fortschritt argumentierten. Die daraus automatisch resultierenden Einseitigkeiten und Verkürzungen dienen der Klarheit der Argumentation, beinhalten aber keinesfalls – wie im Übrigen sämtliche Darstellungen in diesem Werk – einen Anspruch auf Vollständigkeit und erst recht nicht auf Ausschließlichkeit.

# 6. Bildung im Zeitalter des Informationalismus

Um nach all den einleitenden Worten wieder den Kern des in der Folge Behandelten anzuvisieren, soll mit Hilfe zweier Zitate auf den Punkt gebracht werden, was diese Aufarbeitung so dringend notwendig macht:

> „(...) eine Pädagogik, die sich der Aneignung des Technischen durch die organisierte Gesellschaft verschreibt, kann sich der Kritik jener Begriffe nicht entziehen, die – Staatenlosigkeit vorschützend – unaufhörlich in die Alltagssprache eindringen und die kollektiven Vorstellungen prägen. Dadurch ergeben sich Sinnverschiebungen des Freiheits- und Demokratiebegriffs, gleichzeitig sind sie es, die uns im Namen der faktischen Notwendigkeit das auferlegen, was ist, und insbesondere das, was noch kommen mag." (Mattelart 2003, S.141)

> „Die erziehungswissenschaftliche Antwort auf die neoliberale Strategie der Transformation von Begriffen mit potenziell gesellschaftskritisch-emanzipatorischem Gehalt, wie Mündigkeit, Autonomie, Selbstregulierung, Mitbestimmungsfähigkeit, Persönlichkeitsbildung etc., die einer feindlichen Übernahme gleichkommt, kann nicht in der Verabschiedung dieser Begriffe, sondern nur in ihrer konsequenten Rückeroberung und geschichtlichen Neubestimmung bestehen." (Bernhard 2011, S.18)

## 6.1 Bildungstheoretischer Technikdeterminismus

Die von Mattelart angesprochene Aneignung des Technischen kann in Bezug auf das pädagogische Denken – d.h. in Hinblick auf die Bildungstheorie – am besten anhand seiner technikdeterministischen Ausprägungen veranschaulicht werden. Deswegen findet in Folge zunächst die Darstellung einer Publikation aus der Anfangsphase des Informationalismus statt, in welcher derartige Zugänge in einer besonders drastischen Form anzutreffen waren. Danach werden entsprechende lerntheoretische Ansätze aus der Zeit der Hochblüte des hier behandelten Gesellschaftssystems kurz vorgestellt, wobei ihre ausführliche Analyse einer späteren (im Unterkapitel 6.5. vorgenommenen) Auseinandersetzung vorbehalten ist, hier stattdessen aber sofort eine Gegenüberstellung mit vergleichbaren bildungspolitischen und v.a. wirtschaftlichen Denkkonstrukten erfolgt, um die Einordnung in weitere für das vorliegende Buch bedeutende Kontexte zu erleichtern. Abschließend wird aufgezeigt, dass die Technikhörigkeit sogar pädagogische Untergebiete erfasst hat, die auf Grund der eigenen Medienskepsis auf den ersten Blick gegen ihre sämtlichen Ausformungen immun sein müssten.

### 6.1.1 Anfangsphase des Informationalismus (Haefner)

Wie extrem manche Bildungstheoretiker/innen bereits zu Beginn der informationalistischen Ära von solchen Einflüssen geprägt waren, kann hier exemplarisch anhand einer diesbezüglich besonders bezeichnenden Publikation aus dem deutschsprachigen Raum veranschaulicht werden – anhand Klaus Haefners Buch *Die Neue Bildungskrise*, das den Untertitel *Lernen im Computerzeitalter* trägt.[130] Dieses im Jahre 1982 (hier nach 1985) erschienene

---

[130] Wie für zahlreiche Expert/innen, die sich intensiv mit Fragen rund um Medien und Bildung auseinandersetzen, üblich, ist Klaus Haefner ursprünglich kein Pädagoge. Von seiner Grundausbildung her ist er Physiker. 1972 leitete er an der Universität Freiburg ein Projekt mit dem Titel "Computerunterstützter Hochschulunterricht", woraufhin er eine Professur für computerunterstützte Hochschullehre an der Universität Bremen erhielt. Später orientierte er sich zwar wieder neu und nahm eine Professur für angewandte Informatik an,

Werk weist mittlerweile zwar einen historischen Charakter auf, ist aber gerade deswegen von einem besonderen Interesse, weil man daran erkennen kann, wie ungeschminkt damals im Bildungsdiskurs versucht wurde, mit technikdeterministischen Argumenten öffentliche Panik und damit auch einen massiven Druck auf die Politik zur Durchführung entsprechender „Reformen" zu erzeugen.[131]

Die erste und in unzähligen Variationen ständig wiederholte These von Haefner besteht darin, dass auf Grund der zu erwartenden Intensivierung der Nutzung der Informationstechnik menschliches Denken und Handeln zunehmend durch technische Informationsverarbeitung abgelöst wird (Haefner 1985, S.14). Seiner Meinung nach wäre das „Monopol des Gehirns" bereits zu seiner Zeit „endgültig gebrochen" (ebd., S.65), was er u.a. damit zu belegen versucht, dass die damals verfügbaren schnellen Rechner ca. fünf Milliarden Additionen im sechsstelligen Bereich in der Sekunde ausführen könnten, während der Mensch für eine einzige solche Operation bedeutend mehr Zeit benötigen würde (S.34f). Dabei wird die Informationstechnik „von Tag zu Tag ‚klüger'" (ebd., S.87), weswegen absehbar ist, dass sie den teureren, unzuverlässigeren sowie schwerer zu beschaffenden Menschen (vgl. S.205) sehr bald aus den meisten Wirtschaftsbereichen verdrängen wird (vgl. S.23, S.39, S.63f, S.211, S.220, ausführliche Gegenüberstellung Computer vs. Gehirn siehe S.78ff).[132]

Das Bildungssystem steht dieser Entwicklung laut Haefner aus zwei Gründen vollkommen hilflos gegenüber: Erstens ist es absolut veraltet. Es beruht auf Prinzipien, die zu einer Zeit entstanden sind, als die jetzt verfügbaren Technologien nicht einmal ansatzweise vorhanden waren (S.12) und bildet Menschen für eine informationelle Umwelt aus, die bereits Anfang der 1990er Jahre nicht mehr existieren wird (S.203). Aber auch wenn es trotz all der „Innovationsfeindlichkeit des Bildungswesens" (S.208) gelingen sollte, dieses innerhalb kürzester Zeit völlig Umzukrempeln, stellt sich zweitens die Frage, was das dem Individuum im „‚Kampf' mit der informationellen Umwelt" (S.39) tatsächlich noch nutzen würde. Denn auch ein optimal strukturiertes Bildungssystem wäre noch immer mit dem Problem der „Sättigung der Bildungsfähigkeit des Menschen" (S.15) konfrontiert. Als entsprechenden Beleg führt Hafner an, dass sich die „Informationsverarbeitungsleistung" des Gehirns in der Zeitspanne zwischen 1963 und 1978 keinesfalls analog zu den Bildungsausgaben verdoppelt hätte und konstatiert: „Erwartungen an schnell zu realisierende *hohe* Bil-

---

[131] setzte sich jedoch weiterhin in leitenden Positionen mit der informationstechnischen Grundbildung von Lehrer/innen auseinander. (vgl. www.haefner-k.de/curvitae.htm [15.10.2007])
Haefners Zugang stellt keinesfalls eine – z.B. vermeintlich spezifisch deutsche – Ausnahmeerscheinung dar. So hatte in den USA der 1983 veröffentlichte Bericht mit dem Titel *A Nation at Risc* einen wesentlichen Einfluss auf die Bildungspolitik. hier erfolgte die Gleichsetzung der darin dargestellten Bildungsdefizite mit einem feindlichen Angriff auf das gesamte amerikanische Gesellschaftssystem. Dabei standen solche Diskurse auch in den Vereinigten Staaten im engen Zusammenhang zur Behauptung der Standortgefährdung auf Grund der mangelhaften Vermittlung von Kompetenzen in Hinblick auf IKT. (vgl. Breiter et al. 2007, S.113)

[132] In Haefners Argumentation ist nicht die These der durch zunehmenden wirtschaftlichen Technologieeinsatz bedingten Verdrängung des Menschen aus dem Arbeitskreislauf neu bzw. bedenklich. Diese bildete bereits die Basis der Theorien von Marx und Engels (vgl. z.B. Rifkin 2004, S.64f; S.71f) und wird auch in aktuelleren sozioökonomischen Publikationen angesehener Wirtschaftswissenschaftler/innen in Bezug auf IKT massiv vertreten – vgl. z.B. Jeremy Rifkins *Das Ende der Arbeit* (v.a. ebd. S.80ff). Im Gegensatz zu Haefner sehen das Letztere jedoch als ein soziologisches und damit gesellschaftlich verursachtes sowie folglich ebenso gesellschaftlich zu behebendes Problem an und nicht als eines, das aus der objektiven Überlegenheit der Maschine gegenüber dem Menschen resultiert und gegen das wir daher nichts unternehmen können.

## 6. Bildung im Zeitalter des Informationalismus

dungszuwächse sind unrealistisch – zumindest solange wie biologische, biochemische oder medizinische Eingriffe in das Gehirn des Menschen Tabu sind (...)" (S.15f, vgl. S.219f).

Der Kern der von Haefner heraufbeschworenen Krise besteht darin, dass seiner Meinung nach die meisten Lernenden grundsätzlich mit dem an sie zunehmend gestellten Anspruch überfordert sind, „Qualifikationen zu erwerben, die ‚jenseits' dessen liegen, was der Rechner morgen bereits können wird" (S.204). Da der Mensch nicht wissen kann, welche Handlungsabläufe und v.a. Denkvorgänge, die er sich jetzt mühevoll aneignet, in naher Zukunft von Maschinen übernommen werden, schwindet seine Motivation, überhaupt noch etwas zu lernen (vgl. S.20ff, S.204, S.211). Und Haefner prophezeit: „Die heute bereits vielbeklagte ‚Lustlosigkeit' in Schule und Hochschule wird durch die Kenntnisse um alternative Lösungen kognitiver Arbeiten durch Informationstechnik weiter zunehmen" (S.22). Daraus leitet er die Prognose eines deutlichen Rückgangs der Nachfrage nach höherer Bildung ab Ende der 1980er Jahre ab (vgl. S.223).

Die von Haefner skizzierte Lage ist also mehr als düster und eine nachhaltige Lösung der von ihm dargestellten Krise kaum in Sicht. Denn einerseits wäre das humanistische Bildungskonzept völlig anachronistisch – ein verzweifelter, zum Scheitern verurteilter Versuch, weiterhin „autonome" Individuen für eine „heile" Welt ausbilden und dabei die Informationstechnik vom Menschen fernzuhalten (vgl. S.206; S.18f). Aber auch der („realistische") Ansatz der Berufsqualifizierung würde Haefners Meinung nach nicht mehr funktionieren – es hätte ja keinen Sinn, Menschen auf einen Arbeitsalltag vorzubereiten, in dem sie schließlich doch von Computern ersetzt werden (vgl. S.16f, S.60ff, S.222). Nicht einmal eine – laut Haefner natürlich dringend benötigte – „Alphabetisierung" der Bevölkerung im Bereich der Informationsverarbeitung (vgl. S.17ff, S.26) könnte auf Dauer einen Ausweg aus der Krise bieten. Denn erstens wäre der Bedarf an Spezialist/innen in diesem Bereich gar nicht so groß und zweitens würden auch die Gestaltungsspielräume dieser Expert/innen zugunsten übermächtiger, zentraler Systeme zunehmend eingeschränkt (vgl. S.47f, S.222).

Während Haefner die aus seiner Sicht rasant herannahende Katastrophe den Leser/innen höchst detailliert und plastisch vor Augen führt, fallen seine Vorschläge, wie die – laut ihm „unausweichliche" – Bildungsreform (vgl. S.13) auszusehen hat, eher schwammig und zumeist wenig originell aus: Das starre Bildungssystem sollte seiner Meinung nach in ein „flexibles, adaptives und interaktives" verwandelt werden; die Überbetonung der Vermittlung eines reinen Faktenwissens ist zurückzudrängen; berufliche Lernziele, „die Bereiche betreffen, deren Automatisierung bevorsteht, müssen aus den Curricula entfernt" werden (S.25f) und natürlich bleibt auch der Appell zum lebenslangem Lernen nicht ausgespart, wobei dieses dem Ziel dienen soll, „uns an den aktuellen Wandel ständig derart anzupassen, daß unser Überlebensprogramm leistungsfähig bleibt" (S.39).

Zwei Forderungen Haefners lassen jedoch aufhorchen: Erstens setzt er sich massiv dafür ein, den politischen Anspruch aufzugeben, allen Menschen unabhängig von ihrem sozialen Hintergrund gleiche Bildungschancen einzuräumen. Aus der (für ihn unumstößlichen) Tatsache, dass die heute „relevanten Qualifikationen viel zu komplex sind, um von einer breiten Schicht Bildungswilliger erreicht zu werden" (S.225), ergibt sich seiner Meinung nach die Notwendigkeit der besonderen Auslese und speziellen Förderung einer „relativ kleinen Gruppe" von „Unberechenbaren"[133] – also einer Elite, von der erwartet wird „‚jen-

---

[133] Es ist nicht anzunehmen, dass Manuel Castells die Schriften Klaus Haefners kennt. Umso bemerkenswerter ist die Ähnlichkeit der beiden gewählten Metaphern zur Beschreibung des Hauptmerkmals der heutigen

seits' der Leistungsfähigkeit modernster Informationstechnik im nächsten Jahrzehnt produktiv arbeiten zu können" (S.214). In einem (von ihm selbst in Anführungszeichen gesetztem) „sozialen Staat" sieht Haefner die große Gefahr, „mehr Einheitlichkeit zu schaffen als eigentlich angesichts der Potenzen der Informationstechnik sinnvoll ist" (S.214f). Demokratiepolitisch nicht weniger bedenklich ist folgendes Ansinnen von Haefner: „*Das Bildungswesen muss wieder zu einem Erziehungssystem werden*" (S.218; Hervorhebung im Original). Die Aufgabe eines solchen würde für ihn in erster Linie darin bestehen, den Menschen (bzw. die überwiegende Mehrzahl der nicht „Unberechenbaren") dahin zu führen, „in der realen Welt konkret ‚richtig' zu handeln, sein Einkommen ‚richtig' zu nutzen, seine Berufswahl ‚richtig' zu treffen, seine Wohnung ‚richtig' zu planen" und natürlich auch „sich politisch ‚richtig' zu verhalten" (S.25).

Angesichts solch offensichtlich haarsträubender Aussagen wäre davon auszugehen, dass die für Bildung verantwortlichen Politiker/innen Haefners Abhandlung (wie im Falle der meisten Schriften zum Thema Pädagogik) kaum beachtet, wenn nicht sogar mit Verachtung gestraft hatten. Jedoch schien es Haefner recht geschickt angestellt zu haben, durch Panikmache öffentliches Aufsehen zu erregen und enormen Druck zu erzeugen. So prophezeit er, „außerordentliche Probleme (...), die alle Bereiche des menschlichen Handelns betreffen", falls „die Reform des Bildungswesens zu weit hinausgeschoben und die Krise nicht rechtzeitig gemeistert" wird (S.26f). Haefner bringt sogar die Schreckensvision des Kippens des Gleichgewichts der Macht zwischen den zwei zur Zeit des Erscheinens dieses Buches in Europa vorherrschenden politischen Blöcken ins Spiel. Denn die Sowjetunion hätte die Bildungskrise längst erkannt „und jetzt einen 15-Jahres-Plan für die Integration der Informationstechnik in die Schule beschlossen. Die ersten Schulen sind bereits ausgerüstet!" (S.27). Wem die Hauptschuld treffen würde, wenn der angekündigte pädagogische Super-GAU Realität werden sollte, ist aus Haefners Perspektive vollkommen klar: Es wären „die Politiker, die in Europa mit einem wesentlich staatlichen Bildungswesen die volle Verantwortung tragen (...)" (S.8).

Dieser – durch das Nachbeten von Haefners Thesen in der Presse zusätzlich potenzierte – Druck hat seine Wirkung nicht verfehlt: In der nur drei Jahre nach der Originalausgabe erschienenen fünften Neuauflage des besprochenen Buches fühlten sich die Kultusminister/innen bzw. -senator/innen fasst aller (bis auf zwei) deutschen Bundesländer zu einer Stellungnahme zu den Thesen des Autors und zum Ablegen eines Rechenschaftsberichts über die entsprechenden Fortschritte in ihrem jeweiligen Wirkungsbereich verpflichtet. Dabei versuchten sie so weit wie möglich hervor zu streichen, wie sehr sie sich darum bemühen würden, Haefners und ähnliche Forderungen in der Praxis ihrer Bildungspolitik umzusetzen (vgl. S.286ff).[134]

---

Wissenselite: „Unberechenbarkeit" und „Selbstprogrammierung" (zu Letzterem siehe z.B. Castells 2005a, S.102).

[134] Aus den fast durchwegs affirmativen Beiträgen sticht jener des damaligen Kultusministers von Nordrhein-Westfalen, Hans Schwier (SPD) hervor, in dem er folgendes konstatiert: „Eine Bildungspolitik, die sich Spekulationen anvertraut und darauf Handlungen begründet, ist ebenso schädlich wie eine, die die Signale für Veränderungen nicht wahrnimmt" (nach Haefner 1985, S.308).

## 6.1.2 Hochphase des Informationalismus

Die Anstrengungen dieser Politiker/innen und ihrer Kolleg/innen auf der ganzen Welt waren zumindest insofern von Erfolg gekrönt, als es in der etwas mehr als 10 Jahre nach dem ersten Erscheinen von Haefners Werk einsetzenden Hochphase des Informationalismus im Rahmen staatlicher und staatsübergreifenden Aktionspläne vollkommen selbstverständlich war, vom Bildungssystem zu verlangen, es habe sich dringend „auf den Bedarf der Wissensgesellschaft ein[zu]stellen", um die Jugend so rasch wie möglich ins „Digitalzeitalter" zu führen. Das bedeutet laut den Autor/innen, dass flächendeckend „Fähigkeiten vermittelt werden [müssen], die für das Leben und die Arbeit in dieser neuen Informationsgesellschaft erforderlich sind" (Europäische Kommission 2000, S.12ff). Dass die im Zuge solcher Proklamationen vorgetragenen Argumente etwas sachlicher (und damit auch intelligenter) klangen, als jene von Autoren wie Haefner, hatte nicht zuletzt mit der fehlenden Notwendigkeit zu tun, entsprechenden Forderungen mit Hilfe emotionaler Rhetorik Nachdruck zu verleihen. Schließlich waren sie inzwischen zum absoluten „Mainstream" avanciert.

Letzteres sowie die massive Verflechtung zwischen der Pädagogik und der Wirtschaft in der Blütezeit des Informationalismus wird bei der Lektüre des in Abschnitt 5.2.1. bereits besprochenen Buches des Multimilliardärs Bill Gates besonders deutlich. In der Vorstellung seiner Vision der *Zukunft der Informationsgesellschaft* widmet er dem hier behandelten Thema ein ganzes Kapitel, welches er als *Bildung – die beste Investition* bezeichnet (Gates 1997, S.290ff).[135] Darin postuliert er, dass eine „neue technologische Revolution" die Wirtschaft transformiert und damit das Bildungssystem – das ja die Fähigkeiten vermitteln soll, welche Kinder „für den Erfolg in ihrer gesellschaftlichen Wirklichkeit brauchen" – vor vollkommen neue Aufgaben stellt (vgl. ebd., S.295). Für Gates ist es folglich absolut unbestreitbar, dass sich die Schule „gewaltigen Veränderungen" unterziehen muss – ein Prozess, in dem seiner Meinung nach die Informationstechnologie eindeutig als die „treibende Kraft" zu betrachten ist (ebd., S.327). Schließlich könnte die Technik laut Gates selbst die Mittel zur Lösung aller derzeitigen pädagogischen Probleme bereitstellen (vgl. S.295, siehe auch S.321) – gerade durch den massiven Einsatz von Computern, Internet und interaktiven Lernprogrammen würden sich Wege zu völlig neuen Formen des Unterrichts eröffnen. Dabei hebt Gates besonders die Möglichkeiten hervor, diese Werkzeuge dafür zu nutzen, verstärkt auf die persönlichen Bedürfnisse einzelner Schüler/innen einzugehen (S.302, S.321). Denn

*„[d]ank der Informationstechnologie wird die kunden- und adressatenspezifische Massenfertigung auch den Unterricht erobern. (...) Wie bei der kundenspezifischen Massenherstellung von Jeans und elektronischen Tageszeitungen werden Computer individuell abgestimmte Lerninhalte und Materialien auswählen, so daß jeder Schüler gemäß seinem persönlichen Lernstil den Weg und das Tempo selbst bestimmen kann."* *(ebd., S.303f)*

---

[135] Auffällig ist die Parallele dieser Formulierung zu kurz danach getätigten (und im vorliegenden Buch im Abschnitt 6.3.2. aufgearbeiteten) Aussagen „neu-linker" Soziolog/innen sowie Politiker/innen. Z.B. jener von Anthony Giddens (2001, S.182), der im Kontext des Bildungsdiskurses betonte, es solle „wo immer möglich (...) in menschliches Kapital investiert werden". Oder derer von Schöder und Blair (1999), welche die allgemeine Anerkennung der Bildung als zentrale „Investition in menschliches und soziales Kapital" als höchste Priorität für „moderne Sozialdemokraten" bezeichneten.

Gates versichert jedoch, dass ein solchermaßen individualisierter Unterricht keinesfalls mit einer Gefahr der sozialen Abkoppelung verbunden wäre. Im Gegenteil würde er gleichzeitig die Fähigkeiten der Schüler/innen zur Kooperation fördern, sowie ebenso interdisziplinäre und projektorientierte Lern- und Lehrformen erleichtern (vgl. S.300ff, S.312). Damit könnte auch endlich eine flächendeckende Abkehr vom Frontalunterricht in greifbare Nähe rücken (vgl. S.312). Außerdem verspricht Gates als Folge eines intensiven Technologieeinsatzes in der Pädagogik sowohl Effizienzsteigerungen und Kostensenkungen im Bildungssystem (vgl. S.297f), als auch die Behebung solch gravierender Probleme, wie der mangelnden Bildungschancen sozial benachteiligter Jugendlicher (S.307) und sogar der verbreiteten Unzufriedenheit der Lehrer/innen mit ihrem Beruf (S.321)[136]. Angesichts all dieser Verheißungen erscheint Gates Drängen darauf, „den Unterricht so umzustellen, daß er die Computer angemessen nutzt" (S.292), sowie seine Forderung nach groß angelegten staatlichen Investitionen in entsprechende Maßnahmen (vgl. S.290, S.327) mehr recht als billig. Zumal laut ihm gerade Kinder „mit ihrer natürlichen Vorliebe für Computer und Interaktion" (S.291) zu den „überzeugtesten Fürsprechern der Veränderung" gehören (S.295).

Dass sich Bill Gates von massiven staatlichen Investitionen in die medienunterstützte Lehre ein „reichlich[es] Früchte tragen" verspricht (S.327), versteht sich von selbst – schließlich profitiert seine Firma *Microsoft* erheblich von solchen öffentlichen Ausgaben, da sie das Monopol für mehrere der am meisten verbreiteten Computeranwendungen hält[137] und Anfang der 2000er Jahre die weltweit führende kommerzielle eLearning-Plattform *Blackboard* aufgekauft hat. Auffällig ist ebenfalls, dass die Forderungen der Politik an die Pädagogik zu dieser Zeit denen von Gates zum Verwechseln ähnlich klangen. Auch in staatlichen Positionspapieren wurde mit dem Ziel, technologischen Herausforderungen zu begegnen, eine flächendeckende Einführung der Informations- und Kommunikationstechnologien in den Unterricht verlangt und an den Bildungssektor mit größtem Nachdruck der Appell zur „grundlegenden Neugestaltung der Lernstrukturen" herangetragen (Europäische Kommission 2001, S.2; vgl. UNESCO 2005, S.60; Deutscher Bundestag 1998, S.63). Analog zu Gates waren fast alle ihre Verfasser/innen ebenso der Meinung, dass gerade die neuen Technologien jene Werkzeuge zur Verfügung stellen würden, mit deren Hilfe diese Aufgabe am besten bewerkstelligt werden könnte (vgl. z.B. Deutscher Bundestag 1998, S.63ff).

Jedoch wäre es eine enorme Vereinfachung und damit Verzerrung der Realität sozialer Prozesse in der Hochphase des Informationalismus, würde man davon ableiten, die Wirtschaft hätte über den Umweg ihres Einflusses auf die Politik den Bildungssektor nach Belieben gesteuert. In Bezug auf diesen Punkt (wie gleichfalls in Hinblick auf zahlreiche andere) handelt es sich um höchst komplexe gegenseitige Wechselwirkungen zwischen den hier berührten Gebieten. Das ist alleine daran ersichtlich, dass sowohl zahlreiche Wirt-

---

[136] Bill Gates ist es ein besonderes Anliegen, alle Befürchtungen zu zerstreuen, dass der Computer Lehrer/innen in pädagogischen Prozessen auf Dauer ablösen könnte. Im Gegenteil bezeichnet er sie als „unverzichtbar" und ihre beruflichen Zukunftsaussichten als „ausgesprochen rosig" (Gates 1997, 316). Die neuen Technologien sollen Lehrpersonen (lediglich) als eine gewaltige Arbeitserleichterung dienen. Dies nicht zuletzt, weil sie ihnen unliebsame, stumpfsinnige Aufgaben abnehmen würden (Vermitteln des ewig gleichen Faktenwissens, Vorbereiten und Durchführen von Test, Ausbessern von Fehlern etc.) und sattdessen Möglichkeiten eröffnen könnten, sich individuell um einzelne Kinder zu kümmern, sowie sich ständig neuen, für sie spannenden Themen zu widmen (vgl. ebd. S.299ff; S.306; 312ff).

[137] Gates (1997, S.308) weist natürlich auch darauf hin, dass man bereits mit den gängigen Programmen seiner Firma (Office-Paket) tolles eLearning betreiben kann.

schaftstreibende als auch Verfasser/innen politischer Dokumente angeben, zu ihren entsprechenden Aussagen ihrerseits durch Postulate von Expert/innen aus dem pädagogischen Bereich inspiriert worden zu sein. Zwar erfolgt in Veröffentlichungen, wie denen von Gates und ebenso in staatlichen Aktionsplänen und Positionspapieren fast nie die namentliche Nennung dieser Personen. Jedoch werden ihre Schriften in ausführlicheren Versionen von Letzteren manchmal wenigstens als „background ressources" angegeben (vgl. z.B. UNESCO 2005), während Gates selbst konstatiert, Literatur zum Thema „Lerntheorien" würde (gleich der Materie „Wirtschaft und Technik" folgend) zu seiner Lieblingslektüre gehören (Gates 1997, S.268).

Die Anlehnung sowohl wirtschaftlicher als auch politischer Argumentationen zum Thema Bildung in der Hochphase des Informationalismus an pädagogische Begründungslinien sowie ebenfalls die eklatanten Analogien der Letzteren zu den im dritten Kapitel dargestellten sozialtheoretischen Positionen zum Lernen und Lehren ist bereits mit einem flüchtigen Überblick über international besonders einflussreiche Publikationen aus dem Bereich und Umfeld des ‚Instructional Design' in den 1990er Jahren leicht zu belegen (ausführlicher dazu siehe Schlussteil des Abschnitts 6.5.1.). Z.B. postulieren die bedeutenden US-amerikanischen Instruktionstheoretiker Thomas M. Duffy und David H. Jonassen (vgl. 1992, S. ix) am Anfang des von ihnen herausgegebenen Sammelbandes *Constructivism and the Technology of Instruction*, dass Informationen im IKT-Zeitalter ständig zunehmen, sich mit größter Geschwindigkeit verändern aber ebenso immer verfügbarer werden. Daraus resultiert, dass es weder möglich noch sinnvoll sei, das Ganze für bestimmte Berufssparten benötigte Wissen zu beherrschen. Dadurch würden auch traditionelle Modelle des Lernens und der Unterweisung – die der Meinung von Duffy und Jonassen nach auf der Speicherung und dem Abrufen von auswendig gelernten Informationen basieren – zunehmend obsolet. Stattdessen wäre laut dem in zahlreiche Sprachen übersetzten Buch zur informationstechnologisch bedingten *Revolution des Lernens* des aus Südafrika stammenden und am MIT lehrenden Mathematikers sowie Erziehungswissenschaftlers Seymour Papert (1994, S.21) die „wichtigste Fähigkeit, die den Lebenslauf eines Menschen bestimmt, (...) heute bereits die, neue Fähigkeiten zu erwerben, für neue Konzepte offen zu sein, neue Situationen einschätzen zu können, mit dem Unerwarteten fertig zu werden." Ausgehend von solchen und ähnlichen Überlegungen konstatiert einer der führenden Erziehungswissenschaftler der USA, Charles M. Reigeluth (1999a, S.ix), im Vorwort des von ihm herausgegebenen epochalen Sammelwerkes *Instructional-Design Theories and Models. Volume II* einen „dramatischen Wandel" in der „Natur" der gesamten Pädagogik und Didaktik, auf den seiner Meinung nach lediglich mit einem vollkommenen „Paradigmenwechsel" der gesamten entsprechenden Disziplin geantwortet werden könne. Eine solche, v.a. an Prinzipien der Offenheit, Lernerorientierung, Selbstregulation und Kollaboration ausgerichtete Wende ist laut einem der renommiertesten darin veröffentlichenden Autoren – Michael Hannafin – erst durch die IKT-Fortschritte seit Mitte der 1990er Jahre möglich geworden, denn „technological developments such as the World Wide Web, has made possible approaches that were heretofore impossible, infeasible, or unimaginable" (Hannafin et al. 1999, S.118).

Auf die Problematik technologiegetriebener pädagogischer „Paradigmenwechsel" und des hinter den hier angesprochenen Konzepten stehenden didaktischen Konstruktivismus wird im Unterkapitel 6.5. im Kontext der Metaideologie noch ausführlich einzugehen sein. An dieser Stelle ist lediglich ihr technikdeterministischer Aspekt hervorzuheben: Auch wenn die Aussagen solcher „Schwergewichte" wie Reigeluth, Papert, Jonassen etc. im Vergleich zu denen im vorangehenden Abschnitt behandelten von Haefner höchst fundiert und schlüssig klingen und die meisten ihrer Zugänge zur Lösung von Bildungsproblemen bedeutend elaborierter sind, ist die jeweilige Hauptstoßrichtung die gleiche. Von beiden Perspektiven aus formt die Technologie unsere Gesellschaft um und die Pädagogik muss ihr gesamtes Denken sowie Handeln darauf ausrichten, Menschen jene Kompetenten zu vermitteln, die sie benötigen, um in dieser neuen Welt (fort-) zu bestehen, wobei sie wiederum Technologien als diesbezügliche Hilfsmittel nutzen soll. Das reelle Dilemma ist hier mit dem von allen techologiezentristischen Ansätzen identisch und besteht in der Aberkennung der menschlichen Fähigkeiten zur aktiven Gestaltung seines persönlichen Lebens sowie seines sozialen Umfelds. Besonders in Bezug auf didaktische Modelle, welche aus den gerade erwähnten Konzeptionen hervorgegangen sind und die dem selbstregulierten bzw. -gesteuerten Lernen einen herausragenden Stellenwert einräumen, ergibt sich die Frage, welchen Sinn die Förderung von Selbstständigkeit in einer Gesellschaft hat, in der essentielle Handlungsoptionen angeblich von außen – und hier in erster Linie durch technologische Entwicklungen – festgelegt werden. Dass solche pädagogischen Bemühungen auch unter diesen Umständen aus einer bestimmten Perspektive durchaus einen wichtigen Zweck erfüllen können und welcher es ist, wird ab dem Abschnitt 6.4.2. aufgezeigt. Hier geht es noch kurz darum, auf die Auswirkungen des Technikdeterminismus auf weitere pädagogische Strömungen hinzuweisen.

### 6.1.3 Medienpessimistischer Technikdeterminismus

Der Technologiezentriertheit oben angesprochener Ansätze ist bis zu einem gewissen Grad Verständnis entgegen zu bringen. Schließlich sind sie in der Hochphase des (das damalige Denken fast aller Wissenschaftsgebiete beherrschenden) allgemeinen Informationalismus entstanden und auch noch innerhalb eines Bereiches, der als eine „technologische Teildisziplin der Erziehungswissenschaft" (Deimann 2006) bezeichnet wird. Jedoch beeinflusste der Technikdeterminismus die Pädagogik auch weit über den Höhepunkt des informationellen Kapitalismus hinaus und erstreckte sich ebenso auf ihre Zweige, die dem technologieeuphorischen Fortschrittsglauben per se skeptisch gegenüber stehen.

Letzteres gilt ganz besonders für die deutsche Medienpädagogik, welche in ihrer derzeitigen Ausprägung historisch in der ‚Kritischen Theorie' der ‚Frankfurter Schule' verwurzelt ist (zur entsprechenden Verortung siehe Baacke 1996, S.4f; Baacke 1997, S.47; zur ‚Frankfurter Schule' Abschnitt 2.3.1.).[138] Die Herausgeber/innen des zentralen einschlägigen Nachschlagwerkes im deutschsprachigen Raum *Grundbegriffe Medienpädagogik* eröffneten die im Jahre 2005 erschienene aktualisierte Ausgabe dieser Publikation mit folgenden Worten: „Medien, insbesondere der omnipräsente Computer, das weltumspannende Internet, die allzeit und überall verfügbare Mobilkommunikation greifen heute vehement in alle Lebensbereiche ein, sofern sie diese nicht schon steuern" (Hüther; Schorb 2005, S.7). Natürlich kann so eine Aussage hervorragend als Argument dafür herhalten, warum „Medienpädagogik noch nie so wichtig wie heute" (ebd.) sein soll und erfüllt in diesem Sinne

---

[138] Ausführlich zu den Unterschieden – und z.T. auch Analogien – zwischen der deutschen Mediendidaktik, die sich intensiv auf das im vorangehenden Abschnitt behandelte US-amerikanische ‚Instructional Design' beruft, und der hier besprochenen deutschen Medienpädagogik siehe Pasuchin 2009a.

## 6. Bildung im Zeitalter des Informationalismus

durchaus ihren (Werbe-) Zweck. Die Konsequenzen solcher Denkkonstruktionen werden jedoch spätestens im Beitrag zum Stichwort „Neue Medien" von Jürgen Hüther ersichtlich, auf dessen Einleitung das gerade vorgestellte Zitat basiert (vgl. Hüther 2005, S.345): Als die aus medienpädagogischer Sicht bedeutendste Antwort auf die Frage nach dem „Neuen an den ‚Neuen' Medien" bezeichnet Hüther zwar die „Möglichkeiten der kreativen Gestaltung eigener Aussagen sowie deren technische Umsetzung und öffentliche Verbreitung" (ebd., S.350). Er weist auch darauf hin, dass manche im Zuge dessen an die Realisierung der Utopien von Brecht und Enzensberger glauben, den „meist stummen Rezipienten aus seiner passiven Konsumentenrolle herauszulösen und ihn zum Kommunikator zu machen" (ebd., S.351). Jedoch dämpft Hüther solche Hoffnungen sofort. Seiner Meinung nach werden die „Vorstellungen von Demokratisierung der Kommunikationsstrukturen durch die Möglichkeiten der neuen Medien (…) weitgehend Visionen bleiben" (ebd.). Als Grund für seine Skepsis führt er die fehlende Medienkompetenz der Menschen an, die seiner Meinung nach erst die „Voraussetzung für die Integration des Nutzers in die sich vielfältig anbietenden Multimediastrukturen" bilden würde (ebd.).

Um diese Argumentationskette auf den Punkt zu bringen: Da unsere sämtlichen Lebensbereiche massiv von Medien beeinflusst werden, bleibt uns nichts anders übrig, als uns an ihre Beschaffenheiten anzupassen. Als Nutzer/innen (und nicht etwa als Gestalter/innen[139]), welche sich in Medienstrukturen integrieren (und nicht etwa umgekehrt entsprechende Gebilde an die eigenen Interessen adaptieren), werden wir den Rollenwechsel von passiven Medienkonsument/innen zu aktiven Medienproduzent/innen niemals vollziehen können. Somit schließt sich der Kreis zur Ausgangsthese der *Grundbegriffe Medienpädagogik*: Unsere (Fern-) Steuerung durch Medientechnologien wird auf immer und ewig fortgeschrieben.

Hinsichtlich des Verhältnisses zur Technik unterscheiden sich solche Positionen insofern stark von den davor besprochenen, als hier – in der Nachfolge Adornos – Medien manipulative und damit per se negative Wirkungen zugeschrieben werden. In Opposition zur Perspektive von Haefner, Gates oder den Sichtweisen von Instruktionstheoretiker/innen wird die Aufgabe der (Medien-) Pädagogik nicht darin gesehen, Lerner/innen zur möglichst intensiven Nutzung der Technologien zu motivieren. Im Gegenteil sollen medienbezogene Bildungsbemühungen hauptsächlich darauf abzielen, Menschen zu helfen, eine kritische Distanz zu ihnen zu gewinnen, um sich besser von ihren schädlichen Einflüssen schützen zu können. (vgl. z.B. Kazda et al. 1971 nach 1999, S.124; Kritik entspr. Ansätze siehe z.B. Meyer P. 1981, S.48f)[140]

Zum Teil resultieren aus derartigen Überlegungen auch Forderungen, den Zugang von Kindern und Jugendlichen zu IKT stark zu kontrollieren, zu reglementieren und – bei Bedarf – zu unterbinden. Diese als „Bewahrpädagogik" bezeichnete Strömung wird in der

---

[139] Zur Abkehr vom Begriff des Nutzers bzw. Users in kommunikations-mediensoziologischen Kontexten auf Grund der damit implizierten passiven Konsumorientierung siehe z.B. Lievrouw; Livingstone 2006, S.8.
[140] Wie angesprochen geht es an dieser Stelle um die *historische* Verwurzelung der zeitgenössischen deutschen Medienpädagogik, die keinesfalls mit der gesamten Bandbreite des entsprechenden *aktuellen* Diskurses zu verwechseln ist. Letzterer erweist sich inzwischen als den medialen Einflüssen gegenüber bedeutend aufgeschlossener. So besteht das zentrale praktische Handlungsfeld dieser Disziplin in der aktiven bzw. kreativen Medienarbeit, wobei derartige Projekte darauf abzielen, Jugendlichen dazu zu verhelfen, den eigenen Identitäten medial Ausdruck zu verleihen und dabei ihren spielerischen, phantasievollen Umgang mit Technologien zu fördern (Pasuchin 2009b).

vorliegenden Arbeit bewusst fast gänzlich ignoriert. Denn sie tritt spätestens seit der Verbreitung des Buchdrucks jedes Mal auf, wenn ein neues Medium in Erscheinung tritt (vgl. Vollbrecht 2001, S.17ff; Müller-Doohm 2000, S.69)[141] und hat sehr wenig mit Pädagogik, sehr viel dagegen mit der menschlichen Angst vor Veränderung zu tun. Im Kontext des hier behandelten Themas ist lediglich von Relevanz, dass der „Medienpessimismus" nicht weniger technikdeterministisch ist, als die „Medieneuphorie", weil in beiden Fällen mediale Wirkungen über- und die menschliche Handlungsfähigkeit unterbewertet werden.

Am eindeutigsten geht das aus dem vorhin besprochenen Buch von Klaus Haefner hervor. Denn seine extreme Technikhörigkeit basiert keinesfalls auf einer überschwänglichen Freude über den medialen Fortschritt, sondern gerade umgekehrt auf einer unendlichen Enttäuschung über (vermeintlich) damit zusammenhängende Verluste. In einer Vorbemerkung zu seiner apokalyptischen Publikation bringt Haefner diese Tatsache folgenderweise auf den Punkt: „Wenn ich persönlich bestimmen könnte, was geschehen soll, würde ich allen Menschen ein selbstverwirklichtes Leben auf der Basis einer geistigen Durchdringung der Welt, lebend in der harmonischen Umgebung sanfter Alpentäler und idyllischer Stadtkerne ermöglichen, in denen Friede und Kultur herrschen" (Haefner 1985, S.9). Jedoch hätte seiner Meinung nach niemand „in einer pluralen Gesellschaft [sprich Demokratie] die Kraft, diese Traumwelt zu realisieren", weswegen „das kulturelle Erbe (…) langfristig zu versiegen und in den Netzwerken der Informationstechnik unterzugehen droht" (ebd.).

## 6.2 Bildungspolitischer Technikdeterminismus

Anhand bisheriger Darstellungen ist bereits deutlich zu Tage getreten, dass der Technikdeterminismus höchst unterschiedliche Ausprägungen aufweisen kann. Es ist möglich, dass Interessensgruppen gleichermaßen unter seinem Einfluss stehen, auch wenn sie abweichende oder sogar gegensätzliche Zielsetzungen verfolgen – und zwar sowohl insgesamt als ebenfalls in Hinblick auf Teilbereiche. Das gilt genauso für das Verhältnis zwischen der Gesellschafts- sowie Bildungstheorie auf der einen und der (Bildungs-) Politik auf der anderen Seite. So sind – wie aus dem vorangehenden Unterkapitel ersichtlich geworden ist – die Analogien zwischen hier angeführten sozialtheoretischen und pädagogischen Argumentationen sowie Problemlösungsansätzen in Bezug auf das Lehren und Lernen beträchtlich. Ebenso unverkennbar schienen in der Hochphase des Informationalismus auf den ersten Blick die Ähnlichkeiten zwischen den Positionen zahlreicher Bildungsexpert/innen und jenen Standpunkten zu sein, die in Aktions- und Regierungsplänen von Staaten und Staatenbünden veröffentlicht wurden. Während – wie oben erwähnt und im Abschnitt 6.5.1. noch ausführlicher darzustellen sein wird – renommierte Pädagog/innen die Ankunft webbasierter Technologien als die große Chance feierten, offenen, lernerorientierten, selbstregulierten, kollaborativen etc. Unterrichtsformen zu ihrem Siegeszug zu verhelfen, erfolgte in Dokumenten, wie z.B. dem Schlussbericht einer vom Deutschen Bundestag zu Fragen der *Zukunft der Medien in Wirtschaft und Gesellschaft* eingerichteten Kommission eine völlig gleichartige Ventilation von Visionen. Denn der Meinung seiner Autor/innen nach

---

[141] Ralf Vollbrecht geht in seiner ausführlichen und höchst pointierten Aufarbeitung dieses Themas u.a. auf den Anfang des 20. Jhd. in der Rechtsprechung üblichen Begriff des „Kinodeliktes" ein. So sollen dem Direktor einer Schweizer Zwangserziehungsanstalt zufolge „zehn Prozent der Inhaftierten vom Kinematographen zu ihrem Verbrechen verführt worden sein" (Vollbrecht 2001, S.32).

## 6. Bildung im Zeitalter des Informationalismus

fördert bzw. ermöglicht sogar erst Multimedia sowohl individuelles als auch kooperatives, interdisziplinäres sowie globales Lernen. Natürlich trägt es ebenso enorm zum Aufbau des dynamischen Wissens bei (welches dem „trägen", schnell verjährenden entgegengesetzt wird) und erlaubt „sich Methoden des Lernens und der kreativen Problemlösung anzueignen, also das Lernen zu lernen" (Deutscher Bundestag 1998, S.65).

Bei genauerer Analyse wird jedoch erkennbar, dass letztgenannte Ansätze – und hier v.a. jene, die auf die tatsächliche Förderung von Selbstständigkeit, Flexibilität und Kreativität sowie v.a. auf die Orientierung an den persönlichen Bedürfnissen der Lehrenden abzielen – von der Bildungspolitik in der Hochphase des informationellen Kapitalismus fast vollständig ignoriert wurden. Dagegen forcierten Regierungen auf der ganzen Welt Zugänge zur Lösung pädagogischer Probleme des „Wissenszeitalters", die wenig mit entsprechenden (bereits innerhalb der Reformpädagogik an Anfang des 20. Jahrhunderts formulierten) Idealen und Visionen zu tun hatten bzw. sogar in einem diametralen Widerspruch zu ihnen standen. Zwei davon wurden schon im Abschnitt 3.3.3. angesprochen und werden in Folge ausführlicher behandelt – das eLearning und die „computer literacy". Die Darstellung eines weiteren diesbezüglichen politischen Bestrebens ist bis jetzt ausgespart worden, da es mit dem wissenschaftlichen Diskurs um die Informations- und Wissensgesellschaft allerhöchstens am Rande zu tun hat: Der Eifer möglichst alle Menschen der Welt mit Computern und Internetanschlüssen auszustatten.[142]

Am klarsten wird die politische Stoßrichtung in Europa in Bezug auf alle drei Punkte aus dem Aktionsplan *eEurope* mit dem Untertitel *Eine Informationsgesellschaft für alle* ersichtlich, welchen die EU im Jahre 2000 herausgab und im Rahmen dessen sie die Initiative ‚eLearning' ins Leben rief. Ausgehend vom übergeordneten Ziel „die europäischen Berufs- und Allgemeinbildungssysteme der Wissensgesellschaft anzupassen" fordern seine Autor/innen bis Ende 2001 alle „Schulen, Lehrer und Schueler mit einem bequemen Internet-Anschluß und mit multimedialen Hilfsmitteln" auszurüsten. Des Weiteren wäre bis Ende 2002 sicherzustellen, „dass alle Schulabgänger die Moeglichkeit haben, mit der Digitaltechnik vertraut zu sein." Im gleichen Zeitraum wären die Lehrer/innen-Ausbildung entsprechend anzugleichen und auch die Schulpläne so zu revidieren, dass „neue Lernformen möglich werden, die sich auf Informations- und Kommunikationstechnologien stuetzen". (Europäische Kommission 2000, S.13; siehe auch Europäische Kommission 2001).

Dass eine solche Fundierung des Unterrichts auf neueren Technologien vollkommen automatisch zur enormen Steigerung seiner Qualität führen soll, hat der Deutsche Bundestag (vgl. 1998, S.63ff) im gerade erwähnten Bericht seiner Zukunftskommission bereits zwei Jahre vor der Veröffentlichung dieses europäischen Aktionsplans herausgearbeitet und wird auch in darauf folgenden EU-Positionspapieren zum Thema eLearning als eine vollkommene Selbstverständlichkeit angenommen.[143] Auf der anderen Seite muss man keineswegs ein/e „alt-linke/r" Kultur- und Medienkritiker/in sein, um solchen Annahmen mit

---

[142] Das Thema digital divide (digitale Spaltung) spielt in der aktuellen sozialwissenschaftlichen Diskussion eine sehr wichtige Rolle – siehe z.B. Abschnitte 2.4.4. und 3.2.4. Jedoch wird es auf einer völlig anderen Ebene verhandelt, als im Rahmen der im folgenden Abschnitt dargestellten Initiativen.

[143] Deutschland war in Bezug auf Multimedia und Internet sowohl technologisch in Europa führend (vgl. z.B. Breiter et al. 2007, S.2), als auch politisch tonangebend. So ist es sicherlich auch kein Zufall, dass ein Deutscher – und zwar der FDP-Politiker Martin Bangemann – der Namensgeber jenes EU-Reports ist, welcher die Initialzündung für die intensive medien- und v.a. markteuphorische Auseinandersetzung mit dem Thema Informationsgesellschaft in Europa bildete (siehe Bangemann et al. 1994).

größter Skepsis zu begegnen. So stellen sogar die Verfasser/innen des voluminösen Endberichts eines von der „Volkswagenstiftung" finanzierten Forschungsprojektes unter dem Titel *Staatliche Initiativen zur Förderung der Informationsgesellschaft*, von dem ein beträchtlicher Teil Bildungsfragen gewidmet ist, gleich in seiner einleitenden Zusammenfassung folgendes fest:

> „(...) [Die] Überhöhung der Leistung der Informations- und Kommunikationstechnik ist ein grundlegendes Problem der staatlichen Förderprogramme, die die technologische Forschung und Entwicklung als Instrument für Wirtschafts- und Gesellschaftspolitik begreifen und einsetzen und ihr Ziel nie erreichen" (Breiter et al. 2007, S.4).

### 6.2.1 Menschheit ans Netz

Derart pessimistisch müssen die Tatsachen jedoch auch wieder nicht betrachtet werden, denn manche *Teil*ziele der hier behandelten Förderprogramme konnten durchaus erreicht werden. Eines der wichtigsten davon war jenes der flächendeckenden Ausstattung der Schulen „mit einem bequemen Internet-Anschluß", welches auf eine lange Vorgeschichte zurückblicken kann: Bereits ab den 1980er Jahren wetteiferten Regierungen unter Einsatz hoher finanzieller Mittel darum, welcher Staat es schafft, die meisten Computer in den Klassenräumen ihrer jeweiligen Länder zu platzieren (vgl. Robins; Webster 1999, S.187). Ein solcher Wettbewerb wurde innerhalb der Europäischen Union nicht zuletzt dadurch beflügelt, dass die Computerausstattung an den Schulen hier als Hauptindikator für die diesen Institutionen zur Verfügung stehenden Ressourcen gilt (vgl. Europäische Kommission 2005a, S.185f).[144] Ab Ende des 20. Jahrhunderts erfolgte die Ausdehnung dieses Eifers auf den Zugang zum Internet.

In diesem Punkt nahm Deutschland eine Vorreiterrolle ein: Aus der Angst heraus „den Aufbruch in die Wissens- und Informationsgesellschaft [zu] verschlafen" wurde bereits 1996 der Verein ‚Schulen ans Netz' gegründet, der laut Selbstdarstellung mit Hilfe zahlreicher Förderungsprogramme (wie im Aktionsplan *eEurope* vorgegeben) bis Ende 2001 sein erstes Ziel der Errichtung eines Internetanschlusses für alle Schulen Deutschlands erreicht hatte.[145] Parallel dazu und v.a. danach wurden mehrere hoch dotierte Initiativen durchgeführt, um Lehrer/innen den Umgang mit den neuen technischen Möglichkeiten beizubringen und ihnen übers Internet Unterrichtsunterlagen zur Verfügung zu stellen. Die auf der Webseite des Projektes veröffentlichte Begründung, warum sich die enormen Investitionen auszahlten und v.a., wozu hier weiterhin Geld fließen sollte, lautete, dass der pädagogische Einsatz von Computern und Internet absolut alle gegenwärtigen Probleme des Bildungssystems lösen kann, wenn die entsprechenden „Potenziale" nur richtig „ausgeschöpft" werden. Dabei erfolgte das Aufzählen folgender zu dieser Zeit besonders heiß diskutierter Dilemmata: Die im Zuge der PISA-Studie ins Bewusstsein gelangte mangelnde Lehr- und Lernkultur in Deutschland und hier v.a. die Orientierung an der „alten Belehranstalt mit Frontalunterricht", die dringend von einem „Lebensraum Schule" abzulösen ist, „der dem selbstbe-

---

[144] Theoretisch könnte es also an Schulen eines EU-Staates an existenziellen Betriebsmitteln mangeln – solange genügend Computer vorhanden wären, würden diese Länder in den EU-Statistiken gut abschneiden.

[145] Natürlich sagt die Angabe, dass jede Schule einen Internetzugang hat, noch nichts über die Qualität und Aktualität der jeweiligen medientechnischen Ausstattung aus. So schreibt z.B. Jochen Krautz (2007, S.68) zur Realität an deutschen Schulen, es würde hier statt „Computer für alle" zumeist noch nicht einmal Tageslichtprojektoren geben.

## 6. Bildung im Zeitalter des Informationalismus

stimmten und handlungsorientierten Lernen möglichst viel Raum bietet". Der ebenfalls im Kontext von PISA zu Tage getretene fatale Kausalzusammenhang zwischen sozialer Herkunft und Lernleistungen. Des Weiteren die fehlende Anbindung des formellen (institutionellen) Lernens an informelle (im Alltagsleben stattfindende) Lernprozesse. Und auch die nicht genügende Nutzung der Chancen des ganztägigen Lernens (sprich Ganztagsschule). Selbstverständlich bleibt auch die mangelnde Förderung von Jugendlichen mit „Migrationshintergrund" nicht ausgespart. (vgl. Schulen ans Netz e.V. o.J.)[146]

Was der Einsatz von IKT zur Behebung all dieser Probleme beitragen kann, wurde von den Textautor/innen nicht erläutert. Offensichtlich war davon auszugehen, dass sich das von selbst erklärt. Jedoch braucht man kein/e Medienskeptiker/in zu sein, um auf den ersten Blick zu erkennen, dass all die mit solchen Bekundungen suggerierten „Heilsversprechen" im Rahmen von Programmen wie ‚Schulen ans Netz' niemals in Erfüllung gehen können. Alleine schon deswegen nicht, weil die meisten hier angeführten Schwierigkeiten Lösungen auf völlig anderen Ebenen bedürfen, als im Bereich der Erleichterung des Zugriffs auf Technologien. So konstatieren sogar die Autoren der von der Volkswagenstiftung beauftragten (und folglich kaum „medienpessimistischen") Studie *Staatliche Initiativen zur Förderung der Informationsgesellschaft* in ihrer Bewertung dieses Projektes, dass ihr einziger tatsächlicher Erfolg darin bestand, deutsche Schulen „ans Netz" angeschlossen zu haben. Jedoch ist das erreichen sogar solcher (im Vergleich zu den zuletzt erwähnten noch halbwegs realistisch klingender) Ziele, wie die Qualifizierung der Lehrkräfte und die Bereitstellung multimedialer Unterrichtsmaterialien nur bedingt gelungen, weil ihre Realisierung inhaltlicher sowie organisatorischer Zugänge bedurft hätte und nicht – wie bei ‚Schulen ans Netz' hauptsächlich eingesetzt – rein technischer Herangehensweisen (vgl. Breiter et al. 2007, S.108).

Das Bemerkenswerteste an den vorhin zitierten Ausführungen ist jedoch, dass es in Bezug auf keine einzige andere Unterstützungsmaßnahme für pädagogische Prozesse jemals möglich wäre, solche Wundererwartungen auf einer offiziellen Webseite eines staatlich hoch subventionierten Vereins zu verbreiten, ohne dass diese innerhalb kürzester Zeit vom Netz genommen hätte werden müssen. Nicht so in Hinblick auf IKT. Denn die Öffentlichkeit sowie die Politik waren im Zeitalter des Informationalismus hinsichtlich Heilsversprechen durch Technologien auf allen Gebieten bereits so abgehärtet, dass ihr die Vermessenheit oben angeführter Aussagen gar nicht aufgefallen ist. [147]

Ein solcher informationalistischer Übermut machte aber keinesfalls vor den Grenzen der wohlhabenden Staaten halt, sondern erstreckte sich (bzw. erstreckt sich bis heute) auch auf die ärmsten Regionen dieser Welt. Ein besonders bezeichnendes Beispiel dafür ist das Projekt ‚One Laptop per Child' (OLPC), das vom MIT-Professor Nicholas Negroponte begründet wurde, der mit seinem medieneuphorischen Buch *Being Digital* (1995, Deutsche Übersetzung *Total Digital*) internationale Bekanntheit erlangte. Laut der Selbstdarstellung

---

[146] Auf der hier zitierten Unterseite des Vereins „Schulen ans Netz' war kein Erstellungsdatum angegeben. Da dort rückblickend von Entwicklungen aus dem Jahre 2006 gesprochen wurde, ist davon auszugehen, dass die Verfassung der Angaben danach stattfand. Die hier zitierten Informationen sind seit dem Relaunch des Webauftritts dieser Organisation am 01.03.2010 nicht mehr online, wurden jedoch dem Autor der vorliegenden Arbeit von ihrer Leitung freundlicherweise im Volltext zur Verfügung gestellt.

[147] Es ist bezeichnend, dass die hier zitierten Aussagen dem 2010 (also nach dem vom Autor der vorliegenden Arbeit so bezeichneten „Ende des Informationalismus") durchgeführten Relaunch des Webaustritts von ‚Schulen ans Netz' zum Opfer gefallen sind.

dieser Initiative im Internet besteht ihre Mission darin, jedes Schulkind in den Entwicklungsländern mit einem Laptop zu versorgen, das mit dem Internet verbunden ist. Dabei heben die Verantwortlichen besonders hervor, dass OLPC kein Laptop- sondern ein Bildungsprojekt ist. Denn ihrer Meinung nach gibt man den Kindern gleichzeitig mit so einem Gerät ein Fenster zur Außenwelt, einen Zugang zu einer riesigen Menge an Informationen und ein Sprungbrett in ihre Zukunft. Nicht zuletzt aber hilft man damit den betroffenen Staaten, eine ihrer essentiellsten Ressourcen auf- und auszubauen: gebildete, „ermächtigte"[148] Kinder. Als Begründung geben die Verfasser/innen des Webseitentextes an, dass ein (internetfähiger) Computer auf eine einzigartige und mit anderen Mitteln nicht erreichbare Weise die Fähigkeit der Kinder befördert, das Lernen zu lernen bzw. über das Denken nachzudenken. Gleichzeitig eröffnet er ihnen sowohl einen unlimitierten Zugang zum Wissen als auch zu ihrem eigenen Potenzial, kreativ zu sein und Probleme zu lösen. Entsprechend endet das dazu gehörende Werbevideo, das zum Kaufen und Spenden dieser Geräte animieren soll, mit einer Botschaft von höchster Einprägsamkeit: „Give a laptop, change the world". (vgl. OLPC o.J.)

Die Naivität und – um es bewusst undiplomatisch auszudrücken – Dummheit solcher Ansätze braucht hoffentlich nicht näher ausgeführt zu werden. Nur ein von einem extremen Technikdeterminismus verblendeter Mensch kann daran glauben, dass ein Gerät in der Art von „Deus ex machina" all die hier angesprochenen Wirkungen entfalten kann. Die mangelnde Intelligenz alleine stellt jedoch noch kein erstzunehmendes Problem hinter Initiativen wie ‚One Laptop per Child' oder ‚Schulen ans Netz' dar. Kritisch wird ihre Existenz dann, wenn ihre von der Politik vorangetriebene Durchsetzung Ressourcen absorbieren, die an anderen Stellen dringend benötigt werden.

Ein solches Dilemma tritt bereits bei dem hier behandelten deutschen Projekt deutlich zu Tage. Denn in einem System, wie dem der Bildung, das grundsätzlich (so zu sagen „systembedingt") an Geldmangel leidet, muss das an einer Stelle Ausgegebene an anderen Stellen eingespart werden. Dieser Punkt war anscheinend auch manchen von den Expert/innen bewusst, die sich an der Formulierung des eEurope-Aktionsplans beteiligten. Denn in den gesamten durch und durch medieneuphorischen Text hat sich folgende (einzige) vom Gesamttenor überraschend abweichende Aussage eingeschlichen: „Die Umstellung der Schulen auf das digitale Zeitalter sollte nicht zu Lasten anderer vorrangiger Ziele gehen. Denn das Internet kann die täglichen Probleme wie Lehrermangel, knappe Haushaltsmittel und Infrastrukturprobleme nicht lösen" (Europäische Kommission 2000, S.12).

Noch mehr gilt das für Länder, deren Probleme derart gewaltig sind, dass ihren Bürger/innen Deutschland wie ein Paradies vorkommt. So äußerten mehrere Delegierte afrikanischer Staaten bei der Präsentation des OLPC-Vorhabens im Rahmen des „Weltgipfels zur Informationsgesellschaft" im Jahre 2005 große Bedenken bzgl. dieses Projektes: Man bezweifelte, ob die Notebooks irgendetwas zur Lösung der tatsächlichen Probleme dieser Region beitragen können und forderte statt dessen Investitionen in Trinkwasseranlagen, ärztliche Versorgung und „echte" Schulen. Einige unterstellten dem Westen sogar unlautere Motive. Der so genannte „100-Dollar Laptop" – der tatsächlich noch im Jahre 2010 über 200 U$ gekostet hat – wäre ihrer Meinung nach nichts anderes, als ein cleveres Marketing-Instrument. Unter dem Deckmantel der Gemeinnützigkeit würden hier hunderte Millionen

---

[148] Das an dieser Stelle verwendete Wort „empowered" lässt sich schwer auf Deutsch übersetzen. Es geht dabei um Emanzipation und Teilhabe – darum, zuvor Ohnmächtigen zur Macht zur verhelfen.

qualitativ minderwertiger Geräte an die Regierungen der ärmsten Länder verscherbelt. Im Endeffekt ginge es der Computerindustrie um die Erschließung des afrikanischen Marktes und den reichen Staaten darum, die armen dazu zu bringen, von ihnen Kredite aufzunehmen, um Dinge zu kaufen, die sie nicht brauchen. (vgl. Smith 2005; siehe auch Fildes 2010)

### *6.2.2 computer literacy*

Selbstverständlich bleibt es nicht bei den (bildungs-) politischen Bemühungen, möglichst viele Menschen mit Computern und Internetzugängen zu versorgen. Sobald ersteres (halbwegs) geschafft ist, erschallt sofort die Forderung, die frisch „Angeschlossenen" möglichst intensiv in die sinnvolle Bedienung der Geräte einzuschulen. Im eingangs zitierten Aktionsplan *eEurope* korrespondiert der Appell sicherzustellen, „dass alle Schulabgänger die Moeglichkeit haben, mit der Digitaltechnik vertraut zu sein" (Europäischen Kommission 2000, S.13), bzw. „sich eine digitale Kultur anzueignen" (Europäische Kommission 2001, S.4) mit diesbezüglichen Fertigkeiten, die international unter der Bezeichnung „computer literacy" behandelt werden.

Im entsprechend betitelten Buch versucht John V. Lombardy im Jahre 1983 diesen – seinen Angaben nach bereits zu der Zeit zum Modewort avancierten – Begriff einzugrenzen. Dabei reicht ihm zufolge die Bandbreite der Definition von der Fähigkeit einen Computer einzuschalten, ohne ihn kaputt zu machen auf der einen Seite, bis hin zur Beherrschung von mindestens drei Programmiersprachen auf der anderen (vgl. Lombardy 1983, S.1). Auch wenn dadurch ein sehr weites Feld abgesteckt ist, wird gleichzeitig die bedeutendste Einschränkung deutlich: Es geht um rein instrumentelle, auf die jeweiligen Geräte und ihre Bedienungsstrukturen ausgerichteten Fertigkeiten und Kenntnisse.

In Deutschland erfolgte und erfolgt die didaktische Auseinandersetzung mit diesbezüglichen Kompetenzen im Rahmen von Konzeptionen der ‚Informationstechnischen (Grund-) Bildung, für die sich in Österreich der Begriff „Informatikunterricht" eingebürgert hat. In ihrem Beitrag zu dem Thema im Sammelwerk *Grundbegriffe Medienpädagogik* konstatiert Christiane Brehm-Klotz (1997, S.145), dass seit Anfang der 1980er Jahre in der Bundesrepublik „umfangreiche bildungspolitische Anstrengungen unternommen [wurden], um die Handhabung des Computers zu einer neuen Kulturtechnik zu erklären". Untrennbar damit verbunden war das Ausrufen eines „neuen Analphabetismus": Man prognostizierte einen „Rückstand in Wirtschaft und Industrie durch den bevorstehenden Mangel an qualifizierten Arbeitskräften" und eine daraus resultierende „Wettbewerbsunfähigkeit gegenüber den anderen Industrieländern" (ebd., S.145f). Die Einführung entsprechender Schulfächer, in denen der Umgang mit Hard- und Software unterrichtet wurde, ließ nicht lange auf sich warten, was Brehm-Klotz zufolge „für den sonst langsam reagierenden Apparat Bildungswesen verblüffend ist" (ebd., S.150). Jedoch entbehren diese Gegenstände jeglicher pädagogischen bzw. bildungstheoretischen Basis.[149] Negative Erfahrungen mit ähnlichen Versu-

---

[149] Wie im Abschnitt 6.5.1. noch darzustellen sein wird, bemühte sich die Erziehungswissenschaft durchaus um die Bereitstellung sowohl von Konzeptionen als auch von Methoden, die der neuen sozio-technologischen Situation gerecht werden sollten. Jedoch blieben die Ergebnisse dieser Anstrengungen aus den in darauf folgenenden Abschnitten behandelten Gründen zumeist rein theoretischer Natur und sind kaum jemals in der Praxis „angekommen" – und wenn, dann eher in Form höchst negativer Auswirkungen.

chen aus den 1960er Jahren wurden nicht berücksichtigt. Es ging einzig und alleine darum, „die Heranwachsenden an die Computerzukunft anzupassen" (vgl. ebd. und ebd., S.145).

Diesbezügliche Bemühungen auf staatenübergreifender Ebene und auch über die Schulbildung hinaus werden seit Mitte der 1990er Jahre unter dem Begriff des (internationalen bzw. europäischen) „Computerführerscheins" / ICDL bzw. ECDL zusammengefasst, der v.a. ab der Jahrtausendwende Verbreitung gefunden hat.[150] Dahinter steht eine nicht zuletzt von der Europäischen Union massiv be- und geförderte Initiative zur flächendeckenden Vermittlung von Fertigkeiten zur Bedienung von Betriebssystemen und von Computerprogrammen für Textverarbeitung, Tabellenkalkulation, Präsentationen etc. In einem im Jahre 2010 auf der Webseite der österreichischen Koordinationsstelle zur Vergabe entsprechender Zertifikate veröffentlichten Artikel wird das Drängen auf einen möglichst lückenlosen Erwerb dieser Lizenz damit begründet, dass das inzwischen omnipräsente „e" – im Sinne von electronic – „stellvertretend für die Schlüsselkompetenz der Gegenwart und Zukunft" steht. Denn – ob es uns gefällt oder nicht – in wenigen Jahren soll es laut den Webseitenbetreiber/innen fast keine Jobs mehr geben, die man ohne Computereinsatz bewältigen können wird. Folgerichtig bezeichnen die Verfasser/innen des Aufsatzes IKT-Kenntnisse (und mit ihnen indirekt den ECDL) als „Selbstschutzmittel", als eine „Kulturtechnik" ohne die es heutzutage keine „Teilhabe am wirtschaftlichen und gesellschaftlichen Leben" mehr geben kann. (vgl. ECDL-Österreich 2010)

Beim Vergleich der hier dargestellten Konzepte aus den 1980er und 2000er Jahren stechen gleich mehrere Analogien hervor. Zunächst sind die Argumentationen hinter dem gewaltigen politischen Druck zur Durchsetzung entsprechender Programme völlig identisch: Hier wie da erfolgt die Gleichstellung in ihrem Rahmen geförderter Fertigkeiten mit Basisfähigkeiten wie Lesen, Schreiben und Rechnen. Parallel dazu wird – im Falle, dass solche Kompetenzen nicht erworben werden sollten – die Angst vor dem Verlust der wirtschaftlichen Konkurrenzfähigkeit ganzer Nationen aber auch einzelner Individuen ins Feld geführt bzw. erst in dem Kontext geschürt. Dann sind ebenso die Inhalte der Schulungsmaßnahmen gleich: In beiden Fällen geht es um die Beherrschung rein instrumenteller Computeranwendungen. Schließlich werden zur Vermittlung und dem Abprüfen dieser Kenntnisse auch noch dieselben Methoden eingesetzt: Beim ECDL geht es laut der groß angelegten Studie *Zertifizierung und Nachweis von IT-Kompetenzen* einzig und alleine um „kleinteilige Fertigkeiten bzw. die Kenntnis einzelner Programmfunktionen", wobei „keine komplexen bzw. ganzheitlichen Aufgaben verwendet" werden (Hanft et al. 2004, S.41).[151] Auf Ähnliches verweist Christiane Brehm-Klotz (1997, S.145), wenn sie feststellt, dass bei den Ansätzen der ‚Informationstechnischen Bildung' problematische Erfahrungen aus der vorangegangenen Phase des computerunterstützten Unterrichts nicht berücksichtigt wurden.

Letzteres bildet ein Indiz dafür, dass aktuelle Zugänge zur Förderung von „computer literacy" sich nicht nur kaum von denen der 1980er sondern auch wenig von denen der

---

[150] Heutzutage werden die Inhalte der ‚Informationstechnischen Bildung' zumeist an jenen dieses Kurssystems ausgerichtet (vgl. z.B. Donner 2010, S.21).

[151] An dieser Studie ist besonders bemerkenswert, dass ihre Autor/innen sich explizit von allen zum Zeitpunkt ihrer Verfassung modischen „offenen" Lernformen abgrenzen und auch sämtlichen Wissenschaftler/innen widersprechen, welche die reine Förderung von Fertigkeiten für anachronistisch und konterproduktiv halten. Laut Anke Hanft und ihren Kolleg/innen (2004, S.4) erwiesen sich Fertigkeitstests „als weitaus valider als authentische Erfassungsinstrumente (Portfolio und ganzheitliche Aufgabe) im Hinblick auf den Nachweis von IT-Kompetenzen".

1960er Jahre unterscheiden. Schon damals ging es darum, eine „Bildungskatastrophe" (Picht 1964) durch außerordentliche Investitionen in den Ausbau des pädagogischen Einsatzes „neuer" Medientechnologien abzuwenden (zur Situation in Deutschland vgl. Schorb 1995, S.14f, S.45f, S.51). Und bereits seinerzeit erfolgte – ausgehend von behavioristischen Modellen der s.g. „programmierten Unterweisung" – sowohl die Präsentation als auch das Abprüfen des jeweiligen Unterrichtsstoffes in „kleinteiliger" Untergliederung (z.B. in Form von Lückentexten, multiple choice etc.) bei gleichzeitiger Vernachlässigung ganzheitlicher Zusammenhänge.

Auf die Problematik behavioristischer Methoden wird im Abschnitt 6.5.1. noch ausführlich einzugehen sein. An dieser Stelle ist lediglich Folgendes hervorzustreichen: Wie in Kapitel 3 ausführlich besprochen, betonen alle bedeutenden Sozialtheoretiker/innen seit Ende der 1960er Jahre, die sich mit Fragen zur „wissensbasierten Ökonomie" beschäftigen, wie kontraproduktiv es ist, einzelne spezifische (in kürzester Zeit obsolet werdende) Fertigkeiten und Kenntnisse zu vermitteln. Dagegen bestehen sie auf der Notwendigkeit der Schwerpunktlegung auf vernetzendes Lernen anhand konkreter, lebensweltrelevanter Problemstellungen, sowie auf die Förderung von Selbstständigkeit, Flexibilität und Kreativität. Spätestens seit den 1980er und erst recht seit den 1990er Jahren stimmen dem auch alle führenden Bildungstheoretiker/innen zu und arbeiten mit Hochdruck an der Entwickelung entsprechender pädagogischer Umsetzungsszenarien (vgl. z.B. Reigeluth 1983 und 1999a).

Die Politik spielte und spielt hier z.T. bis heute im wahrsten Sinne ein „doppeltes Spiel": Im Rahmen von Aktionsplänen, Positionspapieren und Regierungsprogrammen übernimmt sie wörtlich Aussagen solcher Expert/innen, solange es sich um Begründungen des Bedarfs einer dringlichen Erneuerung des gesamten Bildungssystems handelt. Sobald es um die praktische Umsetzung sozial- und bildungstheoretischer Forderungen geht, vollzieht sie jedoch eine Kehrtwende um 180 Grad. Denn die Idee der „computer literacy" inklusive sowohl der Inhalte als auch der Methoden der ‚Informationstechnischen Bildung', des „Computerführerscheins" u.Ä. stehen in einem diametralen Widerspruch zu allen wissenschaftlich fundierten Postulaten zum Thema Lernen im Kontext der Informations- und Wissensgesellschaft.

Ein Erklärungsansatz für diese erstaunliche Ambivalenz wurde bereits in Abschnitt 5.1.2. vorgestellt: Die Politik (und mit ihr nicht zuletzt die Bildungspolitik) leidet im Vergleich zu den hier behandelten theoretischen Ansätzen an einer ganz besonders akuten Form des Technikdeterminismus. Und zwar an einer, im Rahmen derer – wie Robins und Webster (1999, S.187) es in ihrem *Times of the Technoculture* so treffend formulieren – "the computer is the totem of the post-industrial ‚revolution' in education, and computer literacy is the passport to its rewards". Die einzige Aktivität, die dem Menschen aus so einer Perspektive im Verhältnis zur Technologie zugetraut wird, ist die, jene Knöpfchen zu drücken und solche Abläufe zu vollziehen, die ihm von dem jeweiligen Gerät oder Programm vorgegeben werden. Und auch das lediglich mit Hilfe massiver pädagogischer Unterstützungsmaßnahmen. Eine zusätzliche Begründungsmöglichkeit für den hier behandelte Zwiespalt besteht darin, dass es für die Politik natürlich unendlich viel einfacher ist, flächendeckende Einschulungen in Bezug auf Funktionsweisen der am meisten verbreiteten Hard- und Software zu forcieren (und das den Wähler/innen als pädagogische Innovation zu „verkaufen"), als das Bildungssystem tatsächlich in Richtung der erwähnten sozial- sowie bildungstheoretischen Forderungen zu reformieren. Das wird besonders deutlich in

Hinblick auf eLearning, da hier Letzteres – hinsichtlich eines eher kleinen Bereichs und im höchst eingeschränkten Maße, aber doch – zumindest ansatzweise versucht wurde.

### 6.2.3 eLearning

Das Thema eLearning – im Sinne der Entwicklung und/oder des Einsatzes computerbasierter bzw. webgestützter Lernumgebungen inklusive entsprechender Lernobjekte[152] – war das Einzige, bei dem in der Blütezeit des Informationalismus sozial- sowie bildungstheoretische Appelle bis zu einem gewissen Grad mit politischen Praxisansätzen korrespondierten. Denn während die Regierungen ihre Schulen und Bürger/innen ohne jedes pädagogische Konzept nach rein quantitativen Kriterien „vernetzten" und in Bezug auf „computer literacy" auf längst angestaubte Lehrinhalte und Lernmethoden setzten, ging es bei diesem Punkt laut dem Aktionsplan *eEurope* wenigstens zum Teil um die Ermöglichung „neuer Lernformen (…), die sich auf Informations- und Kommunikationstechnologien stützen" (Europäische Kommission 2000, S.13). In dem auf diesem Dokument aufbauenden Aktionsplan *eLearning* näherten sich seine Autor/innen sogar so weit den wissenschaftlichen Postulaten, als sie (zwar nur in einer Fußnote und lediglich in Klammern, aber dennoch) von der Notwendigkeit einer „zunehmende[n] Verlagerung hin zu nutzerorientierten ‚aktiven' Lernsystemen mit durchlässigen Grenzen zwischen Sektoren und Ebenen" schrieben (Europäische Kommission 2001, S.13). Die enormen entsprechenden staatlichen Investitionen[153] hätten demzufolge die vorhin dargestellte Schieflage etwas mindern können. Jedoch muss diese Aussage aus zwei Gründen im Konjunktiv belassen werden:

Einerseits beschränkten sich die Bemühungen bzgl. eLearning fast ausschließlich auf den universitären Bereich – tangierten also die Mehrheit der Menschen kaum. Andererseits ging es der Politik dabei allerhöchstens am Rande (und auch das nur in Form einzelner unterfinanzierter „Feigenblattprojekte") um didaktische Innovation. Das Hauptziel bestand dagegen in der Steigerung der wirtschaftlichen Effizienz der Hochschullehre – von Einsparungen durch die Wiederverwendung von Unterrichtsmaterialien über Effektivitätszuwächse auf Grund der Möglichkeit mit solchen Unterlagen mehr Studierende gleichzeitig zu „versorgen", bis hin zu Erwartungen, dass im Zuge entsprechender Programme „marktfähige" Produkte und erfolgreiche „Geschäftsmodelle" für den Weiterbildungssektor entwickelt werden (vgl. Haug; Wedekind 2009, S.33; Schulmeister 2005, S.239f). In diesem Sinne wurde in Hinblick auf Content unter dem Deckmantel des eLearnings zumeist nur rasch das

---

[152] Der Begriff eLearning bedeutet grundsätzlich lediglich „elektronisches", d.h. durch Computer- und Webtechnologien unterstütztes Lernen sowie Lehren und ist sehr weit auslegbar (vgl. Reinmann 2009). So wird auch im Aktionsplan *eEurope* diesem Bereich alles zugerechnet, was irgendwie mit Bildung und neuen Technologien zu tun hat – also entsprechende Ausrüstung von Institutionen, Lehrer/innen-Schulungen etc. (vgl. Europäische Kommission 2000, S.13f). In der vorliegenden Arbeit wird jedoch von der – oben ausgeführten – viel engeren Definition dieses Terminus ausgegangen, die sich an der Jahrtausendwende in einem großen Bereich der Erziehungswissenschaften etablierte (vgl. z.B. Niegemann et al. 2004). In dieser Auslegung wird eLearning auch grundsätzlich vom – US-amerikanisch dominierten – ‚Instructional Design' her fundiert (vgl. ebd. S.19ff).

[153] Z.B. erfolgt in der Publikation *E-Learning eine Zwischenbilanz* alleine für Deutschland für den Zeitraum Ende der 1990er bis Ende der 2000er Jahre die Angabe eines Betrages von „deutlich mehr als 300 Millionen Euro" für die Förderung von eLearning-Initiativen nur für den Hochschulbereich (Haug; Wedekind 2009, S.22). Dabei werden hier anscheinend lediglich Bundes- und Landesbudgets mitgerechnet, jedoch keine EU-Förderungen, die z.B. in Form der (Co-) Finanzierung von Forschungsprojekten im Bereich der medienunterstützten Lehre zu dieser Zeit reichlich ausgeschüttet wurden.

ins Netz gestellt, was ohnehin bereits für die „gewöhnliche" Lehre verfügbar war – also Vorlesungsskripten, gescannte Lehrbücher, schnell mit ein paar Links versehene Aufsätze etc. Die multimedialen und interaktiven Potenziale der neuen Technologien für die Darstellung, Vernetzung sowie Bedienung von Lernobjekten wurden kaum bis überhaupt nicht ausgeschöpft (vgl. Schulmeister 2005, S.235).

Noch schlimmer stand es um die Lernumgebungen, in denen diese Unterrichtsmaterialien organisiert und präsentiert wurden. Im Fazit der Analyse der wichtigsten *Lernplattformen für das virtuelle Lernen* der frühen 2000er Jahre kommt der führende deutsche Mediendidaktiker Rolf Schulmeister (ebd., S.151f) zum Schluss, sie seien „gemessen an der Qualität der Präsenzlehre ein historischer Rückschritt", weil sie – statt zur Selbsttätigkeit, Flexibilität, Kreativität etc. zu motivieren – streng seriell angelegt sind, ein passiv-rezeptives Lernverhalten fördern und die Unterrichtenden sowie Studierenden dazu zwingen, „uniforme didaktische Arrangements einzuhalten". Parallel dazu konstatiert sein innerhalb der Community hoch angesehener Kollege Michael Kerres (2001, S.24) eine mehr als ernüchternde Bilanz der eLearning-Entwicklungen und bezeichnet viele von ihnen als „erschreckend schlecht konzipierte und gemanagte Projekte mit schwachen Ergebnissen und niedrigen Wirkungsgraden." Bei solch einer vernichtenden Kritik aus eigenen Reihen braucht es niemand zu wundern, wenn die – zur Jahrtausendwende hin innerhalb der Erziehungswissenschaft ausgebrochene – „eLearning-Euphorie" bereits nach wenigen Jahren deutlich abflaute (vgl. Niegemann et al. 2004, S.16). Ebenso wenig überrascht es, dass ein Großteil der im Rahmen von Förderinitiativen wie der (mit 185 Millionen Euro dotierten) bundesdeutschen Aktion ‚Neue Medien in der Bildung' erarbeiteten Onlineangebote gegen Ende der 2000er Jahre nicht mehr in Internet auffindbar war und wenn doch, dann zumeist längst keine Lehr- und Lernaktivitäten zeigte (vgl. Haug; Wedekind 2009).

Das einzig Erstaunliche am hier beschriebenen Prozess ist, dass es überhaupt renommierte Pädagog/innen bzw. Didaktiker/innen gab, die das Spiel nicht von Anfang an durchschauten, sondern sich vom eLearning-Hype mitreißen ließen. Denn dieser war lediglich ein – durch die enorm hohen Förderungen angeheiztes – (bildungs-) politisches Konstrukt, das jeder anderen Basis entbehrte, als jener des blinden Glaubens an die Wunderkräfte der Technologien. Wobei sie in dem Fall ihre Wirkung v.a. in Bezug auf die Behebung der Finanzierungsprobleme des Hochschulsektors entfalten sollten. Bei einer halbwegs nüchternen Betrachtung hätten Bildungsexpert/innen von Anfang an erkennen können (und müssen), dass die Verheißungen des eLearnings niemals in Erfüllung gehen konnten – auf jeden Fall nicht unter den damals von der Politik vorgegebenen Rahmenbedingungen.

Denn erstens war die Zielsetzung der Ausarbeitung offener Umgebungen für selbstständiges (und gleichzeitig kooperatives), entdeckendes, kreatives etc. Lernen keineswegs neu, sondern wurde spätestens seit Anfang der 20 Jhd. im Rahmen unzähliger reformpädagogischer Initiativen verfolgt (vgl. Kerres; de Witt 2002, S.10). Inwiefern im Zuge solcher Bemühungen das Erreichen dieses Ziels – wenigstens bezogen auf einzelne Schulversuche – bereits gelungen ist, steht hier nicht zur Debatte. Tatsache ist jedoch, dass die institutionelle Bildung und erst recht die Hochschullehre noch sehr weit von einer Umsetzung entsprechender Prinzipien auf einer breiten Ebene entfernt ist. Die Erwartung, dass den wenigen Pädagog/innen, die eLearning-Maßnahmen entwickeln, mehr oder weniger über Nacht jenes gelingen sollte, was tausenden ihrer Kolleg/innen in mehr als 100 Jahren extremer Bemühungen versagt blieb, entbehrt jeder Logik. Und so ist es auch wenig erstaunlich, wenn der Mitherausgeber eines Buches unter dem Titel *Was macht E-Learning erfolgreich?* in seinem Beitrag ernüchtert feststellt, die Erwartungen an das eLearning wären „zu hochgesteckt und viele Annahmen aus wissenschaftlicher Sicht naiv und unrealistisch" (Tergan 2004, S.15). Die einzige Erklärung für solche (sowohl Fremd- als auch Selbst-) Ansprüche besteht in der technikdeterministischen Haltung aller Beteiligten. D.h. im blinden Glauben daran, dass – wie es z.B. Rolf Schulmeister (2005, S.235) selbst wenig reflektiert formuliert – die „neuen Möglichkeiten des netzbasierten Lernen[s] (...) zu alternativen didaktischen Konzepten führen, die das kognitive und selbstständige Lernen unterstützen, also zum explorativen oder entdeckenden Lernen beispielsweise oder zu konstruktivistischen Modellen".

Zweitens interessierte sich die Politik, wie bereits angesprochen, allerhöchstens am Rande für das – von Bildungstheoretiker/innen in Bezug auf das eLearning so massiv in den Vordergrund gerückte – „didaktische Design". Das intensive Bestreben zahlreicher mit digitalen Lernobjekten und virtuellen Lernplattformen befasster Pädagog/innen, diese den zu ihrer Zeit aktuellen lerntheoretischen Postulaten entsprechend zu konzipieren und auszuarbeiten, war mehr oder weniger eine „Fleißübung". Die von der Politik vorgegebene Hauptaufgabe, für welche sie im Rahmen solcher Projekte angestellt waren, bestand jedoch in erster Linie darin, Werkzeuge zu entwickeln, mit denen möglichst viele Studierende in tunlichst kurzer Zeit mit Wissen „versorgt" werden konnten, wobei danach am besten gleich ein standardisiertes Abprüfen und „objektives" Beurteilen ihres Kompetenzzuwachses realisierbar sein sollte. Die von führenden Expert/innen wie Schulmeister (z.B. 2005, S.152) so bitter beklagte Beschränkung des eLearning-Einsatzes auf „traditionelle didaktische Szenarien" war also durchaus im Sinne der Auftraggeber/innen. Denn die Massenproduktion sowie -evaluation uniformer Kenntnisse vertragen sich ganz augenscheinlich auf keinen Fall mit den oben von Schulmeister erwähnten konstruktivistischen Ansätzen des ‚Instructional Design' (zu Letzteren siehe letztes Drittel des Abschnitts 6.5.1).

„Last but not least" waren ebenso die weniger erhabenen Absichten jener eLearning-Entwickler/innen, die im Bewusstsein ihrer gerade erwähnten tatsächlichen Bestimmung vorgingen, von Anfang an vollkommen unrealistisch. Die Unhaltbarkeit der Vision von Einsparungen im Zuge der webbasierten Lehre argumentiert Michael Kerres (vgl. 2001, S.24) damit, dass die Erarbeitung entsprechender halbwegs hochwertiger Produkte enorm kostspielig ist. Auch veralten sie alleine schon auf Grund des Fortschritts im Computerbereich innerhalb weniger Jahre und sind immer wieder an die aktuellen technologischen Anforderungen anzupassen bzw. neu zu programmieren. Des Weiteren werden die Folgekosten derartiger Maßnahmen zumeist unterschätzt – und hier v.a. der Aufwand bei der Betreuung der damit Lernenden. Solche Überlegungen verleiten auch andere führende Mediendidaktiker/innen im deutschsprachiger Raum zur Feststellung, dass Kosteneinsparungen im Zusammenhang mit eLearning „nur in außergewöhnlichen Fällen erreichbar" sind (Niegemann et al. 2004, S.16).

Der Politik ging es jedoch nicht nur um Effizienzsteigerungen in der „regulären" Hochschullehre. Sie forderte, dass im Rahmen der von ihr finanzierten eLearning-Projekte Produkte und Dienstleistungen entstehen, mit denen sich Universitäten neue Zielgruppen erschließen und somit – auf dem „freien Markt" – Einnahmen generieren (Haug; Wedekind 2009, S.23). Die Ausschreibungskriterien der eLearning-Initiativen waren z.T. „wie für einen Gründerwettbewerb formuliert" (ebd., S.33). Dementsprechend erfolgte auch die

Abfassung der Proposals, in denen so manche Institution ihre Zukunft „als führende[r] Anbieter von Präsenz- sowie berufsbegleitenden Aus- und Weiterbildungsangeboten im gehobenen Preissegment" ausmalte (ebd., S.28). Dass solche Vorhaben in den meisten Fällen kläglich scheiterten (vgl. ebd., S.33) müsste jede/r vorausgesehen haben, die/der sich im Vorfeld der Antragstellung auch nur ein wenig mit dem „freien" Bildungsmarkt in Bezug auf die computer- und webgestützte Lehre auseinandergesetzt hätte. Denn laut der diesbezüglichen Untersuchung von Rolf Schulmeister (vgl. 2005, S. 228ff) gibt es weltweit kaum Beispiele für finanziell rentable entsprechende Einrichtungen. Und wenn, dann können dazu lediglich ein paar US-amerikanische virtuelle Fernuniversitäten gezählt werden. Solche eignen sich aber keineswegs als Orientierungshilfen für europäische und erst recht nicht für deutsche Nachahmer/innen, weil ihr Erfolg größtenteils auf hohen Studiengebühren auf der einen Seite und Lohndumping gegenüber den Lehrenden auf der anderen basiert.

Die politischen Erwartungen in diesem Punkt haben jedoch nicht so viel mit dem Technikdeterminismus zu tun, sondern führen uns direkt zum nächsten Aspekt der hier bearbeiteten Materie – zu den Auswirkungen des Wirtschaftsprogramms des Informationalismus auf den Bildungssektor.

## 6.3 Neoliberale Bildungspolitik

Der im vorangehenden Unterkapitel immer wieder erwähnte europäische *Aktionsplan eLearning* bildet ausgewiesenermaßen lediglich einen Unterbereich des Konzepts *eEurope* (vgl. Europäische Kommission 2001, S.2). Im Letzteren wird von Anfang an der „wirtschaftspolitische[] Zusammenhang" der Gesamtinitiative unmissverständlich klargestellt, in dem die Hervorhebung dessen erfolgt, „wie wichtig es für die Innovation ist, daß der Kapitalmarkt funktioniert und mehr Wettbewerb auf den Warenmärkten herrscht" (Europäische Kommission 2000, S.1). Alleine damit wird bereits deutlich, wie eng die europäische Bildungspolitik mit ihrer Technologiepolitik verknüpft war, die ihrerseits ein zentrales Segment der (neoliberalen) Wirtschaftspolitik des alten Kontinents darstellte.

Jedoch darf eine solche Reihung nicht zum Missverständnis einer eindeutigen Hierarchisierung führen. Zwar wurde die Bildungspolitik im Zeitalter des informationellen Kapitalismus in der Tat extrem wirtschaftlichen Interessen untergeordnet. Gleichzeitig kann sie jedoch auch als das „Sturmzentrum" bezeichnet werden, um welches sich ein Großteil der gesamten informationalistischen Politik drehte. Denn gerade in global „integrierten" Gesellschaften, in denen nationale Mächte sich außer Stande sehen, die Ökonomien ihrer Staaten zu kontrollieren, bleibt der Bildungsbereich einer der wenigen, in dem Regierungen überhaupt noch wirtschaftspolitische Gestaltungsmöglichkeiten zum Vorteil des eigenen Landes bzw. Staatenbundes zu erkennen vermögen. Letzteres, weil das Wohlergehen von Regionen in der Ära des Informationalismus einzig und alleine davon abzuhängen schien, ob ihre – als „Humankapital" betrachteten – Bewohner/innen fähig waren, genügend Kompetenzen zu akkumulieren, um sich im weltweiten Wettbewerb um die Informations- bzw. Wissensjobs zu behaupten, die für das Weiterbestehen von Wirtschaftsstandorten als unabkömmlich betrachtet wurden (vgl. Robins; Webster 1999, S.168, S.201; detailliert zum Thema „Humankapital" siehe Berg 2008, v.a. S.91ff). Der bedeutendste wissenschaftliche Beförderer und Apologet des ‚Dritten Weges' – Anthony Giddens – schreibt dazu, dass die Informations- und Kommunikationstechnologien zwar „die mediale Voraussetzung der neuen Wirtschaft" bilden, ihre Hauptakteure jedoch die „Wissensarbeiter" sind (Giddens 2001, S.79). Denn seiner Meinung nach entscheidet in der Informationsökonomie „menschliches und soziales Kapital über den wirtschaftlichen Erfolg" (ebd., S.62). Deswegen müssten Regierungen mit Nachdruck am „Aufbau einer ‚Wissensbasis' arbeiten, mit deren Hilfe das ganze Potenzial der Informationsökonomie freigesetzt werden kann" (S.83). Dabei kommt laut Giddens der Bildung „natürlich eine Schlüsselrolle zu. Sie ist die wichtigste öffentliche Investition, die die wirtschaftliche Effizienz steigern wie den gesellschaftlichen Zusammenhalt stärken kann" (S.83f).

Wer sich von solchen und ähnlichen Aussagen ausgehend tatsächlich steigende öffentliche Investitionen in den Bildungsbereich erwartet hatte, wurde jedoch schnell und bitter enttäuscht. Denn in derselben Publikation konstatiert Anthony Giddens gleichzeitig, dass mehrere Prozesse am Ausklang des 20. Jhd. „die Möglichkeiten der Nationalstaaten beschnitten [haben], ihre Volkswirtschaften zu steuern und die immer zahlreicheren Sozialleistungen zu erbringen" (S. 10; ausführlich siehe Abschnitt 6.3.2.). Im Zusammenhang mit seinen Aussagen zur Bildung heißt dies konkret, dass ihre Förderung zwar ein essentielles staatliches Interesse darstellt, entsprechende Maßnahmen jedoch immer weniger mit öffentlichen Geldern finanziert werden können. Dabei wird deutlich, dass die Regierenden sich in Bezug auf diesen Punkt in einer besonders heiklen „Zwickmühle" befanden und immer noch befinden: Einerseits besteht der einzige Weg, der ihnen hier auf den ersten Blick Einsparungen erlaubt, in der größtmöglichen Privatisierung des Bildungssystems. Jedoch ist bei einer auch nur ein wenig genaueren Betrachtung sofort erkennbar, dass dies zwangsweise zum Rückgang des Bildungsniveaus der Bevölkerungen führt, was wiederum erwiesenermaßen das Sozialsystem auf Grund höherer Arbeitslosigkeit, Kriminalität etc. an anderen Stellen enorm belastet (dazu siehe Abschnitt 6.3.3.). Vor allem aber steht so ein Zugang in einem diametralen Widerspruch zur für den informationellen Kapitalismus zentralen Idee der außerordentlichen ökonomischen Bedeutung des „Humankapitals".

Damit blieben der neoliberalen Bildungspolitik nicht allzu viele konkrete Handlungsspielräume. Zwar wurde die Privatisierung dieses Bereichs vorangetrieben, beschränkte sich jedoch fast ausschließlich auf den tertiären Sektor – d.h. auf Universitäten und (Fach-) Hochschulen und musste auch hier durch zahlreiche Maßnahmen „abgefedert" werden, um die „Akademikerquote" wenigstens auf einem konstanten Niveau halten zu können sowie um ein Minimum an Ausbildungsqualität zu gewährleisten. Abgesehen davon, dass Ersteres nur mit Hilfe von Tricks und Letzteres kaum gelungen ist, handelte es sich bei dem ganzen politisch massiv vorangetriebenen Diskurs um unumgängliche Einsparungsnotwendigkeiten im Bildungsbereich also v.a. um eine „psychologische Kriegsführung", die auf der materiellen Ebene kaum Ergebnisse zeigte, jedoch bzgl. der Einstellungen der Menschen z.T. gravierende Konsequenzen hatte und sich auch auf die pädagogische Praxisarbeit höchst negativ auswirkte. Auf Letzteres wird im nächsten Unterkapitel, bei der Behandlung der psychologischen Implikationen des Neoliberalismus ausführlich eingegangen. Im vorliegenden Unterkapitel geht es um die politischen Hintergründe dieser Entwicklungen – d.h. um die Darstellung der neoliberalen Grundpositionen sowie -forderungen zu Bildungsfragen und der darauf bezogenen Staatsrhetorik in der Hoch- und Nachphase des Informationalismus. Daraufhin wird auf die Bemühungen der Mächtigen um die Privatisierung des Bildungssektors und auf jene Grenzen eingegangen, auf die sie dabei größtenteils stießen, um abschließend am Beispiel von Großbritannien die konkreten Auswirkungen der „Kommodifizierung" der tertiären Bildung aufzuzeigen.

### 6.3.1 Grundpositionen (Hayek)

Zur Erfassung des aktuelleren Gesamtdiskurses zu hier behandelten Fragestellungen ist es hilfreich, kurz das Augenmerk auf die Grundgedanken zu richten, die hinter der neoliberalen Bildungspolitik stehen. Denn einerseits wird – wie Jürgen Oelkers (2006, S.67) hinweist – oft übersehen, dass gerade die Vertreter/innen dieser Strömung „ausgefeilte Theorien über Erziehung und Bildung vorgelegt haben". Andererseits ist inzwischen anscheinend bereits in Vergessenheit geraten, dass die von den Proponent/innen des ‚Dritten Weges' an der Jahrtausendwende so intensiv geführte Diskussion darüber, wie die (Verteilungs-) Gerechtigkeit gegen Chancengleichheit ausgetauscht werden kann (siehe Abschnitt 5.3.3.), von einem der wichtigsten „Wegbereiter des neoliberalen Projekts" (Willke 2003, S.107) vor dem Hintergrund des Bildungsdiskurses angestoßen wurde – von Friedrich von Hayek in seinem 1960 erschienen Buch *The Constitution of Liberty*.

Der deutsche Erziehungswissenschaftler Jürgen Oelkers konstatiert – von Hayeks Postulaten ausgehend –, dass die Auseinandersetzung mit diesem Thema bereits im 19. Jahrhundert auf die Frage zugespitzt wurde, wer zur höheren Bildung zugelassen wird und wer nicht. Darüber entscheidet Hayeks Meinung nach ein staatliches Monopol, „das keine Konkurrenz zulässt und so den Grundanspruch sozialer Gerechtigkeit nicht auf einem Markt austragen muss" (Oelkers 2006, S.89). Diese Tatsache führt in Kombination mit dem Bestreben nach Verteilungsgerechtigkeit zu gravierenden Einschränkungen der individuellen Freiheiten und Verwirklichungschancen. Denn es ist Hayek zufolge unmöglich, Freiheit und Verteilungsgerechtigkeit in Einklang zu bringen (vgl. ebd., S.84). Im Gegenteil würden beide Zugänge in gegenseitiger Opposition stehen:

> „Aus der Tatsache, dass die Menschen sehr verschieden sind, folgt, daß gleiche Behandlung zu einer Ungleichheit in ihren tatsächlichen Positionen führen muß und daß der einzige Weg, sie in gleiche Positionen zu bringen, wäre, sie ungleich zu behandeln. Gleichheit vor dem Gesetz und materielle Gleichheit sind daher nicht nur zwei verschiedene Dinge, sondern sie schließen einander aus; und wir können nur entweder die eine oder die andere erreichen, aber nicht beide zugleich. Die Gleichheit vor dem Gesetz, die die Freiheit fordert, führt zu materieller Ungleichheit". (Hayek 1991, S.107)

Dieses Zitat zeigt den Kern der gesamten „Philosophie" des Neoliberalismus – sofern das hier so bezeichnet werden kann – auf, der folgenderweise noch einmal auf den Punkt gebracht werden kann: Jede Bemühung, materielle Gerechtigkeit herzustellen (d.h. die gesellschaftlichen Reichtümer halbwegs gleichmäßig zu verteilen) ist ungerecht, weil es die freie Entfaltung Einzelner behindert, und ist deswegen zu unterlassen. Auf die zahlreichen Unzulänglichkeiten dieses Denkkonstruktes kann hier nicht ausführlich eingegangen werden. Ein Aspekt ist jedoch für die Perspektive der vorliegenden Arbeit zentral: Hayek definiert den Freiheitsbegriff einzig und alleine als die Freiheit, mehr zu besitzen, als es andere tun. Gerade diese materialistische Verengung des – innerhalb liberaler Weltanschauungen ansonsten in einem sehr weiten Sinne gebrauchten – Terminus macht Hayek zu einem „Meisterdenker" (Willke 2003, S.107) der *neo*liberalen Bewegung. Aus der Perspektive eines solchen Primats materieller Freiheiten und damit der Fokussierung auf den Schutz der Freiheiten der finanziell besser Gestellten (was nichts anderes Bedeutet, als die Verteidigung ihrer Interessen, möglichst wenig von ihrem Reichtum an die Gemeinschaft abzugeben), ist das wenige logisch ableitbar, was die Neoliberalen noch an „Philosophie" zu bieten haben. Und hier in erster Linie das Postulat der alleinigen Verantwortung jedes Individuums für seinen persönlichen Werdegang – also sowohl für sein Fortkommen als auch für sein Scheitern. Denn eine der Grundthesen Hayeks basiert auf dem allen ökonomischen Systemen gemeinsamen Fehlen der Möglichkeit, die Folgen wirtschaftlicher Entscheidungen vorherzusagen, wobei der Vorteil jener Systeme, die auf die uneingeschränkte Selbstbestimmung setzen, darin besteht, dass sie „Verantwortung reklamieren" können (Oelkers 2006, S.85). Was darunter in Hinblick auf das hier behandelte Thema konkret verstanden werden kann, erkennt man aus Hayeks Vorschlag, die staatliche Reglementierung der Bildung über den Elementarbereich hinaus aufzugeben und durch einen Wettbewerb zu ersetzen, in dem die Risiken und Chancen individuell ausgetragen werden. Denn „jedes System kennt Gewinner und Verlierer, und man muss vorher wissen, auf welche Risiken man sich einlässt (…)" (ebd., S.91).

### 6.3.2 Aktivierungsagenda des ‚Dritten Weges'

Bereits die ‚Neuen Rechten' der 1980er Jahre – und hier v.a. Reagan und Thatcher – versuchten solche Postulate auf der „realpolitischen" Ebene umzusetzen.[154] Jedoch taten ihre „neu-linken" Nachfolger/innen auch in Bezug auf diesen Punkt alles in ihrer Macht stehende, um sich als die besseren Neoliberalen zu positionieren. Die entsprechenden Argumentationen werden hier ausgehend von dem in den Abschnitten 5.3.2. und 5.3.3. bereits ausführlich behandelten Buch des höchst einflussreichen britischen Soziologen Anthony Giddens dargestellt, der darin den ‚Dritten Weg' von Clinton, Blair, Schröder und Co. vehement verteidigt. Zum Schluss kommen auch einige der Letztgenannten selbst zu Wort.

In seiner Apologieschrift stellt Giddens unmissverständlich klar, worin die „Kernüberzeugung des dritten Wegs" besteht:

> *„Wo immer möglich sollte in menschliches Kapital investiert werden. Dies ist ein Leitmotiv für die Reform des Sozialstaats ebenso wie für die Antworten des Staates auf die Wissensökonomie. Entscheidende Bedeutung kommt in dieser Hinsicht auch einer aktiven, Bildung und Ausbildung belohnenden Angebotspolitik zu." (Giddens 2001, S.182f)*

Gleichzeitig weist er darauf hin, dass diese Maxime auf keinen Fall als ein Plädoyer für wohlfahrtsstaatliche Maßnahmen im Allgemeinen und in Bezug auf Bildung im Besonderen missdeutet werden darf. Denn unter einer „aktiven Sozialpolitik" versteht er die Schwerpunktverlagerung von der Umverteilung des Wohlstands zur Stimulation seiner Schaffung (ebd., S.10, vgl. 128). Gerade aus der Notwendigkeit des Ausbaus vom Humankapital resultiert für Giddens die Forderung nach einer „befähigungsorientierte[n] Sozialpolitik". Und ein „solcher Ansatz geht Hand in Hand mit der Betonung von Eigeninitiative und Verantwortung" (S.121). Worauf Giddens damit hinaus will, ist klar: „Mit Rechten

---

[154] Laut Ulrich Schäfer (2009, S.49) trug Thatcher „Hayek nicht nur im Herzen, sondern auch in der Tasche": Als sie bei einer Veranstaltung von ihren eigenen Parteikollegen für die radikalen Reformen kritisiert wird, zieht sie Hayeks oben zitiertes Buch hervor und ruft: „Das ist woran wir glauben!"

sind auch Verpflichtungen verbunden. Wir müssen lernen, für uns selbst zu sorgen, denn wir können nicht mehr darauf vertrauen, daß uns das die großen Institutionen abnehmen" (S.10).

Die Parallelen solcher Appelle zum neoliberalen Gedankengut à la Hayek werden besonders dann deutlich, wenn Giddens von Freiheit und Risiko spricht: Seiner Meinung nach sollten „Maßnahmen zur Förderung der Gleichheit" an der „allgemeinen Freiheit eines jeden Menschen [ansetzen], für sein eigenes Wohlergehen zu sorgen". Gleichzeitig sollte Benachteiligung keinesfalls nur als ein Mangel an Ressourcen definiert werden, „sondern als Beschneidung der Freiheit, diese vorteilhaft für sich zu nutzen" (S.98). Denn letztendlich dreht sich Giddens zufolge der ganze Diskurs um Gleichheit und Ungleichheit lediglich um eines: die Selbstverwirklichung (vgl. S.99). Vor dem Hintergrund dessen, dass man sich heute durchaus freiwillig für eine „spartanische Lebensweise" entscheiden kann (ebd.), muss man bei der Behandlung des Themas Armut der „individuellen Verantwortung mehr Gewicht verleihen" (S.118). Dabei dürfe man auch nicht vergessen, dass aus den aktuellen Fortschritten in Wissenschaft und Technik „grundlegend neue Risikosituationen" erwachsen. Diese setzen auf der einen Seite unternehmerische Energien frei, implizieren jedoch gleichzeitig „naturgemäß die Möglichkeit negativer Folgen" (S.150).

Zum Thema Bildung fällt Giddens – trotz der von ihm selbst mehrmals hervorgehobenen zentralen Bedeutung dieses Sektors für das gesamte Konstrukt des ‚Dritten Weges' der erneuerten Sozialdemokratie – wenig Neues und erst recht nichts Konkretes ein. Z.B. schreibt er, wie spätestens seit Peter Drucker alle, die sich mit solchen Fragen auseinandersetzen, von der Notwendigkeit, „den Bildungsbegriff so umdefinieren, daß er in erster Linie Fähigkeiten bezeichnet, die man ein ganzes Leben lang weiterentwickeln kann" (S.84). Interessanterweise positioniert sich Giddens jedoch eher gegen Drucker und v.a. in Opposition zu dessen Nachfolger/innen, wenn er auf „Bildung im umfassenden, nicht auf bloße Ausbildung beschränkten Sinne" (S.98) besteht. Richtig originell wirkt aber seine Erklärung, was darunter zu verstehen ist: Denn Giddens Ansicht nach sollte eine solcherart gedachte Bildung „das Hauptinstrument darstellen, um Initiative und Verantwortungsbewußtstein zu fördern" (ebd.).

Um die gesamte hier und auch in der Einleitung des vorliegenden Unterkapitels dargestellte Argumentationskette von Anthony Giddens hinsichtlich Bildung auf eine vereinfachte Formel zu bringen: Da in der IKT-basierten Wissensökonomie das Humankapital für den wirtschaftlichen Erfolg entscheidend ist, stellt die Bildung die wichtigste öffentliche Wertanlage dar. Dabei geht es jedoch – wie bei allen Staatsausgaben – keinesfalls um die Umverteilung des Wohlstands, sondern um seine Schaffung. D.h., dass Regierungsinitiativen auf diesem Gebiet mitnichten mit größerem Einsatz finanzieller Mittel verbunden sein dürfen, sondern darauf abzielen müssen, den Menschen verstärkt aufzuzeigen, wie sie ihre Freiheit voll ausschöpfen können, ihnen bereits zugeteilte Ressourcen vorteilhaft für sich zu nutzen. Eine derartige „befähigungsorientierte Bildungspolitik" ist in erster Linie darauf ausgerichtet, das Bildungssystem so zu reformieren, dass es Kompetenzen seiner Adressat/innen fördert, sowohl die Initiative als auch und vor allem die volle Verantwortung für das persönliche Wohlergehen zu übernehmen. Im Falle von Problemen soll den solchermaßen befähigten Bürger/innen klar sein, dass diese – frei nach dem Motto „no risk no fun" – eine natürliche Konsequenz ihres persönlichen Strebens nach Selbstverwirklichung darstellen und den Staat ja nicht mit ihren Schwierigkeiten behelligen.

In die gleiche Bresche schlugen führende sozialistische Politiker/innen in der Hoch- und Nachphase des Informationalismus. Z.B. wehrten sich Gerhard Schröder und Tony Blair in ihrem 1999 gemeinsamen vorgelegten Positionspapier *Der Weg nach vorne für Europas Sozialdemokraten* gegen die Gleichsetzung der ‚Neuen Linken' mit „Laisser-faire-Neoliberalen" und führten als (einzigen!) Unterschied ihr Postulat an, dass flexible Märkte „mit einer neu definierten Rolle für einen aktiven Staat kombiniert werden" müssen. Die Bildung bezeichneten sie zwar als die „wichtigste Form der Sicherheit in der modernen Welt" und die „Investition in menschliches und soziales Kapital" als „erste Priorität" für „moderne Sozialdemokraten". Sobald es jedoch um die Frage ging, was entsprechend ausgerichtete Machthabende, die zum Zeitpunkt der Verfassung dieses Papiers fast die gesamte wohlhabende Welt anführten, konkret zum Ausbau des Bildungssystems beitragen könnten, wurden Schröder und Blair in ihren Formulierungen auf einmal kleinlaut und diffus. Denn klare Angaben hätten ja als Aufforderung (miss-) verstanden werden können, tatsächlich zusätzliches Geld ins Bildungssystem fließen zu lassen. Und so rangen sich die beiden Staatschefs lediglich die Aussage ab, Regierungen seien dafür verantwortlich, „einen Rahmen zu schaffen, der es den einzelnen ermöglicht, ihre Qualifikationen zu steigern und ihre Fähigkeiten auszuschöpfen." (Schröder; Blair 1999)

Politiker/innen der „zweiten Riege" formulierten die Vorstellungen der ‚Neuen Linken' in Bezug auf diese Punkte schon etwas deutlicher, wobei auch sie naturgemäß den eklatanten Widerspruch des gleichzeitigen Rufs nach höheren Ausgaben für den Bildungssektor und der strikten Ablehnung entsprechender finanzieller Transfers keinesfalls auflösen konnten. So forderte der ehemalige deutsche Bundesminister für Wirtschaft und Arbeit Wolfgang Clement in seinem im Vorfeld der 2006 geführten Programmdebatte der SPD einen „Abschied vom Wohlfahrtsstaat und die Hinwendung zum sozialen Bildungsstaat". Seiner Meinung nach sollte man v.a. in schulische Bildung und berufliche Qualifikation, Wissenschaft sowie Forschung investieren, „statt immer mehr in ein Netz, das um so fadenscheiniger wird, je mehr wir ‚draufsatteln'" (nach Butterwegge 2005, S.306f). Parallel dazu postulierte der – zu diesem Zeitpunkt gerade frisch zum deutschen Finanzminister der großen Koalition von CDU/CSU und SPD aufgestiegene – Peer Steinbrück[155], dass der Schlüssel zur „Teilnahme und Teilhabe auf den Märkten" in der „Bildung und Qualifizierung in ihrer ganzen Palette" besteht. Jedoch warnte Steinbrück in diesem Zusammenhang auch gleich vor „übertriebener Anspruchshaltung" gegenüber der öffentlichen Hand. Denn es „kann nicht das alleinige Ziel des modernen Staates sein, jeden Einzelnen gegen alle Unwägbarkeiten des Marktes zu schützen." Als die wichtigste Regierungsaufgabe bezeichnete er es zwar, „jedem Bürger zu ermöglichen, ein selbst bestimmtes Leben zu führen, seine Fähigkeiten zu entfalten und seine Existenz aus eigener Kraft zu sichern" (Steinbrück 2006). Da Steinbrück ebenso wenig, wie alle anderen hier erwähnten Politiker angab, was er konkret hinsichtlich entsprechend „aktivierend" wirkender (Bildungs-) Maßnahmen beitragen könnte, ständig jedoch vom enormen Sparzwang in allen ihm als Finanzminister unterstehenden Bereichen sprach, kann bzw. muss dieser Satz im Endeffekt als eine Verpflichtung der Bürger/innen darauf gelesen werden, möglichst ohne staatliche Unterstützung ihre Existenz eben ganz alleine, „aus eigener Kraft" zu sichern.

---

[155] Wie schon in Abschnitt 5.3.3. ausgeführt, ließ Peer Steinbrück bereits im Jahre 2003 noch in seiner Funktion als Ministerpräsident des Landes Nordrhein-Westfalen mit der Aussage aufhorchen, dass sich Sozialpolitik ausschließlich um gesellschaftliche Leistungsträger/innen zu kümmern habe (vgl. Steinbrück 2003).

*6.3.3 Privatisierungsbemühungen und ihre Grenzen*

Selbstverständlich gibt es einen Weg, wie Regierungen im Bildungssektor ernstzunehmende Einsparungen erzielen können, ohne ihn vollkommen abzuschaffen: Seine größtmögliche Privatisierung und damit die Umwälzung entsprechender Kosten vom Staat auf die einzelnen Individuen. Nichts lag inmitten all der Freien-Markt-Hörigkeit der informationalistischen Ära näher, als eine solche Verlagerung voranzutreiben. Jedoch erwies sich die Umsetzung eines derartigen Vorhabens in der Realität aus zahlreichen Gründen als bedeutend komplizierter, als es sich die Mächtigen zunächst ausgemalt hatten.

Erstens konnte man diese Idee fast ausschließlich auf die tertiäre Bildung anwenden. Dass die Privatisierung der primären, also des „Elementarbereichs", nicht möglich ist, war (wie oben angesprochen) sogar dem „Meisterdenker" des Neoliberalismus – Friedrich von Hayek – bewusst. Einer der zentralen Gründe für die Undurchführbarkeit entsprechender Maßnahmen besteht darin, dass sie die Aufhebung der allgemeinen Schulpflicht zur Folge haben würden – der Staat kann ja nicht sämtliche Bürger/innen verpflichten, etwas zu zahlen, ohne gleichzeitig zu garantieren, dass es sich alle von ihnen leisten können. Die allgemeine Schul- bzw. Bildungspflicht gehört jedoch zu den wichtigsten Errungenschaften moderner westlicher Zivilisationen, die nicht einmal die fanatischsten Anhänger/innen der „schöpferischen Zerstörung" sich zu zerschlagen trauen.

Die Abschaffung der staatlichen Finanzierung der Bildung zwischen der Sekundarstufe II und der Hochschule – also jener über der Schulpflicht, aber noch unter dem akademischen Level – wäre zwar theoretisch leichter durchsetzbar (und wurde in manchen Ländern durch die Förderung privater Konkurrenz in diesem Sektor auch forciert), jedoch ist die ökonomische Unsinnigkeit eines solchen Plans viel zu offensichtlich. Denn es versteht sich von selbst, dass in so einem Fall die Zahl der Menschen, die an derartigen Schulungsmaßnahmen teilnehmen, beträchtlich sinkt. Damit würden aber Politiker/innen, die entsprechende Entwicklungen befördern, ihre Wirtschaften genau dessen berauben, was sie selbst als ihre essentiellste Ressource bezeichnen: des „Humankapitals". Dabei ist dieser Begriff zu hässlich, um einem rein theoretischen Diskurs zu entspringen. Im Gegenteil basiert er auf „handfesten" empirischen Wirtschaftsdaten. Letztere belegen einerseits, dass „ein zusätzliches durchschnittliches Bildungsjahr zu einer langfristigen Erhöhung des BIP pro Kopf um rund 6 Prozent" führt (Institut der deutschen Wirtschaft Köln 2006, S.11). Gleichzeitig zeigen sie auch auf, dass ein einziger Mensch, der die Schule vor dem 18. Lebensjahr abbricht, dem Staat enorme Kosten verursacht (für die USA wurden ca. 350.000 EUR ausgerechnet), da er weniger Steuern zahlt, jedoch gleichzeitig mehr Sozialleistungen in Anspruch nimmt und auch noch viel eher Gefahr läuft, kriminell zu werden, als Bürger/innen mit einer besseren Bildung (vgl. Europäische Kommission 2006a, S.3ff; 2006b, S.11ff). Mit der flächendeckenden Privatisierung dieses Sektors hätten sich die Mächtigen also im doppelten Sinne selbst einen „Bärendienst" erwiesen: Sie hätten ihre Wirtschaftsstandorte geschwächt und parallel dazu ihr Sozialsystem zusätzlich belastet. Somit hätten sie das Sinken von Steuereinnahmen bei gleichzeitigem Steigen entsprechender Ausgaben verursacht, und folglich eine sich mit enormer Geschwindigkeit beschleunigende Abwärtsspirale ausgelöst.

Somit blieb allen Verfechter/innen privatwirtschaftlicher Auslagerungen im Bildungsbereich nur noch der Hochschulsektor als Spielwiese übrig. Zur Durchführung entsprechender „Reformen" hatten sie auch ein scheinbar unschlagbares Argument parat, welches sie in der

Hochphase des informationellen Kapitalismus unentwegt wiederholten: Die mit dem rasanten Anstieg der Anzahl von Teilnehmer/innen an Bildungsmaßnahmen verbundene Kostenexplosion könne nicht mehr über Aufwendungen aus Steuergeldern „abgefangen" werden. Der Staat sei also schlicht und ergreifend nicht länger in der Lage, die notwendigen öffentlichen Mittel zur Verfügung zu stellen und müsse deswegen wohl oder übel auf privat finanzierte Modelle zurückgreifen (vgl. z.B. Europäische Kommission 2007a, S.96). Und tatsächlich ist es den Regierungen in der Ära des Informationalismus bis zu einem gewissen Grad gelungen, diesen Bereich zu privatisieren (vgl. z.B. UNESCO 2005, S.87ff; Robins; Webster 1999, S.192ff). Aber auch in Bezug auf diesen Punkt gestaltete sich ein solcher Prozess schwieriger, als zunächst angenommen und war hinsichtlich Motivationen tatsächlich um einiges diffuser, als man es die Wähler/innen glauben lassen wollte. Denn das gerade genannte „Totschlagargument" ist bei näherer Betrachtung höchst irreführend und das gleich aus mehreren Gründen:

Zuerst ist der Boom der höheren Bildung – die z.B. von der EU als „Schlüsselfaktor in der wissensbasierten Wirtschaft" bezeichnet wird (Europäische Kommission 2006a, S.8) – von den Staatsführungen wohlhabender Länder selbst jahrzehntelang massiv forciert worden. D.h. es handelte sich hier keineswegs um eine überraschende Entwicklung, um eine Art „höhere Gewalt", von der die Verantwortlichen überrollt wurden und auf die sie dann mit Verzweiflungstaten reagieren mussten. Wenn die Mächtigen diesem Sektor auch nur halb so viel Bedeutung beigemessen hätten, wie sie es spätestens seit Ende der 1970er Jahre ständig lautstark verkündeten, hätten sie genug Zeit gehabt, die ihnen unterstehenden Budgets entsprechend umzuschichten. Zweitens gibt es (so seltsam das auch klingen mag) keinen zwingenden kausalen Zusammenhang zwischen dem Grad der Liberalisierung bzw. Privatisierung des Bildungssektors und der Höhe öffentlicher Investitionen bzw. dem Einsparungspotenzial auf diesem Gebiet. Z.B. entfiel im Jahre 2001 in Großbritannien ein signifikant höherer Anteil der gesamten Staatsausgaben auf Bildung als in Deutschland – 11,9% zu 9,7% (vgl. Europäische Kommission 2005a) –, obwohl das Vereinigte Königreich eine viel längere Tradition von privat getragenen Ausbildungsstätten aufweist und (wie im nächsten Abschnitt ausführlicher dargestellt) Vorreiter der aktuellen Liberalisierungswelle im Bildungssektor war, während in Deutschland zu der Zeit dieser Bereich zu fast 100% aus Steuermitteln subventioniert wurde.[156]

Noch fragwürdiger erscheint die Idee von Einsparungen durch geringere Investitionen in die tertiäre Bildung, wenn man Untersuchungen ernst nimmt, wie z.B. jene, auf welche sich die Europäische Kommission (2006a, S.3ff; 2006b, S.11ff) selbst beruft und die belegen, dass einem Land, wie dem Vereinigten Königreich, ein um ein Prozent höherer Anteil an Hochschulabsolvent/innen jährlich mit fast einer Milliarde EUR zugutekäme. Basierend auf solchen und ähnlichen Daten postulieren die Verfasser/innen der Studie zur *Bildungsfinanzierung und Bildungsregulierung in Deutschland* vom ‚Institut der deutschen Wirtschaft Köln' (2006, S.12), dass eine der wenigen und wichtigsten Möglichkeiten, wirtschaftliche Wachstumsimpulse zu generieren, derzeit darin besteht, Erwerbspersonen deutlich höher zu qualifizieren. „Dazu sind bei gleichem Qualitätsanspruch an die Abschlüsse der Anteil der jungen Menschen mit Studienberechtigung und Hochschulabschluss zu steigern und der Anteil der Menschen ohne einen höheren Bildungsabschluss zu senken" (ebd.).

---

[156] Für die relativ hohen Bildungsausgaben in Großbritannien gibt es vielfältige Erklärungen – nicht zuletzt basieren diese auf intensiven „Umwegfinanzierungen" von schulgeldpflichtigen Ausbildungsstätten über ein stark ausgebautes System von Stipendien, Zuschüssen und Darlehen.

Obwohl sogar die UNESCO (2005, S.89) vor dem Hintergrund vergleichbarer Erkenntnisse konstatierte, dass Institutionen der höheren Bildung den Herausforderungen der Wissensgesellschaft ohne steigende Investitionen nicht begegnen können, stagnierten im Zeitalter des Informationalismus entsprechende öffentliche Ausgaben oder waren sogar rückläufig (vgl. Europäische Komission 2006, S.8; Kübler 2005, S.78f). Die daraus resultierenden infrastrukturellen Mängel, die „Massenabfertigung" von Studierenden, die Überforderung und folglich Demotivation der Lehrenden etc. führten unweigerlich zu einem Qualitätsabfall in der tertiären Bildung. Diesem konnten (und v.a. wollten) die Regierungen nichts anderes entgegensetzen, als die (z.T. schleichende) Privatisierung und damit – wie es in dem UNESCO-Weltbericht *Towards Knowledge Societies* (2005, S.89ff) formuliert wird – „Kommodifizierung" des Bildungssektors. Wobei eine solche „Umwandlung in eine Ware" nichts anderes bedeutet, als das Abtreten der staatlichen Verantwortung für die Gestaltung der Gesellschaft, die von zentralen Regierungsorganisationen selbst mit dem Begriff des Wissens apostrophiert wird, an gewinnorientierte Unternehmen.

Die zahlreichen damit verbundenen Probleme sind allseits bekannt. Selbst die UNESCO greift die Warnung vor der „Macdonaldisierung des Wissens" auf und fordert ein, in diesem Kontext darauf zu achten, dass „these trends do not lead to a distortion of the original missions of higher education" (ebd., S.87). Dabei geht es nicht lediglich um die mit der verstärkten Kommerzialisierung verknüpfte Gefahr, dass an Universitäten, die um Studierende buhlen, (nach US-amerikanischen Vorbild) die Qualität des Sportteams die gleiche Bedeutung erlangen kann, wie der Wert der Lehre und Forschung (vgl. ebd., S.89). Und auch nicht nur um die Tendenz in Richtung einer „education in the Disney fashion", bei der das „Infotainment" im Vordergrund steht sowie der Art der Präsentation eine größere Bedeutung beigemessen wird, als den präsentierten Inhalten (vgl. Robins; Webster 1999, S.211f). Besonders kritisch heben die Verfasser/innen des UNESCO-Berichtes hervor, dass kommerziell ausgerichtete Universitäten gezwungenermaßen sich mehr darauf fokussieren müssen, Profite zu erwirtschaften, als akademisches Prestige zu erlangen (vgl. UNESCO 2005,S.89). Daraus resultiert unter anderem die Vergabe (um nicht zu sagen Verkauf) von Abschlusszertifikaten, die in der Öffentlichkeit sowie bei Arbeitgeber/innen zunehmend als wertlose „dummy degrees" angesehen werden (vgl. Robins; Webster 1999, S.209f).

Das Problem daran besteht nicht nur in der allgemeinen Abwertung der Qualität tertiärer Bildungsmaßnahmen sondern nicht zuletzt auch in der Tatsache, dass in Folge dieser Entwicklung die sozialen Ungerechtigkeiten im Bildungsbereich verstärkt werden, anstatt sie zu verringern, wie es eigentlich im Zuge der Öffnung der tertiären Bildung für breite Massen (z.B. im Rahmen der – im nächsten Abschnitt behandelten – Gleichstellung von Fachhochschulen mit Universitäten) angeblich politisch gewollt war. Denn wenn immer mehr Menschen ein akademisches Zertifikat vorzuweisen haben, avanciert es bei der Stellensuche zu einem zunehmend ausschlaggebenden Kriterium, von welcher Bildungsstätte ein solcher Abschluss stammt. Das ermöglicht diversen „Eliteuniversitäten" an Studieninteressent/innen jede nur erdenkliche Bedingung zu stellen (wie z.B., dass sie bereits eine „Eliteschule" besucht haben müssen) und von ihnen Studiengebühren einzufordern, die sich Zugehörige ärmerer Schichten nicht einmal beim bestausgebauten Darlehenssystem leisten können (vgl. z.B. ebd., S.210f, 216f). Das führt wiederum zu einer verstärkten Konzentration von geistigen sowie finanziellen Ressourcen bei einigen wenigen auserlesenen Bildungsinstitutionen (vgl. UNESCO 2005, S.90), wodurch sie noch mehr an Prestige gewinnen, noch stärker selektieren können etc. – ein typischer Teufelskreis aus der Perspektive all jener, denen die Demokratisierung von Bildung ein Anliegen ist. Jedoch gehörten die Mächtigen in der Hochphase des Informationalismus – trotz dem, dass ihre überwiegende Mehrzahl sozialdemokratischen Bewegungen angehörte – ganz offensichtlich eben nicht dieser Interessensgruppe an.

### 6.3.4 Kommodifizierung am Beispiel von Großbritannien

Wenn die zunehmende Privatisierung des tertiären Bildungssektors bei gleichzeitigem „Aushungern" öffentlicher Universitäten im Zeitalter des Informationalismus nicht vorrangig finanziell sowie erst recht nicht demokratiepolitisch motiviert war und es auch allen, die sie vorantrieben, klar sein musste, dass sie zu Qualitätseinbußen führt – welche Bestrebungen standen dann tatsächlich hinter entsprechenden Forderungen, die im Zeitalter des Informationalismus von allen Regierenden lautstark propagiert und in zahlreichen Staaten flächendeckend durchgesetzt wurden? Ein Blick auf diesbezügliche Entwicklungen in Großbritannien kann dazu insofern einige Erklärungsansätze liefern, als es das Land ist, welches bereits seit der ersten industriellen Revolution in Europa die Maßstäbe für diverse „Modernisierungsschübe" setzte und ebenso die neoliberale Transformation dieses Kontinents im letzten Viertel des 20. Jahrhunderts vorausnahm sowie anführte. Auch im Bildungsbereich wird am „Festland" seit der Zeit dem britischen Beispiel (zwar zumeist mit einer Verspätung von bis zu 10 Jahren, aber doch) gefolgt.[157]

Die Konservativen, welche unter der Führung von Margaret Thatcher 1979 im Vereinigten Königreich die Macht übernahmen, erklärten Bildung zur „key area" ihrer Politik. Dabei machten sie das Bildungssystem für die damaligen wirtschaftlichen Probleme Großbritanniens – und hier nicht zuletzt für die hohe Arbeitslosigkeit – massiv mitverantwortlich. Ihrer Meinung nach würden an Schulen und Universitäten vorwiegend „abgehobene", für die Praxis irrelevante Kenntnisse vermittelt, anstatt Schüler/innen und Studierende mit Fertigkeiten auszustatten, die sie für das Überleben in der „realen Welt" benötigen – sprich sie auf ihren tatsächlichen zukünftigen Beruf vorzubereiten (vgl. Robins; Webster 1999, S.171). Einer der Schritte, um dieser „Misere" auf der strukturellen bzw. organisatorischen Ebene zu begegnen, bestand darin, die Autonomie von Bildungsinstitutionen zu beschränken und sie einer zentralisierten staatlichen Kontrolle zu unterstellen, was gewährleisten sollte, dass am Bedarf der Wirtschaft ausgerichtete behördliche Vorgaben (heute nennt man das „Standards") auch tatsächlich umgesetzt würden (vgl. ebd., S.172).

Als ein weiterer bedeutender entsprechender Lösungsansatz, der ebenfalls den Vorteil hatte, die „Akademikerquote" schlagartig anzuheben, galt die Umwandlung zahlreicher s.g. „polytechnics" (höherer technischer Lehranstalten bzw. Fachhochschulen) in Universitäten, die Anfang der 1990er Jahre in Großbritannien vollzogen wurde. Diese Lehranstalten wiesen im Vergleich zu Universitäten per se eine bedeutend geringere Selbstständigkeit auf und waren auch grundsätzlich viel stärker am (Arbeits-) Markt orientiert. Ihre Eingliederung in das System der höheren Bildung transformierte den gesamten diesbezüglichen Sektor in Großbritannien gravierend: Damit erfolgte nicht nur die Aufhebung des Unterschieds zwischen der ganzheitlich orientierten „humanistischen" Bildung und der „realistischen"

---

[157] Auch in Bezug auf diesen Bereich kann Großbritannien als „Trojanisches Pferd" der USA (Herz 2010, S.175) betrachtet werden, mit dessen Hilfe das Einschleusen von Konzepten nach Europa erfolgt, die sich in den Vereinigten Staaten bereits durchgesetzt haben.

## 6. Bildung im Zeitalter des Informationalismus

Ausbildung im Sinne der Vorbereitung auf einen klar definierten Beruf. Daraus resultierte auch ein verstärkter Druck auf die etablierten Universitäten, sich an die „neuen Universitäten" anzugleichen. So wurden innerhalb alt eingesessener Bildungsinstitutionen massiv Ressourcen aus den Geistes- sowie Sozialwissenschaften abgezogen, um sie „praktisch" orientierten Fächern mit (vermeintlich) größerer beruflicher Relevanz zukommen zu lassen (vgl. ebd., 193f).

Entsprechende politische Maßnahmen zielten jedoch nicht nur darauf ab, Jugendliche besser für ihr Berufsleben zu „rüsten". Eine der zentralen dahinter stehenden Absichten bestand darin, die neoliberale Wirtschaftsdoktrin des Informationalismus im ganzen Bildungssystem und davon ausgehend in der gesamten Gesellschaft verstärkt zu verankern. Oder wie der Großindustrielle und Vorsitzende des Österreichischen Fachhochschulrates Claus Raidl den Sinn des (in Österreich erst Mitte des 1990er Jahre eingeführten) Fachhochschulwesens recht lapidar aber umso treffender auf den Punkt brachte: „Wir müssen den Leuten endlich das marktwirtschaftliche Denken in die Köpfe pflanzen!" (nach Horak 2006).

Wie in Bezug auf andere soziale Sektoren in Unterkapitel 5.2. beschrieben, haben jedoch die Rechten auch in Hinblick auf die uneingeschränkte Orientierung der Bildung an den Bedürfnissen des (Arbeits-) Marktes sowie hinsichtlich der endgültigen Durchdringung des Hochschulbereichs mit marktwirtschaftlichen Mechanismen den von ihnen beschrittenen Weg nicht bis zur letzten Konsequenz verfolgt. In Großbritannien musste erst die Linke an die Macht kommen, um ebenso in Bezug auf diesen Punkt das von Thatcher begonnene Werk zu vollenden. Nachdem Tony Blair u.a. mit Slogans wie „education, education, education" bzw. dem Versprechen, London zur Wissenshauptstadt Europas zu machen 1997 die Wahlen gewann (vgl. Robins: Webster 1999, S.201), legte er sofort das Bildungs- und das Arbeitsministerium zusammen und führte noch im gleichen Jahr – entgegen eigenen Wahlversprechen – flächendeckende Studiengebühren an allen Universitäten ein (vgl. Sturm 1998). Diese betrugen zunächst umgerechnet ca. 1.700 EUR jährlich und wurden ab Herbst 2006 auf bis zu 4.500 EUR angehoben (vgl. Rach 2006).[158]

In einer – für die ‚Neue Linke' typischen – Verkehrung des Gerechtigkeitsbegriffs erfolgte sogar das Darstellen einer solchen Maßnahme als eines bedeutenden Schritts zu mehr Chancengleichheit im Vergleich zu einem kostenlosen Zugang zur Bildung, wobei entsprechende Argumentationen auch von der EU übernommen wurden. So konstatierten die Autor/innen eines EU-Positionspapiers unter dem Titel *Effizienz und Gerechtigkeit in den europäischen Systemen der allgemeinen und beruflichen Bildung*, dass unabhängig davon, ob das Studieren kostenpflichtig sei oder nicht, die Nutznießer/innen höherer Bildung sowohl aus reicheren Elternhäusern stammen, als auch selber später zu den Besserverdienenden gehören würden. Kostenloser Bildungszugang hätte demgemäß einen „umgekehrten Umverteilungseffekt" von arm zu reich zur Folge (vgl. Europäische Kommission 2006a, S.8). Als eine der Möglichkeiten diesem Trend entgegen zu wirken, wird empfohlen, (nach britischem Vorbild) Studiengelder einzuführen, welche die Bildungsausgaben decken müssten. Gleichzeitig sollten ärmeren Studierenden über diese Summen zinsenlose Darle-

---

[158] Ende 2010 hat die – diesmal konservativ-liberale – britische Regierung eine nochmalige drastische Erhöhung der Studiengelder beschlossen. Die Höchstgrenze bis zu der Universitäten jetzt Gebühren einfordern können, wurde auf 10.605 EUR angehoben und hat sich damit mehr als verdoppelt. Das führte zu massiven, teils gewalttätigen Ausschreitungen von Schüler/innen und Studierenden (vgl. Handelsblatt-online 2010).

hen gewährt werden, die nach dem Studium erst ab dem Überschreiten einer bestimmten Einkommenshöhe zurück zu zahlen wären. Einen Hinweis darauf, dass solche Aktionen eventuell doch weniger gerecht sein könnten als erhofft und auch nicht zur Steigerung der Studierendenzahlen führen würden, mit der man in diesem Zusammenhang seltsamerweise rechnete (vgl. ebd., S.9), stellt folgende Aussage aus dem gleichen Dokument dar:

> *„Gerade Personen aus besonders stark benachteiligten Gruppen haben oft große Hemmungen, Risiken einzugehen und sich zu verschulden, und scheuen häufig davor zurück, statt Geld zu verdienen Zeit in ein Studium zu investieren, das nicht unbedingt einen angemessenen privaten Ertrag nach dem Studienabschluss gewährleistet"* (ebd.; vgl. Rach 2006).

Abgesehen von der Diskussion, ob Studiengebühren sozial gerecht sind oder nicht, kam ihre Einführung im Vereinigten Königreich (und auch in allen europäischen Ländern, die später diesem Beispiel folgten) im Endeffekt einer Umwandlung sämtlicher staatlicher Institutionen der höheren Bildung in private sehr nahe. Denn nicht nur aus der Sicht der Studierenden wurden entsprechende Unterschiede weniger erkenntlich. Auch die bis dahin mehr oder weniger in einem geschützten Bereich operierenden öffentlichen Universitäten mussten lernen, sich auf dem „freien" Bildungsmarkt zu positionieren – also mit anderen vergleichbaren Einrichtungen zu konkurrieren, die eigenen Angebote nach der Nachfrage auszurichten, „Kundenorientiert" zu arbeiten etc. (vgl. Robins; Webster 1999, S.195). Dementsprechend begründet die Europäische Kommission (2006a, S.9) ihre – von Großbritannien übernommene – positive Einstellung zu Studiengebühren nicht zuletzt damit, dass sich die dadurch „entstehenden Markteffekte auch positiv auf die Lehre und das Hochschulmanagement auswirken und die Motivation der Studierenden steigt".

Wie Gebühren die Motivation von Studierenden heben sollen, wird weder in diesem Dokument, noch in dem Detailpapier erklärt, das seine Basis bildet (siehe Europäische Kommission 2006b). Man kann nur vermuten, dass es auch hier um das Fördern des „marktwirtschaftlichen Denkens" bei den Teilnehmer/innen an Bildungsmaßnahmen geht. Z.B. in Form der Verfestigung der Idee, dass etwas nur dann einen Wert hat, wenn es auch einen Preis aufweist und natürlich ebenso in Folge der enormen Belastung ihres persönlichen Budgets durch jede nicht bestandene Prüfung und durch jedes länger genutzte Semester. Immerhin expliziert die Europäische Kommission eindeutig, welches Hauptziel sie mit ihrem massiven Einsatz für Studiengebühren verfolgt: Es besteht in der Schaffung von „Anreizen" sowohl für ganze Bildungsinstitutionen als auch für einzelne Lehrende und Studierende, „um die immer vielfältigeren Anforderungen von Wirtschaft und Gesellschaft zu erfüllen" (ebd., S.10). Solche Aussagen korrespondieren mit der Beobachtung, die Michael Opielka (2005, S.1) in Bezug auf die gesamte Aktivierungsthematik folgenderweise formuliert: Es geht bei dieser Idee „nicht nur um Sozialabbau sondern auch um einen spezifischen ‚Sozialumbau', in dessen Mittelpunkt die Selbstverpflichtung des Bürgers auf eine marktkonforme Lebensorientierung steht."

## 6.4 Psychologische Implikationen

Aus den bisherigen Ausführungen wurde klar, dass die Ziele neoliberaler Bildungspolitik im Zeitalter des Informationalismus – im Widerspruch zu ihrer öffentlichen Präsentation – höchstens am Rande materieller Natur waren. Dass es also wenn, dann nur rudimentär um Einsparungen bzw. Effizienzsteigerungen in Bezug auf das Bildungssystem ging. Viel zentraler jedoch waren die Absichten auf der psychologischen Ebene und folglich auch bedeutend gravierender ihre entsprechenden Auswirkungen.

Die Intentionen wurden bereits aus dem oben Dargestellten mehr als deutlich und lassen sich mit der einfachen Formel des „Pflanzens des marktwirtschaftlichen Denkens in die Köpfe der Leute" auf den Punkt bringen, was nichts anderes heißt, als die widerspruchlose Subordination unter neoliberale „Naturgesetze". Denn „als Unternehmer ihrer Selbst" können Menschen „sich gar nicht anders als ökonomisch kalkulierend entscheiden" (Patzner 2005, S.66) – die Möglichkeit der Abweichung von einer wirtschaftlich konstruierten und politisch beförderten Norm wird damit auf ein Minimum reduziert. Die mit so einer Entwicklung einhergehende erhebliche Erleichterung der Vorhersagbarkeit der Meinungen sowie Reaktionen der Wähler/innen und somit auch die vereinfachte Beeinflussung ihres Verhaltens stellt selbstverständlich einen sehr angenehmen (Neben-) Effekt beschriebener Prozesse für die Machthabenden dar.

Die psychologischen Tricks, die in einer demokratischen, aufgeklärten Gesellschaft des ausgehenden 20. Jahrhunderts notwendig waren, um eine solche Politik durchzusetzen, sind jedoch viel schwerer zu fassen. Denn klarerweise bestand das „Trickreiche" daran gerade in der Verschleierung der jeweiligen Methoden. Wenn es also bereits in Bezug auf die gesamte Regierungsrhetorik grundsätzlich bedeutender Anstrengungen bedarf, um zu verstehen, wie das Gesagte mit dem Gedachten und erst recht mit dem Getanen zusammenhängt, grenzt ein entsprechendes Vorhaben im vorliegenden Kontext an eine „Quadratur des Kreises" – mehr noch bei einem derart geringen historischen Abstand von den behandelten Vorgängen. Jedoch ist das Erlangen einer größtmöglichen Klarheit über die psychologischen Implikationen der neoliberalen Bildungspolitik (und hier v.a. in Hinblick auf der Frage, wie es möglich war, die zahlreichen voraussetzungsvollen wirtschafts- sowie folglich bildungspolitischen Anforderungen an die Pädagogik deren Adressaten gegenüber durchzusetzen und zu exekutieren) für die Perspektive der vorliegenden Arbeit von solch zentraler Bedeutung, dass hier ein diesbezüglicher Versuch unternommen werden muss – auch auf die Gefahr eines teilweisen oder auch gänzlichen Scheiterns hin.

Eine gewisse Erleichterung auf dem Weg zur gewünschten Klärung bietet das Ausgehen von einer Erkenntnis, die bereits George Orwell in seiner Antiutopie *1984* (zuerst erschienen 1949) hinsichtlich der politischen Agitation formulierte und die folgenderweise knapp zusammengefasst werden kann: Wenn Mächtige etwas verschleiern wollen, benennen sie es mit dem Gegenteil des von ihnen Gemeinten. Z.B. wird das für die offensive Kriegsführung zuständige Staatsorgan dann als „Friedensministerium" bezeichnet, jenes, welches sämtliche Fakten verfälschende Propaganda verbreitet, als „Wahrheitsministerium" etc. Im Umkehrschluss könnte es demnach bei der Erforschung der Tatsachen hilfreich sein, vom jeweiligen Antonym politisch ventilierter Begriffe und Grundideen auszugehen. In einem Punkt legt Orwell uns da bereits den Ball auf, wenn er als einen der Hauptideale der Einheitspartei aus *1984* den Slogan „Freiheit ist Sklaverei" hervorhebt. Entsprechende Verzerrungen und Entstellungen des Freiheitsbegriffs – der ja auch dem Terminus „Neo*liberal*" zugrunde liegt – wurden bereits im vorangehenden Kapitel bei der Behandlung des Themas „Freiheit und Naturgesetze" (siehe Abschnitt 5.3.6.) angesprochen und noch deutlicher gerade eben bei der Darstellung der Grundpositionen von Hayek und seinen Jüngern (zu denen in dem Fall auch Anthony Giddens gehört) ausgearbeitet. In Folge wird dieser – für das vorliegende Buch besonders bedeutsame Aspekt – noch ausführlicher untersucht.

Ohne zu viel vorausholen zu wollen, kann hier bereits erwähnt werden, dass in Bezug auf dieses Thema der auf den ersten Blick überzeichnet erscheinende Ausspruch von Orwell tatsächlich passgenau auf die Realität des Informations- sowie Wissenszeitalters und damit auch der Bildungsgesellschaft zutrifft. Denn beim informationalistischen Freiheitsideal ging es auf der personalen Ebene – wie bereits beschrieben – in erster Linie um die Zwangslosigkeit der Reichen, ihr Kapital unbegrenzt zu vermehren (ausführlich siehe Abschnitt 7.2.3.). Für die meisten Menschen resultierte daraus die Einschränkung zahlreicher vorhin mühevoll erkämpfter Freiheiten auf Grund des Zwangs der Unterwerfung unter diverse neue (angeblich vom Markt diktierte) „Gesetze". Für zahlreiche der Armen und Ärmsten bedeutete eine so verstandene Freizügigkeit jedoch im wahrsten Sinne des Wortes Sklaverei – bis hin zum körperlichen Freiheitsentzug in einer der zahlreichen Haftanstalten, deren Ausbau in der Ära des informationellen Kapitalismus enorm vorangetrieben wurde.

Auch bei der Betrachtung dieser Thematik aus der rein pädagogischen Perspektive ist eine analoge Vorgansweise erkennbar: Didaktische Methoden, die davor mit dem Ziel entwickelt wurden, den Lernenden eine größtmögliche Autonomie und damit Selbst*bestimmung* einzuräumen, wurden vielerorts unter Zuhilfenahme der Umdeutung dieses Terminus zur Selbst*steuerung* bzw. *-regulierung* dazu missbraucht, um sie einer Kontrolle zuvor unvorstellbaren Ausmaßes zu unterwerfen – bis hin zur ständigen Überwachung ihrer intimsten Gedanken im Rahmen von Lernprozessen.

Der Analyse solcher und ähnlicher Begriffsverdrehungen sowie ihrer konkreten Implikationen ist dieses Unterkapitels gewidmet. Dabei wird von Anfang an – bei der Behandlung problematischer Auswirkungen der Aktivierungsrhetorik des ‚Dritten Weges' – deutlich, dass es kaum möglich ist, entsprechende psychologische Effekte auf der gesamtgesellschaftlichen Ebene von denen aus der pädagogischen Sphäre zu separieren. Denn das ganze informationalistische Projekt kann auch als ein groß angelegtes, staatlich forciertes Experiment betrachtet werden, welches darauf abzielte, die gesamte Existenz der Menschen (und v.a. jener aus den ärmeren Schichten) zu „pädagogisieren" – d.h. auch in ihre noch so persönlichen Lebensgestaltungen erzieherisch einzugreifen. In der vorliegenden Arbeit kann die Aufarbeitung der Auswirkungen derartiger Initiativen nicht für sämtliche betroffene Bereiche geleistet werden und wird ab der zweiten Kapitelhälfte nur am Beispiel von formellen Bildungsmaßnahmen (Schule, Universität, Weiterbildung) expliziert. Dabei kann dieser Sektor jedoch auf Grund seiner enormen Bedeutung für das gesamte Konstrukt der Informations- und Wissensgesellschaft durchaus als für andere soziale Gebiete repräsentativ betrachtet werden.

### 6.4.1 *Problematik der Aktivierungspolitik*

So unverbindlich bzw. sogar freundlich-aufmunternd die Rhetorik des ‚Dritten Weges' vom aktivierenden Staat, der „Hilfe zur Selbsthilfe" leisten wollte und „aufhelfen, statt mit Almosen auszuhelfen" versprach, auf den ersten Blick auch klang, bei genauer Betrachtung standen dahinter – wie in Abschnitt 6.3.2. bereits angesprochen und in der Zusammenfassung dieses Kapitels noch näher auszuführen sein wird – höchst zynische Gedankengänge und Argumentationslinien. Diese implizierten eine enorme Herabwürdigung von Menschen, die – in welcher Form auch immer – zu den Nutznießer/innen der Umverteilungspolitik gehörten. Noch problematischer war aber das damit untrennbar einhergehende Ausüben eines gewaltigen psychologischen Drucks auf diese Zielgruppe, welcher sie dazu bringen (um nicht zu sagen – zwingen) sollte, sich selbst zu „aktivieren".

Michael Opielka (vgl. 2003, S.1) zufolge wurde durch populistische Äußerungen aus der Politik, in der Art von Schröders „Es gibt kein Recht auf Faulheit", ein gesellschaftliches Klima erzeugt, vor dessen Hintergrund die „Teilnahme am Arbeitsmarkt" (zu welchen Bedingungen auch immer – z.B. ebenso in Form von „Ein-Euro-Jobs") zur staatsbürgerlichen Pflicht avancierte. Wer dieser nicht vorbehaltslos nachzukommen bereit war, wurde mit Kürzungen der Wohlfahrtsleistungen bis weit unterhalb des Existenzminimums bzw. ihrer vollständigen Aberkennung bedroht. Hinter dem gesamten Aktivierungskonzept stand also nicht zuletzt das Bestreben, soziale Grundrechte ihrer – auf der Vision allseits gültiger Gerechtigkeit basierenden – Legitimation zu berauben und davon ausgehend entsprechende Ansprüche von Bürger/innen zu beschneiden (vgl. Opielka 2005, S.2; Dingeldey 2006, S.7ff).

Mit so einer Politik hatten die Proponent/innen des ‚Dritten Weges' nur eingeschränkt Erfolg. Wirkungen im Sinne des gerade Genannten zeigte sie insofern, als sich in ihrer Folge tatsächlich die allgemeine Besitzverteilung noch stärker zugunsten der Reichen verlagerte, das Lohnniveau (außer selbstverständlich bei den Wohlhabenden) kontinuierlich sank und der Anteil der s.g. „working poor" (d.h. Menschen, die trotz Arbeit unter der Armutsgrenze bzw. sogar unter dem Existenzminimum leben) signifikant anstieg (vgl. Opielka 2005, S.8ff). Entsprechende aktuellere Belege finden sich z.B. in der Studie der österreichischen Arbeiterkammer aus dem Jahre 2011, die aufzeigt, dass die Wertschöpfung pro Arbeitnehmer/in in diesem Land sich trotz Wirtschaftskrise auf einem sehr hohen Niveau stabilisiert, während die Lohnausgaben sinken. Daraus resultiert, dass die Unternehmen – auch bzw. erst recht in der Krise – immer mehr an ihren Beschäftigten verdienen, während eine steigende Zahl der Letzteren (die AK gibt einen Zuwachs von 38% in den letzten 10 Jahren an) in die „Armutsfalle" tappt. (vgl. AK 2011; ausführlicher zu diesem Thema siehe Abschnitte 7.2.3. und 7.3.3.)

Damit haben die ‚Neuen Linken' es geschafft, genau das zu unterminieren, wofür ihre Bewegung von ihrem Anbeginn stand: Das Ideal der sozialen Gerechtigkeit und der gesellschaftlichen Solidarität – mit dem Wohlfahrtsstaat als seine konkrete Verkörperung. Jedoch das, was sie als Ziel all dieser selbstverleugnenden Maßnahmen präsentierten – nämlich die Einsparung von Ausgaben im Sozialbereich – gelang ihnen genauso wenig, wie ihren rechten Vorgänger/innen. Z.B. belegen Daten des deutschen Bundesministeriums für Arbeit und Soziales, dass die Sozialleistungsquote (= Summe aller Sozialleistungen in Prozent des BIP) in der Bundesrepublik seit Mitte der 1970er Jahre mit geringen Schwankungen bei ca. 30% konstant bleibt, wobei sie im Jahre 2003 – also zu jenem Zeitpunkt, als die rot-grüne Koalition mit ihren Hartz-Gesetzen besonders rigide Sparmaßnahmen in diesem Bereich zu setzen versuchte – mit 32,2 % sogar auf den höchsten Stand seit 1960 kletterte (vgl. BMAS 2008). Zur Entwicklung in den USA stellt Anthony Giddens (2001, S.199) selbst fest, dass Bill Clinton mit seiner lautstark verkündeten Absicht „den Wohlfahrtsstaat, wie wir ihn kennen, abzuschaffen" gescheitert ist. Ebenso zeigt sich bei einem internationalen Vergleich, dass „die Sozialstaatsreformen auch in den neunziger Jahren tendenziell nicht zu einem deutlichen Absinken der Sozialleistungsquote geführt haben" (Schönig 2006, S.24). Zwar sind in mehreren Ländern einige Wohlfahrtsangebote gekürzt oder sogar gestrichen worden. Die entsprechenden Einsparungen wurden jedoch durch einen „deutlich gestiegenen Ausgabenanteil für aktive Arbeitsmarktpolitik" (ebd.) wieder größtenteils wettgemacht. Letztere wiederum blieben fast durchgängig wirkungslos. Z.B. ergab eine Analyse der Effekte eines der wichtigsten Instrumente der Aktivierungsagenda in Bezug auf Arbeitslose – des (teilweisen) Entzugs von Notstandhilfe im Falle von „Arbeitsverweigerung" –, dass 57% solcher Sanktionen bereits innerhalb weniger Tage wieder zurückgenommen werden mussten, ohne dass es zum Annehmen einer Arbeit gekommen ist. Dabei übertraf der Verwaltungsaufwand eindeutig den finanziellen Gesamtnutzen solcher Aktionen (vgl. Wilke 2004).

Eines ist aber den Politiker/innen, die entsprechende Initiativen forcierten, eindeutig „gelungen": Sie haben es zweifellos geschafft, in der öffentlichen Meinung eine Einstellung fest zu verankern, die als „blame-the-victim" umschrieben wird. Im Fazit ihres Artikels *Aktivierender Wohlfahrtsstaat und sozialpolitische Steuerung* konstatiert Irene Dingeldey (2006, S.7f) vor dem Hintergrund der Frage, „wozu und wofür Arbeitslose aktiviert werden sollen, falls ein Defizit der Arbeitskräftenachfrage besteht", dass im Zuge dieser Diskussion die Opfer der negativen Entwicklung am Arbeitsmarkt zu Tätern umdefiniert wurden. Parallel dazu stellt Michael Opielka als Folge der Aktivierungsagenda eine „Umdeutung von ‚Sozialschmarotzertum' und ‚Hängemattenmentalität' zu Ursachen der anhaltenden Massenarbeitslosigkeit" fest (Opielka 2003, S.1).

Damit hatten die Regierenden so zu sagen „zwei Fliegen mit einer Klappe erschlagen": Erstens ermöglichte ihnen eine solche Vorgangsweise von den Schwächen der eigenen Arbeit abzulenken bzw. das Versagen ihrer Sozialpolitik zu rechtfertigen – denn jetzt waren ja nicht länger sie dafür zuständig, die sozialen Probleme ihrer Staaten zu lösen, sondern die Menschen, die diese Probleme hatten, selbst. Und zweitens erlaubte es den Machthabenden, jene von ihren Untertanen, die von ihnen finanziell abhängig waren, viel stärker zu kontrollieren und zu lenken, als es je zuvor in einer demokratischen Gesellschaft als denkbar galt. Mit dem Erzwingen eines „arbeitsmarktkonformen Verhaltens" über Anreize, v.a. aber über Androhung von Sanktionen sowie über die Ausweitung von Arbeitsverpflichtungen (vgl. Dingeldey 2006, S.9) ging eine grundsätzliche Entmündigung der Bürger/innen durch die Politik Hand in Hand. Denn beim gesamten hier behandelten Ansatz wurde ein sozial bedeutsamer Impuls – die Förderung von Eigenaktivität – auf undurchsichtige und undemokratische Weise mit sozialer Kontrolle verknüpft (Opielka vgl. 2005, S.2), die dem Staat „das Recht auf sozialpädagogische Intervention in persönliche Lebensplanungen" einräumte (ebd., S.6; vgl. Dingeldey 2006, S.9).

Somit wird klar, dass im Zeitalter des Informationalismus die Idee der „Aktivierung" nicht nur zur Unterwerfung bedeutender Lebensbereiche des Menschen unter die Spielregeln des Marktes missbraucht wurde, sondern auch zur „Pädagogisierung" ihrer gesamten Existenz – d.h. zur Durchsetzung des Bestrebens um die wirtschafts- und folglich staatsgerechte (Um-) Erziehung der Bürger/innen (v.a. der sozial bedürftigen) bis in ihre intimsten Sphären hinein. Dies wiederum führte zu einer enormen „Entgrenzung" der Pädagogik: Jetzt reichte die Vermittlung vermeintlich überlebensnotwendiger Kompetenzen weit über die formelle Bildung hinaus – sie fand genauso in Arbeits-, Sozial-, Jugend- und anderen Ämtern statt, wie sie Massenmedial (z.B. in Form der Beförderung des „blame-the-victim"-Prinzips) verbreitet wurde.

## 6.4.2 Selbstbestimmung vs. Selbststeuerung

Die formelle Bildung – d.h. jene von Grundschule bis zur Universität und dem Weiterbildungssektor – selbst stellte jedoch noch immer das zentrale Instrument einer staatsbürgerlichen Erziehung dar, deren Hauptziel im Zeitalter des Informationalismus darin bestand, die Menschen von ihrer Kindheit an auf möglichst voreiliges Gehorsam gegenüber der Obrigkeit abzurichten. Dabei wurde auch im Bereich der Pädagogik – ähnlich wie in allen anderen hier behandelten gesellschaftlichen Sphären – mancherorts intensiv mit der Umdeutung von Begriffen operiert, um die wahren Ziele der Agierenden zu verschleiern. Analog zur Reinterpretation der Idee der allgemeinen Freiheit als einer, die lediglich für den Markt bzw. den Konsum gilt und der Missdeutung der Vision sozialer Gerechtigkeit als einer Fairness gegenüber den Wohlhabenden, vollzogen ebenso in Bezug auf die Bildung manche Expert/innen eine Neugewichtung ihrer zentraler Termini, in deren Rahmen ihr Sinn oft bis ins Gegenteil des mit ihnen ursprünglich Implizierten verzerrt wurde. Das wird hier anhand des Begriffspaars Selbstbestimmung / Selbststeuerung ausgeführt, wobei es in diesem Fall in erster Linie um die Unterminierung des genuin pädagogischen Konzeptes der Autonomie der Lernenden geht (ausführlich siehe Pasuchin; Häcker 2008).

In der auf Aristoteles zurückgeführten s.g. „praktischen Philosophie" (d.h. einer Philosophie, die verändernd in den Lauf der Welt eingreifen will) wird Selbstbestimmung als Ausdruck und zugleich als Ziel menschlicher Freiheit betrachtet. Der wichtigste „klassische" Vertreter dieser Strömung – Immanuel Kant – verknüpft Menschenwürde unmittelbar mit der Autonomie des Willens (vgl. Häcker 2007, S.13f). Auf die Pädagogik übertragen bedeutet das laut Thomas Häcker (vgl. ebd., S.64), dass von Selbstbestimmung in Bildungskontexten nur dann gesprochen werden kann, wenn Lernende tatsächlich wesentliche Aspekte ihrer Lernprozesse (mit-) bestimmen dürfen – also v.a. die Auswahl der Lerninhalte und Lernziele. Das Ideal einer entsprechenden Orientierung an den Interessen von Kindern und Jugendlichen stellte die treibende Kraft hinter sämtlichen pädagogischen Reformbewegungen zu Beginn des 20. Jahrhunderts dar (vgl. z.B. Skiera 2003) und wurde auch immer direkt an die Vision der Demokratisierung gesellschaftlicher Strukturen sowie politischer Verhältnisse gekoppelt (vgl. z.B. Dewey 1930 – detailliert zu dazu siehe Unterkapitel 8.2.). Folglich bildet das selbstbestimmte Lernen ebenso ein „institutionenkritisches Programm, das sich gegen fremdbestimmten Unterricht und Schule richtet" (Häcker 2007, S.72).

Im mit *Annäherung an ein Konzept von Selbstbestimmung* betitelten theoretischen Teil seiner Habilitation stellt der Erziehungswissenschaftler Thomas Häcker fest, dass der oben behandelte Begriff in den letzten Jahrzehnten zunehmend von jenem der Selbst*steuerung* abgelöst wird.[159] Hinter dem Letzteren steht die Ablehnung oben beschriebener Ansätze auf Grund der Überzeugung, dass diese nicht verlässlich zum Erreichen politisch vorgegebener Zielsetzungen – wie z.B. der Steigerung der „Beschäftigungsfähigkeit" (employability) – führen würden. Da jedoch aus der Lehr- und Lernforschung bekannt ist, dass gewisse Freiheiten im Lernprozess dem Lernerfolg zuträglich sind, soll Schüler/innen und Studierenden ein Mitspracherecht auf der regulativ-operativen Ebene (z.B. im Methodischen) eingeräumt

---

[159] Häcker bezieht sich dabei keineswegs lediglich auf die Diskussion im deutschsprachigen Raum. Sowohl der im Zentrum seiner Arbeit stehende Portfolioansatz als auch die daran unmittelbar geknüpften Konzeptionen der Selbstbestimmung sowie Selbststeuerung haben ihren Ursprung in der US-amerikanischen Pädagogik (dazu siehe z.B. Häcker 2007, S.63; S.90ff) und weisen inzwischen einen hohen Stellenwert im gesamten internationalen didaktischen Diskurs auf.

werden. Sie dürfen also nicht mitentscheiden, *was* zu lernen ist, durchaus aber noch dabei mitreden, *wie* sie ein vordefiniertes Lernziel erreichen wollen (vgl. ebd., S.62ff; siehe auch Friedrich; Mandl 1997, S.239). Laut Häcker besteht der zentrale Unterschied zwischen diesen beiden Ansätzen darin, dass Selbstbestimmung ganzheitlich auf die Humanisierung des Lernens abzielt, während Selbststeuerung auf den spezifischen Aspekt der Optimierung des Lehrerfolgs durch die Effektivierung des Lernens ausgerichtet ist (vgl. S.72; zu den Grenzen und Problemen der Effizienzsteigerung des Unterrichts durch den Einsatz selbstregulierender Methoden siehe z.B. Ziegler et al. 2003).

Diese Begriffsumdeutung hängt Häcker zufolge unmittelbar mit der „gesamtgesellschaftlichen Entwicklung der Hypostasierung und Verabsolutierung der Logik des *Marktes*" (Häcker 2007, S.67) zusammen, sowie mit der daraus resultierenden neoliberalen Wende innerhalb der Pädagogik. Zur Untermauerung dieser Feststellung beruft er sich v.a. auf Arbeiten des Erziehungswissenschaftlers Bernd Hackl, der an der Jahrtausendwende die Herausbildung einer „affirmativen Didaktik" beobachtet, „deren Funktion just darin besteht, das gesellschaftliche Gewaltverhältnis in die Schule hinein zu verlängern, zu verschleiern und pragmatisch handhabbar zu machen" (Babel; Hackl 2004, S.18). Der Meinung von Hackl und seinen Mitautor/innen nach impliziert die (auch auf die Bildung übergreifende) „Fetischisierung der Marktlogik" eine sukzessive Zerstörung aller Traditionen, die auf Idealen wie Gerechtigkeit, Solidarität und Menschenwürde basieren (vgl. Hackl; Patzner 2005, S.1).

Die zentralen Beiträge von Teilen der Erziehungswissenschaft zur Beförderung eines solchen Prozesses bestehen im zunehmend inflationären Gebrauch von Begriffen wie Selbststeuerung bzw. -regulierung aber auch von Flexibilität, Adaptivität etc. sowie in der Bemühung um die Ausarbeitung entsprechender didaktischer Modelle und Lernumgebungen. Z.B. stellt Astrid Blumstengel zu Beginn ihrer Dissertation zur *Entwicklung hypermedialer Lernsysteme* fest, es wäre „von kritischer Wichtigkeit, daß die Lernenden sowohl in der Lage als auch bereit sind, *selbstgesteuert* und *zielgerichtet* zu lernen". Dieses Postulat begründet sie damit, dass die „Kompetenz zum flexiblen, problemorientierten Umgang mit Wissen (...) immer mehr zu einem entscheidenden *Wettbewerbs- und Standortfaktor*" avanciert (Blumstengel 1998, S.27 – Hervorhebungen im Original; siehe auch Deimann 2006, S.8).

Wie man an der zuletzt angeführten Äußerung unschwer erkennen kann, handelt es sich beim diesbezüglichen Fachdiskurs hauptsächlich um ein (über-) eifriges Bestreben der pädagogischen Disziplin, den allseits heraufbeschworenen Herausforderungen des Informations- und Wissenszeitalters zu begegnen. V.a. jenen, die Mediensoziolog/innen meinen, wenn sie von der Unumgänglichkeit der „Selbst-Programmierung" (vgl. z.B. Castells 2005a, S.102) bzw. „flexiblen Spezialisierung" (vgl. z.B. Piore; Sabel 1984; S.258ff) von Arbeitskräften sprechen, oder die von politischen Führer/innen postuliert werden, wenn sie – wie z.B. besonders prominent Gerhard Schröder und Tony Blair (1999, Hervorhebung im Original) – folgendes mit Nachdruck betonen: „*Anpassungsfähigkeit und Flexibilität stehen in der wissensgestützten Dienstleistungsgesellschaft in Zukunft immer höher im Kurs.*" In solchen Kontexten konstatieren Robins und Webster (vgl. 1999, S.174f) das Aufkommen einer strategischen Philosophie von Bildung, die darauf ausgerichtet ist, das neue Wirtschaftsregime mit anpassungsfähigen, flexiblen, und sich selbst kontrollierenden Arbeitskräften zu versorgen.

Der Versuch, eine derartige „Philosophie" auf die Bildungspraxis „herunterzubrechen" – d.h. eins zu eins im pädagogischen Alltag umzusetzen – birgt auf der sozialpsychologischen Ebene einige gravierende Gefahren. Denn bei den Schlüsselbegriffen der erziehungswissenschaftlichen Diskussion im Zeitalter des Informationalismus – wie jenen der Selbststeuerung, Flexibilität, Adaptivität etc. – geht es nur oberflächlich betrachtet darum, Schüler/innen und Studierenden zum Zwecke einer Motivations- und folglich Leistungssteigerung in Lernprozessen mehr Auswahlmöglichkeiten in Bezug auf Lernwege und -methoden einzuräumen sowie Lernroutinen durch interaktive Angebote aufzulockern. Tatsächlich sind entsprechende Ansätze jedoch in erster Linie auf die Schulung und Einübung von Verhaltensweisen ausgerichtet, die Lernende in ihrem künftigen Berufsleben angeblich täglich benötigen werden. Konkret handelt es sich dabei um die Vorbereitung auf Situationen, in denen Menschen sich zwar ihre Arbeitsziele nicht autonom setzen dürfen, sehr wohl aber innerhalb kürzester Zeit selbstständig zu entscheiden haben, wie sie bereits definierte Vorgaben möglichst schnell und (kosten-) effizient erreichen sowie auch, wie sie dabei etwaige Konkurrent/innen „ausschalten".

Gleichzeitig wird Lernenden eine maximale Verantwortung für das Gelingen der eigenen (von ihnen ja selbst „gesteuerten") Lernprozesse aufgebürdet. Nicht zuletzt als Zurichtung auf eine Arbeitswelt, in der sie für jedes auch noch so kleine „Versagen" die vollen Konsequenzen zu tragen haben – bis hin zum Entzug der Grundlagen ihrer Existenz. Gerade mit Hilfe hier behandelter Termini findet also das Zurückverweisen der „Haftung" für das Erreichen von Lernzielen und für alle daraus resultierenden Folgen von Bildungsinstitutionen an einzelne Subjekte statt (vgl. Häcker 2007, S.72; Robins; Webster 1999, S.84f.). Oder wie es Armand Mattelart in seiner *Kleine[n] Geschichte der Informationsgesellschaft* (2003, S.115) formuliert: Das Individuum wird „zur Achse der Selbstregulation erhoben", während Bildungsstätten zu Orten avancieren, an denen „der ‚flexible Mensch' im Rahmen des schulischen Wettbewerbs an seiner potenziellen ‚Beschäftigungsfähigkeit' arbeitet und wo er zum Alleinverantwortlichen seiner etwaigen Arbeitslosigkeit wird".

### 6.4.3 Sozialdarwinismus und (Selbst-) Überwachung

Eine mit diesem Prozess unmittelbar implizierte Gefahr – die innerhalb des Bildungssektors deutlich erkennbare Tendenz in Richtung der Durchsetzung des „Rechts der Stärkeren" (bzw. der Selbst-Programmierbareren, der Flexibleren oder der Angepassteren) – ist so offensichtlich, dass sie keiner ausführlicheren Behandlung bedarf. In einer Zeit, in der ein führender Soziologe wie Daniel Bell (1976, S.415) sich ohne jeden Sarkasmus auf eine Aussage berufen kann, laut der Bildung eine Verteidigungsausgabe zum Schutze des eigenen Marktanteils darstellt, entwickelt sich innerhalb großer Teile der Pädagogik logischerweise ein „sozialdarwinistisches Bewusstsein, das Konkurrenzorientierung und Eigennützigkeit zu Wesensmerkmalen des Menschen erklärt und den Kampf aller gegen alle als unabweisliches Schicksal hinnimmt" (Häcker 2007, S.69).

Damit geht selbstverständlich auch eine enorme Individualisierung im Sinne einer „Entsolidarisierung" einher. Denn während die Politik den Gesellschaftsbegriff als solchen grundsätzlich in Frage stellt[160] und die Ökonomie nach dem „Lebensunternehmer" verlangt,

---

[160] Z.B. sagte Margaret Thatcher in einem Interview im Jahre 1987: "(...) who is society? There is no such thing! There are individual men and women and there are families and no government can do anything except through people and people look to themselves first" (Margaret Thatcher Foundation o.J.).

der seine eigne Person zu „bewirtschaften" hat (vgl. Dörr; Herz 2010, S.8), erfolgt auch innerhalb des Bildungssektors die Abwertung des Gemeinschaftssinns zu einer anachronistischen Gefühlsduselei. Pädagogik erscheint dann lediglich als ein Unterfangen, „in welchem autistisch agierende Akteure sich wechselseitig ausschließlich als faktische Ermöglichungs-/ Behinderungs-Bedingung erfahren" (Hackl 2007, S.11). Zum Hauptzweck der „Beschulung" avanciert dann die Vermittlung „sozialer Techniken", die Einzelne benötigen, um sich „im Überlebenskampf besser durchzusetzen" (Crain 2010, S.215). Die Tatsache, dass eine so verstandene Individualisierung Menschen, die – aus welchen Gründen auch immer – ohnehin in bestimmten Bereichen eingeschränkte Fähigkeiten aufweisen, noch stärker benachteiligt und damit soziale Ungleichheit nicht nur verschärft, sondern oft sogar erst erzeugt (vgl. Beck 1993, S.74), wird nicht einfach lediglich in Kauf genommen. Sie ist (neoliberales) Programm.

Weniger augenscheinlich bzw. selbsterklärend ist dagegen die mit zentralen Begriffen des erziehungswissenschaftlichen Diskurses im Zeitalter des Informationalismus ebenfalls unmittelbar verknüpfte Entwicklung hin zu einer dauerhaften (Selbst-) Kontrolle wenn nicht sogar (Selbst-) Überwachung von Individuen. Jedoch dient laut Thomas Häcker (2007, S.80) der pädagogische Ansatz der Selbststeuerung gerade auch dem Zweck, „Lernsubjekte unter den Bedingungen einer erhöhten Kontrolle dazu zu bringen, sich an der Optimierung eines Lernens auf fremdgesetzte Ziele hin und damit an der Herstellung der eigenen Funktionalität zu beteiligen." Philip Cohen (nach Robins; Webster 1999, S.175) spricht in ähnlichen Kontexten von einer mobilen Form von Selbstdisziplin, bei der Menschen lernen, sich pausenlos an die einem ständigem Wandel unterworfenen Technologien anzupassen sowie permanente Selbstadaptionen an die sich rasant verändernden Produktions- und Konsumptionsarten vorzunehmen. U.a. von solchen Betrachtungen leiten Robins und Webster (ebd., S.177ff) eine Wende von einer autoritären zu einer „therapeutischen" Form sozialer Regulierung ab. Dabei beziehen sie sich v.a. auf das von Michel Foucault in seinem Werk *Überwachen und Strafen* (1976, S.256ff) verwendete Bild eines in der Art eines Panopticons gebauten Gefängnisses, in dem die Aufsicht so organisiert ist, dass die Insassen nicht merken, ob bzw. wann sie beobachtet werden und deswegen mit einem Gefühl der fortwährenden Bewachung leben.

    Der hiermit angeschnittene Aspekt der Durchsetzung und Exekution der Ziele informationalistischer Pädagogik ist für die Perspektive der vorliegenden Arbeit so zentral, dass ihm ein eigener (der folgende) Abschnitt gewidmet ist. An dieser Stelle geht es lediglich um die Einordnung entsprechender Zugänge in das Gesamtkonstrukt der Informationsgesellschaft und in die hier behandelten politökonomischen Diskurse sowie das Aufzeigen seiner wichtigsten Auswirkung auf die pädagogische Praxis im Kontext des „selbstregulierten" Lernens.

Mit dem Thema Informationsgesellschaft hängen angesprochene Prozesse aus zwei Gründen zusammen: Erstens führen aktuellere technologische Entwicklungen dazu, dass heute viel mehr und auch bedeutend intimere Informationen über jedes Individuum verfügbar sind, als jemals zuvor in der Geschichte der Menschheit. In riesigen virtuellen „Banken" sind Daten gespeichert, die wir nicht nur bewusst bei verschiedenen Anlässen angeben, sondern welche von uns auch ohne unsere Kenntnis in Form von Spuren in den Netzen des WWW, der mobilen Kommunikation, des Geldtransfers etc. hinterlassen werden (vgl. z.B.

## 6. Bildung im Zeitalter des Informationalismus

Castells 2005a, S.184ff). Das eröffnet genauso Möglichkeiten einer dauerhaften totalen Überwachung jedes einzelnen Subjekts, wie es ein ständiges Beobachtet-werden zu seiner alltäglichen Erfahrung macht (vgl. Robins; Webster 1999, S.179f). Zweitens suggeriert das omnipräsente Gerede vom Informationszeitalter und die daran untrennbar gekoppelte Wirtschaftsdoktrin des Informationalismus, dass der Markt jede und jeden, die/der sich nicht nach seinen Regeln verhält, automatisch aufs „Abstellgleis" abschiebt – d.h. zu einem Dasein als „generische" Arbeitskraft bzw. als wirtschaftlicher „Passivposten" verdammt. Will man einem solchen Schicksal entrinnen, kann man sich auf keinen Fall ein von der Norm abweichendes Verhalten leisten, sondern muss sich selbst auf ein möglichst „marktkonformes" Benehmen programmieren. Robins und Webster (1999, S.181) bringen entsprechende Gedankengänge folgenderweise auf den Punkt: „In accepting this cybernetic discourse, and internalising its procedures, we imprison ourselves within its horizons."

Hinter dem Schüren eines solchen Klimas von „latenter Statuspanik, Abstiegsängsten [und] biografischer Verwundbarkeit" (Herz 2010, S.171) stehen handfeste politökonomische Zielsetzungen. In ihrem in den Abschnitten 5.2.2. und v.a. 5.2.4 bereits besprochenen Aufsatz *Zur politischen Produktion von Sachzwängen* konstatiert Petra Schaper-Rinkel (1999, S.49) in Bezug auf die EU, dass die vermeintlich unzureichende Wettbewerbsfähigkeit des alten Kontinents „als Horrorszenarium an die klaustrophobisch verengten Wände des politischen Raumes gemalt [wird], um die BürgerInnen Europas technologisch anzupassen und zu disziplinieren". Dabei sollen die hohe Arbeitslosigkeit und der Abbau des Wohlfahrtsstaates als Antriebsmittel dienen, die „informationstechnisch jederzeit abrufbaren Leistungen kontinuierlich auf einem hohen Stand zu halten" – die Menschen sollen dadurch also „weltmarktgängiger geschnitzt" werden (ebd., S.50). Von solchen Überlegungen ausgehend bezeichnet Schaper-Rinkel das gesamte Konzept der Informationsgesellschaft als „Instrument der Zurichtung europäischer ‚Humanressourcen' für den technologischen Wettlauf" (S.43).

Mit dem Thema der Selbstregulierung hat das insofern unmittelbar zu tun, als es in der Wirtschaft unter dem Stichwort der Selbstorganisation auch und nicht zuletzt um die Umsetzung der Erkenntnis geht, dass genau abgestufte direkte Kontrolle und Detailsteuerung von Arbeitsprozessen der Produktivitätssteigerung auf Dauer nicht zuträglich sind. Viel effizienter dagegen soll es sein, unternehmerisches Risiko über indirekte Steuerungsformen – wie z.B. Ergebnisorientierung – auf die Beschäftigten zu übertragen, womit unmittelbar „Bestrebungen zur Ausweitung des Zugriffs auf den *ganzen Menschen*, auf körperliche, kognitive, psychische und emotionale Leistungspotenziale" einher gehen (Eichmann 2005, S.32; Hervorhebung im Original).

Auf die alltägliche pädagogische Arbeit wirkten sich entsprechende Entwicklungen auf dem Höhepunkt des Informationalismus in Form eines massiven internen Widerspruchs aus: Die Schwerpunktsetzung auf selbstreguliertes Lernen – die ja eigentlich dazu führen sollte, Schüler/innen und Studierenden freieres und selbstverantwortlicheres Handeln zu ermöglichen – artete in einer „Testmanie" aus (Häcker 2007, S.101) bzw. mündete in einer „enormous extension of the ‚examined life'" (Robins; Webster 1999, S.183). Dabei zeigen Robins und Webster (vgl. ebd., S.182f) auf, dass gerade als „progressiv" betrachtete pädagogische Praktiken, die darauf abzielen, die subjektiven Interessen der Schüler/innen und Studierenden in Lehrprozessen verstärkt zu berücksichtigen, benutzt wurden, um nicht nur Kenntnisse und Fähigkeiten der Lernenden sondern eben diese ihre individuellen Vorlieben sowie damit einhergehend auch ihre Persönlichkeit zu „evaluieren" und folglich einer Kontrolle von außen zu unterwerfen. Analog dazu weist Thomas Häcker in seiner Habilitation zum Thema Portfolioarbeit nach, dass sogar ein solcher ans Verfassen eines Tagebuchs angelehnter didaktischer Ansatz, der u.a. von Maria Montessori befördert wurde und ursprünglich dafür gedacht war, traditionelle Formen der Leistungsbeurteilung zu durchbrechen, missbraucht wurde, um den Bereich dessen, was Basis einer Bewertung werden kann, vollkommen zu „entgrenzen". Denn mit dieser Methode wurde „jedes noch so kleine Detail, jede Notiz, jeder Entwurf, jeder Versuch zur Grundlage einer Beurteilung gemacht", und damit jeglicher noch so „entlegene[] Winkel des Unterrichts einer Evaluation" unterworfen (Häcker 2007, S.101).

Zusätzliche Steigerung erfahren entsprechende Gefahren dann, wenn derartige Zugänge an den Einsatz gerade behandelter technologischer Entwicklungen zur Datensammlung sowie Auswertung gekoppelt werden. Weblogbasierte ePortfolios mutieren dann schnell zu höchst mächtigen Instrumenten der Gewinnung vertraulichster Informationen über einzelne Lernende. Mit der zunehmenden Einsehbarkeit von allen Seiten (im Sinne des Panoptismus bei Foucault) wird die Grundlage für eine nahezu uneingeschränkte Bewertungsuniversalität geschaffen. Damit avancieren Werkzeuge der Selbstregulierung potenziell zu Instrumenten einer beispiellosen (Selbst-)Kontrolle bzw. (Selbst-)Überwachung von Schüler/innen und Studierenden (Pasuchin; Häcker 2008, S.35; ausführlich zu diesem Diskurs siehe Meyer et al. 2011).

### 6.4.4 Bestrafung und Selbstdisziplinierung

Somit kommen wir bereits der Antwort auf die Frage näher, wie es möglich war, die zahlreichen voraussetzungsvollen wirtschafts- sowie folglich bildungspolitischen Anforderungen an die Pädagogik deren Adressat/innen (also den Schüler/innen und Studierenden) gegenüber durchzusetzen und zu exekutieren. Denn genauso wie auf der Ebene des Sozialstaates ist auch in Hinblick auf den Bildungssektor in der Ära des informationellen Kapitalismus von Menschen verlangt worden, auf Errungenschaften zu verzichten, die von ihnen inzwischen als untrennbare Bestandteile ihrer Kultur sowie Zivilisation empfunden wurden. In Bezug auf das Lernen und Lehren betraf das neben dem (bereits behandelten) kostenlosen Zugang zur Bildung auch die Abkehr von der „schwarzen Pädagogik", welche die Verwirklichung ihrer Ziele mit Hilfe oftmals brutaler Disziplinarmaßnahmen zu erzwingen versuchte. Dabei kann ebenso hinsichtlich dieses Punktes festgestellt werden, dass im Zeitalter des Informationalismus zumeist der Einsatz psychologisch ziemlich subtiler Methoden erfolgte.

Selbstverständlich gab und gibt es auch da recht brachiale Vorgehensweisen. Ähnlich wie in der Arbeitsmarktpolitik, in der angeblichen „Sozialschmarotzern" kurzerhand ihre Existenzgrundlage entzogen wurde, um sie „auf Linie" zu bringen, war bzw. ist auch innerhalb der Pädagogik mancherorts die Ausformung einer „Kultur der Punitivität mit einem zunehmenden Bedeutungszuwachs von Zwang und Disziplinierung" (Dörr; Herz 2010, S.8) zu beobachten. In ihrem Beitrag zum von ihr im Jahre 2010 mit-herausgegebenen Sammelband *„Unkulturen" in Bildung und Erziehung* (Dörr; Herz 2010) zum Thema *Neoliberaler Zeitgeist in der Pädagogik* konstatiert Birgit Herz (2010, S.171), dass innerhalb dieses Fachbereichs neuerdings „Disziplinarapologeten" en vogue seien und prangert einen neuen/alten Trend an: „Disziplin, Sanktionen, Drill und Dressur sind wieder hoffähig." Herz zufolge haben „Strafrituale als Verhaltenskorrektur im Unterricht" Hochkonjunktur (ebd., S.178). Die „Würde des jungen Menschen ist wieder antastbar" (ebd., S.177).

Für eine solche Entwertung und Dehumanisierung der elementaren Grundlagen der Bildung (Dörr; Herz 2010, S.8f) macht Birgit Herz das allgemeine gesellschaftliche Klima in Folge der neoliberalen politischen Reformen verantwortlich, die ihrer Meinung nach das Sozialstaatsmodell in ein „Strafstaatsmodell" übergeführt hätten (vgl. Herz 2010, S.172). Dabei erfolgte parallel zur Privatisierung des individuellen Risikos des ökonomischen Scheiterns die zunehmende Kriminalisierung der Unfähigkeit Einzelner, sich am Spiel des Marktes zu beteiligen (ebd., S.173). Das führte sogar so weit, dass inzwischen der tatsächliche körperliche Freiheitsentzug (im Sinne des Einsperrens in ein Gefängnis) immer mehr als ein legitimes Instrument zur „Abstrafung" finanziell minderbemittelter Bevölkerungsschichten betrachtet wird. Schließlich rechtfertigt gerade die „Parole vom ‚Fördern und Fordern' (…) staatliche Sanktionen als Disziplinarmacht" (S.175f).[161]

Dass sich eine entsprechende „Normativitätskultur" (S.176) ab Mitte der 2000er Jahre in bestimmten Segmenten des pädagogischen Diskurses durchgesetzt hat, merkt man alleine an Titeln bzw. Untertiteln von – in der breiten Öffentlichkeit auf größtes Interesse gestoßenen und teilweise zu Bestsellern avancierten – Publikationen aus dem Bereich der s.g. ‚Konfrontativen Pädagogik', wie: *Erziehungsnotstand* (Gerster; Nürnberger 2003), *Lob der Disziplin* (Bueb 2006), *Von der Pflicht zu führen* (Bueb 2006), *Warum Erziehung nicht reicht - Auswege* (Winterhoff 2009) etc. Am deutlichsten spricht jedoch die folgende Überschrift eines Artikels für sich: *Härte und Sanktionen statt Empathie und Mitgefühl – die konfrontative Pädagogik als letzte Chance für die Erziehungshilfe?* (Musial; Trüter 2005). So tragisch bereits die alleinige Tatsache der Existenz solcher pädagogischen Strömungen (erst recht im 21. Jahrhundert) auch unbestreitbar ist, wird ihr Gewicht innerhalb dieser Disziplin in den Massenmedien – z.B. in Form höchst populärer Fernsehformate, wie *Super Nanny*, *Heißer Stuhl* etc. – enorm hochgespielt. Tatsächlich kommen nur einzelne Aspekte entsprechender Methoden im sozialpädagogischen Bereich bei besonders „schwererziehbaren" Kindern und Jugendlichen zur Anwendung und werden im größeren Maße lediglich in der Kriminalpädagogik als „delikt- und defizitspezifische Behandlungsmaßnahme für gewaltbereite Mehrfachtäter" (Weidner nach Plewig 2010, S.153) betrachtet. Die breite Mehrheit von Schüler/innen und Studierenden ist davon aber nicht direkt betroffen.[162]

Die meisten Kinder und Jugendlichen benötigen jedoch heutzutage gar keine besonderen disziplinären Interventionen von außen, um sich systemkonform zu verhalten. Denn sie haben inzwischen – nicht zuletzt auf Grund der (im vorangehenden Abschnitt ausführlich besprochenen) von ihnen „mit der Muttermilch aufgesogenen" panischen Angst vor der

---

[161] Herz stellt in ihrem Beitrag ausgehend von mehreren internationalen Quellen und Studien dar, dass in den letzten Jahrzehnten in den wohlhabenden Staaten immer mehr arme Menschen in Gefängnissen interniert werden, die dafür ihre Kapazitäten massiv erhöhen mussten, wobei der entsprechende Ausbau „in keinem Verhältnis zur realen Kriminalitätsbelastung der Bevölkerung" steht (Herz 2010, S.176).

[162] Dies soll keinesfalls heißen, dass das Problem verharmlost werden darf. Denn einerseits ist auch nur ein einziges misshandeltes Kind, unbestreitbar ein misshandeltes Kind zu viel. Andererseits kann beobachtet werden, dass Drohung und Zwang im Rahmen von Schulungsmaßnahmen genau jene Handlungsmuster darstellen, gegen die sich die so genannten „schwererziehbaren" Heranwachsenden gerade mit jenen Mechanismen zu schützen versuchen, die neuerdings als „Bildungsverweigerung" bezeichnet werden. Dabei wird diese Abwehrhaltung durch ein aggressives pädagogisches Vorgehen naturgemäß lediglich verstärkt (vgl. z.B. Sturzenhecker 2010, S.42).

potenziellen sozialen Ausgrenzung – genügend eigene Mechanismen der Selbstdisziplinierung aufgebaut.

Die Herausgeber/innen des Sammelwerkes mit dem Haupttitel *Kontrolle und Selbstkontrolle* (Meyer et al. 2011) arbeiten in dessen Vorwort v.a. ausgehend von den Untersuchungen des oben im Kontext der Panopticon-Metapher angesprochenen französischen Soziologen sowie Philosophen Michel Foucault zwei grundlegende Formen der Kontrolle heraus: Die erste, die sie als „klassisches" Verständnis dieses Begriffes bezeichnen, setzt klare Funktionsverteilungen und Hierarchien voraus, ist zumeist auf den Nachweis einer Regelübertretung gerichtet, der nicht selten eine Sanktion folgt und orientiert sich „an einer fixen, ebenso standardisierten wie standardisierenden Norm" (ebd., S.16). Bei der Beschreibung der zweiten Kontrollart lehnen sie sich am „kybernetischen" Modell an, welches sie am Beispiel des Thermostaten explizieren: Beim Verhältnis zwischen einem solchen Gerät und der Raumtemperatur ist es nicht eindeutig feststellbar, ob Ersteres die Letztere kontrolliert, oder umgekehrt. Daraus, dass man in so einem System nur das im Griff haben kann, wovon man sich seinerseits abhängig macht, resultiert, dass „man sich letztendlich nur selbst kontrollieren könne; dies aber wiederum nur über den Umweg über andere und anderes" (ebd.). Das ergibt eine bedeutend elastischere Ordnungsform: „Insofern das Kontrollverfahren über Feedback-Schlaufen permanent auf sich selbst operiert, (…), ist die Soll-Größe selber variabel, flexibel und schnell anpassbar. Es handelt sich um eine Norm mit erhöhter Plastizität." (ebd., S.17). Der Brückenschlag zum Hauptthema des vorliegenden Buches ist naheliegend: Nach Meinung der Autor/innen von *Kontrolle und Selbstkontrolle* korreliert eine solche „kybernetische" Art viel eher mit dem Wissenszeitalter als die „klassische" (welche sie der industriellen Ära zuordnen), weil das neue Modell bedeutend besser mit der systemischen Informationstechnologie, den vernetzten Unternehmen, den projektorientierten Arbeitsabläufen sowie mit der „schöpferischen Zerstörung" und den Unwägbarkeiten des globalisierten Marktes korrespondiert (vgl. ebd., S.18).

Das ist einer der (wichtigsten) Gründe, warum die erste Form sozialer Organisation, die Gilles Deleuze (1993, S.254ff) in Anlehnung an Michel Foucault als „Disziplinargesellschaft" bezeichnet, laut Deleuze gegen Ende des 20. Jhd. zunehmend von der zweiten, von ihm als „Kontrollgesellschaft" apostrophierten, abgelöst wird. Die Tatsache, dass die diesbezügliche Begriffsverwendung z.T. uneinheitlich und missverständlich ist[163], kann dann vernachlässigt werden, wenn man sich auf die „interaktive" Komponente des entsprechenden Gedankenkonstrukts von Foucault konzentriert. Der bedeutendste Unterschied zwischen der aktuelleren hier behandelten Gesellschaftsform im Vergleich zur älteren besteht nämlich in der neuerdings höchst engagierten Beteiligung jedes einzelnen Individuums an

---

[163] Das hat v.a. mit der unklaren Zuschreibung der Autorenschaft des Gegensatzpaares *Disziplinargesellschaft* (= alt) vs. *Kontrollgesellschaft* (= neu) innerhalb der einschlägigen Fachliteratur zu tun. Zumeist wird dessen Einführung mehr oder weniger direkt Foucault zugerechnet – vgl. z.B. Meyer et al. 2011, S.19; Breit et al. 2005, S.5. Jedoch können manche Passagen aus Foucaults zentralem Werk *Überwachen und Strafen*, auf das sich die Meisten in diesem Kontext berufen, so gelesen werden, dass gerade die „Disziplinarmacht" jene ist, welche die neue Ordnungsform charakterisiert (vgl. z.B. Foucault 1976, S.241). Der erwähnte Begriffsdualismus wurde dagegen erst von Deleuze konstruiert, wobei er sich aber explizit auf Foucault berief – vgl. z.B. Deleuzes (1993, S.254ff) *Postskriptum über die Kontrollgesellschaften*. In seiner Nachfolge gibt es zahlreiche Theoretiker/innen, die zwar angeben von Foucault auszugehen, jedoch tatsächlich auf Deleuze rekurrieren (vgl. z.B. sämtliche Publikationen im „Schulheft" *Kontrollgesellschaft und Schule* – Breit et al. 2005). Das führt insofern zu Verwirrungen, als solche Analytiker/innen mit dem Terminus der Disziplinargesellschaft die alte Gemeinschaftsordnung bezeichnen, während andere Autor/innen, die direkt auf Foucault aufbauen, damit das aktuelle System umschreiben (vgl. z.B. Dörr 2010, S.193f).

der Herstellung seiner eigenen Systemkonformität. Das liegt nicht zuletzt daran, dass die Überwachung jetzt viel tiefer als jemals zuvor reicht: Während in früheren Gesellschaftsformen v.a. die Fokussierung auf die Beaufsichtigung der Körper der Menschen erfolgte und man sich wenig darum kümmerte, was die Bewachten dachten und fühlten, greift die neue Gemeinschaftsordnung geradewegs in den Verstand und den Emotionshaushalt der Individuen ein (vgl. Rittberger 2005, S.114).

Das wiederum führt dazu, dass der „Freiheitsentzug" im üblichen Sinne grundsätzlich an Bedeutung verliert. Denn „die Perfektion der Macht vermag ihre tatsächliche Ausübung überflüssig zu machen" (Foucault 1976, S.258) – wenigstens ab dem Augenblick, ab dem die Menschen die Grundidee der Kontrolle als *Selbst*kontrolle und folglich als Selbst*disziplinierung* verinnerlicht haben. Von diesem Moment an sind – wie in Foucaults Konzept der ‚Gouvernementalität' – „Macht und Freiheit als Korrelate und nicht als Gegensätze zu denken" (Patzner 2005, S.64). Freiheit bildet dann also genauso eine Existenzbedingung der Macht, wie sie ihr Produkt darstellt (ebd., S.65). So betrachtet befinden wir uns inzwischen innerhalb von Rahmungen, die uns einerseits vergrößerte Entscheidungs-, Handlungs- und Entwicklungsspielräume offen lassen. Letztere werden jedoch gleichzeitig durch mehr oder weniger eindeutige Zielvorgaben in einem mehr oder weniger klar definierten „Varianzbereich" gehalten. Davon ausgehend realisiert sich Macht nicht wie davor „über direktive Einflußnahme, sondern über die Kontrolle weniger strategisch relevanter Parameter" (Hackl; Patzner 2005, S.3; Originaltexte zum Thema Gouvernementalität siehe Foucault 2006; Zusammenfassung siehe Lemke o.J.; aktuellerer Stand des entsprechenden internationalen erziehungswissenschaftlichen Diskurses siehe Weber; Maurer 2006).

Auf die Überwachung von Lernprozessen herunter gebrochen resultiert aus solchen Überlegungen – wie Gerhard Patzner in seinem Aufsatz *Schule im Kontext neoliberaler Gouvernementalität* betont –, dass in Zeiten der „Hegemonie neoliberaler Rationalität" die für frühere Disziplinaranlagen charakteristische, äußerst strenge „Engführung der Handlungsspielräume" dysfunktional geworden ist (Patzner 2005, S.65). Die alten schablonisierenden Dogmen geraten angesichts der von der Wirtschaft massiv eingeforderten Flexibilität und Kreativität zunehmend in Verruf. Folglich macht es auch an Bildungsinstitutionen keinen Sinn mehr, jede Lebensäußerung zu normieren und zu reglementieren (ebd., S.66). Wie kann jedoch innerhalb solcher eher lockerer Strukturen, ohne Rückgriff auf klassische Disziplinarmaßnahmen das entsprechende „freie Spiel" – wie Patzner (ebd.) es konstatiert – noch immer „rigide kontrolliert sowie die Missachtung der Kriterien, Regeln oder Ziele ebenso rigide sanktioniert" werden? Oder anders formuliert: Welche Druckmittel stehen bei Abweichungen von Vorgaben in einem auf Selbstregulierung ausgerichteten Bildungssystem überhaupt noch zur Verfügung?

Einen Antwortansatz auf diese Frage bietet Margret Dörr – die zweite Herausgeberin des zuvor angesprochenen Sammelbandes *„Unkulturen" in Bildung und Erziehung* – in ihrem Beitrag zu jenem Buch. Dabei postuliert sie, dass in einer Zeit, in der die „Landnahme des Kapitalismus längst (…) auch im Inneren des einzelnen Subjekts stattgefunden hat" (Dörr 2010, S.197), entsprechende Repressionen gar nicht mehr von außen eingesetzt zu werden brauchen, weil sie bereits vollständig internalisiert sind. Auch sie greift auf Foucaults Panopticon-Metapher zurück, hebt in diesem Kontext jedoch besonders den Aspekt der Sichtbarkeit hervor: „Im Wissen um den Blick, den es von der Macht auferlegt bekommt, wendet sich das Subjekt zu sich selbst und macht sich zum Objekt der eigenen

Beobachtung. Die vormals äußerliche Macht wird verinnerlicht" (ebd., S. 193). Dass die Bevormundung dabei verschleiert wird, schwächt den Disziplinierungsdruck keineswegs ab, sondern potenziert ihn im Gegenteil ins Unermessliche. Denn anstatt auf von außen gesetzte Verbote zu reagieren, müssen sich jetzt Individuen an (vermeintlich) selbst aufgestellte Gebote halten (vgl. ebd., S.192) und sind – auf eine fast schon schizophrene Art und Weise – gezwungen, vor sich selbst „diese Erfüllung von Fremdanforderungen als Eigenbedürfnis darzustellen" (S.196).

Als die Hauptmethode einer solchen *Selbstdisziplinierung*[164] arbeitet Margret Dörr das Hervorrufen des Schamgefühls heraus. Scham definiert sie dabei als „eine Wunde am eigenen Selbst, ein schmerzhaft-brennendes Erleben, das uns die eigene Person als wertlos oder verächtlich, als klein oder schmutzig, lächerlich, hässlich oder erbärmlich erfahren lässt" (S.194). In Anlehnung an Sigmund Freud ergänzt sie, dass Scham in „sozialer Angst" gründet – in der Furcht, verlassen oder ausgestoßen zu werden (ebd.). Dörr weist einerseits darauf hin, dass die Scham über das eigene Versagen im Leistungskampf bereits Anfang der 1970er Jahre eine „*stillschweigende* Kontrollfunktion" in der Macht- und Statusverteilung erfüllte (S.193; Hervorhebung im Original)[165]. Jedoch finden ihrer Darstellung nach andererseits in unserer verstärkt individualisierten Gesellschaft entsprechende Mechanismen enorme Verbreitung. Denn Scham, als „selbstkritische Blickwendung des Subjekts" setzt dann ein, wenn dieses „an den im Ich-Ideal gespeicherten Idealnormen scheitert" (ebd.). Da Letztere heutzutage auf der Sehnsucht des Menschen nach absoluter Vollkommenheit basieren, nehmen die Möglichkeiten des Verfehlens einer so hoch gelegten Latte beträchtlich zu (vgl. S.194).

Der Kreis von diesen Darstellungen zu jenen am Schluss des vorangehenden Abschnitts zum Thema „Testmanie" schließt sich spätestens dann, wenn Margret Dörr – in Berufung auf Foucault (siehe 1976, S.238ff) – unter dem Zwischentitel „Scham – eine Annäherung" die Tatsache hervor streicht, dass die Prüfung insofern ein zentrales Instrument einer entsprechenden Disziplinierung darstellt, als sie „die geprüften Subjekte dauerhafter Sichtbarkeit unterwirft" (Dörr 2010, S.193). Foucault selbst bezeichnet die Schule in seinem einflussreichen Werk *Überwachen und Strafen* als einen „pausenlos funktionierenden Prüfungsapparat", dem es „um einen ständigen Vergleich zwischen dem einzelnen und allen anderen" geht, und der „zugleich Messung und Sanktion" darstellt (Foucault 1976, S.240). Genau am Beispiel des Examens expliziert Foucault seine Vorstellung von einer modernen Disziplinarmacht, die sich durchsetzt, „indem sie sich unsichtbar macht, während sie den von ihr Unterworfenen die Sichtbarkeit aufzwingt. (…) Es ist gerade das ununterbrochene Gesehenwerden, das ständige Gesehenwerdenkönnen, … was das Disziplinarindividuum in seiner Unterwerfung festhält" (ebd. S.241). Zur größten Perfektion und damit gleichzeitig ebenso Perversion wird eine solcherart exhibitionierende Unterjochung der

---

[164] Der Begriff der „Selbstdisziplinierung" wird in keiner der im vorliegenden Abschnitt aufgearbeiteten Publikationen verwendet, erscheint jedoch – in direkter Anlehnung an Foucault – zur Bezeichnung hier besprochener Prozesse als besonders treffend. „Selbstkontrolle" hat dagegen auf dem Hintergrund des oben Dargestellten einen euphemistischen Beigeschmack, weil in der Alltagssprache „sich selbst unter Kontrolle haben" durchaus positiv besetzt ist.

[165] Dabei beruft sich Dörr (2005, S.192f) auf eine im Jahre 1972 publizierte Studie unter arbeitslosen Amerikanern, die u.a. zum folgenden Schluss kam: „Jene amerikanischen Arbeiter hatten die Normen und Werte der Leistungsideologie so stark verinnerlicht, dass sie vor deren Hintergrund auch ihren eigenen Berufsweg als individuell verursachtes Scheitern wahrnahmen."

Lernenden getrieben, wenn – wie vorhin angesprochen – sogar schon der Missbrauch ihrer tagebuchartigen, täglich zu verfassenden Einträge als Basis einer permanenten (Über-)Prüfung ihrer intimsten Gedanken erfolgt.

## 6.5 Metaideologische Tendenzen

Beim Durchlesen der bisherigen Ausführungen könnte ein erhebliches Missverständnis entstanden sein, dem gleich eine deutliche Klarstellung entgegenzusetzen ist: Im vorliegenden Buch wird *keineswegs* behauptet und auch nicht angedeutet, die hier beschriebenen problematischen Entwicklungen wären Resultate irgendeines groß angelegten Komplotts irgendwelcher dunkler Mächte. Es gibt zahlreiche Gründe, warum Verschwörungstheorien zwar einen hohen Unterhaltungs-, aber einen umso geringeren Erkenntniswert aufweisen. Der wichtigste im vorliegenden Kontext besteht darin, dass sie einfach „zu schön um wahr zu sein" sind. Denn angenommen, es gäbe tatsächlich eine Art omnipotenter „grauer Herrn", die unbemerkt im Hintergrund an den Fäden ziehen, welche die Welt bewegen. Dann dürften wir „gewöhnliche" Menschen uns alle gemütlich zurücklehnen und unsere „Hände in Unschuld waschen". Schließlich könnten wir mit unseren bescheidenen Fähigkeiten in so einem Fall ohnehin nichts gegen die Übermacht dieser unsichtbaren Gestalten unternehmen, außer vielleicht um die Ankunft einer übernatürlichen Kraft zu beten, die uns vor ihnen retten soll. Eine unmittelbare Konsequenz eines solchen Zugangs wäre, dass ich es mir dann ersparen würde, dieses Buch zu schreiben und Sie sich genauso mit etwas Besserem beschäftigen könnten, als es zu lesen. So leicht können wir alle es uns aber nicht machen. Denn hier geht es darum, den *tatsächlichen* (und nicht den imaginären) Gründen für besprochene kritische Prozesse nachzuspüren, um ebenfalls *konkret* etwas gegen ihre negativen Auswirkungen *unternehmen* zu können.

Dafür, wie es auch abseits von Verschwörungen in einer demokratischen Gesellschaft dazu kommen konnte, dass sich ein Teil des pädagogischen Fachbereichs an kontraproduktiven und v.a. unmenschlichen Methoden ausrichtete, gibt es mehrere Erklärungsansätze.[166] Z.B. wehrt sich der (hier beschriebenen Entwicklungen höchst kritisch gegenüberstehende und oben mehrfach zitierte) österreichische Bildungsexperte Bernd Hackl ebenso gegen eine Interpretation seiner Ausführungen in Richtung des Aufdeckungsversuchs einer „pädagogische[n] *Achse des Bösen*" (Hackl 2007, S.13, Hervorhebung im Original). Dagegen erklärt er die enorme Häufung der Bekundungen der von ihm beanstandeten Ansichten innerhalb der an dieser Stelle behandelten Disziplin in erster Linie mit geschicktem „Marktbedienungsverhalten, das den jeweiligen biografischen, ökonomischen und wissenschaftspolitischen Zielsetzungen der referierten Autoren untergeordnet ist (…)" (ebd.; vgl. Kerres, de Witt 2002, S.12).

Auch wenn der damit deutlich ausgesprochene Opportunismusvorwurf sicherlich in zahlreichen Fällen seine berechtigte Grundlage hat, müssen die Kolleg/innen des Autors –

---

[166] In einer Diktatur wäre so eine Entwicklung leicht begründbar und historisch auch an zahlreichen Beispielen belegbar. Jedoch fallen Konzeptionen, welche unsere derzeitige westliche Welt als eine (z.B. mit Hilfe medialer Manipulation) besonders subtil unkenntlich gemachte Gewaltherrschaft (z.B. jene der Kultur- und Bewusstseinsindustrie) beschreiben, in den Bereich der uns von der Notwendigkeit zu Handeln (anstatt nur zu klagen) entlastenden Verschwörungshypothesen. Deswegen kann hier – trotz mehrerer argumentativer Parallelen – auch keinesfalls ein Anschluss an pädagogische Ansätze erfolgen, die sich dem Gedankengut der ‚Kritischen Theorie' der ‚Frankfurter Schule' verpflichtet fühlen. Als Beispiel für Letzteres soll an dieser Stelle lediglich das Buch *Untiefen im Mainstream* von Pongratz (2005) genannt werden.

v.a. jene, der zur Hochblüte des Informationalismus jüngeren – bis zu einem gewissen Grad in Schutz genommen werden. Denn einerseits hat frau/man als angehende Wissenschaftler/inn wenig existenziell gefahrlose Möglichkeiten, gegen den „Mainstream" zu schwimmen, der jenen Teil des eigenen Fachbereichs prägt, in dem man tätig ist. Andererseits ist eine solche Strömung nicht nur intern, sondern durchaus ebenfalls mit so großem (Nach-)Druck von außen – also durch die Wirtschaft, Politik und die öffentliche bzw. in bestimmten Medien besonders breit veröffentlichte Meinung aber auch mit Unterstützung benachbarter Disziplinen – in seine damaligen Bahnen gelenkt worden, dass es wahrlich eines heldenhaften Selbstaufopferungswillens bedurft hätte, sich (erst recht als Einzelne/r) dagegen zu stemmen.

Die Bedrängnis, in der sich die pädagogische Zunft in der Ära des informationellen Kapitalismus befand, war deswegen so massiv, weil (wie bereits in der Einleitung zu diesem Kapitel angesprochen) ihre Angehörigen mit keiner geringeren Anforderung konfrontiert wurden, als jener, den gesamten – scheinbar durch den technologischen Fortschritt bedrohten – Fortbestand der menschlichen Spezies in der Wissensgesellschaft zu sichern, wenn nicht sogar zu retten. Bei einer derart hoch gelegten Latte wundert es kaum, wenn alle im dritten Kapitel dieses Buches vorgestellten Soziolog/innen beklagten, das Bildungssystem wäre ungenügend auf die Herausforderungen des Informationszeitalters vorbereitet. Mehr noch: Laut den meisten von ihnen (hier nach dem führenden zitiert), war die Art, wie Lern- und Lehrprozesse in so einer Situation zu gestalten gewesen wären, für die Pädagogik selbst vollkommen „unbekanntes Terrain", weswegen „das gesamte Erziehungssystem in Frage" gestellt und einer „grundlegende[n] Neustrukturierung" unterworfen werden sollte (Castells 2005a, S.292). Wie auch schon behandelt, erschallte der Ruf, Bildungsinstitutionen müssten sich auf Grund der Technologierevolution „gewaltigen Veränderungen unterziehen" (Gates 1997, S.327) genauso von Seiten der Wirtschaft. Und natürlich stand die Politik dem in nichts nach. So postulierten die Verfasser/innen des Schlussberichts der vom Deutschen Bundestag eingesetzten Enquete-Kommission zur *Zukunft der Medien in Wirtschaft und Gesellschaft* gegen Ende des letzten Millenniums, die Entwicklungen der Informations- und Kommunikationstechnologien würden völlig neue Möglichkeiten für die Wissensaneignung und -vermittlung eröffnen, aber auch gleichzeitig die „Prämissen für Bildung (…) entscheidend" verändern (Deutscher Bundestag 1998, S.63). Drei Jahre später stellte die Europäische Kommission (2001, S.2) fest, dass die Wirksamkeit der Bildungssysteme vollständig von der Effektivität der pädagogischen Ansätze abhängt, weswegen die Einführung der Informations- und Kommunikationstechnologien „mit einer grundlegenden Neugestaltung der Lernstrukturen" einhergehen müsse. Schließlich forderte noch Mitte der 2000er Jahre – also zu einem Zeitpunkt, an dem der Informationalismus seinen Höhepunkt bereits überschritten hatte, sogar die UNESCO (vgl. 2005, S.60) im Rahmen ihres „Weltgipfels zur Informationsgesellschaft" einen allumfassenden „paradigm shift" in Bezug auf das Lernen und Lehren auf Grund der zunehmend essentiellen Bedeutung des Wissens für sämtliche menschliche Existenzbereiche.

Vor einem solchen Hintergrund überrascht es keinesfalls, dass – wie Birgit Ofenbach (vgl. 2006, S.7) es gleich zu Beginn ihres Buches zur *Geschichte des pädagogischen Berufsethos* unter dem Zwischentitel „Paradigmenwechsel in der Pädagogik" feststellt – die traditionellen Ausbildungssysteme unter einen immensen Erneuerungsdruck gerieten, wodurch sich immer schneller abwechselnde Reformwellen ausgelöst wurden, die alle

## 6. Bildung im Zeitalter des Informationalismus

Bereiche des pädagogischen Planens und Handelns betrafen – von der Curriculumentwicklung über Lehr- und Lernstrategien sowie entsprechende Methoden bis hin zu einer vollkommenen Revision der Bestimmung der Rolle der Lehrenden im Zuge einer „Neufassung des gesamten Erziehungsauftrags" (ebd.).

Der Zusammenhang des Besprochenen mit dem Thema dieses Unterkapitels – den metaideologischen Tendenzen der Bildungstheorie und -praxis im Zeitalter des Informationalismus – ist naheliegender, als es auf den ersten Blick zu erscheinen vermag. Denn ein lerntheoretisches Paradigma ist nichts anderes, als eine pädagogische Ideologie. Vom Beginn der Durchsetzung der allgemeinen Schul- bzw. Bildungspflicht an – d.h. z.B. für Deutschland betrachtet ca. seit der zweiten Hälfte des 19. Jahrhunderts – wurde der entsprechende Kampf keineswegs mit weicheren Bandagen ausgefochten, als jener zwischen politischen Weltanschauungen (vgl. Fuchs 2000, S.57ff). Jedoch stieg auf dem Höhepunkt des Informationalismus der ständige radikale Wechsel solcher Überzeugungen und damit ihre fortwährende Zerstörung selbst zu einem zentralen Paradigma des bildungstheoretischen Diskurses auf, was im Endeffekt einerseits nichts anderes als ein „Ende der Ideologien" bezogen auf den pädagogischen Bereich bedeutete, gleichzeitig aber genauso zur Entstehung einer Metaideologie im Sinne eines Metaparadigmas führte – die andauernde Veränderung an sich avancierte zur Gesinnung eines „allumfassenden Paradigmenwechsels" (Mattelart 2003, S.7).

Um verständlicher zu machen, was mit solchen – zugegebenermaßen auf den ersten Blick etwas „abgehoben" klingenden – Postulaten gemeint ist, erfolgt in diesem das Thema „Bildung im Zeitalter des Informationalismus" abschließenden Unterkapitel zunächst die Darstellung der zentralen Theoriegerüste in Bezug auf das Lehren und Lernen im letzten Drittel des 20. Jahrhunderts, bei einer besonderen Schwerpunktlegung auf die Wechsel zwischen entsprechenden Ansätzen. Dabei werden auch immer die sozio-technologischen und v.a. politökonomischen Kontexte ihrer Entstehung sowie Durchsetzung erwähnt und auch eine Brücke zum Thema medienunterstütztes Lernen geschlagen – Letzteres, weil in Hinblick auf sämtliche hier besprochene Paradigmen erwartet wurde, ihre Gültigkeit mit Hilfe des Unterrichtseinsatzes von Computertechnologien belegen zu können. Diese Ausführungen sind bewusst möglichst distanziert und damit unkritisch gehalten, um anschließend die getrennte Untersuchung ihrer grundsätzlichen problematischen Aspekte zu ermöglichen. Daraufhin wird auf den Konstruktivismus als auf die (aus den ständigen Wechseln hervorgegangenen) pädagogische Metaideologie schlechthin eingegangen, um zum Schluss die damit verbundenen besonders perfiden Aspekte des Bildungsdiskurses auf dem Höhepunkt des informationellen Kapitalismus detailliert herauszuarbeiten.

Um schwerwiegende Missverständnisse zu vermeiden, ist noch ein- (und zum letzten) Mal zu betonen, dass hier lediglich die Behandlung jener pädagogischen Zugänge erfolgt, welche mit den jeweils zeitgenössischen ökonomischen und/oder technologischen Prozessen legitimiert wurden.

## 6.5.1 Lerntheoretische Paradigmenwechsel

**Behaviorismus**

Als Initialzündung sowohl aller technologischen als auch pädagogischen „Revolutionen" in der zweiten Hälfte des 20. Jh. gilt das gleiche Ereignis: Der Schock, den im Jahre 1957 in der westlichen Hemisphäre die Tatsache auslöste, dass es der Sowjetunion als erstem Staat gelungen war, einen Satelliten in die Erdumlaufbahn zu bringen. In den USA erfolgte zur Verhinderung weiterer „technologischer Überraschungen" daraufhin die Errichtung der „Defense Advanced Research Projects Agency" (DARPA), in deren Umfeld das Internet entstand. Den Zusammenhang zwischen dem „Sputnikschock" und Forderungen nach radikalen Bildungsreformen stellt Peter Drucker in seinem als Grundlagenwerk der Konzeptionen rund um das Thema Wissensgesellschaft geltenden *The Age of Discontinuity* folgenderweise dar: „Dieses Ereignis machte der amerikanischen Öffentlichkeit sofort klar, daß die Schaffung und Behauptung der richtigen Wissensgrundlage für eine intellektuelle, wirtschaftliche, soziale und militärische Leistung für den Bestand der Nation lebenswichtig ist" (Drucker 1969, S.437). Drucker weist zwar darauf hin, dass auch ohne eine solche Entwicklung die rasche Zunahme der Zahl der Teilnehmer/innen an Bildungsmaßnahmen im tertiären Bereich (siehe Abschnitt 5.1.3.) pädagogische Disziplinen dazu gezwungen hätte, die eigenen Methoden grundlegend zu überdenken. Jedoch habe der „Sputnikschock" seiner Meinung nach den Prozess erheblich beschleunigt. „Vor allem lehrte der Sputnik Amerika, daß Wissen nicht mehr eine private, sondern eine öffentliche Angelegenheit war" (ebd.). Damit lässt sich ebenso begründen, warum ab dem Zeitpunkt (zunächst in den USA und bald danach auch in allen anderen Ländern, die im Einflussgebiet dieser Supermacht lagen) staatliche Investitionen in pädagogische Maßnahmen neben groß angelegten Technologieinitiativen als eine essentielle Waffe im Kampf gegen die (vermeintlich) drohende sowjetische Überlegenheit betrachtet wurden.

Ab 1957 mussten also mehr oder weniger über Nacht Patentrezepte für eine enorme Effizienzsteigerung des Bildungssystems her – Menschen sollten in bedeutend kürzerer Zeit viel mehr Wissen erwerben, als es mit Hilfe bisheriger pädagogischer Maßnahmen möglich war. Als lerntheoretischer Ansatz, der versprach, solchen Anforderungen gerecht zu werden, bot sich der Behaviorismus an, der zwar bereits lange vor dem Zweiten Weltkrieg entwickelt wurde, jedoch erst ab Ende der 1950er Jahre seinen großen Aufschwung erlebte. Denn diese pädagogische Rahmenkonzeption war schon alleine wegen des ihr zugrunde liegenden „objektivistischen" Weltbildes (Wissen existiert extern und unabhängig vom Menschen; Aussagen sind absolut und ohne Einschränkung wahr oder falsch; das Gehirn ist eine „Black Box", die mit Informationen gefüllt wird etc.) scheinbar für die Realisierung aller den Bildungssektor betreffenden Wunschvorstellungen der Zeit prädestiniert. Als Abgrenzung zur damals (angeblich) vorherrschenden Verankerung des pädagogischen Denkens in einer rein spekulativen Bewusstseinspsychologie, sollten sämtliche Subjektivitäten, Komplexitäten und Widersprüchlichkeiten aus diesem verbannt werden – die Divise war, Lernprozesse zu „rationalisieren", zu „optimieren" und sie auch „objektiv" bewertbar zu machen.

Die v.a. von Burrhus F. Skinner popularisierte Hauptmethode des pädagogischen Behaviorismus bestand im s.g. „Reiz-Reaktionslernen", das ebenfalls als „Signallernen" bzw. „Konditionierung" bezeichnet wird. Dabei wurde davon ausgegangen, dass Lernfortschritte nur dann erzielbar sind, wenn bei der Durchführung einer Lernaktivität das Gefühl von Erfolg erfahren wird. Entsprechende Erlebnisse sollten den Lernenden mit Hilfe der Präsentation des Lernstoffes in kleinsten, einfach zu merkenden Einheiten, die sofortige Abprüfung dieses Stoffes und die unmittelbare „Verstärkung" (Lob, Belohnung) jeder richtigen Antwort vermittelt werden, wonach die nächste zu lernende Informationseinheit folgte. In solchen „Drill & Practice"-Arrangements waren also unmittelbare Rückmeldungen bzgl. des jeweils Erreichten besonders wichtig. Man achtete auch darauf, dass Lernende nicht nur passiv Informationen aufnahmen, sondern ständig zu Reaktionen und Aktionen herausgefordert wurden – Beantwortung von Fragen, Durchführung von Übungen etc.

Umgesetzt werden sollten diese Methoden v.a. in Form der so genannten „programmierten Unterweisung" mit Hilfe von Lernmaschinen und Computern. Dass letztere damals noch in den „Kinderschuhen" stecken (also riesig, enorm teuer und höchst unzuverlässig waren), schien niemand zu stören. In Zeiten des Wirtschaftswunders und der s.g. „Medieneuphorie" war der Glaube an die Möglichkeiten der Technik sowie die Potenziale ihres Fortschritts grenzenlos. Und so standen im „Wissenskrieg" gegen die Sowjetunion in den 1960er und den frühen 1970er Jahren in westlichen Staaten für Forschung und Entwicklung im Bereich des computerunterstützten Lernens riesige Finanzmittel zur Verfügung. Z.B. initiierte die National Since Foundation (NSF) 1971 in den USA zwei Großprojekte mit einem (für damalige Verhältnisse sehr hohem) Gesamtbudget von 10 Millionen Dollar, deren Hauptziele darin bestanden, neuartige Hard- und Software zu kreieren, mit der behavioristische Lerntheorien flächendeckend in der Bildungspraxis umgesetzt werden hätten sollen und den Erfolg solcher Maßnahmen empirisch zu untermauern. (Zum gesamten Abschnitt vgl. Niegemann et al. 2004, S.5ff; Baumgartner; Payr 1994, S.101ff; Blumstengel 1998, S.107ff; Kerres; de Witt 2002, S.1ff)

**Kognitivismus**

Ca. ab Mitte der 1970er Jahre wendete sich das Blatt. Die durch die „Ölpreisschocks" ausgelösten Rezessionen führten zu zahlreichen sozialen Problemen. Zunehmende individuelle Existenzsorgen minderten (wenigstens kurzfristig) den Glauben an einen durch Technologien beförderten wirtschaftlichen Fortschritt. Gleichzeitig wuchs das Bewusstsein für die mit einem solchen Fortschritt verbundene Ausbeutung natürlicher Ressourcen und Umweltbelastung. In dieser Zeit des „back to the nature" fielen sowohl der computerunterstützte Unterricht als auch der (in der Vorstellung vieler unmittelbar daran gekoppelte) Behaviorismus rasch in Ungnade. Bald schon wurde allseits beklagt, dass sich trotz sämtlicher Anstrengungen und Investitionen die daran geknüpften Verheißungen einer wundersamen Wissensvermehrung nicht erfüllt hätten – die enormen Steigerungen der Bildungsausgaben würden keinesfalls den Zuwächsen an allgemeiner Lernleistung entsprechen (vgl. z.B. Haefner 1985, S.15). Als eine der Folgen wurden gegen Ende der 1970er Jahre nach und nach alle Großprojekte im Bereich des computerunterstützten Lernens eingestellt, wobei als Gründe neben der unverhältnismäßigen Kosten/Nutzen-Relation ebenfalls der Mangel an empirischen Belegen für die Effizienz solcher Maßnahmen genannt wurde (vgl. Niegemann et al. 2004, S.12f).

Diese Ernüchterung währte jedoch nicht lange. Denn ab Anfang/Mitte der 1980er Jahre war man sowohl mit einer neuen politökonomischen als auch technologischen Lage konfrontiert: Jetzt weckte nicht mehr die (sich bereits in Auflösung befindende) Sowjetunion sondern die enorme Geschwindigkeit des wirtschaftlichen Aufschwungs Japans und asiatischer „Tigerstaaten", die ihre ökonomische Stärke v.a. aus dem Aufbau der Elektronikindustrie bezogen, in den westlichen Ländern große Ängste vor dem Verlust ihrer Vormachtstellung (vgl. Brown et al. 2011, S.18, S.27f). Der zur Verhinderung der drohenden Wettbewerbsunfähigkeit rasch eingeführten „informationstechnischen Bildung" (fast flächendeckende Grundkurse zum Thema IKT an Schulen – siehe Abschnitt 6.2.2.) kam die zum gleichen Zeitpunkt stattfindende „digitale Revolution" zugute – der Computer verwandelte sich von einem „Großrechner", der von den meisten Menschen weder bezahlt noch bedient werden konnte, zu einem sowohl zunehmend leistbaren als auch (mit Hilfe grafischer Oberflächen) immer leichter zu benutzenden „Personal Computer" (PC) (vgl. Brehm-Klotz 1997; Gates 1997, S.93ff).

Die Erziehungswissenschaft musste rasch auf diese Entwicklung reagieren und sowohl Theorien als auch Methoden bereitstellen, die der neuen Situation entsprachen. Dabei hatten sich solche Ansätze selbstverständlich so weit wie möglich von denen des offensichtlich fehlgeschlagenen Behaviorismus zu unterschieden. Eine Begründung für das Versagen des Letzteren hatten jüngere Vertreter/innen dieser Disziplin schnell parat: Er würde auf einer falschen theoretischen Grundposition beruhen – das objektivistische Weltbild wäre viel zu primitiv, um den höchst differenzierten psychologischen Vorgängen gerecht zu werden, auf denen Lernprozesse basierten. Sie forderten eine absolute Abkehr vom Behaviorismus, eine „kognitive Wende" ihrer Disziplin, bei der die Hintergründe des Denkens und Verstehens der Lernenden ins Zentrum des Interesses rücken sollten. Solche Appelle untermauerten sie nicht nur (v.a. aufbauend auf Arbeiten von Jean Piaget) mit entwicklungspsychologischen Argumenten sondern auch mit Ergebnissen des (zu dieser Zeit boomenden) Forschungsbereichs „Künstliche Intelligenz" (KI). Das Gehirn wurde nicht mehr als eine lediglich mit Informationen zu befüllende „black box" betrachtet, sondern mit einem Computer verglichen – in Analogie zu technischen Systemen ging man davon aus, dass das Gehirn Eingaben verarbeitet und daraus Ausgaben generiert. Im Mittelpunkt eines solchen Kognitivismus stand folglich das Postulat, dass Lernen und Handeln keinesfalls auf Verhalten im Sinne von Reaktionen auf vorgegebene Reize reduziert werden kann, sondern ein Resultat komplexer Vorgänge kognitiver „Informationsverarbeitung" darstellen.

Entsprechende Methoden – die z.B. (besonders prominent) von Charles M. Reigeluth in dem Sammelwerk *Instructional-Design Theories and Models* im Jahre 1983 zusammengefasst wurden – wiesen zwei unterschiedliche (aus der Sicht zahlreicher Kommentator/innen der 1990er Jahre widersprüchliche) Hauptstoßrichtungen auf: Einerseits sollten Lernprozesse durch die Angabe präziser Lernziele, ein detailliertes (instruktionales) „Design" von Aufgaben und die Bereitstellung vielfältiger vorproduzierter Hilfsmaßnahmen (z.B. Glossars, Übungen etc.) noch besser plan- und lenkbar werden. Auf der anderen Seite erfolgte jedoch eine verstärkte Schwerpunktsetzung auf das problemorientierte und entdeckende Lernen. D.h., dass Lerner/innen nicht mehr vorgefertigte Informationspakete auf einem eindeutig vordefinierten Weg (auswendig) zu lernen hatten, sondern dazu angeregt wurden, selbstständig Prinzipien und Verfahren herauszufinden, die durchaus auf unterschiedlichen Wegen zur Lösung ihnen dargebotener Problemstellungen beitragen konnten. Die zentralen Ziele bestanden darin, die Anhäufung von „trägem" – d.h. in praktischen Situationen nicht anwendbarem – Wissen zurückzudrängen und gleichzeitig die Neugier

und das Interesse der Lernenden zu wecken, womit die intrinsische (statt der im Behaviorismus hauptsächlich von Belohnung und Bestrafung geleiteten extrinsischen) Motivation gefördert werden sollte (siehe z.B. Keller 1983).
Auch in Bezug auf diese Methoden fanden intensive Bemühungen statt, sie mit Hilfe von Computern im „programmierten Lernen" umzusetzen – diesmal v.a. in Hinblick auf die betriebliche Aus- und Weiterbildung. Neue technische Entwicklungen boten die Möglichkeit, von der Linearität früherer Lernmedien abzukehren, welche die Lernenden zur „Abarbeitung" eines vorgegebenen Programms zwangen und statt dessen vielfache Verzweigungen und damit Alternativen zu implementieren, die ein stärkeres Eingehen auf die persönlichen Lernpräferenzen sowie auf die Situation des jeweiligen Individuums erlaubten. Außerdem eröffnete „Multimedia" (Verknüpfung von Bild, Ton und Text) die Chance, unterschiedliche Sinne der Lernenden anzusprechen (s.g. „multisensorisches Lernen"). Die größten Hoffnungen basierten jedoch auf der Überzeugung, dass (bei ausreichender Forschung und Entwicklung) die „künstliche Intelligenz" schon bald zu einem gleichwertigen Dialog mit dem Menschen befähigt werden könnte, was dem computerunterstützten Lernen ungeahnte Zukunftsoptionen eröffnen würde: Laut gängigen Prophezeiungen sollten sich „Intelligente Tutorielle Systeme" in absehbarer Zukunft so verhalten, dass Unterschiede zu echten Lehrpersonen kaum mehr zu erkennen sein würden. (vgl. Niegemann et al. 2004, S.13f; Baumgartner; Payr 1994, S.104ff; Blumstengel 1998, S.111ff)

**Konstruktivismus**

Doch auch solche Visionen gingen bekanntlich (bis heute) nicht in Erfüllung. Es gab jedoch gewichtigere Gründe, warum kognitivistischen Ansätzen keine lange Lebensdauer beschert war: Ende der 1980er bzw. Anfang der 1990er Jahre wandelte sich die weltpolitische Lage durch den Zerfall der Sowjetunion dramatisch und ebenso erfuhr der informationstechnologische Fortschritt durch die zunehmende Durchsetzung des Internets ab 1993 einen qualitativen Sprung. Plötzlich waren die Menschen mit einer Lebensumgebung konfrontiert, die sowohl geopolitisch und ökonomisch als auch technologisch viel komplexer, vernetzter und folglich gleichfalls um einiges interdependenter war, als jene zuvor. Die fortschreitende Globalisierung zwang sie dazu, in viel größeren Zusammenhängen sowie wechselseitigen Abhängigkeiten zu denken und Hypertext sowie Hypermedia mit ihren vielfältigen Möglichkeiten der Herstellung von Verknüpfungen und Querverweisen zwischen unterschiedlichsten digitalen Objekten stellte das technologische Pendant eines solchen Weltverständnisses dar.

Und wieder fühlte sich ein großer Teil des pädagogischen Fachbereiches dazu berufen, als Reaktion auf diese Umbrüche sowohl seine Methoden als auch die ihnen zugrunde liegenden Theorien grundlegend zu revidieren. Damit ging natürlich abermals eine radikale Abkehr von der vorangehenden Konzeption einher. Die Kritik am Kognitivismus richtete sich gegen die Überschätzung künstlicher und die Unterschätzung der Komplexität und Vielschichtigkeit natürlicher Intelligenz. In erster Linie wurde aber beanstandet, dass sich dieser zu wenig vom Behaviorismus distanziert hätte. Die noch immer vorherrschende Orientierung an „objektiven" Lernzielen und abstrakten Anwendungssituationen sowie das starre methodische „Design" würde Lernende viel zu wenig in Lernprozesse einbeziehen und sie damit ebenfalls kaum in ihrer Eigenaktivität und Selbstständigkeit fördern. Die in einem solchen Rahmen erworbenen Problemlösungskompetenzen blieben „implizit" und hätten keinerlei Relevanz in Bezug auf die Bewältigung realer Aufgabenstellungen (vgl. z.B. Tergan 2004, S.23). Dagegen erfolgte – wie es Charles M. Reigeluth (vgl. Regeluth 1999a, S.ix) im Vorwort zum zweiten Band seiner richtungsweisenden Anthologie formuliert – die Forderung nach einem „dramatischen Wandel" des gesamten pädagogischen bzw. didaktischen Denkens, nach einem vollkommen „neuen Paradigma der Instruktion." Dieses wurde am Konstruktivismus fest gemacht – einer Theorie, die von der Grundannahme ausgeht, dass es keine allgemein gültige Realität gibt, die den Lernenden zu vermitteln wäre. Der menschliche Verstand wurde als ein „autopoietisches" (sich selbst reproduzierendes) System betrachtet, das durch die Sinnesorgane aufgenommene Reize nicht nur speichert sondern auch verknüpft, interpretiert, reorganisiert, modifiziert und (in einem Kommunikationsprozess mit anderen) davon ausgehend aktiv (neues) Wissen generiert (vgl. z.B. Baumgartner; Payr 1994, S.107f; Blumstengel 1998, S. 114ff; ausführlich siehe Siebert 2005).

Als die zentralen entsprechenden Methoden galten das Lernen in möglichst realitätsnahen Kontexten und in authentischen Situationen sowie das selbsttätige Entdecken von Lösungswegen anhand komplexer Problemstellungen. Im Gegensatz zum Kognitivismus ging es in Bezug auf den letzten Punkt jedoch nicht nur um das Lösen von Problemen, die von einer Lehrperson bzw. einem Lernprogramm präsentiert werden, sondern auch um ihr eigenständiges Generieren. Das bedeutet auch, dass unvorhersehbare unsichere und verwirrende Situationen nicht mehr aus dem Unterricht auszuschließen waren, sondern im Gegenteil initiiert werden sollten. Damit entstanden s.g. „offene Lernumgebungen", die – wenigstens vom Konzept her – auf die Aktivierung der kreativen Potenziale der Lernenden zur autonomen Konstruktion von Problemlösungen abzielten, welche in Hinblick auf ihre Lebenspraxis relevant sein sollten. Die Förderung der Aktivität und des persönlichen Engagements der Lernenden ging so weit, dass konstruktivistische Methoden den Rückzug der Lernpersonen auf die Rolle eines Coaches bzw. Trainers implizierten – Lehrenden kam in solchen „Arrangements" v.a. die Aufgabe zu, Lernangebote zu offerieren, Lernende zu motivieren und (bei Bedarf) zu beraten. Dagegen steig innerhalb der lerntheoretischen Auseinandersetzung die Bedeutung der sozialen Interaktion: Kooperation bzw. Kollaboration – v.a. im Kontext projektorientierter Unterrichtsformen – avancierten zu zentralen pädagogischen Schlagworten. (siehe v.a. Reigeluth 1999b und die Beiträge von Hannafin et al., Jonassen und Nelson in Reigeluth 1999a; für die allgemeine Didaktik im deutschen Sprachraum siehe z.B. Arnold; Siebert 1995 und Siebert 2005)

Mit dem Durchbruch des Internets als „Massenmedium" Mitte der 1990er Jahre steig auch das computerunterstützte Lernen – diesmal unter dem Label eLearning – (wieder einmal) zum großen pädagogischen Hoffnungsträger auf. Allseits wurde verkündet, dass Internettechnologien wegen der Offenheit ihrer Strukturen, ihrer Vernetzungsfähigkeit und v.a. auf Grund der ihnen innewohnenden Interaktivität für die flächendeckende Umsetzung konstruktivistischer didaktischer Prinzipien geradezu prädestiniert wären. Die Verfasser/innen des (für diesen Ansatz zentralen) Konzepts der „Open Learning Environments" (OLE) begründeten die Entstehung sowohl ihres Modells als auch des gesamten neuen Lernparadigmas nicht zuletzt damit, dass das WWW bis dahin nicht einmal zu erträumende pädagogische Zugänge ermöglicht hätte (vgl. Hannafin et al. 1999, S.118). Entsprechende Erwartungen wurden durch großzügige staatliche Förderungen in diesem Bereich zusätzlich angefacht. Und so entbrannte innerhalb kürzester Zeit eine eLearning-Euphorie, die in ihrem

Ausmaß lediglich mit der „Goldgräberstimmung" vergleichbar ist, die den Aufschwung des computerunterstützten Lernens in den 1960er Jahren kennzeichnete. (vgl. Niegemann et al. 2004, S.15f; Kerres; de Witt 2002, S.9ff; siehe auch Abschnitt 6.2.3. des vorliegenden Kapitels).

Das zeitgleiche jähe Erwachen aus solchen Träumen und denen von unerschöpflichen Gewinnen aus Aktien internetbasierter Unternehmen an der Wende zum 21. Jahrhundert überrascht niemand. Angesichts der bisherigen Ausführungen kann sich jedoch jede/r selbst ausrechnen, dass bald nach der Überwindung der durch das Platzen der Dotcom-Blase ausgelösten sowohl ökonomischen als auch mediendidaktischen Depression in Folge des Aufschwungs des s.g. Web 2.0 (bzw. des „Mitmachnetzes") und der Mobilkommunikation Mitte der 2000er Jahre allseits lautstark die Forderung nach einem neuerlichen „Paradigmenwechsel im Bereich des Lehrens und Lernens" (Ferscha 2007) erhoben wurde. Dabei wies eine solche Wende diesmal in Richtung eines „Konnektivismus", der durch seine Fundierung auf Netzwerk-, Komplexitäts-, Selbstorganisations- und v.a. auf Chaostheorien angeblich den aktuellen Gegebenheiten besonders passgenau entsprechen sollte (vgl. Downes 2005; Siemens 2005).

*6.5.2 Allgemeine Problematik*

Bei der Bloßstellung der „Wendehalsigkeit" großer Teile des pädagogischen Fachbereichs ging es hier keinesfalls darum, sämtliche Reformforderungen und -vorschläge diesbezüglicher Expert/innen als jeder Grundlage entbehrende leichtsinnige Träumereien und/oder berechnende Profilierungsbemühungen von Kolleg/innen abzutun, die sich zu wenig mit der Geschichte ihrer Fachdisziplin auseinandergesetzt bzw. daraus resultierende „Lektionen" nicht gründlich genug gelernt hätten. Denn es ist möglich und auch durchaus sinnvoll aus allen sozio-technologischen Entwicklungen – und nicht zuletzt aus den aktuelleren hin zum „Mitmachnetz" bzw. Web 2.0 – Potenziale abzuleiten, die pädagogisch gewinnbringend genutzt werden können. Ebenso ist grundsätzlich nichts dagegen einzuwenden, sich intensiv damit auseinanderzusetzen, welche Herausforderungen für den Bildungssektor aus den (jeweils) zeitgenössischen politökonomischen Umbildungen und Wandeln resultieren – etwas verkürzt betrachtet stellt das ja auch das zentrale Forschungsinteresse des vorliegenden Buches dar. Die Schwierigkeiten fangen jedoch dort an, wo (wie bereits in Bezug auf die allgemeinen Gefahren ahistorischer Zugangsweisen im Abschnitt 4.1.1. besprochen) in solchen Kontexten „das Prinzip der tabula rasa zum Gesetz erhoben" (Mattelart 2003, S.141) wird und man bei jeder (zweifellos immer wieder notwendigen) Kurskorrektur in Hinblick auf das pädagogische Denken und Handeln alles bisher Gedachte und Gemachte über Bord wirft.

Die zwei zentralen aus einer solchen Zugangsweise resultierenden Probleme sollen hier lediglich anhand des Umgangs der Konstruktivist/innen mit im Rahmen des Behaviorismus ausgearbeiteten Ansätzen und Methoden auf dem Höhepunkt des Informationalismus innerhalb der Mediendidaktik veranschaulicht werden. Dabei wird hauptsächlich vom (oben bereits mehrmals als Quelle herangezogenen) für den Diskurs richtungsweisenden

Aufsatz *Quo vadis Mediendidaktik* der höchst renommierten deutschen Expert/innen auf diesem Gebiet, Michael Kerres und Claudia de Witt, aus dem Jahre 2002 ausgegangen.[167]
Die erste Schwierigkeit besteht darin, dass eine solche Tabula-Rasa-Perspektive den Blick darauf verstellt, dass es in Bezug auf Bildungsprozesse eventuell bereits früher offene Fragen gab, die Ähnlichkeiten zu den aktuellen aufweisen und auf die schon Antworten bzw. wenigstens Antwortansätze gefunden wurden, welche man auf die heutige Zeit wenn auch nicht übertragen, so zumindest entsprechend den neuen Herausforderungen anpassen und ausgehend davon weiterentwickeln könnte. Ganz abgesehen davon, dass es sich bei den in den 1990er Jahren als „brandaktuell" präsentierten konstruktivistischen Konzeptionen „im Wesentlichen um tatsächlich altbekannte Ansätze handelt, wie sie z. B. in reformpädagogischen Initiativen zu Beginn des 20. Jahrhunderts formuliert worden sind" (Kerres; de Witt 2002, S.10), könnten auch die frühen didaktischen Zugänge der zweiten Hälfte des 20. Jahrhunderts auf den zweiten Blick viel weniger verdammenswert sein, als sie auf den ersten Blick erscheinen.

So fassen Michael Kerres und Claudia de Witt in ihrer Aufarbeitung der theoretischen Fundierung des eigenen Fachbereichs die zentralen Ideen des pädagogischen Behaviorismus zusammen und konstatieren, es sei daran „ersichtlich, dass sie keineswegs so abwegig sind, wie in der ‚Konstruktivismus-Debatte' teilweise nahe gelegt worden ist" (ebd., S.2; vgl. auch Niegemann et al. 2004, S.6f). V.a. wäre ihrer Meinung nach die vielfach geäußerte Behauptung unhaltbar, dass eine solche Konzeption ein „passives Lernen" implizieren würde. „Denn wenig lag Skinner mehr am Herzen als das aktive Lernen zu forcieren; immer wieder kritisierte er, wie wenig aktiv Lernende im konventionellen Unterricht sind" (Kerres; de Witt 2002, S.3)[168]. Bei einer etwas genaueren Betrachtung der historischen Umstände des Aufschwungs des Behaviorismus als Lern-/Lehrtheorie wird schnell deutlich, warum das gar nicht anders sein konnte: Im Zusammenhang mit dem „Sputnikschock" wurde der Rückstand der westlichen Welt zur Sowjetunion nicht zuletzt darauf zurückgeführt, dass das Bildungssystem zu einseitig auf die Vermittlung „konvergenter" (mit der Norm übereinstimmender) Kompetenzen fokussiert wäre. Es hätte damit die Förderung von Fähigkeiten vernachlässigt, die notwendig wären, um selbstständig Probleme zu entdecken, neuartige Lösungswege zu entwickeln und überraschende Ergebnisse zu erzielen. In dieser Zeit kam es folglich ebenfalls zu einem Boom der Kreativitätsforschung, die v.a. auf die Förderung des „divergenten" (von der Norm abweichenden) Denkens ausgerichtet war (vgl. Wermke 1994, S.37f). Daraus resultiert, dass Bildungstheorien und entsprechende Methoden, die (wie es dem Behaviorismus oft unterstellt wird) lediglich auf das passive Auswendiglernen vorgegebener Fakten ausgerichtet gewesen wären, in den 1960er Jahren grund-

---

[167] Die in Folge vorgebrachte Kritik ist insofern etwas „delikat", als damit eine extreme Oppositionshaltung zu den auf dem Höhepunkt des Informationalismus geltenden und bis heute stark nachwirkenden Glaubenssätzen der (die Mediendidaktik nachhaltig beeinflussenden) Instruktionstheorie eingenommen wird, wie sie z.B. besonders prominent von Charles Reigeluth (1999b, S.19ff) formuliert wurden. Gerade deswegen fiel die Wahl der Hauptquelle auf einen Artikel zweier Autor/innen, deren Perspektive keinesfalls von außen, sondern direkt aus dem Zentrum des von ihnen kritisierten Fachbereichs kommt – sowohl Michael Kerres als auch Claudia de Witt sind habilitierte Mediendidaktiker/innen und bekleiden entsprechende Professuren an renommierten deutschen Universitäten.

[168] So lehnte Skinner auch die – heute zumeist mit dem Behaviorismus in Verbindung gesetzten – Multiple-Choice-Tests (= Fragen auf die mehrere anzukreuzende Antwortalternativen angeboten werden) massiv ab und forderte, Möglichkeiten von Freitextantworten einzubauen. Es begründete das u.a. damit, dass bei solchen Fragen „den Lernenden neben einer richtigen auch falsche Antwortalternativen präsentiert werden (müssen), die sich möglicherweise einprägen" (Kerres; de Witt 2002, S.4).

sätzlich keine Chance auf öffentliche Beachtung und erst recht nicht auf (bildungs-) politische Förderung gehabt hätten. Des Weiteren sieht man daran aber auch, dass sich zentrale Ansprüche an den Bildungssektor damals in ihren Grundzügen kaum von den heutigen unterscheiden. Dass also nicht erst seit dem Durchbruch des Internets und schon gar nicht beginnend mit dem Aufschwung des Web 2.0 nach Wegen zu einer „auf Interaktivität, Personalisierung und der Entwicklung der autonomen Kompetenz zu lernen und zu denken ausgerichtete[n] Pädagogik" (Castells 2005a. S.292) gesucht wird.

Das bedeutet keineswegs, dass die in solchen historischen Kontexten entstandenen Modelle eins zu eins auf gegenwärtige Lern-/Lehrsituationen zu übertragen wären[169]. Jedoch ist davon durchaus die Forderung ableitbar, sich sehr genau anzuschauen, welche der damals (in jahrelangen Forschungsbemühungen durch die führenden Wissenschaftler/innen ihrer Zeit) ausgearbeiteten Ansätze eventuell als Anknüpfungspunkte für Weiterentwicklungen genutzt werden könnten, die ebenso heute sinnvoll anwendbar wären. So zeigen z.B. die (mit Sicherheit keineswegs „rückwärtsgewandten") Mediendidaktiker/innen Kerres und de Witt auf, dass sogar der allseits verpönte Behaviorismus einige Anstöße beinhaltet, die für die Konzeption und Gestaltung von Anwendungen im Bereich von Computersimulationen und „virtueller Realität" auch im 21. Jhd. noch von Interesse sind. Mehr noch: Ihrer Meinung nach könnte das Scheitern dieser Lerntheorie hauptsächlich darauf zurückzuführen sein, dass sie mit den primitiven Technologien der 1960er Jahre in Form von „Lernmaschinen" gar nicht umsetzbar war. Dagegen würde der aktuellere IKT-Fortschritt vielleicht die Möglichkeit bieten, einige wertvolle entsprechende Ideen zu realisieren und weiterzuführen. (vgl. Kerres; de Witt 2002, S.3ff)

Die zweite (mit der ersten aufs Engste zusammenhängende) zentrale Problematik oben dargestellter ständiger pädagogischer Paradigmenwechsel basiert auf dem, was Mattelart (vgl. 2003, S.142) in Hinblick auf allgemeine Gefahren ahistorischer Zugänge des Informationalismus als fortwährendes Verschieben von Problemen anstatt ihrer Lösung bezeichnet. Auch dieser Tatbestand ist anhand der Abgrenzung vom Behaviorismus innerhalb der Mediendidaktik auf dem Höhepunkt des informationellen Kapitalismus gut demonstrierbar: Das gerade aufgezeigte Zuschreiben von Makeln, welche aus solchen Konzeptionen entspringende Ansätze in dieser Form gar nicht aufweisen, wie z.B. die „kollektive Reinterpretation des behavioristischen Paradigmas im Sinne des ‚passiven Lernens'" ist Michael Kerres und Claudia de Witt (2002, S.4) zufolge v.a. als ein „gruppendynamisches Phänomen" erklärbar. Denn einerseits eignete sich dieses ältere, negativ besetzte theoretische Konstrukt hervorragend als Folie, gegen welche die Vorzüge neuer Positionen herausgestellt werden konnten. Und zweitens sicherte seine Ablehnung – auf Grund dessen, dass es inzwischen kaum ernsthafte Verfechter/innen des Behaviorismus gab – den Autor/innen einschlägiger Publikationen die „soziale Akzeptanz in der *scientific community*" (ebd., vgl. ebd., S.12). Die Krux an einer solchen pauschalen Verdammung „feindlicher" Zugänge ohne ihre fundierte inhaltliche Analyse, besteht darin, dass damit nicht nur die Auseinandersetzung mit den eventuell wertvollen Aspekten dieses Ansatzes sondern auch die Aufarbeitung seiner tatsächlichen Fehler verhindert wird. Letzteres erschwert die Behebung solcher Mängel, wenn es entsprechende Korrekturen nicht sogar unmöglich macht.

---

[169] Die meisten davon sind tatsächlich ziemlich „verstaubt" – zu den offensichtlichen Schwächen der Zugänge zur sowie Methoden der Kreativitätsförderung siehe z.B. Hentig 1998.

In ihrem hier behandelten Aufsatz zeigen Kerres und de Witt auf, wie massiv das „Label Konstruktivismus" innerhalb der Mediendidaktik als eine Floskel missbraucht wurde, „für etwas Neues, Positives, das sich von etwas Altem, Überkommenem absetzt" (S.12). Ihrer Meinung nach bestand sein zentraler Vorzug gerade in seiner Beliebigkeit, d.h. darin, dass es sich – v.a. in seinen „gemäßigten" Varianten – als theoretische Begründung für nahezu alle praktischen Lösungen strapazieren ließ. So konnten sowohl Vertreter/innen „klassischer" Positionen ihre althergebrachten Zugänge mit Hilfe weniger (kosmetischer) Anpassungen dem Konstruktivismus zuordnen, als auch bekannte Proponent/innen der neuen Strömung ihre offensichtlich an früheren Modellen angelehnten Ansätze als „konstruktivistisch inspiriert" darstellen. Dafür brauchten sie sich lediglich als , indem sie sich als seine „moderaten" Repräsentant/innen ausgaben. Insofern ist es laut Kerres und de Witt „auch nicht verwunderlich, dass sich keine Publikationen finden, in de[nen] hinterfragt wird, ob bestimmte Lernanwendungen denn tatsächlich konstruktivistische Prinzipien erfüllen" (ebd.). Ihrer eigenen Untersuchung nach könne man bei den entsprechenden Entwicklungen aus der Hochphase des Informationalismus allerhöchstens von einer „konstruktivistischen Rahmung" sprechen (S.11). Noch weiter geht in diesem Punkt ihr Kollege Rolf Schulmeister, der als Schlussfolgerung seiner groß angelegten Analyse der Mitte der 2000er Jahre meistverbreiteten internetgestützten Lernplattformen konstatiert, dass es überhaupt nicht möglich sei, ihr didaktisches Design den Lerntheorien folgend – also weder als behavioristisch, noch als kognitivistisch und schon gar nicht als konstruktivistisch – zu klassifizieren, da ihr einziger Vorteil darin bestünde, dass „Studierende damit zeit- und ortsunabhängig lernen können" (Schulmeister 2005 S.151).

Die letzte Äußerung ist natürlich für all jene höchst ernüchternd, die sich an der Jahrtausendwende so intensiv darum bemühten, konstruktivistische Prinzipien auf die Praxis des eLearnings umzulegen. Denn die Einschränkung der Vorteile solcher Lernarrangements auf Zeit- und Ortsunabhängigkeit bedeutet (wie bereits im Abschnitt 6.2.3., bei der Behandlung problematischer Aspekte des webbasierten Lernens dargestellt) im Klartext, dass sie alles andere als die im Rahmen des Konstruktivismus anvisierten flexiblen, kreativen, explorativen, kooperativen etc. Arbeitsweisen befördern, sondern viel eher das Gegenteil bewirken (vgl. ebd.). Bei der daraus resultierenden Erkenntnis Schulmeisters, entsprechende Lernumgebungen in den 2000er Jahren wären in der Gegenüberstellung zur Präsenzlehre „ein historischer Rückschritt" (ebd.), ist die Parallele zur folgenden Aussage von Michael Kerres und Claudia de Witt (2002, S.7) bezüglich behavioristischer Lernsysteme aus den 1960er Jahren eklatant: „Verglichen mit den öden und dumpfen ‚Computerdialogen' erschien Unterricht selbst der schlechtesten Lehrkraft einfühlsam und differenziert." Damit wird deutlich, dass der Befund von Kerres und de Witt, die „Suche nach dem einen überlegenen, paradigmatischen Ansatz für das Lernen und Lehren [hätte] die theoretische Weiterentwicklung der Mediendidaktik mehr blockiert als befördert" (ebd., S.14), genauso für ihren praktischen Fortschritt gilt.

### 6.5.3 Konstruktivismus als pädagogische Metaideologie

Bei all dem hier Dargestellten und v.a. vor dem Hintergrund des im Kapitel zur informationalistischen Politik in Bezug auf den Aspekt der Metaideologie Besprochenen taucht unweigerlich die Frage auf, was im letzten Drittel des 20. Jhd. denn *tatsächlich* den enormen Aufwand motivierte, ständig neue pädagogische Paradigmenwechsel zu konstruieren und durchzusetzen. Denn eines ist klar: Hätte man, wie man vorgab, eine tiefgehende Reform im Bereich des Lehrens und Lernens erreichen wollen, dann hätte man gänzlich anders vorgehen müssen – z.B. genau analysieren, worin die wahren Schwächen aber auch die Stärken der jeweils vorangehenden Konzeptionen lagen und darauf basierend konkrete Verbesserungen und ebenso Weiterentwicklungen ausarbeiten sowie diese in der Realität der Bildung umzusetzen versuchen.

Das Faktum, dass dies nicht geschah, legt bereits eine erste mögliche Antwort nahe: Eine pädagogische Erneuerung war im Rahmen des entsprechenden Agierens offenbar gar nicht wirklich anvisiert. Im Gegenteil bestand der Hauptzweck sämtlicher Paradigmenwechsel augenscheinlich darin, möglichst „viel Lärm um nichts" zu machen, um ungestört größtenteils beim Altbewährten bleiben zu können. Das klingt an dieser Stelle stärker nach einem Vorwurf an die Kolleg/innen des Autors, als es gemeint ist. Denn die Schwerfälligkeit und Innovationsresistenz des Bildungsbereichs – egal, ob es sich um Schule, Hochschule oder ebenso um den Weiterbildungssektor handelt – ist jeder/m evident, die/der sich jemals um ein auch noch so kleines Abweichen von festgetretenen Pfaden innerhalb solcher Systeme bemüht hat (vgl. z.B. Reinmann 2008, S.19f). Grundsätzlich und erst recht in diesem Kontext ist es naturgemäß unvergleichbar einfacher, einen alten Wein in neue Schläuche zu gießen, als tatsächlich einen neuen zu pflanzen, bis zur Reife zu pflegen, danach zu ernten etc. Jeder Mensch, der mit Ersterem durchkommt, würde mit seinen Lebensenergien im höchsten Maße verschwenderisch umgehen, wenn er sich am Letzteren abarbeiten sollte. Insofern wäre das Aufgezeigte zwar traurig, aber bis zu einem gewissen Grad verständlich und auch nicht wirklich tragisch. Andererseits könnte das angesichts des – in der Einleitung des vorliegenden Unterkapitels besprochenen – unermesslichen bildungspolitischen und öffentlichen Drucks auf die Pädagogik zur Umsetzung radikaler Reformen als ein subversiver Akt des „zivilen Ungehorsams" interpretiert werden. Dann hätte das Ganze sogar eine unterhaltsame Komponente – im Sinne einer höchst lehrreichen Veranschaulichung der alten Metapher von „des Königs neuen Kleidern".

Jedoch gibt es auch hinsichtlich dieser Frage Antworten bzw. im Zusammenhang dieses Themas Entwicklungsaspekte, die sehr ernst zu nehmen sind und höchst kritisch betrachtet werden müssen. Denn genauso, wie in der Politik das angebliche „Ende der Ideologien" faktisch die Durchsetzung einer alles gleichschaltenden Metaideologie – jener des Informationalismus – bedeutete, resultierte ebenfalls innerhalb großer Teile der Pädagogik aus der durch die ständigen Paradigmenwechsel herbeigeführten scheinbaren Paradigmenlosigkeit ein spezifisches, nur sehr schwer als solches erkennbares und begrifflich kaum fassbares Metaparadigma, welches auf Grund seines immanenten Technikdeterminismus[170] und v.a. Neoliberalismus mit dem politischen auf engste verwandt war.

---

[170] In der Folge wird – auf Grund ihrer besonders problematischen Auswirkungen – fast ausschließlich auf die neoliberalen Ausprägungen eingegangen, welche für den pädagogischen Konstruktivismus charakteristisch sind. Die nicht weniger konstitutiven technikdeterministischen Aspekte zeigen sich z.B. am (bereits mehrmals erwähnten) Postulat von einem der Hauptvertreter des konstruktivistischen Instruktionsdesigns – Michael Hannafin –, die neuen didaktischen Zugänge wären erst durch das Internet möglich bzw. sogar nur in diesem Zusammenhang überhaupt denkbar geworden (vgl. Hannafin et al. 1999, S.118). Auf der anderen Seite konstatieren Kerres und de Witt (2002, S.9) für die Mediendidaktik, dass die Entstehung des neuen Paradigmas nicht zuletzt als eine Reaktion auf eine sich wandelnde „gesellschaftliche Konstruktion des Artefakts ‚Computer'" betrachtet werden kann – „Benutzer/innen müssen sich zunehmend weniger schwer verständlichen Systemdialogen ‚unterwerfen', sondern erwarten eine intuitive Benutzeroberfläche, die bei Arbeitsprozessen optimale Unterstützung bietet." Damit ging ihrer Meinung nach „die Suche nach Konzepten

Die Schwierigkeiten bei der Analyse dieser neuen pädagogischen Ideologie ergeben sich bereits daraus, dass sie ein Label erhielt, welches mit ihrer tatsächlichen Ausrichtung wenn überhaupt, dann höchstens am Rande zu tun hatte. Denn das Ursprungskonzept des Konstruktivismus, wie es z.B. von den (Neuro-) Biologen Humberto Maturana und Francisco Varela entwickelt wurde, ist alleine schon angesichts seiner Verankerung in einer mit der Pädagogik kaum zusammenhängenden Forschungsrichtung und seines enormen Abstraktionsgrades derart weit von der Möglichkeit einer praktischen Umsetzung in konkreten Lehr- und Lern-Szenarien entfernt, dass im Bildungsbereich – wie bereits von Kerres und de Witt angesprochen – eben nur „moderate" Konstruktivist/innen anzutreffen sind. So gesteht sogar einer der Hauptvertreter der entsprechenden pädagogischen Strömung im deutschsprachigen Raum, Horst Siebert (2005, S.18f) ein, dass sich zentrale Postulate eines solchen Theoriegebildes – wie z.B. das von Maturana propagierte der operativen Geschlossenheit autopoietischer Organisationsformen – „nur mit Einschränkungen auf das Denksystem übertragen" lassen. Das ist auch wenig überraschend, wenn man beachtet, dass hinter dieser Idee nichts mehr und nichts weniger steht, als die Feststellung der weitgehenden zwischenmenschlichen Kommunikations- und Beziehungsunfähigkeit – Lebewesen interagieren demnach lediglich „mit ihren eigenen Zuständen" (Siebert 2005, S.19). Dass sich auf einem entsprechendem Gedankengerüst wahrlich schwer eine pädagogische Theorie aufbauen lässt, ist mehr als offensichtlich. Erst recht wenn es eine sein soll, die soziale Lernformen und kollaborative Arbeitsprozesse fundieren können müsste.[171] Gerade von solchen unüberwindbaren Anschlussschwierigkeiten an den s.g. „radikalen" Konstruktivismus leitet Horst Siebert seine persönliche Bevorzugung des „moderaten" ab. Worin sich jedoch ein Letzterer manifestiert und wodurch er sich vom Ersteren unterscheidet, führt er mit keinem einzigen Wort aus (vgl. ebd.).

Was ein „entradikalisierter" pädagogischer Konstruktivismus tatsächlich noch mit dem Ursprungskonzept zu tun haben soll, kann an dieser Stelle nicht ausführlich untersucht werden. Eine kurze Gegenüberstellung zeigt aber einen mehr als losen Zusammenhang auf: In der zentralen Anthologie im angloamerikanischen Raum zur konstruktivistischen Didaktik – der von Charles M. Reigeluth (1999a) herausgegebenen Sammelpublikation *Instructional-Design Theories and Models II* – wird nicht einmal in einem Nebensatz auf die Positionen von Maturana und Varela eingegangen und ebenso wenig auf die Standpunkte der mehr in den Geisteswissenschaften verankerten „Väter" bzw. Hauptvertreter des Konstruktivismus wie Foerster, Glasersfeld, Watzlawick etc. (zu Letzteren siehe z.B. Gumin, Maier 2005). Auf welchen Theorien die Autor/innen den von ihnen massiv gebrauchten Konstruktivismus-Begriff begründen, wird von keiner/m von ihnen erklärt und der Terminus an sich ebenso nirgends definiert. Den einzigen – auch wenn kaum aussagekräftigen und nicht weiter ausgearbeiteten – diesbezüglichen Ansatz bietet die Feststellung des Herausgebers,

---

[171] des Computereinsatzes für Lehr-Lernzwecke [einher], die auf diese veränderte Wahrnehmung und Nutzung eingingen. Der ‚Konstruktivismus' lieferte dazu einen passenden Theoriehintergrund, indem er den Benutzer als aktiv konstruierendes Wesen im sozialen Kontext darstellte" (ebd.).
Zu weiteren Widersprüchen zwischen dem Konstruktivismus und den – auch von konstruktivistischen Bildungsexpert/innen nicht hinterfragten – Grundzielen der Bildung siehe Hackl 2007, S.10f. Z.B. müssten seiner Analyse nach aus einer konsequent konstruktivistischen Perspektive „biografische Karrieren als Prostituierte, Crackdealer oder Auf[t]ragskiller pädagogisch genauso opportun sein, wie solche als Bäcker, Sozialarbeiter oder Konzertmusiker (...)" (ebd. S.10). Das hat Hackl zufolge nicht zuletzt damit zu tun, dass sich Autopoiesis weder fördern noch unterdrücken lässt (ebd., S.11).

dass „our definition of *in*struction include what many cognitive theorists refer to as ‚*con*struction'" (Reigeluth 1999b, S.19; Hervorhebung im Original).

Im deutschsprachigen Raum bemühte man sich um eine Herangehensweise, die in Hinblick auf die Darstellung der Quellen bedeutend elaborierterer war. Doch trug das insofern genauso wenig zum Verständnis bei, als in entsprechenden Schriften neben der Fundierung in der Neurobiologie ebenfalls das Rekurrieren auf zahlreiche andere und sich auch noch teilweise in gegenseitiger Opposition befindende Ideengebilde erfolgte. So gibt einer der wichtigsten deutschen Protagonisten einer solchen Strömung – Horst Siebert (2005, S.135) – an, der Konstruktivismus würde auch evolutionstheoretische, epistemologische, ethische, sowie kultur- und gesellschaftstheoretische Fragen thematisieren, „ohne diese jedoch verbindlich und eindeutig beantworten zu können, ja zu wollen".[172] Daraus resultiert, dass man bei der Lektüre derartiger Abhandlungen – wie es Siebert selbst zugibt – zumeist lediglich „confused on a higher level" bleibt (Siebert 2005, S.136).

Jedoch ist diese Verwirrung alleine schon deswegen mit Sicherheit absolut beabsichtigt, weil das Grundcharakteristikum einer Metaideologie bzw. eines Metaparadigmas gerade darin besteht, dass sie kaum zu (er-) fassen bzw. zu (be-) greifen ist. Oder wie es Armand Mattelart (2003, S.7) in der Einleitung seiner Aufarbeitung der Geschichte der Informationsgesellschaft schreibt: dass eine solche Gesinnung „ihren Namen nicht preisgibt". Es wäre müßig, jetzt, wo sich der Untergang dieses Paradigmas deutlich abzeichnet, noch zu versuchen, ihm eine präzise Benennung und Definition zu vergeben. Für das weitere Verständnis ist lediglich eines von Bedeutung: Wenn in der Folge vom pädagogischem Konstruktivismus gesprochen wird, ist eine schwer durchschaubare bildungstheoretische Metaideologie gemeint, die im Rahmen der das vorliegende Kapitel abschließenden Ausführungen – selbstverständlich bei weitem ohne Anspruch auf Vollständigkeit – nach Möglichkeit etwas transparenter und damit kritisch reflektierbarer gemacht werden soll.

### 6.5.4 Die Perfidität des konstruktivistischen Metaparadigmas

Ein erster Schritt in diese Richtung besteht in der Vergegenwärtigung der Tatsache, dass Pädagogik „immer ein eingreifendes, intentionales Handeln" impliziert (Bremer; Bittlingmayer 2008, S.47 in Anlehnung an die Postulate Pierre Bourdieus). Wie die beiden Erziehungswissenschaftler Helmut Bremer und Uwe Bittlingmayer in ihrem Aufsatz zur *Ideologie des selbstgesteuerten Lernens* darstellen, wurde aber im pädagogischen Konstruktivismusdiskurs alles Eingreifend-Intentionale prinzipiell als „normative Instruktionsdidaktik" denunziert, die lediglich das passive Lernen befördert. Demgegenüber erfolgte das dichotomische Setzen der neuen „moderaten" Konzeption als einer (bzw. der einzigen) „Ermöglichungsdidaktik" der aktiven Kompetenzerschließung (vgl. ebd., S.36). Jedoch ging es beim Letzteren keinesfalls um eine Weiterentwicklung reformpädagogischer und/oder emanzipatorischer Bildungsansätze, die bereits Jahrzehnte, wenn nicht sogar ein Jahrhundert davor auf die autonome Wissenskonstruktion der Lernenden abzielten. Stattdessen hat

---

[172] Des Weiteren spricht Horst Siebert in einer gemeinsamen Publikation mit Rolf Arnold (1995, S.23) von der „Konvergenz zwischen postmodernem und konstruktivistischem Denken". Zum Zusammenhang zwischen systemtheoretischen und konstruktivistischen pädagogischen Ansätzen siehe z.B. Luhmann; Schorr 1988. Zur Gegnerschaft zwischen Vertreter/innen der Postmoderne und der Systemtheorie siehe z.B. Lyotard 1986, S.44.

man sich (in bester „Tabula-rasa-Manier") kurzerhand grundsätzlich von der Idee der Möglichkeit einer vernünftigen Herangehensweise an die Gestaltung der Welt verabschiedet (vgl. Hackl 2007, S.15) und parallel dazu das pädagogische „Heil in der konzeptuellen Eliminierung der Vermittlungsproblematik" gesucht (ebd., S.9). Denn aus einer Perspektive, aus der die Notwendigkeit Kinder zu erziehen und ihnen etwas beizubringen nur in der Imagination von Pädagog/innen existiert, ist ein *Abschied von der Vermittlung* – so der Titel des hier zitierten Aufsatzes des Leiters des Instituts für Schulpädagogik an der Universität Graz, Bernd Hackl – mehr als naheliegend (vgl. ebd.). Analog dazu konstatieren Bremer und Bittlingmayer (2008, S.34), dass innerhalb der konstruktivistischen Bildungstheorie jegliches gezielte Unterrichten sofort mit dem Vorwurf konfrontiert wird, „auf ‚alten', ‚überholten', ‚autoritären', ‚hierarchischen', ‚entmündigenden' Vorstellungen von Lernen und Lehren aufzubauen". Dagegen würde das neue Konzept eine „pädagogischen Enthaltsamkeit", einen diesbezüglichen „Selbstverzicht" propagieren, ihrer Meinung nach in Wirklichkeit aber unverhohlen zum „Laisser Faire" einladen (ebd., S.35), der darin mündet, „das Spiel und die Spielenden sich selbst zu überlassen" (S.47).

Ein solcher Zugang ist den Leser/innen dieses Buches aus einem anderen Kontext wohl bekannt. Schließlich bildet „Laisser Faire" – im Sinne von „einfach machen lassen" – die Grundsäule der neoliberalen Wirtschaftsdoktrin. Jedoch stellt das bei weitem nicht die einzige Parallele zwischen dem ökonomischen und dem pädagogischen Basisprogramm des Informationalismus dar.

Besonders ungeschminkt erfolgte die Exposition des entsprechenden Zusammenhangs innerhalb der US-amerikanischen Didaktik auf dem Höhepunkt des informationellen Kapitalismus. Wie oben angesprochen, gingen die Autor/innen der Beiträge in der zentralen Sammelpublikation des ‚Instructional Design' an der Jahrtausendwende mit keinem Wort auf Theorien des Konstruktivismus zur Begründung der eigenen nach ihm benannten Ansätze ein. Die Fundierung wurde dagegen auf einer gänzlich anderen Ebene vorgenommen: In seinem Einleitungsartikel postuliert der Herausgeber Charles M. Reigeluth unter der Zwischenüberschrift *The Current Paradigm of Education and Learning*, dass bisherige Lehr-Lernkonzepte, welche auf der für die Massenproduktion des Industriezeitalters charakteristischen Standardisierung fußten, neuerdings von einer für die Produktherstellung des Informationszeitalters typischen Orientierung an individuellen Kundenwünschen abgelöst wird (Reigeluth 1999b, S.17). Als Hauptmotiv für die – von ihm selbst als „dramatisch" (Reigeluth 1999a, S.ix) bezeichnete – pädagogische Wende führt er den Trend an, dass Arbeitgeber/innen heutzutage von Dienstnehmer/innen zunehmend die Fähigkeit einfordern, Initiative zu ergreifen, um – aus unterschiedlichen Perspektiven an die Materie herangehend – selbstständig Probleme zu lösen (vgl. Reigeluth 1999b, S.18). Gerade von der – nach Reigeluths Meinung aus solchen Beobachtungen resultierenden – Notwendigkeit, dem Verlangen nach der pädagogischen Förderung entsprechender Kompetenzen möglichst rasch und effizient nachzukommen, leitet er ab, die Umbrüche im Bildungsbereich dürften nicht einfach einzelne Zugänge und Methoden betreffen, sondern, dass es das Lernparadigma selbst wäre, welches eines vollkommenen Austausches bedarf (vgl. ebd., S.19).

Vertreter/innen analoger Bildungskonzeptionen im deutschsprachigen Raum trugen die Koppelung ihrer Positionen an das Wirtschaftsprogramm des Informationalismus nicht so offensiv zur Schau. Trotzdem stellen Helmut Bremer und Uwe Bittlingmayer (2008,

S.32) in ihrer Analyse entsprechender Ansätze fest, dass sich Neoliberalismus und pädagogischer Konstruktivismus ebenso hier zueinander „wie Yin und Yang, wie Deckel und Topf" verhalten. Denn das in diesem Rahmen massiv geforderte selbstverantwortete Lernen reiht sich ihnen zufolge perfekt in einen öffentlichen Diskurs ein, in dem von Individuen bezogen auf zahlreiche Existenzbereiche immer mehr Eigenverantwortung und Initiative abverlangt wird – sei es in Hinblick auf Gesundheit, die Altersvorsorge oder die eigene Teilhabe am Arbeitsmarkt (vgl. ebd.). Parallel dazu geben die Herausgeber jener Nummer der renommierten kritischen Zeitschrift *Schulhefte*, aus der dieser Beitrag von Bremer und Bittlingmayer entstammt, als Grund für die (Wieder-) Entdeckung der Heterogenität in Bezug auf das Lernen und Lehren, politökonomische Verhältnisse an, welche „die Markt- und Wettbewerbslogik zur strukturellen Bedingung jeder menschlichen Lebensäußerung zu machen versuchen" (Patzner et al. 2008, S.6). Ihrer Beobachtung nach sind auch die im Zuge der konstruktivistischen Didaktik forcierten ‚Offenen Lernformen' nicht zuletzt als pädagogische Reaktion auf den wirtschaftlichen Bedarf am „flexiblen Menschen" zu sehen, der als „Unternehmer seiner selbst" agieren soll (vgl. ebd., S.5). Dabei betonen sie, dass es bei entsprechenden Bildungsmaßnahmen nicht um die Förderung persönlich relevanter, sondern um jene für die jeweilige Ökonomie am besten verwertbarer Kompetenzen geht – um die „Generierung von Spitzenleistungen, die der jeweiligen Volkswirtschaft im globalisierten Wettbewerb mit den anderen Volkswirtschaften den Vorsprung oder zumindest die Teilnahme sichern soll" (ebd., S.6).

Hauptproponent/innen derartiger Ansätze widersprechen solchen Befunden keineswegs. Z.B. gesteht Horst Siebert (2005, S.135) im Fazit seines Buches *Pädagogischer Konstruktivismus* ein, dass heutzutage nur selten die „subjektiven Bedürfnisse nach Persönlichkeitsentwicklung, sondern die wachsenden Systemzwänge eines ständigen Anpassungslernens" Menschen dazu bewegen, sich weiterzubilden. Den profanen Sinn all der instruktionspsychologisch ausgefeilten Aktivierungsmethoden fasst er daraufhin im folgenden sehr einfachen und damit auch höchst einleuchtenden Postulat zusammen: „Ohne eine intrinsisch motivierte Selbststeuerung des Lernens bleiben extrinsisch veranlasste Schulungsprogramme wirkungslos" (ebd., S.136). Im Klartext bedeutet es, das Hauptziel der Methoden konstruktivistischer Didaktik würde darin bestehen, Lernende durch das Einräumen gewisser Freiheiten bzgl. der Regulierung einzelner Parameter von Lernprozessen und durch das Einstreuen von Unterhaltungselementen davon abzulenken, dass sie gegen ihren Willen zum einstudieren von Inhalten genötigt werden, die sie persönlich kaum oder überhaupt nicht interessieren.

Zwei praktische Konsequenzen einer solchen (pseudo-) konstruktivistischen Herangehensweise liegen auf der Hand: Erstens werden Menschen im Rahmen entsprechender Unterrichtsszenarien, die sie zum Aufsetzen und ständigem Tragen einer „guten Miene zum bösen Spiel" zwingen, auf eine affirmative Haltung gegenüber allem gedrillt, was Macht über sie ausübt. Aus dem gerade Dargestellten in Kombination mit der (durch Hollywoodproduktionen wie *Matrix* popularisierten quasi-philosophischen) These, die Wirklichkeit würde lediglich das Produkt ihrer Beschreibung darstellen, wird zumeist induziert, dass diese Realität unveränderbar ist und deswegen „bleiben mag, was sie ist" (Bremer; Bittlingmayer 2008, S.35, den Philosophen und Erziehungswissenschaftler Dirk Rustemeyer zitierend). Hinsichtlich eines so verstandenen pädagogischen Konstruktivismus postuliert Bernd Hackl (vgl. 2007, S.15), dass ein derartiges Konzept, welches zunächst als eine radikale Zurückweisung technokratischer Ambitionen erscheint, sich bei näherer Betrachtung „bloß als ihr intelligenterer Überbau" entpuppt.

Die zweite Auswirkung ist unmittelbar von der ersten ableitbar: Wenn man alles Gegebene bis hin zu offensichtlichen Irreführungen und Ungerechtigkeiten widerspruchslos akzeptieren muss, dann hat man auch damit zu leben, dass die Stärkeren immer im Recht sind und auf ewig im Recht bleiben werden. Denn in einer Gesellschaftsordnung, in der jeder gezwungen ist, „als autopoietisches System zum unverwechselbaren Urheber seines eigenen Lernerfolgs" zu avancieren (Dörr 2010, S.198), entwickelt sich Pädagogik zu einem nach „psycho- und sozialdarwinistischen Prinzipien zu gestaltende[n] Unterfangen" (Hackl 2007, S.11). Genau das ist der Punkt, bei dem die konstruktivistische Schwerpunktsetzung auf Selbstregulierung laut hier zitierten Autor/innen in der Bildungspraxis zu tiefgreifenden Problemen führt: Wenn alle Lernenden sich selbst „auf eigene Rechnung" regulieren, dann können sich Lehrende vollkommen aus der Verantwortung für das Gelingen ihrer Unterrichtsprozesse entlassen. Denn „als Korrektiv wirkt ohnehin das evolutionäre Auswahlprinzip" (ebd., S.15; vgl. Bremer; Bittlingmayer 2008, S.35; Dörr 2010, S.198f).

Gerade am Letzteren manifestiert sich die wahre Perfidität des konstruktivistischen Metaparadigmas. Die Herausgeber der Nummer der Zeitschrift *Schulhefte*, in der unter dem Titel *Offen und frei?* entsprechende pädagogische Zugänge kritisch durchleuchtet werden, weisen in ihrem Editorial auf die Verwurzelung derartiger Ansätze in der „Kulturrevolution" von 1968 hin – im „Kampf gegen Hierarchien, für Partizipation, Individualisierung usw." (Patzner et al. 2008, S.5)[173]. Das unmittelbar daran gekoppelte Stichwort „*Studenten*bewegung" nehmen sie als Indiz dafür, dass es sich hier um ein Konzept der gebildeten Mittel- und Oberschicht handelt. Daraus leiten sie folgende Fragestellung ab: „Wie steht's eigentlich mit der Förderung der Kinder aus bildungsfernen Schichten, mit der Förderung der Lernbehinderten, der Migrantenkinder usw.?" (ebd.). Eine Auseinandersetzung mit der sozialen Selektivität des Bildungswesens bzw. den „sozial ungleichen Bedingungen, unter denen sich die Konstruktionen der lernenden Subjekte vollziehen" wird laut dem in diesem Heft publizierten Beitrag von Helmut Bremer und Uwe Bittlingmayer (2008, S.35; vgl. S.30) in der gesamten am neuen Paradigma orientierten pädagogischen Diskussion nahezu vollkommen unterlassen. Im Gegenteil scheint sich aus so einer Perspektive das Problem der ungerechten Chancenverteilung wie von selbst in Luft aufgelöst zu haben – es „hat sich offenbar in beliebige Vielfalt aufgrund individueller Vorlieben transformiert" (ebd., S.35). Der Meinung von Bremer und Bittlingmayer nach wird jedoch gerade durch das Ignorieren der Differenzen in den Bildungsvoraussetzungen sowie als Folge des Fehlens diesbezüglicher pädagogischer Handlungsstrategien „das Fortbestehen von sozialen Unterschieden gefördert" (ebd.).

In ihrem hier besprochenen Artikel zur *Ideologie des selbstgesteuerten Lernens* veranschaulichen seine Autoren diese Thesen gleich anhand mehrerer Beispiele und Studien. So

---

[173] Besonders bemerkenswert wird dieser Hinweis, wenn man beachtet, dass Manuel Castells – der selbst zu wichtigen Protagonisten der „68er" zählt – die studentische Revolte als eine der Hauptwurzeln des informationellen Kapitalismus betrachtet. Dabei räumt auch er ein, dass diese Strömung „mit dem Marxismus und übrigens auch mit der Arbeiterklasse wenig zu schaffen" hatte, da es sich im Wesentlichen um „kulturelle Bewegungen" handelte (Castells 2003, S.389). Trotzdem bzw. gerade deswegen hatten sie auf Grund der aus ihnen resultierenden gesamtgesellschaftlichen Durchsetzung einer libertären Grundhaltung enorme „Auswirkungen auf die Wirtschaft, die Technologie und die sich daraus ergebenden Prozesse der Neustrukturierung" (ebd., S.390).

## 6. Bildung im Zeitalter des Informationalismus

zeigen sie bereits in Bezug auf den Hochschulsektor auf, wie sehr die geringe Strukturierung universitärer Lehre auf die Vorstellung eines „freien Intellektuellen" abgestimmt ist, der sich selbstständig seine eigenen Forschungsansätze sucht und festlegt. Dadurch, dass z.B. von Lernenden verlangt wird, ohne Unterstützung durch Dozent/innen Fragestellungen für ihre schriftlichen Arbeiten zu entwerfen, werden „bildungsungewohnte Studierende" mit ihren Bedürfnissen und Problemen alleine gelassen. Die „wissenschaftliche Persönlichkeit" wird dabei Bremer und Bittlingmayer zufolge „nicht gefördert, sondern schon vorausgesetzt" (ebd., S.43). Ähnlich steht es um alle Formen des offenen Lernens, die eindeutig jene Studierenden begünstigten, denen – im wörtlichen Sinne „von Haus aus" – entsprechende Zugänge zur Wissenserschließung bereits vertraut sind. Tatsächlich etablieren nach Meinung der Autoren privilegierte Schichten in solch einem Rahmen lediglich ihre eigenen Bildungspraktiken als Norm, „indem aufgrund eigener Milieuzugehörigkeit von sozialen Rahmungen abstrahiert" wird (S.46).

Parallele Prozesse beobachten Bremer und Bittlingmayer in der Schule, wobei hier eine zusätzliche Verschärfung der dargestellten Schwierigkeiten dadurch erfolgt, dass konstruktivistisch angehauchte pädagogische Methoden „nur für bestimmte soziale Gruppen in der Praxis überhaupt anschlussfähig" sind (S.47). Denn laut neueren Untersuchungen sind für ein derartiges Lernen benötigte subjektive Handlungsressourcen gesellschaftlich „ausgesprochen ungleich verteilt" (S.49). Das fängt bereits damit an, dass Kinder, deren Eltern über ein geringes Bildungsniveau verfügen, sich in Hinblick auf Wissenserschließung selbst viel weniger zutrauen, als jene aus Akademikerkreisen. Daraus resultiert insofern ein sich ständig aufschaukelnder negativer Kreislauf, als gerade Selbstvertrauen die Grundvoraussetzung für das Gelingen selbstgesteuerter Lernprozesse bildet. Während also entsprechende Lernformen Kindern „aus gutem Hause" zum Vorteil gedeihen, würden Schüler/innen aus anderen Gesellschaftsschichten bedeutend klarere Strukturierungen und Vorgaben zur Orientierung und Hilfestellung benötigen (vgl. ebd.).[174] Von solchen Analysen ausgehend postulieren Helmut Bremer und Uwe Bittlingmayer, dass die Einführung bzw. der Ausbau von Methoden des offenen Lernens „die ohnehin bestehenden großen Bildungsungleichheiten weiter verschärfen", was sich ihrer Meinung nach sehr gut in die allgemeine Zunahme sozialer Ungerechtigkeiten als Folge des neoliberalen Gesellschaftsumbaus einfügt (ebd.; zum gesamten Unterabschnitt siehe auch Dörr 2010, S.197ff).[175]

Bei der Aufarbeitung kritischer Positionen hinsichtlich eines Konzeptes läuft man schnell Gefahr, seine tatsächlichen Intentionen einseitig und folglich verzerrt darzustellen. In diesem Fall ist es jedoch sehr einfach eindeutig zu belegen, dass das oben Konstatierte (leider) den Fakten entspricht. Dafür reicht es aus, lediglich ein einziges Originalzitat aus einer

---

[174] Die hier behandelte Problematik betrifft den schulischen Bereich auch deswegen ungleich stärker, als den universitären, weil das Schlimmste, was Studierenden passieren kann, die mit „offenen" Unterrichtsansätzen nicht klar kommen, jenes ist, dass sie das Studium abbrechen und sich einen Beruf suchen müssen, der keinen akademischen Abschluss erfordert. Das ist zwar sowohl persönlich als auch gesellschaftspolitisch tragisch, stellt jedoch für einzelne wenigstens noch keine Bedrohung ihrer Existenz dar. In der (Pflicht-) Schule kommt jedoch durchaus das Letztegenannte hinzu. Denn wer hier „durch den Rost" fällt, wird als „Bildungsverweiger/in" abgestempelt – mit allen zu Beginn des Abschnitts 6.4.4. beschriebenen Konsequenzen.

[175] Eine besonders ausführliche Untersuchung zum Thema der sozialen Selektivität des Bildungswesens bietet die Habilitationsschrift des Erstautors des gerade mehrfach zitierten Artikels Helmut Bremer, in der er aufbauend auf Konzeptionen von Pierre Bourdieu postuliert, dass die *Ungleichheit der Lernenden* eine *ungleiche Pädagogik* erfordert, wenn mehr *Gleichheit* das Ziel sein soll" (Bremer 2007, S.13; Hervorhebungen im Original).

zentralen Publikation der beiden Hauptvertreter konstruktivistischer Pädagogik im deutschsprachigen Raum anzuführen:

> *„Der Konstruktivismus (...) unterstützt kognitionstheoretisch den unumstrittenen Trend der Individualisierung als Vergesellschaftungsprozess. Die Menschen müssen heute mit sich, ihren Identitätskrisen und ihren Zukunftsängsten alleine zurecht kommen. Der Konstruktivismus treibt die Individualisierung erkenntnistheoretisch auf die Spitze, er beweist die Selbstverantwortlichkeit des einzelnen und entlastet das System. Außerdem enthält er die geheime Botschaft: Wenn es Dir schlecht geht, liegt es an Deiner Wirklichkeitskonstruktion"* (Arnold; Siebert 1995, S.23).

## 6.6 Zwischenfazit

Genau in der Bemühung, die Menschen keineswegs mit den negativen Folgen aktueller gesellschaftlicher Entwicklungen alleine zu lassen, sondern ihnen z.T. mögliche Auswege aufzuzeigen aber vielmehr noch sie dabei zu unterstützen, solche für sich jeweils individuell selbst zu erkennen, besteht eines der Hauptziele der vorliegenden Arbeit. Deswegen erfordert dieses – hinsichtlich der Darlegung von Forschungsergebnissen zentrales – Kapitel eine besonders ausführliche Zusammenfassung, die mit einer vergleichenden Analyse aller bisherigen Einsichten zu verknüpfen ist. Denn nur so können die zahlreichen hier behandelten Themenstränge in Bezug auf ihre vielfältigen gegenseitigen Interdependenzen an einander gebunden und ausgehend davon neue Erkenntnisse generiert werden.[176] Eine derartige Methode dient auch der Suche nach Antworten auf die wichtigste dem Kapitel vorangestellte Forschungsfrage – und zwar auf jene nach den implizierten Motiven hinter den explizierten Zielvorgaben, den tatsächlichen Handlungen sowie schlussendlich nach den konkreten Auswirkungen der wirtschafts-, sozial und bildungspolitischen sowie der damit unmittelbar zusammenhängenden pädagogischen Initiativen im Zeitalter des Informationalismus. Die Quintessenzen der entsprechenden Argumentationen werden anschließend in Form einer lediglich auf die jeweiligen Kernaussagen reduzierten Tabelle präsentiert, der die Darstellung der größten Opfer des bildungspolitischen Informationalismus folgt. Das Ganze wird von einem kurzen Zwischen-Schlusswort abgerundet, in dem es um die Vermeidung von Missverständnissen hinsichtlich der grundsätzlichen Stoßrichtung dieses Buches geht.

### 6.6.1 Zusammenfassende Analyse

**Bildungstheoretischer Technikdeterminismus**

Das zu Beginn des vorliegenden Kapitels exemplarisch vorgestellte Buch von Klaus Haefner zum *Lernen im Computerzeitalter* vom Anfang der 1980er Jahre ist von den Ideen und Formulierungen her so extrem, dass man es heute kaum zu glauben vermag, es konnte damals irgendwer – und erst recht auch nur ein einziger Mensch in einer verantwortungsvol-

---

[176] Zum Zwecke der Erleichterung des Auffindens der ausführlichen Besprechung des Behandelten und von dazu gehörenden Belegen erfolgt hier eine zum Hauptkapitel in Hinblick auf die Benennung sowie Anordnung der Unterabschnitte analoge Einteilung. Dabei gibt es jedoch eine bedeutende Abweichung: Die Darstellung sämtlicher direkter Auswirkungen auf die pädagogische Praxis wird zunächst ausgespart und erst im letzten Unterabschnitt gemeinsam vorgenommen, um eine besonders deutliche Herausarbeitung der Erkenntnisse bezüglich dieses für das vorliegende Buch wichtigsten Themas zu ermöglichen.

## 6. Bildung im Zeitalter des Informationalismus 245

len Position – ernst genommen haben. In unserer Zeit ist davon auszugehen, dass es nicht einmal eine Chance auf Veröffentlichung hätte, geschweige denn auf breite Rezeption. Trotzdem ist diese Publikation im höchsten Maße aktuell und zwar aus zwei Gründen:

Erstens lassen sich mit ihrer Hilfe die hier so oft kritisierten menschenverachtenden, bevormundenden und damit nicht zuletzt demokratiefeindlichen Ansätze des Technikdeterminismus plastisch veranschaulichen. Entsprechende Zugänge werden bei Haefner bereits dann deutlich, wenn er menschliche Lebewesen und Computer in Hinblick auf ihre jeweilige wirtschaftliche Verwertbarkeit in puncto Kosten, Zuverlässigkeit, Einfachheit der Beschaffung sowie Rechenleistung in einen Wettstreit treten lässt. Die Ableitung der unerreichbaren Überlegenheit der Maschine und der daraus resultierenden baldigen Verdrängung des Menschen aus den meisten Arbeitskreisläufen liegt aus so einer Perspektive auf der Hand. Haefners Enttäuschung darüber, dass man der Sättigung unserer Bildungsfähigkeit (noch) nicht mit operativen Eingriffen in unsere Gehirne begegnen darf, mutet da schon etwas origineller an, erscheint im Rahmen seines Denkkonstruktes jedoch durchaus logisch. V.a. aber eignet sich eine solche Überlegung bestens als Drohszenario, um Menschen dazu zu bewegen, auf zentrale Errungenschaften der modernen Zivilisation zu verzichten: Wenn wir schon nicht bereit sind, uns invasiv für den Kampf mit der informationellen Umwelt rüsten zu lassen, müssen wir wenigstens akzeptieren, dass unser Bildungswesen zu diesem Zwecke wieder in ein Erziehungssystem umgewandelt wird. Letzteres soll lediglich eine kleine Elite von „Unberechenbaren" mittels flexibler, adaptiver und interaktiver Methoden fördern. Den Rest muss es jedoch lediglich auf die „richtige" Lebensführung drillen, wobei der Pädagogik das Recht einzuräumen ist, in sämtliche Existenzbereiche solcher gesellschaftlich weniger wertvollen Individuen einzugreifen – von ihrer Wohnungsplanung über ihre Berufswahl bis hin zu ihrem politischen Wahlverhalten.

Die zweite Begründung für die Aktualität dieses Buches besteht darin, dass bei der näheren Betrachtung neuerer Bildungskonzeptionen, die sich zwecks Legitimation intensiv auf zeitgenössische ökonomische und/oder technologische Entwicklungen berufen, auffällt, dass sie sich in erster Linie in Hinblick auf Ausdrucksweisen von solchen Ansätzen wie jenen Haefners unterscheiden, inhaltlich aber in die gleiche Richtung weisen: Auch von späteren Perspektiven aus formt die Technologie unsere Gesellschaft um und die Pädagogik muss ihr gesamtes Denken sowie Handeln darauf ausrichten, Menschen jene Kompetenten zu vermitteln, die sie benötigen, um in dieser neuen Welt (fort-) zu bestehen, wobei sie wiederum Technologien als diesbezügliche Hilfsmittel nutzen soll. Auch wenn entsprechende Formulierungen bedeutend eloquenter ausfallen, ist eine solchermaßen orientierte Pädagogik insofern ebenso menschenverachtend, bevormundend und nicht zuletzt demokratiefeindlich, als sie Individuen – in der Förderung derer Handlungsfähigkeiten ihre eigentliche Hauptaufgabe liegen sollte – auf den willenlosen Vollzug von außen aufgezwungener Verhaltensweisen trimmt.

Die beträchtliche Differenz in der Diktion zwischen den Bildungszugängen aus den (frühen) 1980er und den (späteren) 1990er Jahren lässt sich v.a. damit erklären, dass der Technikdeterminismus auf dem Höhepunkt des Informationalismus in sämtlichen Gesellschaftsbereichen soweit zum Mainstream avancierte, dass es nicht mehr notwendig war, seinen Grundpostulaten mit Hilfe emotionaler Rhetorik Nachdruck zu verleihen. Seine allgemeine Durchsetzung erschließt sich besonders deutlich aus einem Vergleich wirtschaftlicher, politischer und pädagogischer Positionen zu Bildungsfragen. Daran merkt man, dass es zu dieser Zeit fast vollkommen austauschbar war, ob man erfolgreiche Unternehmer/innen, nationale bzw. internationale Regierungsorganisationen oder die renommiertesten Bildungsexpert/innen zu Wort kommen ließ – nicht nur der technikdeterministische Grundtenor war ihnen allen gleich, sondern auch die meisten Argumentationslinien und Ausdrücke.

Das erkennt man alleine bei ihrer Gegenüberstellung hinsichtlich der Begründung der Notwendigkeit und in Bezug auf die Intensität pädagogischer Reformen. Während Bill Gates zufolge das Bildungssystem auf Basis der technologischen Revolution vor vollkommen neue Aufgaben gestellt wird und sich gewaltigen Veränderungen unterziehen muss, bei denen Informations- und Kommunikationstechnologien die treibende Kraft bilden sollen, fordert die Europäische Kommission eine mit dem massiven Einsatz entsprechender Medien im Unterricht einhergehende grundlegende Neugestaltung sämtlicher Lernstrukturen. Analog dazu argumentieren führende Vertreter/innen des ‚Instructional Design' mit der IKT-betriebenen Informationsexplosion ihren Aufruf zu einem dramatischen Paradigmenwechsel in der Natur ihrer gesamten Zunft, wobei dieser ihrer Meinung nach wiederum erst durch die Medienentwicklungen vorstellbar und möglich geworden sei.

Besonders beklemmend erscheint die Tatsache des allgemeinen Siegeszugs des Technikdeterminismus dann, wenn man sich dessen vergegenwärtigt, dass selbst Disziplinen, die per se von einer massiven Medienskepsis geprägt sind – wie z.B. die in der Ideologiekritik der ‚Frankfurter Schule' verankerte deutsche Medienpädagogik – keinesfalls von ihm verschont blieben. Auch hier erfolgte das Propagieren der (Fern-) Steuerung sämtlicher unserer Lebensbereiche durch Computer, Internet und Mobilkommunikation, wovon die Unmöglichkeit der Verwirklichung der Vision eines seine technologische Umwelt aktiv gestaltenden Individuums abgeleitet wurde. Damit manifestiert sich ebenfalls der Zusammenhang zwischen dem technikzentristischen und den metaideologischen Aspekten des Informationalismus (wieder einmal) überdeutlich: Ob „links" oder „rechts", ob „progressiv" oder „restaurativ", ob bestrebt die Heranwachsenden so schnell wie möglich für die neuen technologischen Gegebenheiten „fit zu machen", oder sie im Gegenteil vor ihren Einflüssen soweit es nur irgendwie geht zu „bewahren" – unzählige Spezialist/innen im Bildungsbereich wurden in dieser Epoche gleichermaßen vom techikdeterministischen Sog mitgerissen, auch wenn sie sich selbst dessen nicht immer bewusst waren.

### Bildungspolitischer Technikdeterminismus

So ausgeprägt die bildungstheoretische Technologiegläubigkeit auch sein mochte, der bildungspolitische Technikdeterminismus schaffte es immer noch, sie an Extremität und v.a. an Primitivität zu überbieten. Denn die Appelle von Soziolog/innen und Bildungswissenschaftler/innen, den Herausforderungen der Wissensgesellschaft durch die verstärkte Förderung der Kompetenzen zur selbstständigen, flexiblen und kreativen Wissensaneignung zu begegnen, wurden zumeist höchstens in Randbemerkungen politischer Positionspapiere übernommen. Bei der tatsächlichen Realisierung derartiger Pläne forcierten Regierungen jedoch Ansätze, die in eine gänzlich andere Richtung wiesen: Die einzigen (dafür jedoch oft beträchtlichen) öffentlichen Mittel in diesem Bereich flossen, um erstens die gesamte Menschheit – von deutschen Schüler/innen bis zu Kindern in den entlegensten Dörfern Afrikas – möglichst flächendeckend mit Computern und Internetanschlüssen zu versorgen, um sie danach zweitens entsprechend zu „alphabetisieren".

Letzteres bedeutete, Heranwachsenden die „literacy" beizubringen, die zum Bedienen der Geräte und Programme notwendig war – z.B. in Form ihrer lückenlosen Ausstattung mit einem „Computerführerschein", im Rahmen dessen Erwerbs sie sich in die Hauptfunktionen von Textverarbeitungssoftware u.ä. einarbeiten sollten. Was den Mächtigen dabei entweder nicht auffiel, oder was sie einfach ignorierten, war die Tatsache, dass es gerade die Vermittlung solcher spezifischer Fertigkeiten war, gegen die sämtliche Expert/innen, die sich seit den Anfängen des Informationalismus mit Bildungsfragen auseinandersetzten, massiv wetterten. Schließlich werden sie in kürzester Zeit obsolet, weswegen demgemäß geschulte Individuen schnell zu wirtschaftlichen „Passivposten" bzw. zu jederzeit ersetzbaren „generischen Arbeitskräften" verkommen. Dahingehende Tendenzen wurden innerhalb entsprechender Schulungen durch den Einsatz von Methoden potenziert, welche – allen Appellen führender Bildungstheoretiker/innen zum Trotz – ganz bewusst auf die vernetzte Förderung ganzheitlicher Kompetenzen sowie erst recht auf das Lernen anhand lebensweltrelevanter Problemstellungen verzichteten und statt dessen auf die Aneignung von Kenntnissen abzielten, die als „träges Wissen" bezeichnet werden.

Solche Probleme, wie auch alle weiteren im Bildungsbereich und sogar sämtliche anderen Dilemmata dieser Welt schienen jedoch aus der Perspektive von Politiker/innen bzw. von staatsnahen Organisationen sofort zu verpuffen, sobald sie nur in Berührung mit den Wunderkräften digitaler Technologien kamen. Ihr Einsatz konnte deren Meinung nach nicht nur die Qualität des Unterrichts sowie die Freude daran beträchtlich steigern, aus dem Bildungssystem Ausgeschlossene wieder integrieren und jede organisatorische Schwierigkeit institutioneller Bildungssysteme schlagartig beheben. Vielmehr war es alleine durch das Zur-Verfügung-Stellen eines ans „internetfähigen" Computers sogar möglich, allen Menschen dieser Erde den Zugang zu ihrem unendlichen Potenzial der lebenslangen kreativen Wissenserschließung sowie der flexiblen Problemlosung zu eröffnen und damit – wie es in einem Werbevideo des „Entwicklungshilfeprojekts" ‚One Laptop per Child' auf den Punkt gebracht wird – die Welt zu retten.

Entsprechende Heilserwartungen machten auch vor der tertiären Bildung keineswegs halt. Dabei erfolgte aber bei der Förderung des hochschulischen eLearnings eine andere Schwerpunktsetzung: Die Verbreitung der Versprechungen einer technologiegetriebenen enormen Verbesserung der Lehre und der Lernbedingungen wurde den Bildungsexpert/innen selbst überlassen. Die Politik dagegen zeigte sich fast ausschließlich an daraus resultierenden Einsparungspotenzialen und damit verbundenen Chancen der Effizienzsteigerung interessiert. Das eLearning sollte also schlicht und ergreifend gestatten, tunlichst viele Studierende mit möglichst gleichen, schnell und billig produzierten Unterrichtsmaterialien zu versorgen. Dass im Rahmen einer vor diesem Hintergrund entwickelten Lehre eher die Behinderung als die Förderung der individuellen aktiven Wissenskonstruktion erfolgte, versteht sich von selbst und wurde auch von den meisten Spezialist/innen im Bildungsbereich lautstark beklagt. Das interessierte die Mächtigen jedoch herzlich wenig – im Gegenteil bestanden sie auf der Nutzung entsprechender Plattformen als Basis für die Entwicklung marktfähiger Produkte und erfolgreicher Geschäftsmodelle für den Weiterbildungssektor.

Das vorprogrammierte Scheitern derartiger Vorhaben ist nicht wirklich einer Erwähnung wert. Jedoch legt diese Ausführung nahe, sich noch einmal dem zuvor behandelten Thema im Kontext des bildungspolitischen Technikdeterminismus zuzuwenden. Denn das von Regierungen proklamierte computer- und webbasierte Wegzaubern aller Probleme in außeruniversitären Bildungssektoren ist zu offensichtlich irrwitzig, um jemals ernst gemeint gewesen zu sein. Vielmehr ist auch hier davon auszugehen, dass hinter dem Propagieren all der weltverbesserischen Träumereien durchaus „handfeste" Interessen standen. Jene hinter dem ‚One Laptop per Child' -Projekt wurden bereits von seinen Kritiker/innen aus den betroffenen Entwicklungsländern entlarvt: Ihrer Meinung nach besteht sein Hauptziel in der Erschließung der Märkte der Dritten Welt durch Technologiefirmen der reichen Länder und in der Ankurbelung der Nachfrage nach entsprechenden Produkten – völlig unabhängig davon, ob sie tatsächlich benötigt werden, oder ob ihre Anschaffung in diesen Staaten Ressourcen absorbiert, die an anderen Stellen schmerzhaft fehlen. Ähnlich könnte es um analoge Ansätze in den wohlhabenden Regionen stehen – also um die „compter literacy", die informationstechnische Grundbildung, den „Computerführerschein" etc. Wie im vorangehenden Kapitel mehrmals angesprochen, bildet die Diffusion von Technologien – d.h. ihre soziale Verbreitung, Streuung und Durchmischung – den Grundstock auf dem erst alle anderen Elemente des informationellen Kapitalismus aufsetzen können. Wenn man einem derartigen System zum Siegeszug verhelfen will, liegt also nichts näher als – wie es die Europäische Kommission formulierte – den Menschen von frühester Jugend an beizubringen, sich ihren Platz in der Gesellschaft mit Hilfe der IKT zu suchen. Dass sie im Rahmen diesbezüglicher Schulungen darauf gedrillt werden, nur jene Knöpfchen zu drücken und lediglich solche Abläufe zu vollziehen, die ihnen vom jeweiligen Gerät oder Programm vorgegeben werden, statt zu lernen, selbstständig zu denken und erst recht statt sich kreativ Wissen zu erschließen, ist politisch absolut gewollt. Denn Letzteres ist vielleicht für eine kleine Minderheit von – wie es Haefner sagen würde – „Unberechenbaren" wirtschaftlich notwendig und deswegen auch politisch erwünscht. Wenn die Mehrheit jedoch darin geübt ist, unhinterfragt Anordnungen auszuführen, erleichtert es den Mächtigen ihre Arbeit enorm.

**Neoliberale Bildungspolitik**

Das Stichwort „informationeller Kapitalismus" bietet einen Hinweis darauf, dass die Auseinandersetzung mit der neoliberalen Bildungspolitik dabei helfen könnte, das Verständnis dessen zu vertiefen, worin die Staatsambitionen im Zeitalter des Informationalismus jenseits ihrer öffentlichen Proklamationen tatsächlich bestanden. Jedoch wurde auch in Bezug auf diesen Punkt eine enorme Vernebelungstaktik betrieben. Das Herausarbeiten der implizierten Motive hinter den explizierten Zielen ist hier sogar insofern um einiges aufwändiger, als hinsichtlich des vorhergehenden Themas, weil die offiziell verkündeten Absichten in diesem Fall viel glaubwürdiger klingen: Während kein vernünftiger Mensch den Regierenden jemals abnehmen konnte, sie würden das Bildungssystem und dazu gleich die ganze Welt tatsächlich mit Hilfe der Verbreitung von Computern und ihres Anschlusses ans Internet retten wollten, klang es durchaus überzeugend, wenn sie behaupteten, Einsparungen und Effizienzsteigerungen im Bildungsbereich erreichen zu wollen. Schließlich stellt die Forderung nach dem Rückzug des Staates aus der Finanzierung zentraler sozialer Bereiche, wie jenes der Bildung, eines der Basispostulate des neoliberalen Programms dar.

Jedoch ist eben anhand dieses Themas besonders deutlich ersichtlich, auf welch wackligen Beinen ein solches Konzept gerade in Hinblick auf wirtschaftliche Aspekte steht, die angeblich sein Grundgerüst bilden. Ganz abgesehen von der menschenverachtenden Seite der – vom „Meisterdenker" des Neoliberalismus, Friedrich von Hayek, forcierten – Idee der Aufhebung der staatlichen Förderung und Reglementierung pädagogischer Maßnahmen zugunsten eines am freien (Bildungs-) Markt ausgetragenen Wettbewerbs, in dem jede/r selbst die Risiken des eventuellen Scheiterns trägt, ist sie grundsätzlich und erst recht in einer Informations- und Wissensgesellschaft auch ganz offensichtlich ökonomisch vollkommen kontraproduktiv. Denn sämtliche Wirtschaftstheoretiker/innen genauso wie -praktiker/innen sind sich darin einig, dass in einer derartigen sozialen Organisationsform die wichtigste Ressource, mit der volkswirtschaftliche Standorte stehen und fallen, das s.g. „Humankapital" darstellt, welches nur über Bildung akkumuliert werden kann. Deswegen fordern sogar solche Persönlichkeiten, wie Peter Drucker und Bill Gates, denen wahrlich schwer „alt-linkes" Gedankengut nachzusagen ist, in diesen Bereich auf keinen Fall weniger, sondern beträchtlich mehr öffentliche Mittel zu investieren. Die Ursache ist klar: Was auch immer man mit einer deutlichen Verringerung der staatlichen Unterstützung des pädagogischen Sektors erreichen will, ist es völlig logisch, dass man damit niemals *bessere* Bildung für *mehr* Menschen erzielen wird können, sondern viel eher umgekehrt. Es gibt aber ebenso einen weiteren, nicht minder triftigen und augenscheinlichen Grund, warum entsprechende Einsparungen in Wirklichkeit mit einer enormen Geldverschwendung gleichzusetzen sind: Hochqualifizierte Menschen verdienen zumeist besser und bezahlen damit auch mehr Steuern, während sie – um sich der Wirtschaftssprache zu bedienen – kaum Wohlfahrtsleistungen „konsumieren". Dagegen „belasten" jene mit geringen Qualifikationen die Sozialsysteme viel stärker, ohne bedeutend zu ihrer Finanzierung beizutragen. Ein konsequentes Aushungern des Bildungssektors würde also lediglich das Sinken von Steuereinnahmen bei gleichzeitigem Steigen entsprechender Ausgaben verursachen und folglich unweigerlich im absoluten Crash der Staatsfinanzen münden.

Somit war den Regierenden der Weg zu Sparmaßnahmen in der Bildung unterhalb des tertiären Bereichs alleine aus wirtschaftlichen Gründen vollkommen versperrt. Lediglich aus so einer Perspektive erscheint auch der Rückzug des Staates aus dem Hochschulsektor als absolut unsinnig. Denn gerade die am höchsten gebildeten Menschen stellen ja jene „flexiblen spezialisierten" und „selbstprogrammierbaren" Arbeitskräfte, die für das Funktionieren der wissensbasierten Ökonomie angeblich so unabkömmlich sind. Auf der Basis dieser These fordern nicht nur sämtliche zu Beginn des vorliegenden Buches vorgestellten (Medien-) Soziolog/innen, sondern ebenso fast alle renommierten Ökonom/innen und Wirtschaftstreibenden, bei steigendem oder zumindest gleichbleibendem Qualitätsanspruch an die Bildung die Quote der Akademiker/innen an der Gesamtbevölkerung so massiv wie irgendwie möglich anzuheben. Dass die Staatsführungen derartigen Appellen und auch eigenen Beteuerungen der zentralen Rolle der tertiären Bildung für die jeweiligen Wirtschaftsstandorte zum Trotz hier den Rotstift ansetzen, stellt ein wichtiges Indiz dafür dar, dass ihre entsprechenden Entscheidungen nicht oder wenigstens nur teilweise finanziell motiviert waren. Damit korrespondiert ebenfalls die Tatsache, dass die monetären Effekte von Privatisierungs- und Liberalisierungsmaßnahmen – die v.a. darin bestanden, Studiengebühren einzuführen und private Konkurrenz zu befördern – sich in engen Grenzen hielten.

Die tatsächlich spürbaren Auswirkungen zeigten sich auf zwei völlig anderen Ebenen: Erstens führte eine solche Entwicklung zu einem enormen Qualitätsabfall der gesamten tertiären Bildung. Denn jetzt mussten finanziell immer schlechter ausgestattete öffentliche Universitäten, zu deren Aufgabenbereich auch die Forschung zählte, in einen Wettbewerb um Studierende mit Fachhochschulen und privaten Universitäten treten, die fast ausschließlich Lehre anboten und welche das Erlangen akademischer Abschlüsse zumeist in einer kürzeren Zeit, auf jeden Fall aber mit viel geringerem Energieaufwand versprachen. V.a. die Tatsache, dass Letztere beteuerten, viel „praxisnähere" Fertigkeiten zu vermitteln, die sofort beruflich verwertbar wären, sollte nach der Lektüre all des bisher Dargestellten die „Allarmglocken" schrillen lassen. Denn damit handelt man sich genau das ein, was man laut allen hier zu Wort gekommenen Expert/innen heutzutage am wenigsten brauchen kann: Schnell obsolet werdende Fertigkeiten und folglich „generische" Arbeitskräfte, die auf Dauer zu einem Dasein als wirtschaftliche „Passivposten" verurteilt sind.

Das zweite Problem resultiert unmittelbar aus dem ersten: Wenn ein Großteil des Systems letztgenannte Absolvent/innen „produziert", dann müssen jene, die einem solchen Schicksal entrinnen wollen, auf Universitäten ausweichen, welche eine höhere Bildungsqualität und demzufolge in Zukunft einen besseren Lebensstandard versprechen, wobei sie für eine derartige Verheißung jeden Preis der Welt zu zahlen bereit und v.a. fähig sein müssen. Die Beteuerung von Politiker/innen, dass die hier besprochene „Reform" zu einer Demokratisierung der Bildung auf Grund der Erhöhung der „Akademikerquote" führen würde, erwies sich also sehr schnell als das, was es von Anfang an war – eine schlecht kaschierte Lüge. Faktisch resultierte aus den ganzen Bemühungen keineswegs eine höhere „Durchlässigkeit" des gesellschaftlichen Systems nach oben, sondern im Gegenteil die Zementierung der Hegemonie finanzieller Eliten, welche es sich leisten können, die gesellschaftliche Vormachtstellung ihrer Nachkommen mit Hilfe z.T. astronomischer Studiengebühren zu sichern bzw. bereits für die Schulbildung in überteuerten privaten Anstalten aufzukommen, die oft die Grundvoraussetzung für die Aufnahme an einer besseren Universität darstellt.

Entsprechende Prozesse wurden in der vorliegenden Arbeit anhand der Modifikationen im Bildungssektor im Zeitalter des Informationalismus in Großbritannien aufgezeigt, da es jener Staat ist, welcher in seiner Funktion als „Trojanisches Pferd der USA" häufig gesamteuropäische Entwicklungen vorwegnimmt. Aber auch wenn die dortige massive Problematik der Elitehochschulen den deutschsprachigen Raum noch nicht erreicht hat und in dieser Form auch nie erreichen sollte, sind die Schwierigkeiten hier ähnlich gelagert. Denn in unseren Ländern ist die Grundausbildung an den „Massenuniversitäten" in den meisten Fächern bereits qualitativ so minderwertig, dass Menschen ernstzunehmende berufliche Aufstiegschancen oft nur über Zusatzkurse an diversen privaten Institutionen akkumulieren können, für welche ihre Anbieter/innen größtenteils horrende Preise verlangen. Ebenso avancieren (durchwegs höchst kostspielige) Schulungs- und Arbeitsaufenthalte im Ausland immer mehr zu Anstellungsprämissen für lukrativere Jobs.

Aus solchen Fakten ist auch das tatsächliche Motiv ableitbar, auf dem die gesamte neoliberale Bildungspolitik basiert: Ihr wahrer Zweck besteht nicht in Einsparungen, sondern darin, den Menschen insofern das marktwirtschaftliche Denken „in die Köpfe zu pflanzen", als man sie auf die Affirmation und folglich den widerspruchslosen Vollzug angeblicher neoliberaler „Naturgesetze" einschwört. Wobei das wichtigste davon auf einem höchst primitiven, von Friedrich von Hayek formulierten Grundpostulat beruht: Der (angeblichen) Unumgänglichkeit der ungerechten Verteilung der gesellschaftlichen Reichtümer sowie der daraus (vermeintlich) resultierenden Notwendigkeit, den Wohlhabenden zu erlauben, so wenig wie möglich von ihrem Besitz mit der Allgemeinheit zu teilen.

Damit wird ebenfalls deutlich, dass der Marktliberalismus keineswegs auf den Schutz der Freiheiten der gesamten Wirtschaft bzw. aller ökonomischen Akteur/innen ausgerichtet ist, sondern lediglich auf die uneingeschränkte Wahrung der Interessen von Begüterten. Für den überwiegenden Teil der Menschen (sowohl in den wohlhabenden Ländern, als auch und erst recht in den ärmeren Staaten dieser Welt) ist ein solches Programm jedoch im höchsten Maße kontraproduktiv, unrentabel und für ihre wirtschaftliche Entwicklung hinderlich.[177] Das störte aber die (Bildungs-) Politiker/innen im Zeitalter des Informationalismus nicht im Geringsten. Ob sie es im vollen Bewusstsein der Konsequenzen ihrer Handlungen taten, oder sich vielleicht z.T. selbst im gordischen Knoten der Verschleierungslinien informationell-kapitalistischer Argumentationen verstrickten, ändert nichts daran, dass ihr Agieren genau das Gegenteil davon bewirkte, was sie erreichen zu wollen vorgaben: Es verringerte keinesfalls, sondern stabilisierte den Anteil „generischer" Arbeitskräfte an der Gesamtbevölkerung, wenn es diesen nicht sogar steigerte. Die tatsächlichen Auswirkungen derartiger Regierungsinitiativen bestanden folglich im Erhalt und dem Ausbau einer gesellschaftlichen Ordnung, in der eine kleine (angeblich) besonders gut gebildete „unberechenbare" Elite über eine große Mehrheit von un- bzw. halbgebildeten Menschen herrscht, deren Handlungen möglichst „berechenbar" (d.h. vorhersehbar) und damit leicht lenkbar sind.

**Psychologische Implikationen**

Während also die faktischen Effekte neoliberaler Bildungspolitik als marginal bezeichnet werden können, waren ihre psychologischen Implikationen enorm. Dies nicht zuletzt deswegen, weil auf Basis der s.g. „Aktivierungsagenda" das erzieherische Eingreifen in sämtliche Existenzbereiche eines großen Teils der Bevölkerung erfolgte – und zwar selbstverständlich in jenes der weniger Wohlhabenden und damit der minder Gebildeten sowie folglich leichter „Berechenbaren". Denn so logisch zunächst Aussagen auch klingen mögen, nach denen für die Ärmeren mit Rechten gleichfalls Pflichten verbunden seien und sie mit Hilfe einer „befähigungsorientierten Sozialpolitik" dazu zu ermächtigen sind, Eigeninitiative sowie Verantwortung zu übernehmen, fragt man sich angesichts der bisherigen Ausführungen unweigerlich, woraufhin sie eigentlich „aktiviert" und wozu sie tatsächlich „ermächtigt" werden sollen, wenn alle Positionen, nach denen sie streben könnten, längst sozial (natürlich von den Reicheren) besetzt sind und dies dem politischen Willen nach möglichst auch so zu bleiben hat.

Ein wichtiges Indiz für Letzteres stellt der Sachverhalt dar, dass sogar sozialdemokratische Regierungen in der Hochphase des Informationalismus der Idee der Umverteilung

---

[177] Auf dieses Thema wird im 7. Kapitel sehr ausführlich eingegangen. Hier soll die Aussage lediglich anhand eines Beispiels verdeutlicht werden: In der im Abschnitt 6.4.1. angesprochenen Studie der Österreichischen Arbeiterkammer aus dem Jahre 2011 wird aufgezeigt, dass die ständig steigenden Gewinne der Unternehmen dieses Landes nur zu einem geringen Anteil in ihren Ausbau oder in das Anlegen von „Sicherheitspölstern" investiert werden. Dagegen erfolgt hauptsächlich ihre Auszahlung an die Eigentümer/innen. Dabei sind diese Gewinnausschüttungen insgesamt neuerdings sogar höher, als die Jahresüberschüsse – im Krisenjahr 2008 betrug die entsprechende Differenz 37,30%. D.h., dass die Eigentümer/innen sich nicht nur an ihren Beschäftigten bereichern (deren Löhne trotz höherer Leistung inflationsbereinigt sinken), sondern auch die ökonomische Handlungsfähigkeit der eigenen Betriebe zugunsten der persönlichen Profitmaximierung einschränken (vgl. AK 2011).

des Wohlstands abschworen und stattdessen seine Stimulation propagierten. Dass sie dabei v.a. im Interesse der Begüterten handelten, ist eindeutig. Schließlich bilden diese die einzige Bevölkerungsschicht, die unbestreitbar und unverzüglich von der Unterlassung von Transferzahlungen profitiert, während die Existenz von längerfristigen Vorteilen entsprechender Aktionen für andere Gesellschaftsgruppen gelinde ausgedrückt fragwürdig erscheint. Viel weniger selbsterklärend dagegen ist, wie die Regierenden einen Wirtschaftsaufschwung herbeiführen wollten, wenn sie sich selbst nicht nur (in Folge flächendeckender Liberalisierungen, Privatisierungen etc.) aller Mittel zum Eingreifen in ökonomische Vorgänge beraubten, sondern auch noch der Möglichkeit, Gelder neu zu verteilen und damit gezielte Investitionen zu tätigen. Zum Teil wurde diese Frage im vorangehenden Kapitel bereits beantwortet: Sie spekulierten auf einen durch Deregulierungen beförderten Boom der Internetwirtschaft. Im vorliegenden Kapitel ist ein weiterer Antwortansatz hinzugekommen: Sie setzten gezielt auf die psychologischen Effekte ihrer „Aktivierungspolitik".

Denn für die Regel, dass es keine Ankurbelung der Ökonomie ohne zusätzliche Investitionen gibt, existiert eine Ausnahme, welche sie keinesfalls bestätigt, sondern tatsächlich widerlegt. Diese tritt in Zeiten größter Not in Kraft: Nach einem Krieg, einer Naturkatastrophe oder ähnlichem wachsen Menschen in Folge der Mobilisierung ihres Selbsterhaltungstriebs oft über sich hinaus und sind häufig fähig, mehr oder weniger „über Nacht" zu ökonomischen Entwicklungen beizutragen, die in jedem anderen historischen Abschnitt als vollkommen unvorstellbar gelten würden und deswegen z.T. auch als „Wirtschaftswunder" bezeichnet werden. Genau diesen psychologischen Mechanismus machten sich die Mächtigen in der Ära des Informationalismus zunutze. Das bereits im vorangehenden Kapitel behandelte ständige Schüren der Panik vor dem wirtschaftlichen Abstieg ganzer Standorte und damit ebenfalls einzelner Individuen stellte das zentrale Druckmittel zur Durchsetzung der allgemeinen „Aktivierung" dar. Große Teile der Bevölkerung waren angesichts einer derartigen Bedrohung bereit, bei gleichbleibenden bzw. (inflationsbereinigt) faktisch sinkenden Löhnen bedeutend mehr zu leisten und dabei zunehmend auf Arbeitsplatzsicherheit und auf ein soziales Auffangnetz zu verzichten. Einen deutlichen Beleg dafür, wie gut eine solche Politik funktioniert, bildet die Tatsache, dass immer mehr junge Menschen ständig steigende Studiengebühren bzw. Ausgaben für Zusatzausbildungen in Kauf nehmen, obwohl sie genau wissen, dass eine Höherqualifizierung inzwischen kaum eine Garantie nicht nur für eine gut bezahlte, sondern überhaupt für eine (entlohnte) Arbeit bietet.

Damit, in Kombination mit Umwandlungen der Abschlüsse seit langem bestehender gewöhnlicher Berufsausbildungen und der Umdeutungen der Zeugnisse ca. um die Hälfte gekürzter Studien, haben es viele Regierungen der wohlhabenden Länder geschafft, trotz stagnierender bzw. sinkender Investitionen in die höhere Bildung die „Akademikerquote" konstant zu halten und mancherorts sogar zu heben. Überdies ist es ihnen nicht zuletzt mit Hilfe solcher Kunstgriffe wenigstens über gewisse Zeitabschnitte hinweg – wie z.B. in der Phase der Clinton-Administration – gelungen, wirklich einen Wirtschaftsaufschwung zu stimulieren und gleichzeitig den Staatshaushalt zu sanieren. Jedoch kam und kommt der so generierte neue Wohlstand eben nicht allen, sondern fast ausschließlich den Reichen und den s.g. „Superreichen" zugute, deren Zahl beständig steigt, während sich gleichzeitig der Anteil der Armen an der Gesamtbevölkerung immer schneller erhöht, prekäre Arbeitsverhältnisse zunehmen und die Klasse der „working poor" fortwährend wächst. Genau diese Entwicklung ist aber keinesfalls auf einen Zufall und schon gar nicht auf irgendein Naturgesetz zurückzuführen, sondern bildet eine der wenigen konkreten ökonomischen Folgen von über 30 Jahren neoliberaler Wirtschafts- und v.a. Sozialpolitik (ausführlich dazu siehe Unterkapitel 7.2). Denn nur eine real begründbare und (be-) greifbare Angst vor dem sozialen Abstieg kann den in seiner Existenz bedrohten Mittelstand dazu bringen, mehr zu leisten und damit auch mehr zu erwirtschaften, ohne Anspruch darauf zu erheben, die Früchte der eigenen Arbeit auch tatsächlich ernten zu dürfen.

Vor dem Hintergrund des Faktums, dass das Verbleiben in der bzw. das Abdriften in die Armut breiter Bevölkerungsschichten ein (wenn auch nie laut ausgesprochenes, nichtsdestotrotz aber zumeist völlig bewusstes) politisches Kalkül im Zeitalter des Informationalismus bildete, stellt sich die vorhin erhobene Frage nach dem Zweck der Aktivierung sozial Bedürftiger als eine rein rhetorische heraus. „Aktiviert" im gerade dargestellten (und nur in diesem) Sinne sollten lediglich jene werden, deren wirtschaftliches Leistungspotenzial leicht verwertbar war. Alle anderen hatten im Gegenteil so weit wie möglich passiv zu bleiben – v.a. hinsichtlich der kritischen Reflexion ihrer Lebensumstände sowie der draus resultierenden Forderungen an die Politik. Letzteres erzielte man in erster Linie durch die enorme Herabwürdigung notleidender und/oder im Bildungssystem sowie im Beruf erfolgloser Personen. Sie wurden lautstark als „Sozialschmarotzer/innen" gebrandmarkt, denen ihre „Hängemattenmentalität" auszutreiben und ihr „Recht auf Faulheit" abzuerkennen ist. Der entsprechende Zynismus ging so weit, dass sogar führende sozialistische Gesellschaftswissenschaftler/innen, wie Anthony Giddens, sich an der Jahrtausendwende dazu verstiegen, Armut heutzutage als eine Folge der persönlichen Entscheidung zu einer spartanischen Lebensweise zu bezeichnen. Damit avancierte das Verantwortlich-Machen sozial Benachteiligter für ihre Lage endgültig zum guten Ton.

Die auf solchen Postulaten basierenden politischen Ansätze, Mittellose hinsichtlich ihrer Existenzsicherung stärker in die Pflicht zu nehmen, brachten (wie fast alle informationalistischen Zugänge) kaum konkret „greifbare" Ergebnisse – schon gar nicht im Sinne von Einsparungen öffentlicher Gelder. Im Gegenteil ist davon auszugehen, dass sie über Umwege sogar mit bedeutend größeren Ausgaben verbunden waren. So kommt die aus der Kriminalisierung des individuellen ökonomischen Scheiterns resultierende zunehmend übliche „Verwahrung" der Ärmsten der Armen in Gefängnissen den von der Politik ständig beschworenen „Steuerzahler/innen und Leistungsträger/innen" unbestreitbar viel teurer, als eine flächendeckende Grundsicherung – ungeachtet dessen, ob jene Personen „Arbeitswillig" (im Sinne der Bereitschaft, jede Beschäftigung ohne Rücksicht auf ihre Arbeitsumstände und ihre Entlohnung anzunehmen) sind, oder nicht. Das – und nicht etwa Empathie – stellt auch einen der Hauptgründe für die zumeist rasche Rücknahme von Sanktionen bei „Arbeitsverweigerung" dar.

Jedoch waren ebenso in Bezug auf diesen Punkt die psychologischen Aus- und Wechselwirkungen erheblich. Denn tatsächlich von außen bestraft wurden und werden wirklich nur die Allerärmsten – so betrifft auch der aktuelle Aufschwung der s.g. „punitiven Pädagogik" faktisch lediglich kriminelle bzw. s.g. „schwereziehbare" Jugendliche, die zu einem überwiegenden Teil aus den untersten Gesellschaftsschichten stammen. Das Disziplinieren der diesbezüglich weniger gefährdeten bzw. betroffenen Mittellosen erfolgte bereits unter Einsatz eines bedeutend differenzierteren Druckmittels: Des Schürens ihres Schamgefühls für ihr angeblich selbst verschuldetes Versagen im allgemeinen Leistungskampf sowie für ihr damit einhergehendes „Sozialschmarotzertum". Mit der daraus resultierenden Lähmung der Beschämten wurde genau jene Politik durchgesetzt, welche die „generischen" Arbeitskräfte in ihrer Haltung als wirtschaftliche „Passivposten" verharren ließ und die dadurch viel eher die Bezeichnung „Deaktivierungsagenda" verdient. Die implizierten Motive einer solchen Taktik sind offensichtlich: Neben den bereits beschriebenen Zielen der Abschreckung von „Leistungsträger/innen" sowie des Kleinhaltens der Entschädigungsforderungen der an die Ränder des Gesellschaft gedrängten Personen wollten die Regierenden mit Hilfe dieses Handgriffs in Hinblick auf die oben dargestellten Folgen der von ihnen forcierten neoliberalen Wirtschafts- und Sozialpolitik ihre „Hände in Unschuld waschen", indem sie die staatliche (Mit-) Verantwortung für die Probleme und Ungerechtigkeiten des von ihnen solcherart gestalteten Systems sowie für den Werdegang Einzelner auf die jeweiligen Individuen zurück (ver-) wiesen.

Hinsichtlich der Mittelschicht musste aber insofern eine andere Vorgangsweise gewählt werden, als sich hier dem Willen der Mächtigen nach Aktivierungs- und Deaktivierungstendenzen die Waage halten sollten. Wie gerade besprochen, hatten die ihr zugehörenden Bürger/innen einerseits verstärkt selbsttätig Leistungen zu erbringen, dabei jedoch darauf zu verzichten, sich in Bezug auf die gerechte Verteilung der Früchte ihrer Arbeit zu engagieren. Gemäß der Komplexität dieses Ziels waren auch besonders subtile Methoden seiner Durchsetzung zu entwickeln. Denn Angst stellt einerseits ein starkes Antriebsmittel dar, birgt aber gleichzeitig – v.a. bei von außen oktroyierter „Überdosierung" – die Gefahr der Entfaltung einer lähmenden Wirkung. So ist es klar, dass Sklaven und Zwangsarbeiter/innen bei genügend äußerem Druck einfachere Aufgaben, wie Straßenbau etc., zur Zufriedenheit ihrer Peiniger/innen verrichten können. Eigenverantwortliches Handeln und erst recht kreative Innovationen, die eine wissensbasierte Wirtschaft voranbringen würden, sind von ihnen unter solchen Umständen jedoch keinesfalls zu erwarten. Folglich musste ein Weg gefunden werden, um die Existenzangst bei den Menschen als einen immanenten, „chronischen" Dauerzustand zu internalisieren, sowie sie davon ausgehend dazu zu bringen, sich selbst fortwährend zu neuen Spitzenleistungen anzutreiben und diese permanent eigenständig zu evaluieren.

Das wurde durch ihr Drängen in eine psychische Verfassung erreicht, die sehr stark an Schizophrenie grenzt: Angesichts der allseits lautstark kolportierten naturgesetzlichen Dauerbedrohung der menschlichen Spezies durch die schöpferischen Zerstörungskräfte des Marktes in Kombination mit neuen Technologien passten Individuen ihr Überlebensprogramm insofern an, als sie *Fremd*anforderungen bzgl. ständiger Steigerung der Effizienz ihrer Arbeitserträge als ein *Eigen*bedürfnis zu erfahren lernten. Ausgehend von einem solchen als ein inneres Verlangen empfundenen Streben danach, systemkonform zu funktionieren, übten sie sich in der fortwährenden Überwachung sowohl der eigenen Handlungen als auch Gedanken – Letzteres nicht zuletzt, weil die s.g. „intrinsische" Motivation einen zentralen Leistungsantrieb darstellt.

Dadurch, dass Jede/r beharrlich daran arbeitete, die eigene Selbstdisziplinierung zu perfektionieren, erübrigten sich fast alle Formen äußerer Kontrolle bzw. konnten auf die Vorgabe einzelner weniger Parameter beschränkt werden, im Rahmen derer Subjekte selbstreguliert agieren durften. Die damit einhergehende (Selbst-) Suggestion der Entscheidungs- und Handlungsautonomie war nicht nur deswegen für den gesamten hier beschriebenen Prozess essentiell, damit sich Menschen in der Illusion absoluter Freiheit wiegend zu maximalem Arbeitseifer anspornten, sondern genauso, um sie im Falle des Scheiterns ihrer Bemühungen zu überzeugen, dass sie ihr Versagen ganz alleine zu verantworten hätten und folglich keinesfalls das Recht besitzen würden, den Staat mit „überzogenen" Unterstützungsanforderungen zu belästigen. Hier schließt sich der Kreis zum vorhin Behandelten. Denn die zahlreichen von der Mittel- in die Unterschicht abgestiegenen Personen sollen keine Angst mehr haben (viel tiefer können sie ja nicht sinken – schon gar nicht, ohne dem Staat zusätzliche Kosten zu verursachen), sondern sich lediglich zutiefst für ihr Missgeschick schämen.

Dieses zentrale psychologische Kunststück zur Durchsetzung der informationalistischen Doktrin wurde durch mehrere weitere entsprechende in der vorliegenden Arbeit besprochene Tricks flankiert. Dazu gehörte das Schüren einer enormen Technik- und Fortschrittseuphorie durch das Ventilieren ständig neuer Konsumverheißungen genauso, wie das Anfachen eines kaum stillbaren Hungers nach grenzenloser individueller Selbstverwirklichung und totaler Trieberfüllung, deren Kehrseite der Gefährdung der Abdeckung basaler Grundbedürfnisse bei einem Fehlschlag – im Sinne von „no risc no fun" – als eine Form von „Selbstbeteiligung" in Kauf zu nehmen war.

Ein zusätzlicher derartiger Kniff hängt mit dieser extrem individualistischen Haltung aufs Engste zusammen – die Beförderung der sozialdarwinistischen Weltanschauung. Denn es ist klar, dass eine Arbeitskraft, deren Hauptlebensziel in der Befriedigung persönlicher Konsumbegierden und des eigenen Egos liegt, im beruflichen Konkurrenzkampf bereit sein wird, sprichwörtlich „über Leichen zu gehen". Deswegen verspricht sie (wenigstens kurzfristig) eine höhere Leistungsfähigkeit zu entfalten als jene, der auch andere Werte wichtig sind und erst recht als eine, welche Empathie für ihre Mitbewerber/innen empfindet. Eine solche Entsolidarisierung hatte aus der Perspektive der Proponent/innen des Informationalismus jedoch mindestens zwei darüber hinaus gehende Vorteile: Erstens sind jedem System in Hinblick auf seine Selbsterhaltung Feindbilder höchst zuträglich. Das Aufbauen von „Sozialschmarotzern" zu entsprechenden Reflektionsflächen stellte dabei insofern einen besonders raffinierten Handgriff dar, als es die Panik der Angehörigen des Mittelstandes davor, eines Tages selbst zu einer derart verhassten (Un-) Person zu mutieren, verstärkt anheizte. Zweitens verhinderte das Aufhetzen von „jeder/m gegen jede/n" und ebenso das Ausspielen der finanziellen Mittelschicht gegen die Unterschicht das Verbünden der Verlier/innen neoliberaler Gesellschaftsprozesse gegen die einzigen diesbezüglichen Nutznießer/innen – nämlich gegen die Reichen und die „Superreichen", was sich nicht zuletzt an der Marginalisierung der Bedeutung von Gewerkschaften im Zeitalter des Informationalismus zeigt.

Vor einem solchen Hintergrund wundert das höchst oberflächliche Kaschieren jener Tatsache, dass die Wohlhabenden am meisten wenn nicht sogar fast ausschließlich von den hier beschriebenen Prozessen profitierten, kaum. Stattdessen erfolgte das Bewerben des Traumes des Aufstiegs „vom Tellerwäscher zum Millionär". Jede/r, die/der bereit wäre, im Kasino des Lebens genug zu setzen, hätte demnach die Chance auf den ganz großen Gewinn. Das Risiko des Scheiterns war dabei aber genauso zu akzeptieren, wie die Tatsache, dass unterm Strich immer die Bank gewinnt.

**Metaideologische Tendenzen**

Das Aussparen der Besprechung pädagogischer Aspekte im vorangehenden Abschnitt dargestellter Entwicklungen ist damit begründet, dass gerade die zusammenfassende Schau der psychologischen Implikationen des Informationalismus, die scheinbar nichts mit Bildungsfragen zu tun haben, eine besondere Verdeutlichung jener Tatsache ermöglicht, die in diesem Kapitel als „Entgrenzung" der Pädagogik in Folge des staatlichen erzieherischen Eingreifens in sämtliche Bereiche menschlicher Existenz bezeichnet wurde. Am klarsten ist ein solcher Prozess in Hinblick auf die Gruppe der am meisten von der Armut betroffenen Mitglieder unserer Gesellschaft erkennbar. Denn ihre Beschuldigung an den eigenen Problemen sowie das daraus abgeleitete Betreiben einer auf ihre gesamte Lebensweise bezogenen Umerziehung erfolgten von Seiten der Regierenden völlig ungeschminkt und in aller Öffentlichkeit. Die Entgrenzung in dem Fall ging sogar so weit, dass klassische Institutionen der formellen Bildung in Bezug auf diese Gesellschaftsgruppe unter Zuhilfenahme der Abstempelung zahlreicher ihr angehörender Heranwachsender als „Bildungsverweiger/innen" grundsätzlich aus ihrer Verantwortung entlassen wurden. Stattdessen sollte ihre Unterweisung hinsichtlich grundlegender Lebenskompetenzen einerseits von diversen Fürsorgeeinrichtungen sowie in weiterer Folge von verschiedensten Ämtern bis hin zu Strafanstalten übernommen werden und war ebenso nicht zuletzt von den Massenmedien im Rahmen von Sendungen wie *Super Nanny*, *Heißer Stuhl* etc. zu bewerkstelligen.

Das Vorantreiben der Pädagogisierung jeglicher Existenzparameter der Angehörigen der Mittelschicht war etwas subtiler verpackt, nicht zuletzt weil derartige Modifikationen keinesfalls als Folgen von außen gesetzter Erziehungsmaßnahmen wirken durften, sondern als freiwillig und selbst initiierte Abweichungen von bisherigen Verhaltensweisen. In Hinblick auf diese Zielgruppe waren Schule, Hochschule und Weiterbildungseinrichtungen besonders gefordert, entsprechende Methoden zu finden und möglichst intensiv anzuwenden, deren zusammenfassende Analyse hier gleich abschließend erfolgt.

Vorhin gilt es jedoch noch darauf hinzuweisen, wie eng alles im vorangehenden Abschnitt Besprochene nicht nur mit dem neoliberalen, sondern auch mit dem metaideologischen Aspekt des Informationalismus zusammenhängt: Wie im Zwischenfazit des vorigen Kapitels aufgezeigt, stellt der informationelle Kapitalismus insofern eine Aushöhlung der Demokratie dar, als seine politischen Vertreter/innen sich gleich mehrerer metaideologischer Tricks bedienten, um an die Macht zu kommen und sich an dieser zu halten. Die zwei wichtigsten, welche bereits benannt wurden, bestehen einerseits in der Verschleierung der wahren Ziele eigener Vorgangsweisen durch das Ausgeben der Handlungsabsichten als Handlungsgründe und andererseits – in Bezug auf die ‚Neue Linke' – im Ausschalten der Opposition durch die wörtliche Übernahme ihrer Forderungen.

Im vorliegenden Kapitel hat sich ein weiterer, nicht weniger gewiefter und damit auch nicht minder perfider Kunstgriff herauskristallisiert: Das Vortäuschen dessen, das genaue Gegenteil des tatsächlichen Motives der gesetzten Aktion würde den dahinterstehenden Hauptantrieb bilden. So ging es bei der s.g. „Aktivierungspolitik" hinsichtlich der Ärmsten der Armen eben keinesfalls um Hilfe bei der Änderung ihres Verhaltens zum Zwecke der Steigerung ihrer Kompetenzen zur Partizipation an gesellschaftlichen Prozessen, sondern um das exakt Entgegengesetzte: Um die Zementierung ihrer bereits längst festgefahrenen (weil seit Generationen von Mächtigen entsprechend geförderten) Handlungsmuster – um ihr Drillen auf das Verharren in einer sowohl wirtschaftlich als auch bzw. erst recht politisch passiven und unterwürfigen Haltung. In Hinblick auf die Mittelschicht waren die Absichten hinter der Aktivierungsagenda etwas anders gelagert, standen jedoch nicht weniger im Widerspruch zu dem, als was sie ausgegeben wurden. Denn hier ging es mitnichten –

wie verheißen – um eine stärkere gesellschaftliche Durchlässigkeit nach oben, sondern lediglich um die aus einer diesbezüglichen Hoffnung (bzw. aus der Angst vor dem Gegenteil) resultierende größtmögliche Zunahme der Wertschöpfung pro Arbeitnehmer/in, von der die Beschäftigten kaum, ihre Arbeitgeber/innen und v.a. die Teilhaber/innen bzw. Aktionär/innen sie anstellender Betriebe dafür maximal profitieren sollten. D.h. dass sich ebenso in diesem Fall das politische Versprechen der Chance eines sozialen Aufstiegs in der Realität als eine entsprechende von den Staatsführenden (mit-) konstruierte weitgehende Chancenlosigkeit entpuppte (ausführlich siehe Unterkapitel 7.4.).

In allerletzter Konsequenz war das zentrale Ziel hinter allen hier besprochenen höchst raffinierten und vordergründig komplexen Argumentationsgeflechten von Regierenden sowie ihren darauf aufbauenden emsigen Aktionismen denkbar primitiv: So simpel das auch klingt, ging es tatsächlich vorrangig schlicht und ergreifend lediglich um den Schutz des Vermögens sowie des Machterhalts finanzieller Eliten. Als metaideologisch und demokratiefeindlich muss eine solche „Vision" insofern bezeichnet werden, als es eben keine einzige ein derartiges Bestreben propagierende Ideologie gibt und geben kann, die auch nur eine verschwindend geringe Chance darauf hätte, bei Wähler/innen mehrheitsfähig zu sein. Gleichzeitig kommt jedoch in jeder politischen Partei die Führungsriege größtenteils aus s.g. „besseren Häusern", wobei es in der Natur des Menschen liegt, zunächst einmal die Interessen jener gesellschaftlichen Schicht zu vertreten, welcher er angehört bzw. in die er – z.B. in Folge der vorinformationalistischen Sozial- und Bildungspolitik – aufgestiegen ist. Somit wird z.T. erklärbar, warum quer durch alle politischen Gruppierungen ihren offiziell verkündeten Grundgesinnungen und ihrem angeblichen Bemühen, den Bedürfnissen der Mehrheit der Bevölkerung entgegenzukommen zum Trotz, sowohl diese Weltanschauungen als auch jene Anliegen durchwegs missachtet wurden. Entschuldbar werden die zum Zwecke der Durchsetzung solch einer zutiefst demokratiefeindlichen Metaideologie angewendeten Tricks und Kunststücke deswegen jedoch auf keinen Fall. Schon gar nicht in Bezug auf Sozialist/innen, deren erklärte Hauptaufgabe vom Anbeginn ihrer Bewegung an im Schutz der Schwächeren im Rahmen der Beförderung gesellschaftlicher Solidarität bestand und vermeintlich bis heute noch immer bestehen soll – d.h. genau in der absoluten Antithese zur tatsächlichen Politik ihrer Führer/innen auf dem Höhepunkt des Informationalismus.

Auf genau solchen Begriffsverdrehungen sowie auf Entstellungen dahinter stehender Konzepte (in der Art von Orwells „Wahrheits-" und „Friedensministerium") fußten in dieser Ära ebenso die meisten Entwicklungen bezogen auf formelle Schulungen und Studien sowie auf den Weiterbildungssektor. Am deutlichsten wird dieser Sachverhalt anhand des bereits auf Aristoteles zurückführbaren Ideals der Selbst*bestimmung* der Lernenden erkennbar, welches nicht zuletzt die treibende Kraft hinter sämtlichen pädagogischen Reformbewegungen zu Beginn des 20. Jahrhunderts darstellte. Bei der Anlehnung an diesen Terminus im Bildungsdiskurs sowie bei der darauf aufbauenden Praxis am Ende des Millenniums wurde zwar ganz bewusst die reformpädagogisch orientierte Klientel bedient und man hat sich im Zuge dessen auch mehrere entsprechende didaktische Herangehensweisen angeeignet. Jedoch fand hier in Wirklichkeit viel eher eine „Enteignung" statt, da im Rahmen des jetzt als Selbstr*egulierung* bzw. -*steuerung* benannten Konzepts die Durchsetzung von Zugängen erfolgte, vor denen es den Gründermüttern und -vätern der Reformpädagogik grauen würde. Denn derartige Unterrichtsmodelle basierten gerade auf der Ablehnung der Förderung des tatsächlichen autonomen Denkens und Handelns der Lernenden. Schließlich wurden diesbezügliche Fähigkeiten der zukünftigen „Beschäftigungsfähigkeit" als abträglich erachtet, weswegen man lediglich die Steuerung einiger weniger äußerer sowie oberflächlicher Parameter von Lernprozessen zuließ.

Mit der Implementierung solcher Methoden (flankiert von jenen zur Steigerung der Flexibilität, Adaptivität etc.) in die Aus- und Weiterbildung wurden zahlreiche informationalistische Entwicklungen in entsprechende Institutionen getragen und dort exekutiert sowie perfektioniert, deren kritische Darstellung in Hinblick auf gesamtgesellschaftliche Prozesse dieser Zeit oben erfolgte. Mehr noch: Vielfach fand erst an solchen Stätten die Realisierung derartiger Ideen auf breiter Ebene statt – das Drillen aller Menschen von Kindheit an auf die Internalisierung diverser wirtschafts- und politikkonformer „Lebenskompetenzen". So geht es bei der Selbstregulierung gerade um die Zurückweisung der Haftung für – angeblich ja selbst angeleitetes und deswegen auch selbstverschuldetes – eventuelles Stolpern und erst recht für das Scheitern Einzelner auf ihrem formellen Bildungsweg. Genauso handelt es sich dabei um die Beförderung eines sozialdarwinistischen Klimas an Anstalten des Lehrens und Lernens, an denen jede/r gegen jede/n auf eigene Rechnung um die Nähe zur „Poleposition" im beruflichen Konkurrenzwettkampf wetteifern soll, wobei die Schwächeren hier naturgemäß sprichwörtlich „unter die Räder" kommen müssen. Schließlich treibt man mit Hilfe solcher Ansätze ebenfalls die Verinnerlichung einer fortwährenden Selbstkontrolle extrem voran, da das (angeblich) eigenständige Lernen der pausenlosen Beobachtung sowie Bewertung von außen – in Form einer „Testmanie" – unterworfen wird, weswegen den so Behandelten nichts anderes übrig bleibt, als sich einer andauernden Selbstüberprüfung sowie v.a. Selbstdisziplinierung zu unterziehen. Deren Unumgänglichkeit manifestiert sich auf eine besonders pervertierte Weise, wenn sogar genuin reformpädagogische Werkzeuge, wie tagebuchartige Portfolioeinträge – und damit die intimsten Gedanken der Lernenden – zur Grundlage ihrer Leistungs- und v.a. Persönlichkeitsbeurteilung avancieren.

Ein Aspekt kristallisiert sich jedoch erst in diesem Kontext in seiner vollen Klarheit heraus: Die Wirtschaft benötigte in der Ära des informationellen Kapitalismus anscheinend doch nicht so sehr selbstständig Denkende, sich selbst programmierende „unberechenbare" Arbeitskräfte, wie es überall mit größtem Nachdruck verkündet wurde. Denn das gesamte (explizit der Ökonomie zuarbeitende) Bildungssystem wurde keinesfalls auf die Förderung entsprechender Kompetenzen ausgerichtet, sondern lediglich darauf, den Menschen beizubringen, sich ausgehend von fixen Vorgaben mehr oder weniger selbstverantwortlich zu entscheiden, wie sie diese möglichst schnell und (kosten-) effizient erreichen. Im Endeffekt bezweckten die Mächtigen mit der Durchsetzung solcher Methoden folglich nichts anderes, als die Abrichtung der Staatsbürger/innen auf tunlichst voreiliges Gehorsam gegenüber der Obrigkeit, was natürlich nicht nur den Arbeitgeber/innen sowie (Aktien-) Eigentümer/innen von Produktionsstätten im höchsten Maße zugutekam, sondern nicht zuletzt den eine derartige Agenda forcierenden Politiker/innen selbst. Im Übrigen war das beileibe keine neue Stoßrichtung, sondern stellte viel eher einen „Rollback" zu recht betagten Herangehensweisen an die Frage nach der gesellschaftliche Hauptfunktion des Bildungssystems dar.

Selbstverständlich konnte der Teil des pädagogischen Sektors, welcher solch eine Zielsetzung affirmativ verfolgte, das keinesfalls öffentlich zur Schau stellen, sondern musste es im Gegenteil, soweit irgend möglich, verschleiern. Als effektivste entsprechende Methode erwies sich die Proklamation eines jeweils neuen Paradigmenwechsels der gesamten Dis-

## 6. Bildung im Zeitalter des Informationalismus

ziplin, sobald sich die politökonomischen und technologischen Rahmenbedingungen des eigenen Handelns etwas änderten, wobei diesbezügliche Umbrüche in Hinsicht auf das Lehren und Lernen – wenigstens in ihrer Präsentation – immer radikaler zu sein hatten. Letztere eigneten sich nicht nur hervorragend, um Beobachter/innen „Sand in die Augen zu streuen", sondern erlaubten auch vorzutäuschen, man würde dem dauerhaften wirtschaftspoltischen und folglich öffentlichen Druck nach einer vollständigen Erneuerung des Denkens und Handelns im Bildungsbereich mit größtem Eifer nachkommen. Die zentrale faktische Auswirkung derartiger fortwährender lautstark verkündeter und beworbener Scheinreformen bestand jedoch im weitgehenden Ausbleiben ihrer Auswirkungen – d.h. darin, dass das meiste beim Status quo blieb. Denn abgesehen von ein paar Anpassungen und Neuverkleidungen (ur-) alter sowie den Um- bzw. Missdeutungen reformpädagogischer Bildungsansätze – von einem tatsächlich vermeintlich „dramatischen" Wandel der Theorie und erst recht der Praxis des Lehrens und Lernens kann in der Zeit des Informationalismus wahrlich keinesfalls gesprochen werden.

Auch wenn eine solche Vorgangsweise vor dem Hintergrund des unermesslichen politökonomischen, medial aufs Massivste vorangetriebenen Veränderungsdrucks auf die pädagogische Zunft als subversiver Akt des zivilen Ungehorsams interpretiert werden könnte und demnach gewisse Sympathien zu wecken vermag, hatte sie doch gravierende Nachteile. Denn das daran unmittelbar gekoppelte „Tabula-Rasa-Prinzip", dem zufolge man bei jeder auch noch so geringen Kurskorrektur alles bisher Gedachte und Gemachte über Bord werfen muss, verhinderte eine konstruktive Auseinandersetzung sowohl mit den positiven als auch mit den tatsächlich negativen Aspekten der Konzeptionen, von denen man sich alle paar Jahre wieder einmal radikal zu distanzieren hatte. Somit wurden die pädagogischen Schwierigkeiten keinesfalls gelöst, sondern fortwährend weiter verschoben.

Letzteres kann besonders deutlich an (angeblich) nach entsprechenden Maximen gestalteten computer- und webbasierten Umgebungen für das eLearning beobachtet werden, im Rahmen derer Entwicklungen immer enorme Verbesserungen des medienunterstützten Lehrens und Lernens verheißen und sehnlichst erhofft wurden, am Schluss jedoch jedes Mal nichts als Ernüchterung sowie Resignation über die (z.T. vermeintlich) unüberwindbaren Begrenzungen ihrer Möglichkeiten übrig blieb.

Das größte Problem des Verfahrens bestand jedoch darin, dass innerhalb der Pädagogik aus der durch die ständigen Paradigmenwechsel herbeigeführten scheinbaren Paradigmenlosigkeit ein spezifisches Metaparadigma entwuchs, welches als solches schwer erkennbar und begrifflich kaum fassbar ist, weil es nach einem von einer Realisierung in Bildungskontexten unerreichbar weit entfernten Konzept benannt wurde, das mit den mit seiner Einführung implizierten Zielsetzungen tatsächlich kaum etwas zu tun hatte – nach dem um die Beifügung „moderater" erweiterten „Konstruktivismus".

Was unter einem derartigen pädagogischen Zugang konkret zu verstehen war, wurde von keinem seiner Verfechter/innen klar beantwortet. Das war zum Zeitpunkt seiner Durchsetzung – direkt auf dem Höhepunkt des Informationalismus – augenscheinlich auch überhaupt nicht nötig. Denn die einfache und folglich leicht eigängige Formel der Erweiterung bzw. des Austausches der von außen oktroyierten *In*struktion der Lernenden durch ihre eigene aktive Kompetenz-*Kon*struktion qualifizierte alle mit einem entsprechenden Etikett versehenen Ansätze offensichtlich automatisch dazu, als hip, fortschrittlich und verkrustete Strukturen aufbrechend präsentiert zu werden. Dagegen erlaubte es ihren Verfechter/innen, sämtliche konkurrierende Konzeptionen nicht nur als veraltet, sondern auch als „normativ", wenn nicht sogar als „autoritär" zu denunzieren und als lediglich als das passive Lernen sowie daraus resultierend das träge Wissen befördernd abzustempeln.

Tatsächlich jedoch forcierte der pädagogische Konstruktivismus – in guter informationalistischer Manier – gerade das, wovon er sich so vehement abzugrenzen vorgab. Ähnlich der sozialpolitischen Aktivierungsagenda, die in Wirklichkeit in Bezug auf die meisten Lebensbereiche auf die Untätigkeit der Bürger/innen abzielte, war auch ihr Pendant im Bildungsbereich keinesfalls auf die Schöpfung persönlich relevanter Wahrheiten ausgerichtet, sondern diente lediglich als modische Verpackung bzw. als eine coole Werbestrategie für den Zwang zum Einpauken eines minutiös von außen vorgegebenen und in diversen „Bildungsstandards" in Stein gemeißelten Stoffes, der aus wirtschaftlicher Perspektive als allgemein gültig erachtet wurde, weil dessen Beherrschung für den Standorterhalt bzw. -ausbau als unerlässlich galt. Zusätzlich zur Ablenkung von den wahren Zielen der Arbeit der Proponent/innen derart betitelter Konzeptionen ermöglichte ihnen das Label Konstruktivismus außerdem die Auswirkungen entsprechender Bemühungen sowohl auf der unmittelbaren pädagogischen als auch auf der allgemeinen sozialen Ebene zu verschleiern bzw. sich wenigstens der diesbezüglichen Verantwortung zu entziehen. Schließlich konnte man sich jetzt bei jedem Misserfolg darauf ausreden, dass in einer Zeit, in der die Vermittlung des Wissens anachronistisch geworden sei, jede/r für seine eventuellen persönlichen „Fehlkonstruktionen" selbst in die Pflicht zu nehmen ist. Ein solcher, als eine sozialdarwinistische Bildungsphilosophie (miss-) verstandene Konstruktivismus entlastete die Lehrenden davon, nach Ursachen und Lösungsansätzen für die Lernprobleme ihrer Schüler/innen und Studierenden zu suchen. Statt dessen erfolgte auch hier die Anwendung des „blame-the-victim"-Prinzips: Diejenigen, welche – aus welchen Gründen auch immer – mit offenen Lernumgebungen nicht so gut zurechtkamen, wurden als dumm oder sogar als „Bildungsverweigerer/innen" abgestempelt sowie über kurz oder lang aus dem Bildungssystem verdrängt. Und noch in einem zentralen Punkt spielte der pädagogische Konstruktivismus den politökonomischen Bestrebungen dieser Ära direkt in die Hände: Es diente als perfekte Rechtfertigung für Verzerrungen gesellschaftlich essentieller Konzepte. Denn wenn schon – wie im Film *Matrix* anschaulich dargestellt – es so etwas Konkretes wie einen Löffel nicht gibt, dann können Begriffe mit einem höheren Abstraktionsgrad, wie z.B. Freiheit und Gerechtigkeit, getrost zur Disposition gestellt werden.

Wie bereits angesprochen, war abgesehen von der „Verkleidung" jedoch kaum etwas an solch einem Ansatz neu und hatte insofern auf der faktischen Ebene auch kaum Veränderungen der pädagogischen Arbeitsweisen zur Folge. Die einzige gravierende Modifikation im Vergleich zum unmittelbar (d.h. in den 1960er und 70er Jahren) vorangehenden Zustand im Bildungssystem bestand in der Verschärfung der Ungleichverteilung von Entfaltungsmöglichkeiten der Angehörigen verschiedener Gesellschaftsschichten. Unter dem konstruktivistischen Deckmantel wurden von Grundschule bis zur Universität und erst Recht an Fortbildungsinstitutionen die Bildungsgewohnheiten der (finanziellen) Eliten als unhinterfragbare Norm installiert. Denn all das Gerede von der Selbststeuerung der Lernenden hat nicht nur eine, sondern gleich mehrere Kehrseiten: Die bereits oft behandelte besteht darin, dass auf dementsprechenden Methoden basierende Unterrichtsszenarien oft zur absoluten Unterwerfung unter fremdbestimmte Vorgaben nötigten. Eine weitere ebenso bedeutsame Facette ist aber jene, dass Menschen, die mit subtilen Praktiken der Machtausübung aufgewachsen sind, nicht lediglich besser damit zurechtkommen, sondern sich auch viel weniger von ihnen beeindrucken lassen. Schließlich sind sie im Falle des Falles sogar „adaptiv" genug, um (ähnlich, wie es der gesamte Bildungssektor tat) ein konformes Verhalten vorzutäuschen, in Wirklichkeit jedoch ungestört bei der eigenen Linie zu bleiben. Dagegen fehlt Heranwachsenden, die in komplexeren Machtspielen von Haus aus nicht geübt sind, die Flexibilität (im Sinne von Biegsamkeit), um in solchen Situationen nicht zu zerbrechen, woraufhin sie tatsächlich sowie völlig zu Recht eine derartige „Bildung" verweigern. Es ist kaum erwähnenswert, dass dem als Reaktion keineswegs die Bemühung um die Behebung dahinter stehender Probleme folgt, sondern im Gegenteil die Bestrafung mit dem Systemausschluss.

In Bezug auf die „bildungsferne" Schicht kommt ein Aspekt erschwerend hinzu, der sich aus einem Vergleich mit der Wirtschaft besonders deutlich erschließt: Genauso, wie es ökonomisch verpönt war, gefährdeten Betrieben mit staatlichen Mitteln unter die Arme zu greifen (z.B. mit dem Ziel, Arbeitsplätze zu erhalten), lief der pädagogische Konstruktivismus auf die Unterlassung der Förderung lernschwächerer Schüler/innen hinaus. Beides galt als unzulässige Verzerrung eines vermeintlich „natürlichen" Wettbewerbs, wobei Letzteres im Falle der Wirtschaft klar artikuliert, in Hinblick auf die Pädagogik jedoch klug verschleiert wurde. Hier und da waren die Auswirkungen aber identisch: Die Mächtigen und Reichen wurden auf Kosten aller anderen stets einflussreicher und wohlhabender. Schließlich hatten sie immer die Möglichkeit, eigene informelle Netzwerke zu nutzen, sowohl um ihren Firmen in Notsituationen frisches Geld zukommen zu lassen, als ebenfalls, um ihren Nachwuchs dabei zu unterstützen, eine hohe Position zu erklimmen, auch wenn einmal all die Investitionen in Nachhilfestunden und Zusatzausbildungen nichts fruchten sollten (ausführlich zu Letzterem siehe 7.4.4.).

### 6.6.2 Motive -> Zielevorgaben -> Handlungen -> Auswirkungen

Anschließend an die ungewöhnlich lange – weil auch Hintergründe sowie Kontexte analysierende und davon ausgehend neue Schlussfolgerungen entfaltende – Zusammenfassung der zentralen Aussagen des vorliegenden Kapitels erfolgt die ergänzende Anwendung einer konträren Konklusionsmethode: die komprimierte Darstellung der Quintessenzen aller bisherigen Argumentationsstränge (z.T. auch jener aus den vorangehenden Buchabschnitten) mit Hilfe einer Tabelle. Dabei steht die Frage im Vordergrund, wie innerhalb der besprochenen Gesellschaftsbereiche die implizierten Motive mit den explizierten Zielvorgaben und den tatsächlichen Handlungen sowie schlussendlich mit deren konkreten Auswirkungen zusammenhängen. Gegenüber der davor eingesetzten hat ein solches Verfahren sowohl den Vorteil als auch den Nachteil der extremen Vereinfachung. Denn einerseits erlaubt es komplexe Zusammenhänge verständlicher zu veranschaulichen, andererseits ist jedoch jede Komplexitätsreduktion auch mit einer Unterschlagung von Wahrheitsfacetten und damit mit der Gefahr von Faktenverzerrungen oder auch einfach nur von Missverständnissen verbunden. Daraus resultiert, dass diese Präsentation auf keinen Fall als Ersatz sondern eben lediglich als Ergänzung zu den vorangehenden Ausführungen betrachtet werden darf, die bei Unklarheiten herangezogen werden sollen, weswegen hier auch weitere Kommentare unterbleiben.

|  | implizierte Motive | explizierte Zielvorgaben | tatsächliche Handlungen | konkrete Auswirkungen |
|---|---|---|---|---|
| Mediensoziologie | Begründung und Behauptung der herausragenden Bedeutung des eigenen Fachbereichs | Aufzeigen von Möglichkeiten der Begegnung der wirtschaftlichen Herausforderungen und der sozialen Bedrohungen der wissensbasierten Ökonomie | In erster Linie lautstarkes Fordern einer radikalen Bildungsreform mit dem Hauptzweck der Förderung von Selbstständigkeit, Flexibilität und Kreativität | Teilweise Beeinflussung bildungspolitischer und pädagogischer Konzeptionen – v.a. in Form der Ausformulierung und Verbreitung einiger zentraler Begriffe entspr. Diskurse |
| Wirtschaftspolitik | Durchsetzung des Neoliberalismus als oberste Maxime nicht nur der wirtschafts- sondern der gesamten Politik | Beförderung einer v.a. auf dem Aufschwung der Internetwirtschaft basierenden nachhaltigen Hochkonjunktur | Deregulierung, Liberalisierung und Privatisierung des Telekommunikations- und später zahlreicher weiterer Sektoren | Erzeugung einer „Dotcom-Blase" und Aufgabe sämtlicher ökonomischer Gestaltungsmöglichkeiten. Endresultat: Weltwirtschaftskrise |
| Wirtschaftspolitik | Steigerung der Wertschöpfung pro Arbeitnehmer/in, von der möglichst ausschließlich Arbeitgeber/innen und Aktionär/innen profitieren sollten | Sicherung der jeweiligen Wirtschaftsstandorte im globalen Wettbewerb und Erhaltung der Konkurrenzfähigkeit der Menschen gegenüber Maschinen | Installation der Angst vor dem sozialen Abstieg als eines immanenten Dauerzustands durch gezielte ununterbrochene entsprechende Panikmache | Steigerung der Leistungsbereitschaft der Mittelschicht in Folge der Aktivierung ihres Selbsterhaltungstriebes bei weitgehendem Verzicht auf die Früchte der eigenen Arbeit |
| Sozialpolitik | Zementierung der Hegemonie finanzieller Eliten bei gleichzeitiger Zurückweisung der staatlichen Verantwortung für daraus resultierende soziale Probleme | Schwerpunktverlagerung von der Umverteilung des Wohlstands zur Stimulation seiner Schaffung ohne zusätzliche staatliche Investitionen | Propagieren einer „aktivierenden" Sozialpolitik bei gleichzeitigem „erzieherischen" Eingreifen in sämtliche Lebensbereiche der sozial Schwachen | Vergrößerung der Kluft zwischen Reich und Arm, Zunahme prekärer Arbeitsverhältnisse sowie der „working poor" und steigende staatliche Kontrolle sozial Benachteiligter |
| Sozialpolitik | Verhinderung des Aufbäumens der Masse der Verlierer/innen des Informationalismus gegen die wenigen Profiteure dieses Systems | Durchsetzung des Bewusstseins, dass mit Rechten auch Pflichten verbunden sind und dass das Sozialsystem keine „Hängematte" ist | Enorme Herabwürdigung sozial Bedürftiger als „Sozialschmarotzer" und ihr Ausspielen gegen die (ständig abstiegsbedrohte) Mittelschicht | Extreme gesellschaftliche Entsolidarisierung und Stabilisierung bzw. Steigerung des Anteils „generischer" Arbeitskräfte an der Gesamtbevölkerung |

# 6. Bildung im Zeitalter des Informationalismus

| | | | | |
|---|---|---|---|---|
| **Bildungs-politik** | Diffusion (= Verbreitung, Streuung, Durchmischung) der Technologien im Bestreben, das „Humankapital" der informationellen Ökonomie auszubauen | Herstellung einer Grundversorgung mit technischen Geräten bzw. Anschlüssen im Bildungsbereich und Förderung der „computer literacy" (= medientechnische Grundkompetenzen) | Anschluss aller Schulen ans „Netz", Flächendeckende Einführung von Maßnahmen einer Informationstechnischen Grundbildung (neuerdings „Computerführerschein") | Technische und pädagogische Grundversorgung erreicht, wobei die Inhalte und Methoden der Letzteren im absoluten Widerspruch zu den entsprechenden wissenschaftlichen Forderungen stehen |
| | Pflanzen des marktwirtschaftlichen Denkens in die Köpfe der Menschen – ihre Affirmation neoliberaler „Naturgesetze" | Einsparungen und Effizienzsteigerungen im Bildungsbereich bei gleichzeitiger Demokratisierung der Bildung | Privatisierungs- und Liberalisierungsmaßnahmen sowie Investitionen in eLearning – v.a. im tertiären Bildungssektor | Kaum Einsparungen, dafür beträchtliche Qualitätseinbußen in der öffentl. Bildung bei gleichzeitiger verstärkter Förderung der Eliten |
| **Pädagogik** | Möglichst nichts an den eigenen Arbeitsweisen verändern (= dem bildungspolitischen und öffentlichen Druck standhalten) | Möglichst alles an den eigenen Arbeitsweisen verändern (= den allgemeinen Reformforderungen entgegenkommen) | Verkündung ständiger Paradigmenwechsel bis hin zur (angeblichen) Durchsetzung des „moderaten" Konstruktivismus | Affirmation der Unveränderbarkeit des Status quo. Bedeutendste Modifikation: Verstärkter Systemausschluss von sozial- und Bildungsbenachteiligten |
| | Übertragung der Verantwortung für das Gelingen und v.a. das Scheitern von Lernprozessen an die Lernenden | Förderung der Kompetenzen zur Selbststeuerung des Lernens und zur flexiblen und kreativen Problemlösung | Proklamation „offener" Lernformen bei gleichzeitigem Rückzug der Lehrenden auf die Rolle neutraler Moderator/innen | Durchsetzung eines extremen Sozialdarwinismus bei gleichzeitiger ständiger Selbstüberwachung und Selbstdisziplinierung |
| | Abrichtung der Menschen auf möglichst *voreiliges* Gehorsam gegenüber Obrigkeiten zwecks ihrer leichteren Berechen- und Lenkbarkeit | Intrinsisch motivierende Erschließung der persönlichen („selbstprogrammierbaren" und „unberechenbaren") Beschäftigungsfähigkeit | Installation von Rahmungen, die z.T. eine methodische jedoch niemals eine inhaltliche Mitgestaltung von Lernprozessen ermöglichen | Schizophrene Selbstsuggestion der Freiwilligkeit der Unterwerfung unter Fremdanforderungen und eines (erzwungenen) „Freiheitsgewinns" |
| | **implizierte Motive** | **explizierte Zielvorgaben** | **tatsächliche Handlungen** | **konkrete Auswirkungen** |

## *6.6.3 Größte Opfer des bildungspolitischen Informationalismus*

Eine der zentralen, bereits mehrmals erwähnten Schlussfolgerungen dieses Kapitels besteht in der Hervorhebung des weitgehenden Fehlens faktisch greifbarer (d.h. nicht lediglich psychologischer) Auswirkungen der allseits lautstark verkündeten pädagogischen Paradigmenwechsel und der angeblich radikalen Bildungsreformen im Zeitalter des Informationalismus. Abgesehen von einer enormen Verschärfung der Ungerechtigkeit der Chancenverteilung im gesamten auf das Lehren und Lernen bezogenen System, die mit der massiven Zunahme sozialdarwinistischer Tendenzen und damit der flächendeckenden Durchsetzung der Macht der Stärkeren bzw. in letzter Konsequenz der Reicheren einhergeht, ist auf den ersten Blick wenig „Dramatisches" passiert. Darauf, dass bei näherer Betrachtung aus den besprochenen Prozessen doch auch einige weitere aus der pädagogischen Perspektive höchst bedenkliche Entwicklungen resultieren, wird v.a. im Unterkapitel 8.1. (Gesamtzusammenfassung in Bezug auf Bildung) hingewiesen. Doch auch diese Ausführungen (in Kombination mit denen aus dem Abschnitt 7.4.5.) machen klar, dass Menschen aus sozial schwachen und bildungsfernen Milieus eindeutig als die größten Verlierer/innen der informationalistischen Bildungsgesellschaft anzusehen sind – v.a. im Vergleich zum unmittelbar vorangehenden historischen Abschnitt. Hier gilt es aber noch auf zwei weitere weniger augenscheinliche bedeutende Opfer dieser Epoche hinzuweisen.

So unlogisch das auf den ersten Blick auch erscheinen mag, ist das erste davon die IKT-unterstützte Kompetenzerschließung. Denn trotz dem, dass das eLearning der einzige pädagogische Unterbereich war, in dem in der Hochphase des informationellen Kapitalismus – wenigstens in Bezug auf den Hochschulsektor – tatsächlich zusätzliches Geld investiert wurde, hat die (Bildungs-) Politik seine Entwicklung in Wirklichkeit ausgebremst bzw. regelrecht „abgewürgt". Letzteres resultiert aus dem Missbrauch des computerunterstützten bzw. webbasierten Lernens und Lehrens als des wichtigsten „Fahnenträgers" des Informationalismus im Bildungssystem: Egal, ob es sich um die Einführung der ersten als „Lernmaschinen" geeigneten (bzw. natürlich absolut ungeeigneten) Rechner in den 1960er und 1970er Jahren, die Verbreitung des PCs in den 1980er, den Boom des Internets in den 1990er oder sogar den aktuelleren Aufschwung des s.g. „Web 2.0" handelte bzw. handelt – immer war bzw. ist die Pädagogik mit der massiven Erwartungshaltung von höchsten Stellen konfrontiert, sämtliche Bildungsprobleme mit Hilfe solcher Werkzeuge zu beheben. Diese Überforderung in Folge vollkommen unrealistischer Ansprüche findet nicht nur auf der praktischen, sondern ebenso auf der theoretischen Ebene statt. Denn der Computereinsatz im Unterricht soll nicht lediglich all die längst bekannten konkreten Schwierigkeiten an Lehranstalten lösen, sondern auch die Gültigkeit neuer, zutiefst abstrakter Gedankenkonstrukte – wie besonders prominent des Konstruktivismus – für die Bildung unter Beweis stellen.

Hier geht es insofern darum, das eLearning (zumindest teilweise) zu rehabilitieren, als ein wichtiges Ziel des vorliegenden Buches darin besteht, eine Perspektive zu befördern, aus der heraus in pädagogischen Zusammenhängen eingesetzte Werkzeuge – egal ob es sich um neuere digitale oder ältere analoge handelt – eben als solche betrachtet werden. Auch wenn es klar ist, dass alle Medien, mit denen wir arbeiten, unsere Zugänge und Vorgehensweisen bis zu einem gewissen Grad beeinflussen, sind Computer und Internet in Lehr-/Lernkontexten (genauso wie z.B. Tafel oder Arbeitsblatt) vorrangig Mittel, die für bestimmte Zwecke einsetzbar sind. Und in Bezug auf alle davon gilt, dass einige Ziele mit ihrer Hilfe unter manchen Umständen besser zu erreichen und andere Aufgaben unter abweichenden Rahmenbedienungen weniger gut ausführbar sind. Wozu, wie und in welchen Situationen eLearning so genutzt werden kann, dass es Lern- und Lehrprozesse tatsächlich unterstützt bzw. sich sogar positiv auf sie auswirkt, wird man erst dann herausfinden können, wenn man es schafft, sich mit derartigen Fragen vollkommen abgekoppelt von sämtlichen metaideologischen Wunschvorstellungen sowie damit verbundenen durch den Technologiedeterminismus angefachten unrealistischen Erwartungshaltungen auseinanderzusetzen.

Der erste Schritt zur Ermöglichung einer entsprechenden Entfaltung besteht jedoch in der Unterlassung der neoliberalen Koppelung der Durchführung solcher Maßnahmen an die Forderung nach einer daraus resultierenden mittelfristigen Kostensenkung bzw. sogar langfristigen Erschließung zusätzlicher Einnahmequellen. Denn genau Letzteres versetzte dem eLearning am Ende der informationalistischen Hochphase den ultimativen Todesstoß, und zwar aus dem einfachen Grund, dass sich Innovationen und erst recht Qualitätssteigerungen im Bildungsbereich keinesfalls analog zu zahlreichen industriellen Produktionszweigen mit technologiegetriebenen Rationalisierungen vertragen. Alleine schon deswegen nicht, weil Lernen und Lehren zutiefst menschliche Interaktionsprozesse darstellen, die niemals von Maschinen adäquat abgebildet und schon gar nicht ersetzt werden können. Folglich erfordern eLearning-Initiativen, welche im Vergleich zu „klassischen" Schulungen bessere Ergebnisse erzielen sollen, keinen geringeren sondern oft sogar einen erhöhten Betreuungs- und damit Kostenaufwand. Und das nicht nur kurzfristig im Sinne einer Startfinanzierung, sondern auf Dauer. Sobald man das einsieht und die oben dargestellte Überfrachtung unterlässt, wird es möglich sein, konkret darüber nachzudenken, wie neuere Medientechnologien zur tatsächlich sinnvollen unterstützenden Ergänzung des Präsenzunterrichts genutzt werden können.

Die Verhinderung eines Fortschritts im Bereich des eLearnings im Zeitalter des Informationalismus stellt jedoch nicht das einzige Indiz dafür da, dass der Spruch, Revolutionen würden ihre eigenen Kinder fressen, genauso für die (angebliche) medientechnologische Umwälzung gelten. So gab es ein in seiner Gesamtbedeutung unvergleichbar größeres Opfer des informationellen Kapitalismus, welches – wenigstens den offiziellen Verkündigungen nach – zugleich seine Hauptsäule darstellte: die Bildung selbst und hier v.a. jene im tertiären Sektor. Denn obwohl nur über diese allen politischen Sonntagsreden zufolge die wichtigste Ressource der Wissensgesellschaft – das Wissen selbst – zu akkumulieren war, wurde gerade auf entsprechendem Gebiet massiv der Versuch unternommen, Geld einzusparen. Dass das nur im höchst eingeschränkten Maße gelang, bildet zwar einen zentralen Beleg für die ökonomische Unzulänglichkeit des neoliberalen Wirtschaftsprogramms, ändert aber wenig an den tatsächlichen Auswirkungen einer solchen Strategie. Denn genauso, wie in Bezug auf den Wohlfahrtsstaat, entfaltete sie ihre enorme Zerstörungskraft auf anderen Ebenen: Hier wie da schaffte man keine nennenswerten Ausgabensenkungen, jedoch sehr wohl, das gesamte System zu desavouieren, zu unterminieren und damit schließlich ad absurdum zu führen.

In Bezug auf Universitäten zeigt sich Letzteres insofern außerordentlich deutlich, als hier der Widerspruch zwischen dem, was Bildungspolitiker/innen als ihr allen anderen von ihnen ventilierten Absichten übergeordnetes Hauptziel präsentieren – den wissensbasierten Ausbau des „Humankapitals" – und den Folgen ihrer realen Handlungen besonders eklatant und für alle offensichtlich ist: Kein Mensch, der sich auch nur oberflächlich mit der Situation im (öffentlichen) Hochschulsektor auseinandersetzt, kann die Augen davor verschließen, dass sich diese von Jahr zu Jahr dramatisch verschlechtert, was sich seit Ende der 2000er Jahre auch in Form massiver Studentenproteste äußert. Das Faktum, dass eine derartige Entwicklung durchaus im Sinne der Machhabenden ist, wurde bereits dargestellt. Aus ihrer Perspektive ist der Wunsch nach einer Verhinderung eines reellen Aufschwungs im Bereich der Bildung auch absolut logisch. Denn tatsächlich höher qualifizierte Bürger/innen sind politisch um einiges kritischer sowie aktiver und durchschauen daher Tricks sowie Lügen von Regierenden viel schneller – v.a., wenn sie so primitiv sind, wie die hier besprochenen. Deshalb besitzen diese Individuen auch die Fähigkeit, die Inkompetenz der herrschenden Klasse bloßzustellen und in letzter Konsequenz (wenigstens in demokratischen Gesellschaften) das Potenzial, ihre Herrschaft zu beenden. Dass Staatsführer/innen alles tun, um dem entgegenzuwirken, liegt in der Natur eines Berufes, dessen alles andere in den Schatten stellendes Hauptmotiv zumeist im Streben nach Macht sowie – in Folge ihres Erreichens – nach ihrem Erhalt besteht.

Damit fand auch in Bezug auf diesen Punkt das – bereits im Zusammenhang mit den grundsätzlichen metaideologischen Kunstgriffen besprochene – Ausgeben der Handlungsabsichten als Handlungsgründe statt: Ebenso wie die Angstmache vor der steigenden Konkurrenz in Wirklichkeit auf die Erhöhung des Konkurrenzdrucks abzielte, stand hinter der Verbreitung der Panik vor dem drohenden Zerbröckeln der Wissensbasis der Informationsgesellschaft das Bestreben, genau dieses Fundament zu zerrütten oder zumindest auf keinen Fall seine Verfestigung zuzulassen. So zeigt sich z.B. alleine am Ausbau der Fachhochschulen, in denen im Vergleich zu Universitäten in kürzerer Zeit angeblich in der Berufspraxis viel schneller verwertbare Kenntnisse vermittelt wurden, dass die Erhöhung der „Akademikerquote" keineswegs mit einer Absenkung, sondern viel eher mit einem Anstieg, sicherlich aber mit der Stabilisierung des Anteils „generischer" Arbeitskräfte an der Gesamtbevölkerung einherging. Die Schädlichkeit einer solchen Vorgangsweise aus wirtschaftlicher Perspektive in einer Gesellschaft, die – wie allerorts verkündet – auf dem Wissen und eben nicht auf rasch verwertbaren jedoch auch genauso rasch veraltenden Fertigkeiten fußt, liegt auf der Hand.

Aus dem gesamtgesellschaftlichen Blickwinkel erschließt sich die Kontraproduktivität entsprechender Methoden bzw. das Ausmaß der von ihnen verursachten Zerstörung des Gutes Bildung noch deutlicher, wenn man bedenkt, dass es keinesfalls die Klügeren bzw. Kompetenteren sind, die mit Hilfe eines derartigen Systems nach oben befördert werden und sich v.a. oben halten können, sondern – bis auf ganz wenige Ausnahmen – fast ausschließlich die Reicheren. Denn eine Gemeinschaft, in der die wichtigsten Positionen hauptsächlich nach dem Kriterium vergeben werden, wie viel die von den Anwärter/innen absolvierten Studien bzw. Zusatzausbildungen gekostet haben, braucht sich nicht zu wundern, wenn sie schließlich von Subjekten angeführt wird, deren geistige Fähigkeiten höchstens in puncto Peinlichkeit nichts zu wünschen übrig lassen. Den besten und gleichzeitig tragischsten Beweis für Letzteres stellt die Tatsache dar, dass in der Schlussphase des Informationalismus der mächtigste Mann des einflussreichsten Staaten dieser Erde zwar Diplome von Yale und Harvard vorzuweisen hatte, dabei jedoch niemand intelligenterer war, als George W. Bush.

## 6.6.4 Zwischen-Reflexion

Da dieses Kapitel in Hinblick auf die Präsentation der Forschungsergebnisse der vorliegenden Arbeit eines der zentralen darstellt, ist es vor der Fortsetzung der Ausführungen notwendig, eine kurze Zwischen-Reflexion einzufügen – v.a., um zwei möglichen Missverständnissen vorzubeugen, welche der Rezeption im Sinne des Autors abträglich sein könnten.

Die erste derartige Klarstellung bezieht sich auf das politische Konzept der „Aktivierung" und sein pädagogisches Pendant der „Selbstregulierung". Die in diesem Buch deutlich explizierte Abgrenzung vom gesamten damit zusammenhängenden informationalistischen Gedankengut darf keinesfalls dahingehend interpretiert werden, dass der Mensch aus der Verantwortung für sein eigenes Handeln entlassen werden kann oder soll. Ein solcher Standpunkt würde einen enormen Widerspruch zum hier propagierten konsequenten „Demokratismus" bilden, der sich lediglich in einer Gemeinschaft von Individuen zu entfalten vermag, die im vollen Bewusstsein der Konsequenzen ihrer Taten agieren und die zu ihnen auch zu stehen bereit sind. Jedoch werden dahingehende Fähigkeiten, die einen gewichtigen Anteil an der Meisterschaft zur aktiven Gestaltung der demokratischen Gesellschaft darstellen, den Menschen nicht „in die Wiege gelegt", sondern müssen im Laufe der Jahre Schritt für Schritt erworben und immer wieder geübt werden – nicht umsonst gibt es z.B. in allen derartigen sozialen Organisationsformen bestimmte Altersgrenzen hinsichtlich des Wahlrechts.

Eine der zentralen Aufgaben der Pädagogik im vorliegenden Kontext besteht darin, diesbezügliche partizipative Kompetenzen intensiv zu fördern. Dabei dürfen sich entsprechende Methoden selbstverständlich keineswegs auf die Bevormundung der Subjekte stützen, da sich Kenntnisse demokratischen Handelns niemals unter Rahmenbedingungen fehlender Mitbestimmung entfalten können. Gleichzeitig ist es jedoch nur in den seltensten Fällen zielführend, junge Menschen auf dem Weg der Herausbildung derartiger Fähigkeiten vollkommen alleine zu lassen. Schließlich ist das Treffen demokratischer Entscheidungen lediglich auf Basis von Informationen und vom Wissen möglich, zu deren Sammlung sowie zu dessen Erwerb zahlreiche Kompetenzen benötigt werden, die zu erlernen und immer wieder in der Praxis anzuwenden sind. Dabei kann und muss die Pädagogik Heranwachsende unterstützen und zwar nach dem Motto „jeder nach seinen Fähigkeiten und jedem nach seinen Bedürfnissen". Denn es gibt Jugendliche, die weniger und jene, die – z.B. ausgehend von ihrem Bildungshintergrund – mehr entsprechenden Beistand benötigen. Besonders die Letzteren müssen es der Gesellschaft im wahrsten Sinne des Wortes *Wert* sein, sich zu bemühen, ihnen zu einer tatsächlich aktiven Teilhabe an sozialen Prozessen zu verhelfen, statt sie für alle ihre Probleme selbst verantwortlich zu machen, sie damit auf ein „Selbstregulierungs-Abstellgleis" abzuschieben und sie folglich von Anfang an der Möglichkeit der Erschließung der eigenen Potenziale zu berauben, ihr persönliches Leben sowie ihre soziale Umwelt bewusst (mit-) zu gestalten.

Genau in einer diesbezüglichen *Entwertung* der Individuen besteht das Hauptproblem mit der gesamten „Aktivierungsagenda" und nicht so sehr in der Kürzung von ihnen empfangener Sozialleistungen. Denn erstens ist es strittig, ob und in welchem Ausmaß Politiker/innen, die den Wohlfahrtsstaat zerschlagen wollten, das auch tatsächlich geschafft haben. Viel bedeutender in dem Kontext ist jedoch das Faktum, dass das subjektive Empfinden von Armut nur partiell mit dem jeweiligen realen Besitzstand korreliert. Die schlimmste Nebenwirkung der Zugehörigkeit zur unteren sozialen Schicht besteht heutzutage in den wohlhabenderen westlichen Ländern (abgesehen von den USA) nur selten in der fehlenden Abdeckung basaler Grundbedürfnisse, sondern vielmehr im Bewusstsein der eigenen Minderwertigkeit und der damit unmittelbar zusammenhängenden Chancenlosigkeit. Explizit an diesem Punkt haben sowohl aktivierende sozialstaatliche als auch pädagogische Maßnahmen anzusetzen, um wirklich entsprechende Bezeichnungen zu verdienen. Dabei muss es der Pädagogik v.a. um die gezielte Förderung des Selbst-*Wert*-Gefühls der Angehörigen benachteiligter Bevölkerungsschichten gehen und der Sozial- bzw. Wirtschaftspolitik um die Schaffung echter beruflicher sowie folglich gesellschaftlicher Aufstiegschancen für diesen Personenkreis.

Die Problematik der sozialen Benachteiligung im Kontext der Idee der Bildungsgesellschaft wird im Abschnitt 7.4.5. noch intensiv besprochen. An dieser Stelle geht es jedoch um die Klärung eines weiteren für das Verständnis dieses Buches zentralen Aspektes. Mit der Materie vertraute Leser/innen mag es verwirren, dass der Autor sich nicht nur von sämtlichen rechten und „neu-linken" politischen Positionen im Zusammenhang mit der Informations- und Wissensgesellschaft distanziert, sondern auch größtenteils von jenen, die auf dem „alt-linken" (bzw. marxistischen) Gedankengut basieren. Letzteres besonders deshalb, weil sich die hier vorgebrachte scharfe Kritik am Informationalismus – v.a. in seinen neoliberalen Ausprägungen – über weite Strecken mit der entsprechenden Beurteilung der heutigen Vertreter/innen dieser Strömung deckt (zu deren Positionen siehe Anfang des Abschnitts 5.3.1.).
 Die – trotz zahlreicher offensichtlicher Gesinnungsübereinstimmungen – als notwendig erachtete teilweise Abgrenzung von derartigen Standpunkten kann an der oben bereits mehrmals explizit geäußerten Ablehnung des von der ‚Kritischen Theorie' beförderten Weltbildes festgemacht werden, der vielen von ihnen (noch immer) zugrunde liegt. Vereinfacht formuliert stellt aus der Perspektive der ‚Frankfurter Schule' die breite Masse der Menschen völlig hilflose Objekte kulturindustrieller bzw. medialer Manipulation dar – „gehirngewaschene" und daher ausschließlich zu systemkonformen Entscheidungen fähige Opfer einer undurchschaubaren, von US-Unternehmen angeführten globalen Verschwörung (Ausführlich siehe Abschnitt 2.3.1). Das Problem an diesem Zugang basiert nicht nur in der unzulässigen Simplifizierung von Fakten und auf dem, dass er – wie sämtliche Verschwörungstheorien – im Endeffekt die Gesellschaft vom konkreten Handeln entlastet (zu Letzterem siehe Anfang des Unterkapitels 6.5). Das wirklich Tragische und absolut Inakzeptable daran ist, dass die einzige von seinen Grundaussagen ableitbare tatsächliche Gegenreaktion bzw. der alleinige Ausweg aus dem von Adorno und Co dargestellten gesellschaftlichen Dilemma im Außerkraftsetzen der Demokratie sowie der Machtergreifung geistiger Eliten besteht. Ganz abgesehen von all dem offensichtlichen daraus unweigerlich resultierenden diktatorischen Gräuel, würden entsprechend orientierte Aktivist/innen angesichts dessen, dass die intellektuelle und die finanzielle Oberschicht heutzutage (wie schon immer) größtenteils deckungsgleich sind, genau das Gegenteil davon erreichen, was sie wollen bzw. wonach sie zu streben vorgeben: Sie würden keinesfalls die Entmachtung, sondern gerade die endgültige und unumstößliche Machtzementierung der von ihnen so verhassten Reichen sowie Superreichen befördern.
 Deswegen erfolgt im vorliegenden Buch die Anlehnung an einen ebenso eher linken (auf jeden Fall explizit Neoliberalismus-kritischen), jedoch bedeutend abweichend gewich-

teten Ansatz: an jenen der ‚Gouvernementalität' von Michel Foucault (siehe Abschnitt 6.4.4.). Dieser Analytiker streitet die Bemühung der Mächtigen um die Unterdrückung und Manipulation der Massen keineswegs ab, weist jedoch auf den aktiven Beitrag jedes einzelnen Individuums zum Erfolg solcher Bestrebungen hin. Damit schafft es Foucault aktuelleren sozialen Entwicklungen gegenüber eine höchst kritische Position einzunehmen, ohne die Handlungsfähigkeit der Subjekte aus den Augen zu verlieren und ohne sie davon ausgehend zu willenlosen Objekten zu degradieren. Denn auch wenn die Überwachungs- und Bestrafungsmechanismen innerhalb der (heutigen) Kontrollgesellschaft viel subtiler und unsichtbarer sind, als jene in der (früheren) Disziplinargesellschaft, sind die Menschen seiner Meinung nach an ihrer Durchsetzung intensiv beteiligt und gerade deswegen genauso (wenigstens potenziell) zu ihrer vollständigen Absetzung fähig. Folglich enthält Foucaults Diagnose der akuten Probleme unserer sozialen Organisationsform die Option einer demokratischen, antielitären und damit auch antitotalitären Lösung. Bzw. ist sie zwingend, denn die Masse, die ihre eigene Unterjochung mitkonstruiert, kann nicht von einer (vermeintlichen) Elite, sondern nur von jeder/m einzelnen ihrer Angehörigen in einer gemeinsamen Anstrengung von der Knechtschaft befreit werden.

Aus dieser Überlegung in Kombination mit allem im vorliegenden Zwischenfazit Dargestellten resultiert in Bezug auf das gesamte hier behandelte Thema, dass die psychologischen Kunststücke, die das Funktionieren des informationalistischen Systems gewährleisten, zwar im höchsten Maße raffiniert, nichtsdestotrotz jedoch eben nichts anderes sind, als Tricks. Wenn möglichst viele Menschen einige davon durchschauen und sich nicht mehr von ihnen blenden lassen, muss das gesamte mit ihrer Hilfe aufgebaute Konstrukt wie ein Kartenhaus in sich zusammenbrechen. Der Kniff, der zugleich besonders gut für das Funktionieren des informationalistischen Systems sorgt, parallel dazu aber auch die Achillessehne dieser gesamten Organisationsform bildet, besteht in der zumeist freiwilligen Beteiligung jedes einzelnen Individuums an der Herstellung seiner eigenen Systemkonformität sowie in seiner fortwährenden autonomen Selbstkontrolle und Selbstdisziplinierung. Im vorliegenden Buch wird die Überzeugung vertreten, dass der erste und wichtigste Schritt dazu, die Unterdrückungsmaschinerie aus dem Takt laufen zu lassen, darin besteht, sich der eigenen Selbstversklavung bewusst zu werden. Insofern steht es politisch in einer aufklärerischen Tradition, die noch lange vor der Aufspaltung in linke und rechte Positionen auf die konsequente Durchsetzung demokratischer Prinzipien abzielte.[178]

---

[178] Zur (naturgemäß zahlreichen ihrer Ausprägungen kritisch gegenüber stehenden) Selbstverortung Michel Foucaults in der Tradition der Aufklärung siehe z.B. Foucault 1992.

# 7 Ende des Informationalismus und Bankrott der Bildungsgesellschaft

Um – im besten kantschen Sinne – den Mut aufbringen zu können, sich des eigenen Verstandes zu bedienen, ist es notwendig, so gut wie irgendwie möglich die Rahmenbedingungen der eigenen Existenz zu durchschauen. Die Vermittlung entsprechender Informationen im Kontext des Diskurses um die Bildungsgesellschaft stellte eines der Hauptziele aller vorangehenden Ausführungen dar. Dabei wurde jedoch absichtlich nicht auf die aktuellsten in Bezug auf dieses Thema relevanten Ereignisse eingegangen, um sie hier in komprimierter Form zu behandeln – auf die direkten Auslöser und v.a. Implikationen der derzeitigen Weltwirtschaftskrise. Letztere ist als Folge sämtlicher vorhin dargelegter Entwicklungen zu betrachten, weswegen ihre Untersuchung nicht unbedingt völlig neue Erkenntnisse zutage fördert. Jedoch lässt sie bisherige oft in einem neuen Licht erscheinen. Und zwar erstens, weil sich oben angesprochene Probleme erst vor ihrem Hintergrund in aller Deutlichkeit (und Hässlichkeit) offenbaren und zweitens, weil im Zuge ihrer Aufarbeitung der Zusammenhang zwischen dem Konzept des informationellen Kapitalismus und der Idee der Bildungsgesellschaft genauso offensichtlich wird, wie der Zusammenbruch beider Vorstellungen.

Das Faktum einer gewaltigen Krise des als Informationalismus bezeichneten Gesellschaftssystems ist für jede/n augenscheinlich, die/der auch nur ein wenig zeitgenössische politökonomische Geschehnisse verfolgt. Die offene Frage dabei ist jedoch, ob sich diese soziale Organisationsform lediglich in einer Phase des *Umbruchs* befindet, aus der sie im Endeffekt gestärkt hervorgehen wird, oder ob wir im ersten Jahrzehnt des 21. Jahrhunderts tatsächlich ihren endgültigen *Zusammenbruch* erlebten, bzw. gerade dabei sind, die volle Wucht ihres Crashs zu erfahren. Eine Methode, die bei der Beantwortung behilflich sein kann, besteht darin, ihre ursprünglichen Verheißungen, genauso wie jene im Kontext der Vision einer Bildungsgesellschaft der heutigen Wirklichkeit gegenüber zu stellen. D.h. zu untersuchen, wie die Realität bezüglich der einzelnen zentralen Versprechungen aussieht.

Eine solche Analyse erfolgt in diesem Kapitel – ähnlich wie bereits in den meisten davor – in Hinblick auf den informationellen Kapitalismus ausgehend von seinen drei Hauptcharakteristika Technikdeterminismus, Neoliberalismus und Metaideologie. Dabei wird dem erstgenannten Aspekt weniger Beachtung geschenkt. Einerseits, weil das Scheitern technikdeterministischer Phantasien bereits mehrmals angesprochen wurde (siehe v.a. Abschnitt 4.1.4. sowie Unterkapitel 5.1.). Und andererseits, weil der Niedergang des Informationalismus hinsichtlich eines derartigen Zugangs – aus später erklärten Gründen – mit dem Platzen der Dotcom-Blase in den Jahren 2000/2001 zusammenfällt und somit inzwischen eine historische Begebenheit darstellt. Das Augenmerk des vorliegenden Kapitels ist dagegen hauptsächlich auf die unmittelbare Gegenwart sowie z.T. auch Zukunft gerichtet. Deswegen finden hier in erster Linie neuere bzw. sogar (zum Zeitpunkt der Verfassung der Arbeit) tagesaktuelle Ereignisse Beachtung.

Das erschwert insofern die Auswahl der Quellen, auf die man sich zur Entfaltung von Argumentationen und zur Hinterlegung von Aussagen berufen kann, als es zumeist länger dauert, bis sich die Wissenschaft im Rahmen von Fachpublikationen eines Themas annimmt. Daraus resultiert die Notwendigkeit einer Modifikation bisheriger Arbeitsmethoden auf zweierlei Arten: Bei der Darstellung des Zerfalls des Informationalismus wird der Schwierigkeit durch den verstärkten Rückgriff auf populärwissenschaftliche und journalistische Schriften begegnet, da sich zahlreiche ihrer Autor/innen derzeit besonders intensiv mit entsprechenden Prozessen auseinandersetzen. Das Heranziehen derartiger Publikationen ermöglicht es auch, den „Puls der Zeit" direkt widerzuspiegeln.[179] Hinsichtlich Bildungsgesellschaft ist eine solche Problemlösung jedoch nicht möglich, da das Platzen dahingehender Träume nur ganz wenigen Menschen tatsächlich bewusst zu sein scheint – am wenigsten denen, welche die öffentliche und veröffentlichte Meinung prägen. Deswegen wird hier vom bis jetzt verfolgten Ansatz abgewichen, möglichst viele unterschiedliche Stimmen zu einer Fragestellung anzuhören. Dagegen findet die Konzentration auf die Präsentation v.a. zweier – vom Autor als die wichtigsten erachteter - Bücher zu dieser Materie statt, die dafür aber besonders intensiv aufgearbeitet werden.

Daraus resultiert, dass das vorliegende Kapitel – noch mehr als die vorangehenden – verstärkt die individuellen Meinungen des Verfassers abbildet. Die damit eingehende zunehmende „Subjektivierung" der gesamten Abhandlung wird jedoch keinesfalls als ein Manko erachtet, sondern im Gegenteil als ein wichtiger Schritt zur Erreichung seines in der Einleitung formulierten persönlichen (Teil-) Ziels, selbst zu einer klareren Positionierung zu hier behandelten Fragestellungen zu gelangen.

## 7.1 Das Platzen des Technikdeterminismus

### 7.1.1 *Verheißungen*

Das zentrale Versprechen des Informationalismus in Hinblick auf den technikdeterministischen Aspekt besteht in der Überwindung der Arbeitslosigkeit und in der enormen Verbesserung der Arbeitsbedingungen. Wie in Unterkapitel 2.1. dargestellt, prophezeit Daniel Bell im Zuge des Aufkommens der post-industriellen Informationsgesellschaft ein „Ende der Geschichte" hinsichtlich der Verdrängung der Arbeitskräfte aus einzelnen Berufssparten in Folge technologischer Innovationen. Der fortwährende Zuwachs von Wohlstand (ausgehend von unendlichen Produktivitätssteigerungen in der zunehmend automatisierten Industrie) würde immer neue Bedürfnisse wecken, welche durch die ständige Ausdehnung des Angebots von Dienstleistungen befriedigt werden müssten. Das sollte Bells Ansicht nach nicht nur zu einer Sicherung der Vollbeschäftigung für alle Zeiten führen, sondern auch zu einer humanen Umstrukturierung sämtlicher beruflicher Tätigkeiten – das „Spiel gegen die technische Natur", in dem das Fließband das Hauptsymbol der Arbeitsverhältnisse und gleichzeitig die zentrale Metapher für das gesamte Leben des Großteils der Arbeitskräfte bildet, würde durch ein „Spiel zwischen den Menschen" abgelöst.

---

[179] Das führt auch zu einer Änderung in der sprachlichen Gestaltung der Arbeit. Schließlich ist es (auf jeden Fall dem Autor des vorliegenden Buches) kaum möglich, fortwährend entsprechende Quellen zu zitieren, ohne sich von ihrem Schreibstil inspirieren oder sogar mitreißen zu lassen. Letzteres ist jedoch hier insofern durchaus von Vorteil, als die Thematik zum Teil sehr schwer – im Sinne von tragisch – ist. Eine gewisse Auflockerung, auch wenn sie in Richtung „Galgenhumor" geht, kann folglich beim Lesen behilflich zu sein, um nicht in Trübsal zu verfallen.

Die letztgenannte Vision spielt in den im Unterkapitel 2.2. behandelten postfordistischen Theorien eine zentrale Rolle und stellt das wichtigste Argument dar, mit dem alle hier besprochenen, sich der „Linken" zuordnenden Autor/innen ihre Begeisterung für informationalistische Prozesse begründen. Die vorangehende industrielle Organisationsform sehen sie als zutiefst menschenverachtend an, weil darin ihrer Meinung nach die Mehrheit der strengen Hierarchien unterworfenen und bewusst auf einem niedrigen Qualifikationsniveau gehaltenen Arbeiter/innen im Zuge des Zwangs zur Durchführung standardisierter sowie monotoner Handlungsabläufe entmündigt und von ihrer Tätigkeit „entfremdet" wären. Hingegen betrachten sie aktuellere sozio-technologische Entwicklungen als eine Renaissance des Handwerks, die flächendeckend in der Wiederherstellung der menschlichen Kontrolle über Produktionsvorgänge münden müsste. Die mit dem Wandel zur wissensbasierten Wirtschaft unmittelbar einhergehende Notwendigkeit der Höherqualifizierung der breiten Masse von Beschäftigten sowie ihre zunehmende Selbstständigkeit (durchaus auch im Sinne von „nicht-angestellt") würde sämtliche Hierarchien zerschmettern und die Mehrheit nicht nur zur aktiven ökonomischen, sondern ebenso zur politischen (Mit-) Gestaltung ihrer Lebenswelt befähigen.

In eine ähnliche Richtung weisen die Postulate jener im Unterkapitel 2.3. vorgestellten Vertreter/innen der Postmoderne, welche informationalistischen Ausfaltungen gegenüber eine positive Haltung einnehmen. Sie betonen dabei jedoch stärker die nicht zuletzt aus der „Informationsexplosion" resultierende ungeheure Expansion der Kultur in alle Lebensbereiche, welche ihnen zufolge zur Ästhetisierung der gesamten Ökonomie geführt hätte, woraus auch die Beförderung der kreativen Potenziale der Arbeitnehmer/innen resultieren müsste.

### 7.1.2 *Informationalistisch-technikdeterministische Blase*

Die Tatsache, dass solche Verheißungen sich in den meisten Punkten in der Realität nicht nur nicht bewahrheitet haben, sondern sogar fast immer in einem diametralen Widerspruch zu ihr stehen, wurde im vorliegenden Buch schon mehrmals behandelt. Zunächst einmal ist es – wie in Abschnitt 4.1.4. dargestellt – nicht einmal den eifrigsten Verfechter/innen der Idee der informationellen Revolution möglich, zu belegen, dass es jemals aus dem IKT-Fortschritt resultierende Produktivitätszunahmen gab. Im Gegenteil müssen sie einen diesbezüglichen Abwärtstrend eingestehen, welcher nur in der Hochphase des Informationalismus unterbrochen wurde, und auch das lediglich in einem verschwindend geringen Ausmaß. Damit fußen (allen Umdeutungen der Daten und euphemistischen Umschreibungen der Gegebenheiten in Richtung eines „paradoxalen" Zustands zum Trotz) sämtliche Behauptungen der Ankunft einer auf entsprechenden Technologien basierenden Wirtschaftsform prinzipiell auf einem äußerst wackligen Fundament.

Hinzu kommt, dass der Aufschwung, der in zweiten Hälfte der 1990er Jahre (d.h. erst nach ca. zwei Jahrzehnten weltweiter informationalistischer Politik und auch da) in erster Linie die USA erfasste zwar einerseits tatsächlich sehr viel mit Informations- und Kommunikationstechnologien zu tun hatte, jedoch keinesfalls aus Produktions- und erst recht nicht aus Gewinnsteigerungen der entsprechenden Industrie resultierte. Im Gegenteil hatten die meisten auf dem Höhepunkt der Interneteuphorie über Nacht wirtschaftlich zu den „global Players" aufgestiegenen Dotcom-Firmen nicht einmal nennenswerte Umsätze vorzuweisen und zum Teil sogar horrende Verluste zu beklagen. Das erste derartige Unternehmen, das (im Jahre 1995) an die Börse ging und mit seinem völlig irrwitzigen Aktienaufschwung den Boom auslöste – der Internetbrowser *Netscape* – setzte gerade einmal 20 Millionen US-Dollar um, wurde aber nach einem halben Jahr „Parkettpräsenz" bereits um die zehnfache Summe gehandelt (vgl. Schäfer U. 2009, S.72). Auf dem Höhepunkt der ‚New Economy' – also Ende der 1990er – übertraf der Marktpreis der Internet-Suchmachine *Yahoo!*, mit einem Beschäftigtenstand von gerade 1.200 Mitarbeiter/innen, jenen solcher Giganten wie *Volkswagen*, *BASF*, *Metro* und die *Lufthansa* zusammengerechnet (ebd., S.73). Die Aktien vom Onlinedienst AOL schnellten innerhalb von acht Jahren um 55.000% nach oben. Die Anleger/innen, die ihre Investitionen zunehmend mit Hilfe von Krediten tätigten, konnten sich über Renditen freuen, die man sonst nur aus dem Drogengeschäft kennt (vgl. ebd., S.72ff, S.123; siehe auch Zeise 2009, S.107). Mit „Realwirtschaft" – also einer Ökonomie, die konsumierbare Güter und echte Dienstleistungen produzierte – hatte das kaum etwas bis absolut nichts zu tun. Viel mehr mit einer „Zauberwirtschaft" (Schäfer U. 2009, S.77). Am ehesten war es jedoch nichts anderes, als eine überdimensionierte Lotterie, deren Versprechen unvorstellbar hoher Gewinne unzählige Menschen auf dem ganzen Globus völlig kirre machte. Denn der wichtigste „Wert", den der überwiegende Teil solcher Firmen aufwies, bestand darin, ihren Aktionär/innen die Möglichkeit der – wie es Castells (vgl. 2005a, S.117) so bezeichnet – Wette auf die technologische Revolution zu eröffnen.

Der Umstand, dass sich Millionen von Bürger/innen exzessiv an diesem bisher „größten Spekulationsexzess[] (...) den die Geschichte des Kapitalismus je gesehen hatte" (Zeise 2009, S.145) beteiligten und während dessen im Zuge des unverhofften (zumeist nur auf dem Papier existierenden, in Wirklichkeit jedoch über Schulden finanzierten) Kapitalzuwachses in einen gewaltigen Konsumrausch verfielen, gab der gesamten Wirtschaft einen enormen Auftrieb. Es war ein „goldenes Zeitalter", die „große Blüte" des Kapitalismus (Schäfer U. 2009, S.71), in welcher Bill Clinton völlig ungeniert verkünden konnte: „Wir sind die unbestrittenen Anführer der Welt" (nach ebd.). Doch früher oder später hat jeder derartige Prozess ein Ende. Ab März 2000 entwich der Dotcom-Blase allmählich die Luft. Der – zunächst langsam einsetzende, sich jedoch mit ungeheurer Wucht beschleunigende – bis dahin größte Börsencrash aller Zeiten war die Folge (vgl. ebd., S.121f). Der Trend kehrte sich um – im Spätsommer und Herbst 2000 fielen einzelne „Wertpapiere" von Internet-Unternehmen innerhalb weniger Stunden um bis zu 40% (ebd., S.124). Auf dem US-Aktienmarkt schmolzen bis 2001 in Summe etwa 4,6 Billionen US-Dollar dahin, was ca. 50% des US-BIP entsprach (Castells 2005a, S.118). Ein Einbruch, der – auf Grund des Rückgangs des Konsums, der Zurückhaltung der Banken bei der Kreditvergabe, der Produktionsausfälle, der steigenden Arbeitslosigkeit etc. – bald danach unweigerlich auch die „Realwirtschaft" traf (Schäfer U. 2009, S.125).

Dieser Zusammenbruch an sich war – abgesehen von seinem Umfang – noch nichts sonderlich Bemerkenswertes. Schließlich gab es in der Geschichte des Aktienhandels seit seinem Bestehen immer wieder Blasen, die zunächst gewaltig anschwollen und danach platzten und es wird sie auch weiterhin geben, solange genug Menschen zu finden sind, die auf das Versprechen eines schnellen Reichtums ohne Arbeit und „auf Pump" hereinfallen. Das im Kontext des vorliegenden Buches besonders Bedenkenswerte sowie gleichzeitig Bedenkliche am oben Dargestellten ist jedoch die Tatsache, dass der einzige jemals faktisch zu beobachtende und zu belegende mit IKT-Technologien zusammenhängende Wirtschaftsaufschwung fast einzig und alleine auf Spekulationen basierte und damit zwar eventuell (wie Castells es immer wieder versichert) bis zu einem gewissen Maße psychologisch zu rechtfertigen war, jedoch niemals ein „realökonomisches" Fundament besaß. Mit dem Platzen der Dotcom-Blase implodierte folglich eine Illusion viel größeren Ausmaßes – und zwar jene, der von Informations- und Kommunikationstechnologien angetriebenen Wirtschaft an sich.

### 7.1.3 *Informationalistische (Nicht-) Beschäftigungsarten*[180]

Auch wenn es noch Wissenschaftler/innen geben sollte, die darüber debattieren, ob es jemals IKT-beförderte Produktivitätssteigerungen gab, oder nicht, stehen die Fakten in Hinblick auf die informationalistische Prophezeiung der immerwährenden Vollbeschäftigung auf Basis eines allgemeinen technologiegetriebenen Wohlstandsbooms außer Streit. Die Diskussion geht hier in die genau umgekehrte Richtung. So postuliert der heute als wichtigster Theoretiker der Informationsgesellschaft geltende Manuel Castells (im Gegensatz zu zahlreichen seiner Opponent/innen), dass die Ausbreitung der IKT in der Wirtschaft „nicht unmittelbar [!] Arbeitslosigkeit hervor" ruft (Castells 2001, S.313). Trotz seiner Überzeugung, sie sollte derartigen Entwicklungen eher entgegenwirken, muss er jedoch sogar auf dem Höhepunkt des Informationalismus (d.h. noch knapp vor dem Platzen der Dotcom-Blase und mehrere Jahre vor dem Ausbruch der derzeitigen Weltwirtschaftskrise) zugeben, dass sie das keinesfalls tut: Seiner Analyse nach ist im Gegenteil „der Prozess des historischen Übergangs zu einer informationellen Gesellschaft und einer globalen Wirtschaft durch die Verschlechterung der Lebens- und Arbeitsbedingungen für einen bedeutenden Teil der Erwerbstätigen bestimmt" (ebd.). Was er damit zunächst einmal meint, ist die Zunahme der Arbeitslosigkeit, der Unsicherheit des Arbeitsplatzes, der „Unterbeschäftigung", der Einkommensungleichheit sowie den Verfall der Reallöhne und die (finanzielle) „Abwertung" von Arbeitskräften (vgl. ebd.).

Auf diese Problematik wird im nächsten Unterkapitel im Rahmen der Aufarbeitung neoliberaler informationalistischer Visionen ausführlicher eingegangen. Hier gilt es noch auf das Platzen eines weiteren hinter dem gesamten Konzept der Informationsgesellschaft stehenden und v.a. für die Hauptperspektive des vorliegenden Buches zentralen Traumes hinzuweisen: Eine derartige Gesellschaftsform fußt nach der Vorstellung sämtlicher besprochener Analytiker/innen nicht zuletzt darauf, dass Menschen mit Hilfe der Bildung höhere Qualifikationen erwerben, um in den Genuss der Früchte der wissensbasierten Ökonomie zu kommen. Auch wenn man einzuräumen hat, das Ideal einer Vollbeschäftigung für *alle* wäre zu hoch gesteckt, müssten doch in einer solchermaßen organisierten Wirtschaft wenigstens diejenigen, die sich an dieses Konzept halten und sich tatsächlich intensiv aus- und weiterbilden lassen, zu den eindeutigen Gewinner/innen des Systems zählen. Doch nicht einmal das galt lange Zeit als gesichert. Inzwischen ist die entsprechende Behauptung klar widerlegt. So schreibt Manuel Castells bereits in seinem auf dem Zenit des informationellen Kapitalismus veröffentlichten Hauptwerk, verschiedene Studien würden aufzeigen, dass „bessere Qualifikationen sich (...) nicht unbedingt in höheren Löhnen ausdrücken" (ebd., S.314), was er nicht zuletzt damit belegt, dass der Anteil schlecht geschulter Arbeit-

---

[180] Im vorliegenden Abschnitt wird auf das Platzen des Traumes von einer Bildungsgesellschaft lediglich in seinem Zusammenhang mit dem Zusammenbruch der Vision eines aufkommenden Informationszeitalters eingegangen – v.a. in Hinblick auf die Versprechungen der Vollbeschäftigung. Zur Darstellung des generellen Bankrotts einer auf der Bildung basierenden sozialen Organisationsform siehe Unterkapitel 4.7.

nehmer/innen quer durch sämtliche Branchen parallel zum Anteil gut bezahlter Beschäftigter sinkt. Des Weiteren zitiert Castells eine sowohl auf die USA als auch auf die gesamte OECD bezogene Untersuchung aus dem Jahre 2000, in welcher das um sich greifende Phänomen des „Downsizing" behandelt wird. Dabei stellt dieser Begriff einen Euphemismus für die unternehmerische Praxis dar, ältere Arbeitnehmer/innen immer wieder durch jüngere zu ersetzen, die man viel geringer entlohnen kann.

> „Das gilt anscheinend für College- ebenso wie für *high school*-Absolventen, was bedeutet, dass jetzt die gut ausgebildeten (hoch qualifizierten) Arbeitskräfte dieser weiteren Bedeutung von Arbeitsplatzunsicherheit ausgeliefert sind: Die Arbeitskräfte stehen nicht nur kürzeren Verweilzeiten in ihren Jobs gegenüber, sondern auch einem Abflachen oder sogar einem Rückgang ihrer Einkommensentwicklung, wenn sie das mittlere Alter erreichen." *(Canoy 2000 nach Castells 2001, S.316)*

Ein solcher Trend hat sich mit dem Niedergang des Informationalismus keinesfalls umgekehrt, sondern fortgesetzt und gesteigert. Im Jahre 2005 erregte der junge Autor der renommierten deutschen Wochenzeitung *Die Zeit* Matthias Stolz große – auch internationale – Aufmerksamkeit mit einem Artikel, den er mit *Generation Praktikum* betitelte. Der überwältigende (auch von ihm völlig unerwartete – vgl. Koch 2006) Erfolg dieses Artikels resultierte daraus, dass er mit seiner Überschrift ein Lebensgefühl benannte, das die meisten seiner Altersgenoss/innen teilten bzw. „mitlitten". Dabei konstatierte er lediglich zu dem Zeitpunkt bereits allseits bekannte Tatsachen: Praktika waren früher für angehende Akademiker/innen zum „Schnuppern" gedacht, um sie bei ihrer Berufswahl zu unterstützen. Die Mehrheit der heutigen Praktikant/innen hätte sich jedoch längst für eine Profession entschieden, würde sie jedoch auf Grund mangelnder Stellenangebote nicht ausüben können. Die Unternehmen profitieren davon, indem sie junge Studienabsolvent/innen im Rahmen von „Dauerpraktika" für lächerlich wenig Geld jahrelang professionelle Arbeiten verrichten lassen. Seine Analyse der zu diesem Zeitpunkt verfügbaren zahlreichen entsprechenden Ausschreibungen schließt Stolz mit folgender Bemerkung ab: „Solche Praktika klingen nicht mehr sehr nach Schnuppern, eher nach Ausbeuten". (Stolz 2005)

Dennoch eröffneten Praktika jungen Menschen wenigstens die Möglichkeit, sich selbst vorzumachen, dass man „der Joblosigkeit für ein paar Monate entgeht" (ebd.) und erschlossen ihnen gewisse – zwar verschwindend geringe, aber doch – selbstständig erworbene Einkünfte. Nach der Wirtschaftskrise haben zahlreiche Jungakademiker/innen in Europa – und hier v.a. jene aus den vom ökonomischen Einbruch besonders massiv betroffenen Ländern – nicht einmal diese Chance, „das Gesicht zu wahren". Ende Mai 2011 erschien auf dem Onlineportal des österreichischen Rundfunks ein Beitrag mit dem Titel *Wenn Ausbildung nichts mehr wert ist*, in dem sie Situation von Studienabsolvent/innen im heutigen Spanien, Portugal, Irland und Griechenland dargestellt wurde. Sie seien „jung, gut ausgebildet - und haben dennoch keinen Platz in der arbeitenden Gesellschaft" und stellen einen der Bevölkerungsanteile dar, welche bei der Bewältigung der Wirtschaftskrise „auf der Strecke bleiben". Denn die „gesellschaftlichen Versprechungen, mit einer guten Ausbildung auch einen Arbeitsplatz zu bekommen" werden ihnen gegenüber keinesfalls eingehalten. Im Gegenteil liegt die Arbeitslosenrate bei den Jugendlichen in der EU deutlich über 20% - und das auch in den Staaten, wie z.B. Schweden, die gerade in diesen stürmischen Zeiten als „ökonomische Wunderländer" gelten (ORF.at 2011a). Nicht einmal ein Monat später waren aus dem (inzwischen bereits mehr oder weniger offiziell in die Pleite geschlitterten) Griechenland viel dramatischere Fakten zu vernehmen – da sollte bereits jede/r zweite der unter 30-jährigen ohne Beschäftigung sein (ORF.at 2011b).

Doch eine derartige Entwicklung kam keinesfalls überraschend: Bereits ein Jahr zuvor sprach die *Internationale Arbeitsorganisation* (ILO) von einer „verlorenen Generation junger Leute, die aus dem Arbeitsmarkt ausscheiden und alle Hoffnungen verloren haben, einmal für einen anständigen Lebensunterhalt sorgen zu können" (nach ORF.at 2011c). Dass die ILO vor dem Hintergrund solcher Prozesse „ohne Übertreiben zu wollen" von einem möglichen Szenario „'sozialer Gefahren', die mit der Entmutigung frustrierter Jugendlicher verbunden sein könnten" (ebd.) spricht, klingt angesichts heute zunehmend gewalttätig werdender Ausschreitungen der betroffenen Gesellschaftsgruppe fast schon nach einem Beschwichtigungsversuch. (Ausführlich zu Letzterem siehe Abschnitt 7.3.5.; zum Thema Bankrott der Bildungsgesellschaft siehe Unterkapitel 7.4.).

### 7.1.4 Informationalistische Arbeitsbedingungen

Sowohl die oben erwähnte Aussage von Castells bezüglich der Verschlechterung der Lebens- und Arbeitsbedingungen im Zeitalter des Informationalismus als auch dementsprechende gerade zitierte Berichte behandeln lediglich die Frage, ob und in welcher Form (v.a. junge und gut ausgebildete) Menschen beschäftigt sind, sowie, ob sie für ihre Dienste einen (halbwegs angemessenen) Lohn erhalten. Dass der informationelle Kapitalismus in Hinblick auf die aus seinem inhärenten Technikdeterminismus resultierenden Versprechungen enormer Produktivitätszuwächse, eines gewaltigen und erst recht nachhaltigen Wirtschaftsaufschwungs sowie einer dauerhaften Senkung der Arbeitslosigkeit auf ganzer Linie gescheitert ist, wurde inzwischen mehr als deutlich. Jedoch sagt das noch nichts darüber aus, ob vielleicht nicht doch die mit ihm einhergehende Prophezeiung einer wesentlichen Verbesserung der Rahmenbedingungen der (wissensbasierten) beruflichen Tätigkeit eingetroffen ist. Es wäre theoretisch ja durchaus denkbar, dass die Werktätigen mit einem höheren Bildungsabschluss – deren Anteil an der der Gesamtzahl der Beschäftigten im Zuge der politisch forcierten Erhöhung der „Akademikerquote" erwiesenermaßen gestiegen ist (siehe 7.4.2.) – tatsächlich (wie es die Post-Fordist/innen verhießen) selbstständigere und geistig aktivere, oder (wie von post-modernen Theoretiker/innen verkündet) kreativere und damit „erfüllendere" Arbeiten verrichten dürfen.

Um die Sorgen der Individuen, die er geschafft haben, ihre Fähigkeiten zur „Selbstprogrammierung" in einen mehr oder weniger festen und manchmal sogar gut bezahlten Job ummünzen, kümmert sich kaum jemand. Schließlich gelten sie als die wenigen Gewinner/innen der gesamten hier untersuchten sozialen Organisationsform, die sich einen der heiß begehrten Plätze an der Sonne der Wissensgesellschaft ergattern konnten. So schwärmt auch Manuel Castells in dem mit *Arbeit in der e-Wirtschaft* betitelten Kapitel seines 2001 im Original erschienenen Buches *Die Internetgalaxie* von den unermesslichen Vorteilen, in deren Genuss diese Glücklichen kommen. Aus der Entfaltung der Internetökonomie resultiert für ihn (analog zu Positionen des Post-Fordismus) eine „historische Wiederbelebung der Autonomie der Arbeit" (2005a, S.104). Denn heute bestehen zahlreiche Unternehmen aus Einzelpersonen, welche selbst Eigentümer/innen ihrer Produktionsmittel sind (deren wertvollstes ihr Kopf wäre) und ihr eigenständig akkumuliertes Kapital nach Belieben einsetzen können. Doch auch jene, die Angestellt sind (wobei die Grenzen zwischen ihnen und den Selbstständigen zunehmend verschwimmen), dürfen sich Castells zufolge hinsichtlich Arbeitsbedingungen in einem informationalistischen Schlaraffenland lebend wiegen: Seiner Meinung nach beruht eine „e-Firma (…) auf einer flachen Hierarchie, einem System des Teamwork und offener, zwangsloser Interaktion zwischen Arbeitskräften und Managern sowie quer durch alle Abteilungen und Führungsebenen" (ebd., S.103).

So wenig man die (v.a. jungen) Menschen enttäuschen möchte, welche ihre gesamten Energien darin investieren, sich irgendwann einmal einen solchermaßen tollen Job zu erkämpfen, stellt sich zunächst einmal die Frage, woher Castells all diese Informationen hat. Denn er untermauert entsprechende Aussagen mit keinerlei Quellenbelegen und auf eigene Erfahrungen kann er sich dabei wohl ebenfalls kaum stützen. Wie es scheint, ist also nicht einmal der scharfsinnigste Analytiker der Informationsgesellschaft vor dem Hereinfallen auf einfache Werbetricks gefeit. Schließlich versteht es sich von selbst, dass sämtliche Firmen der ‚New Economy' darum bemüht sind, sich exakt jenes Image zu verpassen, das von Castells hier so perfekt abgebildet wird. Wie sonst sollten sie an die höchst qualifizierten, agilen, flexiblen, „unberechenbaren" etc. Arbeitskräfte herankommen, die bereit sind, buchstäblich *alles* für das Unternehmen zu tun und zu geben?

So stellt sich auch eine der derzeit erfolgreichsten Internetfirmen ihren potenziellen Beschäftigten in den USA als das ultimative Arbeitsbedingungs-Paradies vor. Auf der Webseite des weltweit mit großem Abstand mächtigsten WWW-Suchdienstes *Google* beteuern seine „Headhunter" unter der Überschrift „Human Resources", dass der Wert, welchen dieser Konzern seinen Angestellten beimisst, keine Grenzen kennt. Nachdem er die Recherche revolutioniert hätte, wäre er jetzt dabei, ebenso den Begriff der Humanressource neu zu definieren. Denn bei *Google* würde man verstehen, dass Beschäftigte auch Interessen außerhalb der Firma aufweisen und wolle ihnen ermöglichen, sich intensiv ihren Lieblingstätigkeiten zu widmen. Deswegen hätte man ein „einzigartiges Paket von Zusatzleistungen" geschnürt, das Mitarbeiter/innen erlaubt, ihr berufliches und privates Leben in Einklang zu bringen. Dabei streichen die Verfasser/innen v.a. folgende Angebote hervor: die Gourmet-Mahlzeiten im unternehmenseigenen Restaurant, den Wellnessbereich mit ständig anwesenden Physiotherapeut/innen, großartig ausgestattete Fitnessräume mit Massageservices, sowie die Möglichkeit, gleich während der Arbeit sowohl das Auto als auch die eigene Wäsche reinigen zu lassen. Natürlich wäre gleichfalls das Problem der Kinderbetreuung mit dem „world-class children's center" bravourös gelöst. (vgl. Google o.J.)

Die Tatsache, dass solche Selbstbeschreibungen lediglich einen Teileinblick in einen Unterbereich der Realität gewähren, dürfte sich sogar bis zu Castells herumgesprochen haben. Denn in seinem oben zitierten Buch schleicht sich zwischen all die begeisterten Zeilen folgende Aussage hinein: „Autonomie, Einbezogen sein und eine verwässerte Form kooperativen Eigentums haben ihren Preis: totales Engagement für das Unternehmensprojekt (…)"(Castells 2005a, S.104). Was er mit Letzterem meint, ist ein Einsatz, der durch keinen Kollektivvertrag der Welt gedeckt werden könnte – z.B. in Form durchschnittlicher Arbeitszeiten von 65 Wochenstunden und (bei Auftragsfertigstellung) oft auch durchgewachter Nächte (vgl. ebd.).

Eine derartige Perspektive erschließt sich ebenfalls beim aufmerksameren Lesen des gerade zitierten Rekrutierungstextes von *Google*. Denn das darin geäußerte Verständnis für „firmenfremde" Interessen der Angestellten könnte man genauso als eine Bemühung interpretieren, ihr Privatleben in ihr Arbeitsleben zu integrieren bzw. das Erstere vom Zweiteren vollständig absorbieren zu lassen. Wozu sollte ein Unternehmen ansonsten nicht nur eine Kantine, sondern all die angepriesenen „Freizeit"-Angebote zur Verfügung stellen und auch noch die Wäsche ihrer Beschäftigten reinigen? Eine Betroffene, die von einer vergleichbaren „coolen" Firma in Deutschland angeheuert wurde, musste schnell „am eigenen Leibe" erfahren, was solche „Zusatzleistungen" im Klartext bedeuten und v.a. von wem sie tatsächlich erwartet werden: Sowohl ihre gesamte Existenz, als ebenso jene der Kolleg/innen, spielte sich nur mehr in den „trendigen" Büros ab. „Es ist dort eine Art Mode, bis in die Nacht zu bleiben, da bleibt keine Zeit mehr für Freunde" (nach Farin; Parth 2008). Da laut dem Bericht zumeist auch die Wochenenden durchzuarbeiten sind, stellt sich unweigerlich die Frage, wie unter diesen Umständen die Kinder entstehen sollen, für welche die o.g. „Weltklassezentren" gebaut werden.

Die Familienplanung stellt jedoch das geringste Problem jener jungen „Unberechenbaren" dar, die sich vom Hochglanz der hippen Unternehmen blenden haben lassen. In ihrem Artikel mit dem Titel *Gefangen in der Coolness-Falle* in der Zeitschrift *Spiegel* konstatieren seine Autoren, dass in entsprechenden Firmen die „Selbstausbeutung (...) direkt hinter der schicken Fassade" lauert (ebd.). All die Unterhaltungs-Offerten am Arbeitsplatz dienen dabei nicht nur dem Ziel, Bewerber/innen anzulocken, sondern auch dem Zweck, sie während ihres oft bis zu 24 Stunden dauernden Werktages bei Laune (und ebenso wach) zu halten. Eines ist aber noch wichtiger: Wie eine „Personalerin" des Spielesoftware-Herstellers *Electronic Arts* feststellt, geht es bei solchen Maßnahmen v.a. um die „Freude an der Arbeit, sonst bringen die Menschen nicht ihre kreativen Potenziale ein" (nach ebd.). Damit wären wir also endlich bei diesem „Heilswort", das – laut einem der bekanntesten deutschen Reformpädagogen der zweiten Hälfte des 20. Jahrhunderts, Hartmut von Hentig (vgl. 1998, S.9f) – sämtliche Bestrebungen der Menschheit an der Jahrtausendwende auf den Begriff bringt. Dabei erfuhr – wie man an der vorhin zitierten Aussage erkennen kann – sogar der nationalsozialistische Slogan „Kraft durch Freude" eine Metamorphose hin zur informationalistischen Devise „Kreativität durch Freude".

Was in einem derartigen Gesellschaftssystem unter diesem Terminus tatsächlich verstanden wird, expliziert der deutsche Journalist Jakob Schrenk (2007) in seinem Buch *Die Kunst der Selbstausbeutung: Wie wir vor lauter Arbeit unser Leben verpassen*. Seiner Beobachtung nach mutiert gerade bei den „hippen" Betrieben „der Arbeitnehmer immer mehr zum Künstler (...), der seinen genialen Kopf rund um die Uhr in den Dienst des Unternehmens stellt" (zitiert nach Farin; Parth 2008). Dabei kehrt sich der Traum von selbstbestimmter, spannender Arbeit schnell zu einem Alptraum um:

> *„Wann, wo und wie wir arbeiten, dürfen wir zunehmend selbst entscheiden. Doch hinter dieser neuen Freiheit steht oft ein einziger Befehl: ‚Macht, was ihr wollt. Aber seid profitabel'. Und so geben wir Tag für Tag das Letzte, arbeiten bis zum Burn-out. Wir lassen uns nicht länger vom Vorgesetzten ausbeuten; wir übernehmen diesen Job gleich selbst." (Schrenk 2007, Klappentext)*

Doch das ist längst nicht alles, dem die angeblichen Gewinner/innen des Systems ausgesetzt sind. Wenn all die „Freude" ihnen nach einer zum unzähligen Male durchgearbeiteten Nacht nicht mehr dabei helfen sollte, bei „Arbeitslaune" zu bleiben, gibt es da auch noch einen viel stärkeren „Motivator": Die Angst. Angst vor dem Scheitern des im Augenblick bearbeiteten Projektes, Angst vor der Konkurrenz der noch jüngeren, unverbrauchteren

Kolleg/innen, Angst, dass die eigene heute so „brandheiße" Firma morgen schon im Feuer des nächsten Auflodems der Finanzkrise verglühen könnte – kurz Angst davor, schneller wieder auf der Seite der Verlierer/innen genau jener gesellschaftlichen Organisationsform zu stehen, als es gelang, zu einer/m ihrer allseits beneideten Vorzeigesubjekte aufzusteigen. Denn gerade die Menschen, die es geschafft haben, im Zeitalter des Informationalismus nach oben zu kommen, sind zumeist jene, von denen im Abschnitt 6.4.3. und 6.4.4. der vorliegenden Arbeit die Rede war. Sie sind deswegen so „tough", weil sie die „latente Statuspanik" mit der Muttermilch aufgesogen haben. Und sie wissen, dass die einzige Richtung, in die das System tatsächlich „durchlässig" ist, schnurstracks nach unten zeigt (zu Letzterem vgl. z.B. Schäfer U. 2009, S.16).

## 7.2 Crash des Neoliberalismus

### 7.2.1 *Verheißungen*

Damit wären wir bereits beim Versagen des Informationalismus hinsichtlich seines neoliberalen Aspekts angekommen. Vor einer detaillierten Darstellung darauf bezogener Probleme soll jedoch noch einmal zusammengefasst werden, worin dahingehende Verheißungen bestanden. Ein solcher Abriss kann insofern kurz ausfallen, als der Neoliberalismus – in seiner Form eines radikalen „klassischen" Marktliberalismus – die älteste sowie bekannteste der drei Grundsäulen des informationellen Kapitalismus bildet und in dessen Ära den entsprechenden Grundpostulaten nichts Neues hinzugefügt wurde. Außerdem sind diese auch (wie bereits erwähnt) denkbar einfach gestrickt und lassen sich mit der Formel „mehr Markt – weniger Staat" auf den Punkt bringen. Oder (um den Leitsatz in ein Versprechen zu übersetzen) „der Markt wird's schon richten".

Von allen zu Beginn des vorliegenden Buches vorgestellten Theoretiker/innen können Daniel Bell und seine Nachfolger/innen sowie der „Vater" des Konzepts der Wissensgesellschaft Peter Drucker als die vehementesten Verfechter/innen eines solchen Gedankenguts eingestuft werden. Zwar gibt es zwischen Bell und Drucker beträchtliche Differenzen bzgl. der Frage der Kontrolle und der Zugangsreglementierung dessen, was sie für die zentrale ökonomische Ressource der neuen Gesellschaftsform halten – des durch die Bildung akkumulierten Wissens. In Bezug auf die basale Prophezeiung des Neoliberalismus sind sich jedoch sämtliche der hier angesprochenen – eindeutig dem „rechten" ideologischen Spektrum zuordenbaren – Analytiker/innen und mit ihnen alle, unterschiedlichsten politischen Lagern angehörenden Regierenden im Zeitalter des Informationalismus einig: Ein vollständig deregulierter und damit „entfesselter" Markt wird auf Basis der grenzenlosen, der ganzen Menschheit zugutekommenden Gewinnmaximierung die materiellen Schwierigkeiten der gesamten Erdbevölkerung von selbst, aus eigener Kraft lösen – auch jene, die sich eventuell zunächst durch die „Entgrenzungen" der Kraft seiner „schöpferischen Zerstörung" ergeben könnten.

### 7.2.2 *Revolution von oben*

Klarerweise braucht es nicht noch einmal betont zu werden, dass der Informationalismus auch dieses Versprechen keinesfalls halten konnte. Jedoch gibt es in dem Kontext noch einige Facetten, welche einer näheren Beleuchtung bedürfen. Zunächst einmal kann es dem

## 7. Ende des Informationalismus und Bankrott der Bildungsgesellschaft 281

Verständnis der gesamten Materie förderlich sein, die Hintergründe und die Genese der Durchsetzung des Neoliberalismus im letzten Viertel des 20. Jahrhunderts kurz Revue passieren zu lassen.

Wie bereits angeschnitten, verdient der Neoliberalismus in seiner hier behandelten Ausprägung das Präfix „neo" keinesfalls. Im Gegenteil entspricht er am ehesten einer radikalen Form des „klassischen" Liberalismus im Sinne des „Laissez-Faire", das den Markt vollständig sich selbst überlässt. Diese wirtschaftliche „Spielart" erlebte im 20. Jahrhundert bereits einmal ihren Höhepunkt und zwar in den 1920er Jahren, als genau jenes ökonomische System, das die Neoliberalen ca. 50 Jahre später wiederbelebten zum „schwarzen Freitag" des Jahres 1929 und zur darauf folgenden bis dahin größten Weltwirtschaftskrise führte, ohne welche die meisten Katastrophen des ausgehenden Millenniums höchstwahrscheinlich niemals eingetreten wären – v.a. nicht die Machtergreifung Hitlers und alle daraus resultierenden Gräueltaten, wie der Holocaust, der Zweite Weltkrieg, die Atombombe u.v.m.[181] Gerade vor dem Hintergrund derartiger Erfahrungen hat man in Europa nach 1945 (in den USA mit dem „New Deal" von Franklin D. Roosevelt z.T. bereits ein Jahrzehnt davor) diese ökonomische (Des-) Organisationsform zu Grabe getragen. Hauptsächlich den Vorschlägen des aktiven Mitglieds der britischen liberalen Partei (!) John Maynard Keynes folgend, wurde weltweit der Finanzmarkt streng reglementiert, ein globales System fester Wechselkurse vereinbart und es wurden zahlreiche weitere Maßnahmen ergriffen, um Spekulationen einzudämmen und die Wirtschaft zu kontrollieren. In Europa setzte sich das Konzept der ‚Sozialen Marktwirtschaft' durch, welches sich (stark vereinfacht formuliert) um die Kombination der Freiheiten des Kapitalismus mit den Sicherheiten des Sozialismus bemühte (vgl. Hickel 2009, S.19; Straubhaar et al. 2009, S.26; Schäfer U. 2009, S.31, S.34ff). All das gehört zum Allgemeinwissen und braucht hier nicht ausführlich besprochen zu werden. Eine daraus resultierende Frage ist jedoch für die vorliegende Arbeit von größter Relevanz: Wie konnte es (man ist versucht zu sagen – um Gottes Willen) passieren, dass die Regierenden dieser Welt aus der oben dargestellten Geschichte auf Dauer nichts gelernt haben und nicht einmal ein halbes Jahrhundert nach dem Beginn der „großen Depression" und ca. 30 Jahre nach dem Ende des Zweiten Weltkriegs jenes Wirtschaftssystem aus der Mottenkiste hervorkramten, welches für ebendiese Geschehnisse hauptverantwortlich war – nämlich den Liberalismus in seiner „entfesselten" und damit zerstörerischsten Form?[182]

Natürlich existieren auf diese Frage im Detail genauso viel zutreffende Antworten, wie es Politiker/innen gibt. Wenn man jedoch nach einer Motivation sucht, die sie alle eint, wird man schnell bei ihrem Machtstreben fündig. Das Faktum, dass sie regieren wollen und das auch so lang wie möglich, liegt in der Natur der Sache (und ist an sich ja auch nichts Verwerfliches). Fast genauso selbstverständlich ist es inzwischen, dass nur jene von ihnen dazu vom Wahlvolk ermächtigt werden, die es schaffen, sich als „wirtschaftskompetent" zu präsentieren – frei nach Bill Clintons Spruch „it's the economy, stupid!". Letzteres gilt v.a. für Zeiten ökonomischer Notlagen, in welchen denen von ihnen besondere Weitsicht zuer-

---

[181] Ausführlich zum Zusammenhang zwischen der Weltwirtschaftskrise ab 1929 und dem Aufstieg des Nationalsozialismus in Deutschland siehe Bauer 2008, S.161ff.
[182] Bezeichnenderweise schlug bereits Francis Fukuyama in seinem viel beachteten Artikel zum *Ende der Geschichte* auf dem Hintergrund der Ereignisse von 1989 eine Brücke von den „goldenen Jahren" zu Beginn des 20. Jahrhunderts zu denen, die seiner Meinung nach mit dem Mauerfall wieder einsetzen würden (Fukuyama 1989; ausführlicher siehe Abschnitt 7.3.6).

kannt wird, die sich deutlich gegen die jeweils gerade vorherrschende wirtschaftliche Organisationsform positionieren – und das je radikaler, desto besser.

Warum die Rezession (und mit ihr der Produktionsrückgang bei gleichzeitig steigender Inflation, die Arbeitslosigkeit etc.) im Kontext der Ölkrisen der 1970er Jahre sämtliche zuvor boomende Industrieländer mit einer solch gewaltigen Wucht traf, hatte unterschiedlichste, höchst vielschichtige Gründe.[183] Doch welche Wähler/innen interessieren schon komplexe Erklärungen? Erst recht in einem Augenblick, in dem sie den Wert ihres Gehalts in Folge der Inflation täglich schwinden sehen und fürchten müssen, dass sie morgen nicht einmal dieses erhalten, weil sie ihren Job verlieren. Viel leichter fiel es in so einer Situation denen zu vertrauen, die nicht nur einfache Begründungen parat hatten, sondern gleich auch entsprechende Lösungen anbieten konnten. Dass diese darin bestanden, die – von den Linken besonders forcierte – Marktregulierung (inklusive des Wohlfahrtsstaates, der Gewerkschaften etc.) sowohl für alle Plagen verantwortlich zu machen, als auch zum „Abschuss frei zu geben" erschien unter diesen Umständen naheliegend. V.a. angesichts dessen, dass alle bedeutenden Industrienationen Mitte der 1970er Jahre von sozialistischen Regierungen angeführt wurden. Und so hatten die am Übergang von den 1970er zu den 1980er Jahren frisch in ihre Ämter geheißten ‚Neuen Rechten' mehr oder weniger freie Hand, für ihre – vom Wirtschaftsjournalisten Ulrich Schäfer (2009, S.39) so bezeichnete – „Revolution von oben".

Dabei wählte jede/r von ihnen eine spezifische Schwerpunktsetzung. Die 1979 in Großbritannien an die Macht gekommene Margaret Thatcher machte es sich zur vordringlichsten Aufgabe, die Gewerkschaften zu zerschlagen. Der 1981 zum US-Präsidenten gewählte Ronald Reagan senkte zuerst einmal massiv die Steuern und entlastete damit in erster Linie die Reichen. Und der 1982 zum deutschen Bundeskanzler aufgestiegene Helmut Kohl konzentrierte sich auf die Privatisierung großer zuvor dem Staat unterstehender Wirtschaftsbereiche (vgl. ebd., S.49ff). Aber erstens schauten sich alle diese Führer/innen sowie sämtliche ihrer rechten Kolleg/innen in anderen Ländern die jeweiligen „revolutionären" Methoden von einander ab und zweitens waren sie durch eine gemeinsame gewaltige Anstrengung geeint: jene um die „Befreiung" des Marktes – und hier in erster Linie des Finanzmarktes – von seinen ihm nach der ersten Weltwirtschaftskrise auferlegten regulatorischen „Fesseln" (vgl. ebd., S.46f).

### 7.2.3 Revolution der Reichen

Vor der Aufarbeitung dieses Themas ist es für das Verständnis der gesamten Materie wichtig, auf das Hauptargument einzugehen, mit welchem derartiges Vorgehen begründet bzw. welches ge- oder besser gesagt missbraucht wurde, um dahingehende Praktiken quasi „durch die Hintertür" einzuführen: Die Inflationsbekämpfung.

---

[183] Z.B. führen einige Wirtschaftswissenschaftler/innen den ökonomischen Einbruch der 1970er Jahre auf Ereignisse in den USA *vor* den Ölkrisen zurück. In diesem Land – welches nach dem Zweiten Weltkrieg jahrzehntelang durch die Bindung sämtlicher Weltwährungen an den US-Dollar zur Stabilisierung der globalen Wechselkurse und folglich ebenso zur Verhinderung übermäßiger Spekulationen beitrug – kündigte das entsprechende Abkommen („Bretton Woods") 1971 auf dem Hintergrund der enormen Ausgaben im Vietnamkrieg und dem daraus resultierenden Zahlungsbilanzdefizit auf. Die Währungskurse wurden freigegeben, was zu einer weltweiten Spekulationswelle führte und damit auch – im Nachhinein betrachtet – die „Geburtsstunde" des Neoliberalismus in seiner heutigen Form markierte (vgl. Bussmann 2009, S.19; Schäfer 2009, S.40ff; Ritschl. 2009, S.27).

## 7. Ende des Informationalismus und Bankrott der Bildungsgesellschaft

Der Meinung von Wirtschaftswissenschaftler/innen aus dem (neu-) rechten Lager nach, ist die Schuld für den ökonomischen Kollaps in der westlichen Hemisphäre, der den (Nachkriegs-) Jahrzehnten des Wirtschaftsbooms folgte, nicht zuletzt in der Bemühung der Staatsführungen und v.a. der Gewerkschaften um eine gerechtere Verteilung des Volksvermögens zu suchen – in ihrem Streben, auch die ärmeren Bevölkerungsschichten am Aufschwung teilhaben zu lassen. Die Tatsache, dass es in den 1960er Jahren eine übergroße Nachfrage nach Beschäftigten gab – d.h. beträchtlich mehr Stellenangebote als Stellensuchende – erlaubte ihren von Regierungsseite unterstützten Vertreter/innen das Durchsetzen einer „umverteilungsorientierten" Tarifpolitik, was nichts anderes heißt, als dass Arbeitnehmer/innen verstärkt an den Gewinnen der Arbeitgeber/innen partizipieren durften. Darauf reagierten Letztere mit forcierter Produktivität sowie mit der Umwälzung steigender Lohnkosten auf die Preise. Die so entstehende Preis-Lohnspirale trieb die Inflationsraten stetig nach oben. Als auf Grund des Embargos der *Organisation Erdöl exportierender Länder* (OPEC) im Jahre 1973 die Energiepreise explodierten, wurde die so betrachtet „hausgemachte" Inflation durch eine von außen induzierte verstärkt. Laut dem – sich eindeutig als Sympathisant der neoliberalen Strömung positionierenden (siehe Willke 2003) – Wirtschaftswissenschaftler Gerhard Willke, resultierte gerade daraus der so genannte „Ölpreisschock", der zur „Stagflation"[184] der 1970er Jahre führte (vgl. Willke 2006, S.59; siehe auch – aus „neu-linker"-Perspektive – Piore; Sabel 1984, S.8f).

Die große Trendwende wurde – wie in vielen in der vorliegenden Arbeit angesprochenen Bereichen – nicht von einem rechten, sondern von einem linken Politiker eingeleitet: vom (der demokratischen Partei angehörenden) US-Präsidenten Jimmy Carter. 1979 setzte er Paul Volcker als Chef der Nationalbank der Vereinigten Staaten ein[185]. Was dieser als Erstes tat, kam einer radikalen Umwälzung gleich: Er jagte den Leitzins auf bis dahin nie erreichte Höhen – bis auf (heute völlig unvorstellbar erscheinende) 21,5%. Das ließ den Dollarkurs sprunghaft steigen und die ohnehin stagnierende US-Ökonomie in die schlimmste Rezession seit dem Zweiten Weltkrieg schlittern (Zeise 2009, S.118; Kappeler 2011). Das war jedoch keinesfalls – wie man zunächst vermuten könnte – unbeabsichtigt. Im Gegenteil bilden solche angeblich „heilsamen" Schocks, die nach Volckers Vorbild sämtliche den „neu-rechten" Regierungen unterstehende Nationalbanken in den 1980er Jahren ihren Staatsbürger/innen verabreichten (z.B. ließ Thatcher den Zinssatz auf 17% hinaufschrauben – vgl. Schäfer U. 2009, S.50), einen zentralen Bestandteil des neoliberalen Programms. Das kann man auch an den zahlreichen „Rettungsaktionen" des *Internationalen Währungsfonds* (IWF) beobachten, welche das Wirtschaftswachstum in den von ihm „unterstützten" Ländern (zuerst in Südamerika, dann in Asien, danach im früheren Ostblock und jetzt ebenso in der EU) zumeist keineswegs anfachen, sondern umgekehrt bremsen (vgl. Bussmann 2009, S.20). Weder bei Volckers „Coup", noch bei den so genannten

---

[184] Als Stagflation wird die Kombination aus Stagnation und Inflation bezeichnet, also gleichzeitig niedriges Wirtschaftswachstum (und damit zunehmende Arbeitslosigkeit, sinkende Kaufkraft etc.) sowie Anstieg des Preisniveaus (vgl. Willis 2006, S.215).

[185] Auf dem Hintergrund des hier gleich Dargestellten ist es höchst bedenklich, dass Barack Obama sofort nach Amtsantritt den bereits über 80-jährigen Paul Volcker zum Leiter jenes *President's Economic Recovery Advisory Board* bestellte, welcher Maßnahmen gegen die Finanz- und Wirtschaftskrise ausarbeiten soll. Zwar distanziert sich Volcker heute von der entfesselten Ökonomie, weil sie seiner Meinung nach „den Markttest nicht bestanden" habe (Schäfer 2009, S.48). Andererseits war er jedoch genau jener Mann, der das „vorher keynesianisch geprägte Wirtschaftsmodell der USA und damit des Weltkapitalismus in das bis heute gültige neoliberale, finanzmarktdominierte umwandelte" (Zeise 2009, S.118).

„Strukturanpassungsprogrammen" des IWF ging bzw. geht es um das ökonomische Wohl der gesamten Bevölkerung. Das Hauptziel derartiger Maßnahmen war und ist nach wie vor, den Stellenwert des Marktes sowie die Profitabilität des Kapitals zu befördern (vgl. ebd.; Zeise 2009, S.118, ausführlich siehe Stiglitz 2002). D.h. für „mehr Markt und weniger Staat" und damit einhergehend für eine geringere Macht der Gewerkschaften zu sorgen, sowie dafür, dass die Finanzwirtschaft so hohe Renditen abwirft, wie es irgendwie geht.

Die entsprechende Methode war zunächst einmal denkbar einfach: Jedes Mal, wenn die Löhne der Ansicht bestimmter „Expert/innen" nach zu stark steigen, hoben die Nationalbanken den Leitzins an – d.h. jenen Zinssatz, zu dem die Zentralbank den „Geschäftsbanken" Geld verleiht. Letztere leiteten die Zinserhöhung an ihre Kund/innen (mit Aufschlag) weiter – Geld auszuborgen wurde teurer, Sparen dagegen lukrativer. Das dämpfte deswegen die Konjunktur, weil es einerseits die Spielräume von Unternehmen für neue (fast immer mit Hilfe von Krediten finanzierte) Investitionen beschnitt und sie folglich auch die Produktion reduzieren mussten. Andererseits gaben Menschen weniger Geld aus und legen es stattdessen „auf die hohe Kante" – der Konsum ging zurück. Wenn Erzeugung und Verbrauch sanken, wurde quer durch alle Branchen eine geringere Anzahl von Beschäftigten benötigt. Der daraus resultierende Zuwachs der Arbeitslosigkeit schwächte die Stellung von Arbeitnehmer/innen und ihrer Interessensvertretungen, sodass sie – auch bei steigenden Preisen – keine Lohnerhöhungen mehr durchsetzen konnten (vgl. Zeise 2009, S.118).

Was damit sowohl in den früheren 1980er Jahren gelang, als auch bis heute in ähnlichen Situationen erreicht wird, ist, die Inflation einzudämmen. Das ist aus neoliberaler Perspektive insofern essentiell, als Geldentwertung selbstverständlich ebenso eine Anlage-Entwertung darstellt – die Vermögenszinsen werden von einer hohen Inflation buchstäblich „aufgefressen" (vgl. ebd., S.155). Dabei bildet das Finanzkapital für solchermaßen orientierte wirtschaftspolitische Akteur/innen das zentrale zu schützende Gut. Dass Millionen von Menschen in Folge des Einsatzes derartiger Methoden ihre Arbeit verlieren, kümmert sie nicht im Geringsten. Im Gegenteil umschreiben sie das – in dem ihnen typischen Zynismus – mit dem Begriff der „natürlichen Arbeitslosenquote", welche notwendigerweise hoch zu halten ist, damit sich das Kapital „frei entfalten" kann (ebd., S.188). Um die Theorie vereinfacht auf ihren perversen Punkt zu bringen: Nur wenn relativ viele Menschen ohne Beschäftigung sind, haben Arbeitgeber/innen ein Druckmittel in der Hand, um ihre eigenen Interessen den Arbeitnehmerinnen gegenüber durchzusetzen. Diese bestehen vorrangig darin, dass ihre Angestellten bei minimalsten Ansprüchen bezüglich Löhnen, Arbeitsbedingungen, sozialer Absicherung etc. ihr dem Betrieb zur Verfügung gestelltes Leistungspotential so voll ausschöpfen, wie es ihnen physisch und psychisch überhaupt möglich ist.

Zinserhöhungen kommen den Reichen aber nicht nur deswegen zugute, weil sie selbst zumeist die Arbeitgeber/innen sind und/oder als Aktienbesitzer/innen der Unternehmen von den erwirtschafteten Gewinnen profitieren. Das besonders Perfide an einem solchen System ist, dass es unweigerlich zu einer Umverteilung des Volkseigentums von unten nach oben führt. Denn ärmere Menschen haben kaum nennenswerte Möglichkeiten zum Sparen, da sie aus ihrem geringen (und auch noch ständig schrumpfenden) Einkommen die basalen Grundbedürfnisse decken müssen – Essen, Wohnen etc. Dagegen können „Betuchte" ihr überschüssiges Vermögen hochverzinst anlegen und folglich bedeutend schneller vermehren (ausführlich siehe Abschnitt 7.3.3.). Somit haben die – sich überwiegend als zutiefst religiös ausgebenden – ‚Neuen Rechten' die biblische Prophezeiung wahr werden lassen, nach der den (Wohl-) Habenden immer mehr gegeben wird, während jene, die kaum etwas besitzen, sogar auf dieses wenige zunehmend verzichten müssen.

Jedoch war das noch lange nicht alles, was sich Reagan, Thatcher, Kohl und Co. einfallen haben lassen, um die Reichen zu beschenken. Sie senkten ebenso die Spitzensteuersätze enorm – d.h. jene Grenze, bis zu welcher der Anteil der Abgaben vom Gehalt der Besserverdienenden steigen darf. So mussten z.B. Begüterte in den USA bis in die 1970er Jahren bis zu 70% ihres Einkommens dem Staat überweisen. Reagan drückte diesen Satz auf 28%. Im Jahre 2005 zahlten schließlich die so genannten „glücklichen 400", d.h. die amerikanischen „Superreichen" – nicht zuletzt wegen des die Kapitalerträge gegenüber den Lohneinkünften enorm begünstigenden Steuerrechts – lediglich 18,23 Prozent ihres Jahresverdienstes von durchschnittlich 213,9 Millionen US-Dollar ans Finanzamt, während eine Familie von „Normalverdiener/innen" mit 12,6 Prozent belangt wurde (vgl. Schäfer U. 2009, S.235). Doch auch damit war die „Revolution der Reichen" (ebd., S.235) mitnichten in ihrem vollen Ausmaß abgeschlossen.

*7.2.4 Kasinokapitalismus*

Denn die große Frage blieb und bleibt, was die so großzügig Beschenkten mit ihrem ganzen überschüssigen Geld machen sollen. Man kann sich noch so viel Luxus leisten, in einem Jahr hunderte von Millionen Dollar für Konsum auszugeben, schafft keine/r. Anlegen jedoch sehr wohl. Dabei muss sich das Kapital natürlich so schnell vermehren, wie es irgendwie geht. Bankzinsen, so hoch sie auch sein mögen (und erst recht in Zeiten, in denen sie niedrig sind), sind da völlig unattraktiv. Aktien und Wertpapiere versprechen dagegen eine bedeutend bessere Rendite. Aber die war den Wohlhabenden im stark regulierten und sich zumeist auf nationale Zentren beschränkenden Finanzmarkt Anfang der 1980er Jahre bei weitem nicht hoch genug. Individuen, die ein paar Milliarden investieren, wollen dafür saftige Gewinne sehen. Mehr noch, wenn sie dabei bereit sind, ein hohes Verlustrisiko auf sich zu nehmen (schließlich würden sie solche Einbußen ja nicht besonders schmerzen).

Ebenso in Hinblick auf dieses Anliegen, sind die „neu-rechten" Regierenden den Reichen helfend zur Seite gestanden. Schritt für Schritt lockerten sie sämtliche Beschränkungen des Finanzsektors, die ihm als Reaktion auf die Schrecken von 1929 auferlegt wurden und schafften sie im Endeffekt vollkommen ab (vgl. z.B. Zeise 2009, S.23, S.67, S.75f; Castells 2001, S.162f; Schäfer U. 2009, S.27, S.44). Europäische Politiker/innen gingen dabei sogar so weit, EU-weit die Freiheit des Kapitalverkehrs zu einer der vier Grundfreiheiten zu erheben (vgl. Zeise 2009, S.67ff). Damit haben sie die Ökonomie „entfesselt". Den kontrollierten auf gerechte Einkommensverteilung Wert legenden Kapitalismus der ‚Sozialen Marktwirtschaft' verwandelten sie in einen Kapitalismus der Gierigen – einen finanzmarktgetriebenen „Kasinokapitalismus" (Hickel 2009, S.14; Blätter für deutsche und internationale Politik 2009).

Auf die Auswirkungen dieser Entwicklung auf die Lebensverhältnisse der weniger „Betuchten" wird im Abschnitt 7.3.5. noch ausführlich eingegangen. Hier dagegen steht das Agieren jener zur Diskussion, die es sich leisten konnten, bei dem gewaltigen Hasard mitzumachen, zu dem die Ökonomie in den letzten Jahrzehnten des 20. Jahrhunderts weltweit verkam. Glücksspiele bilden bekanntlich eine gefährliche Leidenschaft. Je mehr man gewinnt, umso höher pokert man. Und sollte man einmal verlieren, so geht man oft erst recht „aufs Ganze". Das Heilsame an einem echten Kasino besteht jedoch darin, dass keine/r ohne Unterlass gewinnen kann. Die Regeln sind so aufgestellt, dass die „Bank" zwar nicht immer gewinnt – d.h. nicht allen Spieler/innen das Gesetzte wegnimmt –, aber doch meistens. Damit kühlt sie einerseits den Enthusiasmus besonders riskant operierender Mitspieler/innen ab (spätestens dann, wenn sie ihren Besitz vollständig verpfändet haben). Andererseits entzieht sie mit dieser Methode dem gesamten Spiel nach und nach Geld. Das traf auf den „Kasinokapitalismus" keineswegs zu. Je waghalsiger eine Anlage war, desto stärker wurde sie vom Staat gefördert – v.a. in Form des Erlassens von Steuerzahlungen auf daraus resultierende Renditen. Somit trieb sie nicht nur die Kühnheit der Akteur/innen an, sondern führte dem Spiel auch zusätzliche Finanzmittel zu.

Die Politik gab vor, damit und mit allen Deregulierungen des Finanzmarktes Investitionen in innovative, zunächst kaum bis überhaupt nicht rentable Unternehmen mit kreativen und häufig verrückten Geschäftsideen motivieren zu wollen. Zwar scheiterte der Großteil ihrer Betriebskonzepte. Von den wenigen, die aufgingen, versprach man sich jedoch nicht nur astronomische Gewinne, sondern genauso, dass sie die gesamte Ökonomie auf eine völlig neue Ebene hießen könnten – wie es z.B. im Falle der Dotcom-Firmen eine Zeit lang der Fall zu sein schien. Die Mächtigen erreichten mit dieser Methode jedoch in erster Linie die Steigerung der kreativen Potenziale eines Berufsstandes, der bis dahin keinesfalls mit der „schöpferischen Zerstörung" assoziiert wurde – jenem der Bankmanager/innen und Anlageberater/innen. Innerhalb kürzester Zeit streiften sie ihr konservatives Image ab und avancierten zu Finanzalchemist/innen, die unentwegt neue, sich an Ausgefallenheit gegenseitig überbietende „esoterische Finanzinstrumente" kreierten und auf den Markt warfen (vgl. Beck; Wienert 2009, S.8; Zeise 2009, S.39f; Hickel 2009, S.14; Schäfer U. 2009, S.197). Sie waren so phantasievoll und vielfältig, dass auch die Beschreibung einiger weniger den hier vorgegebenen Rahmen sprengen würde. Jedoch hatten sie eines gemeinsam: Alle hatten die „finanzmarkttheoretische Quadratur des Kreises" (Beck; Wienert 2009, S.9) zum Ziel – das Versprechen größtmöglicher Renditen bei geringsten Risiken. Die Kund/innen, die sie kauften, sollten glauben, eine Lizenz zum Gelddrucken in den Händen zu halten.

Und das war sehr lange tatsächlich der Fall. So offensichtlich widersinnig die Idee an sich ist – sie funktionierte. Wie das gehen konnte, ist leicht erklärt: Das Ganze stellte nichts anderes dar, als ein gewaltiges globales Pyramidenspiel: Immer mehr Menschen beteiligten sich daran und pumpten damit zunehmend mehr Geld in das System. Und als die Wohlhabenderen all ihr Kapital in solchen Papieren angelegt hatten, wurden ebenfalls die Ärmeren dazu von Staatsführungen „animiert", viel eher jedoch verpflichtet. Das wenige bzw. immer weniger Werdende, was sie übrig hatten, sollten sie setzen, um hier einzusteigen. Das erreichte man einerseits mit Hilfe der lautstark verkündeten und mit ständig zunehmender Intensität wiederholten Drohung, dass die „öffentliche Hand" sich die Auszahlung der Pensionen bald nicht mehr leisten können werde. Andererseits mit dem Forcieren der privaten Altersvorsorge, die sowohl steuerlich begünstigt als auch aus Steuergeldern gefördert wurde. Mit derartigen Methoden nötigten Regierende – in Deutschland bezeichnenderweise gerade die Sozialdemokrat/innen unter Gerd Schröder – die Geringverdiener/innen zum „Zwangssparen" (Zeise 2009, S.64ff; vgl. Schäfer U. 2009, S.68) und damit zum Mitspielen im erdumspannenden Kasino des neoliberalen Kapitalismus. Auch ihre „kleinen Brötchen" summierten sich schnell. Im Jahre 2008 wurde das Gesamtvolumen des von Pensionsfonds weltweit verwalteten (und größtenteils in Aktien und ähnlichen „Finanzprodukten" investierten) Vermögens auf 25 Billionen Dollar geschätzt (vgl. Zeise 2009, S.67).

Was daraus resultierte, war ein gewaltiges Aufblähen des gesamten Finanzsystems. Kurz vor seinem Zusammenbruch wurden an den Börsen jeden Tag über 3 Billionen US-Dollar umgesetzt – etwa 90-mal so viel, wie der Welthandel an Waren bewegt (Schäfer U. 2009, S.44). „Alles in allem vagabundierten Ende 2007 Derivate im Wert von 592 Billionen US-Dollar durch das globale Finanzsystem. Dies ist zehnmal so viel, wie alle Menschen der Erde innerhalb eines Jahres erwirtschaften" (ebd., S.45).[186] Damit erreichte eine Entwicklung ihren Höhepunkt, vor der Manuel Castells, wie in Abschnitt 2.4.2. dargestellt, bereits 10 Jahre zuvor in seinem Hauptwerk warnte: Die vollständige und endgültige Abkopplung des Geldmarktes von jenem, welchen Banker mit dem Terminus „Realwirtschaft" bezeichnen (Zeise 2009, S.44). Dabei kann ein Begriff selbstentblößender kaum sein. Denn er bringt genau auf den Punkt, dass eine solche ökonomische Organisationsform eben nichts mit der wirtschaftlichen Realität zu tun hat – erst Recht nicht im Sinne der Schaffung echter Werte (vgl. ebd., S.45; Schäfer U. 2009, S.44; Hickel 2009, S.15). Gerade in diesem eklatanten Missverhältnis zwischen dem Finanzsektor und dem realwirtschaftlichen Teil der Ökonomie liegt der Hauptgrund dafür, weshalb das Kartenhaus eher früher als später in sich zusammenbrechen musste (vgl. Zeise 2009, S.44). Und das tat es auch.

### 7.2.5 *Die Geschichte wiederholt sich*

Joseph E. Stiglitz – US-amerikanischer Nobelpreisträger für Wirtschaftswissenschaften – klagte im Jahre 2008: „Wir haben bereits in der Weltwirtschaftskrise gelernt, dass der Markt allein es nicht richtet. Aber das ist 75 Jahre her. Und irgendwann ist das Bewusstsein dafür verlorengegangen" (Stiglitz 2008; siehe auch Schäfer U. 2009, S.11). Vergleiche des aktuellen Umbruchs mit dem aus dem Jahre 1929 sowie der danach global eintretenden „großen Depression" hört man auf Schritt und Tritt (vgl. z.B. Zimmermann, 2009, S.3; Ritschl 2009, S.27; Schäfer U. 2009, S.9, S.179; Zeise 2009, S.8). Zum Teil sind sich die Analytiker/innen dabei nicht ganz einig: Die Einen – wie z.B. der Finanzjournalist Lucas Zeise (2009, S.8) – betonen die Gemeinsamkeiten, v.a. weil beiden Notlagen „ein alles Bisherige übertreffender Boom des Finanzsektors vorausgegangen ist". Andere, wie z.B. der Professor der Wirtschaftsgeschichte an der *London School of Economics* Albrecht Ritschl (2009) heben im Gegenteil die Differenzen hervor, die ihrer Meinung nach bei der genauen Gegenüberstellung überwiegen und verweisen darauf, dass zwischen beiden Ereignissen mehrere größere ökonomische Einbrüche lagen. Dennoch gesteht ebenso Letzterer ein, dass keiner davon „auch nur entfernt die Zerstörungskraft der Weltwirtschaftskrise erreicht" hat. „Nur 2008 bildet die Ausnahme" (ebd., S.27).

Wie immer man das „dreht und wendet" – eine besonders offensichtliche und gleichzeitig tragische Parallele zwischen beiden Katastrophen besteht gerade in dem, worauf Stiglitz mit seiner Aussage hinweist: Beide hätten verhindert werden können und müssen, aber keiner hat es getan. Wo die Hauptverantwortung liegt ist klar – damals wie heute war

---

[186] Dabei muss angemerkt werden, dass der Begriff „Derivat" keinesfalls alles inkludiert, was am Finanzmarkt gehandelt wird. Es sind lediglich „hybride Wertpapiere", „komplexe Produkte", die mehrere Finanzinstrumente mit einander kombinieren (Castells 2001, S.111).

es ein eindeutiges Versagen der Politik. In erster Linie der US-amerikanischen, jedoch genauso jener aller anderen Länder, deren Staatsführer/innen das ganze oben beschriebene Spiel erst ins Rollen brachten sowie es ständig am Laufen hielten und sogar dann, wenn das Kartenhaus nicht nur im einstürzen Begriffen war, sondern bereits lichterloh brannte, noch Öl in Feuer gossen (vgl. Tichy 2009, S.4; Beck; Wienert 2009, S.7; Hickel 2009, S.15; Otte 2009a, S.10; Schäfer U. 2009, S.27; Staubhaar et al. 2009, S.24f; Zeise 2009, S.9; Zimmermann, 2009, S.6).

Dass Spekulanten spekulieren, liegt in der Natur ihres Berufes. Dass Menschen auf die Verlockung des „schnellen Geldes" hereinfallen, ist menschlich. Dass zahlreiche Bankchefs und Finanzmanager/innen sich mit astronomischen Summen an ihren undurchsichtigen und z.T. halblegalen Geschäften bereicherten, ist zwar kriminell und muss entsprechend geahndet werden. Wirtschaftskriminalität stellt aber ein verbreitetes Phänomen dar, reißt jedoch unter normalen Umständen niemals die ganze Welt in den Abgrund. Zum Letzteren konnte es sowohl Ende der 1920er als auch zum Schluss der 2010er Jahre einzig und alleine deswegen kommen, weil es eben keinesfalls „normale" Umstände waren, sondern solche, unter denen diese „Geschäftsleute" von allen Kontrollen und Regulierungen befreit ihren perversen Betätigungen frönen konnten.

Sogar die zentrale Figur des „goldenen Zeitalters", Alan Greenspan, welcher vom 1987 bis Anfang 2006 der US-Notenbank vorstand, deswegen mancherorts als der „zweitwichtigste Mann Washingtons" (Schäfer U. 2009, S.101) gehandelt wurde und mit seiner Zinspolitik massiv zum Aufpumpen der ganzen Super-Blase beitrug (vgl. z.B. Otte 2009a, S.10; Straubhaar et al. 2009, S.25), „putzt" sich an den Regierenden ab. In einer Anhörung vor dem Kongress zur Finanzkrise im Jahre 2008 verweist er darauf, dass „die Gesetzte ja nicht von ihm gemacht wurden, sondern von Politikern" (nach Schäfer U. 2009, S.201). Und recht hat er! Natürlich hätte er seine enorme Macht als „graue Eminenz" der reichsten Wirtschaftsnation produktiver einsetzen können, als die ganze Welt auf das neoliberale Programm einzuschwören und gleichzeitig gegen alle Regeln des von ihm lautstark propagierten Konzepts an der Zinsschraube zu drehen. Aber wer gab ihm diese Macht? Wer erlaubte ihm und damit allen Zentralbanken sowie in weiterer Folge sämtlichen Finanzinstituten zu „heimlichen Herrscher[n] der Welt" (Schäfer U. 2009, S.43) aufzusteigen?[187].

Der größte und folgenschwerste Fehler der neoliberalen Staatsführer/innen in den USA – zu denen im Informationalismus, wie bereits mehrmals erwähnt, der „linke" Bill Clinton genauso gehörte, wie die „rechten" Ronald Reagan und die beiden Bushs – bestand darin, dass sie nicht nur dem Markt vollkommen freie Hand ließen, sondern gemeinsam mit Greenspan seine perfiden Spekulationen noch zusätzlich anfachten. Sie gingen dabei sogar so weit, vom zuvor beschriebenen Modell abzuweichen, steigendem Volkseinkommen mit höheren Leitzinsen zu begegnen. Sobald die Arbeitslöhne auch nur ein wenig nach oben gingen, wurde massiv gegengesteuert. Das war aber selten nötig. Dagegen wurde der schwindelerregende Aufschwung der Kapitaleinkünfte nicht nur ignoriert (vgl. Zeise 2009, S.119), sondern sogar intensiv gefördert. Alan Greenspan und mit ihm die von den Amerikanern fast schon liebevoll so genannte „Fed" (*Federal Reserve System*) hingen nämlich der Doktrin an, dass sich durch die Ausdehnung der Geldmenge und durch künstlich extrem niedrig gehaltene Zinsen das Wirtschaftswachstum verstärken ließe. Dabei bestraft eine

---

[187] Ausführlich zur übermäßigen Macht und fatalen Rolle der Notenbanken in Hinblick auf die Entstehung der aktuellen Weltwirtschaftskrise siehe Zeise 2009, S.101ff.

solche Politik klarerweise „konservative" Sparer/innen, weil Menschen, die ihr Geld sicher anlegen wollen, dafür Zinsen unter dem Inflationsniveau erhalten und deswegen Vermögen verlieren, anstatt es zu vermehren. Dagegen lädt eine derartige Konstellation „zur Kreditaufnahme für riskante Projekte geradezu ein" (Otte 2009a, S.10; vgl. Beck; Wienert 2009, S.7, S.9; Zeise 2009, S.112).[188] Spätestens dann, wenn Menschen anfangen, sich Geld zu leihen, um an der Börse zu spekulieren, ist wirklich „Feuer am Dach". Mindestens so viel – oder besser gesagt so wenig – hätten die Verantwortlichen aus dem „Schwarzen Freitag" von 1929 lernen müssen.

Das taten sie jedoch keinesfalls. Aus den künstlich niedrig gehaltenen Zinsen resultierte, dass der Finanzkreislauf, der ohnehin schon viel zu „fett" war (vgl. Zeise 2009, S.60ff), sich im Laufe der 18-jährigen Regentschaft von Greenspan auf eine vollkommen überdimensionale und absolut kontraproduktive Größe aufblähte. Dieser Umstand wird vom deutschen Wirtschaftsprofessor und „Crash-Propheten" Max Otte, der 2009a – also in dem Jahr, als die Wirtschaftskrise auch den deutschsprachigen Raum massiv traf – vom Magazin *Börse Online* im zum „Börsenstar des Jahres" gekürt wurde, folgenderweise auf den Punkt gebracht: „Wir haben zu viel Geld auf der Welt" (Otte 2009b; vgl. Otte 2009a, S.13). Börseneinbrüche haben demnach durchaus auch eine „reinigende" Wirkung, weil sie überschüssiges Kapital „auslöschen" und so dem gesamten Spiel eine Menge Jetons entziehen (vgl. Zeise 2009, S.164; Straubhaar 2009, S.25). Dennoch verhinderte die US-Zentralbank und mit ihr alle anderen nationalen Notenbanken einen derartigen Prozess nach dem in Abschnitt 7.1.2. behandelten Platzen der Dotcom-Blase mit allen ihnen zur Verfügung stehenden Mitteln (Zeise 2009, S.145; ausführlich ebd., S.191ff; vgl. Beck; Wienert 2009, S.7; Otte 2009a, S.10).

Die Bemühung, die Aktienkurse zu stabilisieren, war nicht der einzige Grund für entsprechende Aktionen. Es ging um viel mehr – darum, die gesamte Weltwirtschaft wieder ins Lot zu bringen, wenn nicht sogar um die Rettung des westlichen Gesellschaftssystems, des „Abendlandes" als Ganzes. Denn diesem ökonomischen Absturz folgte knapp danach ein Ereignis, das politisch gesehen von einer viel bedeutenderen Tragweite war – die Terroranschläge des 11. September 2001. Angesichts dessen, dass die Kamikaze-Flieger bewusst ein ökonomisches Statussymbol der liberalen Demokratien – das *World Trade Center* zerstörten, ist es sogar verständlich, dass Letztere einen Kolaps ihrer Märkte um jeden Preis verhindern wollten. So senkte die „Fed" und in weiterer Folge alle anderen Nationalbanken inklusive der Europäischen EZB ihre Zinsen auf ein bisher nie da gewesenes Niveau von bis zu einem Prozent. Damit nahm sie jeglichem („konservativen") Sparen völlig den Sinn, machte dagegen die Aufnahme von Schulden so lukrativ, wie nie zuvor (vgl. Schäfer U. 2009, S. 141ff). Die Botschaft, welche die Regierungen hiermit an die Anleger/innen aussendeten, war unmissverständlich: „Vergesst die Verluste, spekuliert weiter!" Und das taten sie auch.

Wie sie dabei vorgingen, wird gleich dargestellt. Zunächst aber kurz zur Frage, ob die Staatsführungen der Industrieländer nach dem Jahre 2001 wirklich entsprechend handeln

---

[188] Die Volkswirtschafts-Professoren Hanno Beck und Helmut Wienert (2009, S.7) erklären, warum sehr niedrige Leitzinsen Finanzspekulationen anfachen folgenderweise: „Erstens konnten sich die Geschäftsbanken zu äußerst günstigen Konditionen Fremdkapital beschaffen und dadurch ihre Kreditvergabe ausweiten, und zweitens waren institutionelle Investoren (Versicherer, Pensionskassen, Versorgungswerke), die traditionell konservativ anlegen, angesichts der niedrigen Zinsen gezwungen, sich nach höherverzinslichen Alternativen umzusehen".

mussten, oder nicht, bzw. welche Interessen sie mit einem solchen Agieren tatsächlich hauptsächlich verfolgten. Ersteres ist nicht so leicht zu beantworten. Höchstwahrscheinlich hatten sie dazu tatsächlich keine andere Wahl, genauso, wie sie 2008 nichts anderes tun konnten, als die Banken, die sich „verzockt" hatten, unter gewaltigem Einsatz von Steuermitteln vor dem Bankrott zu bewahren. Tatsache ist aber, dass beide Aktionen auf nichts anderem, als auf Folgefehlern ihrer eigenen Handlungen basierten – auf der Liberalisierung der gesamten Wirtschaft und v.a. auf der damit unmittelbar einhergehenden Deregulierung der Finanzmärkte. Aber es blieb nicht nur bei derartigen (Fehl-) Entscheidungen. Denn es wäre nach 9/11 durchaus möglich gewesen, die Ökonomie lediglich so lange „aufzufangen", bis der Aufschwung im Finanzsektor wieder einsetzte, was ziemlich rasch – ca. 2003 – geschah. Aber auch danach wurden die Leitzinsen bloß zaghaft angehoben und erreichten in den USA erst im Juni 2006, d.h. knapp vor dem Ausbruch der aktuellen Krise, ihren seit dem bisher höchsten Stand von 5,25% (Federal Reserve System o.J). Dieses politisch konstruierte „Jahrzehnt des ‚billigen Geldes'" (Beck; Wienert 2009, S.7) bildete die unmittelbare Vorbedingung der Entstehung der aktuellen Finanzblase und davon ausgehend für die in ihrer Wucht allein mit jener aus den 1930er Jahren vergleichbare Weltwirtschaftskrise. (vgl. ebd.; Zeise 2009, S.8f, S.86f, S.145; Schäfer U. 2009, S.141, S.146; Tichy 2009, S.4).

Der US-Regierung unter George W. Bush ging es dabei jedoch nicht nur – bzw. lediglich vordergründig – darum, wirtschaftlich und politisch Stärke zu zeigen, um Amerika sowie das ganze „Abendland" vor dem Untergang zu bewahren. Sie hatte durchaus ebenso viel weniger altruistische Gründe. Denn die von ihr geführten „Kriege gegen den Terrorismus" in Afghanistan und im Irak verursachten enorme Kosten und verwandelten den unter der Clinton-Administration angehäuften Budgetüberschuss schnell in ein gewaltiges Defizit. Niedrige Zinsen haben für Regierende den angenehmen „Nebeneffekt", dass auch Staatsschulden mit geringeren Aufschlägen und damit leichter zurückgezahlt werden können (vgl. Beck; Wienert 2009, S.7). Nicht minder bedeutend aus der Sicht der Mächtigen in den USA war aber, dass sich der – mit Hilfe der niedrigen Zinsen fleißig mit „billigem Geld" versorgte – internationale Finanzsektor in seiner verzweifelten Suche nach möglichst sicheren Anlageformen für seine „Überschussliquidität" (Otte 2009a, S.13), dem seit Jahren im Aufschwung befindenden Immobilienmarkt der Vereinigten Staaten zuwandte. Im Gegensatz zur IKT-Branche schien sich hier nämlich ein Investitionssegment aufzutun, das tatsächlich „realwirtschaftlich" legitimiert war und nicht nur auf Träumen und tollkühnen Zukunftsvisionen aufbaute (vgl. ebd., S.10; Straubhaar et al. 2009, S.25; Zeise 2009, S.145; ausführlich dazu siehe nächster Abschnitt).

Die Bush-Administration profitierte davon insofern, als sie einerseits (aus ideologischen und zielgruppenspezifischen Gründen) den Wohnungs- und erst recht den Sozialbau nicht fördern wollte und auf Grund der enormen Kriegskosten auch beim besten Willen nicht hätte fördern können. Andererseits kam es ihr natürlich gelegen, dass im Zuge des Immobilienbooms ebenso jene Menschen, die sich das eigentlich gar nicht leiten konnten, sich den bereits unter Franklin D. Roosevelt forcierten „sozialpolitischen Traum" vom einem eigenen Haus endlich erfüllen konnten (vgl. Staubhaar et al. 2009, S.25). Der Boom auf dem Immobilienmarkt verhalf also Buch Junior dazu, ein (zunächst) kostenloses „Sozialbeglückungsprogramm" durchzuführen (vgl. ebd.; Otte 2009a, S.10). Das war insofern sehr praktisch, weil es gerade die Jungs aus den Unterschichten und zumeist aus den Slums waren, die in den mit „stars & stripes" bedeckten Särgen aus den Kriegsgebieten zurück kehrten. Den daraus resultierenden Unmut des „Plebs" zu bändigen, konnte selbstverständlich nur im Sinne des großen „Kriegsherren" sein.

Noch bedeutender war jedoch, dass ein solcher Prozess zu einem allgemeinen Konjunkturaufschwung beitrug – und zwar ohne Einsatz eines einzigen Steuerdollars und gänzlich ohne Erhöhung der Löhne (bzw. sogar bei ihrem weiteren reellen Rückgang) sowie folglich ohne jede Inflationsgefahr (vgl. Zeise 2009, S.97; Beck; Wienert 2009, S.9). Ein neoliberaler Traum schien in Erfüllung zu gehen: Der Markt war von allen Regulationen befreit und machte tatsächlich alle Menschen reicher – nicht bloß jene in den USA, sondern faktisch weltweit. Schließlich spielten die Vereinigten Staaten in der Zeit die „Konjunkturlokomotive auf dem Globus" (Zeise 2009, S.15). Und Bush war der Präsident, der diese Vision Realität hat werden lassen. Ein wahrlich großer Mann! Leider hatte er in Yale und Harvard nicht aufgepasst, als die Weltwirtschaftskrise der 1930er Jahre durchgenommen wurde. Aber da war er (leider) bei weitem nicht der Einzige.

### *7.2.6 So viel zur Selbstregulation…*

Doch zurück zur Devise „vergesst die Verluste, spekuliert weiter!" Die Einbußen, welche der Aktienmarkt nach dem Platzen der Dotcom-Blase verschmerzen musste, waren rein zahlenmäßig unermesslich hoch. Wie bereits angesprochen beliefen sie sich in Summe auf ca. 4,6 Billionen US-Dollar, was damals etwa 50% des US-BIP entsprach (Castells 2005a, S.118). Jedoch war ein solcher Betrag angesichts des Gesamtvolumens des „irrealen" Wirtschaftssegments mehr oder weniger ein Klacks. Bereits für das Jahr 1997 (also noch drei Jahre vor dem Höhepunkt der „Internetmanie") gibt Castells (2001, S.111f) alleine den Wert von Derivaten mit ca. 360 Billionen US-Dollar an.[189] Das Feuer der Dotcom-Crashs hatte also bei weitem nicht genug vom überschüssigen Finanzkapital verbrannt. Es war immer noch viel zu viel Geld auf dieser Welt. Doch die Anleger/innen wussten einfach nicht, was sie damit machen sollten. Denn der Börseneinbruch der Jahre 2000/01 hatte sie nicht nur das Fürchten vor allen „Dotcom-Firmen" gelehrt, sondern grundsätzlich sämtliche Technologieunternehmen kompromittiert – keine/r wollte Aktien kaufen, die irgendwas mit IKT zu tun hatten, auch wenn dahinter schwarze Zahlen standen (vgl. Castells 2005a, S.100). Mehr noch – alles „Innovative" machte den Investor/innen jetzt Angst. Auf der anderen Seite versprach alles „Konservative" zu wenig Rendite, um Wert zu sein, sich zu engagieren. Auf dem Finanzmarkt entstand eine völlig irrwitzige Situation: Es gab Risikokapital in Hülle und Fülle, aber keiner wollte mehr etwas riskieren. Es mussten also sichere „realwirtschaftliche" Anlagen her, die genau jene „Drogengeschäft-Gewinne" einfahren sollten, an die sich die Spekulant/innen in den Zeiten der ‚New Economy' gewöhnt hatten.

Und da ging die Phantasie mit den „Finanzmarktalchemist/innen" endgültig durch. Sie überschritten eine Grenze, an der zu kratzen nicht einmal ihnen zugetraut wurde. Erstens führten sie ein Pyramidenspiel ein, das für alle unübersehbar nichts anderes, als ein solches war – zumindest für jene, die etwas genauer hinschauen wollten und sich auch ein wenig in der Materie auskannten. Und zweitens deklarierten sie einen Gegenstand zu seinem zentralen

---

[189] An dieser Stelle ist in der deutschen Fassung Castells vom „Mrd. US$" die Rede, was eindeutig einen Übersetzungsfehler bzw. eine Verwechslung der Zahlenangaben darstellt, da gleichzeitig betont wird, diese Summe entspräche „dem zwölffachen Wert des globalen BIP" (Castells 2001, S.112)

Spekulationsobjekt, den sämtliche irgendeinem Gesetz unterstehenden Spielhöhlen zu setzen verbieten – die Immobilie der Mitspieler/innen.

Das Prinzip dahinter ist, wie bei den meisten „kreativen" Finanzinnovationen, gar nicht so einfach zu erklären, was auch begründet, warum die breite Masse der Mitspieler/innen überhaupt nicht erfasste, woran sie sich da beteiligte. Es soll hier deswegen ausführlicher dargelegt werden, weil erstens genau dieses System die Finanzkrise auslöste, die daraufhin zum Zusammenbruch der gesamten Bankenökonomie und davon ausgehend zum Kollaps der Weltwirtschaft führte. Noch wichtiger aus der Perspektive der vorliegenden Arbeit ist aber, dass es ein Bilderbuchbeispiel dafür darstellt, wie sich der Markt selbst „reguliert", wenn man ihn vollkommen „entfesselt". (Um den Erzählfluss nicht zu behindern, werden in diesem Abschnitt einzelne Aussagen ausnahmsweise nicht mit Literaturverweisen belegt. Sie basieren v.a. auf folgenden Quellen: Zeise 2009, S.39f, S.54ff, Schäfer U. 2009, S.151ff; Beck; Wienert 2009, S.9f).

Die ersten Hauptakteur/innen des Spiels waren die Hausbesitzer/innen in den USA aus der weniger betuchten Mittelschicht. Der Kauf einer Immobilie bildet bei Menschen, die zu den „Normalverdiener/innen" gehören, zumeist die größte Investition in ihrem Leben. Da sie fast immer größtenteils über Kredite finanziert ist, sind die Inhaber/innen danach jahrzehntelang an die Abzahlungsraten gebunden und müssen ihren Konsum entsprechend einschränken. Wenn jedoch der Wert des Objektes steigt, kann auf die Differenz zwischen dem Kauf- und dem potenziellen Verkaufspreis wiederum ein Darlehen aufgenommen werden. Da der Leitzins und damit auch die Rückzahlungszinsen faktisch nicht vorhanden sind, erscheint die Tilgung völlig unproblematisch. Bei einem ständig zunehmenden Wert ihrer Immobilie wohnen ihre Inhaber/innen folglich praktisch in einer Kreditkarte mit unbegrenztem Schuldenrahmen. Menschen, die bisher „jeden Groschen umdrehen" mussten, können sich plötzlich teure Autos, Unterhaltungstechnologien, Inneneinrichtungen, Fernreisen und alles leisten, was ihr Herz begehrt. Denn sie haben ja sprichwörtlich einen Goldesel zuhause.

Das ganze Spiel funktioniert natürlich nur dann, wenn die Immobilien tatsächlich unaufhaltsam teurer werden. Den Preis eines nicht in uneingeschränkten Mengen und v.a. nicht allzu schnell produzierbaren Gegenstands, wie das eines Hauses oder einer Wohnung, kann man am besten in die Höhe treiben, indem man die Nachfrage ankurbelt. Je mehr Individuen so ein Objekt haben wollen, desto mehr können jene dafür verlangen, die es bereits besitzen oder herzustellen fähig sind. Nimmt die Menge der Interessent/innen fortwährend zu, können auch immer größere Geldbeträge eingefordert werden. Für die entsprechende Bedarfssteigerung sorgten die zweiten Akteur/innen dieses Dramas: die kleineren Banken „vor Ort". Sie machten Menschen, die sich eine derartige Investition offensichtlich nicht leisten konnten, ein Angebot, dass sie einfach nicht ausschlagen konnten: Sie boten ihnen einen Kredit an, für den keinerlei Sicherheiten zu hinterlegen waren, außer der erstandenen Immobilie selbst. Außerdem gestalteten sie im „Großgedruckten" die Rückzahlungskonditionen so generös, dass jede/r glauben konnte, sie/er bekommt den Besitz mehr oder weniger geschenkt. Dass auf Dauer viel höhere Zinsen zu bezahlen waren, als bei gewöhnlichen Krediten, wurde bei der „Beratung" der Kund/innen geschickt unterschlagen. Die Geringverdiener/innen stürzten sich auf solche Angebote nicht nur, weil ein Eigenheim den zentralen Bestandteil des „american dream" darstellt. Sie wussten genauso, dass sie sich damit gleichfalls einen Goldesel zulegten, der ihnen die Beteiligung am allgemein ausgebrochenen Konsumrausch ermöglichte.

Für die kleineren Banken funktionierte das Geschäft aber keinesfalls deswegen, weil sie bei der ständigen Wertsteigerung auf die Sicherheit ihrer Geldanlage vertrauten. Denn hier hatten die Beteiligten zumeist eine kaufmännische Bildung absolviert und wussten, dass die Rechnung auf Dauer niemals aufgehen kann. Doch das brauchte ihnen keine schlaflosen Nächte zu machen. Schließlich betraten inzwischen die dritten Hauptakteur/innen die Bühne: Die großen Finanzinstitute von der Wall Street sowie die internationalen „big player" im Investmentbereich aus Europa, aber ebenso aus den aufstrebenden Schwellenländern, wie China, Indien und Russland, kauften ihnen entsprechende „subprime" (= suboptimalen) Kredite mit Aufschlag ab. Die kleinen Banken hatten damit sofort wieder Kapital frei, um neue Hypotheken zu vergeben. Und weil das Geschäft für sie so lukrativ war, schickten sie bald schon „Drückerkolonnen" in die Slums aus, um neue Kund/innen zu anzuwerben.

Selbstverständlich handelten die großen Finanzinstitute genauso wenig selbstlos. Sie hatten ein noch besseres Geschäft „an der Angel": Mit Hilfe ihrer finanzmarkttechnischer „Verpackungskünstler/innen" räumten sie die „Ramschpapiere" schnell sowie mit großem Gewinn aus ihrer Bilanz, indem sie diese zu wahren „Wunderpapieren" unter dem Oberbegriff CDOs (Collateralized Debt Obligations) schnürten. Derartige Finanzinstrumente stellten nun tatsächlich für jede/n, die/der auch nur etwas näher hinsehen wollte, nichts anderes dar, als das alte gute Pyramidenspiel. Denn dabei erfolgte die Bündelung minderwertiger Darlehen sowohl mit jenen, die besser abgesichert waren, als ebenso mit solchen von Schuldner/innen, bei denen man garantiert davon ausgehen konnte, dass sie diese problemlos begleichen können. Bei einem Ausfall des unteren Segments, konnten die Verluste durch die Zahlungen des höheren ausgeglichen werden. Und sollte (der als höchst unwahrscheinlich angenommene) Fall eintreten, dass auch sie ausbleiben, gab es noch die wohlhabenderen Kreditnehmer/innen, die mit ihren Tilgungen für einen ständigen Geldfluss sorgten. Jedoch stand die ganze Pyramide ohnehin auf bombenfestem Fundament, solange der gesamte Markt – wie bereits seit Jahrzehnten – stabil blieb bzw. sich im Aufschwung befand. Sämtliche Hypotheken waren ja mit Immobilien abgesichert, die jederzeit eingezogen und wieder abgesetzt werden konnten. Das finanztechnische „perpetuum mobile" schien also endlich entdeckt worden zu sein. Ein perfektes, absolut unfehlbares System, welches den unschätzbaren zusätzlichen Vorteil hatte, dass es von sämtlichen der (sowieso kaum noch existierenden) Regulierungen ausgenommen war, weil entsprechende Papiere nicht von offiziell zugelassenen Finanzinstituten, sondern von so genannten „Zweckgesellschaften" gehandelt wurden, für die sich rasch der Begriff „Schattenbank" eingebürgert hatte.

Diese Vorzüge erkannten ebenso die vierten Hauptakteur/innen des Schauspiels: Die Rating-Agenturen, welchen der freie Markt (aus welchen unerfindlichen Gründen auch immer) die Fähigkeit zusprach, die Sicherheit von Investitionen zu bewerten und die von den „Schattenbanken" fürstlich für ihre Expertisen entlohnt wurden. Das „subprime"-Segment störte sie in keiner Weise. Im Gegenteil betrachteten die Agenturen es sogar als wertsteigernd, weil solche Kredite ja (im „Kleingedruckten") höhere Rückzahlungsraten beinhielten, als jene der „prime-loans". Und so gaben sie entsprechenden „Wunderpapieren" die höchstmögliche Benotung. Erst das überzeigte die fünften Mitspieler/innen des gesamten Dramas, die unzähligen Anleger/innen davon, derartige Derivate zu kaufen. Da sie bedeutend höhere Renditen versprachen, als alle anderen angebotenen „sicheren" Papiere, gingen sie weg, „wie warme Semmeln". In der ganzen Welt avancierten sie zu begehrten Investitionsobjekten. Und hier nicht zuletzt in den ärmeren „Schwellenländern", deren Wohnhabenden ihre eigenen Wirtschaften im Vergleich zur amerikanischen als zu unstabil erschienen – nicht zuletzt auch, weil die Aktien einheimischer Unternehmen von den Ratingagenturen viel schlechter bewertet waren. Während arme Staaten somit die ungeheure Konsumorgie der reichsten Nation der Welt finanzierten, verschuldete sich diese zusehends. Und das nicht nur im privaten Sektor, sondern ebenfalls im öffentlichen – auf Grund der Kriegskosten, aber genauso, weil die Regierung die Nachfrage durch Steuergeschenke und ähnliches noch anfachte. Zum „antizyklischen" Handeln bestand aus ihrer Perspektive auch kein Anlass, solange die Löhne und mit ihnen die Inflation stabil blieben. Gleichzeitig mussten all die zusätzlich konsumierten Waren von irgendwo kommen. Die USA selbst hatte in der Zeit ja kaum Produktivitätssteigerungen zu verzeichnen. Also avancierte das Land zum „Importweltmeister" und sorgte infolgedessen für einen globalen Konjunkturaufschwung.

Um die Erzählung abzuschließen, ist man versucht zu Plattitüden zu greifen, wie „es kam, wie es kommen musste", oder „der Rest ist Geschichte". Tatsächlich ist es kaum vorstellbar, dass eine Person, die auch nur die grundlegendsten Rechnungsarten in der Schule vermittelt bekommen hatte, jemals auf die Idee kommen konnte, bei diesem Pyramidenspiel mitzumachen (so viel zur Wissensgesellschaft). Solche Konstrukte basieren jedoch bekanntlich keineswegs auf rationalen Entscheidungen, sondern auf rein emotionalen. Je mehr Menschen es gibt, die mit ihren Profiten aus derartigen Spekulationen prahlen, desto dümmer kommen sich die immer weniger werdenden Besonnenen vor, die sich bisher in Zurückhaltung übten. Früher oder später streifen viele von ihnen ebenfalls ihre Bedenken ab und steigen (zähneknirschend aber) doch ein. Aber nicht alle. Denn es wächst die Menge derer, die Angst haben, zu spät dran zu sein, um an den Früchten zu partizipieren. Der Fuß der Pyramide, der immer breiter werden muss, damit sich die Spitze weiterhin an Gewinnen erfreuen kann, verengt sich. In diesem Fall kommt noch dazu, dass – wie nicht anders zu erwarten – mehrere der „minderwertigen" Darlehen nicht mehr bedient werden können. Denn irgendwann mussten die kleingedruckten Klauseln ja durchschlagen. Doch woher sollten die Schuldner/innen – die oft genug von der (in den USA kaum die Grundbedürfnisse abdeckenden) Sozialhilfe lebten – das Geld für die Rückzahlungen nehmen? Erst recht, wenn sie inzwischen – ihre Handlungsweise von der Mittelschicht abschauend – ihr Kredit-Karten-Haus als Goldesel missbraucht hatten?

Doch das ist nicht der Punkt. In dem Augenblick, an dem die Pyramide kippte, hätte sie rein mathematisch betrachtet noch gar nicht einzustürzen brauchen. Denn so dumm, wie es sich in der Realität erwies, war die Rechnung der „Finanzalchemist/innen" in der Theorie gar nicht. Die Ausfälle aus dem untersten Segment hätten sehr wohl – wenigstens eine Zeit lang – von den zahlungskräftigeren Kreditnehmer/innen aufgefangen werden können. Aber genau hier verrechneten sich die Kapitaljongleur/innen und mit ihnen sämtliche neoliberale Wirtschaftstheoretiker/innen, welche das Ideal des „rationalen Subjekts" hochhalten, auf dem die gesamte „Wissenschaft" des sich selbst regulierenden Marktes fußt (siehe Abschnitt 7.2.7.). Denn die Marktteilnehmer/innen agieren eben keineswegs emotionslos, wobei sie in dem hier behandelten Fall mit ihrem „Bauchgefühl" durchaus richtig lagen. Das sagte den Anleger/innen, welche die tollen „Wertpapiere" in ihren „Portfolios" hielten, bereits bei der ersten kleinsten Turbulenz, dass das ganze Gebilde so unstabil ist, wie irgend

## 7. Ende des Informationalismus und Bankrott der Bildungsgesellschaft

möglich. Wenn sie diese nicht sofort abstoßen würden, fürchteten sie zu Recht, mit horrenden Verlusten auszusteigen. Das jahrelange Motto „Kaufen, Kaufen, Kaufen" schlug also augenblicklich zu seinem Gegenstück um. Den Investor/innen schien ein Licht aufzugehen – plötzlich sahen sie mit Schrecken, was sie sich mit all den coolen Derivaten tatsächlich „eingehandelt" hatten: Nämlich nichts anderes, als tickende Zeitbomben. Damit brach der Markt quasi „über Nacht" zusammen.

Dabei wiederholte sich ein Phänomen, welches sich bereits in der Dotcom-Blase manifestierte, jetzt jedoch viel massivere Auswirkungen hatte, weil es nicht lediglich an der Börse notierte Konzerne, sondern „Normalverdiener/innen" traf – also Mitglieder der breiten Mittelschicht. Hier wie da wurden Firmen bzw. Menschen in Mitleidenschaft gezogen, die eigentlich „schwarze Zahlen" schrieben. Im aktuellen Fall trauten die Anleger/innen, welche Inhaber/innen der Hypotheken gewöhnlicher Angehöriger der „Mitte" waren, Letzteren nicht zu, auf Dauer all jene Verluste aufzufangen, welche die Ausfälle des „Ramschsektors" verursachten. Nur aus diesem Grund – und nicht wegen ihres tatsächlichen (eventuell auf Basis der „Goldesel-Mentalität" real existierenden) Liquiditätsmangels – wurde ihre Zahlungsfähigkeit herabgestuft. Hinzu kam, dass die Werte ihrer Immobilien auf Grund der einbrechenden Nachfrage ins Bodenlose fielen. Die Banken, die vorhin einen unbegrenzten Schuldenrahmen gewährten, verlangten schnellstens ihr Geld zurück. Das so rasch aufzutreiben, war vielen nicht möglich. Die einzige Sicherheit, welche die Menschen vorzuweisen hatten, waren ihre Immobilien. Hundertausende Zwangsversteigerungen waren die Folge.

Das Perfideste an der ganzen Geschichte ist, dass hier das „Katze beißt sich selbst in den Schwanz"-Prinzip zuschlug. Denn unzählige der ihr Geld zurückfordernden Anleger/innen waren – z.B. in der Gestalt der Beitragszahler/innen von privaten Pensionsfonds – genau jene Individuen, welche von der Immobilienkrise getroffen wurden. Damit passierte etwas, was weder Marx und nicht einmal Foucault in ihren kühnsten und Kapitalismus-kritischsten Theorien zu konstruieren wagten: Menschen trieben von sich selbst Zahlungen ein, die sie sich nicht leisten konnten und verursachten folglich ihren eigenen Bankrott. Sie enteigneten sich selbst.

Hinzu kommt, dass die Wucht der „kreativen Zerstörung" des freien Marktes beim Platzen der Immobilienblase keineswegs – so wie es in den (sowohl „klassisch-" als auch neo-) liberalen Lehrbüchern steht – veraltete und unrentable Industriezweige vernichtete, um innovativen Unternehmen ein florierendes Betätigungsfeld zu eröffnen. Nein, sie verwüstete buchstäblich ein Segment der Ökonomie, welches vor ihrem Eingriff tadellos funktionierte und ebenso noch eines, welches die Existenzgrundlage jedes Individuums bildet: Das Dach über seinem Kopf. Jedoch auch damit war ihr Hunger noch lange nicht gestillt. Die „Realwirtschaft" hatte noch so einiges zu bieten, was vernichtet werden konnte. Denn wie immer unterschied der Markt nicht zwischen „faulen" und gewöhnlichen Darlehen. Der Kreditfluss als solcher kam vollständig zum Erliegen. Keine Bank traute mehr der anderen (man wusste ja nicht, wer, wie viel von den Ramsch-Derivaten besaß) und ihren Kund/innen schon gar nicht. Sogar als der Staat die nahende Katastrophe erkannte und den Bankensektor mit Geld überschwemmte, gab es Letzterer einfach nicht weiter. Diese „Kreditklemme" führte dazu, dass Unternehmen ihre Produktion herunterfahren mussten und zahlreiche Firmen in den Konkurs schlitterten. Die daraus resultierende steigende Arbeitslosigkeit verstärkte den Rückgang des Konsums, der auf Grund des Einbruchs der Immobilienpreise sowie der Probleme bei der Rückzahlung der Hypotheken ohnehin bereits enorm abgeflaut war. Als weniger Waren und Dienstleistungen in Anspruch genommen wurden, benötigte man ebenfalls weniger Beschäftigte, welche sie erzeugten bzw. anboten. Die Abwärtsspirale drehte sich immer schneller. Jetzt konnte es der Markt allen zeigen, wie viel schöpferisches Potenzial er zu entfalten vermag, wenn man seinen Zerstörungsphantasien erst mal völlig freien Lauf lässt.[190]

### 7.2.7 Die neoliberale Blase platzt

Auch in Anbetracht des Ausmaßes des Einbruchs in den USA, wäre es unter „normalen" Umständen schwer zu begreifen, wie es passieren konnte, dass die Zahlungsunfähigkeit einiger (auch wenn unzähliger) Hausbesitzer/innen in den Vereinigten Staaten und damit zunächst einmal eine rein amerikanische Problematik einen „Flächenbrand" (Piepenbrink 2009, S.2) auszulösen vermochte, der die gesamte Weltökonomie in kürzester Zeit in ein Strohfeuer verwandelte. Angesichts dessen, was bisher über den informationellen Kapitalismus geschrieben wurde, ist ein solcher Umstand jedoch leicht zu erklären. Die Turbulenzen der „Realwirtschaft" bereiten heutzutage niemand sonderlich Kopfschmerzen. Ein paar hunderttausend Obdachlose und ein paar Millionen Arbeitslose mehr – wen kümmert's? Wie angesprochen, werden derartige Zustände sogar oft künstlich hergestellt, damit das Finanzsystem weiterhin ungehindert prosperieren kann. Diesmal wurde aber gerade dieses System getroffen. Es geriet genau jener Bereich der Ökonomie ins Strudeln, den die Mächtigen der Erde in jahrelanger mühevoller Deregulierungs-Kleinstarbeit zum „heimlichen Herrscher der Welt" (Schäfer U. 2009, S.43) aufsteigen haben lassen, der inzwischen die Entwicklung der ganzen Weltwirtschaft dominiert (ebd., S.48; siehe Abschnitt 2.4.2.). Aus einer Subprime-Krise wurde deshalb schnell eine Bankenkrise, aus der Bankenkrise eine Finanzkrise und von der letzteren sprang der Funke auf die globale Ökonomie über.

Die besonders tragische Ironie an der Situation und der Grund, warum sich der „Finanztsunami" (Otte 2009a, S.10) so schnell und v.a. mit solch einer Wucht ausbreiten konnte, bestand darin, dass genau jene Methoden, die Bankiers erfanden, um die Gefahren eines Crashs zu minimieren, sich zu seinen zentralen Auslösern verkehrten. Da waren zunächst einmal die oben beschriebenen CDOs, welche die Streuung des Ausfallrisikos „minderwertiger" Kredite auf unzählige Anleger/innen auf der ganzen Welt gewährleisten sollten (vgl. Weltonline 2007). Doch auch so ein Ansatz schien den Finanzmanager/innen, die ja um die Gefahren des „subrime"-Segments sehr wohl wussten, nicht genügend Garantien zu bieten. Und so erschufen sie eine Innovation, die das gesamte System endgültig „Bombensicher" machen sollte: Als Wertpapiere verpackte Versicherungen für die Eventualität, dass ein derartiges oder ein ähnliches Derivat bzw. ebenso einfach nur ein größeres Unternehmen einmal ins Strudeln geraten würden – CDS (Credit Default Swaps) (vgl. Zeise 2009, S.57f). Alan Greenspan war von dieser Idee so begeistert, dass er seine übliche Zurückhaltung abstreifte und lautstark verkündete, CDS seien „die wichtigsten Finanzinstrumente

---

[190] Die letzte Schilderung soll ausnahmsweise mit einer Fremdaussage direkt belegt werden, weil sie erstens aufzeigt, dass nicht nur der Autor des vorliegenden Buches bei diesem Thema emotional wird, und zweitens von niemand geringerem als Warren Buffet stammt. Denn dieser ist laut Ulrich Schäfer „der erfolgreichste Spekulant der Welt" und somit vor der Unterstellung „alt-linken" Gedankenguts sowie der Unkenntnis finanzmarkttechnischer Vorgänge gefeit: „Es kann doch nicht sein, dass hunderttausende Jobs vernichtet werden, dass ganze Industriezweige in der Realwirtschaft auf Grund solcher Finanzwetten zugrunde gehen, obwohl sie eigentlich kerngesund sind" (nach Schäfer 2009, S.18f).

überhaupt", weil sie es US-Banken ermöglichen, „ihre Risiken auf stabile amerikanische und internationale Institutionen zu verteilen" (nach Schäfer U. 2009, S.194). Dass die bedeutenden Rating-Agenturen, die alle in den Vereinigten Staaten angesiedelt sind, unter solchen Umständen nicht im Traum auf die Idee gekommen wären, entsprechende Wunderwaffen zur Verteidigung des Finanzmarktes ihres Landes nicht mit einer Topbewertung zu veredeln, versteht sich von selbst (vgl. Zeise 2009, S.59). Daraufhin kam das Geschäft rasch in Fahrt und so kursieren Anfang 2008 CDS aller Art im Wert von 62 Billionen US-Dollar um die Welt, was mehr war, als die jährliche Wirtschaftsleitung sämtlicher ihrer Bewohner/innen (vgl. ebd., 188f). Kurz vor Ausbruch der Finanzkrise war dieser Teilmarkt der am schnellsten expandierende (ebd., S.58).

Die Betonung liegt auf *kurz vor* dem Ausbruch. Denn danach sah die (Finanz-) Welt auf einmal gänzlich anders aus. Sobald es sich nämlich herumsprach, dass ein paar kleinere Banken, welche sich mit CDOs und ähnlichen Derivaten verspekuliert hatten, in den Konkurs geschlittert waren und gleichzeitig einige größere am Rande der Pleite standen, brach der Markt für derartige Versicherungsinstrumente komplett ein. Jetzt erst kamen die Finanzmanager/innen drauf, dass sich ihre Idee der breitgestreuten Risikoverteilung genauso gegen sie kehren kann. Nein sie *muss* es sogar unweigerlich. Denn die Zahlungsunfähigkeit eines einzelnen Instituts belastet zahlreiche andere, die in ihren Safes seine Papiere lagern. Jede/r, die/der sie nicht schnell genug abstößt, kann getroffen werden. Die Kurse sowohl von CDO als auch von CDS fielen ins Bodenlose. Wer nicht schnell genug mit dem Verkaufen dran war, wurde mitgerissen. Aber keiner wollte mehr kaufen. Eine Pleite verursachte die Nächste. Die Kettenreaktion war unvermeidbar (vgl. Schäfer U. 2009, S.191). Plötzlich begriffen die Bankiers und mit ihnen unzählige Anleger/innen, was der Großinvestor Warren Buffet meinte, als er solche Produktkreationen bereits im Jahre 2003 als „finanzielle Massenvernichtungswaffen" bezeichnete (vgl. Otte 2009a, S.15). Als der Schleier des Traums von der unbefleckten Geldvermehrung fiel, erkannten sie völlig geschockt, dass ihre „bombensicher" geglaubten Wertpapiere nichts anders waren, als „Zeitbomben auf Reisen" (Schäfer U. 2009, S.45). Einfach nur „toxischer Schrott", welcher die Bilanzen sämtlicher Geldinstitute auf dem ganzen Globus verstrahlte (vgl. Hickel 2009, S.14) und genauso die „Portfolios" der meisten institutionellen sowie ebenfalls privaten Anleger/innen weltweit vergiftete. Panik lag in der Luft. Die Finanzwirtschaft und mit ihr der „reale" Rest der Ökonomie blickte in den Abgrund.

Doch gilt es noch kurz den Blick abzuwenden, um ein wenig genauer den Gründen für das enorme globale Ausmaß der Katastrophe nachzuspüren. Letztere war nicht lediglich wegen der angesprochenen „Risikoverteilung" so viel gewaltiger, als nach dem Platzen der Dotcom-Blase und weil es im Vergleich dazu um noch astronomischere Beträge ging. Der Unterschied bestand in erster Linie darin, dass während die Internetwirtschaft eine war, die in irgend einer Weise (kaum aber doch) außerhalb des Finanzsektors existierte, es sich in diesem Fall um eine rein „interne Angelegenheit" handelte – um eine „Finanzblase" (Keen 2010). Dabei wurde nicht mehr aus Träumen, sondern tatsächlich einzig und alleine aus Geld Geld gemacht. Alles, was irgendwie mit Letzterem zu tun hatte, wurde umgepackt, wieder verpackt und neu etikettiert, um es wieder mit Gewinn weiterverkaufen zu können. Oft genug erfolgte der Einsatz derartiger „Wert-Schöpfungen" jedoch auch völlig „gegen den Strich" des mit ihnen zunächst Angedachten.

Z.B. entwickelten „Finanzmarktalchemist/innen" das gerade dargelegte Konzept der CDS auf eine besonders phantasievolle Art weiter: Sie stellten sich nämlich die Frage, warum man sie nicht ebenso in die umgekehrte Richtung nutzen könnte, als um etwas zu versichern. Wenn man die Idee, dass jemand oder etwas nicht pleitegehen wird, als Kapitalanlage verscherbeln kann, warum sollte das für Wetten darauf, dass ein Bankrott eintritt, nicht funktionieren? (vgl. Schäfer U. 2009, S.189) Und es funktionierte. Prächtig sogar! Der oben angegebene ungeheure „Wert" solcher Derivate resultierte gerade aus solchen Spielchen. Dass es in ihrem Rahmen völlig egal war, wenn „echte" Werte draufgingen – z.B. wurde damit ganz Island fast in den Bankrott getrieben (vgl. ebd., S.194) – versteht sich von selbst. Aber auch da war die Phantasiegrenze noch lange nicht erreicht. Jemand kam eines schönen Tages auf eine noch kreativere Frage: Wenn man schon aus Geld Geld machen kann, warum soll man dann nicht aus Nichts kein Geld machen können? Das Prinzip derartiger „Leerverkäufe" ist zu gewieft, um es hier im Detail zu behandeln. Im Grunde geht es darum, mit geliehenen oder sich überhaupt nicht im eigenen Besitz befindenden Aktien auf den Kursverfall ebendieser Papiere zu wetten. U.a. unter Einsatz eines solchen „Finanzinstrumentes" wurde eine der damals größte Investmentbanken der Welt – *Lehman Brothers* – zum Konkurs gezwungen. Sie war ein leichtes Opfer, weil sie sich davor jahrelang ein gewaltiges Stück von den Gewinnen des CDO-Kuchens abschnitt und jetzt durch und durch marode war (vgl. ebd., S.197, S.189ff). Die – ausnahmsweise vom Staat nicht verhinderte – Pleite des Finanzinstituts gilt heute manchen Analytiker/innen zufolge – neben der Deregulierung der Finanzmärkte sowie der Niedrigzinspolitik – als der dritte Hauptauslöser der gesamten Finanzkrise, weil das den Anleger/innen drastisch vor Augen führte, dass sogar die „big player" nicht mehr sicher sind (vgl. Zimmermann, 2009, S.6).

Die Aufzählung derart „innovativer" Konstrukte könnte ewig so weiter gehen und soll deswegen an dieser Stelle unterbleiben. Die bedeutendste damit zusammenhängende Frage ist aber, warum die Finanzaufsicht und mit ihr die Staatsführungen solche Wettgeschäfte nicht von Anfang an unterbunden hatten, bzw. sie umgekehrt mit ihren Deregulierungsmaßnahmen noch zusätzlich anfachten. War doch allseits bekannt, dass gerade derartige „Zockereien" bereits den Crash von 1929 mit auslösten (vgl. Schäfer U. 2009, S.199).

Regierende im Zeitalter der Informationalismus wurden im vorliegenden Buch bereits mehr als oft genug angegriffen. Dass sie die Hauptschuld an dem ganzen Desaster tragen, ist unbestreitbar. Es gibt kaum eine/n Analytiker/in des hier behandelten Prozesses, die/der das nicht genauso sieht (vgl. z.B. Tichy 2009, S.4; Beck; Wienert 2009, S.7; Hickel 2009, S.15; Otte 2009a, S.10; Schäfer U. 2009, S.27; Staubhaar et al. 2009, S.24f; Zeise 2009, S.9; Zimmermann, 2009, S.6). Dennoch soll an dieser Stelle ausnahmsweise auf einen Sachverhalt verwiesen werden, der sie zumindest ein wenig entlastet: Auf den allen Menschen gemeinsamen Hang zur Gutgläubigkeit gegenüber Autoritäten. Was all die Kritiker/innen bei sämtlichen berechtigten Beanstandungen manchmal vergessen ist, dass Politiker/innen keine Universalgenies sind. Sie können sich beim besten Willen nicht auf allen Gebieten gleichermaßen perfekt auskennen, in Bezug auf die sie täglich Entscheidungen von weitreichendster Bedeutung zu treffen haben. Also bleibt ihnen gar nichts anders übrig, als Expert/innen zu vertrauen. Aber woher sollen sie wissen, wer wirklich qualifiziert ist, und wer nicht? Da hilft nur das Heranziehen der Meinung der jeweiligen „scientific community". Und was eignet sich dabei als Orientierung besser, als Auszeichnungen? Vor allem wirklich große Auszeichnungen?

## 7. Ende des Informationalismus und Bankrott der Bildungsgesellschaft

Worauf das Letztere herauslaufen soll, ist sicherlich inzwischen klar: Was immer dahinter steckt, aber es ist ein Faktum, dass kein/e einzige/r Ökonom/in, welche/r einer sich eindeutig vom Neoliberalismus abgrenzenden Forschungsrichtung angehört, jemals den Nobelpreis für Wirtschaftswissenschaften erhalten hat. Die beiden „Vordenker" dieser Strömung aber sehr wohl. Friedrich August von Hayek im Jahre 1974 und Milton Friedman zwei Jahre danach[191] (vgl. Otte 2009a, S.16). Spätestens ab dem Zeitpunkt bildeten ihre Theorien nicht mehr einfach den „Mainstream" ab. Vielmehr repräsentierten sie das zentrale Glaubensbekenntnis, die wirtschaftswissenschaftliche „Religion der Marktwirtschaft" – wie einer der Väter des deutschen Gegenmodells der ‚Sozialen Marktwirtschaft', Alexander Rüstow, den Neoliberalismus in seinem heute vorherrschenden Begriffsverständnis bereits im Jahre 1947 so vorausschauend etikettierte (vgl. ebd.).

Das dazu gehörende „höchste Gebot" ist so primitiv und einprägsam zugleich, dass es hier nicht noch einmal wiederholt zu werden braucht. Außerdem wurde es bis vor kurzem in geringsten Variationsformen von fast allen Ökonom/innen und ebenso weiteren Wirtschaftsnobelpreisträger/innen fortwährend nachgebetet. So auch von Edward Prescott, der die Auszeichnung im Jahre 2004 erhielt und welcher dem kapitalistischen System höchste Stabilität bescheinigt sowie versichert, Störungen könnten nur vom öffentlichen Sektor ausgehen (vgl. Keen 2010). Der „Beweis", welchen derart geniale Denker/innen für entsprechende Thesen anzubieten haben, wurde bereits im vorangehenden Abschnitt dargelegt: Er besteht einzig und allein in ihrem unerschütterlichen Glauben an die Rationalität der Entscheidungen der einzelnen Marktteilnehmer/innen, welche in ihrer Vernunftfähigkeit dem Staat immer bei weitem überlegen sein sollen.

Genauso wenig ist es notwendig hervorzustreichen, dass diese in der Art eines Mantras jahrzehntelang (wenn nicht sogar seit Jahrhunderten) in Fachkreisen nachgebetete Überzeugung sich spätestens seit der aktuellen Wirtschaftskrise als genau das entblößt hat, was es immer schon war – ein Irr- wenn nicht sogar ein Aberglaube.[192] Auf einmal galten all die „schönen Theorien, vom scheinbar perfekten Markt, mit denen Ökonomen zuvor die Welt erklärt haben" nicht mehr. Der „Homo oeconomicus (…) entpuppt[e] sich plötzlich als ein Wesen, das nicht rational handelt, sondern Gefühle zeigt, die in den alten Lehrbüchern nicht vorgesehen sind" (Schäfer U. 2009, S.214). Was Wirtschaftswissenschaftler/innen betrifft, weigern sich bis heute einige von ihnen das Versagen des Großteils ihrer Disziplin einzugestehen. So wettern drei (hohe akademische Positionen bekleidende) deutsche Vertreter des Fachbereichs – Thomas Straubhaar, Michael Wohlgemuth und Joachim Zweynert – noch im Jahr 2009 massiv gegen die zeitgenössischen Regulierungsbestrebungen hinsichtlich der Wirtschaft. Dabei beschwören sie das Gespenst der Rückkehr des „big government" sowie des „Bastard-Keynesianismus" und verteidigen die neoliberale Idee damit, dass Politiker/innen in den letzten Jahrzehnten ständig gegen entsprechende Lehren verstoßen haben sollen, anstatt sie tatsächlich umzusetzen (Straubhaar et al. 2009). Doch auf derartige Zurufe hört seit dem Platzen der Finanzblase keine/r mehr. Denn eines ist heute „unstritig: Die ‚Mainstream-Economics' hat sich in den vergangenen Jahren bla-

---

[191] Am Rande angemerkt ist es durchaus bemerkenswert, dass diese Jahreszahlen genau mit der Datierung des Beginns des Informationalismus im vorliegenden Buch zusammenfallen und im Übrigen auch nur knapp nach dem Ersterscheinen von Bells *The Coming of Post-Industrial Society* liegen – eines Buches, das sofort nach seiner Veröffentlichung auf größte Beachtung stieß.

[192] Eigentlich hätte man das schon ab dem ersten Drittel des 17. Jahrhunderts begriffen haben müssen. Denn „seit der Tulpenmanie der Jahre 1635 bis 1637 sind größere Finanzkrisen ein regelmäßiges Phänomen des modernen Kapitalismus" (Otte 2009a, S.15).

miert" (Hickel 2009, S.15; vgl. ebd., S.19; Zeise S.104f). „Mit dem Zusammenbruch des US-amerikanischen Investmentbanksektors ist auch eine ganze Wirtschaftsphilosophe abgestürzt" (Stuhr 2010, S.8).

Sogar die „graue Eminenz" des Informationalismus – Alan Greenspan – räumt inzwischen ein, er hätte die Fähigkeit des (Finanz-) Marktes zur Selbstkontrolle überschätzt (vgl. Schäfer U. S.201). Und ebenfalls jener Mann, welcher all den „neu-rechten" Führer/innen in ihrer „Revolution von oben" zuvorgekommen ist, in dem er die neoliberalen Umwälzung bereits 1979 von der US-amerikanischen Notenbank aus einleitete, scheint neuerdings zu den Gegnern eines solchen Systems konvertiert zu sein. Diesmal in seiner Funktion als wichtigster Wirtschaftsberater von Barack Obama gesteht Paul Volcker ein, es falle ihm schwer zu behaupten, eine entsprechende ökonomische Organisationsform hätte überhaupt irgendwelche Vorteile gebracht. Im Gegenteil habe sie seiner Meinung nach „den Markttest nicht bestanden" (nach ebd., S.48).

Folglich ist es auch wenig überraschend, wenn auf dem (vorläufigen) Höhepunkt der Krise ebenso sämtliche führende Politiker/innen in den Chor der Neoliberalismus-Kritiker/innen und v.a. der Neo-Regulierer/innen einstimmten. So stellte die deutsche Bundeskanzlerin Angela Merkel fest: „Lasst die Märkte machen, ist lange die Parole gewesen. Heute ist man zum Glück weiter" (nach Schäfer U. 2009, S.25) und forderte eine „lückenlose Regulierung von Produkten, Akteuren und Regionen" (nach Otte 2009, S.13). Der französische Staatspräsident Nicolas Sarkozy konstatierte, die Globalisierung wäre inzwischen „eher Bedrohung als ein Versprechen" (nach Schäfer U. 2009, S.25) und plädierte für eine von den Regierungen gelenkte Geldpolitik, für eine anti-zyklische Fiskalpolitik und eine staatliche Industriepolitik (nach Straubhaar et al. 2009, S.20). Und sogar der extremrechte Italienische Regierungschef Silvio Berlusconi wetterte gegen den „Marktfundamentalismus" (nach Schäfer U. 2009, S.25). Ja die gesamte Führungsriege der 20 wirtschaftsstärksten Staaten dieser Welt beschloss bei ihrem Londoner Gipfel im April 2009, dass künftig „kein Finanzmarkt, kein Produkt, keine bedeutende Finanzmarktinstitution ohne Regulierung und Aufsicht bleiben" dürfe (Hickel 2009, S.17). Wären solche Ankündigungen tatsächlich umgesetzt worden, dann wären die Eingriffe kaum geringer ausgefallen, als jene, welche der Weltwirtschaftskrise der 1930er Jahre folgten (vgl. Ritschl 2009, S.31).

Was all die Staatslenker/innen, welche noch kurz davor am „Blasebalg des heutigen Fegefeuers" standen (Tichy 2009, S.4) zu einem Meinungsumschwung um 180 Grad bewogen hatte, bzw. was ihren derartigen „Erziehungsprozess" (Zeise 2009, S.158) auslöste, ist leicht erklärt: In den Jahren 2007/2008 schauten sie genau in jenen Abgrund, von dem wir vorhin unseren Blick abgewendet haben. Dieser kann auf einen einfachen Begriff gebracht werden: „bank run". Letzteres ist eine Horrorvision jedes Bankiers, weil es eine systemimmanente Gefahr des gesamten Sektors darstellt: Die (Spar-) Einlagen sind in der Regel vergleichsweise kleine Beträge, die jederzeit oder nach kurzer Frist wieder abgehoben werden können. Dagegen vergeben Banken größere Kredite mit längeren Laufzeiten. Daraus resultiert die einfache Rechnung: „Wenn alle Kunden ihre Einlagen gleichzeitig abziehen (bank run), ist die Bank zahlungsunfähig (…)" (Beck; Wienert 2009, S.8). Aber auch eine solche, von zwei Volkswirtschafts-Professoren in ihrer *Anatomie der Weltwirtschaftskrise* präsentierte Definition klingt noch nach den „alten Lehrbüchern". Einer derartigen Darstellung zufolge schaut der vernünftige „Homo oeconomicus" seelenruhig bei seiner Hausbank

## 7. Ende des Informationalismus und Bankrott der Bildungsgesellschaft

vorbei, um mal kurz etwas Geld abzuheben. Die Realität sieht da bedeutend anders aus: Leute gehen nicht zu den Banken, sie stürmen diese regelrecht. Riesige Schlangen voller verängstigter und aufgebrachter Menschen verstopfen die Straßen. Panik greift um sich. Die Polizei muss eingreifen... All das kennen wir von den Fotos aus dem Jahre 1929. Und die Bilder, sowie jene von dem, was danach folgte, haben sich uns eingeprägt. Jedoch nicht nur uns.

Die machthabenden Politiker/innen haben zwar vielleicht nicht aufgepasst, als es um die Ursachen der Weltwirtschaftskrise der 1930er Jahre ging. Wahrscheinlich haben sie auch weder verstanden, was CDOs und CDS bedeuten, noch was sich unter dem Begriff „Leerverkäufe" verbirgt und konnten damit verbundene Geschäftspraktiken ebenso historisch nicht einordnen. Aber Bilder sagen bekanntlich mehr als tausend Worte. Am 14. September 2007 war es so weit: Über die Fernsehbildschirme flackerten sie schon wieder, diesmal nur in Farbe. Der „bank run" hatte eingesetzt. Und zwar nicht irgendwo, sondern im größten europäischen Finanzzentrum – in London. Die Kund/innen stürmten die fünftgrößte Hypothekenbank Großbritanniens: *Northern Rock*. Sie hatte sich ein wenig zu intensiv im Bereich der „Wertpapiere" des US-amerikanischen Immobilienmarktes engagiert (vgl. Faz.Net 2007; Zeise 2009, S.130f). Aber wer hatte das nicht?

Um die Geschichte abzukürzen[193] hatten die Regierenden angesichts solcher Tatsachen nur zwei Alternativen: Entweder sie zerschlagen das System des entfesselten Kapitalismus, oder sie lassen zu, dass es die ganze Welt in Trümmer legt. Zum Glück für uns alle wählten sie – im Gegensatz zu den Staatsführerinnen im Jahre 1929 – die erste Option. Die neoliberale Blase, welche die Mächtigen dieser Erde jahrzehntelang mit so großer Anstrengung auf ihre monströse Größe aufpumpten, zerplatzte mit einem einzigen Nadelstich: Sobald die Verstaatlichung der ersten Banken – welche ja das Rückgrat des freien Marktes bilden – erfolgte, ging der Spuck sang- und klaglos zu Ende. So sang- und klaglos, dass die meisten seiner Profiteur/innen, denen die „öffentliche Hand" mit unvorstellbar hohen Geldbeträgen „aus der Patsche geholfen" hat, gar nicht erfassten und sich bis heute einzugestehen weigern, dass die Party endgültig vorbei ist. Schließlich wird auch heute noch – nach einer lediglich kurzen Atempause – an den Börsen „auf Teufel komm raus" spekuliert, schon kommen die die neuesten, angeblich noch „bombensichereren" Derivate aufs „Parkett", die Finanzmanager/innen vervielfachen abermals ihre Gagen etc. (ausführlich seine Abschnitt 7.3.4.). Was ist dann bitte schön vorbei?

Vorbei ist, dass irgendeine Person, die sich an den Spielchen des ungezügelten Marktes bereichert, ihr entsprechendes Vorgehen mit irgendetwas anderem argumentieren kann, als mit der eigenen Gier. Ab dem Tag, an dem im wichtigsten kapitalistischen Land der Welt – in den USA – (übrigens noch unter der erzkonservativen Bush-Administration) die erste große Bank verstaatlicht werden musste, galt das „alte Credo, dass die Märkte es allein richten werden (...) nicht mehr. ‚An diesem Tag (...) ist der Traum vom globalen freien Kapitalismus gestorben'" (Schäfer U. 2009, S.185, am Schluss den Chefökonom der *Financial Times*, Martin Wolf zitierend). Denn der Slogan „mehr Markt, weniger Staat"

---

[193] *Northern Rock* war nur „der Anfang vom Ende". Dieses Geldinstitut wurde zwar Anfang 2008 verstaatlicht, jedoch hatten noch nicht alle Mächtigen verstanden, dass das der einzige mögliche Ausweg war. Erst musste im September 2008 der Bankrott einer der größten Investmentbanken – Lehman Brothers – einen weltweiten Börsencrash auslösen, damit die Regierenden sämtlicher wohlhabenden Staaten mit ihrer Abgabe einer Garantie für alle Spareinlagen de facto die Privatisierung des gesamten Bankensektors aufhob (vgl. Schäfer 2009, S.187ff; Zeise 2009, S.124ff).

verkehrt sich automatisch in sein Gegenteil, sobald der Staat zentrale Marktteilnehmer/innen aufkaufen oder zumindest massiv stützen muss, damit sie sich nicht selbst und mit ihnen die gesamte Wirtschaft in den Bankrott stürzen. Die Verheißungen des Neoliberalismus entpuppen sich dabei nicht nur als eine Lüge, sondern – wie es inzwischen sogar Nicolas Sarkozy aufgegangen ist – als eine Drohung: Das Einzige, was ein von sämtlichen regulatorischen Fesseln befreiter Markt (an-) richten kann, ist, die ganze Welt zu Grunde zu richten. Sonst nichts. Auch wenn es noch immer genügend Individuen gibt, die glauben, es sich selbst mit Hilfe eines solchen Systems „richten" zu können, für die bei weitem überwiegende Mehrheit ist sonnenklar: Der Neoliberalismus ist am Ende. Eine andere ökonomische Organisationsform muss her. Eine, in der die Banken unser Geld gewissenhaft verwalten, statt es in den Spielhöhlen des Kasinokapitalismus zu verprassen und uns alle damit in den Ruin zu treiben. Eine, die nicht lediglich die „Schattenwirtschaft" prosperieren lässt, sondern der „Realwirtschaft" (im wahrsten Sinne des Wortes) dient. Eine, von der nicht nur eine verschwindend geringe Minderheit auf Kosten der breiten Mehrheit profitiert, sondern tatsächlich möglichst alle Menschen dieser Erde. Kurz: Eine neue, aktualisierte Art der ‚Sozialen Marktwirtschaft'.

## 7.3 Metaideologischer Klassenkampf

Inzwischen ist das Versagen des Informationalismus mehr als deutlich geworden – zumindest in Hinblick auf seine aus technikdeterministischen und neoliberalen Zugängen resultierenden Versprechungen. Bei der folgenden Behandlung seiner metaideologischen Aspekte geht es also nicht mehr lediglich darum, weitere Belege des Niedergangs dieses Gesellschaftssystems zu präsentieren. Vielmehr soll hier die Frage im Vordergrund stehen, welche Gefahren sich aus den in der gesamten Arbeit dargestellten negativen Entwicklungen in der unmittelbaren Gegenwart bereits manifestieren und davon ausgehend für unsere Zukunft verstärkt drohen.

Dabei muss von Anfang an hervor gestrichen werden, dass es hier keinesfalls um lähmende Panikmache und schon gar nicht darum geht, Wasser auf die Mühlen der vielerorts zu beobachtenden „Politikverdrossenheit" – d.h. der resignativen gesellschaftspolitischen Haltung – zu gießen. Im Gegenteil dient das schonungslose Aufdecken all der „wunden Punkte" im vorliegenden Buch im Allgemeinen und in diesem Unterkapitel im Besonderen einem einzigen Ziel: Uns allen vor Augen zu führen, welche Probleme einer dringenden Lösung bedürfen, in der Hoffnung davon ausgehend die Erkenntnis zu befördern, was jede/r einzelne von uns in ihrem/seinen persönlichen Wirkungskreis dazu beitragen kann, die gleich geschilderten Schreckensvisionen abzuwenden.

### 7.3.1 Verheißungen

Nun aber zu den Verheißungen, welche aus den metaideologischen Facetten des informationalistisch geprägten Denkens resultierten. Diese lassen sich mit einem einzigen Begriff zusammenfassen, der an der Menge mit ihm verbundener positiver Konnotationen kaum zu überbieten ist: *Frieden*. Wie mehrmals hingewiesen, ist der von zahlreichen Beobachter/innen als „Vater" sämtlicher hier behandelter sozialtheoretischer Konzeptionen geltende Daniel Bell weder mit seiner Vision der post-industriellen noch mit jener der Informationsgesellschaft berühmt geworden. Große Bekanntheit erlangte er lange vor dem heute als sein

## 7. Ende des Informationalismus und Bankrott der Bildungsgesellschaft

Hauptwerk betrachteten *The Coming of Post-Industrial Society* aus dem Jahre 1973 mit seiner bereits 1960 ausformulierten Verkündung des Endes der Ideologien. In der aktuellen Diskussion wird oft übersehen, dass Bell damit nicht lediglich den Niedergang solcher Gesinnungen voraussagte, die unseren heutigen politischen Diskurs prägen, sondern ebenso einer Anschauung, die zur Zeit der Entstehung seines Werkes der großen Mehrheit noch auf die schmerzhafteste Weise in Erinnerung war: Des Faschismus und folglich aller auf roher Gewalt und quasireligiösen Phantasien beruhenden antidemokratischen Gesellschaftssysteme. Vor einem derartigen Hintergrund sowie auf Basis der Erkenntnis, dass der despotische Charakter des Kommunismus sowjetischer Prägung sich kaum von jenem unterschied, auf dem die Politik im Hitler-Deutschland fußte, prophezeite Bell den Untergang jeglicher chiliastischer Bestrebungen, des Militarismus und des apokalyptischen Denkens (vgl. Bell 1960, S.370).

Diese Hoffnung teilen sicherlich alle Leser/innen des vorliegenden Buches. Bedenklich werden Bells entsprechende Äußerungen erst dann, wenn er zu den totalitären sozialen Organisationsformen ebenfalls den Klassenkampf (im Sinne des Widerstands einer Mehrheit gegen ihre Unterdrückung bzw. Ausbeutung durch eine Minderheit) sowie sogar den gesamten Wohlfahrtsstaat mit „in einen Topf" wirft (vgl. ebd., S.373). Damit greift er zu einem Trick, dessen sich nach dem Zweiten Weltkrieg zahlreiche seiner Kolleg/innen bedienten: Er versucht ihm unliebsame Zugänge durch ihr Rücken in die Nähe bzw. ihre Gleichsetzung mit dem Faschismus zu kompromittieren. Alle Menschen, die Letzteres verachten, sollten demnach auch dem Ersteren abschwören.[194]

Dreizehn Jahre später bemüht sich Bell in seinem Hauptwerk zum Aufkommen der post-industriellen Gesellschaft um eine positivere Formulierung seiner (wie oft angesprochen erzkonservativen) Begehren. Staatliche Sozialmaßnahmen werden von ihm nur am Rande und hier v.a. im Kontext des Diskurses um die Massenbildung angegriffen (vgl. Abschnitt 3.2.1.). Er unterlässt ebenso die Drohung, das Festhalten an der Idee des Klassenkampfes würde unweigerlich in einer Durchsetzung diktatorischer Systeme münden. Denn seiner Meinung nach wird es in einer Dienstleistungsgesellschaft, in der fast alle Beschäftigten zu hoch qualifizierten Expert/innen aufsteigen, ohnehin keine Arbeiter/innen im klassischen Sinne mehr geben. Damit würden sich Auseinandersetzungen zwischen verschiedenen sozialen Schichten und mit ihnen die Gewerkschaften von selbst ad absurdum führen (vgl. 1976, S.148ff). Was nach dem Abebben derartiger Gesinnungskontroversen auf die Menschheit zukommen würde, war Bell sowie sämtlichen seinen Nachfolger/innen sowohl aus dem „neu-rechten" als auch aus dem „neu-linken" Lager völlig klar: Nicht lediglich das Ende aller kriegerischen Konfrontationen, sondern ebenso das absolute Fehlen jeglicher ernst zu nehmender gesellschaftlicher Konflikte. Versprochen wurde also der Eintritt in die Ära eines nie da gewesenen fortwährenden Friedens für die gesamte Weltbevölkerung (siehe v.a. Abschnitt 2.1.4).

---

[194] Ähnlich verfuhr z.B. Theodor W. Adorno in seiner 1949 zuerst erschienenen *Theorie der Neuen Musik*, in der er sämtlichen damals zeitgenössischen Ansätzen der tonalen musikalischen Gestaltung faschistoiden Charakter unterstellte. Dabei bezog sich seine Kritik konkret auf niemand geringeren, als auf Igor Strawinsky, in der Bemühung, die (ideologischen) Mängel dessen kompositorischen Ansatzes im Gegensatz zu jenem – Adorno zufolge bei weitem überlegenen – von Arnold Schönberg zu untermauern.

## 7.3.2 Der Feind im Inneren

So utopisch eine derartige Verheißung auch klingen mag, schien sogar diese im „goldenen Jahrzehnt" der 1990er Jahre in Erfüllung zu gehen – zumindest aus der Perspektive der Vereinigten Staaten von Amerika. Dem „Präsident[en] im Glück" (Hoyng; Spörl 2004), Bill Clinton, fiel nicht nur der Aufbruch der ‚New Economy' sowie der aus damit verknüpften Träumen genährte enorme Wirtschaftsaufschwung mehr oder weniger in den Schoß, sondern ebenso der Zerfall des Sowjetimperiums (vgl. ebd.). Der grenzenlose Optimismus, welcher der „no future"-Dekade der 1980er folgend in den USA und (in abgeschwächter Form) in der gesamten westlichen Hemisphäre nach dem Fallen der Berliner Mauer im Jahre 1989 ausbrach, basierte nicht zuletzt darauf, dass es eine Epoche war, in der größere sowohl „heiße" als auch „kalte" Kriege als der Vergangenheit angehörend betrachtet wurden.[195] Damit sah es tatsächlich so aus, dass die Prophezeiung Bells vom Ende der Ideologien ihre reale Bestätigung finden würde. Auch auf innere Gesinnungskonflikte. Denn die Gewerkschaften und mit ihnen den „Klassenkampf" haben bereits Clintons Amtsvorgänger sowie sämtliche Staatschefs anderer Industrieländer schon in den 1980er Jahren zu Grabe getragen.

Wann der Informationalismus in Bezug auf seine technikdeterministischen sowie neoliberalen Aspekte zu Ende ging, ist einfach zu bestimmen: Hinsichtlich des Ersteren beim Platzen der Dotcom- und des Zweiteren beim Platzen der Finanzblase. Die Bemühung um die zeitliche Eingrenzung des Platzens der metaideologischen Blase gestaltet sich jedoch ungleich schwieriger. Auf den ersten Blick ist nichts leichter als das. Es erscheint zunächst sogar so, als könne man dieses Ereignis bedeutend exakter datieren, als die beiden anderen – auf den Tag, wenn nicht sogar auf die Stunde, Minute und Sekunde genau: Mit 8:46:30 Ortszeit am 11. September 2001. In dem Augenblick, in dem ein von islamistischen Fundamentalisten gelenktes Flugzeug in den Nordturm des New Yorker *Word Trade Center* (WTC) einschlug, zerschlug sich ebenso der Traum eines dauerhaften Fehlens militärischer Konfrontationen auf Grund der Abwesenheit weltanschaulicher Auseinandersetzungen. Seitdem ist die USA und mit ihr der halbe restliche Erdball in einen nie enden wollenden „Krieg gegen den Terror" verwickelt.

Bei genauerer Betrachtung der Tatsachen erweist sich eine solche Datierung jedoch als vollkommen unzulässig. Was stimmt ist, dass mit 9/11 das „goldene Zeitalter" eines (relativen) Friedens für das „Abendland" zu Ende gegangen ist und ab da seine Bewohner/innen im Bewusstsein einer ständigen Bedrohung ihrer Zivilisation leben müssen. Was auch zutrifft – und damit ebenso z.T. dafür spricht, den Beginn des Verfalls der Idee des Endes der Ideologien an diesem Ereignis festzumachen – ist, dass den meisten Menschen innerhalb entsprechender Gesellschaften damit schlagartig das Faktum der Gegenwart einer Gesinnung ins Bewusstsein gerufen wurde, an deren Existenz sie bis dahin keine Gedanken verschwendeten. Einer Weltanschauung, welche in ihren Ländern nicht um die Wähler/innen-Gunst konkurriert, in weiteren Regionen unseres Planeten jedoch politisch eine sehr wichtige, wenn nicht sogar die zentrale Rolle spielt: Der religiöse Fundamentalismus. Die von Bell und mit ihm von allen politischen Analytiker/innen längst für tot und begraben gehal-

---

[195] In Europa war die Freude über den Zusammenbruch des Ostblocks in den 1990er Jahren von den Konflikten in Ex-Jugoslawien getrübt. Jedoch wurden auch diese kaum als ein Zeichen für eine dauerhafte Fortsetzung ideologischer Konflikte betrachtet, sondern viel eher im Gegenteil als ihr letztes Aufbäumen im eigenen Todeskampf.

tenen chiliastischen Bestrebungen sowie das apokalyptische Denken waren also in einem neuen Gewand auferstanden. Trotzdem ist es keineswegs möglich, das Ende des Endes der Ideologien mit den WTC-Anschlägen zu synchronisieren. Denn Letztere haben die westlichen liberalen Gesellschaften viel mehr geeint, als gespalten. 9/11 als ein wichtiges Datum für den Niedergang des gesamten informationalistischen Projektes anzugeben wäre hiermit ungefähr so (bzw. so wenig) legitim, wie die Betrachtung des japanischen Angriffs auf Pearl Harbor als eines Ereignisses, das im Zweiten Weltkrieg die Allianz gegen Hitler-Deutschland geschwächt hätte. Im Gegenteil – und so viel hätten die islamistischen Extremist/innen aus der Leidensgeschichte ihrer eigenen Völker lernen müssen – nährt Gewalt lediglich Gegengewalt uns stärkt damit den Gegner.

Ein solches Ausschlussverfahren bringt uns der Eingrenzung der Forschungsperspektive des vorliegenden Unterkapitels beträchtlich näher. Denn mit Hilfe dieser Methode wird deutlich, dass die Feinde eines Systems, die es tatsächlich zu zerstören vermögen, nur selten – wie z.B. im Falle des deutschen Faschismus – von außen kommen. Zumeist erfolgt die Sprengung gesellschaftlicher Organisationsformen jedoch aus ihrer Mitte heraus. Der aktuelle Terror entfaltet ja gerade deswegen eine neue „Qualität" des Schreckens, weil die Widersacher/innen mitten unter uns weilen. Jedoch geht von ihnen im Endeffekt eine viel geringere Bedrohung für unsere Lebensart aus, als vom zahlenmäßig unvergleichbar größeren „inneren Feind" – von einer mit enormer Geschwindigkeit wachsenden Bevölkerungsgruppe innerhalb westlicher sozialer Gemeinschaften: von den von Castells so bezeichneten „Abgeschalteten". D.h. von jenen Menschen, die den Anschluss an den Wohlstand verloren haben und welche die Kluft zwischen ihnen sowie „denen da oben" täglich wachsen sehen. Ob die derzeitige Terror-Problematik – wie mancherorts behauptet – wenigstens zum Teil als Folge des imperialistischen Gebarens der Industrienationen „hausgemacht" ist, kann und soll an dieser Stelle nicht beurteilt werden. Mit absoluter Sicherheit ist jedoch festzustellen, dass unsere Gesellschaften im Zeitalter des Informationalismus jene Schicht, die sie jetzt von innen heraus zu vernichten droht, in jahrelanger Kleinstarbeit selbst „herangezüchtet" haben.

### 7.3.3 *Umverteilung nach oben*

Auf die zentrale entsprechende „Züchtungsmethode" wurde bereits im Abschnitt 7.2.3. im Kontext der „Revolution der Reichen" hingewiesen: Sie bestand in der seit den späten 1970er Jahren ständig intensivierten Umverteilung des Volkseigentums von unten nach oben – d.h. von den ärmeren zu den wohlhabenderen Mitgliedern der Gesellschaft. Wegen der zentralen Bedeutung dieses Themas für die nachfolgenden Argumentationen ist es hier detaillierter auszuarbeiten.

Die im angesprochenen Abschnitt dargelegte biblische Rechnung, nach der die „Habenden" zulasten der „Nicht-Habenden" immer mehr bekommen, geht auf Dauer selbstverständlich nicht ganz auf. Denn irgendwann besitzen die Minderbemittelten so wenig, dass sie den Betuchten nicht mehr allzu viel geben können. Dass sie überhaupt nichts mehr zu bieten hätten, stimmt aber keinesfalls. Denn sogar Sozialhilfeempfänger/innen zahlen – entgegen dem weitläufigen Vorurteil, den rechtspopulistische Politiker/innen mit größtem Einsatz am Leben erhalten – sehr wohl Steuern. Und zwar Mehrwertsteuern bei jedem Einkauf und viele andere mehr, die abhängig von ihrem Konsumverhalten ständig von ihnen eingehoben werden (Abgaben für Mineralöl, Tabak, Getränke etc.). Außerdem geben sie das von der „öffentlichen Hand" erhaltene Geld für Waren des täglichen Bedarfs aller Art aus. Der beachtliche Boom der Lebensmitteldiscounter ist ein eindeutiger Hinweis darauf, dass es immer mehr Menschen gibt, die sprichwörtlich „jeden Groschen umdrehen" müssen. Von diesen Groschen profitiert aber auch jemand. So ist es kaum verwunderlich, dass die beiden Besitzer der deutschen Billigkette Aldi – Karl und Theo Albrecht – seit Jahren das Ranking der reichsten Deutschen anführen (Karl als Erster und Theo als Dritter). Gemeinsam lassen sie mit einem Vermögen von über 40 Milliarden US Dollar sogar (mit-) Inhaber/innen großer Industriekonzerne ihres Heimatlandes „arm aussehen" (vgl. Forbes 2010).

Die Beiträge der Ärmsten zum Besitztum der Reichsten sind Letzteren jedoch bei weitem nicht hoch genug, um ihren unersättlichen Kapitalbedarf zu decken. Mit dem Ziel hier Abhilfe zu schaffen, haben in den vergangenen Jahrzehnten Regierende aller Couleur gemeinsam mit Arbeitgeber/innen sämtliche Hebel in Bewegung gesetzt, um auch von den „Normalverdiener/innen" – d.h. von der breiten Mittelschicht – so viel von ihrem Gehalt abzuzweigen, wie irgend möglich. Das erreichten sie zunächst durch die steuerliche Begünstigung der Unternehmens- und Kapitaleinkünfte zulasten von Erwerbseinkommen (vgl. Hickel 2009, S.14). D.h., dass der Staat von Gewinnen von Arbeitgeber/innen sowie aus (v.a. spekulativen) Geldanlagen verhältnismäßig geringe und in unzähligen Ausnahmefällen fast gar keine Beträge einbehält. Dagegen sind von Löhnen der Arbeitnehmer/innen nicht lediglich ans Finanzamt sondern auch an zahlreiche Sozial- und Pensionsversicherungen sowie sonstige Institutionen ständig steigende Abgaben abzuführen (vgl. Schäfer U. 2009, S.235). Der Lieblingsslogan aller Rechten und „Neu-Linken", nachdem sich Leistung lohnen muss, verkehrt sich damit in sein Gegenteil: Leistung im Sinne von Arbeit wird tatsächlich bestraft – auf jeden Fall ergeht es so den Menschen, die sie verrichten. Das Einzige, was sich heutzutage wirklich lohnt, sind Finanzspekulationen – und zwar je reiskantere, desto besser. Dass sich vor diesem Hintergrund irgendwer der Verantwortlichen darüber wundert, wenn ständig riesige Finanzblasen entstehen, ist selbst im höchsten Maße verwunderlich.

Jedoch reichten auch steuerliche Begünstigungen bei weitem nicht aus, um den Bedürfnissen der Oberschicht entgegenzukommen. Wie Manuel Castells (2001, S. S.317) es so zynisch formuliert, wurden deswegen „Volkswirtschaften ebenso wie Privatunternehmen seit Anfang der 1980er Jahre im Bereich der Arbeitskosten aktiv (…)". Mit dem Argument der Inflationsbekämpfung, der angeblichen „Profitklemme" sowie des Wettbewerbsdrucks zwang man die (durch den Bedeutungsverlust der Gewerkschaften geschwächten) Arbeitnehmer/innen dazu, weitgehend auf Lohnerhöhungen zu verzichten, was naturgemäß die Gewinne der Arbeitgeber/innen sowie der Aktionär/innen von Unternehmen massiv erhöhte (vgl. ebd.; Hickel 2009, S.14). Der Wirtschaftsprofessor von der *Berkeley University* Bradford DeLong (vgl. 2002) rechnete im Jahre 2002 vor, dass von 1973 bis 2000 die Einkünfte der Familien aus der Mittelschicht der USA inflationsbereinigt nur um 10% und von jenen aus der Unterschicht überhaupt nicht zunahmen.[196] Dagegen erlebte die Oberschicht in dieser Zeitspanne eine Einnahmensteigerung von rund 2/3. Damals sprach er noch von einem Unverständnis der Außenstehenden (d.h. der Europäer/innen) über entsprechende

---

[196] Manuel Castells (vgl. 2001, S.315) spricht dagegen davon, dass die Einkommen der Durchschnittsfamilien in den USA nicht nur in den 1980er Jahren sowie in der ersten Hälfte der 1990er – als „direkte Konsequenz der wirtschaftlichen Neustrukturierung" – *sanken*, sondern sogar noch nach dem 1993 eine deutliche Erholung der Wirtschaft einsetzte.

„amerikanische Verhältnisse". Auch wenn heute, 10 Jahre und eine Finanzblase später, die Einkommensdifferenzen in den Vereinigten Staaten beträchtlich größer sind, als von De-Long für die Jahrtausendwende angegeben (vgl. z.B. Schäfer U. 2009, S.21), echauffiert sich niemand mehr auf dem alten Kontinent darüber. Schließlich geht es seinen Bewohner/innen inzwischen nicht viel besser. Den Daten des *Deutschen Instituts für Wirtschaftsforschung* (DIW) zufolge verdiente bei Berücksichtigung der Geldentwertung die breite Masse in Deutschland im Jahr 2008 nicht mehr als Anfang der neunziger Jahre, sondern weniger. Das unterste Zehntel erlebte in diesem Zeitraum sogar Einkommenseinbußen von 13%. Zugleich gab es bei der „Spitzengruppe" rasante Gewinnsteigerungen – beim obersten Zehntel von 31% (nach ebd.; vgl. Hickel 2009, S.14).

Zur Steuer und Lohnpolitik kamen noch mehrere weitere Methoden hinzu, mit deren Hilfe sich die Wohlhabenden mit passiver und z.T. auch höchst aktiver Unterstützung der Regierungen in der Ära des informationellen Kapitalismus verstärkt an den Normal- und Geringverdiener/innen bereichern durften und bis heute dürfen. Dazu zählt das bereits im Abschnitt 7.2.4. angesprochene „Zwangssparen", mit dem die breite Masse genötigt wurde, trotz der bestehenden Entrichtung hoher Pensionsbeiträge zusätzlich in eine private Altersvorsorge zu investieren. Auf Grund derartiger „Reformen" konnte sich der Finanzsektor von einer immer schmaler werdenden Summe der Arbeitseinkommen einen zunehmend höheren Anteil abzweigen (Zeise S.64). Auch die niedrigen bzw. mittlerweile überhaupt nicht existierenden Bankzinsen zwingen Menschen, die einfach ein wenig Geld ansparen wollen, dazu, es in diversen Fonds anzulegen, was überdies durch staatliche Förderungen (z.B. im Rahmen von Steuerabschreibungen) stark begünstigt wird. Ebenso handelte es sich beim „Schachern mit den Ramschkrediten um ein zynisches Geschäft": Um die Umverteilung des Wohlstands „von unbedarften Hausbesitzern zu cleveren Anlegern". Schließlich lieferten die Ersteren im Zuge der Immobilienblase, ohne es zu ahnen, „den Rohstoff für die Wall Street" (Schäfer U. S. 155).

Dass eine solche Vorgangsweise der „echten" Ökonomie einen enormen Schaden zufügt, ist leicht nachzuweisen. Denn Erhöhungen von Einkünften des unteren bzw. mittleren Gesellschaftssegments fließen entweder (wie beim Ersteren) fast ausschließlich oder (wie beim Zweiteren) vorwiegend in den Konsum und kommen folglich der „Realwirtschaft" zugute. Dagegen legen Reichere ihr zusätzliches Vermögen annähernd gänzlich wieder an bzw. spekulieren damit (vgl. Zeise 2009, S.61ff, S.89). In diesem Rahmen befördern sie lediglich das Wachstum der „Schattenwirtschaft", welche durch ihre ständige Blasenbildung die echte Ökonomie zerstört. Doch genau darum ging es ja bei der Wirtschaftspolitik im Zeitalter des Informationalismus. Gerade derartige kurzfristigen ökonomischen Strategien „ohne Berücksichtigung gesamtwirtschaftlicher Zusammenhänge" lassen sich laut dem Direktor des *Instituts für Arbeit und Wirtschaft* an der Universität Bremen, Rudolf Hickel (2009, S.14) mit dem Begriff des Neoliberalismus zusammenfassen.

Die aus entsprechenden Prozessen resultierende „dramatische Zunahme der Ungleichheit" (Schäfer U. 2009, S.11) traf die Ärmsten der Armen am stärksten. Jedoch breitet sie sich auch zunehmend auf die Mittelschicht aus. Der Ressortleiter der Wirtschaftsredaktion der *Süddeutschen Zeitung* und Verfasser des Buches *Der Crash des Kapitalismus* Ulrich Schäfer (ebd., S.12) bezeichnet eine solche Bevölkerungsgruppe als „das Herz der Gesellschaft", welches nicht nur die Demokratie, sondern auch die Wirtschaft trägt. Seiner Analyse zufolge „blutet" dieses Herz seit Jahren aus: Zwischen 2000 und 2007 ist die Mittelschicht alleine in Deutschland um fünf Millionen Menschen und damit um mehr als 10% geschrumpft. „Die Absteiger haben den Job verloren, oder mussten auf einen Teil ihres Lohns verzichten. Oder sie wurden an eine andere Firma verkauft, die mies bezahlt" (ebd.; vgl. S.15ff, S.229f). Während die Angehörigen der Mitte laut Schäfer vom Aufschwung am Finanzmarkt in den 2000er Jahren kaum profitierten, werden gerade sie jetzt für den Abschwung bezahlen – Millionen ihrer Arbeitsplätze stehen derzeit zur Disposition (vgl. ebd., S.12, S.16f). Der Chefredakteur der *Wirtschaftswoche*, Roland Tichy (2009, S.3f) spricht sogar von einer „Globale[n] Enteignung der Mittelschichten" durch die „Exzesse der Wall Street".

### 7.3.4 Die „Guten" siegen wieder

Doch wie steht es um jene, welche sich an diesen Exzessen nicht nur selbst berauschten, sondern auch die einzigen wenigen sind, die von ihnen tatsächlich profitierten? Bezahlen sie jetzt für die horrenden gesamtwirtschaftlichen Verluste, die sie mitzuverantworten haben? Büßten die meisten von ihnen ebenfalls ihren Job ein? Hat sich das Verhalten derjenigen unter ihnen, die ihre Arbeit behalten durften, gemäßigt?

Solche Fragen sind selbstverständlich rein rhetorischen Charakters. Zunächst einmal stellt bereits der Begriff „profitieren" in diesem Kontext einen Euphemismus dar. Denn es gibt keinen Terminus, der die Höhe des Erlöses, den die Reichsten für sich aus der gesamten hier geschilderten Entwicklung herausschlugen, auch nur annähernd treffend beschreiben würde. Laut Ulrich Schäfer (2009, S.21) erhielt ein amerikanischer Firmenchef Anfang der achtziger Jahre „40-mal so viel wie ein durchschnittlicher Arbeiter, Ende der neunziger Jahre war es das 400fache und mittlerweile gibt es einzelne Manager, die 4000-mal so viel verdienen wie ein Angestellter". Die Spitzengehälter der Bankiers stehen dem kaum nach. So strich z.B. der Ex-Chef von *Lehman Brothers* – d.h. jenes Investmentinstituts, dessen Konkurs zu den Hauptauslösern der aktuellen Krise zählt – in den vergangenen zehn Jahren rund 457 Millionen US Dollar ein (Spiegel Online 2010a). Wenn man die Zahl auf ein Jahresgehalt von ca. 45,7 Millionen herunter rechnet und durch den Lohn einer/s Durchschnittsverdieners/in von ca. 24.000 US$ dividiert, heißt es, dass Letztere/r 1904 Jahre arbeiten müsste, um das zu bekommen, was ein Mann wie Richard Fuld in nur 12 Monaten auf sein Konto überwiesen erhält.[197] „Profit" ist wie gesagt in einem derartigen Zusammenhang eine maßlose Untertreibung. Angenommen Fuld wäre nicht einer, der zigtausende Anleger/innen um ihr Geld prellte sowie mit seinen kranken Spekulationsgeschäften massiv zur Zerstörung der gesamten globalen Ökonomie beitrug. Angenommen er wäre der gewissenhafteste und produktivste Bankchef aller Zeiten, der einiges zum Wohle seiner Kund/innen sowie der „Realwirtschaft" beigetragen hätte. Natürlich gilt der Spruch „Leistung muss sich lohnen" auch für ihn. Selbstverständlich müsste auch er leistungsgerecht Entlohnt werden. Doch die Betonung liegt auf *gerecht*. Die astronomischen Summen, welche solche Manager/innen kassieren, haben mit Letzterem jedoch gar nichts zu tun. Und erst recht nichts mit gesundem Menschenverstand. Schließlich bedeutet so eine Gage – sogar bei der Annahme einer doppelten Bezahlung von Bankangestellten im Vergleich zu Durchschnittsverdie-

---

[197] Ulrich Schäfer (2009, S.233) stellt in seinem Buch *Der Crash des Kapitalismus* eine ähnliche Rechnung mit dem Vergleich des Gehalts von Manager/innen von Spekulationsfonds und dem Lohn „normaler" Arbeiter/innen auf und kommt auf ein Verhältnis von 1 zu 22.255.

## 7. Ende des Informationalismus und Bankrott der Bildungsgesellschaft

ner/innen –, man würde fast 1.000 ausgebildete Fachkräfte benötigen, um die Arbeit eines einzigen Individuums, wie die des Herrn Fluid, zu erledigen. Auch die höchste Arbeitsproduktivität eines Einzelnen kann so eine Relation niemals rechtfertigen.

Ebenso ist die Frage danach, ob die Profiteur/innen entsprechender Exzesse für ihre Fehler bezahlen und/oder – wie unzählige ihrer Angestellten – jetzt arbeitslos sind, leider nicht ernst gemeint. Fuld, der nach der nach der Pleite von *Lehman Brothers* als der „meistgehasste Mann Amerikas" galt (DiePresse.com 2009), ist wohl einer der wenigen, der den Job, den er vor dem Crash inne hatte, gänzlich aufgeben musste. Doch auch das in erster Linie nur, weil es den Job über Nacht nicht mehr gab. Er löste sich genauso in Luft auf, wie die Arbeitsplätze von fast 25.000 Beschäftigten seiner Bank. Doch Fuld ist für seine (und das muss an dieser Stelle einmal in aller Deutlichkeit gesagt werden) Verbrechen niemals zur Verantwortung gezogen worden. Nicht einmal seine Lizenz hat er verloren. Die einzige Einbuße, die er bisher zu „erleiden" hatte, war, dass er sein 13 Millionen Dollar teures Villenanwesen in Florida für 100 Dollar an seine Ehefrau verkaufte, um sich gegen eventuelle Schadensersatzforderungen abzusichern. Ansonsten nahm er inzwischen einen hochdotierten Beraterposten bei einer Investmentfirma an. Hinsichtlich seiner Zukunftsoptionen sagt Fuld: „Am Ende werden die Guten siegen" (vgl. ebd., Handelsblatt-online 2009).

Und wie steht es um die anderen „Guten"? Ist bei den Kolleg/innen von Fuld nach dem Zusammenbruch wenigstens eine Mäßigung ihres Verhaltens eingetreten? Halten sie sich zumindest in ihrer Gagengier seitdem etwas zurück? Das ist die einzige der vorhin gestellten Fragen, bei der es einen Atemzug lang schien, sie wäre positiv zu beantworten. Noch im Juli 2007 – also zu dem Zeitpunkt, in dem sich das Ausmaß der Katastrophe am US-amerikanischen Immobiliensektor bereits deutlich abzeichnete – ventilierte der Chef der damals größten Bank der Welt *Citygroup* Chuck Prince Durchhalteparolen: „(...) solange die Musik noch spielt, muss man aufstehen und tanzen. Wir tanzen noch" (nach Zeise 2009, S.125). Kurz darauf ging schon sein Spruch vom „Ende der Party" um die Welt (vgl. ebd.). Die *Citigroup* machte Verluste von 10 Milliarden US$, ihre Aktie stürzte um 48% ab. Als „Buße" wurde Prince in die Rente geschickt – mit einem „golden handshake" von 68 Millionen US$ sowie einer jährlichen Pension von 1,5 Millionen US$ zuzüglich Büro, Assistent und Auto samt Fahrer (vgl. Schäfer U. 2009, S.232).

Eine solch drakonische Bestrafung musste naturgemäß seinen Nachfolger/innen sowie ihren Kolleg/innen einen Riesenschreck eingejagt und sie zur Raison gebracht haben. Trotzdem wurden zusätzliche Maßnahmen ergriffen, um zu ihrer Mäßigung beizutragen. So verlangten die Staaten, welche die Banken mit Billionenbeträgen „auffingen", im Gegenzug u.a. eine Deckelung der Manager/innen-Gehälter. In Deutschland (wo die Spitzengagen ohnehin nie so hoch waren, wie in den USA) betrug die Summe 500.000 Euro pro Jahr (vgl. ebd., S.217). Die Ärmsten hatten keine andere Wahl, als den Gürtel enger zu schnallen. Die Gehirne der Finanzjongleur/innen sind aber nicht umsonst tausendfach mehr wert, als jene gewöhnlicher Bürger/innen. Demgemäß ist ihnen natürlich sofort eine Idee entsprungen, wie sie die Regelung legal umgehen könnten. Die Beschränkung wurde nämlich lediglich für die oberste Führungsebene vereinbart. In der *Commerzbank*, zu deren Rettung der deutsche Staat 18,2 Milliarden Euro beitrug, hält sich der Vorstandchef (abgesehen von den Ausgaben für Spesen sowie für seine Altersvorsorge) auf den Cent genau an die Abmachung. Jedoch gibt es in der zweiten Führungsriege dieses Finanzinstituts inzwischen bis zu

50 Kolleg/innen, die mehr verdienen als er (vgl. Spiegel Online 2010b). Unter anderem mit Hilfe derartiger Tricks schafften es die Banken in Deutschland, die Gehälter ihrer Führungskräfte selbst im Krisenjahr 2008 um 3% anzuheben (vgl. Manager Magazin 2010).

Jedoch ist das ein lächerlicher Betrag im Vergleich zu dem, was sich bereits Anfang 2011 (und damit nur zwei Jahre nach dem Tiefpunkt des Einbruchs) in diesem Bereich wieder weltweit abspielte. Z.B. ließ die Investmentbank *Goldman Sachs* die Gehälter ihrer Führungsspitze verdreifachen – d.h. nicht um 3, sondern um 200% steigen (ORF.at 2011d). Und sogar der Chef einer verhältnismäßig unbedeutenden Bank, wie der (natürlich in der Krise ebenso unterstützten) österreichischen *Erste Group*, Andreas Treichl, verdoppelte Mitte 2011 seine eigene Gage auf 2,8 Millionen Euro jährlich (ORF.at 2011e). Auf die – ohnehin recht zögerliche – Kritik von der Führungsebene des Landes, reagierte er mit einem Rundumschlag: „Unsere Politiker sind zu blöd und zu feig (…) und zu unverständig (…), weil sie von der Wirtschaft keine Ahnung haben (…)" (ORF.at 2011f).[198]

Warum Subjekte wie Treichel glauben, sich nur wenige Jahre nach dem Platzen der Finanzblase leisten zu können, eine derartige Impertinenz an den Tag zu legen, und damit auch noch durchkommen, hat mehrere Gründe: Erstens sendeten die Regierenden mit ihren Rettungsaktionen ein falsches Signal an den Finanzsektor aus. So alternativlos ihre Entscheidung auch war, die bei den Manager/innen angekommene Botschaft ist: „Egal wie weit ihr eure Spielchen treibt – wenn ihr euch verzockt, helfen wir euch aus der Patsche" (vgl. sinngemäß Niall Ferguson in Spiegel Online 2010b). Vor diesem Hintergrund eine freiwillige Verhaltensänderung zu erwarten, ist naturgemäß vollkommen unrealistisch. Gefragt waren also ganz klare vom Staat vorgegebene Regeln für das zukünftige Handeln. Die zweite Ursache für die heutige Arroganz der Finanzelite besteht darin, dass entsprechende Aktionen der Staatsführenden weit hinter den direkt nach dem Crash lautstark proklamierten Ankündigungen (siehe Abschnitt 7.2.7.) zurück blieben. Die angesagten Beschränkungen wurden lediglich „graduell" in die Tat umgesetzt (vgl. Zimmermann, 2009, S.6). Die ausgerufene „Rückkehr des Staates" blieb größtenteils ein „Säbelrasseln". In Wirklichkeit erfolgte höchstens eine kosmetische Justierung des alten Systems an ein paar wenigen Punkten (vgl. Otte 2009, S.14f)[199]. Die beiden erstgenannten Faktoren führen direkt zum dritten und wichtigsten Anlass, warum die „Guten" ihre Unverfrorenheit heute

---

[198] Treichl tätigte die Aussage nicht im Kontext der Diskussion um seine Gage, sondern auf dem Hintergrund des im Rahmen der aktuellen Regulierungsmaßnahmen den Banken auferlegten Zwangs, von ihnen vergebene Kredite mit höherem Eigenkapital zu hinterlegen, als bisher. Jedoch folgte das Statement direkt der Kritik an seiner Gehaltserhöhung und wurde von der Öffentlichkeit – v.a. in ihrer Emotionalität – auch größtenteils als Reaktion darauf aufgefasst. Ein Politiker der rechtsgerichteten FPÖ sprach (wie für diese Partei üblich) aus, was die Leute an den Stammtischen dazu meinten: „(…) Treichl ist aus meiner Sicht die personifizierte Unanständigkeit. Nimmt Staatshilfe im Milliardenausmaß und schimpft nachher und zahlt sich selbst Millionenhonorare aus" (ORF.at 2011g).

[199] Eine detaillierte Aufarbeitung dahinter stehender Gründe kann hier nicht geleistet werden. Nur drei „schnelle" Erklärungsansätze: Erstens ist eine effiziente Regulierung der globalen Märkte nur möglich, wenn sich alle Staaten der Welt auf eine einheitliche Vorgehensweise einigen. Das ist bekanntlich enorm schwierig (nicht zuletzt, weil es zahlreiche Länder gibt, die von der „entfesselten" Wirtschaft profitieren) und braucht sehr viel Zeit. Zweitens hat die Finanzlobby inzwischen beträchtliche Macht erlangt. V.a. in den USA ist sie aufs Engste mit der Politik verknüpft, was man u.a. an der Rekrutierung wichtiger Mitarbeiter/innen der Präsidenten aus dem Bankensektor immer wieder sehen kann (ebenfalls unter Obama). Und schließlich sind Finanzmanager/innen – wie man oben bei der Darstellung der Umgehung der Gagendeckelung gesehen hat – höchst phantasievoll, wenn es darum geht, Regeln auszuweichen. Sogar in den eindeutigsten Gesetzen finden sie Schlupflöcher, die ihnen die Fortsetzung der „Party" erlauben.

# 7. Ende des Informationalismus und Bankrott der Bildungsgesellschaft

(erneut) so schamlos an Tag legen: Der Finanzmarkt boomt schon wieder. Abgesehen vom Gesagten stehen dahinter die Tatsachen der verhinderten Vernichtung von „Überschusskapital" durch staatliche Rettungsaktionen sowie der faktisch überhaupt nicht mehr vorhandene Leitzinssatz. Bereits Ende 2009 stellte der Professor am Pariser *l'Institut d'Etudes Politiques* Jean-Paul Fitoussi (2009) fest, dass die Branche sich abermals in „Spekulationsblasenstimmung" befindet. Anfang 2011 konstatiert die US-Korrespondentin der Zeitung *Die Zeit* Heike Buchter mit Blick auf den Finanzsektor: „Jetzt geht die Party richtig los". Dabei profitieren bezeichnenderweise gerade die brutalsten Marktteilnehmer/innen, wie die von Franz Müntefering als „Hauschrecken" bezeichneten Hedgefonds, von der Entwicklung am meisten. Denn sie wurden von den zaghaften Regulierungsmaßnahmen gänzlich verschont, u.a. weil sie sich in einer besonders schwer zugänglichen „Schattennische" tummeln (vgl. Buchter 2011). Den armen Reichen bleibt folglich gar nichts anders übrig, als sich entsprechend zu engagieren. Wie sollen sie denn sonst ihr viel zu vieles Geld ertragreich anlegen?

Das Schlimme daran ist nicht nur, dass Banken mit ihren neuerlich horrenden Gewinnen die Steuerzahler/innen, mit deren Geld sie gerade vor dem Konkurs gerettet wurden, indirekt verhöhnen (vgl. Fitoussi 2009) und die Leiter/innen solcher Finanzinstitute – wie oben aufgezeigt – der öffentlichen Hand auf ebendiese spucken. Auch die neuerdings allseits kolportierte Schuldumkehr, nach der es – wie es der Chefökonom der OECD, Pier Carlo Padoan, formuliert – die oberste Pflicht der Staaten wäre, das Vertrauen der Märkte zurück zu erobern, weil sie „ja auch dazu beigetragen [haben], dass das Vertrauen verloren ging" (ORF.at 2011k), stellt angesichts der wahren Probleme lediglich einen höchst ärgerlichen Affront dar. Die wirkliche Tragik besteht in der Tatsache, dass die „Schattenwirtschaft" sich wieder auf den besten Weg zum Aufpumpen der nächsten Blase befindet (vgl. Otte 2009, S.15). Das sieht sogar der Bankier und Politiker-Beschimpfer Andreas Treichl so. Er prophezeit im Mai 2011: „Es kommt die nächste Krise und sie wird noch ärger sein, als die jetzige" (ORF.at 2011f). Aber das kann ihm natürlich egal sein. So entsetzlich die nahende Katastrophe auch zu werden vermag und so viel er persönlich dazu beitragen wird, dass sie tatsächlich „noch ärger" ausfällt, als die vorhergehende, ein Mann wie Treichl weiß immer: Der Staat wird ihm aus der Patsche helfen, ihm ermöglichen, seine Gage weiterhin zu vervielfachen und beschämt wegschauen, wenn er ihn daraufhin auch noch beleidigt. Denn er zählt ja zu den „Guten".

### 7.3.5 Der nahende Aufstand des „Plebs"[200]

In der Tat stellt aber nicht einmal die nächste Finanzblase die größte Bedrohung unserer Tage dar. Die brennendste Frage lautet: Wie fühlen sich die weniger Guten bzw. (was heutzutage anscheinend gleichbedeutend ist) die schlechter Verdienenden – d.h. die breite Bevölkerungsmehrheit – angesichts der geschilderten Entwicklungen? Jene, die trotz dem, dass sie in ihrem Job (bzw. in den mehreren Jobs, denen sie inzwischen nachgehen müssen)[201] täglich ihr Bestes geben, vom Einkommen ihre Grundbedürfnisse kaum decken

---

[200] Der Begriff „Plebs" ist hier lediglich im ironischen Sinne abwertend gemeint. Gleichzeitig soll an dieser Stelle an seine Ursprungsbedeutung „Plebejer" erinnert werden – d.h. des einfachen Volkes, auf der Idee dessen Beteiligung an Entscheidungsprozessen das „Plebiszit" und folglich unseres gesamtes demokratisches System basiert.

[201] In den USA ist der Trend zum Zweit- und Dritt-Job bereits seit langem „notorisch", weil die Bezahlung aus einem Arbeitsverhältnis zum Überleben nicht ausreicht (Zeise 2009, S.78). Mittlerweile breitet sich dieser Zustand auf alle „wohlhabenden" Länder aus.

können und auch noch mit der immerwährenden Angst um ihren Arbeitsplatz leben müssen. Oder die, welche ihn bereits einbüßten und kaum Hoffnung haben, je wieder eine entlohnte Beschäftigung zu finden – erst recht keine, die halbwegs ihren Qualifikationen entspricht. Vor allem aber: Was empfinden die jungen Menschen, von denen bereits in Abschnitt 7.1.3. die Rede war und die von der *Internationalen Arbeitsorganisation* (ILO) als „verlorene Generation" bezeichnet werden, weil sie mittlerweile – z.T. auch trotz guter Ausbildung – „alle Hoffnungen verloren haben, einmal für einen anständigen Lebensunterhalt sorgen zu können" (ILO nach ORF.at 2011c).

Dieses Gefühl lässt sich genauso, wie die zentrale Verheißung des Informationalismus in Bezug auf seinen metaideologischen Aspekt, auf einen einzigen Begriff bringen. Dieser stellt nur deswegen kein direktes Antonym des ersteren dar, weil „Unfrieden" den Sachverhalt verniedlichen würde. Es ist schlicht und ergreifend *Wut*.

Bradford DeLong, Staatssekretär im US-Finanzministerium unter Bill Clinton und Professor für Wirtschaftswissenschaften an der *Berkeley University* brachte bereits im Jahre 2002 seine Verwunderung zum Ausdruck, warum so wenige Amerikaner/innen wegen der schon zu dieser Zeit horrenden Ungerechtigkeit hinsichtlich der Verteilung des Volksvermögens aufgebracht sind und nicht dagegen protestieren. Als einen Erklärungsansatz führte er ein „Gebinde aus Glauben und Einstellungen" ins Feld, welches seiner Meinung nach typisch amerikanisch wäre:

> *(...) nämlich der Glaube, dass die Zukunft glänzender sein wird, als es die Gegenwart ist; dass man das, was man erreichen will, sich selbst mit eigener Kraft schaffen muß; dass sich die Einzelnen auf sich selbst und nicht auf den Staat verlassen müssen; dass die Menschen Ozeane und Berge überwinden können, um für sich ein besseres Leben zu erwerben; und dass die Erfolgreichen nicht aufgrund von Glück und Korruption zum Erfolg kamen, sondern durch Anstrengung und Fleiß (DeLong 2002).*

An dieser Schilderung sind zwei Punkte auffällig: Erstens beschreibt er damit nicht lediglich den amerikanischen Traum sondern genauso einen, in den spätestens seit den 1980er Jahren der gesamte „alte Kontinent" ebenso verfiel – den neoliberalen bzw. informationalistischen. Oder besser gesagt das, was Proponent/innen des entsprechenden Gesellschaftskonzeptes die Masse für einen solchen halten lassen wollten. Denn die wahre „Vision" hinter einem derartigen sozialen Konzept bestand – wie bereits mehrmals erwähnt – einzig und alleine in der Zementierung sowie dem Ausbau der Hegemonie finanzieller Eliten. Zweitens ist daran zu erkennen, dass die aktuelle Krise in sämtlichen Punkten ein jähes Erwachen all jener herbeiführen musste, die es bis vor kurzem noch schafften, dieser Phantasie nachzuhängen. Kaum jemand glaubt heute mehr an eine rosige Zukunft oder auch nur daran, aus eigener Kraft (z.B. in Form einer intensiven Ausbildung) das eigene Leben zum Besseren wenden zu können. Im Gegenteil herrscht Umfragen zufolge allseits große Angst. Und zwar nicht lediglich vor dem, was auf eine/n selbst zukommen würde, sondern grundsätzlich vor dem, was die aktuelle Wirtschaftsordnung noch alles zu zerstören vermag. Während bis vor kurzem Kritiker/innen der Marktwirtschaft wie weltfremde Idealist/innen wirkten, werden ihre Bedenken inzwischen von der breiten Bevölkerungsmehrheit geteilt. Der Wirtschaftsressortleiter der der *Süddeutschen Zeitung*, Ulrich Schäfer, führt in seinem Buch *Der Crash des Kapitalismus* mehrere internationale Umfragen aus dem Jahre 2007 an – d.h. aus einer Zeit, in der die Katastrophe sich erst abzuzeichnen begann und allseits Beschwichtigungen zu vernehmen waren. Demnach empfindet die überwiegende Mehrheit die Globalisierung als Bedrohung und nur ca. 20% glauben noch, das derzeitige ökonomische System würde ihnen Vorteile bringen. Auch die von DeLong angesprochene (Selbst-) Anforderung, sich nur auf sich selbst, jedoch nicht auf den Staat zu verlassen, wird von den wenigsten geteilt. In den großen europäischen Ländern wünschen sich neun von zehn Befragten einen stärkeren Schutz durch den Staat. Am lächerlichsten erscheint den Menschen angesichts ihrer Kenntnisse über die Ursachen der Wirtschaftskrise jedoch die von DeLong erwähnte Behauptung, die Erfolgreichen bzw. Reichen hätten es durch Anstrengung sowie Fleiß und nicht durch Glück aber v.a. Korruption so weit gebracht. Mehr als 2/3 (in Deutschland noch mehr) von ihnen beanstanden die astronomischen Managergehälter, sie beklagen, dass die Kluft zwischen Arm und Reich wächst und verlangen eine höhere Besteuerung der Wohlhabenden (vgl. Schäfer U. 2009, S.19f).

Doch wie gesagt – das war 2007. Neuere Umfragen liegen dem Autor nicht vor. Jedoch ist mit Sicherheit davon auszugehen, dass ihre Ergebnisse heute um einiges drastischer ausfallen würden. Denn erstens hat inzwischen die Krise die ganze Welt spürbar erreicht. Viel bedeutender ist aber, dass (wie aus den Ausführungen des vorangehenden Abschnitts ersichtlich) die Berufsgruppe, welche sie ausgelöst hat – also die Bankiers und Finanzmanager/innen –, keineswegs für ihre Fehler zur Verantwortung gezogen wurde, sondern im Gegenteil zu den „Kriegsgewinnern" gehört. Wohingegen die Rechnung für ihre wahnwitzigen Spekulationen der sprichwörtliche „kleine Mann" zu begleichen hat. Denn die Milliarden und Billiarden, die für diverse „Rettungspakete" aufgebracht werden mussten und weiterhin müssen, haben die Staatsschulden explodieren lassen. Sie haben sich in Deutschland um 20% gesteigert, in Spanien verdoppelt, in Irland vervierfacht etc. (Bruns 2011). Mit dem Argument des daraus resultierend nahenden Staatsbankrotts werden allseits Einschnitte vorgenommen, die Durchschnittsbürger/innen und Arme schmerzhaft treffen, während die Reichen wieder richtig in „Partystimmung" kommen.

Das lässt Wut aufsteigen. Und zwar in ihrer schlimmsten Form: die hilflose Wut. Es gibt nämlich noch einen dritten und wahrscheinlich gravierendsten Unterschied zwischen der aktuellen Situation und jener in den Jahren 2007/08: Damals beteuerten Politiker/innen, ihnen wäre „ein Licht aufgegangen". Sie versprachen hoch und heilig, alles in ihrer Macht stehende zu unternehmen, um die „kreative Kraft der Zerstörung" des Kapitalismus zu bändigen. So geschockt, wie sie dabei dreinschauten, wollte man ihnen auch Glauben schenken. Heute schafft das keine/r mehr. Heute weiß man, dass das im Großen und Ganzen leere Worte waren. Die Regierenden gaben klein bei und wähnen sich in ihrer eigenen Hilflosigkeit (vgl. sinngemäß ebd.). Aber wenn sie die Maschinerie, welche für alle offensichtlich die Welt in den Abgrund bugsiert, nicht stoppen können, wer dann? Man kann doch nicht seelenruhig da sitzen und darauf warten, dass der entfesselte Markt sich selbst endgültig zerstört und mit ihm uns alle!

Wie sich eine solche Wut früher oder später entladen muss, liegt auf der Hand. Sogar der Mann, der besonders massiv am Aufpumpen der Finanzblase beteiligt war, Alan Greenspan, räumt ein, dass die Zuwächse in der Wirtschaft vor allem auf das Konto der Besserverdienenden gingen, während es Durchschnittsverdiener/innen „weit weniger gut" ging. „Seit den 20er Jahren hat es in den USA keine derartigen Einkommensunterschiede mehr gegeben. (…) Dies kann zu großen sozialen Spannungen führen (…)" (nach Stern.de 2007). Ulrich Schäfer (2009, S. S.21) formuliert den gleichen Tatbestand etwas schonungsloser: „[W]enn die Ungleichheit allzu groß wird, droht die Gesellschaft zu zerreißen: Der Unmut der Zurückgelassenen wächst. Der soziale Kitt zerbröselt". Analog dazu konstatiert Hans-Georg Golz (2009, S.2), dass ein immer größerer Teil der Gesellschaft sich politisch ohnmächtig sowie wirtschaftlich abgehängt fühlt und warnt: Es drohe „eine Krise des Sozialen, vielleicht auch der Demokratie und ihrer Institutionen überhaupt". Schließlich ruft der Berater zahlreicher US-amerikanischer Präsidenten sowie Verfasser des Standardwerks zur letzten Weltwirtschaftskrise *Der große Crash*, John Kenneth Galbaith, aus: „Vergesst nicht 1929!" (nach Schäfer U. 2009, S.219).

Was das konkret für unser aller Zukunft bedeutet, möchte sich keiner ausmalen. Es ist auch gar nicht möglich, diesbezüglich eine klare Zukunftsvoraussage zu treffen. Denn heute wie damals hat die Geschichte keine einfachen Kausalzusammenhänge zu bieten. Eines ist jedoch in Hinblick auf die Vergangenheit und den Zuruf von Kenneth klar: „In den damals demografisch jungen Gesellschaften Europas hat die Weltwirtschaftskrise der 1930er Jahre zu einer Radikalisierung beigetragen, die zu einer der Ursachen des Zweiten Weltkriegs wurde" (Tichy 2009, S.3; vgl. Ritschl 2009, S.27, 30f). Die Parallele zur Gegenwart ist naheliegend: „Der Aufstand der Jungen, die sich plötzlich um ihre Zukunft bedroht sehen, kann sich heute wiederholen" (Tichy 2009, S.3).

Noch ist von so einem Aufstand in unseren Breitengraden nicht viel zu spüren. Zum Zeitpunkt der Verfassung dieser Zeilen[202], scheint die Notlage den deutschsprachigen Raum noch kaum erreicht zu haben. Vorerst können wir uns im Glauben wiegen, auf einer „Insel der Seligen" zu leben. Doch sie steht bereits vor unseren Grenzen. Inzwischen wankt auch schon eines der wirtschaftlich stärksten Länder der EU: Italien. Dort scheint man die Staatspleite gerade noch abgewendet zu haben. Aber wie? Natürlich durch ein hartes „Sparpaket". Was das bedeutet, weiß jede/r: Im öffentlichen Dienst erfolgen das Einfrieren (und damit de facto das Kürzen) der Gehälter, der „Abbau" von Krankenständen sowie „Personalreduzierungen". Patient/innen müssen höhere Gebühren für ihre Behandlungen bezahlen. Renten werden mit einer „Solidaritätssteuer" belastet u.v.m. (vgl. Manager Magazin 2011). Damit trifft es wie immer vor allem die Mittelschicht, mehr noch die Armen, am meisten aber die Jungen, deren Arbeitsplätze gar nicht „reduziert" zu werden brauchen – es gibt sie ja ohnehin kaum mehr.

Viel schlimmer sieht es jedoch in den Ländern der EU aus, die nicht nur am Rande des Konkurses stehen, sondern praktisch bereits Bankrott sind und nur noch künstlich „am Leben" erhalten werden. Und hier in erster Linie in Griechenland. „Sparpaket" und die daraus unmittelbar resultierende Arbeitslosigkeit[203] haben dort einen ganz anderen Beiklang, als in „Kerneuropa": Jenen der existenziellen Bedrohung. Denn in Griechenland gibt es keine Sozialhilfe. „Wer seinen Job verliert, bekommt nur ein Jahr lang Arbeitslosenunterstützung – und das sind nicht einmal 500 Euro monatlich. Danach fällt man praktisch ins Nichts" (Ertel 2011). Bei einer realen Arbeitslosigkeit von 23% mit rasant steigender Tendenz bedeutet es, dass hunderttausende Menschen auf der Straße leben und auf Armenausspeisungen angewiesen sind. Und natürlich bleiben die Vermögenden wie immer von den

---

[202] Dieses Kapitel wurde im Spätsommer 2011 geschrieben. Der Abschluss des gesamten Buches erfolgte ein halbes Jahr später. Auf eine Aktualisierung der beschriebenen Tatsachen verzichtete der Autor auf Grund dessen, dass das hier Behandelte im Großen und Ganzen die nachfolgenden, uns allen bekannten Ereignisse vorwegnimmt.

[203] 70% der Wirtschaftsleistung in Griechenland hängen vom Inlandkonsum ab. Der Rückgang der Einkommen löst automatisch einen Einbruch des Verbrauchs aus, was viele Unternehmen in den Bankrott treibt. Letzteres verstärkt die Arbeitslosigkeit, was wiederum den Konsum dämpft – ein Teufelskreis (vgl. Ertel 2011).

## 7. Ende des Informationalismus und Bankrott der Bildungsgesellschaft

Problemen weitgehend verschont. Während das gesamte Sparpaket in den Jahren 2012 bis 2015 mit Hilfe von Abgabenerhöhungen und Ausgabenkürzungen etwa 28 Milliarden Euro einbringen soll (Spiegel Online 2011a), entgeht dem Staat nach Angaben der OECD alleine durch Steuerhinterziehungen einer kleinen Oberschicht jährlich (!) eine Summe von rund 40 Milliarden Euro (Ertel 2011). Laut dem Athener Politikprofessor Panos Kazakos ist das genau „der Widerspruch, der die Menschen wütend macht" (nach ebd.).

Von dieser Wut werden in erster Linie die Jungen ergriffen. Schließlich werden sie – v.a. Schüler/innen und Studierenden – von den einschneidenden Maßnahmen besonders stark getroffen. Ein großer Bereich des Bildungssektors fällt dem Rotstift zum Opfer. Rund 1900 Schulen sollen geschlossen werden. Universitäten und Technische Hochschulen müssen auf 30 Prozent ihres Budgets verzichten. Die Gehälter des Lehrpersonals, welche ohnehin zu den niedrigsten in der gesamten OECD gehören, werden abermals gekürzt. Was das für sie bedeutet, wissen die Jugendlichen sehr wohl: Schlechtere Ausbildung, geringere Qualifikation und damit noch weniger Chancen auf dem Arbeitsmarkt (Sabrow 2011). Doch von welchem Arbeitsmarkt sprechen wir da? Bei ca. 50% Arbeitslosigkeit bei den unter 30-jährigen (vgl. ORF.at 2011b) avanciert das Ergattern eines Jobs zum Glücksspiel. Ganz zu schweigen davon, ob es einer sein wird, von dem der Lebensunterhalt zu bestreiten wäre. Für die Jungen heißt das „rette sich, wer kann". Eine Auswanderungswelle hat das Land erfasst, die nur mit jener vergleichbar ist, die es bei der Umstellung von Landwirtschaft auf industrielle Produktion gab. Jedoch flüchteten damals einfache, unqualifizierte Arbeitskräfte, „heute sind es die gut Ausgebildeten mit akademischen Abschlüssen" (Ertel 2011).

Den Menschen, die in Griechenland bleiben müssen, bleibt nur noch das öffentliche Herausschreien ihrer Wut übrig. Im Sommer 2011 protestieren tausende Student/innen vor dem Parlamentsgebäude in Athen und trotzen mit Atemmasken sowie Taucherbrillen dem massiven Tränengaseinsatz der Polizei. Sie weigerten sich für etwas zu büßen, wofür sie selbst nichts dafür können. Für sie war klar, wer für die Krise verantwortlich ist: Die internationale Gemeinschaft, die von ihrem Staat Einsparungen abverlangt, die man niemand anderen zumuten würde.[204] Die Regierung, die ihr Volk verrät. Nicht zuletzt aber die Finanzinvestor/innen, welche die gesamte Katastrophe erst ausgelöst hatten (vgl. Sabrow 2011). Und die Jugendlichen waren fest entschlossen. Einer ihrer Anführer betonte: „[W]ir werden nicht aufgeben. Jetzt sind wir noch friedlich, aber wenn die Sparmaßnahmen weiter zunehmen, werden wir härtere Geschütze auffahren" (nach ebd.).

In Griechenland konnte der Aufruhr im Juli 2011 (noch) unter Kontrolle gebracht werden. Dafür machten gewalttätige Randalierer im Monat darauf in Großbritannien ihrem Ärger auf brutalste Art und Weise Luft. Gustav Horn, Direktor des Wirtschaftsforschungsinstituts IMK, erklärt das damit, dass derzeit „in sozialen Brennpunkten (…) ein Funke [reicht], um die Situation explodieren zu lassen" (nach Kaufmann 2011). Der Verfasser des Buches *Aufstand der Jungen* Wolfgang Gründinger (2009) stellt den Zusammenhang zwischen den Krawallen in Großbritannien und der Thematik des vorliegenden Kapitels folgenderweise her: „Die Plünderer vollziehen nur nach, was ihnen profitgierige Banker und

---

[204] Expert/innen zufolge würde z.B. die deutsche Bevölkerung vergleichbare Sparmaßnahmen niemals mittragen, weil sie laut dem Leiter des *Instituts für Makroökonomie und Konjunkturforschung* Gustav in einem Totalabsturz der deutschen Wirtschaft münden würden (nach El-Sharif; Kaiser 2011). Ulrich Blum, Präsident des *Instituts für Wirtschaftsforschung Halle* stellt fest: „Bei solchen Einschnitten hätte auch Deutschland Probleme mit der Regierungsfähigkeit" (nach ebd.).

Spekulanten in einer beispiellosen Bereicherungsorgie vorgemacht haben" und stellt auch in Bezug auf Deutschland fest: „Der Aufstand der Jungen hat gerade erst begonnen" (Gründinger 2011).

Wer tatsächlich die Hauptverantwortung an der Eskalation in Griechenland trägt, ist zum Teil strittig. Es kann schon sein, dass der Staat viel zu lange über seine Verhältnisse gelebt und der Korruption sowie Vetternwirtschaft freien Lauf ließ. Manche Schwierigkeiten liegen wahrscheinlich wirklich in der Mentalität der griechischen Bevölkerung (vgl. z.B. Diehl; Batzoglou 2011). Eines ist aber sicher: Der Grund, warum es dieses Land gerade jetzt und v.a. mit solch einer Härte trifft, ist in der Weltwirtschaftskrise und in der zusätzlichen enormen Verschuldung zu suchen, welche die Staaten auf sich nehmen mussten, um die Banken herauszukaufen, was die ganze Euro-Zone destabilisierte.

Gesamtpolitisch besteht die besondere Tragik an der Entwicklung darin, dass es eines unübersehbar aufdeckt: Die Führungen der mächtigen Länder haben nicht nur keinesfalls – wie versprochen – den Methoden des freien Marktes abgeschworen, sondern wenden im Gegenteil die „altbewährten" neoliberalen Modelle in ihrer ganzen „neoklassischen" Pracht an. Denn viele Bausteine von dem, was jetzt von Griechenland abverlangt wird, kennt man bereits von der „Schockbehandlung", welche die „Chicago Boys" unter der Regie von Milton Friedman Chile im Jahre 1975 verordneten – Verkleinerung des Öffentlichen Sektors, Ausgabenkürzungen im Sozialbereich, Privatisierungen etc.[205] Das zunächst so ausgelöste „Chilenische Wunder", welches Thatcher und Co als ein leuchtendes Beispiel heranzogen (wobei es wie immer v.a. auf eine „Finanzblase" zurückzuführen war), kippte jedoch bald in die schwerste Rezession mit enormer Arbeitslosigkeit, gewaltigen Einkommensrückgängen und unzähligen Unternehmenspleiten (vgl. Edwards; Edwards 1991). Dessen ungeachtet wurden solche Methoden in der Folge vom *Internationalen Währungsfonds* (IWF) übernommen und – wie bereits erwähnt – in der ganzen Welt bei diversen Krisenfällen eingesetzt. Dabei hat sich jedes Mal vom neuen erwiesen, dass entsprechende Programme der gesamtwirtschaftlichen Entwicklung der „unterstützten" Staaten größten Schaden zufügen und lediglich der Oberschicht zugutekommen (vgl. Bussmann 2009, S.20). Ebenso ist es im Falle von Griechenland klar, dass das aktuelle Handeln die Lage nur verschlimmern wird. Der Leiter des *Instituts für Makroökonomie und Konjunkturforschung* Gustav Horn sagt dazu: „Wer dem Wirtschaftskreislauf in so einer kurzen Zeit so viel Geld entzieht, tötet alles ab" (nach El-Sharif; Kaiser 2011). Beim jähen Ende des „Chilenischen Wunders" konnte sich die Politik noch darüber überrascht zeigen, welch verheerende Auswirkungen derartige „Reformen" verursachen. Heute sicher nicht mehr. Warum sie diese Griechenland trotzdem aufzwingen, bleibt der Phantasie der Leser/innen überlassen.

Nicht minder unverständlich ist die Tatsache, dass sich die Regierungen ihre Aktionen genau von jenen Institutionen diktieren lassen, die durch ihr unverantwortliches Vorgehen beträchtlich zum Aufpumpen der gesamten Immobilienblase beigetragen haben, ohne die es die aktuelle Griechenlandkrise gar nicht gäbe: Von der New Yorker Ratingagenturen, welche – wie besprochen – die aus „verpackten Krediten" bestehenden Derivate mit einer Topbewertung „veredelten". So unlogisch das auch klingt, wurden sie daraufhin von der Politik keinesfalls aufgelöst oder wenigstens seitdem mit Verachtung gestraft. Im Gegenteil hän-

---

[205] Bezeichnend ist, dass das neoliberale Modell zunächst im Rahmen einer Diktatur erprobt wurde – und zwar in der Militärchunta unter der Führung von Augusto Pinochet. Hier konnten die „Missionare der entfesselten Marktwirtschaft" ungestört den „Kapitalismus pur" umsetzen (vgl. Schäfer 2009, S,97).

gen die Staatsführer/innen mehr als je zuvor an ihren Lippen. Und wenn sie drohen, Griechenland als Ganzes „Ramschstatus" zuzuerkennen, dann drehen die (angeblich) Mächtigen noch stärker an der „Sparpaket-Schraube" für dieses Land, in der Hoffnung, die Weisen von der Wall-Street mögen Gnade walten lassen. Trotz der Beteuerungen von Regierenden, wie Angela Merkel, man wolle sich die „eigene Urteilsfähigkeit nicht sozusagen wegnehmen lassen" (nach Böcking 2011), bleibt die Politik das, wozu sie sich selbst bereits vor Jahren degradiert hat: Ein „Rating-Junkie" (ebd.).

Die Liste solcher „unerklärlichen Phänomene" ist unendlich und soll deswegen an dieser Stelle auch nicht weiter fortgesetzt werden. Der zentralen Punkt dabei ist jener, den der Herausgeber des vom Deutschen Bundestag publizierten Themenheftes der Zeitschrift *Aus Politik und Zeitgeschichte* zum *Krisenjahr 2009* in deren Editorial hervorgehoben hat:

*„Sollte die Finanzkrise nicht sozialverträglich und vor allem nachhaltig bewältigt werden, wird das Vertrauen in die Problemlösungskompetenz der Politik und in das Verantwortungsbewusstsein der Eliten weiter schwinden. Jenseits der Milliardendefizite in den öffentlichen Haushalten sind die tatsächlichen Kosten des ‚Krisenjahrs 2009' noch nicht absehbar."* (Golz 2009, S.2)

*7.3.6 Das Ende der Geschichte*

Der aktuelle Niedergang der globalen Ökonomie hat jedoch nicht nur all jene eines Besseren belehrt, die bisher dem Versprechen Glauben schenkten, in unserer postindustriellen Informationsgesellschaft würden sich sämtliche innerstaatliche soziale Konflikte in Luft auflösen oder wenigstens auf ein vernachlässigbares Minimum reduzieren. Auch an der Verheißung des Endes zwischenstaatlicher ideologischer Konfrontationen kommen allmählich Zweifel auf. Sogar bei dem Mann, der mit dem Ausrufen des entsprechenden „Endes der Geschichte" Weltruhm erlangte. Seinen gleichnamigen viel beachteten Artikel aus dem Jahre 1989 eröffnete Francis Fukuyama mit der Aufzählung der Katastrophen, welche dem „goldenen Zeitalter" des Beginns des 20. Jahrhunderts folgten. Danach proklamierte er, dass dieses Jahrhundert, welches mit dem ultimativen Triumph liberaler Demokratien begann, zum Ende wieder an seinen derartigen Ursprung zurückkehrt. Den Zerfall des Sowjetimperiums setzte er gleich mit dem unumstößlichen Sieg des Westens sowie der westlichen Ideale auf Grund des Niedergangs jeglicher funktionsfähiger Systemalternativen (vgl. Fukuyama 1989; siehe auch Fukuyama 1993).

Gerade in Bezug auf Letzteres, d.h. in Hinblick auf den „ideologischen Endsieg" (Hammerstein 2008, S.64), ist sich Fukuyama gut 20 Jahre später nicht mehr so sicher. Seiner Meinung nach spreche heute vieles dafür, dass in den nächsten Jahrzehnten „die autoritären Systeme fortbestehen und sogar noch stärker werden" könnten (nach ebd., S.65). Was er damit meint, klärt sich mit einem einzigen Blick auf Vergleiche ökonomischer Statistiken: „In den vergangenen zehn Jahren sind die wichtigsten Staaten mit undemokratischer Führung viermal so stark gewachsen wie die alten Demokratien" (ebd., S.63). Während westliche Industriestaaten derzeit ein Wirtschaftswachstum von knapp über zwei Prozent (und auf dem Höhepunkt der Krise weit darunter) aufweisen, sind in Ländern wie Vereinigte Arabische Emirate, Russland, Vietnam und China Wachstumsraten von bis zu 11 Prozent und mehr inzwischen Normalität (vgl. S.64). Was diese Staaten bei all ihren geographischen und kulturellen Unterschieden eint, ist: Sie bilden weder marktliberale Demokratien nach westlichem Vorbild, noch planwirtschaftliche Diktaturen sowjetischer

Machart, sondern tatsächlich einen diesbezüglichen „dritten Weg", eine fatale Kombination aus beidem: marktliberale Diktaturen.

Während sich jedoch die meisten solcher Nationen bei genauem Hinsehen als verhältnismäßig „zahnlos" erweisen, da sie ihre Stärke fast immer lediglich aus ihren Bodenschätzen beziehen und kaum in den nachhaltigen Ausbau ihrer Industrien investieren, avanciert China allmählich tatsächlich zu einer Wirtschaftsgroßmacht. Dabei widerlegt es die bisher als unumstößlich geltende These des untrennbaren Zusammenhangs von freier Meinungsäußerung und freiem Markt. Im Gegenteil scheint China den ultimativen Beweis dafür zu liefern, dass der Kapitalismus sich im Rahmen einer Gewaltherrschaft viel besser entfalten kann, als in einer auf die Partizipation sämtlicher Gesellschaftsgruppen an politischen Entscheidungsprozessen angelegten Gesellschaftskonzeption. Z.B. verzögern sich in Deutschland große Bauprojekte um Jahre, wenn nicht sogar um Jahrzehnte, weil die Bedenken aller möglichen Interessensverbände gehört und ihre Einsprüche berücksichtigt werden müssen (siehe z.B. aktuell *Stuttgart 21*). Dagegen stampft man in China innerhalb von vier Jahren den größten Flughafenterminal der Welt aus dem Boden, wofür man bedenkenlos 15 Dörfer dem Erdboden gleichmacht sowie über 10.000 Bewohner/innen umgesiedelt. Widerstand wird nicht geduldet (S.63). So eine Vorgangsweise lässt westliche industrielle vor Neid erblassen. Ein von der Zeitschrift *Spiegel* zitierter deutscher Großunternehmer schimpft über seine Bundeskanzlerin, weil sie es allen Recht zu machen versucht und setzt nach, er habe nirgends so „intelligente und sympathische Politiker" erlebt, wie in Peking (S.64). Ein anderer deutscher Geschäftsmann sinniert: „Autokratische Regime haben eindeutig Effizienzvorteile" (S.63).

Genau an diesem Punkt zeigt sich besonders deutlich, dass radikal-kapitalistisches und damit auch neoliberales Denken aus demokratiepolitischer Sicht absolut inakzeptabel ist. Denn was heißt in einem solchen Kontext „Effizienz" und v.a. wem kommt sie zugute? Jenen 10.000 Menschen, die ihre Heimat zugunsten eines Flughafens für immer verloren, sicher nicht. Und ebenso wenig dem Rest der breiten Bevölkerungsmehrheit. In China profitiert – noch viel mehr, als in unseren Breitengraden – vom neuen Wohlstand lediglich eine verhältnismäßig verschwindend geringe Oberschicht. „Die chinesische Brutalo-Industrialisierung produziert gewaltige Spannungen zwischen Arm und Reich, zwischen Stadt und Land, zwischen den hochentwickelten Küstenregionen und dem armen Westen des Landes." (S.68).[206] Jedoch ist es nicht nur die ärmere Bevölkerung, welche die Rechnung für die atemberaubende Geschwindigkeit des ökonomischen Aufstiegs zu begleichen hat. Eine nicht minder große Last trägt die Umwelt, die bei all den Bauvorhaben – nicht zuletzt wegen mangelnder Partizipation der Betroffenen – gnadenlos zerstört wird. Dem Vizechef der staatlichen chinesischen Umweltagentur zufolge werden in seinem Land jährlich Naturressourcen im Wert von mehr als 200 Milliarden US Dollar vernichtet, woraus folgt: „Chinas Umweltsünden fressen das komplette Wachstum auf" (S.69).

Wenn das der Preis für das Prosperieren des Marktes ist, dann sollte es niemand schwer fallen, auf eine entsprechende „Blüte" zu verzichten. Denn genau das zeigt uns das

---

[206] Dass es auch anders geht zeigt sich z.B. an der brasilianischen Wirtschaft, die derzeit so stark boomt, dass man sich wegen „Überhitzung" Sorgen macht. Der Hauptgrund für das enorme Wachstum besteht darin, dass in Brasilien im Jahre 2003 ein Sozialist „alter Schule" an die Macht kam. Mit Wohlfahrtsprogrammen für die ärmsten Bürger/innen seines Landes kurbelte er den Konsum und davon ausgehend die gesamte Ökonomie an. Laut einer aktuellen Studie hat sich daraufhin die Mittelschicht um fast 40 Millionen Bürger/innen vergrößert – Tendenz stark steigend (vgl. ORF.at 2011i).

## 7. Ende des Informationalismus und Bankrott der Bildungsgesellschaft 319

Beispiel China: Wirtschaftdaten können, ja sie dürfen keinesfalls das einzige Kriterium bilden, nach dem der Fortschritt einer Gesellschaft bemessen wird. Mehr noch: Entweder besinnen sich demokratische Gemeinschaften darauf, dass ihnen Werte zugrunde liegen, die über dem kurzfristigen ökonomischen Erfolg stehen, oder sie gehen unter. Schließlich muss man nicht in den fernen Osten schauen, um zu erkennen, wie großartig ein totalitäres Regime die Wirtschaft zum Florieren bringen kann. Auch unter Hitler erlebte Deutschland in den 1930er Jahren einen enormen Aufschwung, wobei sich die Massenarbeitslosigkeit in relativ kurzer Zeit in eine Vollbeschäftigung verwandelte (vgl. Bauer 2008, S.271)[207]. Dass extrem rechte Politiker, wie der Ex-Vorsitzende der österreichischen FPÖ Jörg Haider, in diesem Kontext von „ordentlicher Beschäftigungspolitik" sprechen können und dabei nicht wegen „Wiederbetätigung" belangt werden und sogar (nach lediglich einer kurzen Pause) wieder die Macht in einem Bundesland übernehmen dürfen, ist nur auf der Folie einer allgemeinen Haltung zu verstehen, in der Marktprinzipien allen anderen übergeordnet sind. Im Rahmen eines derartigen Denkkonstruktes sind weltanschauliche Bedenken tatsächlich fehl am Platz. Denn aus so einer Perspektive ist es absolut austauschbar, ob es eine faschistische, „realsozialistische" oder sonst welche Gesinnung ist, nach der ein Land regiert wird, solange es der Ökonomie gut geht. Das ist wahrlich ein „Ende der Ideologien".

Vor einem solchen Hintergrund bildet die vielerorts beanstandete Tatsache, dass westliche Regierende Staatführungen Chinas und all der anderen aufstrebenden Diktaturen „hoffieren" nur eine Teilproblematik. Denn diese Vorgangsweise ist zwar im höchsten Maße anstößig und für Demokratien beschämend, stellt jedoch für Letztere noch keine direkte Bedrohung dar.

Sehr wohl lauert eine entsprechende Gefahr aber in den Tresoren der chinesischen Zentralbank. Wie bereits in Abschnitt 7.2.6. angesprochen, besteht ja das Irrwitzigste an der gesamten Entwicklung vor dem großen Crash darin, dass sich im Zuge seines Booms der reichste Staat der Welt – die USA – bei den viel ärmeren Schwellenländern und hier in erster Linie bei China verschuldete. Denn der riesige Exportüberschuss und damit die Flut von US-Dollar nach China ermöglichte Letzterem gewaltige Reserven in dieser Währung bzw. in amerikanischen Staatsanleihen anzuhäufen, welche auch nach dem Ausbruch der Krise trotz der fast nicht vorahnenden Zinsen (und damit eines ständigen reellen Wertverlustes) bewusst nicht abgestoßen wurden (vgl. Zeise 2009, S.97f; Beck; Wienert 2009, S.9). Bereits im Jahre 2008 bunkerte China 1,8 Billionen US-Dollar (vgl. ebd., S.98; Schäfer U. 2009, S.146). Da es mit anderen westlichen Staaten genauso verfährt und außerdem gezielt Fremdwährungen ankauft (auch um den Kurs des Yuan niedrig zu halten), besitzt es inzwischen insgesamt 3,2 Billionen Dollar Devisenreserven (Spiegel Online 2011b). Was dieses Land mit all dem Kapital vorhat, ist noch unklar. Wenn man jedoch von dem Faktum ausgeht, dass heutzutage Geld und Macht endgültig zu Synonymen avanciert sind, ist klar, dass Ersteres China sehr viel vom Letzteren gibt. Gerade jetzt in der Krise kauft es sich in die großen Konzerne des Westens ein und spielt sich auch auf Staatsebene als „Retter in der Not" auf. So versicherte Ministerpräsident Wen Jiabao bei der Präsentation der chinesischen Hilfe für Ungarn in „historischer Größenordnung" am 25.06.2011, sein Land sehe sich als „langfristiger Investor in Staatsschulden" Europas (vgl. ORF.at 2011j). Wie hoch

---

[207] Laut dem Buch des österreichischen Historikers Kurt Bauer *Nationalsozialismus: Ursprünge, Anfänge, Aufstieg und Fall* bestanden die Hauptgründe dafür zunächst in der regulären zyklischen Erholung und später in der „Rüstungskonjunktur" (Bauer 2008, S.271).

der Preis für eine derartige Hilfestellung sein wird, kann sich noch niemand vorstellen. Sehr wahrscheinlich ist, dass wir morgen schon von unseren Politiker/innen – analog zu den gestrigen Klagen bzgl. ihrer Hilflosigkeit gegenüber der Wucht des freien Marktes – hören werden, dass sie nichts gegen bestimmte, der Demokratie sicherlich alles andere als zuträgliche Forderungen Chinas unternehmen können, weil es den Westen finanziell in der Hand hat.

Die wahre Tragik des Besprochenen liegt aber abseits der China-Thematik. Sie besteht darin, dass im Zuge der politischen Reaktionen auf die aktuelle Weltwirtschaftskrise zentrale Werte, mit denen eine Demokratie „steht und fällt" endgültig über Bord geworfen werden – und hier v.a. jenes der Solidarität. Denn anders ist es nicht erklärbar, dass europäische Staatsführungen die im vorangehenden Abschnitt beschriebenen Zustände nicht irgendwo in einem weit entfernten Land, sondern in einem EU-Staat und nicht lediglich zulassen, sondern auch noch – natürlich mit dem Argument wirtschaftlicher Notwendigkeiten – kaltblütig befördern. Was immer die Griechen „angestellt" haben sollen. Die hunderttausenden Menschen, welche jetzt auf der Straße vegetieren und in Mülleimern nach Essbarem wühlen müssen, haben eine derartige „Strafe" sicherlich nicht verdient.

Dabei geht es nicht alleine um das Schicksal dieser Leute, sondern gleichzeitig um jenes der gesamten westlichen Demokratie. Dass diktatorische Systeme unzählige Individuen zugunsten von Wirtschaftsprojekten opfern, ist hinlänglich bekannt. Jedoch bestand bisher einer der zentralen Unterschiede zwischen solchen und demokratischen Formen sozialer Organisation darin, dass Letztere genau das nicht taten – wenigstens nicht so offensichtlich, wie es jetzt in Griechenland geschieht. Bisher. Wenn wir jetzt damit anfangen, dann „crasht" nicht mehr nur die Wirtschaft, sondern bald auch die Demokratie an sich. Dann rückt im „Abendland" das in absehbare Nähe, was Fukuyama bereits 1989 prophezeite, nur diesmal unter gänzlich anderen Vorzeichen: Das Ende der Geschichte.

## 7.4 Bankrott der Bildungsgesellschaft

### 7.4.1 Verheißungen

Die vorliegende Geschichte ist jedoch noch nicht an ihrem Ende angelangt. Bevor zum Zwischen- und danach zum abschließenden Gesamtfazit übergegangen werden kann, gilt es die enge Verzahnung alles in diesem Kapitel Besprochenen mit dem Thema Bildungsgesellschaft darzustellen. Das ist deswegen besonders wichtig, weil in der öffentlichen Wahrnehmung hier behandelter Entwicklungen eine große Diskrepanz herrscht: Der Einsturz des informationalistischen Kartenhauses scheint inzwischen der Mehrheit der Menschen bewusst zu sein und das Bersten seiner drei Grundpfeiler sowie dessen jeweilige Auswirkungen auf unser Leben werden in der Presse breit rezipiert (was sich nicht zuletzt daran zeigt, dass zahlreiche oben zitierte Aussagen deutschen und österreichischen Zeitungen sowie Magazinen bzw. ihren online-Ausgaben entstammen). Dagegen tun sich die meisten damit schwer, den Zusammenhang entsprechender Prozesse mit dem Scheitern der Vision von der Bildungsgesellschaft zu durchschauen. Im Gegenteil hat die Forderung, ökonomischen und sozialen Problemen mit verstärkten Anstrengungen zur Höherqualifizierung der Bevölkerung zu begegnen, gerade im Zeichen der Wirtschaftskrise (wieder einmal) Hochkonjunktur.

## 7. Ende des Informationalismus und Bankrott der Bildungsgesellschaft

Auf zahlreiche Implikationen eines derartigen Ansinnens auf gesamtgesellschaftlicher und psychologischer Ebene sowie auf ihre Auswirkungen auf das pädagogische Denken und Handeln wurde bereits im vorigen Kapitel ausführlich eingegangen. An dieser Stelle erfolgt deshalb die Konzentration auf die rein ökonomischen Aspekte aus der Perspektive einzelner Individuen. D.h. auf die Frage, inwiefern die in den letzten Jahrzehnten zu beobachtende allgemeine Intensivierung von Bildungsbemühungen den Menschen persönlich wirtschaftliche Vorteile gebracht hat – im Sinne höherer Gehälter, optimierter Sozialleistungen, größerer Karrierechancen und verbesserter Arbeitsbedingungen.[208]

Die diesbezügliche Hauptverheißung lässt sich mit dem bereits zu Beginn des Abschnitts 3.1.5. zitierten Postulat von Peter Drucker (vgl. 1969, S.386) auf den Punkt bringen, laut dem Wissen und mit ihm Bildung global zum zentralen Schlüssel zu Chancen und Aufstiegsmöglichkeiten avanciert sei und damit an Stelle von Geburt, Reichtum und vielleicht sogar Talent getreten wäre. Einfach formuliert heißt es, wir würden inzwischen in einer Welt leben, in der jedes Individuum, das genügend Anstrengungen in den eigenen Kompetenzerwerb investiert, völlig unabhängig von seiner Startposition und seinem Hintergrund jede berufliche und ausgehend davon gesellschaftliche Stellung erreichen kann, die es anstrebt.

Drei britische Soziologie- bzw. Politökonomie-Professoren, die in ihrem im Jahre 2011 erschienenen Buch unter der Überschrift *The Global Auction* die gebrochenen Versprechen in Hinblick auf Bildung, Jobs und Einkommen (so der Untertitel) behandeln, fassen derartige Verlockungen mit dem Begriff des „opportunity bargain" zusammen. Die Entstehung eines solchen „Chancen-Übereinkommens" stellen Brown, Lauder und Ashton (vgl. 2011, S.4) von Anfang an als eine unmittelbare Folge des politischen Umsturzes an der Wende zu den 1980er Jahren dar. Dabei erinnern sie an das neoliberale Basisaxiom, laut dem der davor vorherrschende Wohlfahrtsstaat insofern eine Fehlentwicklung gewesen wäre, als es Versagen sowie Nutzlosigkeit belohnte und damit förderte. Hingegen würde eine soziale Ordnung, die sich am freien Markt orientiert, ein faires und effizientes System bieten, das Begabungen und v.a. Bemühungen angemessen honoriert. Darauf aufbauend wurde das Schicksal jedes Menschen als davon abhängig betrachtet, ob und im welchem Ausmaß er es schaffte, den Marktwert seiner Kenntnisse, Fertigkeiten und Qualifikationen zu heben. In einer Wissensökonomie die auf einer fortwährenden Expansion von Technologien, Ideen und Innovationen beruht, sollten dermaßen ihre Konkurrenzfähigkeit beständig (d.h. nicht nur in der Grund- sondern auch mit Hilfe von Weiterbildungen) steigernde Personen tolle Jobs förmlich zufliegen. Die unmittelbare Zukunft wurde als jene der „smart people doing smart things in smart ways" ausgemalt (ebd., S.5, S.14), in der sich alle, die

---

[208] Solche Fragen wurden bisher immer wieder am Rande aufgeworfen. Um Redundanzen zu vermeiden und gleichzeitig frische Perspektiven einzubringen, erfolgt hier die Untermauerung der Argumentationen mit Hilfe des Rückgriffs auf zwei Publikationen, deren Besprechung bisher bewusst fast gänzlich unterblieb, um sie an dieser Stelle konzentriert vorzunehmen – auf das v.a. an deutsche Leser/innen adressierte *Ohne Abschluss in die Bildungsgesellschaft* (Solga 2005) und das in erster Linie an US-amerikanische Rezipient/innen gerichtete *The Global Auction* (Brown et al. 2011). Beide Veröffentlichungen ergänzen sich nicht nur auf Grund ihrer Zugehörigkeit zu unterschiedlichen Regionen sowie (wissenschaftlichen) Kultursphären, sondern v.a. deshalb, weil die deutsche sich auf die Lage der sozial Benachteiligten und vom Berufsmarkt Ausgeschlossenen fokussiert, während die angelsächsische verstärkt die Probleme der Mittelschicht ins Visier nimmt. Deswegen und auf Basis des Anspruches der globalen Gültigkeit der Aussagen sowie ihrer besonderen Aktualität wird der Letzteren größere Aufmerksamkeit geschenkt.

auf die Kräfte des Marktes vertrauen und sich ausreichend anstrengen, den (inzwischen globalen) „amerikanischen Traum" erfüllen können.[209]

Der Glaube an das endlose technologiegetriebene Potenzial der Wirtschaft, sowohl hochbezahlte als ebenso spannende Tätigkeiten für hochqualifizierte Beschäftigte zu kreieren, avancierte laut den Verfassern des Werkes zu dieser Zeit sogar zu einer säkularen Religion (vgl. ebd., S.14). Folgerichtig reduzierte man die Rolle des Staates darauf, seinen Bürger/innen im Rahmen der Schaffung eines bestmöglichen Zugangs zu Schulungen Chancen zu eröffnen, ihre „Marktfähigkeit" im globalen Wettbewerb auszubauen (S.4). Dabei wurde Letzterer als einer angesehen, der im Endeffekt nur zum Wohle der bereits florierenden Wirtschaftsregionen der Erde ausgehen konnte, weil lediglich ihre Bildungssysteme jene hochwertigen Wissensarbeiter/innen zur Verfügung zu stellen vermochten, an welchen die neue weltweite Ökonomie einen scheinbar immer unstillbareren Hunger aufwies und für deren Tätigkeiten sie deswegen jeden nur erdenklichen Preis zu bezahlen bereit war (vgl. S.20ff, S.26). Aber natürlich erfolgte keinesfalls die alleinige Verpflichtung der öffentlichen Hand auf die Finanzierung entsprechender Lehr- und Lernmaßnahmen. Im Gegenteil wurden alle Menschen verstärkt dazu angehalten, für ihre Bildung selbst nicht nur Bemühungen, sondern zunehmend auch Geld aufzuwenden – mit dem Versprechen unermesslicher Renditen auf ihre Investitionen beim Eintritt ins Erwerbsleben (vgl. S.5).

Die deutsche Bildungsforscherin Heike Solga (2005) stellt in ihrem Werk *Ohne Abschluss in die Bildungsgesellschaft* u.a. die Frage nach den Gründen für die Affirmation der Ausfaltung behandelter Prozesse, wenn nicht sogar für die aktive Mitwirkung daran durch eine überwiegende Mehrzahl gesellschaftlicher Akteur/innen – nicht zuletzt ebenso jener, die darunter leiden und/oder unübersehbar zu ihren Verlierer/innen zählen.

Als zentrale Legitimationsformel des neoliberalen Konzeptes der Bildungsgesellschaft stellt Heike Solga die Meritokratie dar (vgl. ebd., S.28ff). Das Hauptcharakteristikum eines solchen Ansatzes besteht darin, dass er keinesfalls auf allgemeine Gleichheit abzielt, sondern – wie es Brown et al. (2011, S.25, S.136) formulieren – jeder/m die gleiche Chance verspricht, ungleich zu werden. Damit ist mitnichten intendiert, Privilegien einzelner Schichten gegenüber anderen einzuebnen, oder sogar gänzlich zu beseitigen, sondern lediglich Begünstigungen, die sich aus der geburtsmäßigen Herkunft (Klasse, Rasse, Ethnie etc.) ableiten, durch Vorrechte zu ersetzen, die sich Menschen durch eigene Anstrengungen erwerben, wobei jene in Bezug auf die Aneignung von zertifizierten Kompetenzen besonders hoch zählen (vgl. Solga 2005, S.28f, S.34ff). Davon ausgehend definiert Heike Solga Bildungsgesellschaften als soziale Organisationsformen „in denen es einen systematischen Zusammenhang zwischen codifizierten Bildungsleistungen und der Besetzung von sozialen Positionen bzw. Arbeitsplätzen gibt" (ebd., S.30).

Diese Entwicklung trifft darauf, dass Individualisierung heutzutage laut Solga „zum primären Prinzip gesellschaftlicher Organisation" avanciert ist und folglich Chancen sowie Risiken als persönliche „Optimierungsprobleme" betrachtet werden (S.39). Daraus in

---

[209] Wie erwähnt orientiert sich das Buch von Brown, Lauder und Ashton stark am US-amerikanischen Markt. Andererseits wird hier der „American Dream" ebenso als ein Ideal betrachtet, dem inzwischen nicht nur genauso die Westeuropäer/innen, sondern ebenfalls der gesamte Rest der Welt – bis hin zu China und Indien – nachhängt bzw. nachjagt (vgl. Brown et al. 2011, S.2, S.150). Insofern und auf Grund dessen, dass die Forschungen, auf denen das Buch basiert, in sieben Ländern durchgeführt wurden, zu denen neben USA, Großbritannien und Deutschland die beiden zuvor genannten gehören, beanspruchen seine Aussagen globale Gültigkeit (vgl. ebd., S.9).

Kombination mit der in den letzten Jahrzehnten enorm gesteigerten Bildungsbeteiligung ergibt sich „eine ‚*Misserfolgs*definition', in der das fehlende Bildungszertifikat einen Ausweis des Mangels an geforderten und von den übrigen Gesellschaftsmitgliedern erbrachten Fähigkeiten und Motivationen darstellt" (S.43, Claus Offe zitierend). Das bildet einen zentralen Grund dafür, warum sogar eindeutige Verlierer/innen des Systems – also die „Zertifikatslosen" – seine Regeln keinesfalls in Frage stellen und erst recht nichts versuchen, um es aus den Angeln zu heben. Dabei geht es nicht nur um die aus der planmäßig betriebenen Diskreditierung logisch folgende Deaktivierung solcher Bevölkerungsgruppen (ausführlich dazu siehe Abschnitt 6.4.1. und 6.4.4.). Denn die Zustimmung zur meritokratischen Leitformel verhilft einerseits vielen ihren Mitgliedern dazu, eine „unbeschadete Selbstidentität" aufrecht zu erhalten, indem sie sich – an die allgemeine Anstrengungsrhetorik angelehnt – lieber als faul einstufen, als sich als dumm betrachten zu müssen. Andererseits lässt das ihnen quasi eine „Hintertür" offen, ihre Lebenssituation doch noch irgendwann einmal zum Besseren zu wenden, indem sie sich einreden, sich später zusätzliche bescheinigte Kompetenzen aneignen zu können (vgl. S.44f).

Das Besprochene schließt sich zu einem „Circulus virtuosus" bzw. viel eher einem Teufelskreis, wenn im Windschatten vermeintlicher Gebote der Wissensgesellschaft Arbeitgeber/innen ihre Einstellungs-, Beförderungs- und ebenso Entlassungspraxis zunehmend an Bildungszertifikaten ausrichten, ohne sich darüber Gedanken zu machen, wie viel sie tatsächlich über die Fähigkeiten ihrer Angestellten aussagen (vgl. S.43, S.109ff) und gleichzeitig zahlreiche Menschen, welche wegen fehlender Zeugnisse glauben, entsprechenden Anforderungen zu wenig zu genügen, sich in Folge einer „Selbstselektion" von Anfang an nicht für Jobs bewerben, für die sie eventuell ausreichend qualifiziert wären (vgl. S.119ff).

Somit avanciert die „Vision" der Bildungsgesellschaft endgültig zu einer „selbsterfüllenden Prophezeiung" (S.46, S.122), wobei es heute kaum Menschen gibt, die es wagen oder überhaupt auf die Idee kommen, das neoliberale meritokratische „Chancen-Übereinkommen" zu hinterfragen, welches ihr zugrunde liegt.[210] Im Gegenteil verfallen in Bezug auf das Thema sogar herausragende Persönlichkeiten, die sich ansonsten zu den im vorliegenden Kapitel beschriebenen Facetten des Informationalismus höchst kritisch positionieren, in jenes kontraproduktive Verhaltensmuster, das Paul Watzlawick in seiner *Anleitung zum Unglücklichsein* mit „mehr desselben" umschreibt.[211] So postuliert sogar Barack Obama, der seine Präsidentschaft mit dem Ziel angetreten ist, der Bevölkerung seines Landes nach den Zerwürfnissen des ersten Jahrzehnts des 21. Jahrhunderts durch eine radikale Wende neue Hoffnung in Form frischer politischer Konzepte zu geben, in einer Aussendung aus dem Jahre 2009 folgendes: „In a global economy where the most valuable skill you can sell is your knowledge, a good education is no longer just a pathway to opportunity, it is a prerequisite" (nach Brown et al., 2011, S.23).

---

[210] Z.B. stimmen laut Umfragen 80% der Deutschen folgender Aussage zu: „Deutschland ist eine offene Gesellschaft, was man im Leben erreicht, hängt nicht mehr vom Elternhaus ab, sondern von den Fähigkeiten, die man hat, und der Bildung, die man erwirbt" (nach Dernbach 2010).

[211] Watzlawick (1993, S.6f) spricht damit die seiner Ansicht nach urmenschliche Eigenschaft an, vermeintliche „Patentlösungen" immer weiter sowie mit steigender Intensität anzuwenden, auch wenn sich ihre Kontraproduktivität längst empirisch erwiesen hat, anstatt sich zu überlegen, welche Handlungsalternativen es geben könnte. Dadurch erreicht man lediglich immer „mehr desselben Elends".

## 7.4.2 Realitäten

Diese Aussage von Obama könnte jedoch bei genauem Durchlesen auch als ein erster Schritt auf dem Weg zum Abschied der Mächtigen von der Vorstellung interpretiert werden, mit Hilfe der Bemühung um beständige Höherqualifizierung der Bürger/innen ihrer Länder (bzw. durch den entsprechenden Druck auf sie) die meisten Probleme in ihrem Einflussbereich lösen zu können. Denn wenn man das Wort „just" weglässt, bleibt das Postulat, gute Ausbildung würde inzwischen keinen Weg zu Lebenschancen (mehr) weisen, sondern wäre die Grundvoraussetzung, um überhaupt eine Aussicht auf solche zu haben. Damit ist impliziert, dass sie mitnichten eine Garantie für ihr Erlangen bietet. Brown, Lauder und Ashton bringen eine derartige Einsicht mit der Feststellung auf den Punkt, Lernen entwickle sich heutzutage zunehmend zu einem „defensiven Aufwand" – zu einer Investition, die jede/r (wohl oder übel) tätigen muss, um hoffen zu dürfen, für den Kampf um einen angemessenen Existenzstandard gewappnet zu sein. Gleichzeitig konstatieren sie, dass der damit verbundene enorme zeitliche und finanzielle Ausgaben sich lediglich für die wenigsten tatsächlich rentieren wird, wobei sich diese Entwicklung in (naher) Zukunft bedeutend zu verstärken droht (vgl. Brown et al., 2011, S.12, S.132ff).

Dafür, warum das scheinbar perfekte „Perpetuum mobile" der neoliberalen Bildungsgesellschaft sich nicht nur immer mehr als ein Trugbild erweist, sondern sich im Endeffekt sukzessive selbst zerstört, führen die Autoren von *The Global Auction* v.a. folgende Gründe an:

**Bildungsexplosion / Sozialer Stau**

Die Raten der Teilnehmer/innen an Schulungsmaßnahmen aller Qualifikationsstufen erhöhten sich in den Wohlhabenden Ländern in den letzten Jahrzehnten mit einer zumeist ständig steigenden Geschwindigkeit. So gab es alleine in den USA zwischen 1970 und 2007 annähernd eine Verdoppelung bei der Zahl jener, die Angebote der höheren Bildung in Anspruch nahmen (vgl. ebd., S.32 – Grafik), wobei weitere enorme Zuwächse zu erwarten sind (ebd. S.31). Parallel dazu gibt es immer weniger Menschen, die niederwertige oder überhaupt keine Zertifikationen vorzuweisen haben. Für Deutschland gibt Heike Solga (2005, S.114f) im Zeitraum von 1970 bis 1998 eine Abnahme des Anteils von Jugendlichen, die lediglich mit einem Hauptschulabschluss ausgestattet waren, von 50% auf 16% an und derer, die nicht einmal ein solches Zeugnis besaßen, von 19% auf 9%.

Den problematischen Aspekt dieser Entwicklung umschreibt Solga (ebd., S.74) recht pointiert: „Stellen sich alle auf die Fußspitzen, so kann niemand besser sehen als zuvor, denn alles bleibt beim Alten (...)." Brown und seine Kollegen bringen eine derartige Entwicklung auf den Begriff der „social congestion" (Brown et al. 2011, S.135, S.139), was auf Deutsch mit „sozialer Stau" übersetzt werden kann. Ihrer Meinung nach besteht die „harte Realität" darin, dass die Mehrheit niemals das Erreichen kann, was der Minderheit zu Teil wird – völlig unabhängig davon, wie gebildet die Erstere ist (ebd., S.12). Schließlich besitzen jene, die bereits hohe Positionen bekleiden, viele Möglichkeiten, ihren Status auszubauen und auch an ihre Nachkommen zu vererben (detailliert dazu siehe Abschnitt 7.4.4.). Das Konzept der Bildungsgesellschaft zwingt folglich unzählige Menschen aus unteren Schichten in ein – wie es die Verfasser von *The Global Auction* ausdrücken – „Gerangel um Papierqualifikationen", obwohl sie sich im darauf basierenden Konkurrenzkampf um gute Jobs in einem eindeutigen Nachteil gegenüber denen aus oberen Milieus befinden (vgl. S.138).

**Globaler Kampf um qualifizierte Arbeitsplätze**

Als Begründung für die Aussichtslosigkeit der Bemühung um die Bekämpfung sozialer Ungleichheiten in den wohlhabenden Ländern mit Hilfe verstärkter Anstrengungen um Höherqualifizierung der Bevölkerung führen Brown, Lauder und Ashton neben dem (in Folge noch detailliert zu besprechenden) „regionalen" Verteilungskampf die Tatsache an, dass inzwischen nicht nur diese eine „Bildungsexplosion" erfahren haben, sondern die ganze Welt am „globalen Wissenskrieg" teilnimmt. Und hier in erster Linie so bevölkerungsreiche Staaten, wie Indien und China, deren Führungen gigantische Summen in den Bildungsbereich investieren und als Resultat die Teilnehmerzahlen an Maßnahmen höherer Bildung beständig heben (S.29ff).

Die volle Tragweite dessen rückt erst dann ins Bewusstsein, wenn man sich vergegenwärtigt, dass – wie im Kapitel 5 ausführlich dargestellt – die Regierenden der westlichen Hemisphäre (und hier v.a. jene der USA) im Zuge ihrer neoliberalen „Revolution von oben" mit größtem Nachdruck die Globalisierung beförderten und damit auch den weltweiten Wettbewerb um Arbeitsplätze ins Leben riefen sowie mit ständig zunehmender Intensität anfachten. Im naiven (um nicht zu sagen chauvinistischen) Glauben an die intellektuelle Überlegenheit ihrer Bürger/innen gegenüber denen in wirtschaftlich weniger entwickelten Ländern, waren sie sich sicher, ein solcher Prozess würde zu einer unendlichen Steigerung der wissensbasierten Beschäftigung in den eigenen Staaten führen, während immer mehr „niederwertige" Tätigkeiten in andere Regionen ausgelagert werden könnten (vgl. S.20f, S.26, S.150). Womit niemand rechnete, war die ab der Jahrtausendwende einsetzende enorme „Bildungsmobilisation" innerhalb aufstrebender (v.a. asiatischer) Ökonomien (S.32), mit der die „Globalisierung hoher Qualifikationen" (S.47) unmittelbar einherging. Die Erkenntnis, dass Millionen u.a. chinesischer und indischer Studienabsolvent/innen durchaus mit amerikanischen und europäischen Graduierten im Kampf um wissensintensive Jobs mithalten können und es auch tatsächlich tun, bezeichnen Brown, Lauder sowie Ashton als einen Kulturschock für die wohlhabenden Nationen (S.22). Schließlich wurden ihren Zugehörigen erst damit die Augen dafür geöffnet, dass die vorhin massiv betriebene Liberalisierung des Arbeitsmarktes ebenso bestens ausgebildete heimische Beschäftigte der vollen Wucht des erdumspannenden Konkurrenzkrieges ausgesetzt hat (S.9).

**Umgekehrte Auktion / Qualitäts-Kosten-Revolution**

Die Problematik hielte sich in Grenzen, wenn die Lebenserhaltungskosten weltweit halbwegs vergleichbar wären, was bekanntlich bei weitem nicht der Fall ist. Das hat einen Prozess zur Folge, den Brown und seine Kollegen als „umgekehrte Auktion" bezeichnen. Damit ist eine Versteigerung gemeint, bei der (im Gegensatz zur klassischen) nicht jene Bieter/innen den Zuschlag erhalten, welche das höchste Gebot stellen, sondern solche, die am wenigsten zu zahlen bereit sind. In Hinblick auf Werkübereinkünfte heißt es konkret, dass Arbeitgeber/innen heutzutage oft nicht mehr um die besten potenziellen Beschäftigten mit einander zu wetteifern brauchen, indem sie ihnen höhere Löhne und lukrativere soziale Leistungen offerieren, als ihre Kontrahent/innen. Im Gegenteil konkurrieren jetzt (auch hochqualifizierte) Arbeitssuchende unter einander mit Hilfe des beständigen Herunterschraubens ihrer diesbezüglicher Forderungen. Daraus resultiert eine „Qualitäts-Kosten-Revolution". War es früher so, dass man sich zwischen günstigem Schund und teuren Werten entscheiden musste, ist es heute in vielen Bereichen möglich, beste Qualität zum Spottpreis zu erhalten. (vgl. S.8; ausführlich S.49ff)

Diese Entwicklung betrifft keineswegs – wie von Theoretiker/innen der Informations- sowie Wissensgesellschaft vorausgesagt und von Regierenden seit Jahrzehnten nachgebetet – lediglich die Güterproduktion. Sie entlarvt auch alle Manifeste hinsichtlich der Ankunft einer Dienstleistungsgesellschaft, welche die auf industrieller Herstellungsweise basierende ökonomische sowie soziale Organisationsform ablösen und für die Behebung sämtlicher Probleme am Arbeitsmarkt sorgen würde, als naive Wunschvorstellungen, wenn nicht sogar – wie vorhin in Bezug auf Bells Postulate nachgewiesen werden konnte – als bewusste Lügen. Denn einerseits sind Dienstleister/innen bereits innerhalb wohlhabender Regionen massiv von der „umgekehrten Auktion" betroffen und damit oft gezwungen, die Früchte ihrer Arbeit weit unter ihrem tatsächlichen Wert anzubieten, um dafür überhaupt Abnehmer/innen zu finden. Andererseits sehen sie sich ebenso zunehmend dem globalen Wettbewerb ausgeliefert, da laut Brown, Lauder und Ashton zahlreiche Tätigkeiten, von denen wir bisher glaubten, dass sie nur bei uns verrichtet werden können, genauso überall anders auf der Welt zu bewerkstelligen sind. Und zwar nicht nur billiger, sondern manchmal gleichfalls besser (S.8). Schließlich ist der Globus inzwischen mit Menschen überfüllt, welche die Autoren als „hochqualifizierte Niedriglohnarbeiter/innen" etikettieren (S.3, S.12). Folglich unterliegen nicht nur eher günstigere Dienstleistungen – wie z.B. technischer Support und „back office"-Arbeit (Dateneingabe, Verrechnung etc.) – jenen Mechanismen, die man aus der Warenherstellung unter Begriffen wie „Outsourcing" und „Offshoring" kennt, sondern immer mehr auch zuvor bestbezahlte im Finanzsektor, bei der Kundenrecherche sowie -beratung, bei der Forschung, Produktentwicklung u.v.m. (vgl. S.8, S.51).

**Auslagerungen und Rationalisierungen mit Hilfe von IKT**

Brown und seine Kollegen gehen sogar so weit, zu postulieren, es gäbe ein schier unerschöpfliches Potenzial, wenn man erst einmal mit der Auslagerung von Dienstleistungen begonnen hat, was sie mit der „Schwerelosigkeit" der Letzteren begründen. Verglichen mit dem finanziellen, logistischen und zeitlichen Aufwand, welches das Verschieben der Güterproduktion in einen anderen Staat mit sich bringt (man denke nur an den Abbau und Wiederaufbau ganzer Fabriken), ist jener hinsichtlich Dienstleistungen kaum der Rede wert (vgl. S.50f, S.108ff). Ein leitender Angestellter einer führenden europäischen Bank, der nicht genannt werden wollte, sagte dazu den Autoren, in seinem Betrieb könne man „über Nacht" alles umkrempeln (S.51).

Der „Ironie des Schicksals" folgend, wird das genau mit Unterstützung jener Werkzeuge möglich, auf Grund derer Durchsetzung im Arbeitsalltag uns eine Gesellschaft verheißen wurde, in der hochqualifizierte Dienstleistungen durch nichts und niemand ersetzt werden könnten. Denn erst die Ausfaltung digitaler Technologen erlaubt Konzernen die globale „Integration" oben genannter komplexer Berufstätigkeiten. Die noch bis zur Jahrtausendwende existierende Notwendigkeit, die meisten entsprechende Aufgaben „vor Ort" zu erfüllen, ist heute dank des Fortschritts internetbasierter Hilfsmittel nicht mehr gegeben. Das ebnet Firmenbossen den Weg zur Erkenntnis, dass man – wie es Brown et al. (ebd.)

formulieren – zum Preis von fünf Analytiker/innen in New York oder London mindestens fünfzehn in Indien bekommt (vgl. ebd.). Doch IKT befördern nicht nur das Outsourcing und Offshoring von Dienstleistungen, sondern auch ihre „klassische" Einsparung, welche von zahlreichen prominenten Theoretiker/innen mit dem Argument der (vermeintlich) unumgänglichen Erfordernis der direkten Interaktion zwischen ihren Anbieter/innen sowie Abnehmer/innen für unmöglich erklärt wurde. Hingegen bezeichnet Heike Solga in Anlehnung an Jeremy Rifkin Anwendungen wie Homebanking, Onlineshopping und Scannerkassen grundsätzlich als „labor-saving technologies", die der Rationalisierung und besseren Auslastung vorhandener Kapazitäten dienen (Solga 2005, S.100; vgl. Brown et al. 2011, S.67).

**Interessenskonflikt zwischen Arbeitgeber/innen und Arbeitnehmer/innen**

Dass digitale Technologien – genauso wie alle vor ihnen existierenden – mit dem Hauptziel in Arbeitsprozesse eingeführt werden, menschliche Arbeitskraft zu ersetzen oder wenigstens bedeutend zu verbilligen, ist solch eine Selbstverständlichkeit, dass es höchst verwunderlich ist, warum überhaupt jemand jemals darüber debattierte. Analog zu vielen Diskussionen im Dunstkreis der Behauptung der Ankunft einer Informations- und Wissensgesellschaft (siehe v.a. Abschnitt 6.6.2.) kann auch diese jedoch als ein Manöver interpretiert werden, mit dem von den tatsächlichen Realitäten abgelenkt werden sollte. So bestand – wie im Verlauf des Buches mehrmals angesprochen – eines der Hauptmotive hinter dem Streuen des metaideologischen Sandes in die Augen der Menschen darin, den seit Urzeiten existierenden Interessenskonflikt zwischen Arbeitnehmer/innen und Arbeitgeber/innen zu verschleiern bzw. zu vertuschen. Und zwar jenen, dass Erstere beständig den Wert und ausgehend davon den Preis ihrer Leistungen heben wollen, während Letztere fortwährend darauf bedacht sind, die Lohnkosten so gering wie möglich zu halten, um größtmögliche Profite zu erwirtschaften (vgl. Brown et al. 2011, S.6). Das zentrale Ziel hinter der Verkündung des Endes der Ideologien war, den Werktätigen einzureden, sie würden mit ihren Bossen „in einem Boot" sitzen und „an einem Strang" ziehen. In so einer Ära der absoluten Klassenharmonie wären Gewerkschaften selbsterklärend anachronistisch sowie zugleich Forderungen der Firmenleiter/innen an ihre Angestellten vollkommen legitim, sie mögen auf Einkommen, die ihren Bemühungen gerecht werden, auf faire Sozialleistungen und auf angemessene Arbeitsbedingungen im Interesse der „gemeinsamen Sache" verzichten. Jedoch konnte aufgezeigt werden, dass sämtliche Beweisführungen, auf denen solche „Friedenserklärungen" basierten, jeder Grundlage entbehrten sowie lediglich der Durchsetzung von Methoden dienten, mit deren Hilfe die Wertschöpfung pro Arbeitnehmer/in gesteigert werden sollte, wovon möglichst ausschließlich Arbeitgeber/innen und Aktionär/innen zu profitieren hatten.

Das gilt insbesondere für „wissensintensive" Berufe. Einen der größten Fehlschlüsse der Argumentationskette, auf der das Postulat der Ausfaltung einer hochqualifizierte Beschäftigte reich belohnenden Bildungsgesellschaft beruht, bringen Brown und seine Kollegen (ebd.) folgenderweise auf den Punkt: Wenn Wissen die Hauptressource darstellt, die Firmen zu Gewinnen verhilft, dann müssen sie darauf schauen, dass sie dafür nicht mehr, sondern umgekehrt weniger bezahlen (siehe auch Solga 2005, S.72).

**Digitaler Taylorismus**

Bei dem gerade behandelten Machtkampf geht es jedoch nicht nur um Geld, sondern genauso um Kontrolle. Eine wichtige im Rahmen post-fordistischer Konzepte herausgearbeitete Tatsache besteht darin, dass es für Arbeitgeber/innen gar nicht so einfach ist, Letztere zu erlangen, wenn das Hauptwerkzeug ihrer Arbeitnehmer/innen ihr „Kopf" bildet (ausführlich siehe Abschnitt 2.2.4. und Schluss des Abschnitts 2.4.2.). Doch selbst in diesem Punkt hat die informationalistische Realität die Voraussagen Lügen gestraft, wobei auch hier jene Technologien, die in der Theorie den Beschäftigten zu Gute kommen sollten, in der Praxis gegen sie gewendet wurden. Denn IKT ermöglichen laut Brown, Lauder und Ashton – z.B. in Folge der minutiösen Dokumentation und computergestützten Analyse sämtlicher Arbeitsvorgänge in einem Projekt – im bisher unvorstellbaren Ausmaß die „implizierten" Kenntnisse der Werktätigen zu extrahieren, zu Sammeln sowie zu kodifizieren, um sie im Falle des Bedarfs einer späteren Wiederverwendung für die Firma zu „explizieren". Somit können Unternehmer/innen Wissensarbeit in für sie (unabhängig von den Ursprungsquellen) arbeitendes Wissen transformieren. (vgl. Brown et al. 2011, S66ff, S.72f).

Ebenso wenig hat sich die von Proponent/innen der Wissensgesellschaft beschworene Befreiung von den entmündigenden sowie menschenverachtenden Arbeitsabläufen der fließbandgesteuerten Produktionsmechanismen des Industriezeitalters bewahrheitet, welche oft mit dem Begriff des Taylorismus gefasst werden (siehe Abschnitt 4.2.2.) – gerade in Hinblick auf Dienstleistungsjobs. Im Gegenteil beobachten Brown, Lauder und Ashton neuerdings die Ausfaltung eines „digitalen Taylorismus", der auf IKT-Werkzeugen beruht, die Firmenleiter/innen hinsichtlich der Befriedigung anspruchsvoller, individualisierter Kundenbedürfnisse im Dienstleistungsbereich ähnliche Vorgangsweisen ermöglichen, wie bezüglich der Massenproduktion von Waren. Dazu werden komplexe und verantwortungsvolle Verfahren – wie z.B. Entscheidungsprozesse bei der Vergabe von Krediten – mit Hilfe computergestützter auf Datenbanken basierender Formulare auf kleinschrittige in ihrer Verzweigung alle Eventualitäten berücksichtigende Abfragen reduziert und somit standardisiert. Solange es – um den Schein der menschlichen Interaktion zu wahren – überhaupt noch humane Beteiligte an derartigen Arbeitsvorgängen gibt, wird ihre Rolle darauf beschränkt, erhaltene Informationen in die Maschine zu übertragen und danach die von ihr generierten Ergebnisse zu verkünden. Eine immer geringere Anzahl von Werktätige erhält so noch die „Lizenz zum Denken", während immer mehr Beschäftigte von oben in jeder ihrer Regungen kontrolliert oder sogar ferngesteuert werden. Der Prozess der kapitalistischen „kreativen Zerstörung" wird folglich laut Brown und seinen Mitstreitern heutzutage durch jenen der "Zerstörung der Kreativen" – und damit der bestens Ausgebildeten – ergänzt sowie auf die Spitze getrieben. (vgl. ebd. S.8f, S.66f, S.72ff, S.126f)

**Die üblichen Verdächtigen**

Es wäre durchaus möglich und zum Teil auch angebracht, kritisch zu hinterfragen, inwiefern die meisten beschriebenen Vorgänge von einer größeren historischen sowie geografischen Warte aus betrachtet tatsächlich so tragisch sind, wie sie uns aus unserem eigenen zeitlichen und regionalen Blickwinkel erscheinen. Schließlich haben die reichen (Industrie-)Länder lange genug den Rest der Welt beherrscht und ebenso ausgebeutet. Was ist dann schon so schlimm daran, wenn sich heute Arbeit, v.a. die, welche höhere Qualifikationen erfordert und insofern vergleichsweise besser entgolten wird, ein wenig gerechter über den

Erdball verteilt? Doch so einfach, wie es sich manche Kommentator/innen machen, ist es nicht, den besprochenen Prozessen positive Aspekte abzugewinnen. Auf jeden Fall erlauben sie mitnichten, dem informationellen Kapitalismus einen „Persilschein" auszustellen, indem man ihn als so etwas wie ein überdimensional angelegtes, von Thatcher, Reagan & Co. in die Wege geleitetes Hilfsprojekt für die notleidende Bevölkerung des „Fernen Ostens" präsentiert.[212] Grund zur Freude gibt zwar, dass damit verbundene Entwicklungen in bestimmten Ländern zu einem enormen Wirtschaftsaufschwung inklusive einer spürbaren Verringerung der Armut geführt haben – erst recht, wenn man die Durchschnittseinkommen von früher und jetzt vergleicht. Doch ein Blick darauf, wer hier zu den wahren entsprechenden Profiteur/innen zählt, wirkt wieder höchst ernüchternd:

Erstens sind das auf der Ebene der Staaten, wie in Abschnitt 7.3.6. ausgeführt, in erster Linie jene, die dort als „marktliberale Diktaturen" bezeichnet wurden. Das bedeutet, dass der Machtverlust des Westens mit der Marginalisierung der Idee der Demokratie als solche unmittelbar einhergeht, weil er Regierungen, die jeglicher Legitimierung durch ihre Bürger/innen entbehren, größte Möglichkeiten zur Mit-, wenn nicht sogar Neugestaltung der Weltordnung einräumt. Zweitens fließt in diesen Ländern das zusätzliche Vermögen abgesehen von den Staatskassen nur zu einem verschwinden geringen Prozentsatz den tatsächlich Bedürftigen zu. Die meisten Früchte des Aufstiegs erntet (noch offensichtlicher als in unseren Bandbreiten) eine kleine finanzielle Oberschicht (vgl. Brown et al. 2011, S.129). Neben dem verbleibenden unermesslichen Elend eines Großteils der Bevölkerung bezeichnen Brown und seine Kollegen (ebd., S.3) seine Ausbeutung – und hier nicht zuletzt die von Kindern – als die „dunkle Seite" der asiatischen ökonomischen Revolution. Das heißt, dass dabei zusätzlich zum Lohndumping eines bezüglich Arbeits-Rahmenbedingungen und ebenso Menschenrechten hinzu kommt – ein Wettbewerb bei dem wir hoffentlich auf keinen Fall mitmachen wollen. Und drittens sind jene, die sich das größte Stück vom Kuchen abschneiden, gar nicht in den behandelten Regionen zu finden, was auch das wichtigste Argument gegen die Verkündung der Ankunft einer neuen globalen Gerechtigkeit darstellt. Denn die meisten Gewinne, welche aus den weltweiten Arbeitsauslagerungen der Konzerne resultieren, streifen ihre Besitzer/innen sowie Großaktionär/innen ein, von denen die wenigsten zu Bürger/innen „aufstrebender Nationen" gehören (vgl. ebd., S.129).

*7.4.3 Die Bildungsfalle*

Somit wären wir wieder bei den „hauseigenen" und auch „hausgemachten" Problemen angelangt, deren Tragik kaum hinterfragbar ist. Denn die schleichende neoliberale Umwälzung und mit ihr das untrennbar daran geknüpfte Konzept der Bildungsgesellschaft hat in den wohlhabenderen Ländern lediglich der gerade genannten Minderheit wirkliche Vorteile gebracht, während der größte Teil ihrer Bewohner/innen enorm darunter gelitten hat. Für alle, die genauer hinsehen wollen, ist es „mit freiem Auge" erkennbar, dass das neoliberale Chancen-Übereinkommen den meisten Menschen nie tatsächliche Perspektiven eröffnete

---

[212] So schreibt z.B. der Chefredakteur der „Wirtschaftswoche" Roland Tichy (2009, S.3f) in einem Artikel unter der Zwischenüberschrift *Bitte mehr von diesem Kapitalismus* folgendes: „Woher soll das Wachstum in China kommen, wenn nicht aus der Kombination von Kapitalismus nach dortiger Machart (...) mit Globalisierung? Wie sollen die erneute Verelendung und der wachsende Hunger in der „Dritten Welt" bekämpft werden, wenn nicht durch steigende Einkommen, höhere Rohstoffpreise und eine kapitalistisch geprägte Wachstumsdynamik, die das Pro-Kopf-Einkommen seit den 1980er Jahren stark erhöht, die Kindersterblichkeit in Süd- und Ostasien signifikant reduziert und weltweit die Lebenserwartung verbessert hat?"

und sich für die überwiegende Mehrheit inzwischen – v.a. seit dem Beginn der aktuellen Weltwirtschaftskrise – endgültig als eine Chancen-Falle entpuppt hat.

Mit dem Begriff „opportunity trap" bringen Brown, Lauder und Ashton das Faktum auf den Punkt, dass Individuen, welche sich von der eingängigen Formel „learning = earning" täuschen ließen – d.h. auf das Versprechen hereinfielen, durch beständige Bemühungen um Höherqualifizierung einen besseren Lebensstandard erringen zu können –, in ihren Hoffnungen bitter enttäuscht wurden. Das ist alleine schon davon ableitbar, dass der Großteil von Universitätsabsolvent/innen seit den frühen 1970er Jahren keine Verdienststeigerungen erhielt (S.5, S.117).[213] Stattdessen waren (angehende) Akademiker/innen gezwungen, immer mehr Zeit, Anstrengungen und Geld in Aus- und Weiterbildungsmaßnahmen zu investieren, die für sie ein geringes bzw. überhaupt kein „intrinsisches" Interesse aufwiesen. Damit – in Kombination mit dem oben angesprochenen „digitalen Taylorismus" – ging ein enormer Verlust individueller Freiheiten und der Lebensqualität, bis hin zu einer „ökonomischen Versklavung" der besser Gebildeten unmittelbar einher. Das Lukrieren des Existenzunterhalts avancierte zu einem zentralen, wenn oft nicht sogar zum einzigen Existenzinhalt – das gesamte Dasein wurde dem Kampf ums berufliche Vorwärtskommen untergeordnet. (vgl. S.12, S.135ff, S.141f; siehe auch Abschnitt 7.1.4)

Diese Schlacht beginnt heutzutage oft bereits in den frühesten Lebensjahren – bei manchen sogar schon ab der Geburt.[214] Viele Sprösslinge, deren Eltern ihnen eine gute Startposition verschaffen wollen, werden von Beginn an in einen erbarmungslosen Wettbewerb um die (vermeintlich) beste Ausbildung gedrängt (S.11). Dass ihnen dabei ihre Kindheit abhanden kommt, erscheint angesichts der Panik, sie könnten im ihnen bevorstehenden fortwährenden Konkurrenzkrieg scheitern, als leicht vernachlässigbar. Parallel dazu erfährt auch das Verständnis von Bildung eine exorbitante Verkürzung. Denn in einer „notenversessenen Gesellschaft", in der jede Leistung, welche nicht die beste Zensur erhält, sofort als Versagen gilt, gibt es keinen Raum für Neugierde, Experimentierfreude, Kreativität und erst recht nicht für Fehler und damit auch kaum Möglichkeiten zur Entfaltung der Persönlichkeit. Der rein rationalen Kalkulation fällt eine umfassende Vorstellung vom Wert des Kenntniserwerbs zum Opfer. Lernende begreifen im Rahmen solcher Schulungen vielleicht, wie sie vorwärtskommen, ansonsten aber kaum, warum sie das tun, was sie gerade machen (vgl. S.144f).

Die wenigen, welche eine derartige Dressur erfolgreich be- sowie überstehen und danach auch noch tatsächlich zu Führungskräften aufsteigen, bezeichnen Brown und seine Kollegen (abgeleitet von der Aussage eines langgedienten Chefs einer renommierten Automobilzulieferfabrik) als „leere Anzüge". D.h. als Menschen, welchen jegliches Verständnis für größere ökonomische Zusammenhänge und erst recht für die sozialen Implikationen

---

[213] Dass Akademiker/innen bei einer oberflächlichen Betrachtung von Einkommensstatistiken noch immer viel besser dastehen, als weniger gut Gebildete, hat Brown, Lauder und Ashton zufolge zwei Gründe: Erstens erfuhren auch die anderen Gruppen in dieser Zeit eine Stagnation oder sogar eine (z.T. enorme) Verringerung ihrer Gehälter (Brown et al. 2011, S.127, S.12). Viel wichtiger in diesem Kontext ist aber, dass die meisten „Superreichen" irgendeinen universitären Abschluss vorzuweisen haben (ebd., S.116) und folglich der Gruppe der hochgebildeten zugerechnet werden. Warum das die Zahlen enorm verzerrt, veranschaulichen die Autoren mit folgendem Witz: Sobald Bill Gates eine Bar betritt, avancieren alle Gäste im Durchschnitt zu Millionären (ebd., S.117).

[214] U.a. anderem führen Brown et al. (2011, S.145) das Beispiel des chinesischen „Harward Girls" Yiting Liu an, deren Vorbereitung darauf, einmal an diese Eliteuni zu kommen, bereits im Alter von 15 Tagen begann. Das über entsprechende – durchaus brutale, aber von Erfolg gekrönte – Methoden berichtende Buch wurde mehr 3 Millionen Mal verkauft.

ihrer Tätigkeiten fehlt. Das Einzige, was sie neben dem eigenen Konto interessiert, ist der schnelle Wertgewinn jenes Unternehmens, bei dem sie angestellt bzw. dessen Teilhaber sie sind. Sein langfristiges Florieren tangiert sie nicht im Geringsten und schon gar nicht das Wohlergehen ihrer Untergebenen. (vgl. S.104f, S.110, S.160f)

Inwiefern ihre beruflichen Aktivitäten diese Menschen inhaltlich „erfüllen", sei dahingestellt. Rein materiell betrachtet gehören sie auf jeden Fall zu jener fast verschwindend geringen Minderheit, für welche sich die Verheißungen der Bildungsgesellschaft bewahrheitet haben. Brown und seine Mitstreiter geben den Anteil der Individuen an der (westlichen) Gesamtbevölkerung, welche in den letzten Jahrzehnten Einkommenserhöhungen zu verzeichnen hatten, mit ca. 10% an. Dafür übersteigen ihre Zugewinne sämtliche Vorstellungskraft. Z.B. streifte ein solches Segment in den USA im Jahre 2006 – d.h. knapp vor dem Ausbruch der aktuellen Weltwirtschaftskrise – die Hälfte der gesamten Volkseinkünfte ein. Die Kluft zwischen ihm und den übrigen Verdienstklassen ist inzwischen noch größer, als sie kurz vor Beginn der letzten Weltwirtschaftskrise im Jahre 1929 war (detailliert siehe Abschnitt 7.3.3. und v.a. 7.3.4.). Im Gegensatz zu allen übrigen Werktätigen brauchen die „Superreichen" den ökonomischen Einbruch jedoch diesmal nicht zu fürchten, weil ihr unermesslicher Wohlstand (aber auch – was Brown et al. zu erwähnen vergessen – die staatlichen Hilfsmaßnahmen an den Finanzsektor) sie gegen alle Verwerfungen immun macht (vgl. S.115f). Brown, Lauder und Ashton bringen eine derartige Entwicklung – an den Titel eines Buches der Ökonomen Frank und Cook angelehnt – mit dem Spruch „the winner takes it all" auf den Punkt (vgl. S.122f).

Die restlichen 90 Prozent gehören jedoch bereits rein materiell betrachtet eindeutig zu den „Loosern" besprochener Prozesse. Das ist nicht nur an der Stagnation bzw. dem Abwärtstrend bei Löhnen und Gehältern abzulesen, welche der „Bildungsexplosion" zum Trotz flächendeckend sämtliche Untergruppen des überwiegenden Großteils der Bevölkerung wohlhabenderer Länder treffen. Hinzu kommt, dass Beschäftigte für dasselbe Entgelt zunehmend mehr arbeiten müssen (was einer Kürzung des Stundenlohns gleichkommt) und Pensionsabschläge, Reduktionen der Leistungen ihrer Krankenvorsorge, verminderte Karrieremöglichkeiten sowie nicht zuletzt eine sinkende Arbeitsplatzsicherheit hinzunehmen haben (S.7). Außerdem sind – auf Grund des Überangebots an gut ausgebildeten Jobsuchenden – immer mehr Menschen gezwungen, Arbeiten zu verrichten, für welche sie überqualifiziert sind (S.118), was bezogen auf ihren Bildungsstand ebenfalls einem Verlust von Einkommen und sowohl sozialen Leistungen als auch Sicherheiten im Vergleich zu früher entspricht. Oft werden heutzutage bei der Ausschreibung von Jobs, die niedrigere Qualifikationen erfordern (und folglich schlechter bezahlt sind), sogar bewusst überhöhte Anstellungsvoraussetzungen angegeben, um leistungsfähigere Bewerber/innen zu rekrutieren (vgl. Solga 2005, S.68). Das ist der vorläufige Höhepunkt jener Entwicklung, die bereits im Kapitel 6. mehrmals angesprochen wurde: Die Wertschöpfung pro Arbeitnehmer/in nimmt beständig zu, während die Beschäftigten selbst davon immer weniger, ihre Arbeitgeber/innen und v.a. die Teilhaber/innen bzw. Aktionär/innen der Betriebe im Gegenzug immer mehr profitieren.

### 7.4.4 Die Meritokratie-Lüge

Das alleine wäre schon mehr als genug, um den Bankrott der Bildungsgesellschaft zu verkünden. Das Versagen dieser Vision zeigt sich jedoch auch auf einer weiteren Ebene nicht minder eindeutig. Die zentrale Verheißung der meritokratischen Basisformel, auf der sie fußt, besteht ja wie erwähnt in der Abschaffung der Privilegien, die sich aus der geburtsmäßigen Herkunft ableiten, zugunsten von Vorrechten, die sich Menschen auf Basis eigener Begabungen und Anstrengungen erwerben. Ein solches Gedankenkonstrukt steht im Kontext der Bildung von Anfang auf einem höchst wackligen Fundament. Schließlich besteht eine der wenigen Möglichkeiten, entsprechende „Meriten" nachzuweisen, im Vorlegen von Zertifikaten. Jede/r pädagogisch Tätige weiß jedoch, dass Noten und bescheinigte Schulungsabschlüsse nur ein sehr unvollständiges Bild von den tatsächlichen Kompetenzen eines Menschen zu vermitteln vermögen. Im meritokratischen Konzept erfolgt dagegen zumeist eine Gleichsetzung der Ersteren mit dem Letzteren, wodurch lediglich ein „funkionalistische[s] Gerechtigkeitsprinzip" eingeführt wird, das gesellschaftliche Unterschiede legitimiert und damit von den strukturellen Ursachen derselben ablenkt (vgl. Solga 2005, S.38, siehe auch S.31, S.41).[215] Deshalb definiert Heike Solga Bildungsgesellschaften als *„Zeugnisgesellschaften* mit einer meritokratischen Leitfigur sozialer Ungleichheit" (ebd., S.42, Hervorhebung im Original).

Aber auch wenn man von solchen „Finessen" absieht und die Meritokratie als Chance betrachtet, Spitzenpositionen anstatt weiterzuvererben an Menschen zu vergeben, die sie sich tatsächlich verdient haben, geht die Rechnung keineswegs auf. Die Ankunft einer derart gestalteten Bildungsgesellschaft ließe sich ja leicht belegen, in dem man eine stärkere „Durchlässigkeit" bzw. „Mobilität" zwischen sozialen Schichten nachweist. D.h. aufzeigt, dass Reiche inzwischen häufiger einen sozialen Abstieg erleben, wehrend Ärmere mehr Chancen erhalten, nach oben zu kommen. Dazu, dass diese Entwicklung keinesfalls eintritt, sondern eher umgekehrte Prozesse zu beobachten sind, trägt gerade die „Bildungsexplosion" – welche laut allseitigen Bekundungen die Meritokratie befördern sollte – sehr viel bei. Denn in einer Zeit, in der es ein eklatantes Überangebot an hochqualifizierten Arbeitssuchenden gibt, kommt es laut Brown Lauder und Ashton (2011, S.139f) zwangsweise zu einer „credential inflation", was bedeutet, dass akademische Titel und ebenso Notendurchschnitte an sich immer weniger Aussagekraft besitzen. Arbeitgeber/innen, die lukrative Jobs zu besetzen haben, können folglich an Interessent/innen zusätzlich zu einer bestimmten bescheinigten Qualifikation alle möglichen weiteren Anforderungen stellen. Eine der wichtigsten davon ist, dass der Abschluss von einer Bildungsstätte zu stammen hat, die als „Eliteuniversität" betrachtet wird. Wer eine andere Hochschule besucht hat, braucht sich heutzutage in vielen Ländern – und hier v.a. in den USA und in Großbritannien – gar nicht auf besser bezahlte Posten zu bewerben (vgl. ebd., S.94f). Gleichzeitig wissen entsprechend bezeichnete Institutionen um den Wert ihrer Zertifikate im beruflichen Konkurrenzkampf und stellen nicht nur immer höhere Studiengelder in Rechnung, sondern verlangen ihrerseits von Anwärter/innen, dass sie außerordentliche Vorleistungen nachweisen – v.a. in Form von Zeugnissen privater höher bildender Schulen, deren Gebühren sich wiederum seit den 1970er Jahren mehr als verdoppelt haben. In Kombination mit dem Faktum der stagnie-

---

[215] Die Tatsache, dass die Meritokratie ausgehend von solchen und ähnlichen Überlegungen ein zutiefst demokratiefeindliches Konzept darstellt, bildet den Hauptgrund dafür, warum sich fast alle im vorliegenden Buch angesprochenen Theoretiker/innen (außer Daniel Bell und z.T. Theodor W. Adorno) von ihm abgrenzen und warum auch der Autor des vorliegenden Buches sich immer wieder überdeutlich dagegen positioniert.

renden Akademiker/innen-Gehälter resultiert daraus, dass immer weniger Hochgebildete ihrem eigenen Nachwuchs die Grundvoraussetzung für einen gut entlohnten Arbeitsplatz mit auf den Weg geben können (vgl. S.139f, siehe auch Schluss des Abschnitts 6.3.3.).

Wie in der Zusammenfassung des 6. Kapitels (Abschnitt „Neoliberale Bildungspolitik") bereits angesprochen, ist das eine Problematik, die derzeit die USA und Großbritannien bedeutend stärker betrifft, als den deutschsprachigen Raum. Jedoch wird im Letzteren von Bewerber/innen auf bessere Jobs immer öfter erwartet, dass sie Zusatzschulungen und Auslandaufenthalte vorweisen können, welche genauso mit (oft sehr) hohen Ausgaben verbunden sind. Das stellt einen der Gründe dar, warum die „soziale Mobilität" in unseren Bandbreiten trotz der größtenteils von der öffentlichen Hand finanzierten tertiären Bildung keineswegs höher ist, als in den oben behandelten Ländern (zum Zusammenhang zwischen finanziellen Grundvoraussetzungen, Auslandsstudien und Karrierechancen siehe Zeit online 2012; zur „sozialen Mobilität" siehe Folgeabschnitt).

Solche Entwicklungen ermöglichen den wirklich Wohlhabenden, lukrative Posten unbehelligt unter ihren Kindern zu verteilen, dabei jedoch so zu tun, als würde alles mit „rechten Dingen" zugehen. In einer derartigen Konstellation degradiert die Idee der Meritokratie endgültig und für jede/n, die/der hinsehen wollen, offensichtlich zu einer der – wie es Brown et al. ausdrücken – Geschichten, welche Eliten erzählen, um sich selbst (aber genauso dem Rest der Welt) vorzumachen, sie hätten ihre gesellschaftliche Position auf Grund der eigenen Talente und Anstrengungen errungen (vgl. S.125). In Wirklichkeit handelt es sich beim gesamten entsprechenden Konzept lediglich um die Durchsetzung einer neuen Form der Weitergabe von Privilegien von Generation zu Generation, die der Legitimierung des verstärkten Ausschlusses aller nicht zur obersten Schicht Gehörenden von deren „Pfründen" dient (vgl. S.133f, S.161).

Und sollten einmal sämtliche Investitionen in Eliteausbildungen, Zusatzschulungen und Auslandsstudien nicht reichen, weil die Sprösslinge der Begüterten trotz aller kostspieligen Unterstützungsmaßnahmen an den Anforderungen der sie vermittelnden Institutionen scheitern, gibt es auch noch die Chance der Zweckentfremdung des oben erwähnten Postulats, dass Zeugnisse nicht alles über Kompetenzen aussagen. Schließlich existieren neben den „harten" auch noch „weiche" Fähigkeiten (soft skills), die in einem solchen Fall auf einmal für bedeutsam erklärt werden können. Z.B. die im Rahmen von Tests kaum belegbare, sondern lediglich in persönlichen Gesprächen feststellbare „emotionale Intelligenz". Oder einfach die Fertigkeit, „teuer" aufzutreten, damit Kund/innen des Unternehmens das Gefühl erhalten, „das Beste vom Besten" zu bekommen (vgl. S.96). Heike Solga (vgl. 2005, S.183) zufolge dient das Argument des Bedarfs an „sozialen Kompetenzen" bei der Rekrutierung von Mitarbeiter/innen oft lediglich der Rechtfertigung einer milieuabhängigen Zuweisung von Spitzenpositionen – als Möglichkeit der Differenzierung innerhalb der immer größer und heterogener werdenden Gruppe von Zertifikatsträger/innen. Unter dem Strich tendieren laut Brown und seinen Kollegen jene, die nach begabten Anwärter/innen für die von ihnen zu vergebenden Jobs suchen, dazu, ihre Definition dessen, was Talent ist, hauptsächlich von einem Blick in den Spiegel abzuleiten. „People like us" haben insofern immer die besseren Karten (vgl. Brown et al 2011, S.93).

## 7.4.5 Das breite Ende der Pyramide

Bisher wurde das Augenmerk in erster Linie auf „Normalverdiener/innen" gerichtet und das untere Ende der Einkommenspyramide bewusst vernachlässigt. Das Ziel war, die Probleme ihr zugehörender Menschen im Kontext der Prozesse rund um die Ausfaltung der Bildungsgesellschaft abschließend konzentriert zu behandeln.

Diese sind in Bezug gering Qualifizierte rein ökonomisch betrachtet mehr als offensichtlich. Brown, Lauder und Ashton bezeichnen solche Personen als die Hauptverlierer/innen der gesamten besprochenen Entwicklungen und belegen das mit Daten aus den zwei Ländern, die sie besonders intensiv untersuchen: Die 70% der US-amerikanischen Werktätigen, welche keinen Hochschulabschluss vorzuweisen haben, erlebten zwischen 1973 und 2005 eine Verringerung ihrer Einstiegsgehälter von 13 U$ auf 11 U$, was bei der Beachtung der Inflation einem außerordentlichen Einnahmensverlust gleichkommt. In Großbritannien konnte ein analoger Verfall nur durch die staatliche Stützung niedriger Einkommen abgewendet werden. Jedoch leben auch hier – genauso wie in den USA – ca. 25 Prozent der Bevölkerung von Mindestlöhnen, die nicht mehr als das Vegetieren in Armut ermöglichen. (vgl. ebd., S.116)

In den deutschsprachigen Ländern ist Ähnliches zu beobachten. Heike Solga (2005) setzt sich in ihrem Werk *Ohne Abschluss in die Bildungsgesellschaft* besonders intensiv mit der Situation der angesprochenen Gruppe in Deutschland auseinander. Auch laut ihrer Analyse sind nicht oder wenig qualifizierte Personen die wahren Verlierer/innen dargestellter Vorgänge. Denn ihnen sind im Zuge der beschriebenen Bildungsexplosion und -inflation früher bestehende Möglichkeiten trotz Mangels an Zertifikaten einen halbwegs gut bezahlten Job zu ergattern, inzwischen völlig versperrt (vgl. ebd., S.182). Dabei geht es nicht lediglich um schlechtere Entlohnung und all die anderen unmittelbar daran geknüpften Nachteile in Hinblick auf Arbeitsbedingungen, Sozialleistungen etc. Vielmehr sind die geringer im Vergleich zu besser Gebildeten verstärkt der Gefahr ausgesetzt, arbeitslos zu werden und das auch langfristig zu bleiben (vgl. ebd., S.91, S.152, S.113; ausführlich zu den ökonomischen Folgen der „Bildungsarmut" siehe Dohmen 2010).

Die gesamte Tragweite des Dargelegten erschließt sich, wenn man folgende aktuelle Tatsachen in Kombination betrachtet: Einerseits besteht eines der zentralen Merkmale der Zugehörigkeit zum unteren Gesellschaftssegment im niedrigen Bildungsniveau (vgl. ebd., S.150). Gleichzeitig ist das Bildungssystem nach oben hin fast gänzlich „dicht". Das trifft auf Deutschland noch mehr zu, als auf andere Länder – dem aktuellen *Eurostudent-Report* zufolge stellt es bezüglich der entsprechenden Durchlässigkeit gemeinsam mit vier Staaten des früheren Ostblocks Europas Schlusslicht dar. Nur zwei Prozent der Studierenden stammen hier aus „bildungsfernen" Elternhäusern (vgl. Zeit online 2012). Dass laut einer Studie der Heinrich-Böll-Stiftung in Deutschland lediglich ein Prozent der Kinder von Ungelernten den Sprung in eine Führungsposition schafft (Zeit Online 2010), überrascht vor dem Hintergrund bloß insofern, als es die außerordentliche Intelligenz und Durchsetzungsfähigkeit dieser Menschen unter Beweis stellt. Schließlich bilden Universitätsabschlüsse heutzutage eine Basisvoraussetzung für die Besetzung solcher Jobs. Damit dürfte sich ca. die Hälfte aus so einer Schicht stammender Studienabsolvent/innen leitende Posten erkämpfen. Doch das ist eine verschwindend geringe Minderheit, deren Existenz keinesfalls das Hochhalten des Traumes „vom Tellerwäscher zum Millionär" rechtfertigt. Im Gegenteil beweist die Studie, dass die soziale Mobilität bezogen auf die heute 32 bis 40-Jährigen im Vergleich zu vorhergehenden Generationen beträchtlich abgenommen hat. Somit befinden wir uns, wie der Vorstand der die Untersuchung in Auftrag gegebenen Stiftung resümiert – eindeutig (wieder) auf dem Weg zu einer geschlossenen Gesellschaft, „in der die soziale Herkunft über beruflichen Erfolg und sozialen Status entscheidet" (nach ebd.; siehe ebenso Dernbach 2010, ausführlich zu dem Thema siehe Becker; Lauterbach 2010 sowie Quenzel; Hurrelmann 2010).

Damit entlarvt sich die meritokratische Verheißung der Ablösung von Geburt an mitgegebener Privilegien durch auf Grund eigener Talente und Anstrengungen erworbene Vorrechte endgültig als eine Massensuggestion, viel eher jedoch als eine großangelegte politisch forcierte Massentäuschung. Doch während ein Großteil der Bevölkerung weiterhin darauf hereinfällt, sind es gerade Kinder und Jugendliche aus ärmeren Familien, die – ungeachtet dessen, ob bewusst oder nicht – die Fadenscheinigkeit derartiger Versprechungen immer mehr durchschauen. Denn das steigende Phänomen der „Bildungsverweigerung" unzähliger unter ihnen stellt ja im Endeffekt nichts anderes als ein Zeichen dafür dar, dass sie den Glauben an die Hebung ihrer beruflichen Chancen auf Basis eigener Anstrengungen in Hinblick auf Lernen verloren haben. Folglich handeln sie – auch wenn es uns Lehrenden nicht immer so vorkommt – durchaus Rational, weil sie dabei die Zweckmäßigkeit von Investitionen gegen die Möglichkeiten des Erzielens einer Rendite abwägen (siehe sinngemäß Sturzenhecker 2010, S.40f).

Die behandelten Prozesse sind aus der Sicht jener pädagogisch Tätigen besonders tragisch, die auf die Beteuerungen im Umfeld des Konstrukts der Bildungsgesellschaft hereinfielen und sich im Glauben wiegten (bzw. noch immer wiegen), durch ihre Bemühungen um eine Höherqualifizierung der Adressat/innen ihrer Maßnahmen zu mehr sozialer Gerechtigkeit beizutragen. Erst recht deprimierend muss das hier Beschriebene auf die von ihnen wirken, welche im Rahmen ihrer Arbeit eine Entwicklung hin zu einer Gesellschaft zu befördern erhofften, die das Etikett Demokratie – im Sinne der Partizipation tunlichst aller ihrer Mitglieder an ihren Ausfaltungen – tatsächlich verdient. Schließlich führten und führen ihre Anstrengungen aus der „Vogelperspektive" betrachtet genau zum gegenteiligen Ergebnis.

Erstens, weil die Bildungsexpansion massiv zur ökonomischen und damit gesellschaftlichen Exklusion der Angehörenden unterer (Bildungs-) Milieus beitrug. Denn das Label, „nur gering qualifiziert zu sein", hat in ihrem Zuge eine völlig neue Qualität erhalten. Menschen, die ein solches Brandmal heute tragen, haben nicht einfach geringere Chancen am Arbeitsmarkt. Vielmehr gelten sie zunehmend als „nicht beschäftigungsfähig", bzw. als nur für die allerprimitivsten und besonders schlecht entlohnten Arbeiten geeignet (vgl. Solga 2005, S.113, S.108ff). Dabei handelt es sich keinesfalls um irgendwelche statistisch vernachlässigbaren Randgruppen. Brown und seinen Mitautoren (vgl. 2011, S.123) zufolge sind die meisten [!] heute in Berufen beschäftigt, für die niedrige Ausbildungslevels vorausgesetzt sind, was auch in Zukunft weitgehend so bleiben soll. Sogar das staatliche (und damit zwangsweise optimistisch in die Zukunft blickende) US-amerikanische *Bureau of Labor Statistics* stellt die Prognose auf, dass weiterhin mehr als ein Drittel der Arbeitskräfte wenig oder überhaupt keine in speziellen Schulungen erworbenen Qualifikationen benötigen wird (nach ebd.). In einer Gesellschaft, in der Armut in Bezug auf Bildung immer mehr mit der Verelendung hinsichtlich ökonomischer Verhältnisse sowie des sozialen Status gleichzusetzen ist, bedeutet das die absolute Ausgrenzung eines beträchtlichen Teils ihrer Mitglieder.

Eine solche Entwicklung hat zweitens aus der demokratiepolitischen Perspektive höchst negative Konsequenzen. Das wird schon alleine daran ersichtlich, dass ärmere Personen prinzipiell weniger an politischen Prozessen partizipieren, als wohlhabendere (ausführlich dazu siehe z.B. Engels 2004). Im Kontext des Aufschwungs der Idee der Bildungsgesellschaft kommt noch erschwerend hinzu, dass mit ihr die Vorstellung einhergeht, Verlierer/innen des Systems hätten die gleichen Aufstiegsmöglichkeiten gehabt, wie alle anderen und wären somit an ihrer eigenen Misere selber schuld. Dabei wird nicht nur vollkommen ausgeblendet, dass Bildungssysteme eben keinesfalls durchlässig sind. Es erfolgt auch die Verdrängung der Tatsache, dass Talente zu ihrer Entfaltung ihrer Entdeckung und daraufhin Unterstützung bedürfen. Dahingehende Chancen sind jedoch insofern im höchsten Maße herkunftsabhängig verteilt, als es die statushöheren Gruppen sind, welche die Macht besitzen, zu definieren, was unter Begabung zu verstehen ist (vgl. Solga 2005, S.41, S.36). Ausgehend von entsprechenden (häufig „ungeschriebenen") Vorannahmen fördern und fordern wir Lehrenden die Teilnehmer/innen unserer Bildungsmaßnahmen oft sehr unterschiedlich und tragen damit (vielfach ungewollt) zur Vergrößerung der Leistungsunterschiede zwischen den „Guten" und „Schlechten" unter ihnen bei (vgl. ebd., S.46). In Letzter Konsequenz führt das zur Stigmatisierung der „Lernschwächeren" als „Dumme" und „Unwillige", was häufig ihre kontraproduktiven Verhaltensweisen – sowohl in Bezug auf Lernen als auch in Hinblick auf ihr Gebaren in der „Arbeitswelt" – verstärkt oder überhaupt erst hervorruft (vgl. ebd.; ausführlich siehe ebd., S.189ff).

Aber auch wenn wir uns bemühen, solchen Fallen zu entgehen und an die aktuelle Rhetorik angelehnt versuchen, alle unsere Schüler/innen und Studierenden gleichermaßen zu „aktivieren", handeln wir nicht selten im Widerspruch zu unseren eigenen weltanschaulichen Überzeugungen. Denn wir arbeiten dabei ausschließlich auf die Veränderung einzelner Individuen hin und spielen ihnen folglich die gesamte Verantwortung für ihr weiteres Schicksal zu. Im Zuge dessen vernachlässigen wir den enormen Beitrag, den die gesellschaftlichen Rahmenbedingungen zum persönlichen Werdegang jedes Menschen leisten und verlieren die Notwendigkeit der Umgestaltung entsprechender Strukturen aus dem Blick (siehe auch ebd., S.51; mehr zum Thema „Demokratiefeindlichkeit" der Bildungsgesellschaft siehe Unterkapitel 8.1.3.).

## 7.5 Zwischenfazit in Hinblick auf Informationalismus

Genau um jene politökonomischen und sozialen Probleme unserer Zeit, die einer dringenden Lösung bedürfen, auf den Punkt zu bringen, konzentriert sich das Zwischenfazit dieses Kapitels auf das Thema Informationalismus. Bildungsfragen werden vorerst weitgehend ausgeklammert, um sie im folgenden Gesamtfazit detailliert aufzuarbeiten (Zusammenfassung der Hauptaussagen aus 7.4. siehe 8.1.2.).

Die Quintessenz in den Unterkapiteln 7.1. bis 7.3. dargelegter Einsichten kann am besten in tabellarischer Form dargestellt werden:

## 7. Ende des Informationalismus und Bankrott der Bildungsgesellschaft

| HAUPTASPEKTE DES INFORMATIONALISMUS ⬇ | ZENTRALE VERHEISSUNG | REALITÄT |
|---|---|---|
| Technikdeterminismus | Ende der technologiegetriebenen Verdrängung der Menschen aus Arbeitsprozessen in Folge von IKT-Innovationen beflügelter unendlicher Produktivitätszuwächse. Davon ausgehend nachhaltige Überwindung der Arbeitslosigkeit und enorme Verbesserung der Arbeitsbedingungen. | *Crash der ‚New Economy'* | Die IKT-Wirtschaft hatte kaum jemals größere Produktivitätszuwächse zu verbuchen und erst recht keinen dauerhaften Rückgang der Arbeitslosenquoten zur Folge. Aus damit zusammenhängenden ökonomischen Umstrukturierungen resultierte im Gegenteil über weite Strecken eine Zementierung bzw. Steigerung der Arbeitslosigkeit, auf jeden Fall aber eine Zunahme „prekärer" Arbeitsverhältnisse und v.a. eine Verschlechterung der Arbeitsbedingungen in Form des Zwangs zur absoluten Selbstaufopferung unzähliger Beschäftigter für das Unternehmen bei weitgehendem Verzicht auf ein Privatleben. |
| Neoliberalismus | Ende sämtlicher materieller Probleme der Welt in Folge grenzenloser der gesamten Menschheit zugutekommender Gewinnmaximierungen in einem von allen institutionellen Schranken befreiten Markt, der sich vollständig selbst reguliert. | *Crash der Finanzmärkte* | Die Renditen kamen wegen der Umverteilungspolitik von unten nach oben lediglich einer sehr dünnen Finanzelite zugute. Die daraus folgende Anhäufung gewaltiger Mengen von „Überschusskapital" in Kombination mit der vollständigen Deregulierung des (Finanz-) Marktes führte zur Entstehung eines „Kasinokapitalismus", dessen Pyramidenspiele schließlich die Finanzkrise verursachten, welche auch die Realwirtschaft zerstört. Die Mehrheit wurde in dieser Zeit nicht nur verhältnismäßig ärmer, sondern hat jetzt auch die Rechnung der Spekulant/innen zu begleichen. |
| Metaideologie | Ende der Ideologien und damit sowohl sozialer (Klassen-) Kämpfe als auch zwischenstaatlicher Konflikte in Folge der allgemeinen Anerkennung des Triumphes des Systems der freien Marktwirtschaft über jegliche konkurrierenden politökonomischen Organisationsformen. | *Gefahr des Crashs der Demokratien* | Das Faktum, dass sich die Wohlhabenden nicht nur jahrzehntelang am Rest der Bevölkerung bereicherten, sondern auch in der aktuellen Weltwirtschaftskrise, die sie mitverschuldeten, zu den „Kriegsgewinnern" gehören, versetzt die Menschen zunehmend in Wut – v.a. die Jugendlichen in den vom Niedergang besonders massiv betroffenen Ländern. Daraus resultieren steigende soziale Konflikte, welche sich zu einer Gefahr für die Staatsstrukturen und damit die Demokratie an sich zu entwickeln drohen. Gleichzeitig avanciert das Konzept der marktliberalen Diktatur zu einer ernstzunehmenden Systemalternative zum westlichen Gesellschaftsmodell. |

Des Weiteren ist auf den Zusammenhang in der Abfolge der drei hier behandelten zentralen Ereignisse *Dotcom-Krise -> Finanzkrise -> Staatskrise* hinzuweisen:

- Der Crash der ‚New Economy' 2000/01 führe dazu, dass die – trotz dem „Verbrennen" in dessen Zuge im Vergleich zur „Realwirtschaft" immer noch völlig unverhältnismäßigen – Reichtümer der Finanzbranche für Spekulationen auf anderen Märkten frei wurden. Die massiven Zinssenkungen der Notenbanken (mit dem Ziel der Ankurbelung des Konsums und damit der Verhinderung einer Wirtschaftskrise) fachten die

Entwicklung zusätzlich an, weil sie „konservatives" Sparen benachteiligten und riskante Investitionen beförderten.
- Auf der Suche nach Anlageformen, die nicht lediglich (wie die Internetökonomie) auf Träumen, sondern auf realen Werten basieren sollten, suchten sich Spekulant/innen die bis dahin florierenden US-amerikanischen Immobilienmarkt für ihre Pyramidenspiele aus. Diese waren so strukturiert, dass beim Platzen der entsprechenden Blase der gesamte Bankensektor in Mitleidenschaft gezogen wurde. Der Zusammenbruch der Finanzmärkte 2007/08 zwang die Staatsführungen dazu, enorme Geldmengen in den Bankensektor zu pumpen und sich dafür im gewaltigen Ausmaß zu verschulden.
- Letzteres brachte die Finanzen der reichsten Staaten der Erde selbst ins Wanken. Mehrere EU-Länder stehen inzwischen kurz vor dem Bankrott, oder sind bereits faktisch pleite und sogar die größte Wirtschaftsnation dieser Erde, die USA, bewegt sich am Rande der Zahlungsunfähigkeit. Die daraus resultierenden Sparmaßnahmen sorgen einerseits für soziale Konflikte. Andererseits hat sich der Westen damit auch von den Schwellenländern politisch abhängig gemacht, welche sich im Besitz eines großen Teils ihrer „Schuldscheine" befinden.

Zusammenfassend kann festgestellt werden, dass die oben erwähnten „Crashs" nicht nur das Platzen der aus den technikdeterministischen, neoliberalen und metaideologischen Aspekten des Informationalismus resultierenden „Blasen", sondern ebenso sämtlicher daran unmittelbar gekoppelter Träume bedeuten – jener vom Ende der Arbeitslosigkeit, der Armut sowie aller ideologischen Konflikte. Der informationelle Kapitalismus hat folglich keinesfalls – wie verheißen – zu einer Verbesserung der Lebensumstände einer breiten Bevölkerungsmehrheit beigetragen, sondern im Gegenteil zu ihrer massiven Verschlechterung geführt. Die (Spät-) Folgen seines Zusammenbruchs bedrohen das demokratische Gesellschaftsmodell in ihren Grundfesten.

Dabei darf jedoch keinesfalls vergessen werden, dass alle hier beschriebenen Versprechungen – wie in Kapitel 6 ausführlich behandelt – nichts anderes waren, als „Werbetricks", die dem Informationalismus zum Durchbruch verhelfen sollten, und das auch höchst erfolgreich getan haben. Selbstverständlich hatte jedoch keine/r seiner machtausübenden Proponent/innen jemals im Sinn, im Rahmen seiner Durchsetzung Wohlstand und Frieden für die gesamte Menschheit zu befördern. Solche in Sonntagsreden sowie in entsprechenden Positionspapieren von Wirtschaftsbossen und Regierenden lautstark proklamierten Ideale eigneten sich für sie lediglich dafür, ihre wahren Absichten hübsch zu verpacken, um sie Konsument/innen bzw. Wähler/innen besser zu verkaufen zu können. Wer jedoch tatsächlich Visionen hatte, brauchte ihrer Meinung nach dagegen dringend einen Arzt – eine Aussage, die dem im Zeitalter des Aufschwungs des Informationalismus vom Bankdirektor zum Chef der österreichischen Sozialdemokratie und damit auch zum österreichischen Bundeskanzler aufgestiegenen Franz Vranitzky zugeschrieben wird.

Diese Überlegungen erschließen eine zur gesamten bisherige Darstellung im diametralen Widerspruch stehende Perspektive. Darauf basierend ist es möglich bzw. sogar unumgänglich, an die Frage, ob sich der informationelle Kapitalismus lediglich im Umbruch befindet, oder faktisch am Ende ist, völlig anders heranzugehen, als es vorhin geschah. Wenn es nämlich nicht die oben präsentierten Visionen waren, die man Zuge seiner Ausfaltung zu realisieren gedachte, liegt es genauso nahe, nach den wahren hinter diesem System stehen-

## 7. Ende des Informationalismus und Bankrott der Bildungsgesellschaft

den Beweggründen Ausschau zu halten, wie es auch dazu herausfordert, seinen Erfolg anhand dessen zu beurteilen, ob es ihm gelungen ist, damit verbundene Ansinnen umzusetzen. Solche tatsächlichen Motive der Wirtschafts-, Sozial- und Bildungspolitik des hier behandelten Zeitalters wurden bereits im Abschnitt 6.6.2. der vorliegenden Arbeit benannt, sollen jedoch noch einmal zwecks Erleichterung der Gegenüberstellung aufgelistet werden:

- *Wirtschaftspolitik*:
  o Durchsetzung des Neoliberalismus als oberste Maxime nicht nur der wirtschafts- sondern der gesamten Politik.
  o Steigerung der Wertschöpfung pro Arbeitnehmer/in, von der möglichst ausschließlich Arbeitgeber/innen und Aktionär/innen profitieren sollten.
- *Sozialpolitik*:
  o Zementierung der Hegemonie finanzieller Eliten bei gleichzeitiger Zurückweisung der staatlichen Verantwortung für daraus resultierende soziale Probleme.
  o Verhinderung des Aufbäumens der Masse der Verlierer/innen des Informationalismus gegen die wenigen Profiteure dieses Systems.
- *Bildungspolitik*:
  o Diffusion (= Verbreitung, Streuung, Durchmischung) der Technologien im Bestreben, das „Humankapital" der informationellen Ökonomie auszubauen.
  o Pflanzen des marktwirtschaftlichen Denkens in die Köpfe der Menschen – ihre Affirmation neoliberaler „Naturgesetze".

Aus einem solchen Blickwinkel muss man bei der Analyse des Erfolgs des Informationalismus selbstverständlich zu einer vollkommen gegensätzlichen Schlussfolgerung gelangen, als zuvor. Demnach ist dieses System keinesfalls am Ende, sondern hat umgekehrt vortrefflich jegliche in ihn gesetzten, auch noch so hoch gesteckten Hoffnungen erfüllt. Der Neoliberalismus ist zwar inzwischen in der öffentlichen Meinung zu einem der meistverhassten Begriffe degradiert. Das kümmert aber insofern niemand, als es – wie bereits angesprochen – kaum jemals jemand gab und heute schon gar nicht nicht gibt, die/der sich offen zu so einer politökonomischen Spielart bekennen würde. Profitiert haben aber einige wenige von ihr sehr wohl, sowie in einem enormen Ausmaß und tun das bis heute in einer völlig unverschämten Art und Weise. Der große Rest hat zwar darunter (mit weiterhin steigender Intensität) zu leiden und die überwiegende Mehrheit hat auch begriffen, wie kontraproduktiv sowie perfide eine darauf basierende gesellschaftliche Organisationsform ist. Jedoch fühlen sich fast alle Menschen außerstande, irgendwas zu unternehmen, um sie aus den Angeln zu heben. Im Gegenteil scheint ihnen eines der Grundaxiome des informationellen Kapitalismus – jenes, dass die öffentliche Hand immer stärkere Einsparungen in sämtlichen sozialen Bereichen (zu denen auch die Bildung z.T. gehört) vornehmen muss – angesichts der horrenden Staatsausgaben, welche die Rettung des Finanzmarktes verursachte, einleuchtender als je zuvor.

Die völlig perverse „Ironie" der aktuellen Ereignisse könnte demnach darin bestehen, dass gerade der Zusammenbruch des neoliberalen Marktsystems die Realisierung des hinter dem Neoliberalismus und damit auch des Informationalismus stehenden Hauptziels befördern könnte – jenes der endgültigen Entmachtung sowie der auf die Spitze getriebenen Ausbeutung breiter Bevölkerungsschichten zum Zwecke der Vermehrung des Einflusses und des Vermögens von Eliten.

Das letzte Wort dieser Geschichte – und erst recht der Geschichte an sich – ist aber noch lange nicht gesprochen, auch wenn uns das radikale Proponent/innen des informationellen Kapitalismus seit Jahrzehnten einzureden versuchen. Denn die Geschichte der Menschheit ist – genauso wie das menschliche Schicksal – keinesfalls un(ab)wendbar, sondern wird von den Individuen, die sie im wahrsten Sinne des Wortes „erleben" aktiv mitgestaltet. Folglich lässt sich noch nicht mit Sicherheit sagen, ob der Informationalismus sich gerade endgültig als die alles beherrschende soziale Organisationsform manifestiert, oder, ob er in Wirklichkeit längst am Ende ist. Aus den bisherigen Ausführungen geht jedoch unmissverständlich hervor, dass Letzteres alleine schon insofern zutrifft, als der informationelle Kapitalismus als *Gesellschaft*skonzept absolut versagt hat – also als ein sozialer Entwurf, der nicht lediglich einzelnen Individuen, sondern der gesamten Gemeinschaft zugutekommen soll. Daraus resultiert, dass eine Gesellschaft, welche nach Möglichkeit Wohlstand, Freiheit und Frieden für *sämtliche* ihrer Mitglieder anstrebt, alles in ihrer Macht stehende dafür unternehmen muss, um dieses System endgültig zu zerschlagen.

# 8 Gesamtfazit und Ausblick

Die Zielsetzung der Zerstörung des Informationalismus in all seinen negativen Ausprägungen kommt mehr oder weniger dem Anspruch der Weltverbesserung gleich. Solchermaßen hoch gesetzte Latten bergen die Gefahr der demotivierenden Wirkung: Wird die Aufgabe als übermächtig und darüber hinaus noch als abstrakt empfunden, ist man schnell dazu geneigt, sich als unfähig zu erachten, sie auszuführen, woraus resultieren kann, dass man aufhört, sich überhaupt darüber Gedanken zu machen, was man zu ihrer Bewältigung beitragen könnte.

Deswegen gilt es im abschließenden Kapitel den Zusammenhang sämtlicher bisher aufgezeigter politökonomischer und sozialer Prozesse mit den Entwicklungen im Bildungssektor – und damit in jenem Bereich, in dem die Hauptzielgruppe des vorliegenden Buches tätig ist – knapp darzulegen. Vor allem aber ist alles vorhin Ausgesagte an die Frage daran zu binden, was wir Pädagog/innen in unserem beruflichen Umfeld konkret dazu beitragen können, die Auswüchse des informationellen Kapitalismus einzudämmen oder sogar zu einer dahingehenden „Schubumkehr" beizutragen.

In diesem Sinne folgt hier einer komprimierten Darstellung der wichtigsten Verknüpfungsknoten zwischen den untersuchten Gebieten mit einem Fokus auf Bildung und einem persönlichen „Resümee über Bildungsgesellschaft" des Autors eine eventuell etwas überraschende Wendung – ein „vorausblickender Rückblick". Dieser soll uns in Erinnerung rufen, welch einen reichen Schatz an nicht nur realisierbaren, sondern auch in zahlreichen Situationen bereits realisierten Lösungsansätzen für die behandelten Probleme die pädagogische Theorie sowie Praxis seit langem zu bieten hat. Danach werden drei „postinformationalistische Paradigmen" präsentiert, die uns bei der selbstständigen Orientierung auf dem weiteren Weg durch den Dschungel des Bildungsdiskurses helfen sollen. Das Schlusswort bringt eine der zentralen Grundaussagen des Buches auf den Punkt und offeriert – in Kombination mit dem im Abschnitt davor Besprochenen – den Leser/innen einen Vorschlag, wie sie persönlich einen gesamtgesellschaftlich betrachtet sinnvollen Fortschritt im Bildungsbereich in Hinblick auf das Verhältnis zwischen Pädagogik und Ökonomie befördern könnten.

## 8.1 Gesamtzusammenfassung in Bezug auf Bildung

Die enge Verkettung des informationalistischen Zugangs mit der Idee der Bildungsgesellschaft ergibt sich alleine schon daraus, dass – wie in der Einleitung postuliert – die Auffassung, Bildung würde eine zentrale, wenn nicht sogar tragende Säule unserer sozialen Organisationsform darstellen, niemals als ein eigenständiges, detailliert ausformuliertes Konzept existierte. Stattdessen entstand und gedieh sie als eine Art Nebenprodukt der Phantasien von einer von neuen Technologien beflügelten Informations- sowie Wissensgesellschaft. Diese Aussage konnte im Verlauf des Buches mehrfach untermauert werden – im Kapitel drei aus der Perspektive der politökonomischen und (medien-) soziologischen Theorie, im Kapitel sechs aus dem Blickwinkel der bildungspolitischen sowie bildungsinstitutionellen Praxis und schließlich ergänzend im vorangehenden siebten Kapitel vor dem Hintergrund aktuellster wirtschaftlicher Entwicklungen. Damit fand auch die davon abgeleitete Hypothese Bestätigung, laut der (erst) die ausführliche Untersuchung der Lage sich auf Information sowie Wissen stützender Gesellschaftskonstrukte es uns zu verstehen ermöglicht, in welchem Zustand sich die Bildungsgesellschaft befindet. Der gerade überdeutlich aufgezeigte Niedergang des informationellen Kapitalismus lässt also bereits die logische Schlussfolgerung des Zusammenbruchs der Vision von einer Bildungsgesellschaft zu.

Diese Aussage als ein Hauptergebnis des vorliegenden Werkes zu präsentieren, würde ihm jedoch lediglich in Hinblick auf einen Teilaspekt gerecht. Der wichtigste Beitrag der hier präsentierten Forschung zur Weiterentwicklung des pädagogischen Denkens und Handelns besteht darin, dass dabei zentrale Bildungsdiskurse der letzten 35 bis 40 Jahre in einen einheitlichen sowohl soziologischen als auch politökonomischen Bezugsrahmen eingeordnet werden können, ohne den nach Meinung des Autors die aktuellen Prozesse im Bildungsbereich sowohl in Theorie als auch in Praxis nicht vollständig zu erfassen sind, was auch die Entdeckung von Lösungsansätzen für damit zusammenhängende Probleme erschwert. Dieser Rahmen soll hier komprimiert nachgezeichnet werden, wobei eine Fokussierung auf von pädagogischer Warte aus betrachtet entscheidende Aspekte erfolgt. Die Ausführungen sind bewusst knapp gehalten und mit zahlreichen Querverweisen auf die Abschnitte des Buches versehen, in denen sie gründlich besprochen werden. Denn es geht hier nur darum, die bisherigen Analyseergebnisse kurz Revue passieren zu lassen und/oder Leser/innen dazu zu animieren, sie – bzw. jene von ihnen, die für sie persönlich von besonderer Relevanz sind – eingehend(er) zu rezipieren.[216]

### *8.1.1 Aufstieg und Höhepunkt des Informationalismus*

Zunächst gilt es jene Auswirkungen politökonomischer und damit verknüpfter gesellschaftlicher Vorgänge auf das pädagogische Konzipieren und Agieren hervorzuheben, die in der Zeit des Aufschwungs und v.a. in der Hochphase des informationellen Kapitalismus zum Tragen kamen – also die aus den späten 70er sowie 80er und v.a. jene aus den 90er Jahre des 20. Jahrhunderts. Die Hintergründe dieser Entwicklungen wurden in den Kapiteln zwei bis fünf und ihre konkreten Implikationen im Kapitel sechs ausführlich behandelt, wobei die Strukturierung dort – genauso wie hier – den drei Hauptparametern der im Unterkapitel 1.6. vorgestellten und im Unterkapitel 2.5. präzisierten Informationalismus-Definition folgte.

### **Technikdeterminismus**

Wie im Kapitel 2 und 3 dargelegt sowie im Abschnitt 3.3.2. zusammengefasst, basiert die gesamte Argumentationskette, die zum Postulat führt, wir würden in einer Gesellschaft leben, in der Bildung zur Existenzgrundlage sowohl jedes einzelnen Individuums als auch ganzer Länder, Staatenbünde und Kontinente avanciert sei, auf der Behauptung, Information und damit Wissen wären in Folge des technologischen Fortschritts zu zentralen Res-

---

[216] Dem Autor ist klar, dass viele seiner Adressat/innen rein aus Zeitgründen gezwungen sind, „selektiv" zu lesen – erst recht bei einem Buch so einer Größenordnung. Diese Zusammenfassung dient folglich nicht zuletzt dazu, ihnen das Auffinden für sie wichtiger Detailinformationen zu erleichtern. Des Weiteren seien „Schnellleser/innen" auf die Zwischenfazits verwiesen, welche es zu jedem Kapitel gibt, wobei jenes zum sechsten in Hinblick auf Bildungsfragen besonders aufschlussreich ist.

sourcen sowie zu wichtigsten Rohstoffen der Wirtschaft aufgestiegen. Eine solche Idee teilen nicht nur herausragende Vertreter/innen der politökonomischen und (medien-) soziologischen Theorie. Sie ist – wie aus dem Kapitel 6 deutlich hervorgeht – auch jenen Praktiker/innen gemeinsam, welche den Bildungsbereich sowohl in Bezug auf politische Vorgaben als ebenso hinsichtlich ihrer Exekution an Institutionen des Lehrens und Lernens in den letzten Jahrzehnten maßgeblich gestalteten.

Als eines der größten Probleme des dahinter stehenden technologiezentrierten (Aber-) Glaubens wurde die Entmündigung der Gesellschaft und mit ihr ihrer einzelnen Mitglieder herausgearbeitet (siehe 5.1., 6.1. und Anfang von 6.6.1.). Das alleine ist bereits pädagogisch im höchsten Maße bedeutsam. Denn seit den Ursprüngen des systematischen Denkens über Bildung gilt die Befähigung des Menschen zur Selbstbestimmung als höchstes Ziel aller entsprechenden Maßnahmen (siehe Anfang von 6.4.2.). Insofern steht der Informationalismus schon in Hinblick auf sein erstes Grundprinzip in diametraler Opposition zu genuinen Bestrebungen der Pädagogik.

Die Technologiehörigkeit und mit ihr der Informationalismus erlebten in der zweiten Hälfte der 1990er Jahre ihren (vorläufigen) Höhepunkt, als die Politik sich von der webbasierten ‚New Economy' eine vollkommene Umwälzung bisheriger Wirtschaftsstrukturen versprach und einen Großteil ihrer Agenda in den Dienst der Beförderung entsprechender Prozesse stellte (siehe 5.2. und die letzten Abschnitte von 5.3.). Im Bildungssektor schlug sich das insofern nieder, als die wenigen staatlichen Zusatzinvestitionen in diesen Bereich fast ausschließlich in die Beschaffung „internetfähiger" Computer sowie in die Vermittlung von Fertigkeiten zu ihrer Bedienung bzw. in die Ausbreitung des „elektronische Lernens" flossen, was nicht zuletzt einer verstärkten gesellschaftlichen Diffusion von IKT dienen und im Endeffekt der Ökonomie zugutekommen sollte. Die dabei eingesetzten didaktischen Methoden richteten sich fast ausschließlich auf den passiven Erwerb schnell veraltender instrumenteller Kenntnisse und des unzusammenhängenden „trägen" Faktenwissens. In Kombination mit überhöhten Erwartungen bzgl. der Lerneffekte und Rentabilität des eLearnings wurde die Idee des medienunterstützten Kompetenzerwerbs im Zuge dessen (z.T. zu Unrecht) massiv diskreditiert (siehe 6.2., den Unterabschnitt von 6.6.1. zum „bildungspolitischen Technikdeterminismus" und Anfang von 6.6.3.).

**Neoliberalismus**

In den Abschnitten 5.1.2. und 5.2 erfolgte die Hervorhebung der Tatsache, dass der technische Determinismus hauptsächlich zur Durchsetzung eines weiteren, viel schwerer zu „verkaufenden" auf einer gänzlich anderen Ebene eingesetzt wurde – des Wirtschaftsdeterminismus (siehe 5.1.2. und 5.2). Die gesamte Weltgemeinschaft sollte sich dem politischen Willen nach neoliberalen „Naturgesetzen" unterordnen, wobei dem Bildungssektor die Aufgabe des „Pflanzens des marktwirtschaftlichen Denkens in die Köpfe" der Bürger/innen zukam (siehe 6.3). Hauptsächlich zielte das auf die Steigerung der ökonomisch verwertbaren Leistungsfähigkeit der Individuen bei ihrem gleichzeitigen Verzicht auf die gerechte Verteilung der Früchte ihrer Arbeit ab. Eine wichtige Methode zur entsprechenden „Umerziehung" der Bürger/innen bestand in der Panikmache vor der (von Regierenden wohlhabender Staaten selbst bewusst geschaffenen) globalen Konkurrenz sowie mit ihr vor dem persönlichen sozialen Abstieg, wenn nicht sogar vor Verelendung (siehe 5.2.2.; zur inzwischen realen Grundlage dieser Angst siehe 7.4.2.). Davon ausgehend sollten Menschen ihre

Überlebensinstinkte aktivieren, um ihr „Letztes" für ihre Arbeitgeber/innen und damit zur Erhaltung bzw. für den Ausbau ihres Wirtschaftsstandorts zu geben (siehe v.a. Anfang des Abschnitts „psychologische Implikationen" von 6.6.1.). Als ein weiterer dahingehender Ansatz wurde ein meritokratisches „Chancen-Übereinkommen" lanciert und ständig massiv propagiert, demzufolge alle Individuen, welche sich – in erster Linie in Bezug auf den Kompetenzerwerb im Rahmen von Schulungen – genügend anstrengen, unabhängig von ihren Startbedingungen die Aussicht darauf erhalten sollten, die höchsten gesellschaftlichen Positionen zu erklimmen. Die Kehrseite dieses (nachweislich falschen) Versprechens war, dass die zunehmend zahlreichen Verlierer/innen des Systems als die einzig Schuldigen an ihrer Misere zu erachten waren (siehe 7.4. – hier v.a. 7.4.1 sowie 7.4.4., zum Thema „blame-the-victim" siehe auch 6.4.1.).

Im Bildungsbereich wirkten sich solche Zugänge konkret in Form eines intensivierten Konkurrenz- und Wettbewerbsdrucks sowie der Ausbreitung des Sozialdarwinismus aus. Das führte auf der einen Seite zur immer größeren Entsolidarisierung und daraufhin zur Repression gegenüber schwächeren Schüler/innen bis hin zu ihrem vollständigen Verdrängen aus dem System. Diese potenziell für die Wirtschaft irrelevanten zukünftigen „Passivposten" wurden auf das Einnehmen einer unterwürfig-defensiven Haltung gedrillt, in der sie keinesfalls nach den wahren Gründen für ihre Probleme fragen dürfen, sondern sich lediglich für die eigenen Mängel zu schämen haben. Hinsichtlich jener, die sich mit einer derartigen Rolle nicht abfanden, erfolgte das Abschieben in diverse Anstalten für „Bildungsverweiger/innen" sowie „Schwererziehbare" und in letzter Konsequenz die Verwahrung in Gefängnissen (siehe v.a. Anfang des Abschnitts 6.4.4.). Da es einen absolut untrennbaren (nicht zuletzt bildungspolitisch verschuldeten) Zusammenhang zwischen niedrigem Bildungs- und Lebensniveau der Eltern sowie schlechten Lernleistungen und der geringen Qualifizierung ihrer Nachkommen gibt (siehe 7.4.5.), trafen entsprechende Maßnahmen fast ausschließlich Kinder aus unteren Milieus.

Um die ökonomisch „verwertbaren" Sprösslinge der Mittelschicht für das reibungslose Funktionieren im marktliberalen Wirtschaftssystem fit zu machen, bediente man sich anderer – viel diffizilerer – Strategien. Im Rahmen der (auch auf den Bildungsbereich zunehmend übergreifenden) Überzeugung, dass „jeder seines eigenen Glückes Schmied" sei, wurde diesen Schüler/innen und Studierenden eingebläut, sie selbst wären die Einzigen, die für das Gelingen ihrer Lernprozesse sowie folglich für ihr weiteres Schicksal in der „Wissensgesellschaft" haften würden. Vor dem Hintergrund der von allen Seiten geschürten Statuspanik lernten sie *Fremd*anforderungen bzgl. ständiger Steigerung der Effizienz ihrer Arbeitserträge als ein *Eigen*bedürfnis zu erfahren. Unter Einsatz modernster (auf dem Missbrauch reformpädagogischer Ideale basierender) didaktischer Methoden zur Erhöhung der Flexibilität, Adaptivität und v.a. Selbstregulierung von Lernprozessen wurden sie intensiv auf berufliche Situationen vorbereitet, in denen sie sich zwar ihre Arbeitsziele nicht autonom setzen dürfen, sehr wohl aber innerhalb kürzester Zeit selbstständig zu entscheiden haben, wie sie bereits definierte Vorgaben möglichst schnell und (kosten-) effizient erreichen sowie auch, wie sie dabei etwaige Konkurrent/innen „ausschalten" (siehe 6.4.2.). Zur Durchsetzung und Exekution entsprechender Ansinnen erfolgte der Einsatz psychologisch höchst ausgeklügelter Verfahren, mit deren Hilfe der Austausch äußerer Kontrolle und Sanktionen gegen die fortwährende Überwachung sowohl der eigenen Handlungen als auch Gedanken durch die Lernenden selbst stattfand (siehe 6.4.3. sowie 6.4.4.; Zusammenfassung siehe Schluss des Unterabschnitts „Psychologische Implikationen" von 6.6.1.).

## 8. Gesamtfazit und Ausblick

**Metaideologie**

Das besonders Gewiefte und gleichzeitig Perfide am informationalistischen Zugang bestand darin, dass er eine Gleichschaltung sämtlicher bis dahin vorherrschender Ideologien beförderte und somit zahlreiche Menschen aber ebenso Interessensgruppen sowie -vertretungen ihre eigentlichen Werte vergessen, verdrängen bzw. aufgeben ließ. Einer ausnehmend identitätsverzerrenden Modifikation unterwarf sich dabei die sozialistische Gesinnung, zu deren Anhänger/innen (auf dem Papier) fast alle Mächtigen in der westlichen Hemisphäre auf dem Höhepunkt des Informationalismus zählten (ausführlich siehe 5.3.). Das zeigt sich u.a. daran, dass Letztere den diese Bewegung charakterisierenden Anspruch aufgaben, möglichst allen Mitgliedern der Gesellschaft einen Zugang zur (nicht zuletzt höheren) Bildung zu verschaffen. Stattdessen plädierten sie ebenso in Bezug auf einen solchen Punkt für das Ersetzen der Verteilungsgerechtigkeit durch Chancengleichheit (zu beiden Begriffen siehe 5.3.3.) und schwenkten damit auf die oben erwähnte meritokratisch-sozialdarwinistische Linie ein. Die finanziellen Folgen derartiger Bestrebungen für den Bildungssektor hielten sich aber in Grenzen, weil die Politik mit dem lautstarken Appell seitens der Wirtschaft zur Steigerung von Investitionen in das „Humankapital" zur Hebung der „Akademikerquote" konfrontiert war und deswegen kaum Spielräume für Einsparungen hatte (siehe 6.3.3. sowie 6.3.4.).

Viel stärker trafen metaideologische Prozesse den pädagogischen Bereich auf der immateriellen Ebene. Das Faktum, dass der Politik grundsätzlich die gestaltende Rolle abhandenkam, oder viel mehr, dass sie sich selbst bewusst derer entledigte, stellt sowohl das wichtigste Zeichen für als auch ein essentielles Ergebnis derartiger Vorgänge dar (siehe 5.2.4.). Statt ihr wurde der Bildungssektor allseits für die Lösung der meisten Probleme der Informations- und Wissensgesellschaft in die Pflicht genommen, wovon Ausgehend sein Brandmarken als Hauptschuldiger für sämtliche ökonomischen Schwierigkeiten erfolgte – und hier v.a. für jene am Arbeitsmarkt. Die Konsequenz war die in immer kürzeren Abständen immer massiver an die Pädagogik herangetragene Forderung nach einem radikalen Wechsel aller Leitprinzipien ihres Handelns. Nach mehreren Phasen von „Versuch und Irrtum" offerierte die Lerntheorie auf dem Höhepunkt des Informationalismus ein passendes angeblich brandneues Paradigma in Form des „moderaten Konstruktivismus" (siehe 6.5.1.). In der Realität war an diesem (in erster Linie auf Grund seiner Entlehnung aus von der Erziehungswissenschaft weit entfernten Forschungsgebieten) nicht „operationalisierbaren" Konstrukt jedoch kaum etwas neu. Durch das Verunglimpfen sowie „Über-Bord-Werfen" jeglicher vorangehender Ansätze verschob man größtenteils lediglich altbekannte Probleme, anstatt sie zu lösen. Insofern veränderte sich in der Praxis des Unterrichts auch sehr wenig (siehe 6.5.2.).

Die einzige konkrete (im wahrsten Sinne des Wortes) dramatische Auswirkung der pädagogischen „Revolution" in der Hochphase des informationellen Kapitalismus manifestierte sich daran, dass Leitungen von Bildungsanstalten und zahlreiche Lehrende den auf ihnen lastenden enormen politischen sowie öffentlichen Druck an ihre Schüler/innen und Studierenden weitergaben, indem sie die Verantwortung für das Gelingen und v.a. für das Scheitern ihrer Lehrmaßnahmen an die Lernenden selbst delegierten. Eine Bildungsphilosophie, im Rahmen derer die Betrachtung der Subjekte als der einzigen „Konstrukteure" ihrer Wirklichkeit erfolgt, erwies sich dabei analog zum Informationalismus als eine perfekte Metaideologie, unter deren Einsatz die vermeintlichen Naturgesetze der neoliberalen Ökonomie pädagogischen Institutionen übergestülpt werden konnten (siehe 6.5.3. und

6.5.4.). In einer sozialen Organisationsform, in der das berufliche Vorankommen massiv von Bildungszertifikaten abhängt (siehe 7.4.), führte das in Verbindung mit der damit verknüpften „pädagogischen Enthaltsamkeit" zu einer zunehmenden Bevorzugung von (finanziellen) Oberschichten. Erstens, weil im Zuge dessen von Grundschule bis zur Universität sowie erst Recht an Fortbildungsinstitutionen ihre Bildungsgewohnheiten, für die u.a. ein lockerer Umgang mit „offenen" Situationen charakteristisch ist, als unhinterfragbare Norm installiert wurden. Und zweitens, weil sich im pädagogischen Sektor Analog zum wirtschaftlichen (nicht so offen ausgesprochen, wie bei diesem, aber doch) die Einstellung durchsetzte, dass die Förderung Schwächerer nichts anderes, als eine unzulässige Verzerrung des „natürlichen" Wettbewerbs wäre (siehe 6.5., v.a. 6.5.4. und Schluss von 6.6.1.).

### 8.1.2 Niedergang des informationellen Kapitalismus

Alles bisher Zusammengefasste hauptsächlich auf die Vorhänge gegen Ende des 20. Jahrhunderts Bezogene würde die Feststellung des Platzens des Traums von einer Bildungsgesellschaft bzw. die – in der beschriebenen Form von Anfang an gegebene – Unhaltbarkeit dieser „Vision" mehr als rechtfertigen. Wie sehr sich das Gedankenkonstrukt selbst ad absurdum führt, wenn nicht sogar selbst zerstört, kommt jedoch bei der Betrachtung jener (polit-) ökonomischer sowie sozialer Entwicklungen noch deutlicher zum Vorschein, welche seit der Jahrtausendwende und hier in erster Linie seit der in den Jahren 2007/08 einsetzenden Weltwirtschaftskrise eintraten und an denen im vorliegenden Buch der Niedergang des informationellen Kapitalismus festgemacht wird (siehe 7.1. bis 7.3.). Schließlich ist daran eindeutig zu erkennen, dass das neoliberale meritokratische „Chancen-Übereinkommen" – das dazu diente, dem Großteil der Bevölkerung in den wohlhabenden Ländern die Idee der Bildungsgesellschaft „schmackhaft" zu machen und unzählige Individuen dazu zu bringen, ihr ganzes Leben dementsprechend auszurichten (siehe 7.4.1.) – sich für die überwiegende Mehrheit nicht nur keineswegs bewahrheitete, sondern im Gegenteil als eine Falle erwies.

Denn diesbezügliche Hoffnungen bzw. Ängste davor, den Anschluss an eine derartige soziale Organisationsform zu verpassen, zwangen seit Beginn des informationalistischen Zeitalters immer mehr Menschen in ein „Gerangel um Papierqualifikationen". Das mündete in einer „Bildungsexplosion" sowie folglich „Bildungsinflation" und führte insofern zu einem „sozialen Stau", als heutzutage eine fortwährend wachsende Zahl hoch qualifizierter Arbeitssuchender um ein Angebot an lukrativen Jobs mit einander wetteifert, das sich (trotz aller informationalistischen Verheißungen) im Verhältnis zur Nachfrage ständig verringert. Letzteres nicht zuletzt deshalb, weil um die Jahrtausendwende auch ärmere Staaten – und hier v.a. so bevölkerungsreiche Schwellenländer wie China sowie Indien – in den „globalen Wissenskrieg" mit den reicheren eingetreten sind. Dabei machen sie sich den von westlichen Regierungen durchgesetzten erdumspannenden Konkurrenzkampf zunutze und schicken Millionen von Studienabsolvent/innen in die inzwischen weltweite Schlacht um besser entlohnte Arbeitsplätze. Haben sich die Gehälter von Akademiker/innen in (Post-) Industrienationen trotz andauernd steigender Lebenserhaltungskosten bereits seit den frühen 1970er Jahren nicht erhöht, so entsteht seit den 2000er Jahren und erst recht seit dem Einbruch der Weltwirtschaft eine immer breitere Schicht von „hochqualifizierten Niedriglohnarbeiter/innen", welche ihre Dienste (durchaus auch im Sinne von früher hochbezahlten

## 8. Gesamtfazit und Ausblick

Dienstleistungen) zu Dumpingpreisen anbieten und sich dabei ebenso in Hinblick auf ihre Forderungen bzgl. Rahmenbedingungen ihrer Tätigkeiten und Gesundheits- sowie Pensionsvorsorge gegenseitig unterbieten. Hinzu kommt das sich in Folge des technologischen Fortschritts immer mehr herauskristallisierende Versagen aller politökonomischen Prophezeiungen, laut denen IKT der Verdrängung von Menschen aus Arbeitsprozessen und ihrer Entmündigung im Rahmen fließbandgesteuerter Produktionsmechanismen des Industriezeitalters entgegenwirken sollten. Schließlich wird ab dem ersten Jahrzehnt des neuen Jahrtausends zunehmend klar, dass solche Technologien – und hier v.a. jene, die sich auf Internetanwendungen stützen – sowohl (wie bereits alle anderen davor) massiv dazu genutzt werden, menschliche Arbeitskraft zu ersetzen oder wenigstens bedeutend zu verbilligen als auch, um Beschäftigte einer rigiden Kontrolle, wenn nicht sogar Fernsteuerung im Sinne eines „digitalen Taylorismus" zu unterwerfen. (siehe 7.4.2.)

Dieser stellt jedoch nur einen Teilgrund dafür dar, warum die Mittelschicht in den letzten Jahrzehnten und erst recht Jahren einen enormen Verlust individueller Freiheiten und der Lebensqualität erfuhr und weiterhin erfährt. Letzteres ist hauptsächlich darauf zurückzuführen, dass ihr Angehörende gezwungen sind, immer mehr Zeit, Anstrengungen sowie Geld in Aus- und Weiterbildungsmaßnahmen zu investieren, die für sie ein geringes bzw. überhaupt kein „intrinsisches" Interesse aufweisen. Das Lukrieren des Existenzunterhalts entwickelt sich so zu einem zentralen, wenn oft nicht sogar zum einzigen Existenzinhalt. Das gesamte Dasein wird – häufig von frühester Kindheit an – dem Kampf ums berufliche Vorwärtskommen untergeordnet (siehe 7.4.3.). Dabei beschränkt sich die entsprechende „ökonomische Versklavung" der Hochgebildeten nicht auf ihre (inzwischen „lebenslange") Teilnahme an Schulungen, sondern setzt sich in Form einer grenzenlosen Selbstausbeutung nahtlos im Beruf fort (siehe 7.1.4.). Von meritokratischen Verheißungen geblendet und von Existenzängsten getrieben scheinen dabei die wenigsten von ihnen zu bemerken, dass sie für ihren ständig intensivierten Einsatz immer geringere Gegenleistungen erhalten.

Die einzigen wirklichen Gewinner/innen der Bildungsgesellschaft in der beschriebenen Form sind die ca. 10% „Superreichen", deren Einkünfte in der behandelten Zeitspanne explosionsartig stiegen (siehe 7.3.3. und v.a. 7.3.4.). Den weitverbreiteten (Aber-) Glauben, demnach heute alle, die genug Talent mitbringen und sich beim Lernen besonders anstrengen, die gleichen Karrierechancen haben, missbrauchen sie zur Legitimierung des Ausbaus sowie der Vererbung eigener Privilegien. Die Weitergabe ihrer Vorrechte an ihre Kinder können sie einerseits durch die Finanzierung diverser für „Normalverdiener/innen" unerschwinglicher „elitärer" Aus-, Fort- und Zusatzbildungen bewerkstelligen – das Vorliegen entsprechender Zertifikate ist inzwischen vielerorts zu einer Grundvoraussetzung avanciert, um sich überhaupt für einen gut entlohnten Posten bewerben zu können. Andererseits besitzen sie auch im Falle des Scheiterns ihrer Sprösslinge an den Anforderungen begehrte Atteste distribuierender Anstalten vielfältige Möglichkeiten, ihnen bestbezahlte berufliche Positionen zu verschaffen. Dabei helfen ihnen sowohl ihre informellen Netzwerke, als auch die Erwartungshaltungen von Anbieter/innen lukrativer Jobs in Hinblick auf „people like us" (siehe 7.1.4).

Der verschwindend geringen Anzahl von Sieger/innen steht eine gewaltige Menge der wahren Verlierer/innen der Prozesse rund um die Ausfaltung der Bildungsgesellschaft gegenüber. Sie gehört den unteren sozialen Milieus an, deren zentrales Merkmal (neuerdings) ihr Mangel an bescheinigten und für das berufliche Vorwärtskommen anerkannten Qualifi-

kationen darstellt. Ihre Löhne und Gehälter sind in den wohlhabenden Ländern nicht nur –
wie bei der Mittelschicht – seit den 1970er Jahren keineswegs gestiegen, sondern (mancherorts sogar „inflationsbereinigt") gefallen. Außerdem sind sie – nicht zuletzt vor dem
Hintergrund der Weltwirtschaftskrise – zunehmend der Gefahr ausgesetzt, arbeitslos zu
werden sowie es auch langfristig zu bleiben, was ihrer endgültigen gesellschaftlichen Ausgrenzung gleichkommt. In Hinsicht auf eine solche Bevölkerungsgruppe ist die Fadenscheinigkeit des meritokratischen „Chancen-Übereinkommens" besonders evident, da sich
das Bildungssystem nach oben hin als absolut undurchlässig erweist. Im Gegenteil wird
gerade am Werdegang dieser Menschen überdeutlich, wie sehr die soziale Herkunft heutzutage den Erfolg und Status „von der Wiege bis zur Bahre" vorausbestimmt und zementiert.
Im Endeffekt dient in dem Kontext die Idee der Bildungsgesellschaft zum Brandmarken der
Zertifikatslosen als kaum bis überhaupt nicht „beschäftigungsfähig", in erster Linie jedoch
als Methode der Selbstentlassung der politisch sowie pädagogisch Tätigen aus ihrer sozialen Haftung. Denn sie ermöglicht es allen Verantwortlichen das ökonomische Scheitern von
Individuen als harte und dennoch gerechte Strafe für ihre fehlenden Begabungen, v.a. aber
für ihre unzureichenden Anstrengungen zu präsentieren. Im Zuge dessen wird sowohl der
politische als auch pädagogische Beitrag zur Existenz und der fortwährenden Potenzierung
der hier behandelten Problematik geschickt verschleiert. Dabei besteht der Erstere nicht
zuletzt in fehlenden Bemühungen um die Eröffnung tatsächlicher beruflicher Perspektiven
für die genannte Zielgruppe, die sie zu größeren Bildungsanstrengungen motivieren könnte, anstatt sie in die – angesichts ihrer Chancenlosigkeit absolut verständliche – „Bildungsverweigerung" zu treiben. Der pädagogische Bereich steuert dazu die Differenzierung zwischen und davon ausgehend die unterschiedliche Förderung von Kindern sowie Jugendlichen mit divergierenden „Bildungshintergründen" bei, was schnell zu einer Stigmatisierung
führt und im Endeffekt in der Verfestigung negativer Einstellungen zum Lernen und in
Folge auch zum Arbeiten mündet bzw. solche erst hervorruft. (siehe 7.4.5.)

### 8.1.3 Resümee über Bildungsgesellschaft

Das Aufgezeigte lässt aus der Sicht des Autors nur ein vernichtendes Gesamturteil über das
informationalistische Konstrukt der Bildungsgesellschaft zu. Dabei geht es nicht so sehr
darum, dass sich alle in seinem Dunstkreis ventilierten Versprechungen als nichts anderes
als „heiße Luft" erwiesen haben. Denn ein solches Schicksal ist zahlreichen utopischen
Visionen gemeinsam, was sie noch lange nicht zu Dystopien bzw. Schreckensvorstellungen
macht. Dafür, warum das Ideenkonglomerat der Bildungsgesellschaft in seinem beschriebenen Verständnis dermaßen apostrophiert werden muss, gibt es einen zentralen Grund:
Abgesehen von allen seinen gerade dargestellten Schwächen, Ungereimtheiten sowie Versagen ist es schlicht und ergreifend ein zutiefst demokratiefeindlicher Traum, dem lediglich
eine ganz dünne Schicht seiner Profiteur/innen nachhängen kann, welcher sich aber bei
näherer Betrachtung für die breite Bevölkerungsmehrheit eindeutig als ein Alptraum erweist.

Das untere Ende der entsprechenden Pyramide besteht aus jenen Menschen, welche
keine, geringe bzw. lediglich für die einfachsten (und folglich kläglich entlohnten) Jobs
anerkannte Qualifikationen besitzen. Dabei ist es in Anbetracht der zunehmenden Inflation
von Bildungstiteln heutzutage immer einfacher, auch trotz nachweisbarer Lernleistungen in
diese Gruppe abzurutschen. Die gesamte Tragweite des Problems manifestiert sich daran,

dass sogar optimistische aktuelle Prognosen (im Gegensatz zu denen, die in Zeiten der informationalistischen Euphorie lanciert wurden) voraussagen, dass in Zukunft mehr als ein Drittel der Menschen in wohlhabenden Ländern in Berufen tätig bleibt, für die niedrige Ausbildungslevels oder überhaupt keine in speziellen Schulungen erworbenen Fertigkeiten vorausgesetzt sind. In einer sozialen Organisationsform, in der Armut in Bezug auf Bildung immer mehr mit der Verelendung hinsichtlich ökonomischer Verhältnisse sowie des sozialen Status gleichzusetzen ist, bedeutet das nichts anderes, als die absolute Ausgrenzung eines beträchtlichen Teils ihrer Mitglieder. Eine solche Schicht der Ausgeschlossenen ist jedoch keinesfalls natürlich oder auch nur einem Zufall zu „verdankend" gewachsen. Sie bildet im Gegenteil eine Grundbedingung für die Durchsetzung und Aufrechterhaltung der neoliberalen Wirtschaftsordnung, weswegen auch tunlichst darauf geschaut wird, dass sie sich ja nicht verkleinert (dazu siehe 7.2.3.).

Eine ihrer wichtigsten Funktionen besteht in der abschreckenden Wirkung, welche ihre Existenz auf die „Leistungsträger/innen" ausübt. Denn das Vorsetzen der „meritokratischen Karotte" alleine genügt nicht, um sie dazu zu bringen, ihre Qualifikationen und darauf basierend die Qualität ihrer Arbeit fortwährend zu steigern, ohne einzufordern, dafür gebührend entgolten zu werden. Erst angesichts der immanenten Statuspanik und Abstiegsangst ist die Mittelschicht dazu bereit, bei gleichem oder sogar sinkendem Einkommen längere Dienstzeiten, Pensionsabschläge, Reduktionen der Leistungen ihrer Krankenvorsorge, verminderte Karrieremöglichkeiten sowie die minimierte Arbeitsplatzsicherheit hinzunehmen. Die meritokratische Leitformel wirkt dazu insofern als eine perfekte Ergänzung, als sie der Überzeugung zum Siegeszug verhilft, in unserer Gesellschaft wäre jedes Individuum seines eigenen Glückes Schmied. Schließlich ist es im Rahmen eines derartigen Glaubensbekenntnisses naheliegend, jede/n Einzelne/n selbst dafür verantwortlich machen, wie viel sie oder er an den Früchten der Wirtschaft partizipiert. Sollte es dieser Person als unzureichend erscheinen, muss sie sich eben noch mehr (nicht zuletzt in Hinblick auf die Hebung der eigenen Qualifikationen) anstrengen, anstatt irgendwelche Forderungen an die „Beschäftiger" oder erst recht an den Staat zu stellen.

Im Endeffekt erweist sich die Proklamation der Bildungsgesellschaft somit als eine der Hauptmethoden zur Erhöhung der Wertschöpfung pro Arbeitnehmer/in, von der die Werktätigen selbst immer weniger, Arbeitgeber/innen, Teilhaber/innen und Aktionär/innen im Gegenzug immer mehr profitieren. Die so verstandene „Vision" dient folglich als eines der wichtigsten Hebel zur (Rück-) Eroberung der Macht sowie zum Ausbau des Reichtums finanzieller Oberschichten.

Der Bildungssektor leistet beträchtliche Beiträge zur Durchsetzung entsprechender Ansinnen, von denen die meisten gerade behandelt wurden. Auf den Punkt gebracht, findet hier eine rigide Selektion zwischen potenziell für die Ökonomie – bzw. für die Auserwählten, denen sie derzeit zugutekommt – verwertbaren und den in diesem Sinne eher als nutzlos erachteten Individuen statt. Daraufhin werden Erstere darin geschult, sich selbst zu immer höheren Leistungen anzutreiben und dabei auf die Berücksichtigung persönlicher Interessen sowie auf das Streben nach Lebensqualität zu verzichten. Hinsichtlich der Letzteren erfolgt dagegen das Drillen auf eine unterwürfig-defensive Haltung, in der sie jede Erniedrigung stillschweigend ertragen müssen und jeden ihnen zugeworfenen Brotkrumen dankbar aufzupicken haben. Die Tatsache, dass die Differenzierung in beide Blöcke massiv vom sozialen sowie dem daran untrennbar gekoppelten Bildungshintergrund der Teilnehmer/innen an Lehrmaßnahmen abhängt, wurde auch schon gerade angesprochen.

Ein bedeutender pädagogischer Ansatz, der nicht nur zu einer Zementierung der dargestellten Klassengrenze führt, sondern ebenso ihre Durchlässigkeit nach unten gewährleistet, fand aber in der vorliegenden Gesamtzusammenfassung noch kaum Erwähnung. Hierbei geht es um jenen (in 6.3.4. präsentierten und im Abschnitt zur „Neoliberalen Bildungspolitik" von 6.6.1. analysierten) Zugang, der dazu verhilft, die Gruppe der von der Wirtschaft als „Passivposten" angesehenen und jederzeit (sowohl durch Maschinen als auch durch Konkurrent/innen aus „Billiglohnländern") ersetzbaren „generischen Arbeitskräfte" trotz aller lautstark verkündeten Umwälzungen hin zu einer Wissensgesellschaft konstant zu halten. Dieser besteht in der fortwährenden Schwerpunktlegung auf die Vermittlung in kürzester Zeit veraltender instrumenteller Fertigkeiten und von „trägem", aus größeren Kontexten herausgerissenem Wissen. Das betrifft nicht nur – wie oben bereits angesprochen – Schulungen im Zusammenhang mit der ‚Informationstechnischen Bildung', sondern ist eine Problematik, die sich zunehmend auf den gesamten hier untersuchten Bereich ausdehnt. Der Aufschwung des Fachhochschulwesens sowie der (nicht zuletzt auf Grund des Drucks, im Konkurrenzkampf mit ihm zu bestehen) damit einhergehende steigende Eifer der Universitäten, ihren Absolvent/innen in der Berufspraxis sofort verwertbare Kenntnisse mit auf den Weg zu geben, stellt einen zentralen Beleg dafür dar. Denn ein – wie man im nächsten Unterkapitel sehen wird von viel früheren Postulaten übernommenes – Basisaxiom informationalistischer Theorien ist unbestreitbar richtig: Wir leben in einer Welt, in der spezialisierte Kompetenzen mit einer enormen und sich ständig beschleunigenden Geschwindigkeit obsolet werden. Alle, die hauptsächlich solche erwerben, sind vom Beginn ihrer professionellen Laufbahn an mit der fortwährend wachsenden Gefahr der eigenen Disqualifikation konfrontiert. Das macht sie einerseits gegenüber ihren Arbeitgeber/innen erpressbar und zwingt sie gleichzeitig dazu, andauernd – v.a. im Rahmen genauso sinnentleerter Schulungen – ihrer eigenen (Weiter-) Beschäftigungsfähigkeit nachzulaufen. Andererseits versperrt ihnen das in Kombination mit dem immerwährenden Existenzkampf den Blick auf größere Wissenshorizonte, deren Erschließung ihnen ermöglichen könnte, zu begreifen, was sie selbst zu einer tatsächlichen Verbesserung ihrer Lebensumstände sowie jener ihrer Leidensgenoss/innen beitragen könnten. Eine pädagogische Fokussierung auf die Vermittlung von Kompetenzen mit kurzem Verfallsdatum bedeutet folglich unter dem Stich nichts anderes, als die Bemühung um den Erhalt und den Ausbau der Herrschaft einer kleinen (angeblich) besonders gut gebildeten „unberechenbaren" Elite über eine große Mehrheit von un- bzw. halbgebildeten Menschen, deren Handlungen möglichst „berechenbar" (d.h. vorhersehbar) und damit leicht lenkbar sein sollen.

Vor einem solchen Hintergrund wird klar, dass die Bildung selbst – wie bereits in der zweiten Hälfte vom Abschnitt 6.6.3. hervorgehoben – als eines der größten Opfer hier dargelegter Prozesse zu betrachten sowie zu beklagen ist. Beim Ausrufen einer auf ihr basierenden sozialen Organisationsform ging es von Anfang an nie darum, entsprechende Maßnahmen so zu gestalten, dass sie einem Großteil der Menschen zugutekommen – sowohl im Sinne einer auf ihre ökonomische Situation als auch auf ihre Identitätskonstruktion bezogenen „Erfüllung". Das Einzige, was dabei zählte und weiterhin zählt ist, inwiefern ihre Durchführung „übergeordneten" wirtschaftlichen Interessen dient, wobei Letztere heutzutage (wieder) mit jenen der finanziellen Oberschicht als deckungsgleich gelten.

# 8. Gesamtfazit und Ausblick

Die Unumgänglichkeit demgemäße „Bildungsprozesse" als zutiefst antidemokratisch zu bezeichnen, resultiert jedoch nicht lediglich daraus, dass ihre Ziele den tatsächlichen Bedürfnissen einer überwältigenden Bevölkerungsmehrheit diametral entgegengesetzt sind. Ein weiterer gewichtiger Grund, besteht darin, dass im Zuge des dargestellten Umbaus genuine pädagogische Leitprinzipien – und hier v.a. das Bestreben, die Mündigkeit sowie Selbstbestimmungsfähigkeit der Lernenden zu steigern – über Bord geworfen wurden. Dagegen erfolgte – gerade im Rahmen der missbräuchlichen Anwendung von diesen und ähnlichen Begriffen abgeleiteter Methoden – das flächendeckende Abrichten der Adressat/inn/en von Bildungsmaßnahmen auf obrigkeitsgefällige Denkmuster und affirmative Verhaltensweisen. Eine derart konzipierte Bildungsgesellschaft avancierte somit zu einer, welche die meisten ihrer Mitglieder nicht nur ihrer Partizipationschancen, sondern ebenso ihrer Mitbestimmungskompetenzen beraubt.

## 8.2 Vorausblickender Rückblick (Dewey)

Aufmerksamen Leser/innen ist sicherlich aufgefallen, dass in der vorangehenden Zusammenfassung bei aller vernichtenden Kritik am Ideenkonglomerat im Kontext der Bildungsgesellschaft immer das Offenlassen einer „Hintertür" erfolgte. Und zwar indem entsprechende Bestrebungen und Umsetzungen *in ihrer aktuell vorherrschenden Form* (oder analog ausgedrückt) an den Pranger gestellt wurden. Denn natürlich ist der Verfasser dieser Zeilen keineswegs abgeneigt, eine Entwicklung unserer Gemeinschaft hin zu einer sozialen Struktur als erstrebenswert zu erachten, in welcher der Bildung tatsächlich ein ihr gebührendes Gewicht beigemessen wird.[217] Das erklärt sich alleine schon insofern von selbst, als er seit etlichen Jahren einen beträchtlichen Teil seines Lebens der Aufgabe der Förderung von mannigfaltigen Kompetenzen von Menschen aller Altersstufen an verschiedensten Institutionen des Lehrens und Lernens widmet.[218]

An dieser Stelle gilt es an die grundsätzliche Stoßrichtung sowie an die zentralen Zielsetzungen der vorliegenden Arbeit zu erinnern. Wie am Schluss des Unterkapitels 1.2. angekündigt, ging es hier in erster Linie um die Analyse der sozialen Kontexte des pädagogischen Wirkens in Theorie und Praxis, wobei eine Schwerpunktlegung auf politökonomische Hintergründe der aktuelleren Entwicklungen im Bildungsbereich erfolgte. Das dahinterstehende Hauptbestreben war, zu einer Klärung dessen beizutragen, warum sich der auf das Lernen und Lehren bezogene Sektor in seiner derzeit bestehenden Art und Weise entfaltet hat. Letzteres wiederum sollte erlauben, Ansätze (wieder-) zu entdecken, die dazu verhelfen können, einen gesamtgesellschaftlich betrachtet sinnvollen Fortschritt im Bildungsbereich in Hinblick auf das Verhältnis zwischen Pädagogik und Ökonomie zu befördern.

Der benannten Untersuchung sowie der Beantwortung der angesprochenen Frage ist fast das ganze Buch gewidmet gewesen. Für die Darstellung möglicher Lösungen für die zahlreichen im Rahmen dessen aufgezeigten Probleme bleibt aber fast kein Platz. Dass das

---

[217] Die Proklamation einer Bildungsgesellschaft ist jedoch nach Meinung des Autors auch im Falle der Annäherung an so ein Ziel kaum sinnvoll. Denn jedes Subsummieren sozialer Strukturen unter ein bestimmtes Schlagwort (also auch unter solche wie Information, Wissen, aber genauso Medien, Risiko, Spaß oder was auch immer) führt zwangsweise zu einer Einengung der Blickwinkels und blendet folglich andere für unsere Existenz nicht minder wichtige Prozesse aus.

[218] Detailliert zum pädagogischen Werdegang des Verfassers siehe *www.iwan-pasuchin.net/paedagoge.html*.

durchaus „im Sinne des Erfinders" ist, erschließt sich alleine schon aus der Formulierung jener Zielsetzung, auf die zuletzt hingedeutet wurde. Denn sie integrierte den Hinweis auf die Notwendigkeit der *Wieder*entdeckung bereits existierender Zugänge, anstatt der Ausarbeitung vollkommen neuer. Das resultiert aus der hier vertretenen Überzeugung, dass in Hinsicht auf viele scheinbare Sackgassen des Bildungsdiskurses längst Auswege gefunden wurden, an denen es sich auch heute zu orientieren lohnt.

Um zu belegen, wie weit entsprechendes pädagogisches Denken und Handeln bereits fortgeschritten ist, wird in Folge eine derartige historische Argumentationslinie exemplarisch knapp nachskizziert. Dabei wird selbstverständlich – noch weniger als bisher – ein Anspruch auf Vollständigkeit erhoben. Schließlich geht es hier lediglich darum, Pädagog/innen (welche ja die Hauptzielgruppe dieses Buches bilden) an ihnen zumeist lang bekannte, vielleicht jedoch in Vergessenheit geratene Ansätze zu erinnern sowie die anderen Leser/innen dazu zu motivieren, sich bei Interesse verstärkt in die Materie zu vertiefen.

Der im Zuge dessen erfolgende Verstoß gegen eine der Hauptregeln des wissenschaftlichen Arbeitens, laut der in einem Fazit keine völlig neuen Gedanken und erst recht keinesfalls vorher nicht erwähnte Quellenverweise eingebracht werden dürfen, ist leicht begründbar: Die Perspektive der gesamten Abhandlung ist auf den Zeitraum von Mitte der 1970er Jahre bis heute eingeschränkt gewesen. Die zentralen Beiträge zur Lösung darin angesprochener Probleme wurden aber nach Meinung des Autors (zum Teil lange) davor vorgelegt, was sich z.B. bereits am folgenden Zitat mehr als deutlich zeigt:

> *Es ist unbestreitbar, dass sich heutzutage in der Industrie aufgrund technologischer Innovation rapide und abrupte Veränderungen vollziehen. Neue Wirtschaftszweige sprießen hervor, während alte vollkommen umgekrempelt werden. Daher ist der Versuch, Menschen allzu spezifische Fertigkeiten anzutrainieren, absolut kontraproduktiv. Denn wenn sich die Methoden beruflicher Tätigkeiten verändern, bleiben so geschulte Individuen auf der Strecke, da sie viel weniger Fähigkeiten besitzen, sich an neue Situationen anzupassen, als jene, die eine nicht so ausdifferenzierte Bildung erhielten. (Dewey 1930, S.140; Übersetzung des Autors[219])*

### *8.2.1 Demokratie und Bildung*

So aktuell diese Aussage – v.a. in Anbetracht des gerade Dargestellten – auch klingen mag, entstammt sie dennoch einem Buch, dessen 100-jähriges Jubiläum bald naht: dem 1916 zuerst erschienenen Hauptwerk des bedeutenden US-amerikanischen (Reform-) Pädagogen John Dewey unter dem Titel *Democracy and Education*. Seine Arbeit ist im vorliegenden Kontext nicht nur deswegen von höchster Relevanz, weil er sowohl als „Vater" der Theorien des handlungsorientierten „learning by doing", des entdeckenden Lernens sowie des Projektunterrichts gilt als auch in seiner „Laborschule" aufzeigte, wie solche Ansätze konkret in der Praxis umgesetzt werden können (detailliert zu Leben und v.a. Werk Deweys siehe Oelkers 2009). Nicht minder beachtenswert ist, dass er (vor dem Hintergrund des von ihm vertretenen philosophischen Pragmatismus) sehr intensiv zum bisher unbeachtet gebliebenen Thema des vorliegenden Werkes forschte – zu jenem des gesamtgesellschaftlich betrachtet sinnvollen Fortschritts im Bildungsbereich in Hinblick auf das Verhältnis zwi-

---

[219] Die existierende deutsche Übersetzung bedient sich leider einer veralteten Sprache und weist auch einige Ungenauigkeiten auf (bzgl. der gerade zitierten Aussage siehe Dewey 1993, S.162). Deswegen werden hier alle Zitate vom Autor des vorliegenden Buches selbst übertragen.

## 8. Gesamtfazit und Ausblick

schen Pädagogik und Ökonomie. Den hohen Stellenwert, den Dewey in seinen Konzeptionen auf die Wirtschaft bezogenen Überlegungen einräumte, erkennt man alleine schon daran, dass er eines der Hauptkapitel seiner ein Jahr vor dem vorhin angesprochenen Buch gemeinsam mit seiner Tochter vorgelegten Monografie *Schools of To-Morrow* mit „Industrie und pädagogische Neuausrichtung" betitelte. Darin übte er massive Kritik am Bildungssystem seiner Zeit für die Weigerung der Anerkennung der Tatsache, dass neuerdings (sprich Anfang des 20. Jhd.) sämtliche politische sowie gesellschaftliche Anliegen untrennbar mit wirtschaftlichen Fragestellungen zusammenhängen. Dagegen müsste seiner Meinung nach die Suche nach Lösungen für jene Probleme, die aus ökonomischen Umbrüchen resultieren, zum zentralen Ziel aller Bildungsbestrebungen avancieren (vgl. Dewey, Dewey 1915, S.229f).

Bereits die kombinierte Betrachtung dieser Äußerung mit der vorhin zitierten weist auf einen weiteren essentiellen Aspekt hin, den es vorauszuschicken gilt: Dewey lässt sich weder in die „realistische" noch in die „humanistische" Schublade des pädagogischen Diskurses einordnen. In dem seit der Antike geführten (vgl. Rehn 2008) und nicht zuletzt zu Deweys Zeit wieder einmal eskalierten (auf Deutschland bezogen siehe Fuchs 2000, S.57ff) Streit darüber, ob die Vermittlung beruflich relevanter Kompetenzen der allgemeinen Persönlichkeitsbildung über- oder unterzuordnen sei, stellte er sich hinter keine der beiden Parteien. Mehr noch: Sein Lebenswerk kann als eine Bemühung interpretiert werden, die zwei Zugänge mit einander zu versöhnen, bzw. sogar zu ihrer gegenseitig befruchtenden Synthese beizutragen.

Um zu verstehen, wie es Dewey gelang, das Verfallen in beide Extreme zu vermeiden, ist es hilfreich, den Hauptfokus von *Democracy and Education* anzuvisieren. Wie schon der Titel dieses (zu seinen wichtigsten gehörenden) Buches besagt, waren seine gesamten sowohl theoretischen Konstrukte als auch praktischen Methoden auf ein allen weiteren übergeordnetes Ziel ausgerichtet – auf die Demokratisierung der Bildung und mit ihr der Gesellschaft als Ganzes.

Das wird an dem Unterkapitel besonders deutlich, aus dem das vorangestellte Zitat stammt und welches er mit „Soziale Effizienz als Bildungsziel" betitelt. Darin ordnet er pädagogische Vorstellungen, nach denen menschliche Grundbedürfnisse im Namen höherer sowie spiritueller Ideale mit Verachtung gestraft werden, jener Ära zu, in der eine feudale, oligarchische Ordnung vorherrschte. Die Vertreter/innen der entsprechenden Schicht bezeichnet Dewey als Parasiten, die nicht fähig wären, für ihren eigenen Lebensunterhalt zu sorgen und deswegen von der Gesellschaft durchgeschleppt zu werden hätten.[220] Ein Erziehungskonzept, welches einer demokratisch organisierten Gemeinschaft gerecht werden wolle, müsse Deweys Ansicht nach dagegen darauf ausgerichtet sein, jedem Individuum zu wirtschaftlicher Selbstständigkeit sowie zu einer zweckmäßigen Nutzung ökonomischer Ressourcen zu verhelfen. (vgl. Dewey 1930, S.139)

Es wäre jedoch mehr als verfrüht, Dewey ausgehend von solchen Aussagen eindeutig dem pädagogischen Realismus zuzuordnen. Denn sofort an sie anschließend gibt er zu

---

[220] Am Rande erwähnt ist in diesem Zusammenhang höchst bemerkenswert, wie sich im Laufe der Zeit das Verständnis des „Sozialschmarotzertums" wandelt. Heutzutage, als wir uns (wieder) dessen bewusst werden, dass eine verschwindend kleine Minderheit von extrem Wohlhabenden sich an den „Normalbürger/innen" und auch an den Ärmsten der Armen bereichert, gewinnt es eine ähnliche Konnotation, wie Anfang des 20. Jahrhunderts.

bedenken, dass eine Schwerpunktsetzung auf die Vermittlung beruflich unmittelbar verwertbarer Fertigkeiten mit der Gefahr verbunden wäre, bestehende wirtschaftliche Verhältnisse als unumstößlich hinzunehmen und damit wiederum jener Minderheit zuzuarbeiten, die aufgrund ihrer sozialen Stellung die Macht besitzt, der Mehrheit vorzugeben, was für die Gesellschaft als Ganze von Wert sei. Da diese Eliten im Zuge dessen ebenso dem pädagogischen Sektor diktieren, welche Kompetenzen er zu fördern habe, degradieren sie Bildung zu einem Erziehungssystem, das lediglich darauf abzielt, Einzelne an äußere Kontrolle zu gewöhnen – d. h. individuelle natürliche Kräfte (vermeintlich) allgemein gültigen Regeln und Einschränkungen zu unterwerfen. (vgl. ebd., S.138)

Den Brückenschlag zur Einleitungsaussage vollzieht Dewey, indem er in Abrede stellt, dass die Verfolgung eines solchen Ansatzes und die mit ihm unmittelbar einhergehende Durchführung von „Maßnahmen der Unterordnung" zur Steigerung der für die Gemeinschaft sowie Wirtschaft relevanten Leistungsfähigkeiten der Menschen beitragen würden. Denn seiner Meinung nach wird Effizienz keinesfalls durch Restriktionen erreicht, sondern gerade durch das „Nutzbarmachen der ursprünglichen individuellen Fähigkeiten im Rahmen der Verrichtung gesellschaftlich bedeutsamer Tätigkeiten" (ebd., S.139). Erst dermaßen geförderte Kompetenzen ermöglichen es Einzelnen, in einer sich schnell verändernden Ökonomie rasch auf neue Anforderungen zu reagieren. Dagegen bleiben in der Ausführung eng abgegrenzter Handlungen geschulte Personen im Falle eines Wandels ihres beruflichen Umfelds auf der Strecke. Da Eliten in Bezug auf Bildung Ersteres für sich beanspruchen und dem Rest der Menschheit lediglich Letzteres zuerkennen, schreiben entsprechende pädagogische Ansätze Deweys Ansicht nach den Status quo hinsichtlich der Verteilung gesellschaftlicher Macht und Ressourcen fest. Solche und ähnliche Praktiken zählt John Dewey zu den größten sozialen Ungerechtigkeiten, die es sowohl zu seiner als auch in allen früheren Zeiten gab. Gerade in der Beseitigung derartiger unlauterer Privilegien auf der einen sowie demgemäßer unfairer Benachteiligungen auf der anderen Seite sieht er eines der Hauptanliegen des von ihm forcierten Konzeptes der ‚Progressive Education'. (vgl. ebd., S.140, S.142f.)

### *8.2.2 Kultur und Kunst*

Damit blieben wir noch immer bei der Darlegung von Problemen, wobei es durchaus bemerkenswert ist, wie wenig sich diesbezüglich in den letzten 100 Jahren verändert zu haben scheint. Was Lösungsansätze betrifft, weist Dewey einen – angesichts seiner Wirtschaftsorientierung – auf den ersten Blick überraschenden Weg: Er plädiert nämlich dafür, der Kultur und sogar Kunst einen viel höheren Stellenwert in sämtlichen Bildungsprozessen einzuräumen.

Der an den vorhin behandelten gleich anschließende Abschnitt von *Democracy and Education* trägt den Titel „Kultur als Bildungsziel". Der Zusammenhang zum vorangehenden ergibt sich aus Deweys dort erhobener Forderung, man dürfe Leistungsfähigkeit nicht rein materialistisch verkürzen, da aus einer derartigen Perspektive bereits die meisten wissenschaftlichen Entdeckungen (zunächst) als theoretische Träumereien abgetan und ihnen jegliche gesellschaftliche Relevanz abgesprochen werden könnte. Ausgehend von solchen Überlegungen postuliert Dewey, dass es eben keinesfalls Zweck der Pädagogik sein darf,

## 8. Gesamtfazit und Ausblick

Menschen auf etwas zu drillen, was für sie – von anderen verordnet und angeblich allgemein gültig – gut sein soll. Im Gegenteil würde eines der höchsten Bildungszwecke darin besteht, Individuen so weit von allen äußeren Zwängen zu befreien, bis sie für sich jeweils persönlich zu erkennen vermögen, was für sie selbst das Beste sei. (vgl. Dewey 1930, S.141)

In diesem Kontext ist es von besonderer Bedeutung, dass Dewey im Abschnitt seines Buches zur Kultur sie im Sinne eines Erziehungsziels mit der „vollen Entfaltung der Persönlichkeit" gleichsetzt (ebd., S.142), sich jedoch sofort gegen eine subjektivistische Engführung eines entsprechenden Kulturverständnisses verwehrt. Denn Deweys Meinung nach würde erst die Schwerpunktlegung auf die Förderung des Einzigartigen, das jedes Individuum aufweist, den so entfalteten Persönlichkeiten die Möglichkeit eröffnen, Dienste für die Gemeinschaft zu vollbringen, welche über das Mittelmaß sowie über die Bereitstellung materieller Güter hinausgehen. Darauf aufbauend betont er, dass soziale Effizienz und persönliche Kultur mitnichten Gegensätze, sondern umgekehrt Synonyme bilden (ebd., S.144).

Derartige Ideen werden von John Dewey fast 20 Jahre später in seinem 1934 erstmals erschienen Buch *Art as Experience* insofern weiterentwickelt, als er dort nicht mehr von Kultur, sondern von Kunst spricht. Letztere bezeichnet er als „das wahre Merkmal des Menschen" (nach Dewey 1988, S.36) und setzt die Trennung zwischen ihr sowie dem Alltag mit der Separation von Interesse und Beruf gleich. Genau solche Dualismen führen Deweys Ansicht nach dazu, dass menschliche Erfahrungen verkümmern bzw. unvollständig bleiben: „Was wir beobachten und was wir denken, was wir ersehnen und was wir erlangen, steht nicht mit einander im Einklang" (ebd., S.47). Sein Postulat, jede „echte" Erfahrung (zu der er ebenso intellektuelle bzw. wissenschaftliche Leistungen zählt) würde eine „künstlerische Struktur" aufweisen (ebd., S.50), argumentiert er mit den für die Kunst zentralen Begriffen Form(ung) sowie Gestalt(ung). Die Fähigkeit zu Formen bezeichnet Dewey dabei als „die Kunst, dasjenige klar hervorzuheben, was mit dem geordneten Plan von Raum und Zeit einhergeht, wie er einer jeden wachsenden Lebenserfahrung zugrunde liegt" (S.33f.). Gleichzeitig ist das Besondere am künstlerischen Akt für Dewey, dass er unmittelbar im Produkt Gestalt annimmt: „Beim Künstler decken sich Denk- und Arbeitsmedien, und die Begriffe liegen so nahe beim Objekt selbst, daß sie mit diesem unmittelbar verschmelzen" (S.24). Mit einer solchen „Ganzheitlichkeit im Erfahrungsprozeß von Tun und Erkennen" (S.37) schließt sich auch der Kreis von Deweys Erfahrungs- zu seiner Handlungsorientierung. Denn Kunst vereinigt ihm zufolge „eben jene Beziehung von aktiven und passiven Erleben, (...), die eine Erfahrung zur Erfahrung macht" (S.62).

Dass es Dewey bei all der Hervorhebung der Bedeutung entsprechender Ansätze für die Pädagogik keinesfalls um die Forderung nach einer Spezialisierung des Bildungssektors auf die Vermittlung einzelner für die Karriere in bestimmten Kunstsparten benötigter Fertigkeiten geht, versteht sich angesichts des einleitend Dargelegten von selbst. Genauso wenig sind ein elitärer Zugang zur Kunst sowie die Herstellung ihres Primats über alltägliche Verrichtungen in seinem Sinne. Im Gegenteil spricht er vom Ursprung der Kunst in den elementaren menschlichen Erlebnissen und benennt u. a. das Pflegen von Blumen, das Anfachen des Feuers und achtsames liebevolles Handwerk als eine künstlerische Tätigkeit (ebd., S.11f., S.47).

## 8.2.3 Intrinsisches Interesse

Der wichtigste Grund, warum Dewey so deutlich zum Anlehnen an künstlerische Verfahren in sämtlichen pädagogischen Prozessen aufruft, besteht in dem, worauf er in jenem Kapitel eingeht, das dem oben angesprochenen Abschnitt von *Democracy and Education* folgt und welches er mit „Interesse und Disziplin" betitelt. Selbstverständlich lehnt er eine Schwerpunktlegung auf die Letztere ab. Genauso distanziert er sich aber von der sogenannten „sanften" Pädagogik, die Schüler/innen mit diversen Vergnügungen zum Lernen zu motivieren bzw. (wie Dewey es ausdrückt) zu bestechen versucht. Alle Bemühungen, einen Lehrstoff durch äußere Anreize sowie Hinzufügungen interessant zu machen, betrachtet er als seiner Erfassung kaum bis überhaupt nicht zuträglich, weil ein derartiges Lernen keine Beziehung zu den tatsächlichen Bedürfnissen der Schüler/innen und Studierenden aufweisen würde (vgl. Dewey 1930, S.148f.). Dagegen streicht er den besonderen Stellenwert des individuellen, subjektiven Interesses an den bearbeiteten Inhalten für das nachhaltige Gelingen von Bildungsvorgängen hervor (vgl. ebd., S.152ff.).

Genau ein solches Plädoyer für das, was man heutzutage als das Ersetzen der Herstellung eines extrinsischen zugunsten der Fokussierung auf die Förderung des (für kreative Schaffensprozesse typischen) intrinsischen Interesses umschreibt, macht die zentrale praktische pädagogische Relevanz aller Überlegungen Deweys zu Kunst und Kultur aus. Denn seiner Ansicht nach besteht die größte konkrete Herausforderung eines jeden Unterrichts darin, einen Ausgangspunkt zu finden, welcher die Lernenden zu Aktivitäten motiviert, die auf ein für sie persönlich bedeutsames Ergebnis abzielen. Und gerade hier präsentiert sich Dewey als einer, der den uralten kontraproduktiven Streit zwischen humanistischen sowie realistischen Bildungsansätzen zu relativieren bzw. sogar zu schlichten vermag. Denn ihm zufolge geht es keinesfalls darum, den problematischen Aspekten des Ersteren durch eine einengende Konzentration auf das Letztere zu begegnen, sondern um eine – auf Erfahrungs-, Handlungs- und Interessensorientierung basierende – grundlegende Reform des Zugangs zur Bildung (vgl. ebd., S.155ff.).

In dem Zusammenhang muss noch einmal daran erinnert werden, dass es Dewey nicht lediglich um Verbesserungen im pädagogischen Sektor ging, sondern um den Fortschritt der gesamten Gesellschaft in Richtung einer verstärkten Demokratisierung sämtlicher ihrer Strukturen. Auch seine Unterstreichung der Notwendigkeit der flächendeckenden Förderung der Persönlichkeitsentfaltung sowie gleichzeitig seine (Über-)Betonung kultureller bzw. künstlerischer Facetten von Lernprozessen sind nicht zuletzt vor einem solchen Hintergrund zu sehen. Denn Deweys Meinung nach stellt die Konstruktion einer Opposition zwischen der individuellen und der sozialen Effizienz erworbener Kompetenzen und damit ebenso die Herstellung eines Gegensatzes zwischen privatem sowie öffentlichem Interesse das Produkt einer feudal organisierten Gesellschaftsform dar, welche eine strikte Trennung von Herrschern und Beherrschten festschreibt. Dabei wird davon ausgegangen, dass Erstere sowohl Zeit als auch Gelegenheit haben, ihr Inneres weiter zu entwickeln, während die Funktion der Letzeren lediglich auf die Produktion von Gütern für die Deckung äußerer Bedürfnisse reduziert wird. Laut Dewey hat der Begriff der Demokratie jedoch nur dann einen Wert, wenn sowohl von allen Menschen abverlangt wird, Leistungen für die Gemeinschaft zu erbringen, als auch wenn sämtliche Individuen die Möglichkeit erhalten, ihre eigenen unverwechselbaren Fähigkeiten auszuformen und ihren subjektiven Interessen nachzugehen. Dieser Punkt ist Deweys Ansicht nach für die gesamte Demokatie von ent-

# 8. Gesamtfazit und Ausblick

scheidender Bedeutung. Denn die Trennung in persönlich und allgemein bedeutsame Bildungsziele sowie die Zuordnung ihrer Verfolgung zu bestimmten Schichten beraubt eine demokratische Gesellschaft ihrer wesentlichen Legitimation (vgl. ebd., S.142f.).

## 8.3 Postinformationalistische „Paradigmen"

Alleine schon an dem kurzen exemplarischen Einblick in Deweys Gedankenwelt wurde deutlich, was für einen reichen Schatz an Lösungsansätzen für zahlreiche vorhin aufgezeigte aktuelle Probleme im Bildungsbereich die pädagogische Theorie und Praxis bereits zu bieten hat. Bei einem solchen Hinweis und dem Aufruf an die Leser/innen, sich selbst intensiv(er) auf eine derartige „Schatzsuche" zu begeben, muss die entsprechende Darstellung hier auch gleich enden. [221] Alles andere würde im Beginn an der Arbeit an einem neuen, völlig anders orientierten Werk münden, welche vom Autor des vorliegenden bei Bedarf gerne einmal in Angriff genommen wird.

An dieser Stelle geht es nur mehr darum, abschließend drei Leitsätze anzubieten, die pädagogisch interessierten Menschen bei ihrer zukünftigen selbstständigen Orientierung auf ihrem beschwerlichen Weg durch den Dschungel des Bildungsdiskurses behilflich sein könnten. Dabei soll ihre ironisch gemeinte Präsentation als postinformationalistische „Paradigmen" als ein Fingerzeig darauf dienen, dass der Verfasser sich keinesfalls anmaßt, in der Art von Patentrezepten knapp auf den Punkt gebrachte Empfehlungen zur Behebung sämtlicher analysierter Schwierigkeiten zu offerieren. Das Ziel ist lediglich, Rezipient/innen zum selbstbestimmten Weiterdenken des hier angedachten und v.a. zum demgemäßen Handeln hinsichtlich des Behandelten zu inspirieren. Deswegen wird den bereits untersuchten, den drei „Paradigmen" zuordenbaren Aspekten des gesamten Themas wenig Aufmerksamkeit geschenkt. Stattdessen erfolgt v.a. das Aufzeigen weiterer, bisher kaum berücksichtigter Facetten und eventuell ebenso Horizonte.

### 8.3.1 Aus der Geschichte lernen

Das erste „Paradigma" erklärt sich angesichts des im vorangehenden Unterkapitel Postulierten von selbst. Denn damit wurde überdeutlich, dass es nach Meinung des Autors einerseits früher schon viele Probleme gab, die ähnlich gelagert waren, wie die heutigen und andererseits, dass dafür auch bereits zahlreiche für aktuelle Situationen durchaus relevante Lösungsansätze existieren. Der Appell, die historischen Hintergründe derzeitiger Diskurse stärker zu beachten, beschränkt sich dabei nicht auf die Pädagogik allein. So gab es im vorliegenden Buch ebenfalls in Hinblick auf Möglichkeiten der für die Mehrheit sinnvollen Organisation der Wirtschaft im Allgemeinen sowie des Finanzmarktes im Besonderen mehrere Hinweise darauf, welch starke Parallelen vorhergehende Entwicklungen zu den gegenwärtigen aufweisen und was für konstruktive und praktisch realisierbare Vorschläge damals erarbeitet wurden, um aus heutiger Perspektive scheinbar Unüberwindbares zu bewältigen (siehe v.a. Äußerungen zu Keynes in den Abschnitten 2.2.1., 5.3.1.und 7.2.2.).

---

[221] Ausführlicher zu den Möglichkeiten, Deweys Konzeptionen an aktuellere (medien-) pädagogische Diskurse (v.a. jene bzgl. Partizipation und Intermedialität) zu binden sowie davon ausgehend Methoden für konkrete Bildungsarbeit an heutigen Institutionen des Lernens und Lehrens abzuleiten, siehe – auch im Internet verfügbar – Pasuchin 2012.

Jedoch gilt es mit allem Nachdruck zu betonen, dass hier keinesfalls das Bild von den „guten alten Zeiten" aus der Schublade hervorgekramt werden soll, in denen alles schöner war und alles besser gemacht wurde, als heute. Genauso ist dem Missverständnis vorzubeugen, der Meinung des Verfassers nach würde sich die Geschichte immer nur wiederholen, weswegen alles schon gesagt sowie getan sei und es nichts mehr Neues zu entdecken gäbe. Das ist am besten durch das Eingehen auf die Frage nach den positiven Aspekten des Informationalismus zu bewerkstelligen. Schließlich erfolgte im Hauptteil – in Anlehnung an Armand Mattelart – mehrfach das Anprangern des „Prinzips der tabula rasa", nach dem man bei jeder Kurskorrektur in Bezug auf das pädagogische Denken und Handeln alles bisher Gedachte und Gemachte über Bord wirft. Die Wiederholung dieses Fehlers ist bei aller Abgrenzung zur untersuchten politökonomischen sowie davon ausgehend pädagogischen Organisationsform in der vorliegenden Arbeit auf jeden Fall zu unterlassen.

Als das Positivste am informationellen Kapitalismus kann die daran untrennbar gekoppelte positive Haltung zu informationstechnologischen Entwicklungen bezeichnet werden. Diese Aussage stellt lediglich bei oberflächlicher Betrachtung eine Tautologie dar. Tatsächlich bildete der Optimismus hinter dem informationellen Kapitalismus von Beginn an die wichtigste Quelle seiner enormen Anziehungskraft, welche unzählige Menschen abseits sämtlicher falscher Verlockungen mit Hilfe all der Tricks, Kniffe und Lügen direkt „mitzunehmen" vermochte. Und das nicht zuletzt deshalb, weil auf ein solches Konzept der Spruch, dass seine Stärke in der Schwäche seiner Gegner/innen liegt, im ganz besonderen Maße zutrifft.

Man braucht sich nur anzuschauen, was die am meisten beachteten Opponent/innen eines derartigen Systems als Vorschläge für gesellschaftliche Reaktionsmöglichkeiten auf den allseits spätestens ab den 1980er Jahren unübersehbaren Aufschwung von IKT zu bieten hatten. Wie bereits in Abschnitt 4.2.3. angesprochen, gab es im letzten Drittel des 20. Jahrhunderts vereinfacht formuliert drei große soziologische Gegenströmungen, innerhalb derer Technologien einen wichtigen Stellenwert einnehmen: Eine restaurative, eine resignative sowie eine (im Gegensatz zum Informationalismus explizit) elitäre. Ihre Hauptvertreter gingen an die Materie von höchst unterschiedlichen Perspektiven heran und können sogar den drei großen konkurrierenden Ideologien zugeordnet werden: Der restaurative Neil Postman offensichtlich der konservativen und der elitäre Theodor W. Adorno eindeutig der sozialistischen Weltanschauung. Die liberale Gesinnung des als resignativ apostrophierten Niklas Luhmann ist weniger augenscheinlich, erschließt sich jedoch bei der Beachtung dessen, dass seine Behauptung des selbstständigen „homöostatischen" Ausgleichs sämtlicher sozialer Prozesse im Endeffekt nichts anderes bedeutet, als das Postulat einer sich selbst absolut ohne Regeln und Regulierungen steuernden Gesellschaft. Solchen eklatanten Gegensätzen zum Trotz gab es einen gemeinsamen Feind, der alle drei großen Denker sowie ihre Gleichgesinnten einte: Die neueren Technologien bzw. Medien, denen gegenüber sie eine ablehnende Haltung bis hin zum offenen Hass an den Tag legten. Die dahinter stehenden Argumentationen wurden im gerade erwähnten Abschnitt nur kurz angeschnitten und auch hier wäre (erst recht) der falsche Platz dafür, sie detailliert aufzuarbeiten. Wollte man jedoch versuchen, die zentrale Forderung bzw. die Grundsehnsucht der genannten und ihnen nahe stehenden Wissenschaftler/innen im Kontext technologischer Entwicklungen mit einem einzigen Begriff auf den Punkt zu bringen, würde dieser „Bewahrung" lauten. So unterschiedlich, vielschichtig sowie z.T. mehrdeutig Postman, Adorno, Luhmann und Co

# 8. Gesamtfazit und Ausblick

ihre entsprechenden Positionen formulierten, bei allen von ihnen – sogar (auch wenn weniger offensichtlich) beim Letzteren – handelte es sich in erster Linie um das typisch kulturpessimistische Nachtrauern einer scheinbar perfekten Vergangenheit und das Beklagen der Gegenwart, in welcher unsere Zivilisation mit Hilfe von IKT in näherster Zukunft direkt in den Abgrund befördert wird.[222]

Zwar vermochten diese Analytiker der Nostalgie und/oder den Ängsten zahlreicher – v.a. älterer – Menschen in ihrer Zeit bestens Ausdruck verleihen. Eine Alternative, welche dem informationalistischen Konzept tatsächlich jemals bedrohlich werden hätte können, bildeten ihre Ansätze aber niemals. In Anbetracht all der im vorangehenden Kapitel explizierten Verheißungen des informationellen Kapitalismus klangen ihre Kritik sowie Warnungen (spätestens ab Anfang der 1980er Jahre und erst recht danach) wie Nörgeleien betagter intellektueller, welche eindeutig den Aufsprung auf den „Zug der Zeit" verpasst hatten und jetzt auch dem Rest der Menschheit – und hier v.a. den Jüngeren – den Spaß am technologischen Fortschritt verderben wollen. Angesichts einer solchen Opposition hatten Bell und Seinesgleichen tatsächlich leichtes Spiel.

Mit der Materie vertraute Leser/innen haben sicherlich bemerkt, dass vorhin mit dem Terminus „Bewahrung" der Ball für einen Verweis zur Bildung aufgelegt wurde. Wie in Abschnitt 6.3.1. (bewusst kurz) angerissen, ist das Auftreten der als „Bewahrpädagogik" bezeichneten Strömung mit dem Aufkommen jedes neueren Mediums oder auch nur eines aktualisierten Medienformates untrennbar verbunden. Wenn heute ein Gerät, eine Anwendung, eine Internetplattform bzw. lediglich eine Fernsehsendung auf den Markt kommen sollte, welche Jugendliche besonders faszinieren, kann man mit Sicherheit davon ausgehen, dass morgen schon gewichtige Stimmen erschallen werden, die in diesem Kontext den Untergang des Abendlandes (in Form der Verdummung der Jugend, der Verrohung der Sitten, der Steigerung der Kriminalität usw.) verkünden. Übermorgen erfolgt dann bereits die Vorstellung pädagogischer Gegenmaßnahmen, welche die Heranwachsenden vor deren bösen Einflüssen beschützen sollten – angefangen von „Immunisierungen" durch Aufklärung bis hin zu Verboten.[223]

Eine ausführliche Diskussion dieses (stark emotional besetzten und deswegen sensibel zu behandelnden) Themas kann hier nicht geleistet werden. Wichtig ist nur ein Hinweis: Auch wenn das von den „Bewahrer/innen" Angeprangerte tatsächlich so schlimm sein sollte, wie sie behaupten (und manches, was über die Medienkanalisation auf uns heutzutage so einströmt, übertrifft oft ihre schlimmsten Befürchtungen), ist das Schlechtmachen oder gar das Untersagen dessen, was jungen Menschen Spaß macht, genau der falsche Weg, um Letztere zum Umdenken und erst recht zu einer Verhaltensänderung zu bewegen. Gerade wenn wir Lehrende unseren Schüler/innen sowie Studierenden eine konstruktive Einstel-

---

[222] Bei Luhmann ist eine derartige Positionierung wie angesprochen weniger offensichtlich – nicht zuletzt, weil er mit seiner Ausdrucksweise das Verständnis dessen, was er konkret meint, enorm erschwert. Jedoch ist z.B. seine These, der massenmedialen Realitätsmanipulation (Luhmann 1995) nicht allzu weit von den Postulaten Postmans und Adornos zu diesem Thema entfernt.

[223] So wurde z.B. vom österreichischen Bundesministerium für Unterricht Kunst und Kultur im Jahre 2011 eine Aktion mit dem Titel „Safer Internet-Schutzimpfung" gestartet, in deren Rahmen Kinder und Jugendliche aller Schulstufen über die Gefahren der Beteiligung an Kommunikationsformen des Web 2.0 aufgeklärt werden sollen (vgl. bm:ukk 2011). Den Initiator/innen scheint dabei entgangen zu sein, dass eine Schutzimpfung eine Maßnahme gegen ansteckende lebensgefährliche Infektionskrankheiten darstellt und eine Gleichsetzung dieser mit dem Internet bei allen unangenehmen Aspekten des Letzteren doch sehr weit hergeholt ist.

lung zu medialen und technologischen Prozessen vermitteln wollen, müssen wir uns das Erheben des berüchtigten Zeigefingers verkneifen und uns darum bemühen, mit ihnen auf einer Ebene zu kommunizieren, auf der wir ihnen – und damit auch ihren Vorlieben – mit Respekt begegnen.[224]

Um das Gesagte wieder auf die allgemeine Ebene des Informationalismus-Diskurses zu heben: Die unleugbare Stärke des informationellen Kapitalismus bestand und besteht bis heute in seiner Aufgeschlossenheit gegenüber dem technologischen Fortschritt. D.h. in seiner Unterstützung der (den meisten Heranwachsenden aber ebenso manchen weniger jungen Menschen gemeinsamen) Neugier auf das, was kommen mag sowie in der Beförderung ihrer Entdeckungsfreude – durchaus im Sinne eines Zukunftsoptimismus. Das, was man aus dieser (jüngeren) Geschichte lernen kann ist, dass jeder politökonomische oder auch bildungstheoretische Ansatz, der den in der vorliegenden Arbeit angeprangerten Auswüchsen erfolgreich die Stirn bieten will, sich von Anfang an von jeglichem kulturpessimistischen Ballast befreien muss, welcher seine Beweglichkeit und Flexibilität per se unterbinden würde. Und das keinesfalls lediglich aus Gründen der „public relations", sondern, weil das ständige Rückwärtswenden es uns unmöglich macht, vor uns liegende Chancen sowie Potenziale zu erkennen.

Dabei darf eine grundsätzlich aufgeschlossene Haltung medialen Entwicklungen gegenüber niemals mit dem hier so oft massiv kritisierten Technikdeterminismus verwechselt bzw. (z.B. zwecks der Verhinderung einer konstruktiven Auseinandersetzung mit diesem Thema) bewusst gleichgesetzt werden. Wie bereits am Rande angesprochen, lässt sich der Grad der Technologiehörigkeit innerhalb eines Konzeptes mitnichten darüber bestimmen, ob in seinem Rahmen sozio-technologische Prozesse eine positive oder negative Bewertung erfahren, sondern einzig und alleine darüber, wem im Zuge entsprechender Entwicklungen die aktive Rolle zugeschrieben wird – der Gesellschaft oder den Technologien. Um das wiederum auf die Bildung „herunterzubrechen": Es geht nicht um die Frage, ob und wie intensiv Medien in einem bestimmten Unterrichtsszenario eingesetzt werden, sondern zu welchem Zwecke und wie. Denn ein pädagogischer Ansatz, bei dem Technologien auf Grund ihrer unheilvollen Wirkungen aus dem Unterricht verbannt werden, ist viel stärker vom Technikdeterminismus geprägt, als einer, in dem der intensive Einsatz von Medien als Werkzeuge der Gestaltung sowie als gestaltbare Werkzeuge erfolgt.[225]

### 8.3.2 Sich nicht veräppeln lassen

Das zweite „postinformationalistische Paradigma" bezieht sich auf den Sachverhalt, dass unrechtmäßige Systeme sich generell und im Informationalismus besonders intensiv der Methode des „für blöd Verkaufens" der Menschen bedienen. Warum in der hier untersuchten gesellschaftlichen Organisationsform die Steigerung entsprechender Strategien zu einer bis dahin ungeahnten Perfektion erfolgte, liegt auf der Hand: Im Gegensatz zu Anfüh-

---

[224] Hans Magnus Enzensberger schrieb bereits im Jahre 1970 in seinem *Baukasten zu einer Theorie der Medien* zur Untermauerung der These, dass aktive Medienarbeit viel zielführender sei, als reine Medienkritik (wobei er sich damit explizit von Adorno und seinen Mitstreitern abgrenzte): „(...) die Berührungsangst vor der Scheiße ist ein Luxus, den sich beispielsweise ein Kanalarbeiter nicht ohne weiteres leisten kann" (Enzensberger 1997, S.104).

[225] Zum entsprechenden vom Autor ausgearbeiteten pädagogischen Konzept und seinen praktischen Umsetzungsszenarien siehe *www.iwan-pasuchin.net/paedagoge.html#wetube*.

## 8. Gesamtfazit und Ausblick

rer/innen von Diktaturen hatten Mächtige in dieser Zeit trotz ihrer illegitimen Bestrebungen gar keine andere Wahl, als zu Kniffen und Tricks aller Art zu greifen. Denn während Erstere niemand Auskunft und erst recht Rechenschaft schuldig waren, agierten Staatslenker/innen in der Ära des informationellen Kapitalismus unter demokratischen Rahmenbedingungen, was sie dazu zwang, sämtliche ihrer Entscheidungen sowohl öffentlich zu machen, als auch der Allgemeinheit gegenüber zu argumentieren. Dabei hatten ihre Begründungen so überzeugend zu sein, dass sie die meisten dazu bringen sollten, ihnen nicht lediglich im Augenblick, sondern ebenso für die weitere Zukunft – d.h. für die nächste(n) Wahlperiode(n) – Glauben sowie Vertrauen zu schenken. Im Falle eines „Spiels mit offenen Karten" wäre der überwiegende Teil der Anliegen solcher Regierenden jedoch niemals mehrheitsfähig gewesen – man denke nur an die massive Umverteilung des Volksvermögens von den Ärmeren zu den Reicheren, das gezielte Stabilisieren oder sogar die Steigerung der „natürlichen Arbeitslosenquote" und vieles vorhin (v.a. in den Abschnitten 7.2.3.und 7.3.3.) Dargestellte mehr. Insofern mussten besonders gewiefte Kunstgriffe erfunden werden, um Wähler/innen den Biss in den saureren Apfel zu versüßen. Die meisten davon sind bereits gründlich analysiert worden – siehe v.a. Abschnitte 5.4.4. und 6.6.1. Die weitere Auseinandersetzung mit ihnen kann man sich deswegen ersparen, weil es reicht, die in Abschnitt 6.6.2. präsentierte Tabelle aus der Perspektive des hier postulierten Grundsatzes zu betrachten. Das, was dort als „explizierte Zielvorgaben" angegeben wird, bildet den Großteil der Veräppelungen bzw. der Lügen ab, die uns von verschiedensten Seiten aufgetischt wurden sowie oft weiterhin werden. Eine darüber hinausgehende Täuschung ist in Abschnitt 7.4.2. bei der Behandlung des Themas „Interessenskonflikt zwischen Arbeitgeber/innen und Arbeitnehmer/innen" erwähnt worden, wobei es um die neuerdings vermeintlich allseits ausgebrochene „Klassenharmonie" ging.

Jedoch ist noch auf einen wichtigen, in der vorliegenden Arbeit nach der Auseinandersetzung mit den Theorien der Postmoderne großteils vernachlässigten Aspekt der untersuchten Prozesse hinzuweisen, der erst im Kontext der Dewey-Reminiszenz wieder ins Bewusstsein rückte: Auf die – bereits im dem gesamten Werk vorangestellten UNESCO-Zitat angesprochene – kulturelle Dimension der „wissensbasierten Wirtschaft". Der enorme Stellenwert, den Dewey künstlerischen Fähigkeiten einräumt, ist nämlich wirklich nur auf den ersten Blick innerhalb von Bildungskonzeptionen, welche ökonomische Perspektiven integrieren, fehl am Platz. Bei etwas genauerer Betrachtung fällt jedoch auf, wie visionär Dewey auch in Bezug auf diesen Punkt war. Die Aktualität seiner entsprechenden Ausführungen erkennt man alleine schon am eingangs zusammengefassten UNESCO-Weltbericht zur Wissensgesellschaft (siehe Abschnitte 1.8.1. und 1.8.2.). Denn dort wird betont, dass die Kompetenz zum innovativen und kreativen Denken sowie Handeln heutzutage mit steigender Intensität eine Grundvoraussetzung für die Erfüllung der meisten beruflichen Aufgaben darstellt. Gerade von der Zunahme der Bedeutung von Kreativität und Innovation in der gesamten Wirtschaft und damit ebenfalls hinsichtlich der „Beschäftigungsfähigkeit" von Individuen leiten die mit der Verfassung des Reports beauftragten Wissenschaftler/innen ihr Postulat ab, dass sich unsere Gemeinschaft immer mehr zu einer „lernenden Gesellschaft" entwickelt bzw. entwickeln müsste.

Das Thema Kreativitätsförderung wurde – trotz dem, dass es in der praktischen Arbeit des Autors eine zentrale Rolle einnimmt – hier aus zwei Gründen etwas „stiefmütterlich" behandelt. Der erste ist, dass es wissenschaftlich kaum er- und gefasst werden kann. Laut

Forscher/innen, die sich intensiv mit der Materie auseinandersetzen, erweist sich Kreativität als eines der „unbestimmtesten, ambivalentesten und verwirrendsten" Begriffe innerhalb der Psychologie sowie Pädagogik (Wermke, 1994, S.28), zu dem es keine einheitliche Definition gibt und aller Voraussicht nach auch niemals geben wird (vgl. ebd.; Urban, 2004, S.27; siehe ebenso Hentig 1998). Der zweite lässt sich einerseits vom ersten ableiten und hängt andererseits unmittelbar mit jenem Paradigma zusammen, welches es an dieser Stelle zu besprechen gilt. Denn es gab kaum einen informationalistischen Zugang im Rahmen dessen das „auf die Schippe nehmen" der Menschen intensiver erfolgte, als jenen der Verkündung einer besonders schöpferische Arbeitskräfte benötigenden Wirtschaft.

Wie u.a. aus dem in Abschnitt 5.3.2. zusammengefassten Schröder-Blair-Papier ersichtlich, werden heutzutage im Beruf aufstrebende Personen darauf verpflichtet, an ihn wie Künstler/innen herangehen. Sie müssen einsehen, dass eine lebenslang währende Tätigkeit inzwischen einen Anachronismus bildet und sich darauf einstellen, sich – um mit Castells Worten zu sprechen – von Auftrag zu Auftrag immer wieder neu selbst zu „programmieren". Unter dem Strich heißt das, dass sich alle (also auch die mehr oder weniger fix Angestellten) dem politischen Willen nach wie Selbstständige bzw. wie „Freiberufler" verhalten sollen, was im Klartext zumeist nichts anderes bedeutet, als enorme Leistungen bei höchstem Risiko und verschwindend geringem sozialen Schutz sowie oft ebenso lächerlichen Löhnen zu erbringen.

Künstler/innen – wobei der Autor durchaus aus eigener Erfahrung als Komponist spricht – ist bereits bei der Berufswahl bewusst (bzw. sollte es sein), dass sie sich auf eine Profession einlassen, die ihnen kaum finanzielle Sicherheiten und schon gar kein geregeltes (Privat-) Leben bietet. Die sich aus dem Motto „no risk, no fun" – bzw. eher „no brain, no pain" – ergebenden Konsequenzen treffen diese Gruppe durchwegs mit voller Wucht. Kunstschaffende entscheiden sich aber überwiegend freiwillig für einen solchen Weg und sind deswegen tatsächlich größtenteils selbst für daraus resultierende persönliche Folgen verantwortlich. Menschen, die sich jedoch auf andere Optionen festlegen, rechnen keineswegs damit, dass ihre Zukunft von einem enormen Ausmaß an „Prekarisierung" geprägt sein wird. Im Gegenteil treffen sie ihre Berufswahl oft gerade, um entsprechende Erfahrungen zu vermeiden. Die von Politiker/innen wie Schröder und Blair vorgenommene Verdrehung des von Joseph Beuys proklamierten Slogans „Jeder Mensch ist ein Künstler" zu jener „Jeder Mensch ist ein Lebenskünstler" stellt in solchen Fällen eine enorme Verhöhnung dieser Individuen dar. Denn auch wenn sie es schaffen, genug Geld zu verdienen, um sich zu den Profiteur/innen des vorherrschenden Wirtschaftssystems zählen zu können – von Lebensqualität, kann bei dem Preis, der ihnen ein derartiger Erfolg abverlangt, keine Rede sein (siehe 7.1.4.).

Dass die Rahmenbedingungen demgemäßer Tätigkeiten sehr wenig zur „Kreativitätsförderung" beitragen, kann der Verfasser, als einer, der sie zur Genüge er- und durchlebt hat, mit voller Überzeugung bekunden. Selbstverständlich sind Menschen – wie bereits mehrmals angesprochen – unter Druck sowie aus existenziellen Ängsten heraus oft fähig, über ihren eigenen Schatten zu springen und Taten zu vollbringen, die sie sich selbst sonst nie zugetraut haben. Zugegebenermaßen basieren auch viele künstlerische (oder auch wissenschaftliche, aber ebenso sportliche) Höchstleistungen auf solchen Momenten der absoluten psychischen und/oder physischen Überforderung. Jedoch darf eine derartige Überlastung nicht als eine grundsätzliche Methode der Steigerung von Leistungspotenzialen missbraucht werden. Höchstens man will sie schnellstens „verbraten", d.h. sie so lange „auspressen", bis sie geistig sowie körperlich zu Wracks verkommen und sie danach – wie in Abschnitt 7.1.3. besprochen – durch frischere und billigere Arbeitskräfte ersetzen. Alles bisher Präsentierte deutet darauf hin, dass genau Letzteres mit der wirtschaftspolitischen Forderung nach der Aktivierung kreativer Kompetenzen im Zeitalter des Informationalismus gemeint war.

Wahre Kreativitätsförderung schaut aber gänzlich anders aus. Zwar wurde mit dem Begriff – nicht zuletzt auf Grund des dargestellten politökonomischen Missbrauchs – enorm viel Schindluder getrieben, eines ist jedoch klar: Menschen allgemein und erst recht jene, die in keinen genuin künstlerischen Berufen tätig sind, können unter Druck ihre schöpferischen Potenziale nicht nur schwer entfalten, sondern werden im Gegenteil von so einer Situation an ihrer Ausformung massiv gehindert. Kreativität ist ein „scheues Reh" und benötigt größtmögliche Freiräume, um zu entstehen sowie zu gedeihen. Jeglicher Zwang vertreibt sie dagegen, oder lässt sie erst gar nicht in Erscheinung treten. Der beste Weg, zu verhindern, dass eine Person schöpferisch denkt und/oder handelt, besteht folglich darin, ihm zu befehlen, kreativ zu sein. Erst recht trifft das auf Personen zu, die – warum auch immer – sich keine innovativen Leistungen zutrauen.

Aber um diese Gruppe ging es den oben angesprochenen Politikern und ihren Kolleg/innen natürlich nie. Solche Menschen wurden von Anfang an als unbegabt, zumeist jedoch gleich als dumm abgestempelt und aufs Abstellgleis geschoben. Denn es fanden sowie finden sich immer genug Individuen, die bereit sind, sich buchstäblich bis zum letzten Blutstropfen für eine Aufgabe aufzuopfern und dabei auch schaffen, Höchstleistungen zu erbringen. Gerade den Heranwachsenden, bei denen wir Pädagog/innen entsprechende Veranlagungen entdecken, können wir am besten helfen, indem wir ihre Kompetenzen fördern, sich gegen diverse Veräppelungstaktiken zu immunisieren. Nicht zuletzt gegen den Schwindel der Umdeutung von (Selbst-) Ausbeutung zu einem positiv besetzten künstlerisch-kreativen Prozess.

### *8.3.3 Wir sind die Wirtschaft!*

Das letzte „Paradigma" ist einerseits besonders humoristisch gemeint, weil der Satz – durch seinen all zu häufigen Missbrauch bis hin zum deutschen „Wir sind Papst!" – inzwischen im höchsten Maße abgedroschen klingt. Auf der anderen Seite ist es dem Autor mit der Aussage auch ausnehmend ernst. Denn mit ihr lässt sich genau das auf den Punkt bringen, was er mit einem *gesamtgesellschaftlich betrachtet sinnvollen Fortschritt im Bildungsbereich in Hinblick auf das Verhältnis zwischen Pädagogik und Ökonomie* meint.

Doch zunächst einmal zur Losung, von der sie abgeleitet ist: Mit dem Skandieren des ursprünglichen Spruches bei den „Montagsdemonstrationen" verwehrten sich bekanntlich im Schicksalsjahr 1989 hunderttausende Bürger/innen der DDR gegen die zentrale Veräppelung der Führer/innen des „realsozialistischen" Staates. Gegen die Lüge, die Organe der Einheitspartei würden die Meinung des Volkes widergeben und zu seinem Wohle handeln. Die Wahrheit, die dahinter stand, weist bedeutende Parallelen zu jener Problematik auf, die eines der Hauptthemen der vorliegenden Arbeit bildet: Die Regierenden agierten lediglich im Interesse einer ganz kleinen Schicht von Profiteur/innen des Systems. Die Mehrheit und mit ihr „das Volk" blieb dabei auf der Strecke.

Die Beachtung des davon abgeleiteten Leitsatzes „Wir sind die Wirtschaft!" zielt auf eine einfache, jedoch grundlegende Denk- sowie Verhaltensänderung ab, die wir als Pädagog/innen unterstützen sollten: Menschen dürfen sich die Unumgänglichkeit ihrer Unterordnung unter die Interessen der Ökonomie (bzw. der ökonomisch Machtvollen) nicht länger einreden lassen. Im Gegenteil haben wir ihre Einsicht und ihr daraus resultierendes Handeln zu befördern, dass die Wirtschaft nach ihren bzw. unseren Bedürfnissen auszurichten ist. Mehr noch: Wir müssen uns diese untertan machen. Schließlich ist sie nichts anderes, als die Summe dessen, was wir alle als Produzent/innen, Konsument/innen und Verteiler/innen von Gütern jeglicher Art (zu denen auch „geistige Erzeugnisse" gehören) täglich an realen Werten im wahrsten Sinne des Wortes „erwirtschaften". Ohne uns gibt es keine Ökonomie. Folglich sind wir die Einzigen, die zu bestimmen haben, wie sie funktionieren muss.

Solche Überlegungen können mit Hilfe des Begriffs der „Beschäftigungsfähigkeit" stärker an das konkrete Thema des Buches gebunden werden. Warum der Terminus in der Einleitung als „hässlich" bezeichnet wurde, ist nicht zuletzt mit dem damit mitschwingenden Ansinnen begründbar, der Mensch müsse berufsgerecht „geschnitzt" werden, um in der Arbeitswelt zu bestehen. Diese Idee beruht auf dem – in Form eines Mantras von allen Mächtigen in den letzten Jahrzehnten ständig nachgebeteten – Postulat der Existenz ökonomischer Naturgesetze. Wie irreleitend eine derartige Behauptung ist, wurde im vorliegenden Buch mehrmals dargestellt. Das zentrale sie widerlegende Argument basiert darauf, dass sämtliche Umbrüche, welche der Markt im Zeitalter des Informationalismus erlebte, eben keineswegs „von selbst" oder wegen der Intervention irgendeiner „höheren Gewalt" stattfanden, sondern im Gegenteil das Ergebnis eines mit größtem Nachdruck durchgesetzten Programms der Regierungen der Ära des informationellen Kapitalismus waren (siehe dazu v.a. Unterkapitel 5.2. sowie 7.2). Daraus ist ableitbar, dass die Entwicklung durch gezieltes politisches Handeln genauso wieder umgekehrt und auf Dauer rückgängig gemacht werden kann. Wenn Expert/innen, wie besonders prominent Manuel Castells, das abstreiten, liegt es lediglich daran, dass sie selbst auf den Aberglauben an wirtschaftliche Naturgesetze hineingefallen sind. Beim Letztgenannten artet diese Verblendung – wie in Abschnitt 4.1.3. angesprochen – sogar in einen völlig irrationalen Mystizismus aus.

 Das Vorgaukeln der Herrschenden, ihre Entscheidungen würden ihnen von höheren Mächten diktiert, deren Botschaften nur sie alleine zu entschlüsseln vermögen, bildet einen der ältesten Tricks zur Durchsetzung ihrer Interessen gegen den Willen der Mehrheit. Bereits seit der Renaissance, spätestens aber seit der Aufklärung gibt es jedoch zahlreiche historische Beispiele, dass derart legitimierte Souveräne gestürzt werden können. Die auf dem Informationalismus basierenden Hegemonien stellen keineswegs eine Ausnahme dar. Wie omnipotent das von Castells an die Wand gemalte Gespenst des gesichtslosen, kollektiven Kapitalisten auch zu erscheinen vermag, kann er seine quasi-übermenschlichen Kräfte nur solange entfalten, solange es genug Individuen gibt, die an ihn glauben. Im Umkehrschluss bedeutet es, dass seine Schrecken verpuffen, sobald sich kaum jemand mehr vor ihnen ängstigt.

 Aus dieser Perspektive betrachtet zielt das Paradigma „Wir sind die Wirtschaft!" genau auf jene grundlegende demokratische Erkenntnis ab, laut der wir – d.h. das Volk – und nicht irgendwelche „Auserlesenen" zu bestimmen haben, wie unsere Lebensbedingungen gestaltet sein sollten. Folglich müssen wir uns massiv gegen sämtliche Entmündigungsbestrebungen zur Wehr setzen, die im Zuge der flächendeckenden Durchsetzung des metaideologischen Gedankengutes um sich greifen und in deren Rahmen eine herrschende Minder-

## 8. Gesamtfazit und Ausblick

heit all ihren Einfluss daran setzt, der beherrschten Mehrheit vorzuschreiben, wie sie zu denken sowie zu handeln hat.

Exakt an diesem Punkt kommen wir Pädagog/innen ins Spiel. Darüber, dass unsere bedeutendste Aufgabe darin besteht, Kompetenzen aller Menschen zur größtmöglichen gesellschaftlichen Teilhabe zu fördern, herrscht breitester Konsens. Davon ausgehend und vor dem Hintergrund des vorhin Dargelegten ist eine der wichtigsten von uns bei unseren Schüler/innen und Studierenden zu steigernden Fähigkeiten jene, soeben aufgezeigte Mechanismen zu durchschauen. Gerade in Hinblick auf die ökonomische Partizipation ist es essentiell, den Adressat/innen unserer Bildungsmaßnahmen klar zu machen, dass die Wirtschaft keineswegs ein abstraktes sich selbst reproduzierendes sowie lenkendes Fabelwesen repräsentiert, sondern einen ganz konkreten sozialen Bereich, den wir alle im Zuge unserer alltäglichen Handlungen aktiv (mit-) gestalten. Ebenso wesentlich ist es, ihnen vor Augen zu führen, dass die Konzentration von Reichtum und Macht in den Händen einer kleinen Elite kein unabwendbares Schicksal darstellt, sondern das Ergebnis einer vorsätzlich dieser Gruppe zuarbeitenden Politik. Besonders essentiell ist es, ihnen zu helfen, Fremdsteuerungsansätze als solche zu erkennen und sie darin zu bestärken, sich gegen sie zu verwehren. Erst recht dann, wenn diese – wie am Schluss vom 6. Kapitel ausführlich besprochen – als Selbststeuerungsmechanismen und damit als Freiheitsgewinn getarnt sind, in Wirklichkeit aber Individuen zu einer permanenten Selbstkontrolle bis hin zur Zensur ihrer persönlichsten Gedanken zwecks einer marktkonformen Selbstabrichtung zwingen.

Jedoch ist es mit der dahingehenden verbalen Aufklärung noch lange nicht getan. Denn wie uns Pädagog/innen hinlänglich bekannt ist, bilden Erkenntnisse, die in keinen Handlungskontext eingebunden sind, lediglich totes Wissen. Zu verstehen, wie Letzterer konkret aussehen könnte und damit alles bisher so theoretisch Anmutende auf die praktische Ebene unserer alltäglichen Bildungshandlungen „herunterzubrechen" ist am einfachsten, wenn wir aufhören, uns von den bestehenden ökonomischen Verhältnissen vor sich treiben und uns von ihnen unsere Zugangsweisen diktieren zu lassen. Stattdessen sollten wir die uns gegenüber allseits erhobene Forderung, unsere Schüler/innen sowie Studierenden auf das „echte" (Berufs-) Leben vorzubereiten – womit zumeist gemeint ist, dass wir sie bereits in Ausbildungsinstitutionen an die volle Härte ihrer zukünftigen Existenz gewöhnen müssen – in der Art eines Spießes umdrehen. Und zwar insofern, als wir unsere eigenen Ansprüche an die Wirtschaft ins Zentrum unserer Unterrichtsplanungen stellen sowie mit ihnen ebenfalls unsere Vorstellungen von einer Arbeitswelt, die den von uns betreuten Kindern und Jugendlichen Möglichkeiten zu beruflichen Betätigungen eröffnet, welche sie im wahrsten Sinne des Wortes zu „erfüllen" vermögen.

Aus dieser Perspektive betrachtet wäre die wichtigste Frage, die für uns Lehrende bei der Konzeption von (ökonomische Kontexte berücksichtigenden) Bildungsmaßnahmen zählen sollte, jene, welche Arbeits- und damit zusammenhängend Lebensverhältnisse wir den Adressat/innen unserer Schulungen wünschen und wie wir demgemäße Zustände innerhalb unseres Unterrichts herstellen können. Eine tatsächliche dahingehende Ausrichtung unserer pädagogischen Bemühungen würde unsere Schüler/innen sowie Studierenden nicht nur auf eine bessere Zukunft vorbereiten, sondern ihnen ebenso eine Vorstellung davon geben, wie eine Wirtschaft zu funktionieren hat, in der das Wohl aller Individuen im Mittelpunkt steht. Das kann am besten in Form der Ermöglichung von Erfahrungen bewerkstelligt werden, die Heranwachsenden ein klares Bild davon vermitteln, welche Ansprüche sie an ihre zukünftige Tätigkeit in Hinblick auf die „Menschenwürdigkeit" ihrer Rahmenbedingungen erheben können. Dies ist nicht zuletzt deswegen essentiell, weil – wie in Abschnitt 5.1.3. angesprochen – gerade Erwartungshaltungen von Beschäftigten zuweilen einen enormen Einfluss auf die Umstände haben können, unter denen sie ihre Jobs verrichten, da Arbeitnehmer/innen davon ausgehend einen beträchtlichen Druck auf Arbeitgeber/innen zu entfalten vermögen. Oder anders formuliert: Wir sollten uns des (im Informationalismus sehr oft sowie mit größtem Erfolg eingesetzten) Mechanismus bedienen, dass Prophezeiungen, an welche sehr viele Menschen glauben, alleine aus dem Grund oft „selbsterfüllend" sind, weil eine so große Anzahl an Personen von ihrem Wahrheitsgehalt überzeugt ist und sich demgemäß verhält.

Die entsprechenden Prinzipien, die grundsätzlich jede/r pädagogisch Tätige in jedem Fach jederzeit zu integrieren vermag, können (in Abgrenzung von bestehenden informationalistischen Herangehensweisen und in Anlehnung an die Ansätze John Deweys sowie weiterer Reformpädagog/innen) folgenderweise benannt und knapp bezüglich ihrer Umsetzung ausdefiniert werden:[226]

| Prinzip | Abgrenzung von | Zugänge |
|---|---|---|
| **DEMOKRATIE** *Gesellschaftsebene* | Obrigkeitshörigkeit, Fremdbestimmung, permanente (Selbst-) Kontrolle aller Handlungen und Gedanken | Ermöglichung der (gemeinsamen) Mitbestimmung von Lerninhalten und Lernzielen sowie der (persönlichen) Selbstbestimmung der individuellen Lernwege und Methoden bei klarer Angabe von Erwartungshaltungen seitens der Lehrenden und gleichzeitiger Wahrung der Privatsphäre der Lernenden im Rahmen von Evaluationen |
| **SOLIDARITÄT** *Gemeinschaftsebene* | Sozialdarwinismus, Wettbewerbsorientierung, Konkurrenzdruck | Schwerpunktlegung auf gegenseitiges Helfen bei der Erreichung gemeinsamer Endergebnisse zu denen sämtliche Lernenden durch das Einbringen ihrer persönlichen Kompetenzen beitragen und dabei sowohl Seitens der Lehrenden als auch der Kolleg/innen Wertschätzung erfahren |
| **KREATIVITÄT** *Persönlichkeitsebene* | Zwang, Angst, Beschämung, Stress | Eröffnung von Freiräumen, in denen sich die Phantasie und mit ihr die Persönlichkeit ohne Erfolgsdruck sowie erst recht ohne Furcht vor negativen Konsequenzen von (zu schöpferischen Prozessen untrennbar dazu gehörenden) Fehlern spielerisch entfalten kann |

Alle Leser/innen, denen der Vorschlag, junge Menschen in der Schule und im Studium ausgehend von diesen Prinzipien auf eine optimale, wenn nicht utopische Wirtschaftsform vorzubereiten, blauäugig oder sogar – angesichts unserer „harten Zeiten" – unverantwortlich erscheint, sollten folgende zwei Aspekte bedenken:

Erstens übersehen alle, die von uns die Einstimmung unserer Schüler/innen und Studierenden auf die Härte des „echten" Lebens fordern, ein einfaches Faktum: Mit ihrer entsprechenden Abrichtung handelt man ihnen genau jene Existenz ein, vor der man sie beschützen zu wollen vorgibt. Denn Personen, die von Kindheit an auf Härte und damit auf Konkurrenz sowie Unbarmherzlichkeit gedrillt wurden, müssen schon sehr weit „über den

---

[226] Mit der Formulierung „grundsätzlich" ist nicht gemeint, dass es uns Lehrenden immer möglich sein wird, alle drei Prinzipien gleichermaßen intensiv zu berücksichtigen. Denn ihrer vollständigen Durchsetzung stehen derzeit zahlreiche institutionelle Schranken und Stolpersteine im Wege. Jedoch können sie uns als generelle Leitziele bei der Planung und Durchführung unserer alltäglichen pädagogischen Tätigkeiten dienen.

eigenen Schatten springen", um sich ihren Mitmenschen gegenüber solidarisch zu gebaren. Erst recht, wenn sie ständig mit derselben Härte von anderen behandelt werden, welche die gleiche Erziehung „genossen" haben. Ebenso wenig sind die auf den Prinzipien der Demokratie sowie der Kreativität basierenden Verhaltensweisen von denen zu erwarten, die diese weder bei anderen erfahren haben, noch darin bestärkt wurden, sie selbst auszubilden und sie schon gar nicht eigenständig erproben und folglich ausfalten durften.

Zweitens ist es tatsächlich strittig, ob die Ökonomie in ihrer aktuellen Form zahlreiche demokratiebewusste, solidarische und kreative Arbeitskräfte benötigt. Nehmen wir mal an, dass der Markt großartig funktionieren kann, wenn die meisten Beschäftigten fremdgesteuert werden, einem enormen Konkurrenzdruck unterliegen und in omnipräsenter (Existenz-) Angst leben, welche die Entfaltung ihrer Persönlichkeiten unterbindet. Die offene Frage, die dann bleibt, ist – „großartig funktionieren" für wen? Der Personenkreis, der von solcherart gestalteten Wirtschaftsstrukturen profitiert, wurde bereits oft genug benannt. Allen, die ihm weiterhin zuarbeiten wollen, sei das freigestellt. Jene, die sich aber wünschen, auch größeren Bevölkerungsschichten Möglichkeiten zur gesellschaftlichen Teilhabe zu eröffnen, mögen sich daran erinnern, dass die Ökonomie keinesfalls eine fixe Größe, sondern einen lebendigen und damit ebenso ständigen Veränderungsprozessen unterliegenden Zustand darstellt. Das, was heute am Arbeitsmarkt gefragt ist, kann morgen schon völlig irrelevant sein und umgekehrt. Wenn wir es jedoch schaffen, den Adressat/innen unserer Schulungsmaßnahmen – im Bestreben sie möglichst „Beschäftigungsfähig" zu machen – sämtliche erwähnte Kompetenzen auszutreiben, entziehen wir einer entsprechend gebildete Beschäftigte benötigenden zukünftigen Wirtschaft von Anfang an jegliche Grundlage. Eine niedrig entwickelte Ökonomie sowie das Fortschreiben menschenunwürdiger Arbeitsbedingungen wäre damit keine Schreckensvision mehr, die sich von selbst erfüllt, sondern ein Programm, dessen Durchsetzung wir tatkräftig unterstützen.

Der entgegengesetzte (Aus-) Weg kann – vereinfacht formuliert – als Bemühung um die Erziehung wirtschaftlich mündiger Bürger/innen bezeichnet werden, die fähig sind, ihr Leben (nicht nur aber auch) in Hinblick auf den ökonomischen Aspekt selbstbestimmt zu gestalten. Dass das keine einfache und erst recht mitnichten schnelle Erfolgserlebnisse versprechende Aufgabe ist, versteht sich von selbst. Uns Lehrenden ist jedoch immer bewusst, dass unser Einsatz oft lediglich langfristig Wirkungen zeitigt. Allzu häufig braucht das von uns Gesäte solange, bis es Früchte trägt, dass wir gar nicht erfahren, ob es das getan hat. Das betrifft keineswegs das hier besprochene Thema alleine, sondern sämtliche von uns geförderten Kompetenzen, welche über die einfachsten Fertigkeiten hinaus gehen. Das hindert uns aber zum Glück selten daran, uns in Bezug auf andere komplexere Fähigkeiten entsprechend anzustrengen und sollte uns natürlich ebenso in Hinblick auf die hier Besprochenen nicht davon abhalten.

Denn wenigstens in einem Punkt hatte der gesamte Diskurs um die Bildungsgesellschaft auch Positives: In seinem Zuge erfolgte die feste Verankerung der unermesslichen Bedeutung des Bildungssektors für die wirtschaftliche sowie mit ihr für die gesamtgesellschaftliche Entwicklung in der öffentlichen Meinung. Damit wurde uns Pädagog/innen eine enorme soziale Gestaltungsmacht zugesprochen, die wir nur noch produktiv zu nutzen haben.

## 8.4 Schlusswort

Zum Schluss darf die aus der Perspektive der pädagogischen Profession zentrale, bisher nicht angesprochene Veräppelung des gesamten informationalistischen Bildungsdiskurses keinesfalls unerwähnt bleiben: Dieses Buch wurde ja mit der Feststellung eröffnet, dass viele von uns pädagogisch Tätigen sich geehrt fühlen oder wenigstens den Eindruck haben, etwas Anerkennung zu finden, wenn in politischen (Sonntags-) Reden das durch Bildung akkumulierte Wissen als der wichtigste Rohstoff und die zentrale ökonomische Ressource präsentiert wird. Andererseits erfolgte bereits in der Einleitung die Warnung, dass das die erziehungswissenschaftliche „Querdisziplin", der die Schrift am ehesten zuordenbar ist – jene der Allgemeinen Pädagogik – nicht nur zum Ziel hat, Menschen aufzuklären sowie zu „erhellen", sondern genauso, sie zu enttäuschen.

Das besonders Desillusionierende in Hinblick auf die gerade angesprochene Aussage angesichts des hier insgesamt Aufgezeigten ist, dass sie nicht einfach eine Veräppelung und nicht einmal eine Lüge darstellt. Letzteres deswegen nicht, weil dahinter durchaus ehrlich gemeinte Begehren zu verorten sind. Denn Politiker/innen verleihen im Rahmen solcher Äußerungen ihren absolut aufrichtigen, wenn nicht sogar oft sehnlichsten Wunsch Ausdruck, ihre Verantwortung für sämtliche wirtschaftlichen (Fehl-) Entwicklungen – v.a. für jene am Arbeitsmarkt – bei uns Pädagog/innen abzuladen. Dabei handelt es sich um viel mehr als um Täuschung. Das ist Missbrauch. Und zwar tatsächlich im Sinne dessen, dass wir genötigt werden, so manches zu tun, was unseren innersten Überzeugungen widerspricht bzw. von uns selbst – bei näherer Betrachtung – als Ekelerregend empfunden wird.

Drastisch formuliert kann man die ganze „Vision" der Bildungsgesellschaft in ihrer behandelten Form nämlich folgenderweise auf den Punkt bringen: Die Politik zog sich in den letzten Jahrzehnten aus ihrer gestaltenden und sogar auch nur „schiedsrichternden" Rolle hinsichtlich der Wirtschaft vollkommen zurück und formte stattdessen die weltweite Ökonomie zu einer Arena des von jeglichen Regeln sowie Regulierungen befreiten und deswegen unermesslich brutalen Konkurrenz- und Wettkampfes um.[227] Als einzige Unterstützung bietet sie den darin um ihr Leben ringenden Gladiator/Innen den Bildungssektor an, dessen inzwischen einzige wirkliche Aufgabe darin besteht, das „Humankapital" des jeweiligen Wirtschaftsstandortes gebührend für die globalen „Wissenskriege" vorzubereiten. Wenn unsere Schüler/innen sowie Studierenden in entsprechenden Schlachten unterliegen oder fallen, ist die Schuld dafür natürlich keinesfalls bei der Politik zu suchen. Denn sie hat mit der Ökonomie ja nichts mehr zu tun. Die einzigen dafür auf institutioneller Ebene haftenden sind wir, die Lehrenden, die es nicht geschafft haben, unsere Schützlinge gut genug für die Gefechte zu rüsten.

Das Missbräuchliche daran ist, dass die meisten (wahrscheinlich sogar alle) von uns den pädagogischen Beruf aus gänzlich anderen Gründen ergriffen haben, als aus dem, die Scharmützel der Wirtschaft mit willfährigem Kanonenfutter zu versorgen. Jetzt aber müssen wir (wenn wir genau hinschauen und uns selbst gegenüber ehrlich sind) der Tatsache ins Auge sehen, dass das unsere einzige tatsächliche Bestimmung ist. Noch eklatanter tritt

---

[227] Die dazu parallele Spielart aus der Welt des Sports nennt man „free fighting". Die *Frankfurter Allgemeine Zeitung* betitelt ihren Artikel dazu mit *Die Leute wollen Blut sehen*. Ganz unreguliert konnten die internationalen Verbände einen solchen „Sport" nicht lassen – so wird z.B. das Ausstechen der Augen eher ungern gesehen –, aber im Großen und Ganzen ist alles erlaubt, was dem zahlungskräftigen Publikum Spaß macht (vgl. Eder 2009).

## 8. Gesamtfazit und Ausblick

der Missbrauch zutage, wenn wir es nicht mehr schaffen, dem übermächtigen auf uns lastenden öffentlichen Druck standzuhalten und ihn an die Lernenden weitergeben, indem wir die Verantwortung für das Gelingen sowie v.a. für das Scheitern unserer Unterrichtsmaßnahmen an sie weiterdelegieren. Denn dann avancieren wir von Opfern dargestellter Prozesse zu ihren (Mit-) Tätern. Im Zuge dessen werden wir – in bester metaideologischer Manier – gezwungen, unsere wesentlichsten Werte zu vergessen, zu verdrängen oder aufzugeben. Während wir uns einreden, die uns anvertrauten Kinder und Jugendlichen auf das „echte Leben" vorzubereiten, degradieren wir zu Exekutor/innen sozialdarwinistischer „Naturgesetze", die dem überwiegenden Großteil von uns im höchsten Maße zuwider sind.

Hier geht es nicht um die Frage, ob die Leser/innen des vorliegenden Buches die politische Gesinnung des Autors teilen, welche sich (erst) im Prozess der Verfassung der Arbeit (dermaßen) klar formierte und inzwischen überdeutlich zutage getreten ist. Denn die Grundaxiome des informationellen Kapitalismus sowie die von ihnen abgeleiteten Spielregeln der Bildungsgesellschaft sind – wie ausführlich aufgezeigt – mit keiner einzigen demokratisch verankerten Ideologie kompatibel. Gleichzeitig kristallisierte sich jedoch genauso unmissverständlich heraus, dass eine „ideologiefreie" Gestaltung pädagogischer Prozesse keineswegs möglich ist – auch wenn es sich dabei lediglich um metaideologische Zugangsweisen handeln sollte.

Daraus resultiert, dass wenn es darum ginge, die Hauptbotschaft des nun zu Ende gehenden Werkes in einem einzigen, einfachen (und damit ihre Aussagen notgedrungen vereinfachend darstellenden) Satz zu fassen, er in der folgende Bitte an alle pädagogisch Tätigen bestehen würde: Egal ob Sie rot sind, oder schwarz, grün, gelb oder was auch immer – besinnen Sie sich bitte auf ihre tatsächliche Weltanschauung sowie auf ihre wahren Werte und fragen Sie sich ausgehend davon bei jeder auf Sie zukommenden Bildungsaufgabe immer wieder aufs Neue, ob sie sowie ihre Ausführungsart mit diesen übereinstimmt. Oder noch prägnanter: Bitte lassen Sie sich von all den Verheißungen und der Panikmache der informationalistischen Bildungsgesellschaft weder blenden noch einschüchtern und verwehren sie sich dagegen, in ihrem Namen missbraucht zu werden sowie erst recht andere zu missbrauchen!

Wenn es uns gelingt, einen solchen Weg konsequent zu verfolgen, werden wir es zwar nicht schaffen, Menschen für die (derzeitige) Wirtschaft fit zu machen – d.h. sie an die Anforderungen des Marktes anzupassen. Jedoch können wir damit ein großes Stück dazu beitragen, die (zukünftige) Ökonomie so zu gestalten, dass sie für die Menschen fit wird – d.h. sich an die Bedürfnisse der überwiegenden Mehrheit von ihnen adoptiert.

# Literatur

Adorno, Theodor W. (1949): Philosophie der neuen Musik. Tübingen: Mohr
Adorno, Theodor W. (1967): Résumé über Kulturindustrie. In: Adorno, Theodor W. (Hg.): Ohne Leitbild. Parva Aesthetica. Frankfurt am Main: Suhrkamp / siehe auch http://www.scribd.com/doc/6079320/Adorno-T-Resume-uber-Kulturindustrie [14.08.10]
AK – Arbeiterkammer Österreich (2011): AK-Wertschöpfungsbarometer: Trotz Krise: Eigentümer profitierten. In: http://www.arbeiterkammer.com/bilder/d150/PKU_Wertschoepfungsbarometer_April2011.pdf [1.05.2011]
Arnold, Rolf; Siebert, Horst (1995): Konstruktivistische Erwachsenenbildung. Baltmannsweiler: Schneider
Assheuer, Thomas; Thadden, Elisabeth von (2001): Castells, Manuel: Das Netz und sein Werk. In: "ZeitLiteratur" Dezember 2001, S.53-56 (auch in www.weltsozialforum.org/news.2003.29/index.html [13.04.2007])

Baacke, Dieter (1997): Medienpädagogik - Grundlagen der Medienkommunikation. Tübingen: Niemeyer
Baacke, Dieter (1996): Medienkompetenz als Netzwerk - Reichweite und Fokussierung eines Begriffs, der Konjunktur hat. In: medien praktisch 2/96, S.4-10
Baacke, Dieter; Röll, Franz J. (Hg.) (1995): Weltbilder, Wahrnehmung, Wirklichkeit – der ästhetisch organisierte Lernprozess. Opladen: Leske + Budrich
Babel, Helene; Hackl, Bernd (2004): Handlungsorientierter Unterricht – Dirigierter Aktionismus oder partizipative Kooperation? In: Mayer, Horst O.; Treichel, Dietmar (Hg.): Handlungsorientiertes Lernen und eLearning. Grundlagen und Beispiele. München; Wien: Oldenburg Verlag, S.11-36
Bangemann, Martin et al. (1994): Europe and the Global Info Society. Bangemann report recommendations to the European Council. In: http://www.umic.pt/images/stories/publicacoes200801/raport_Bangemanna_1994.pdf [20.08.2010]
Bank, Volker (Hg.) (2005): Vom Wert der Bildung: Bildungsökonomie in wirtschaftspädagogischer Perspektive neu gedacht. Bern: Haupt Verlag
Barlow, John P. (1996): A Declaration of the Independence of Cyberspace. In: http://homes.eff.org/~barlow/Declaration-Final.html [27.06.2007]
Baudrillard, Jean (1983): The Ecstasy of Communication. In: The Anti-Aesthetic: Essays on Postmodern Culture. Port Townsend; Washington: Bay Press, S.126-34
Baudrillard, Jean (1988): Die Simulation. In: Welsch; Wolfgang (Hg.), Wege aus der Moderne, Weinheim: VCA, S.153-162
Bauer, Kurt (2008): Nationalsozialismus: Ursprünge, Anfänge, Aufstieg und Fall. Wien: Böhlau UTB
Beatty, Jack (1998): The World According to Peter Drucker. New York: The Free Press
Beck, Ulrich (1986): Risikogesellschaft. Auf dem Weg in eine andere Moderne. Frankfurt am Main: Suhrkamp
Beck, Ulrich (1993): Auflösung der Gesellschaft? Theorie gesellschaftlicher Individualisierung revisted. In: Lenzen, Dieter (Hg.) Verbindungen: Vorträge anläßlich der Ehrenpromotion von K. Mollenhauer an der FU Berlin am 15.01.1993. Weinheim: Deutscher Studien Verlag, S.63-80
Beck, Ulrich (1997): Was ist Globalisierung? Irrtümer des Globalismus – Antworten auf die Globalisierung. Frankfurt am Main: Suhrkamp
Beck, Ulrich (2007): Weltrisikogesellschaft: Auf der Suche nach der verlorenen Sicherheit. Frankfurt am Main: Suhrkamp

Beck, Ulrich; Giddens, Anthony; Lash, Scott (1994): Reflexive Modernization: Politics, Tradition and Aesthetics in the Modern Social Order. Cambridge: Polity Press

Beck, Hanno; Wienert, Helmut (2009): Anatomie der Weltwirtschaftskrise: Ursachen und Schuldige. In: Aus Politik und Zeitgeschichte (APuZ 20/2009). Themenheft: Krise der Weltwirtschaft, S.7-12

Becker, Rolf; Lauterbach, Wolfgang (2010[4]): Bildung als Privileg: Erklärungen und Befunde zu den Ursachen der Bildungsungleichheit. Wiesbaden: VS-Verlag

Belanger, Paul; Tuijnman, Sofia (1997): The Emergence of Learning Societies: Who Participates in Adult Learning? Oxford ; New York: Pergamon

Bell, Daniel (1960): The End of Ideology. Glencoe, IL: Free Press

Bell, Daniel (1976): The Coming of Post-Industrial Society. A Venture in Social Forecasting. New York: Basic Book

Bell, Daniel (1979): The Social Framework of the Information Society. In: Dertouzos, Michael L.; Moses, Joel (Hg.): The Computer Age: A Twenty-Year View, Cambridge: MIT Press, S.500-549

Bell, Daniel (1989): The Third Technological Revolution and Its Possible Socioeconomic Consequences. In: Dissent, 36 (2), S.164-176

Bell, Daniel (1995): The cultural contradictions of Newt Gingrich. In: New Perspectives Quarterly, Vol.12, No.5, S.7-9 (auch in http://cscs.umich.edu/~crshalizi/NPQ/cultural-contradictions-of-newt-gingrich.html [27.03.2007])

Bell, Daniel (1996[20]): The Cultural Contradictions of Capitalism. Twentieth Anniversary Edition. New York: Basic Books

Berg, Raimund (2008): Staatliche Bildungsinvestitionen als Rechtfertigung für öffentliche Schuldaufnahme. Maarburg: Metropolis-Verlag

Bernhard, Armin (2011): Allgemeine Pädagogik auf praxisphilosophischer Grundlage. Baltmannsweiler: Schneider

Bernstein, Ira H.; Havig, Paul (1998): Computer Literacy: Getting the Most from Your PC. London: Sage Publications

Bertelsmann Stiftung (Hg.) (2002): Pressemeldung: Bertelsmann Stiftung und AOL Time Warner Foundation fordern mehr Einsatz für Medienkompetenz. In: http://www.bertelsmann-stiftung.de/cps/rde/xchg/bst/hs.xsl/nachrichten_4446.htm [21.06.2011]

Bijker, Wiebe E.; Pinch, Trevor J. (1984): The Social Construction of Facts and Artifacts. Or How the Sociology of Science and the Sociology of Technology Might Benefit of Each Other. In: Bijker, Wiebe E., Hughes, Thomas P. & Pinch, Trevor J. (Hg.): The Social Construction of Technological Systems. Cambridge, Mass.: MIT Press, S. 17-50

Bijker, Wiebe E.; Hughes, Thomas P.; Pinch, Trevor J. (Hg.) (1987): The Social Construction of Technological Systems. Cambridge, MA: MIT Press

Bischoff, Joachim (2001): Mythen der New Economy. Hamburg: VSA

Bittlingmayer, Uwe H. (2001): „Spätkapitalismus" oder „Wissensgesellschaft"? In: Aus Politik und Zeitgeschichte B 36/2001, S.15-22. (auch in: http://www.bpb.de/files/Z32LKV.pdf [1.07.2007])

Bittlingmayer, Uwe H.; Bauer, Ulrich (2006): Die "Wissensgesellschaft": Mythos, Ideologie oder Realität? VS-Verlag

Blair, Tony (2005): We are the Changemakers. Rede bei der Konferenz der Labour-Partei in Brighton am 27.09.2005. In: http://news.bbc.co.uk/2/hi/uk_news/politics/4287370.stm [30.06.2007]

Blätter für deutsche und internationale Politik (Hg.) (2009): Das Ende des Kasino-Kapitalismus? Globalisierung und Krise. Berlin: Edition Blätter

Blumstengel, Astrid (1998): Entwicklung hypermedialer Lernsysteme. Berlin: WVB-Verlag

BMAS – Bundesministerium für Arbeit und Soziales (2008): Sozialleistungsquote 1960 – 2007. In: http://www.sozialpolitik-aktuell.de/tl_files/sozialpolitik-aktuell/_Politikfelder/Finanzierung/Datensammlung/PDF-Dateien/abbII1a.pdf [7.01.2011]

bm:ukk – Bundesministerium für Unterricht Kunst und Kultur (Hg.) (2011): Safer Internet in der Schule. Unterrichtsbeispiele. In: http://www.saferinternet.at/uploads/tx_simaterials/Safer_ Internet_Aktions_Monat_Beispielsammlung_Mai2011.pdf [7.08.2011]
Boas, Taylor C.; Gans-Morse, Jordan (2009): Neoliberalism: From New Liberal Philosophy to Anti-Liberal Slogan. In: http://pages.sbcglobal.net/tboas/neoliberalism.pdf [1.07.2010]
Bolten, Jürgen (1985): Die Hermeneutische Spirale. Überlegungen zu einer integrativen Literaturtheorie. In: Poetica 17 (1985), H. 3/4, S.355-371
Böcking, David (2011): Umstrittene Bonitätswächter. Wie die Politik zum Rating-Junkie wurde. In: http://www.spiegel.de/wirtschaft/soziales/0,1518,772579,00.html [7.7.2011]
Brehm-Klotz, Christiane (1997): Informationstechnische Bildung. In: Hüther, Jürgen; Schorb, Bernd; Brehm-Klotz, Christiane (Hg.): Grundbegriffe Medienpädagogik. München: KoPäd Verlag, S.145-150
Breinbauer, Ines M. (1996): Einführung in die Allgemeine Pädagogik. Wien: WUW- Universitätsverlag
Breit, Helmut; Rittberger, Michael; Sertl, Michael (2005): Vorwort. In: Schulheft 118/2005 – Kontrollgesellschaft und Schule, S.5-6
Breiter, Andreas; Beckert, Bernd; Hagen, Martin; Kubicek, Herbert (2007): Staatliche Initiativen zur Förderung der Informationsgesellschaft. Multimedia-Pilotprojekte in Deutschland und den USA in ihrem politischen Kontext. Wiesbaden: Deutscher Universitätsverlag
Bremer, Helmut (2007): Soziale Milieus, Habitus und Lernen: zur sozialen Selektivität des Bildungswesens am Beispiel der Weiterbildung. Weinheim; München: Juventa
Bremer, Helmut; Bittlingmayer, Uwe H. (2008): Die Ideologie des selbstgesteuerten Lernens und die „sozialen Spiele" in Bildungseinrichtungen. In: Schulheft 130/2008 – Offen und frei? Beiträge zur Diskussion Offener Lernformen, S.30-51
Brewer, Dominic J.; McEwan, Patrick J. (2010): Economics of Education. Amsterdam: Elsevier
Brown, Jessica (2003): Crossing the Digital Divide. In: Erlmann, David M.; Shauf, Michele S. (Hg.): Computers, Ethics and Society. New York: Oxford University Press, S.162-177
Brown, Phillip; Lauder, Hugh; Ashton, David (2011): The Global Auction. The Broken Promises of Education, Jobs and Incomes. Oxford: University Press
Bruns, Tissy (2011): Die Welt ist aus den Fugen. In: http://www.zeit.de/politik/2011-08/finanzkrise-politik-eliten [22.08.2011]
Buchter, Heike (2011): Jetzt geht die Party richtig los. In: http://www.zeit.de/2011/02/Hedgefonds [20.07.2011]
Bueb, Bernhard (2006): Lob der Disziplin: Eine Streitschrift. Berlin: List
Bueb, Bernhard (2008): Von der Pflicht zu führen: Neun Gebote der Bildung. Berlin: List
Bussmann, Margit (2009): Globalisierungskrise: Geburt einer neuen Weltwirtschaftsordnung? In: Aus Politik und Zeitgeschichte (APuZ 52/2009). Themenheft: Krisenjahr 2009, S.17-22
Butterwegge, Christoph ($2005^2$): Krise und Zukunft des Sozialstaates. Wiesbaden: VS-Verlag

Castells, Manuel (1977): The Urban Question. A Marxist Approach. Cambridge, MA.: MIT Press
Castells, Manuel (1989): The Informational City. Economic Restructuring, and the Urban-Regional Process. Oxford, UK; Cambridge, MA: Blackwell
Castells, Manuel (1996): The Rise of the Network Society, The Information Age: Economy, Society and Culture, Vol. I. Cambridge, MA; Oxford, UK: Blackwell (zweite überarbeitete Ausgabe 2000)
Castells, Manuel (1997): The Power of Identity, The Information Age: Economy, Society and Culture, Vol. II. Cambridge, MA; Oxford, UK: Blackwell (zweite überarbeitete Ausgabe 2004)
Castells, Manuel (1998): The End of the Millennium, The Information Age: Economy, Society and Culture, Vol. III. Cambridge, MA; Oxford, UK: Blackwell (zweite überarbeitete Ausgabe 2000)
Castells, Manuel (2000): Materials for an exploratory theory of the network society. In: www9.georgetown.edu/faculty/irvinem/CCT510/Sources/Castells Theory_of_Network_Society-2000.pdf [19.09.2007] (auch in: British Journal of Sociology 51/1, S.5-24)

Castells, Manuel (2001): Der Aufstieg der Netzwerkgesellschaft. Teil 1 der Trilogie „Das Informationszeitalter". Übersetzt von Reinhard Kößler. Opladen: Leske + Budrich

Castells, Manuel (2002): Die Macht der Identität. Teil 2 der Trilogie „Das Informationszeitalter". Übersetzt von Reinhard Kößler. Opladen: Leske + Budrich

Castells, Manuel (2003): Jahrtausendwende. Teil 3 der Trilogie „Das Informationszeitalter". Übersetzt von Reinhard Kößler. Opladen: Leske + Budrich

Castells, Manuel (2004): Universities and Cities in a World of Global Networks. 18th Sir Robert Birley Lecture at the City University London. In: http://www.city.ac.uk/social/birley2004.html [31.03.2007]

Castells, Manuel (2005a): Die Internet-Galaxie. Internet, Wirtschaft und Gesellschaft. Wiesbaden: VS-Verlag

Castells, Manuel (2005b): The Message Is The Medium: An Interview with Manuel Castells. In: Global Media and Communication, 1 (2), S.135-147 (auch in: http://gmc.sagepub.com/cgi/reprint/1/2/135 [15.06.2007])

Castells, Manuel; Ince, Martin (2003): Conversations with Manuel Castells. Cambridge: Blackwell

Castells, Manuel; Kiselyova, Emma (1995): The Collapse of Soviet Communism: A View from the Information Society. Berkeley: International and Area Studies

Castells, Manuel; Linchuan Qiu, Jack; Fernandez-Ardevol, Mireia (2006): Mobile Communication and Society: A Global Perspective (Information Revolution and Global Politics). Cambridge, MA.: MIT Press

Coyne, Diane (1997): The Weightless Economy. Oxford: Capstone

Crain, Fitzgerald (2010): Sozialpsychologische Überlegungen zu Angst und Bildung. In: Herz, Birgit; Dörr, Margret (Hg.): "Unkulturen" in Bildung und Erziehung. Wiesbaden: VS-Verlag, S.209-222

Degele, Nina (2002): Einführung in die Techniksoziologie. München: Wilhelm Fink Verlag

Deimann, Markus (2006): Entwicklung und Erprobung eines volitionalen Designmodells. In: http://www.db-thueringen.de/servlets/DerivateServlet/Derivate-10831/deimann.pdf [15.10.2007]

Deleuze, Gilles (1993): Unterhandlungen. Frankfurt a.M.: Suhrkamp

Deleuze, Gilles; Guattari, Félix (1977): Rhizom. Berlin: Merve

DeLong, Bradford J. (2002): Amerikas zweites goldenes Zeitalter. In: http://www.project-syndicate.org/commentary/delong5/German [20.07.2011]

Dernbach, Andrea (2010): Wenn Leistung nicht lohnt. In: http://www.zeit.de/politik/deutschland/2010-10/sozialer-aufstieg [1.02.2012]

Derrida, Jacques (1988): Wie Meeresrauschen auf dem Grund einer Muschel. Paul de Mans Krieg. Mémoires 2. Wien: Passagen

Deutscher Bundestag (Hg.) (1998): Schlußbericht der Enquete-Kommission Zukunft der Medien in Wirtschaft und Gesellschaft – Deutschlands Weg in die Informationsgesellschaft. In: http://dipbt.bundestag.de/doc/btd/13/110/1311004.pdf [30.03.2011]

Dewey, John (1930): Democracy and Education: An Introduction to the Philosophy of Education. New York: MacMillian

Dewey, J. (1988). Kunst als Erfahrung. Frankfurt am Main: Suhrkamp.

Dewey, John (1993): Demokratie und Erziehung. Eine Einleitung in die philosophische Pädagogik. Weinheim; Basel: Beltz

Dewey, John; Dewey, Evelyn (1915): Schools of To-Morrow. New York: Dutton & Company

Diehl, Jörg; Batzoglou, Ferry (2011): Korruption in Griechenland. Ein Arzt bricht sein Schweigen. In: http://www.spiegel.de/politik/ausland/0,1518,771303,00.html [1.07.2011]

DiePresse.com (2009): Ein Jahr nach der Pleite: Was wurde aus Richard Fuld. http://diepresse.com/home/wirtschaft/finanzkrise/508441/Ein-Jahr-nach-der-Pleite_Was-wurde-aus-Richard-Fuld [20.07.2011]

DiePresse.com (2011): Ärztekammer warnt: Armut macht krank. In: http://diepresse.com/home/panorama/oesterreich/640864/Aerztekammer-warnt_Armut-macht-krank [15.08.2011]

Dingeldey, Irene (2006): Aktivierender Wohlfahrtsstaat und sozialpolitische Steuerung. In: Aus Politik und Zeitgeschichte (APuZ) 8-9/2006 (Reformen des Sozialstaates), S.3-9

Dizard, Wilson P. (1982): The Coming Information Age: An Overview of Technology, Economics, and Politics. London: Longman

Dohmen, Dieter (2010): Die ökonomischen Folgen der Bildungsarmut. In: Quenzel, Gudrun; Hurrelmann, Klaus (Hg.): Bildungsverlierer: Neue Ungleichheiten. Wiesbaden: VS-Verlag, S.441-462

Dolata, Ulrich; Werle, Raymund (2007a): Vorwort. In: Dolata, Ulrich; Werle, Raymund (Hg.): Gesellschaft und die Macht der Technik. Sozioökonomischer und institutioneller Wandel durch Technisierung. Frankfurt, New York: Campus Verlag, S.9-10

Dolata, Ulrich; Werle, Raymund (2007b): „Bringing technology back in": Technik als Einflussfaktor sozioökonomischen und institutionellen Wandels. In: Dolata, Ulrich; Werle, Raymund (Hg.): Gesellschaft und die Macht der Technik. Sozioökonomischer und institutioneller Wandel durch Technisierung. Frankfurt, New York: Campus Verlag, S.15-43

Donner, Paul (2010): Von der Notlösung zum Schwerpunkt. Wie ein Videoprojekt einen Schulentwicklungsprozess auslöste. In: e-LISA academy Newsletter / Mai 2010: http://www.e-lisa-academy.at/dl/e-LISA_academy_Newsletter_Mai_2010.pdf [2.01.2011]

Downes, Stephen (2005): E-learning 2.0. In: http://elearnmag.org/subpage.cfm?section=articles&article=29-1 [1.02.2007]

Dörr, Margret (2010): Über die Verhüllung der Scham in der spätmodernen Gesellschaft und Auswirkungen auf die pädagogische Praxis. In: Herz, Birgit; Dörr, Margret (Hg.): "Unkulturen" in Bildung und Erziehung. Wiesbaden: VS-Verlag, S.191-207

Drucker, Peter (1969): Die Zukunft bewältigen. Aufgaben und Chancen im Zeitalter der Ungewißheit. Düsseldorf, Wien: Econ

Duff, Alistair (2000): Information Society Studies. New York: Routledge

Duffy, Thomas M.; Jonassen; David H. (Hg.) (1992): Constructivism and the Technology of Instruction: A Conversation. Hillsdale NJ: Lawrence Erlbaum

Dutton, William (1999): Society on the Line: Information Politics in the Digital Age. Oxford: Oxford University Press

ECDL-Österreich (Hg.) (2010): e-Skills - Blindflug ausgeschlossen. In: http://www.ecdl.at/themen/news/2010/e-skills.html [12.02.2011]

Eder, Michael (2009): „Free Fighting". Die Leute wollen Blut sehen. In: http://www.faz.net/artikel/C30176/free-fighting-die-leute-wollen-blut-sehen-30095809.html [15.07.2011]

Edwards, Sebastián; Edwards, Alejandra Cox (1991): Monetarism and Liberalization: the Chilean Experiment. Chicago: University of Chicago Press

Eichmann, Hubert (2005): Entgrenzte Arbeit, begrenzte Mitbestimmung. Neue Formen der Arbeitsorganisation und die Realität der „Selbstbestimmung" am Beispiel von Softwareunternehmen. In: Schulheft 118/2005 – Kontrollgesellschaft und Schule, S.30-46

El-Sharif, Yasmin; Kaiser, Stefan (2011): Wenn Deutschland sparen müsste wie die Griechen. In: http://www.spiegel.de/wirtschaft/soziales/0,1518,771396,00.html [1.07.2011]

Engels, Dietrich (2004): Armut, soziale Ausgrenzung und Teilhabe an Politik und Gesellschaft. In: http://www.isg-institut.de/download/Partizipation-Bericht.pdf [1.02.2012]

Enzensberger, Hans M. (1964): Bewusstseinsindustrie. In: Einzelheiten I. Frankfurt am Main: Suhrkamp

Enzensberger, Hans M. (1997): Baukasten zu einer Theorie der Medien. In: Glotz, Peter (Hg.): Baukasten zu einer Theorie der Medien – Kritische Diskurse zur Pressefreiheit. München: R. Fischer, S.97-132

Ertel, Manfred (2011): Griechenland droht die Massenarmut. In: http://www.spiegel.de/politik/ausland/0,1518,772787,00.html [16.07.2011]

Europäische Kommission (Hg.) (1985): Vollendung des Binnenmarktes. Weißbuch der Kommission an den Europäischen Rat. In: http://europa.eu/documents/comm/white_papers/pdf/com1985_0310_f_de.pdf [8.09.2010]

Europäische Kommission (Hg.) (1994): Grünbuch über die Liberalisierung der Telekommunikationsinfrastruktur und der Kabelfernsehnetze: Teil 1. Grundsätze und Zeitrahmen. In: http://eur-lex.europa.eu/LexUriServ/LexUriServ.do?uri=COM:1994:0440:FIN:DE:PDF [08.09.2010]

Europäische Kommission (1996): Lernen in der Informationsgesellschaft. Aktionsplan für eine europäische Initiative in der Schulbildung. In: http://www.antonwelt.at/pdf_files/lernen_i_d_informationsgesellschaft.pdf [19.02.1011]

Europäische Kommission (Hg.) (1997): Grünbuch zur Konvergenz der Branchen Telekommunikation, Medien und Informationstechnologie und ihren Ordnungspolitischen Auswirkungen. Ein Schritt in Richtung Informationsgesellschaft. In: http://ec.europa.eu/avpolicy/docs/library/legal/com/greenpaper_97_623_de.pdf [20.06.2007]

Europäische Kommission (Hg.) (1999): eEurope - Eine Informationsgesellschaft für alle – Rechtsakt. In: http://ec.europa.eu/information_society/eeurope/i2010/docs/2002/action_plan/actionplan_de.pdf [20.06.2007]

Europäische Kommission (Hg.) (2000): eEurope 2002. Eine Informationsgesellschaft für alle – Aktionsplan. In: http://ec.europa.eu/information_society/eeurope/2002/action_plan/pdf/actionplan_de.pdf [14.06.2007]

Europäische Kommission (Hg.) (2001): Aktionsplan eLearning. Gedanken zur Bildung von morgen. In: http://eur-lex.europa.eu/LexUriServ/LexUriServ.do?uri=COM:2001:0172:FIN:DE:PDF

Europäische Kommission (Hg.) (2005a): Schlüsselzahlen zum Bildungswesen in Europa 2005. In: http://www.eurydice.org/ressources/eurydice/pdf/0_integral/052DE.pdf [8.08.2007]

Europäische Kommission (Hg.) (2005b): i2010 - Eine europäische Informationsgesellschaft für Wachstum und Beschäftigung. In: http://europa.eu/scadplus/leg/de/cha/c11328.htm [15.06.2007]

Europäische Kommission (Hg.) (2006a): Effizienz und Gerechtigkeit in den europäischen Systemen der allgemeinen und beruflichen Bildung. In: http://ec.europa.eu/education/policies/2010/doc/comm481_de.pdf [10.08.2007]

Europäische Kommission (Hg.) (2006b): Commission staff working document, accompanying document to the Efficiency and equity in European education and training systems. In: http://ec.europa.eu/education/policies/2010/doc/sec1096_en.pdf [10.08.2007]

Europäische Kommission (Hg.) (2006c): Schlüsselkompetenzen für lebenslanges Lernen. Empfehlung 2006/962/EG des Europäischen Parlaments und des Rates vom 18. Dezember 2006. In: http://europa.eu/legislation_summaries/education_training_youth/lifelong_learning/c11090_de.htm [11.07.2011]

Europäische Kommission (Hg.) (2007a): Europa in Zahlen – Eurostat Jahrbuch 2006-07. Luxemburg: Amt für amtliche Veröffentlichungen der Europäischen Gemeinschaften. (auch in: http://www.eds-destatis.de/downloads/publ/de1_jahrbuch2006.pdf [15.06.2007])

Europäische Kommission (Hg.) (2007b): i2010 – Jahresbericht über die Informationsgesellschaft 2007. In: http://ec.europa.eu/information_society/eeurope/i2010/docs/annual_report/2007/070329_com_de.pdf [15.06.2007]

Europäische Kommission (Hg.) (2007c): RP7. Die Antworten von morgen. In: http://ec.europa.eu/research/fp7/pdf/fp7-factsheets_de.pdf [4.07.2007]

Farin, Tim; Parth, Christian (2008): Job als Statussymbol. Gefangen in der Coolness-Falle. In: http://www.spiegel.de/unispiegel/jobundberuf/0,1518,535005,00.html [10.07.2011]

Faz.Net (2007): Northern Rock. Lange Schlangen, abstürzende Kurse. In: http://www.faz.net/artikel/C31163/northern-rock-lange-schlangen-abstuerzende-kurse-30025952.html [15.07.2011]

Federal Reserve System (o.J): Open Market Operations. In: http://www.federalreserve.gov/monetarypolicy/openmarket.htm [13.07.2011]

Ferscha, Alois (2007): Aufforderung zur Einreichung von Beiträgen zum Themenheft Mobile Learning der Zeitschrift e-learning, Heft IV/2007. In: www.e-learning-zeitschrift.org/pdf/Mobile Learning_Special_Issue_2007.pdf [9.02.2007]

Fildes, Jonathan (2010): One Laptop per Child targets Middle East and E Africa. In: http://www.bbc.co.uk/news/10091177 [12.02.2011]
Fitoussi, Jean-Paul (2009): Hohe Bankgewinne verhöhnen die Steuerzahler. In: http://www.faz.net/artikel/S31163/im-gespraech-jean-paul-fitoussi-hohe-bankgewinne-verhoehnen-die-steuerzahler-30080048.html [20.07.2011]
Forbes (2010): The World's Billionaires. In: http://www.forbes.com/lists/2010/10/billionaires-2010_The-Worlds-Billionaires_CountryOfCitizen_7.html [20.07.2011]
Foucault, Michel (1976): Überwachen und Strafen. Die Geburt des Gefängnisses. Frankfurt am Main: Suhrkamp
Foucault, Michele (1992): Was ist Kritik? Berlin: Merve
Foucault, Michel (2006[4]): Geschichte der Gouvernementalität: Geschichte der Gouvernementalität - Band I und II. Frankfurt am Main: Suhrkamp
Foucault, Michel (o.J.): Of Other Spaces (1967), Heterotopias. In: http://foucault.info/documents/heteroTopia/foucault.heteroTopia.en.html [14.05.2007]
Fuchs, Max (2000): Bildung, Kunst, Gesellschaft. Beiträge zur Theorie und Geschichte der kulturellen Bildung. Remscheid: Topprint
Fukuyama, Francis (1989): The End of History? The National Interest 16, S.3-18 (auch in http://courses.essex.ac.uk/GV/GV905/IR%20Media%202010-11/W4%20Readings/Fukuyama%20End%20of%20History.pdf [04.07.2011])
Fukuyama, Francis (1993): The End of History and the Last Man. New York: Avon Books

Garnham, Nicholas (2004): Information Society Theory as Ideology [Gekürzter Nachdruck eines Artikels aus dem Jahre 1998]. In: Webster, Frank (Hg.): The Information Society Reader. London; New York: Routledge, S.165-183
Gates, Bill (1997[2]): Der Weg nach vorn. Die Zukunft der Informationsgesellschaft. München: Wilhelm Heyne
Gebhard, Gunther; Meißner, Stefan; Schröter, Steffen (2006): Kritik der Gesellschaft? Anschlüsse bei Luhmann und Foucault In: Zeitschrift für Soziologie, Jg. 35, Heft 4, S.269-285 / Auch unter http://www.zfs-online.org/index.php/zfs/article/viewFile/1220/757
Gehlen, Arnold (1963): Über kulturelle Kristallisation. In: Gehlen, Arnold (Hg.): Studien zur Anthropologie und Soziologie. Neuwied am Rhein; Berlin: Luchterhand, S.311-328
Gehlen, Arnold (1994): Ende der Geschichte? In: Conrad, Christoph; Kessel, Martina (Hg.), Geschichte schreiben in der Postmoderne. Beiträge zur aktuellen Diskussion. Stuttgart: Reclam, S.39-57
Gehlen, Arnold (2007): Die Seele im technischen Zeitalter: Sozialpsychologische Probleme in der industriellen Gesellschaft. Frankfurt a.M.: Klostermann
Gerster, Petra; Nürnberger, Christian (2003): Der Erziehungsnotstand. Wie wir die Zukunft unserer Kinder retten. Hamburg: rororo
Giddens, Anthony (1995): The nation-state and violence. Volume 2 of A Contemporary Critique of Historical Materialism. Cambridge: Polity Press
Giddens, Anthony (1997a): Jenseits von Links und Rechts: Die Zukunft radikaler Demokratie. Frankfurt am Main: Suhrkamp
Giddens, Anthony (1997b): Ein ZEIT-Gespräch mit Anthony Giddens, dem neuen Direktor der London School of Economics und Berater von Tony Blair. In: http://www.zeit.de/1997/17/giddens.txt.19970418.xml [15.09.2010]
Giddens, Anthony (2000): Der dritte Weg. Die Erneuerung der sozialen Demokratie. Frankfurt am Main: Suhrkamp
Giddens, Anthony (2001): Die Frage der sozialen Ungleichheit. Frankfurt am Main: Suhrkamp
Giddens, Anthony (2002): Where Now for New Labour. Cambridge: Polity Press
Golz, Hans-Georg (2009): Editorial. In: Aus Politik und Zeitgeschichte (APuZ 20/2009). Themenheft: Krise der Weltwirtschaft, S.2
Google (o.J.): Human Resources. In: http://www.google.com/intl/en/jobs/hr/index.html [10.07.2011]

Gore, Albert A. (1994): Speech on Building the Global Information Infrastructure. In: http://www.friends-partners.org/oldfriends/telecomm/al.gore.speech.html [5.10.2010]
Gore, Albert A.; Brown, Ronald H. (1995): Global Information Infrastructure: Agenda for Cooperation. Darby: Diane Publishing Co
Gorz, André (2002): Welches Wissen? Welche Gesellschaft? In: Heinrich Böll Stiftung (Hg.): Orientierung in der Wissensgesellschaft. http://www.wissensgesellschaft.org/themen/orientierung/orientierung.html [25.05.2007]
Gründinger, Wolfgang (2009): Der Aufstand der Jungen. Wie wir den Krieg der Generationen vermeiden können. München: C.H. Beck
Gründinger, Wolfgang (2011): Der Aufstand der Jungen hat erst begonnen. In: http://www.zeit.de/gesellschaft/zeitgeschehen/2011-08/jugend-revolte-aufstand [23.08.2011]
Gudjons, Herbert ($2003^8$): Pädagogisches Grundwissen. Bad Heilbrunn: Klinkhardt
Gugerli, David; Kupper, Patrick; Speich, Daniel (2005): Rechne mit deinen Beständen. Dispositive des Wissens in der Informationsgesellschaft. In: Berthoud, Gérald, et al. (Hg.): Informationsgesellschaft / Société de l'information: Geschichten und Wirklichkeit. Freiburg: Academic Press, S.79-108
Gumin, Heinz; Maier, Heinrich ($2005^8$): Einführung in den Konstruktivismus. München; Zürich: Piper
Gundlach, Erich (2007): Bildungspolitik im Zeitalter der Globalisierung. Stuttgart: Lucius & Lucius

Habermas, Jürgen ($1989^2$): Der philosophische Diskurs der Moderne - Zwölf Vorlesungen. Frankfurt am Main: Suhrkamp
Hackl, Bernd (2007): Abschied von der Vermittlung? Zeitgeistige Didaktiken als Konzepte sinnreduzierter Welterschließung. In: Hackl, Bernd; Pechar, Hans (Hg.): Bildungspolitische Aufklärung. Um- und Irrwege der österreichischen Schulreform. Festschrift für K. H. Gruber. Innsbruck, Wien: Studienverlag, S.71-86 / Hier nach: http://www.uni-graz.at/hacklabschied.pdf
Hackl, Bernd; Patzner, Gerhard (2005): Fitnesstraining für die Selbstvermarktung? Vorgaben und Schwierigkeiten pädagogischer Professionalisierung am Beginn des 21. Jahrhunderts. In: Kowarsch, Alfred; Pollheimer, Klaus M. (Hg.): Professionalisierung in pädagogischen Berufen. Purkersdorf: Brüder Hollinek. Hier nach: http://www.uni-graz.at/hacpatzfitnesstrail.pdf [13.01.2010]
Haug, Simone; Wedekind, Joachim (2009): „Adresse nicht gefunden" – Auf den digitalen Spuren der E-Teaching-Förderprojekte. In: Dittler, Ullrich; Krameritsch, Jakob; Nistor, Nicolae; Schwarz, Christine; Thillosen, Anne (Hg.): Ein kritischer Blick auf E-Learning an deutschsprachigen Hochschulen. Münster u.a.: Waxmann, S.19-37
Häcker, Thomas ($2007^2$): Portfolio: Ein Entwicklungsinstrument für selbstbestimmtes Lernen. Eine explorative Studie zur Arbeit mit Portfolios in der Sekundarstufe I. Hohengehren: Schneider
Haefner, Klaus ($1985^5$): Die neue Bildungskrise. Lernen im Computerzeitalter. Reinbeck bei Hamburg: Rowohlt
Hall, Stuart; Jacques, Martin (Hg.) (1989): New Times: The Changing Face of Politics in the 1990s. London: Lawrence & Wishart Ltd
Hammerstein, Konstantin von (2008): Der Boom der Diktatoren. In: Der Spiegel 23/2008, S.62-69 (auch in http://wissen.spiegel.de/wissen/image/show.html?did=57223289&aref=image036/2008/05/31/ROSP200802300620069.PDF&thumb=false) [22.07.2011]
Handelsblatt-online (2009): Der „Teufel" spielt Unschuldslamm. In: http://www.handelsblatt.com/unternehmen/management/koepfe/der-teufel-spielt-unschuldslamm/3259034.html [20.07.2011]
Handelsblatt-online (2010): Gewalt in Großbritannien trifft Prinz Charles. In: http://www.handelsblatt.com/politik/international/gewalt-in-grossbritannien-trifft-prinz-charles/3667622.html [22.02.2011]
Hanft, Anke; Müskens, Wolfgang; Muckel, Petra (2004): Zertifizierung und Nachweis von IT-Kompetenzen. In: http://www.web.uni-oldenburg.de/download/service/Endversion_Gutachten.pdf [12.02.2011]

Hannafin, Michael; Land, Susan; Oliver, Kevin (1999): Open Learning Environments: Foundations, Methods, and Models. In: Reigeluth, Charles M. (Hg.): Instructional-Design Theories and Models. Volume II. A New Paradigm of Instructional Theory. Mahwah; New Jersey; London: Lawrence Erlbaum Associates, S.115-139

Hascher, Tina; Schmitz, Bernhard (2010): Pädagogische Interventionsforschung: Theoretische Grundlagen und empirisches Handlungswissen. München: Juventa

Hassan, Ihab (1985): The Culture of Postmodernism. Theory, Culture, and Society 2 (3) 1985, S.119-132

Hayek; Friedrich A. von (1991³): Die Verfassung der Freiheit. Tübingen: J.C.B. Mohr

Hebdige, Dick (1988): Hiding in the Light: On Images and Things. London; New York: Routledge

Hentig, Helmut von (1998): Kreativität. Hohe Erwartungen an einen schwachen Begriff. Weinheim, Basel: Beltz.

Herz, Birgit (2010): Neoliberaler Zeitgeist in der Pädagogik: Zur aktuellen Diskziplinarkultur. In: Herz, Birgit; Dörr, Margret (Hg.): "Unkulturen" in Bildung und Erziehung. Wiesbaden: VS-Verlag, S.171-189

Herz, Birgit; Dörr, Margret (Hg.) (2010): "Unkulturen" in Bildung und Erziehung. Wiesbaden: VS-Verlag

Hickel, Rudolf (2009): Plädoyer für einen regulierten Kapitalismus. In: Aus Politik und Zeitgeschichte (APuZ 20/2009). Themenheft: Krise der Weltwirtschaft, S.13-19

Hirschhorn, Larry (1984): Beyond Mechanization: Work and technology in a Postindustrial Age. Cambridge, Mass.: MIT-Press

Horak, Roman (2006): Wir müssen den Leuten endlich das marktwirtschaftliche Denken in die Köpfe pflanzen! Über Universitätsreform und prekäre Intellektuelle in Österreich. In: Rehberg, Karl-Siegbert: Soziale Ungleichheit, kulturelle Unterschiede. Verhandlungen des 32. Kongresses der Deutschen Gesellschaft für Soziologie in München. Teilbd. 1 und 2., Frankfurt am Main: Campus, S.4283-4291

Horkheimer, Max; Adorno, Theodor W. (1947): Dialektik der Aufklärung. Amsterdam: Querido-Verlag

Horkheimer, Max; Adorno, Theodor W. (1969): Dialektik der Aufklärung. Philosophische Fragmente. Frankfurt am Main: Fischer

House of Representatives (Hg.) (1994): Republican Contract With America. In: http://www.house.gov/house/Contract/CONTRACT.html [15.04.2007]

Hoyng, Hans; Spörl, Gerhard (2004): Das Prinzip Hope. In: http://www.spiegel.de/spiegel/print/d-31266135.html [15.07.2011]

Hummelsheim, Stefan; Timmermann, Dieter (2010): Bildungsökonomie. In: Tippelt, Rudolf, Schmidt, Bernhard (Hrsg): Handbuch Bildungsforschung. 3., durchgesehene Auflage. Wiesbaden: VS-Verlag

Hüther, Jürgen (2005): Neue Medien. In: Hüther, Jürgen; Schorb, Bernd (Hg.): Grundbegriffe Medienpädagogik. München: kopaed, S.345-351

Hüther, Jürgen; Schorb, Bernd (Hg.) (2005): Grundbegriffe Medienpädagogik. München: kopaed

IAB – Institut für Arbeitsmarkt- und Berufsforschung der Bundesagentur für Arbeit (2007): Existenzgründungen. Unterm Strich ein Erfolg. In: http://doku.iab.de/kurzber/2007/kb1007.pdf [21.09.2010]

IITF - Information Infrastructure Task Force (1993): The National Information Infrastructure: Agenda for Action. In: http://www.ibiblio.org/nii/toc.html [13.09.2010]

Institut der deutschen Wirtschaft Köln (Hg.) (2006): Bildungsfinanzierung und Bildungsregulierung in Deutschland. Köln: Deutscher Institutsverlag

Jameson, Fredric (1986): Postmoderne – zur Logik der Kultur im Spätkapitalismus. In: Huyssen, Andreas; Scherpe, Klaus R. (Hg.): Postmoderne. Zeichen eines kulturellen Wandels, Hamburg: Rowolt, S.45-102

Jameson, Frederic (2003[10]): Postmodernism, or, the Cultural Logic of Late Capitalism. Durham, NC: Duke University Press
Jencks, Charles (1989[3]): What is Post-Modernism? London: Academy Editions
Jonassen, David H. (1999): Designing Constructivist Learning Environments. In: Reigeluth, Charles M. (Hg.): Instructional-Design Theories and Models. Volume II. A New Paradigm of Instructional Theory. Mahwah; New Jersey; London: Lawrence Erlbaum Associates, S.215-239

Kappeler, Beat (2011): Mein Standpunkt. Bald wird ein neuer Paul Volcker gebraucht, der aufräumt. In http://www.nzz.ch/nachrichten/wirtschaft/aktuell/mein_standpunkt_bald_wird_ein_neuer_paul_volcker_gebraucht_der_aufraeumt_1.9271958.html [13.07.2011]
Karrass, Anne (2008): Die Europäische Union als Beispiel für institutionalisierte (Sach-) Zwänge. In: Butterwegge, Christoph (Hg.): Neoliberalismus: Analysen und Alternativen, S.243-258
Kauder, Peter (2010): Niedergang der Allgemeinen Pädagogik?: Die Lage am Ende der 1990er Jahre. Bad Heilbrunn: Klinkhardt
Kaufmann, Stephan (2011): Aufstand in England. Kein Job, keine Wohnung – keine Angst. In: http://www.berlinonline.de/berliner-zeitung/politik/354246/354247.php [30.08.2011]
Kazda, Joschi; Müller, Ali; Wember, Bernwald (1999): Medien und Gesellschaft. In: JFF – Institut für Medienpädagogik in Forschung und Praxis (Hg.): Von der Filmerziehung zur Medienkompetenz – medien + erziehung (merz) spiegelt die Entwicklung der Medienpädagogik; Beiträge aus vierzig Jahren. München: KoPäd-Verlag, S.107-128
Keen, Steeve (2010): Wir sind in der größten Finanzblase aller Zeiten. In: http://www.faz.net/artikel/S31163/im-gespraech-steve-keen-wir-sind-in-der-groessten-finanzblase-aller-zeiten-30071516.html [15.07.2011]
Keller, John M. (1983): Motivational Design of Instruction. In: Reigeluth, Charles M. (Hg.): Instructional-Design Theories and Models. An Overview of their Current Status. Hillsdale, NJ: Lawrence Erlbaum Associates, S.383-434
Kerres, Michael (2001[2]): Multimediale und telemediale Lernumgebungen. Konzeption und Entwicklung. München; Wien: Oldenbourg
Kerres, Michael; de Witt, Claudia (2002): Quo vadis Mediendidaktik? Zur theoretischen Fundierung von Mediendidaktik. In: www.medienpaed.com (1.12.2003)
Kerres, Michael; de Witt, Claudia (2004): Pragmatismus als theoretische Grundlage zur Konzeption von eLearning. In: Mayer, Horst O.; Treichel, Dietmar (Hg.): Handlungsorientiertes Lernen und eLearning. Grundlagen und Beispiele. München; Wien: Oldenburg Verlag, S.77-99
Keynes, John M. (1926): The End of Laissez-Faire. London: Hogarth Press (auch in http://www.panarchy.org/keynes/laissezfaire.1926.html [24.03.2007])
Keynes, John M. (1936): The General Theory of Employment, Interest and Money. New York: Polygraphic Company of America (auch in http://www.marxists.org/reference/subject/economics/keynes/general-theory/index.htm) [1.07.2011]
Knoblauch, Hubert (2004): Informationsgesellschaft, Workspace Studies und die Kommunikationskultur. In: Hirschfelder, Gunther; Huber, Birgit (Hg.): Die Virtualisierung der Arbeit. Zur Ethnographie neuer Arbeits- und Organisationsformen. Frankfurt am Main: Campus, S.357-380
Koch, Christoph (2006): Kein Praktikanten-Klassensprecher. Interview mit Matthias Stolz. In: http://jetzt.sueddeutsche.de/texte/anzeigen/262694 [28.06.2011]
Krautz, Jochen (2007): Ware Bildung. Schule und Universität unter dem Diktat der Ökonomie. München: Hugendubel
Krüger, Heinz-Hermann (2009[5]): Einführung in Theorien und Methoden der Erziehungswissenschaft. Köln; Weimar; Wien: Böhlau
Kübler, Hans-Dieter (2005): Mythos Wissensgesellschaft. Gesellschaftlicher Wandel zwischen Information, Medien und Wissen. Eine Einführung. Wiesbaden: VS-Verlag
Kumar, Krishan (2005[2]): From Post-Industrial to Post-Modern Society. Oxford, UK; Cambridge, MA: Blackwell

Lane, Robert E. (1966): The decline of politics and ideology in a knowledgeable society. In: American Sociological Review, 31/1966, S.649-662.
Lamla, Jörn (2002): Anthony Giddens. Frankfurt; New York: Campus
Lash, Scott (1990): Sociology of Postmodernism. London; New York: Routlege
Lash, Scott; Urry, John (1987): The End of Organized Capitalism. Cambridge: Polity Press
Lash, Scott; Urry, John (1994): Economies of Signs and Space. London: Sage Publications
Lemke, Thomas (o.J.): Gouvernementalität. In: www.thomaslemkeweb.de/publikationen/ Gouvernementalit%E4t%20_Kleiner-Sammelband_.pdf [1.09.2011]
Lievrouw, Leah A.; Livingstone, Sonia M. (Hg.) (2006): The Handbook of New Media: Social Shaping and Sonsequences of ICTs. Updated Student Edition. London; Oaks; Delhi: Sage
Leadbeater, Charles (1999): Living on Thin Air: The New Economy. London: Viking
Lenk, Kurt (Hg.) (1984): Ideologie. Ideologiekritik und Wissenssoziologie. Frankfurt am Main: Campus
Lombardy, John V. (1983): Computer Literacy: The Basic Language and Concepts. Bloomington: Indiana University Press
Luhmann, Niklas (1995): Die Realität der Massenmedien. Opladen: Westdeutscher Verlag
Luhmann, Niklas (2001): Soziale Systeme. Grundriß einer allgemeinen Theorie. Frankfurt a.M.: Suhrkamp
Luhmann, Niklas; Schorr, Karl E. (1988): Reflexionsprobleme im Erziehungssystem. Frankfurt am Main: Suhrkamp
Lutter, Christina; Reisenleitner, Markus (1998): Cultural Studies. Eine Einführung. Wien: Turia und Kant
Lyotard, Jean-François (1986): Das Postmoderne Wissen. Ein Bericht. Graz; Wien: Böhlau

Machlup, Fritz (1962): The Production and Distribution of Knowledge in the United States. Princeton, NJ: Princeton University Press
Manager Magazin (2010): Kampf um Dienstwagen wird härter. In: http://www.manager-magazin.de/unternehmen/artikel/0,2828,726942,00.html [20.07.2011]
Manager Magazin (2011): Showdown im italienischen Parlament. In: http://www.manager-magazin.de/politik/weltwirtschaft/0,2828,774635,00.html [14.07.2011]
Mandel, Ernest (1972): Spätkapitalismus. Frankfurt am Main: Suhrkamp
Margaret Thatcher Foundation (o.J.): Interview for *Woman's Own* ("no such thing as society"). In: http://www.margaretthatcher.org/document/106689 [1.09.2011]
Martin, Hans-Peter; Schumann, Harald (1996[3]): Die Globalisierungsfalle. Der Angriff auf Demokratie und Wohlstand. Reinbeck: Rowohlt
Mattelart, Armand (2000): Networking the World, 1794-2000. Minneapolis: University of Minnesota Press
Mattelart, Armand (2003): Kleine Geschichte der Informationsgesellschaft. Berlin: Avinus [im franz. Original zuerst 2001 erschienen]
Marx, Karl (2000): Ökonomisch-philosophische Manuskripte aus dem Jahre 1844 / Die Entfremdete Arbeit. In: Marxists Internet Archive (Hg.) unter http://www.marxists.org/deutsch/archiv/marx-engels/1844/oek-phil/1-4_frem.htm [1.03.2007]
Marx, Karl (2004): Das Kapital. Kritik der politischen Ökonomie. Paderborn: Voltmedia
Masuda, Yoneji (1981): The Information Society as Post-Industrial Society. Bathesda, MD: World Futures Society
McLuhan, Marshall (1962): The Gutenberg Galaxy. London: Routledge & Kegan Paul
McLuhan, Marshall (1967): The Medium is the Massage. San Francisco: Hardwired
Meyer, Peter (1981): Geschichte der Medienpädagogik. In: Hüther, Jürgen; Schorb, Bernd (Hg.): Grundbegriffe der Medienpädagogik. Grafenau; Württ: Expert Verlag, S.44-50
Meyer, Thomas (2001): Mediokratie. Die Kolonisierung der Politik durch die Medien. Franfurt am Main: Suhrkamp

Meyer, Torsten; Mayrberger, Kerstin: Münte-Goussar, Stephan; Schwalbe, Christina (Hg.) (2011): Kontrolle und Selbstkontrolle: Zur Ambivalenz von ePortfolios in Bildungsprozessen. Wiesbaden: VS-Verlag

Müller-Doohm, Stefan (2000): Kritische Medientheorie – die Perspektive der Frankfurter Schule. In: Neumann-Braun, Klaus; Müller-Doohm, Stefan (Hg.): Medien und Kommunikationssoziologie – eine Einführung in zentrale Begriffe und Theorien. Weinheim; München: Juventa, S. 69-92

Musial, Rebekka; Trüter, Claudia (2005). Härte und Sanktionen statt Empathie und Mitgefühl – Die konfrontative Pädagogik als letzte Chance für die Erziehungshilfe? In Zeitschrift für Heilpädagogik, Heft 6. S.218-227. Auch online unter: http://www.uni-flensburg.de/erziehungshilfe/downloads/pdf/artikel-konfrontative-paedagogik.pdf [28.02.2011]

Naisbitt, John (1984): Megatrends. Ten New Directions Transforming Our Lives. New York: Warner Books

NARA – U.S. National Archives & Records Administration (o.J.) (Hg.): Servicemen's Readjustment Act (1944). In: www.ourdocuments.gov/doc.php?doc=76 [2.10.2007]

Naughton, John (2005[10]): A Brief History of the Future. The Origins of the Internet. London: Phoenix

Negroponte, Nicholas (1995): Being Digital. London: Hodder & Stoughton

Nelson, Laurie M. (1999): Collaborative Problem Solving. In: Reigeluth, Charles M. (Hg.): Instructional-Design Theories and Models. Volume II. A New Paradigm of Instructional Theory. Mahwah; New Jersey; London: Lawrence Erlbaum Associates, S.241-267

Niegemann, Helmut M.; Hessel, Silvia; Hochscheid-Mauel, Dirk; Aslanski, Kristina; Deimann, Markus; Kreuzberger, Gunther (Hg.) (2004): Kompendium E-Learning. Berlin (u.a.): Springer-Verlag

NITRD – National Coordination Office for Networking and Information Technology Research and Development (1991): High Performance Computing Act of 1991. In: http://www.nitrd.gov/congressional/laws/pl_102-194.html [13.09.2010]

Nora, Simon; Minc, Alain (1980): The Computerization of Society: A Report to the President of France. Cambridge, MA: MIT Press

Norris, Pippa (2001): Digital Divide: Civic Engagement, Information Poverty, and the Internet Worldwide – Communication, Society, and Politics. Cambridge, MA.: MIT Press

Oevermann, Ulrich (1993): Die objektive Hermeneutik als unverzichtbare methodologische Grundlage für die Analyse von Subjektivität. In: Jung, Thomas; Müller-Doohm, Stefan (Hg.): ‚Wirklichkeit' im Deutungsprozess. Verstehen und Methoden in den Kultur- und Sozialwissenschaften. Frankfurt am Main: Suhrkamp, S. 106-189

Ofenbach, Birgit (2006): Geschichte des pädagogischen Berufsethos. Realbedingungen für Lehrerhandeln von der Antike bis zum 21. Jahrhundert. Würzburg: Königshausen & Neumann

Oelkers, Jürgen (2006): Gesamtschule in Deutschland: Eine historische Analyse und ein Ausweg aus dem Dilemma . Weinheim; Basel: Beltz

Oelkers, Jürgen (2009): John Dewey und die Pädagogik. Weinheim; Basel: Beltz

OLPC – One Laptop per Child (o.J.): Mission. In: http://laptop.org/en/vision/mission/index.shtml und http://laptop.org/en/vision/mission/index2.shtml [11.02.2011]

Opielka, Michael (2003): Aktivierung durch Verpflichtung? Von der Pflicht zur Erwerbsarbeit zur Idee eines Sozialdienstes. In: In: Vorgänge 164, Heft 4, 2003, S. 113-120. Hier nach: http://www.sw.fh-jena.de/fbsw/profs/michael.opielka/downloads/doc/2003/Opielka_Aktivierung_durch_Verpflichtung_Vorgaenge_4_2003.pdf [13.05.2011]

Opielka, Michael (2005). Alternativen zur Aktivierung? In: Archiv für Wissenschaft und Praxis der Sozialen Arbeit, Heft 1, 2005. Hier nach: http://www.jott-we-de.de/infosozial/data/Opielka03.pdf [13.05.2011]

ORF.at (2011a): Wenn Ausbildung nichts mehr wert ist. In: http://www.orf.at/stories/2059848/2059881 [20.07.2011]

ORF.at (2011b): Sparen bis zum Limit. In: http://www.orf.at/stories/2065977/2065694 [20.07.2011]

ORF.at (2011c): Jugend nach Krise im „Abwärtsstrudel". In: http://www.orf.at/stories/2059848/2059897 [20.07.2011]
ORF.at (2011d): Goldmans Kampf ums Image. In: http://news.orf.at/stories/2039176/2039173 [20.07.2011]
ORF.at (2011e): Heftige Kritik von Anlegern. In: http://www.orf.at/stories/2057946/2057943 [20.07.2011]
ORF.at (2011f): Treichl: „Nächste Finanzkrise kommt bereits". In: http://salzburg.orf.at/stories/515718 [20.07.2011]
ORF.at (2011g): Debatte über den richtigen Ton. In: http://news.orf.at/stories/2058580/2058579 [20.07.2011]
ORF.at (2011h): Rauer Wind in Washington. In: http://www.orf.at/stories/2072580/2071859/ [6.08.2011]
ORF.at (2011i): Exorbitante Kreditzinsen für Private. In: http://orf.at/stories/2069876/2069909/ [24.07.2011]
ORF.at (2011j): „Historische Größenordnung". In: http://www.orf.at/stories/2065463/2065458 [28.06.2011]
ORF.at (2011k): Exporte im Juli erneut gesunken. In: http://orf.at/stories/2080256/2078089/ [1.10.2011]
O'Reilly, Tim (2005): What Is Web 2.0. Design Patterns and Business Models for the Next Generation of Software. In: http://www.oreillynet.com/pub/a/oreilly/tim/news/2005/09/30/what-is-web-20.html [28.01.2007]
Orwell, George (1949): Nineteen Eighty-Four. A novel. London: Secker & Warburg
Otte, Max (2009a): Die Finanzkrise und das Versagen der modernen Ökonomie. In: Aus Politik und Zeitgeschichte (APuZ 52/2009). Themenheft: Krisenjahr 2009, S.9-16
Otte, Max (2009b): Wir haben zu viel Geld auf der Welt. In: http://www.capital.de/finanzen/aktien/100026400.html [15.07.2011]

Papert, Seymour (1992): Revolution des Lernens: Kinder, Computer, Schule in einer digitalen Welt. Hannover: Heinz Heise
Pasuchin, Iwan (2009a): Medienkompetenz im E-Learning. Eine medienpädagogische Perspektive auf mediendidaktische Diskurse. In: Dittler, Ullrich; Krameritsch, Jakob; Nistor, Nicolae; Schwarz, Christine; Thillosen, Anne (Hg.): Ein kritischer Blick auf E-Learning an deutschsprachigen Hochschulen. Münster u.a.: Waxmann, S.149-164
Pasuchin, Iwan (2009b): Editorial des Themenheftes „Kreative Medienarbeit". In: merz | medien + erziehung, 08-5, S.8-9
Pasuchin, Iwan (2012): Kreative Mediengestaltung als demokratische Erfahrung. Theoretische Hintergründe, praktische Ansätze und Zukunftspotenziale eines innovativen Unterrichtsfaches an einer „Brennpunkthauptschule" in Salzburg. In: http://www.jungk-bibliothek.at > Abschnitt „Arbeitspapiere" (in Druck)
Pasuchin, Iwan; Häcker, Thomas (2008): Lernen 2.0 in politökonomischen Kontexten am Beispiel des Portfolioansatzes. In: merz | medien + erziehung, 08-2, S.30-36
Pasuchin, Iwan; Wijnen, Christine W. (2008): ‚WeTube. Denen zeigen wir's!' Kreative Web 2.0-Arbeit in der Hauptschule. In: merz | medien + erziehung, 08-5, S.27-34 (siehe auch http://www.iwan-pasuchin.net/PDF/Publikationen/02_merz-WeTube.pdf)
Patzner, Gerhard (2009): Schule im Kontext neoliberaler Gouvernementalität. In: Schulheft 118/2005 – Kontrollgesellschaft und Schule, S.53-71
Patzner Gerhard; Rittberger, Michael; Sertl, Michael (2008): Editorial. In: Schulheft 130/2008 – Offen und frei? Beiträge zur Diskussion Offener Lernformen, S.5-8
Pechar, Hans (2006): Bildungsökonomie und Bildungspolitik. Münster: Waxmann
Perine, Keith (2000): The Early Adopter - Al Gore and the Internet - Government Activity. In: http://findarticles.com/p/articles/mi_m0HWW/is_43_3/ai_66672985 [13.09.2010]

Perkmann, Markus (1999): The Two Network Societies. Economy & Society 28/4, S.615-628 (auch in: http://www-staff.lboro.ac.uk/~mmmp3/index_files/files/Perkmann%20two%20network%20societies%201999.pdf [19.09.2007])

Picht, Georg (1964): Die Deutsche Bildungskatastrophe. Analyse und Dokumentation. Olten und Freiburg: Walter-Verlag

Piepenbrink, Johannes (2009): Editorial. In: Aus Politik und Zeitgeschichte (APuZ 20/2009). Themenheft: Krise der Weltwirtschaft, S.2

Piore, Michael J.; Sabel, Charles F. (1984): The Second Industrial Divide. Possibilities for Prosperity. New York: Basic Books

Piore, Michael J.; Sabel, Charles F. (1985): Das Ende der Massenproduktion. Studie über die Requalifizierung der Arbeit und die Rückkehr der Ökonomie in die Gesellschaft. Frankfurt am Main: Fischer

Plewig, Hans Joachim (2010): ‚Konfrontative Pädagogik'. In: Herz, Birgit; Dörr, Margret (Hg.): "Unkulturen" in Bildung und Erziehung. Wiesbaden: VS-Verlag, S.151-168

Pongratz, Ludwig A. (2005): Untiefen im Mainstream. Wetzlar: Büchse der Pandora

Porat, Marc (1977): The Information Economy. Definition and Measurements. Washington, D.C.: US Department of Commerce

Poster, Mark (1992[2]): The Mode of Information. Poststructuralism and Social Context. Cambridge: Polity Press

Postman, Neil (1983): Das Verschwinden der Kindheit. Frankfurt am Main: Fischer

Postman, Neil (1992): Das Technopol. Die Macht der Technologien und die Entmündigung der Gesellschaft. Frankfurt am Main: Fischer

Pross, Harry (1972): Medienforschung. Film – Funk – Presse – Fernsehen. Darmstadt: Carl Habel

Quenzel, Gudrun; Hurrelmann, Klaus (Hg.) (2010): Bildungsverlierer: Neue Ungleichheiten. Wiesbaden: VS-Verlag

Rach, Ruth (2006): Studiengebühren schrecken ab. In: www.spiegel.de/unispiegel/studium/0,1518,434776,00.html [13.08.2007]

Rehn, Rudolf (2008): (Philosophische) Bildung und Markt. Aktuelle Überlegungen zu einem alten (Streit-) Thema. In: Rehn, Rudolf; Schües, Christina (Hg.): Bildungsphilosophie. Grundlagen, Methoden, Perspektiven. Freiburg im Breisgau: Alber, S.21-35

Reich, Robert B. (1991): The Work of Nations: Preparing Ourselves for 21st Century Capitalism. New York: Vintage

Reich, Robert (2008): Superkapitalismus. Wie die Wirtschaft unsere Demokratie untergräbt. Frankfurt a.M; New York: Campus Verlag

Reigeluth, Charles M. (Hg.) (1983): Instructional-Design Theories and Models. An Overview of their Current Status. Hillsdale, NJ: Lawrence Erlbaum Associates

Reigeluth, Charles M. (Hg.) (1999a): Instructional-Design Theories and Models. Volume II. A New Paradigm of Instructional Theory. Mahwah; New Jersey; London: Lawrence Erlbaum Associates

Reigeluth, Charles M. (Hg.) (1999b): What Is Instructional-Design Theory and How Is It Changing?. In: Reigeluth, Charles M. (Hg.): Instructional-Design Theories and Models. Volume II. A New Paradigm of Instructional Theory. Mahwah; New Jersey; London: Lawrence Erlbaum Associates, S.5-29

Reinmann, Gabi (2008): Lernen und Lehren im Zeitalter des Web 2.0: Ein Streifzug durch den aktuellen Stand beim E-Learning in verschiedenen Bildungskontexten. In: merz | medien + erziehung, 08-2, S.13-20

Reinmann, Gabi (2009): E-Learning. In: Schorb, Bernd, Anfang, Gümther; Demmler, Kathrin (Hg.): Grundbegriffe Medienpädagogik – Praxis. München: kopaed-Verlag, S.59-61

Ritschl, Albrecht (2009): War 2008 das neue 1931?. In: Aus Politik und Zeitgeschichte (APuZ 20/2009). Themenheft: Krise der Weltwirtschaft, S.27-32

Riegel, Enja (2007⁴): Schule kann gelingen! Wie unsere Kinder wirklich fürs Leben lernen. Frankfurt a.M: Fischer
Rifkin, Jeremy (2002²): Access. Das Verschwinden des Eigentums. Warum wir weniger besitzen und mehr ausgeben werden. Frankfurt am Main: Fischer
Rifkin, Jeremy (2004²): Das Ende der Arbeit und ihre Zukunft. Neue Konzepte für das 21. Jahrhundert. Frankfurt am Main: Fischer
Rittberger, Michael (2005): Kontrollgesellschaft und schulische Erziehung. In: Schulheft 118/2005 – Kontrollgesellschaft und Schule, S.110-121
Rittelmeyer, Christian; Parmentier, Michael (2001): Einführung in die pädagogische Hermeneutik. Darmstadt: Wissenschaftliche Buchgesellschaft
Robins, Kevin; Webster, Frank (1999): Times of the Technoculture: From the Information Society to the Virtual Life: Information, Communication and the Technological Order. London: Routlege
Rogers, Everett M. (2005⁵): Diffusion of Innovations. New York; London; Toronto; Sydney: Free Press

Sabrow, Sophia (2011): Studentenproteste in Athen. Erst abserviert, jetzt angeschmiert. In: http://www.spiegel.de/unispiegel/studium/0,1518,772116,00.html [10.07.2011]
Sarikakis, Katharine; Thussu, Daya, K. (Hg.) (2006): Ideologies of the Internet. Cresskill NJ: Hampton Press
Schaal, Markus K. (2006): Zur Konzeption von sozialem Wandel in den Theorien der Informationsgesellschaft: Die Ansätze von Daniel Bell und Manuel Castells im Vergleich. Onlinepublikation: http://opus.unibw-hamburg.de/opus/volltexte/2007/1064 [1.3.2011]
Schaper-Rinkel, Petra (1999): Zur politischen Produktion von Sachzwängen. Die europäische Informationsgesellschaft als regulativer Rahmen zur Sicherung der Wettbewerbsfähigkeit. In: PROKLA Heft 114 – 29. Jahrgang 1999, Nr.1, S.29-53
Schäfer, Karl-Hermann (2005): Kommunikation und Interaktion. Grundbegriffe einer Pädagogik des Pragmatismus. Wiesbaden: VS-Verlag
Schäfer, Ulrich (2009): Der Crash des Kapitalismus. Warum die entfesselte Marktwirtschaft scheiterte und was jetzt zu tun ist. Frankfurt am Main: Campus
Schmid, Wilhelm (1998): Philosophie der Lebenskunst. Frankfurt am Main: Suhrkamp
Schorb, Bernd (1995): Medienalltag und Handeln. Medienpädagogik im Spiegel von Geschichte, Theorie und Praxis. Opladen: Leske + Budrich
Schönig, Werner (2006): Aktivierungspolitik. In: Dollinger, Bernd; Raithel, Jürgen (Hg.): Aktivierende Sozialpädagogik: Ein kritisches Glossar. Wiesbaden: VS-Verlag
Schröder, Gerhard (2000): Die zivile Bürgergesellschaft. Anregungen zu einer Neubestimmung der Aufgaben von Staat und Gesellschaft. In: Frankfurter Hefte 4/2000. Siehe auch http://www.wirfuer-uns.de/landesnetzwerk/i12schroeder.htm [25.09.2010]
Schröder, Gerhard; Blair, Tony (1999): *Der Weg nach vorne für Europas Sozialdemokraten.* In: http://www.glasnost.de/pol/schroederblair.html [20.09.2010]
Schröter, Jens (2006): Das Internet und der „reibungslose Kapitalismus". In: Schröter, Jens; Schwering, Georg; Stäheli, Urs (Hg.): Media Marx. Ein Handbuch. Bielefeld: Transcript, S.337-352
Schulen ans Netz e.V. (Hg.) (o.J.): Hintergrund: Zur Geschichte des Vereins Schulen ans Netz. In: http://www.schulen-ans-netz.de/ueberuns/derverein/hintergrundgeschichte.php [3.07.2007]
Schulmeister, Rolf (2005²): Lernplattformen für das virtuelle Lernen. Evaluation und Didaktik. München; Wien: Oldenburg
Schulze, Gerhard (1992): Die Erlebnisgesellschaft. Kultursoziologie der Gegenwart. Frankfurt am Main: Campus
Schank, Roger C.; Berman, Tamara R.; Macpherson, Kimberli A. (1999): Learning by Doing. In: Reigeluth, Charles M. (Hg.): Instructional-Design Theories and Models. Volume II. A New Paradigm of Instructional Theory. Mahwah; New Jersey; London: Lawrence Erlbaum Associates, S.161-181

Siebert, Horst (2005³): Pädagogischer Konstruktivismus. Lernzentrierte Pädagogik in Schule und Erwachsenenbildung. Weinheim; Basel: Beltz
Siemens, George (2005): Connectivism: A Learning Theory for the Digital Age. In: http://www.elearnspace.org/Articles/connectivism.htm [3.2.2007]
Skiera, Ehrenhard (2003): Reformpädagogik in Geschichte und Gegenwart. Eine kritische Einführung. München; Wien: R. Oldenbourg Verlag
Smith, Sylvia (2005): The $100 laptop -- is it a wind-up?. In: http://edition.cnn.com/2005/WORLD/africa/12/01/laptop [12.02.2010]
Solga, Heike (2005): Ohne Abschluss in die Bildungsgesellschaft: Die Erwerbschancen gering qualifizierter Personen aus soziologischer und ökonomischer Perspektive. Opladen: Budrich
Spiegel Online (2010a): Ex-Lehman-Chef ist einer der bestbezahlten Bosse des Jahrzehnts. In: http://www.spiegel.de/wirtschaft/unternehmen/0,1518,708662,00.html [20.07.2011]
Spiegel Online (2010b): Nach Staatshilfen – Banken prassen wieder bei Managergehältern. http://www.spiegel.de/wirtschaft/unternehmen/0,1518,719658,00.html [20.07.2011]
Spiegel Online (2011a): Griechenland ebnet Weg für neue Finanzhilfen. In: http://www.spiegel.de/politik/ausland/0,1518,771651,00.html [1.07.2011]
Spiegel Online (2011b): China hortet 3,2 Billionen Dollar Währungsreserven. In: http://www.spiegel.de/wirtschaft/soziales/0,1518,773815,00.html [15.07.2011]
Stehr, Nico (1994): Knowledge Societies: London: Sage
Stehr, Nico (2001): Moderne Wissensgesellschaften. In: Aus Politik und Zeitgeschichte B 36/2001, S.7-14 (auch in: http://www.bpb.de/files/K318AX.pdf [1.08.2007])
Steinbicker, Jochen (2001): Zur Theorie der Informationsgesellschaft. Ein Vergleich der Ansätze von Peter Drucker, Daniel Bell und Manuel Castells. Opladen: Leske + Budrich
Steinbrück, Peer (2003): Etwas mehr Dynamik, bitte. In: DIE ZEIT 13.11.2003, Nr.47 / http://www.zeit.de/2003/47/Steinbr_9fck [21.09.2010]
Steinbrück, Peer (2006): Reduzierung auf die Kernaufgaben. Rede des Bundesministers der Finanzen, Peer Steinbrück, beim Neujahrsempfang der Industrie- und Handelskammer Frankfurt am Main am 10. Januar 2006 (Auszüge). In: http://www.blaetter.de/archiv/jahrgaenge/2006/februar/reduzierung-auf-die-kernaufgaben [19.02.2011]
Stern.de (2007): Alan Greenspan: „In der Badewanne hatte ich viele gute Ideen". In: http://mc.cellmp.de/op/stern/de/ct/-X/detail/gesundheit/Alan-Greenspan-In-Badewanne-Ideen/598947 [15.07.2011]
Stiglitz, Joseph (2002): Globalization and Its Discontents. New York: W.W.Norton & Company
Stiglitz, Joseph (2008): Die Wall Street hat den Krieg der Worte verloren. Interview geführt von Ulrich Schäfer. In: http://www.sueddeutsche.de/geld/joseph-stiglitz-zur-finanzkrise-die-wall-street-hat-den-krieg-der-worte-verloren-1.710585 [15.07.2011]
Stonier, Tom (1983): The Wealth of Information: A Profile of the Post-industrial Economy. London: Thames Methuen
Stolz, Matthias (2005): Generation Praktikum. In: DIE ZEIT 31.03.2005 Nr.14. Online: http://www.zeit.de/2005/14/Titel_2fPraktikant_14 [11.07.2011]
Straubhaar, Thomas; Wohlgemuth, Michael; Zweynert, Joachim (2009): Rückkehr des Keynesianismus: Anmerkungen aus ordnungspolitischer Sicht. In: Aus Politik und Zeitgeschichte (APuZ 20/2009). Themenheft: Krise der Weltwirtschaft, S.19-26
Stuhr, Mathias (2010): Mythos New Economy: Die Arbeit an der Geschichte der Informationsgesellschaft. Bielefeld: Transcript
Sturm, Roland (1998): New Labour - New Britain? Großbritannien nach dem Wahlsieg Tony Blairs. In: Kastendiek, Hans; Rohe, Karl; Volle, Angelika (Hg.): Länderbericht Großbritannien. Bonn: Bundeszentrale für politische Bildung, S.275-292 (auch online unter: http://www.weltpolitik.net/texte/europa/sturm.pdf [10.08.2007])
Sturzenhecker, Benedikt (2010): Demokratiebildung als Antwort auf „Bildungsverweigerung". In: Herz, Birgit; Dörr, Margret (Hg.): "Unkulturen" in Bildung und Erziehung. Wiesbaden: VS-Verlag, S.29-52

Tarrant, John (1976): The Man Who Invented the Corporate Society. Boston, MA: Cahners Books
Tergan, Sigmar-Olaf (2004): Was macht Lernen erfolgreich? Die Sicht der Wissenschaft. In: Tergan, Sigmar-Olaf; Schenkel, Peter (Hg.): Was macht E-Learning erfolgreich? Grundlagen und Instrumente der Qualitätsbeurteilung. Heidelberg: Springer-Verlag, S.15-28
Tichy, Roland (2009): Anmerkungen zur Zukunft des Kapitalismus – Essay. In: Aus Politik und Zeitgeschichte (APuZ 20/2009). Themenheft: Krise der Weltwirtschaft, S.3-6
Toffler, Alvin (1970): Future Shock. New York: Random House
Toffler, Alvin (1981): The Third Wave. New York: Bantam Books
Tomik, Stefan (2009): Der Terminator in der Zwangsjacke. In: http://www.faz.net/s/RubDDBDABB 9457A437BAA85A49C26FB23A0/Doc~E80C2151906624EAABD99B669642B0B6C~ATpl~ Ecommon~Scontent.html [4.10.2010]

UNESCO (Hg.) (2005): UNESCO World Report: Towards Knowledge Societies. In: http://unesdoc.unesco.org/images/0014/001418/141843e.pdf [7.06.2007]
UNESCO (Hg.) (2010): Towards Inclusive Knowledge Societies. A review of UNESCO's action in implementing the WSIS outcomes. In: http://portal.unesco.org/ci/en/ev.php-URL_ID=30452& URL_DO=DO_TOPIC&URL_SECTION=201.html [21.08.2010]
Urban, Klaus K. (2004): Kreativität. Herausforderung für Schule, Wissenschaft und Gesellschaft. Münster: Lit Verlag

Vollbrecht, Ralf (2001): Einführung in die Medienpädagogik. Weinheim und Basel: Beltz Verlag

Waters, Malcolm (1996): Daniel Bell. London: Routlege
Watzlawick, Paul (1993²): Anleitung zum Unglücklichsein. München: DTV
Watzlawick, Paul; Beavin, Janet H.; Jackson, Don D. (1972³): Menschliche Kommunikation. Formen, Störungen, Paradoxien. Stuttgart; Wien: Hiber
Weber, Susanne; Maurer, Susanne (2006): Gouvernementalität und Erziehungswissenschaft. Wissen – Macht – Transformation. Wiesbaden: VS-Verlag
Webster, Frank (2006³): Theories of the Information Society. New York: Routledge
Welsch, Wolfgang (1995): Künstliche Paradiese? Betrachtungen zur Welt der elektronischen Medien und zu anderen Welten. In: Baacke, Dieter; Röll, Franz J. (Hg.): Weltbilder, Wahrnehmung, Wirklichkeit - der ästhetisch organisierte Lernprozess. Opladen: Lieske + Budrich, S.71-95
Welsch, Wolfgang (2002⁶) Unsere postmoderne Moderne. Berlin: Akademie Verlag
Welt Online (1999): Westerwelle wettert gegen „bezahlte Faulheit". In: http://www.welt.de/politik/bundestagswahl/article4469109/Westerwelle-wettert-gegen-bezahlte-Faulheit.html [20.09.2010]
Weltonline (2007): Warum die Krise Banken weltweit trifft. In: http://www.welt.de/wirtschaft/article1096948/Warum_die_Krise_Banken_weltweit_trifft.html [15.07.2011]
Wermke, Jutta (1994²): Kreativität als paradoxe Aufgabe. Bd.1: Entwicklung eines Konzepts der Kreativität und ihrer Förderung durch Literatur. Weinheim: Deutscher Studien Verlag
Wilke, Ralf A. (2004): Eine empirische Analyse von Sanktionen für Arbeitslose in Westdeutschland während der 1980er und 1990er Jahre. In: Zeitschrift für Arbeitsmarktforschung, 1/2004, S.45-62
Willke, Gerhard (2003): Neoliberalismus. Frankfurt; New York: Campus
Willke, Gerhard (2006): Kapitalismus. Frankfurt; New York: Campus
Winterhoff, Michael (2009): Tyrannen müssen nicht sein: Warum Erziehung allein nicht reicht – Auswege. Gütersloh: Gütersloher Verlagshaus
Wood, Ellen M. (1990): The Uses and Abuses of 'Civil Society'. In: Miliband, Ralph; Panitch, Leo (Hg.): The Socialist Register. London, Merlin Press, S.60-84 / auch unter http://socialistregister.com/index.php/srv/article/view/5574 [16.08.2010]

WSIS – World Summit on the Information Society (Hg.) (o.J.): Basic Information about WSIS. *Overview* in: http://www.itu.int/wsis/basic/about.html / *Why a Summit on the Information Society* in: http://www.itu.int/wsis/basic/why.html [8.06.2007]

Zeise, Marcus (2009²). Ende der Party. Die Explosion im Finanzsektor und die Krise der Weltwirtschaft. Köln: PapyRossa

Zeit Online (2010): Kinder von erfolglosen Eltern haben schlechte Karrierechancen. In: www.zeit.de/karriere/beruf/2010-10/soziale-herkunft-jobchancen [2.02.2012

Zeit Online (2012): Bildungsaufstieg in Deutschland besonders schwer. In: http://www.zeit.de/studium/hochschule/2012-01/studie-bildungsaufstieg [2.02.2012]

Ziegler, Karin; Hofmann, Franz; Astleitner, Hermann (2003): Selbstreguliertes Lernen und Internet. Theoretische und empirische Grundlagen von Qualitätssicherungsmaßnahmen beim E-Learning. Frankfurt am Main (u.a.): Lang

Zima, Peter V. (1994): Dekonstruktion. Tübingen, Balsel: A.Francke Verlag

Zima, Peter V. (1997) Moderne / Postmoderne. Gesellschaft, Philosophie, Literatur. Tübingen, Balsel: A.Francke Verlag

Zimmermann; Klaus F. (2009): Wirtschaftswunderjahr 2009. In: Aus Politik und Zeitgeschichte (APuZ 52/2009). Themenheft: Krisenjahr 2009, S.3-8

Zuboff, Shoshana (1988): In the Age of the Smart Mashine: The Future of Work and Power. Oxford: Heinemann

# Neu im Programm Politikwissenschaft

Göhler, Gerhard / Iser, Mattias / Kerner, Ina
**Politische Theorie**
25 umkämpfte Begriffe zur Einführung
2., akt. u. erw. Aufl. 2012. 435 S. Br.
EUR 19,95
ISBN 978-3-531-16246-1

Was sich hinter Begriffen wie „Demokratie", „Gerechtigkeit", „Globalisierung", „Krieg" oder „Macht" verbirgt, ist umstritten - besonders in der politischen Theorie. Anhand von 25 Begriffen, deren Bedeutungsgehalt in den vergangenen zwanzig Jahren besonders stark umkämpft war, führt dieser Band in verständlicher Weise in die wichtigsten Diskussionen und Positionen der politischen Theorie und Philosophie ein. Die Beiträge gliedern sich jeweils in drei Abschnitte: Zunächst verdeutlichen sie die Relevanz des verhandelten Begriffs für die politische Theorie und Philosophie sowie für die politische Praxis. In einem zweiten, besonders ausführlichen Teil werden die Hauptlinien der Auseinandersetzung nachgezeichnet. Drittens stellen die Autorinnen und Autoren eine eigene Position dar.

Boeckh, Jürgen / Huster, Ernst-Ulrich / Benz, Benjamin
**Sozialpolitik in Deutschland**
Eine systematische Einführung
3., grundl. überarb. u. erw. Aufl. 2011.
491 S. Br. EUR 22,95
ISBN 978-3-531-16669-8

Der Band führt systematisch in das breite Spektrum von Geschichte, Strukturen, Problemlagen, Lösungswegen und die europäischen Zusammenhänge von Sozialpolitik in Deutschland sowie in die Theorie des Sozialstaates ein. Der besseren Verständlichkeit dienen ausführliche geschichtliche Dokumente und aktuelle Daten zur sozialen Entwicklung bzw. zur Sozialpolitik. Gibt es Grenzen des Sozialstaates? Diesen sucht sich der Band im geschichtlichen Rückgriff auf die Weimarer Republik systematisch und sozialräumlich zu nähern.

Dingwerth, Klaus / Blauberger, Michael / Schneider, Christian
**Postnationale Demokratie**
Eine Einführung am Beispiel von EU, WTO und UNO
2011. 236 S. (Grundwissen Politik) Br.
EUR 24,95
ISBN 978-3-531-17490-7

Internationale Organisationen stehen im Zentrum der Diskussion über das „Demokratiedefizit" internationaler Politik. Während politische Entscheidungen zunehmend auf internationaler Ebene getroffen werden, zweifeln Kritiker immer wieder an der Legitimation dieser Entscheidungen. Das Buch führt ein in die Diskussion über demokratisches Regieren „jenseits des Staates", es stellt die Funktionsweise von EU, WTO und UNO vor und diskutiert, inwieweit das Regieren in diesen Organisationen demokratischen Grundsätzen genügt bzw. wie sich Demokratiedefizite beheben lassen.

Erhältlich im Buchhandel oder beim Verlag.
Änderungen vorbehalten. Stand: Januar 2012.

Einfach bestellen:
SpringerDE-service@springer.com
tel +49(0)6221/345-4301
springer-vs.de

# Elemente der Politik

Hrsg. von Bernhard Frevel / Klaus Schubert / Suzanne S. Schüttemeyer / Hans-Georg Ehrhart

Blum, Sonja / Schubert, Klaus
**Politikfeldanalyse**
2., akt. Aufl. 2011. 198 S. Br. EUR 16,95
ISBN 978-3-531-17276-7

Dehling, Jochen / Schubert, Klaus
**Ökonomische Theorien der Politik**
2011. 178 S. Br. EUR 16,95
ISBN 978-3-531-17113-5

Giegerich, Bastian
**Die NATO**
2012. 133 S. mit 1 Abb. u. 5 Tab. Br. EUR 16,95
ISBN 978-3-531-18409-8

Frantz, Christiane / Martens, Kerstin
**Nichtregierungsorganisationen (NGOs)**
2006. 159 S. Br. EUR 14,90
ISBN 978-3-531-15191-5

Frevel, Bernhard
**Demokratie**
Entwicklung – Gestaltung – Problematisierung
2., überarb. Aufl. 2009. 177 S. Br. EUR 12,90
ISBN 978-3-531-16402-1

Fuchs, Max
**Kulturpolitik**
2007. 133 S. Br. EUR 14,90
ISBN 978-3-531-15448-0

Jahn, Detlef
**Vergleichende Politikwissenschaft**
2011. 124 S. Br. EUR 12,95
ISBN 978-3-531-15209-7

Jahn, Egbert
**Frieden und Konflikt**
2012. 147 S. Br. EUR 14,95
ISBN 978-3-531-16490-8

Johannsen, Margret
**Der Nahost-Konflikt**
3., akt. Aufl. 2011. 175 S. mit 10 Abb. u. 1 Tab. Br. EUR 16,95
ISBN 978-3-531-18238-4

Kevenhörster, Paul / Boom, Dirk van den
**Entwicklungspolitik**
2009. 112 S. Br. EUR 12,90
ISBN 978-3-531-15239-4

Kost, Andreas
**Direkte Demokratie**
2008. 116 S. Br. EUR 12,90
ISBN 978-3-531-15190-8

Meyer, Thomas
**Sozialismus**
2008. 153 S. Br. EUR 12,90
ISBN 978-3-531-15445-9

Aden, Hartmut
**Umweltpolitik**
2012. 127 S. mit 9 Abb. Br. EUR 14,95
ISBN 978-3-531-14765-9

Erhältlich im Buchhandel oder beim Verlag.
Änderungen vorbehalten. Stand: Januar 2012.

Einfach bestellen:
SpringerDE-service@springer.com
tel +49 (0)6221 / 345 – 4301
springer-vs.de

GPSR Compliance
The European Union's (EU) General Product Safety Regulation (GPSR) is a set of rules that requires consumer products to be safe and our obligations to ensure this.

If you have any concerns about our products, you can contact us on

ProductSafety@springernature.com

In case Publisher is established outside the EU, the EU authorized representative is:

Springer Nature Customer Service Center GmbH
Europaplatz 3
69115 Heidelberg, Germany

www.ingramcontent.com/pod-product-compliance
Ingram Content Group UK Ltd.
Pitfield, Milton Keynes, MK11 3LW, UK
UKHW051249180426
11947UKWH00020B/1615